Sales Management Review – Jahrgang 2015

Gabi Böttcher (Hrsg.)

Sales Management Review Jahrgang 2015

Zeitschrift für Vertriebsmanagement

Zuvor erschienen als Ausgabe 1 – 6, 2015
und ein Sonderheft in der Sales Management Review

 Springer Gabler

Herausgeber
Gabi Böttcher
Springer Fachmedien Wiesbaden GmbH
Wiesbaden
Deutschland

ISBN 978-3-658-14836-2

Die Deutsche Nationalbibliothek verzeichnet diese Publikation in der Deutschen Nationalbibliografie; detaillierte
bibliografische Daten sind im Internet über http://dnb.d-nb.de abrufbar.

Springer Gabler
© Springer Fachmedien Wiesbaden 2017

Gedruckt auf säurefreiem und chlorfrei gebleichtem Papier

Springer Gabler ist Teil von Springer Nature
Die eingetragene Gesellschaft ist Springer Fachmedien Wiesbaden GmbH

Ja, wo laufen Sie denn?

Trotz aller Maßnahmen und Forschungen bleibt der Kunde ein geheimnisvolles Wesen. Sein Verhaltensmuster und seine Reaktionen stellen Vertriebler immer wieder vor Rätsel. Manchmal fühlt sich der Verkäufer wie in dem legendären Loriot-Sketch mit den beiden Herren auf der Rennbahn, von denen einer mit der wiederholten Frage „Ja, wo laufen sie denn?" zu erkennen gibt, dass er von dem Geschehen auf der Strecke nichts mitbekommt. Viele Vertriebler flüchten sich angesichts des Dilemmas in Worthülsen wie „Im Mittelpunkt steht bei uns der Kunde …" „Unsere Kunden sind unser wertvollstes Kapital …", „Wir lesen unseren Kunden die Wünsche von den Augen ab …". Doch mit solchen gutklingenden Bekenntnissen zum Kunden ist es nicht getan.

Für Christian Belz greifen solche oberflächlichen Bekenntnisse zum Kunden zu kurz. Die Herausforderung folgt für ihn dann, wenn es gilt, mit Spannungsfeldern im Unternehmen umzugehen (Seite 44). Dass wahre Kundenorientierung schon mit dem Angebot beginnt, verdeutlicht Marco Wunderlich (Seite 52) in seinem Beitrag. Lars Binckebanck weist auf die teils problematischen Erfahrungen mit CRM-Systemen hin (Seite 36). Nicht automatisch führen neue Technologien zu mehr Kundenorientierung. Sie können jedoch neue Ansätze der Individualisierung liefern, um dem Kunden zu jedem Zeitpunkt der Customer Journey bestmögliche Erfahrungen zu bieten – online wie offline. Der Grad der Kundenloyalität sollte sich in hieb- und stichfesten Zahlen erfassen lassen. Matthias Huckemann und Christian Schmitz zeigen, wie sich mit geeigneten Kennziffern (KPIs) die Kundenbindung erfolgreich managen lässt und dadurch Leistungsreserven identifiziert und ausgeschöpft werden können (Seite 60). Guido Cuypers-Koslowski von der Jäger + Schmitter Dialog GmbH spricht sich im Interview ebenfalls für technische Unterstützung im Vertrieb aus: „Wir können von der menschlichen Seite noch so gut sein – ein professionelles CRM-System ist unverzichtbar" (Seite 28). Denn je optimierter der Kundenkontakt ablaufe, desto effizienter sei der Weg zum Ergebnis.

Die aktuelle Ausgabe der Sales Management Review mit dem Schwerpunkt ‚Kundenorientierung' zeigt wieder einmal eine breite Themenpalette. Vor etwas mehr als einem Jahr hat der Verlag Springer Science + Business Media und der Lehrstuhl

Gabi Böttcher
Verantwortliche Redakteurin, Portalmanagerin Vertrieb der Wissensplattform Springer für Professionals.
E-Mail: gabi.boettcher@ springer.com

Univ.-Prof. Dr. Ove Jensen
Gründungsherausgeber, Inhaber Lehrstuhl für Vertriebsmanagement, WHU – Otto Beisheim School of Management.
E-Mail: ove.jensen@ whu.edu

für Vertriebsmanagement und Business-to-Business Marketing an der WHU – Otto Beisheim School of Management in Vallendar diese neue Zeitschrift gegründet. Nachdem die Konzeption abgeschlossen und die Umsetzung gelungen ist, zünden wir nun die nächste Stufe und stellen das Projekt auf eine breitere Basis. Wir formieren zur Zeit einen Beirat aus renommierten praxisorientierten Wissenschaftlern, die sich mit dem Thema Vertrieb beschäftigen. Gemeinsam wollen wir auch in Zukunft danach suchen, wo der Kunde denn läuft.

Herzlichst, Ihre

Gabi Böttcher

Ove Jensen

1|2015

Schwerpunkt

www.springerprofessional.de

Beilagenhinweis
Dieser Ausgabe liegen Beilagen der boerding messe GmbH & Co KG, Mannheim, der Gesells. f. Kongressmanagement Köhler-Lürssen GbR, Rullstorf, der Haufe Akademie GmbH & Co. KG, Freiburg sowie Milz & Comp. GmbH, Köln, bei. Wir bitten unsere Leserinnen und Leser um Beachtung.

Personalien

Führungswechsel bei Mercedes-Benz

Dr. Carsten Oder, verantwortlich für das weltweite Produktmanagement von Mercedes-Benz Pkw, übernimmt ab April 2015 die Funktionen als Vorsitzender der Geschäftsleitung Mercedes-Benz Cars Vertrieb Deutschland (MBD) und Leiter Mercedes-Benz Vertrieb Deutschland (MBVD). Er folgt Harald Schuff, der das Unternehmen nach 40 Dienstjahren bei der heutigen Daimler AG auf eigenen Wunsch und in gegenseitigem Einvernehmen verlässt. Oder besitzt umfassendes Know-how im Vertriebsgeschäft von Mercedes-Benz. Seit 2013 ist er als Leiter Produktmarketing Mercedes-Benz Pkw tätig.

BrandMaker holt DAM-Experten

Oliver Eschenbach ist der neue Director Internationals Sales der BrandMaker GmbH, Anbieter von Marketing-Ressource-Management-Systemen in Karlsruhe. Eschenbach verfügt über jahrzehntelange Berufserfahrung im Vertrieb und ist anerkannter Experte im Bereich Digital Asset Management (DAM). Zuletzt war er mehrere Jahre bei Celum, einem Anbieter von DAM-Lösungen, als Director Sales & Marketing tätig.

Anna Rathje hat bei der Berliner PR-Agentur Piâbo die Leitung des B2B-Teams übernommen. Ihr Aufgabengebiet liegt in der Beratung in den Themenfeldern PR, Social Media und Content Marketing sowie in der Umsetzung der Kommunikationsstrategien für nationale und internationale Kunden. Zuletzt war Rathje bei Faktor 3 als Seniorberaterin tätig. Als Lifestyle- und Consumer-PR-Expertin hat sie bereits namhafte nationale und internationale Etats betreut.

Eric Pütz hat seit 1. Januar 2015 die Position des Head of Sales D-A-CH bei Ligatus übernommen. Er folgt auf Christopher Uhl, der das Unternehmen auf eigenen Wunsch verlässt, um sich neuen beruflichen Herausforderungen zu stellen. Pütz, seit 2011 bei Ligatus tätig, ist in seiner neuen Position verantwortlich für alle Vertriebsaktivitäten in Deutschland, Österreich und der Schweiz. Er berichtet an Lars Hasselbach, Geschäftsführer Ligatus GmbH.

Ulf Hagedorn ist neuer Direktor Service bei der Kyocera Document Solutions Deutschland GmbH. In dieser Funktion verantwortet er die Servicestrategie des japanischen Dokumentenmanagement-Experten in Deutschland.

Roger Bootz leitet bereits seit Dezember 2014 den öffentlichen Vertrieb passiver Anlageprodukte bei der Deutschen Asset & Wealth Management (Deutsche AWM). In dieser Funktion ist er für die Region Europa, Naher Osten und Afrika (EMEA) zuständig. Er wird vorrangig den Vertrieb von db X-trackers ETFs über Vermögensverwalter, Direktbanken, Finanzberater und Vermittler-Pools betreuen. Mit Sitz in Frankfurt berichtet Bootz an Simon Klein, Leiter Vertrieb ETPs & Institutionelle Mandate EMEA und Asien Deutsche AWM. Bootz kommt von der UBS, wo er nach zahlreichen Sales-Aufgaben zuletzt als Head of ETF Capital Markets Europe tätig war.

Cornelia Sitter verstärkt seit 1. Februar 2015 als Vertriebsbeauftragte das Vertriebsteam von Rhenus Medien. Ihre Aufgaben sind insbesondere der Vertrieb der neuen IT-Lösungen für Verlage und andere Medienunternehmen und dabei primär der Ausbau neuer Kundenbeziehungen. Zuletzt war Cornelia Sitter für den Vertrieb bei Kessler Druck + Medien GmbH & Co. KG, Bobingen verantwortlich.

WHU EXECUTIVE EDUCATION

WHU
Otto Beisheim School of Management
30 Years 1984–2014

Thinking in new directions.

Maßgeschneiderte Programme
- Konzeption und Durchführung interner Weiterbildungsmaßnahmen
- Angepasst an die individuellen Bedürfnisse Ihres Unternehmens

Offene Programme
- General Management Plus Program
- Doing Business With India Program
- Negotiations Program

Weitere Informationen: whu.edu/execed
E-Mail: execed@whu.edu

SYSTEMAKKREDITIERT
nach **Akkreditierungsrat** ■ durch ✕ FIBAA

30 Years
Excellence in
Management
Education

1984–2014

Kundenorientierung

Die Größe eines Wortes stellt die relative Häufigkeit in den Beiträgen des Heft-Schwerpunktes dar.

Leistungen
Zusammenarbeit
Erfolgsquoten
Erfolg Service IT-Outsourcing
CRM-System Rolle
Diskussion Anbieter Leistung
Ziel Vertrieb Lösung
Unternehmen Customer
Risiken
Informationen Kunden
Menschen Markt
vertrauen CRM IT erfolgreich
Preis Kundenbindung Technologien Management
Produkt Marketing Verkäufer
Effektivität
Effizienz
Digitalisierung

Schwerpunkt
Kundenorientierung

CRM ist tot – es lebe CRM!

Effektives Kundenmanagement steht mehr denn je im Fokus der Unternehmen. Größter Engpass für Wachstum ist dabei der zahlende Kunde. Weil Unternehmen aller Branchen mehr Kunden verlieren, als sie gewinnen, haben sie in der jüngeren Vergangenheit „Churn gleich Null"-Programme aufgesetzt, um diesen Trend zu stoppen.

Claudio Felten, Ulf Loetschert

In 80 Prozent der Unternehmen ist man davon überzeugt, seine Kunden zu begeistern. Dies bestätigen jedoch nur acht Prozent der Kunden. Gleichzeitig steigt durch digitalen Wandel und Multikanalvertrieb, neue Technologien und Medien sowie veränderte Effizienz und Effektivität von Kommunikationskanälen die Komplexität. Gleichermaßen wachsen die Herausforderungen für das Management. Kundenorientierung findet inzwischen in einer neuen Dimension statt: Customer Journeys müssen betrachtet und Customer Experience muss gemanagt werden. „Big Data" hält als Schlüssel für neue Customer Insights Einzug in Unternehmen.

Angesichts dieser Trends und Entwicklungen verwundert es nicht, dass CRM dem bekannten Muster in der Technologiediffusion folgt. Nach dem ersten Hype und der anschließenden Ernüchterung im letzten Jahrhundert erlebt CRM aktuell eine Renaissance (siehe **Abbildung 1**), die sich unter anderem am Investitionsverhalten der Unternehmen ablesen lässt. Die Marktforscher von Gartner erwarten bis 2017 ein jährliches Wachstum des CRM-Softwaremarkts um knapp 15 Prozent.

In den 80er-Jahren war es ein technischer Auslöser, der CRM ermöglichte. Softwaresysteme verschmolzen vorhandene Funktionalitäten der Sales-Force-Automation mit dem damals neuen Ansatz des Beziehungsmarketings zu einer leistungsfähigen Softwaresuite. Auf der Systemseite hat sich inzwischen viel getan und erneut treiben technische Entwicklungen den Markt an. Neuere Player wie Salesforce haben den Markt belebt und führende Hersteller wie zum Beispiel Microsoft sehen CRM als strategischen Wachstumstreiber bei Geschäftskunden. Beschleunigt wird die Investitionsspirale durch Mega-Trends wie Cloud, Mobile und Social.

Nur selten verfügen Legacy-CRM-Systeme über entsprechende Updates. Unternehmen, die ihre Kundenmanagementstrategie den neuen Marktbedingungen anpassen wollen, müssen diese Systeme ablösen. Im produktorientierten B2B-Sektor wird oft noch ohne CRM gearbeitet. Für diese Spezies steigen Handlungsdruck und Veränderungsbedarf.

Zeit also für eine Standortbestimmung: Wie weit ist das Thema CRM im Mittelstand heute und was treibt es zukünftig an? Wie gut investiert ist das Geld in CRM aus Sicht von deutschen Unternehmen? Welche Rolle spielen die Technologietrends?

CRM dominiert in Marketing und Vertrieb

Eine Studie des Osnabrücker Beratungshauses BUW Consulting ergab, dass CRM immer weniger im Hoheitsgebiet der IT angesiedelt wird: Marketing und Vertrieb dominieren (bezogen auf die Teilnehmer) mit 72 Prozent – nur jeder Zehnte kommt aus dem IT-Bereich.

Wie verbreitet ist überhaupt die Nutzung von CRM-Systemen? Laut der BUW-Studie verwalten 55 Prozent der Unternehmen ihre Kundendaten hauptsächlich in einem CRM-System. Weitere 15 Prozent nutzen ein CRM-Modul innerhalb ihres ERP-Systems. Die Nutzung von Tabellenkalkulation (21 Prozent), Groupware (25 Prozent) und ähnlichem als pragmatischem Ersatz für ein dediziertes CRM-System erfreut sich weiterhin hoher Beliebt-

Dr. Claudio Felten
ist Geschäftsführer und Managing Partner beim Osnabrücker Kundenmanagement-Beratungshaus BUW Consulting GmbH. Zudem hat er einen Lehrauftrag für Kundenmanagement und Strategisches Management an der Universität Osnabrück.

Ulf Loetschert
verantwortet als Senior Consultant bei der BUW Consulting GmbH den Bereich CRM. Als herstellerneutraler CRM-Berater unterstützt er Kunden bei der Systemauswahl sowie Implementierung. Einer seiner Schwerpunkte liegt in der Optimierung der Usability.

Claudio Felten
BUW Consulting GmbH, Osnabrück, Deutschland
E-Mail: claudio.felten@buw-consulting.com

Ulf Loetschert
BUW Consulting GmbH, Osnabrück, Deutschland
E-Mail: u.loetschert@buw-consulting.com

heit. Auch bei Unternehmen mit CRM-System werden solche Systeme ergänzend genutzt. Die bisherigen „Nichtnutzer" wollen mehrheitlich investieren: 66 Prozent der Unternehmen, die bisher ohne CRM-System arbeiten, beschäftigen sich mit der Anschaffung (siehe **Abbildung 2**).

Bestehende Kunden zu binden ist wichtiger als Neukundengewinnung

Bei den CRM-Zielen ist zu unterscheiden zwischen solchen, die vorrangig auf den Kunden gerichtet sind und solchen, die auf interne Verbesserungen abzielen. Gefragt wurde nach den drei am höchsten priorisierten Zielen der Unternehmen. Zu diesen zählen am häufigsten die Kundenbindung und die Steigerung der Prozesseffizienz mit je 61 Prozent, gleichauf liegen die Kundenpotenzialausschöpfung und die Steigerung der Kundendatenqualität mit jeweils 60 Prozent. Interne und kundenorientierte Ziele sind für die Unternehmen im CRM von gleichermaßen hoher Bedeutung (siehe **Abbildung 3**).

CRM bietet den Unternehmen ein breites Spektrum an Handlungsfeldern, angefangen bei der Entwicklung der Kundenmanagement-Strategie über die Einführung einer geeigneten technischen Lösung bis hin zur Restrukturierung der Organisation. Vergleicht man die in den kommenden zwei Jahren geplanten Aktivitäten mit dem unternehmensseitig wahrgenommenen Handlungsbedarf, stellt man fest: In der Regel planen die Unternehmen Aktivitäten auch in Bereichen, die nicht unbedingt als vorrangiges Handlungsfeld gesehen wer-

Kerngedanke 1

IT-Innovationen sorgen für einen erneuten Investitionsschub in CRM-Systeme.

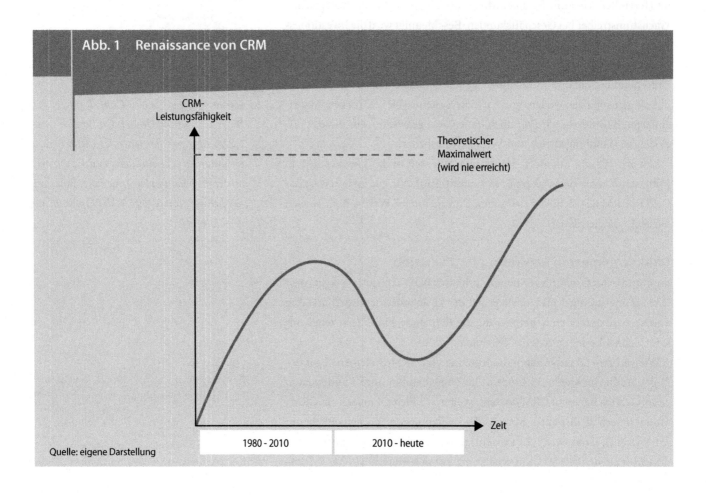

Abb. 1 Renaissance von CRM

CRM-Leistungsfähigkeit

Theoretischer Maximalwert (wird nie erreicht)

Zeit

1980 - 2010   2010 - heute

Quelle: eigene Darstellung

den. Nur einmal ist das Verhältnis umgekehrt. 40 Prozent sehen einen zeitnahen Handlungsbedarf bei der Entwicklung einer kundenorientierten Strategie, während nur 33 Prozent der Unternehmen planen, sich damit zu befassen.

Strategieentwicklung stellt für viele Unternehmen offensichtlich eine Hürde dar – obwohl sie die Basis für alle weiteren CRM-Aktivitäten bilden sollte. Das meistgenannte Handlungsfeld ist die Optimierung von Prozessen an allen Customer Touchpoints in Marketing, Vertrieb und Service. Die Unternehmen befassen sich aktuell vorrangig mit dem „M" (für Management) in CRM: Prozesse in Logistik und Produktion sind über Jahre optimiert worden, nun rückt die Kundenschnittstelle in das Zentrum der Effizienzbemühungen.

Beherrschen Unternehmen CRM-Prozesse?

Die Studie wirft einen ausführlichen Blick auf das Fokusthema Prozesse: Welche Prozesse sind den Unternehmen im Rahmen des CRM wichtig? Wie gut sind sie organisatorisch aufgestellt? Erfüllt das CRM-System seinen Zweck als technischer Möglichmacher?

Die Relevanz der Prozesse unterscheidet sich erwartungsgemäß nach Geschäftsmodell. Zwischen Relevanz einerseits und Berücksichtigung dieser angegebenen Relevanz in der Umsetzung andererseits klafft jedoch fast durchgängig eine große Lücke. Für mehr als 90 Prozent der Unternehmen ist das Adress- und Kontaktmanagement ein relevanter CRM-Kernprozess, doch nur 46 Prozent bewerten die Unterstützung durch das CRM-System in diesem Bereich mit „gut" oder „sehr gut". Noch schlechter schneidet das Reporting ab. Zwar legen mehr als 70 Prozent großen Wert auf CRM-basiertes Reporting, doch bei gerade mal 29 Prozent stillt das CRM-System diesen Informationsbedarf. Die Einschätzung der eigenen organisatorischen

Zusammenfassung

Seit Ende der 90er-Jahre beschreibt der Begriff CRM die Maßnahmen eines Unternehmens zur Errichtung und Pflege profitabler Kundenbeziehungen. Der Artikel gewährt auf Basis der BUW-CRM-Studie 2014 Einblicke in den Status quo und die Zukunft des CRM in deutschen Unternehmen und beschreibt anhand eines Reifegrad- und Akzeptanzmodells, was neben der eigentlichen Systemimplementierung wichtig ist.

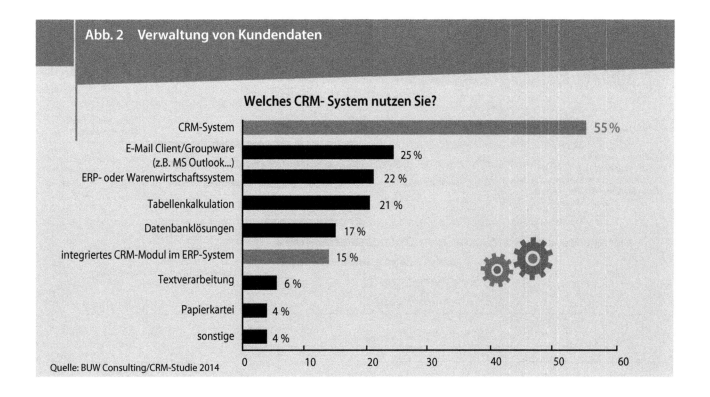

Abb. 2   Verwaltung von Kundendaten

Welches CRM- System nutzen Sie?

- CRM-System — 55 %
- E-Mail Client/Groupware (z.B. MS Outlook...) — 25 %
- ERP- oder Warenwirtschaftssystem — 22 %
- Tabellenkalkulation — 21 %
- Datenbanklösungen — 17 %
- integriertes CRM-Modul im ERP-System — 15 %
- Textverarbeitung — 6 %
- Papierkartei — 4 %
- sonstige — 4 %

Quelle: BUW Consulting/CRM-Studie 2014

Reife für diese Prozesse liegt dabei durchgehend gleichauf mit der wahrgenommenen Unterstützung durch das CRM-System (siehe **Abbildung 4**).

Eine These zur Interpretation der Befunde könnte sein, dass Unternehmen mitunter schmerzhafte interne Veränderungsbedarfe an eine Software delegieren wollen – ein Anspruch, dem die CRM-Systeme selbstverständlich nicht gerecht werden können. Offenbar erwartet eine große Anzahl der Unternehmen, dass sie mit einem CRM-System auch bessere Prozesse einkaufen.

Kerngedanke 2

Prozesse stehen im Fokus der CRM-Aktivitäten.

Trend „Mobile" und andere Imperative

Die Cloud ermöglicht schnelle, nahezu unbegrenzte Skalierbarkeit der IT-Infrastruktur und verschafft den Unternehmen somit ein hohes Maß an Agilität. Softwaresysteme sind theoretisch sofort einsatzbereit, können jederzeit zentral erweitert, aktualisiert oder abgeschaltet werden. Auch die Performance können Cloud-Anbieter über verteilte Systeme flächendeckend besser sicherstellen.

Schwierig gestaltet sich die Integrationsfähigkeit in bestehende Systeme wie die nahezu obligatorische Anbindung an ERP oder Warenwirtschaft. Das Customizing, also die kundenindividuelle Anpassung, hat in der Cloud ebenso seine Grenzen wie die Offline-Verfügbarkeit. In Deutschland stehen die Unternehmen der Cloud im Bereich CRM heute noch zögerlich gegenüber. Bisher nutzen nur 18 Prozent der Befragten eine CRM-Lösung aus der Cloud, weitere 18 Prozent planen zukünftig eine solche Lösung. Ein Zusammenhang mit den Datenspionage-Skandalen der letzten Jahre liegt nahe.

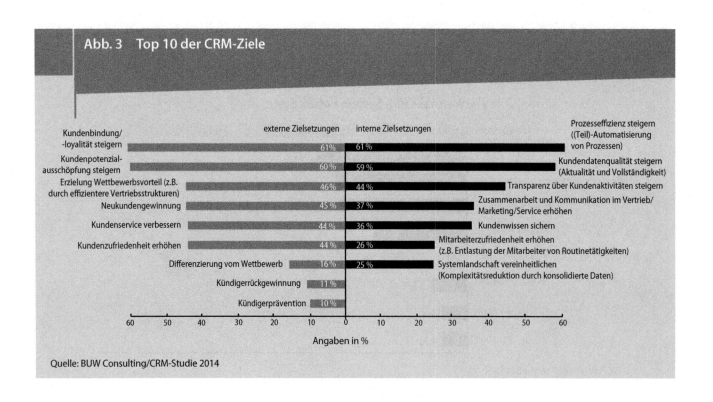

Abb. 3 Top 10 der CRM-Ziele

Quelle: BUW Consulting/CRM-Studie 2014

Mobile hingegen ist nicht nur im klassischen Außendienst längst zum Pflichtprogramm geworden. Drei Viertel der Unternehmen nutzen Tablets im Vertrieb, fast 95 Prozent Smartphones. Knapp zwei Drittel wünschen sich heute einen mobilen Zugriff auf ihr CRM-System. Die etablierten Anbieter haben bereits auf diesen Markttrend reagiert und entsprechende Apps zu ihren Systemen entwickelt. Die weitere Entwicklung im Bereich Mobile wird sich jedoch nicht im bloßen Programmieren einer App erschöpfen. Getreu dem Grundsatz Mobile First ist zu erwarten, dass die mobile Anwendung wichtiger wird als die klassische Desktop-Nutzung. Die Zeiten, in denen eine App die abgespeckte Desktop-Version war, sind vorbei.

Ein gespaltenes Ergebnis zeigt sich beim Trend Social Media. Soziale Netzwerke werden von 23 Prozent der Unternehmen aktuell im CRM genutzt, weitere 28 Prozent planen eine zukünftige Nutzung. Knapp die Hälfte der Befragten sieht heute und in naher Zukunft keine nennenswerte Rolle im CRM. Die aktiven Nutzer sehen Mehrwerte vor allem in der Generierung

Kerngedanke 3
Benutzerakzeptanz ist ein entscheidender Erfolgsfaktor.

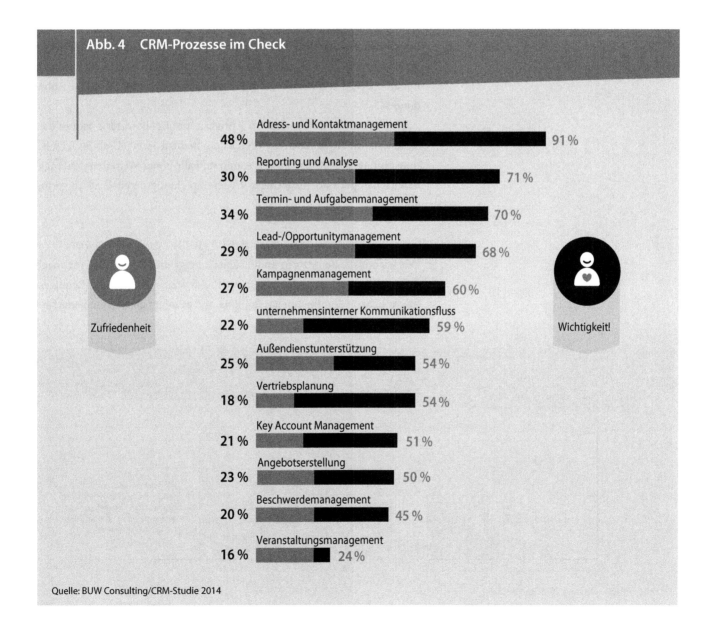

Abb. 4   CRM-Prozesse im Check

Zufriedenheit | Wichtigkeit!

Adress- und Kontaktmanagement
48 % — 91 %

Reporting und Analyse
30 % — 71 %

Termin- und Aufgabenmanagement
34 % — 70 %

Lead-/Opportunitymanagement
29 % — 68 %

Kampagnenmanagement
27 % — 60 %

unternehmensinterner Kommunikationsfluss
22 % — 59 %

Außendienstunterstützung
25 % — 54 %

Vertriebsplanung
18 % — 54 %

Key Account Management
21 % — 51 %

Angebotserstellung
23 % — 50 %

Beschwerdemanagement
20 % — 45 %

Veranstaltungsmanagement
16 % — 24 %

Quelle: BUW Consulting/CRM-Studie 2014

Kerngedanke 4

Unternehmen sollten vor einer CRM-Investion ihren Reifegrad bestimmen und Handlungsfelder priorisieren.

---

von Kundeninformationen, der schnellen Kunden-Interaktion und dem Erkennen von Marktentwicklungen.

Wie gut sind CRM-Systeme wirklich?

Ergänzend zu den Fragen nach der Zufriedenheit mit der Ausgestaltung von einzelnen Eigenschaften und Prozessen in CRM-Systemen interessiert auch das Gesamtbild. Mit dem Instrument des NPS (Net Promoter Score) lässt sich die Loyalität mittelbar über die Frage nach der Weiterempfehlungsbereitschaft messen. So sollte auf einfache und leicht nachvollziehbare Weise in Erfahrung gebracht werden, was die wahren Treiber der Verbundenheit und Einstellung in Bezug auf die eingesetzten CRM-Systeme sind.

Formal ausgedrückt berücksichtigt der NPS in der BUW-Studie den für die Bindung von CRM-Nutzern wirksamen Saldo aus den begeisterten und den skeptischen Nutzerstimmen. Der NPS berechnet sich aus dem Anteil der Promotoren (grün, 9 und 10) abzüglich des Anteils der Kritiker (rot, 0 bis 6). Der Anteil der Kritiker überwiegt deutlich, der NPS unter den Studienteilnehmern liegt bei mageren minus 16 Prozent. Nur 28 Prozent der Unternehmen würden ihr CRM-System weiterempfehlen. Die mit 15 Prozent vertretenen CRM-Module in ERP-Systemen schneiden in der Untersuchung mit einem NPS von minus 62,5 noch wesentlich schlechter ab (siehe **Abbildung 5**).

Die genannten Treiber sind bei Kritikern und Befürwortern nahezu dieselben, nur mit umgekehrtem Vorzeichen: Bedienbarkeit (Usability), Funktionsumfang und Anpassbarkeit waren im Falle hoher Weiterempfehlungsbereitschaft gut und bei geringer Weiterempfehlungsbereitschaft zu gering ausgeprägt.

Benutzerfreundlichkeit hat den höchsten Stellenwert

Wie wichtig die Benutzerfreundlichkeit ist, zeigt ein Blick auf die Frage nach den wichtigsten Eigenschaften eines CRM-Systems. Aspekte der Benutzerfreundlichkeit dominieren das Ranking und es zeigt sich Nachholbedarf auf

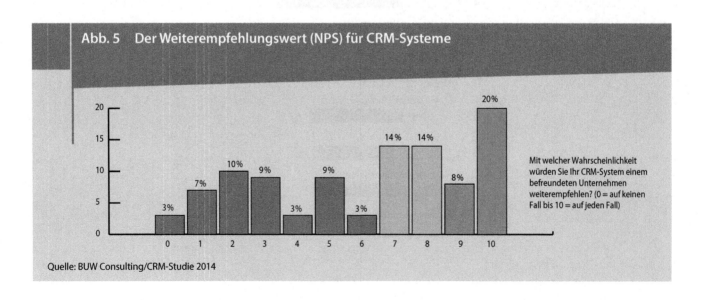

Abb. 5 Der Weiterempfehlungswert (NPS) für CRM-Systeme

Mit welcher Wahrscheinlichkeit würden Sie Ihr CRM-System einem befreundeten Unternehmen weiterempfehlen? (0 = auf keinen Fall bis 10 = auf jeden Fall)

Quelle: BUW Consulting/CRM-Studie 2014

Seiten der Systeme. 90 Prozent der Befragten ist die einfache Nutzbarkeit ein wichtiges Anliegen, während 37 Prozent die Usability ihres CRM-Systems für gut oder sehr gut halten. Auch bei den anderen Dimensionen der Benutzerfreundlichkeit sieht das Bild ähnlich aus. Sogar die Performance bewerten nur 41 Prozent positiv (siehe **Abbildung 6**).

Benutzerakzeptanz – ohne sie ist alles nichts

Nicht zu unterschätzen für den Erfolg einer CRM-Einführung ist der Einfluss des Faktors Mensch. Ein CRM-Projekt ist nur dann erfolgreich, wenn die designierten Anwender mitziehen.

Selbst wenn die Unternehmen ihre Hausaufgaben gemacht haben, also die strategische Ausrichtung, die Ziele und die Prozesse im CRM definiert sind,

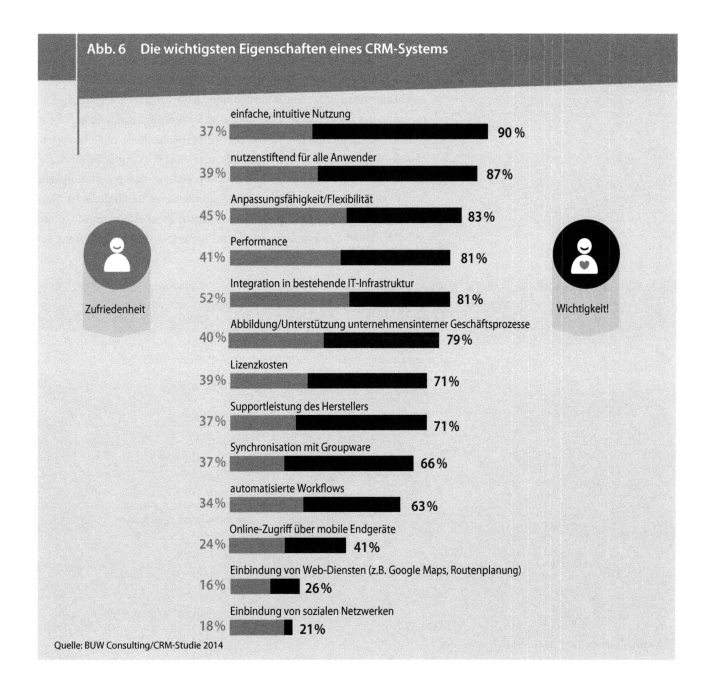

Abb. 6   Die wichtigsten Eigenschaften eines CRM-Systems

Zufriedenheit

Wichtigkeit!

einfache, intuitive Nutzung
37 % — 90 %

nutzenstiftend für alle Anwender
39 % — 87 %

Anpassungsfähigkeit/Flexibilität
45 % — 83 %

Performance
41 % — 81 %

Integration in bestehende IT-Infrastruktur
52 % — 81 %

Abbildung/Unterstützung unternehmensinterner Geschäftsprozesse
40 % — 79 %

Lizenzkosten
39 % — 71 %

Supportleistung des Herstellers
37 % — 71 %

Synchronisation mit Groupware
37 % — 66 %

automatisierte Workflows
34 % — 63 %

Online-Zugriff über mobile Endgeräte
24 % — 41 %

Einbindung von Web-Diensten (z.B. Google Maps, Routenplanung)
16 % — 26 %

Einbindung von sozialen Netzwerken
18 % — 21 %

Quelle: BUW Consulting/CRM-Studie 2014

ist das nur die notwendige Bedingung für ein erfolgreich gelebtes CRM-Konzept. Hinreichende Bedingung ist die faktische Akzeptanz des CRM-Systems durch die Mitarbeiter, die in erster Linie mit dem CRM-System arbeiten und Daten pflegen sollen. Im Vergleich zu der Arbeit mit anderen Systemen, etwa mit einer Buchhaltungssoftware, bietet ein CRM erhebliche Freiräume. Ob alle bekannten und relevanten Informationen wirklich erfasst werden, lässt sich letztlich nicht nachvollziehen.

Dieser „moral hazard" kann auch positiv interpretiert werden. Ein CRM-System ist lediglich ein Angebot an die potenziellen Anwender. Ob sie es vollumfänglich nutzen, entscheiden allein sie. Die Faktoren, welche die Akzeptanz eines Anwenders beeinflussen und seine Wahrnehmung prägen, sind wissenschaftlich gut untersucht. Antworten liefert hier das Technology-Acceptance-Modell, das vor allem auf psychologischen Untersuchungen fußt (siehe **Abbildung 7**). Angewandt auf CRM stellt sich vereinfacht gesehen jeder Anwender zwei Fragen.

1. Unterstützt mich das CRM-System bei meiner Kernaufgabe?
2. Kann ich das System gut bedienen?

Entscheidend ist hier die Wahrnehmung jedes Einzelnen. Gerade die Generation der Digital Natives stellt hohe Anforderungen an Usability.

Nach der Identifikation potenzieller CRM-Bestandteile ist zu bewerten, welche Relevanz diese für die Unternehmens- und Kundenmanagementziele haben. Anschließend muss bewertet werden, wie die Organisationsreife mit Blick auf Strategie, Prozesse und Struktur dieser Bestandteile ist. Daraus ergibt sich der CRM-Organisationsreifegrad. Parallel dazu muss der Einfluss der CRM-Systemunterstützung für die Effektivität und Effizienz der

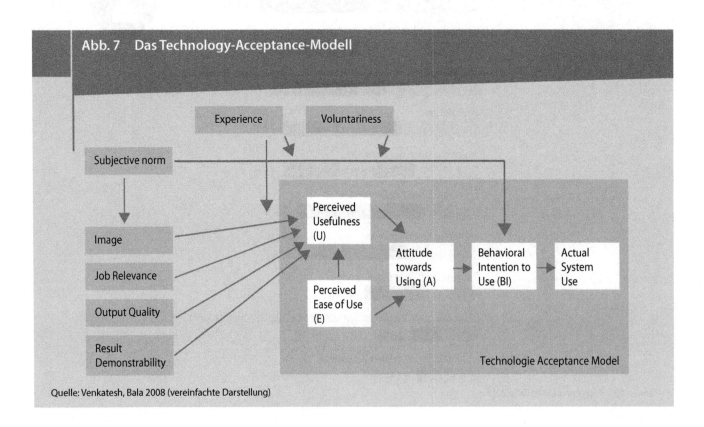

Abb. 7   Das Technology-Acceptance-Modell

Experience

Voluntariness

Subjective norm

Image

Job Relevance

Output Quality

Result Demonstrability

Perceived Usefulness (U)

Perceived Ease of Use (E)

Attitude towards Using (A)

Behavioral Intention to Use (BI)

Actual System Use

Technologie Acceptance Model

Quelle: Venkatesh, Bala 2008 (vereinfachte Darstellung)

CRM-Bestandteile ermittelt und die aktuelle Performance der Systemunterstützung bewertet werden. Daraus ergibt sich der CRM-Systemreifegrad. Beides zusammengenommen ergibt eine Standort- und Zielbestimmung und sorgt für Transparenz über die Handlungsfelder. Auf dieser Basis lassen sich Lösungen identifizieren und Investitionsentscheidungen treffen.

Darüber hinaus könnten Unternehmen angesichts der Studienergebnisse ihre CRM-Strategie prüfen und gegebenenfalls überdenken sowie analysieren, ob ein Daten-, Nutzungs-, Performance- oder Funktionalitätsproblem vorliegt.

Unter dem Link http://buw.me/CRM2015 bietet BUW für Unternehmen ein Update der Studie inklusive individueller Reifegradbestimmung.

Literatur

[sfp]* Albers, S.;/Krafft, M. (2013): Die zentralen Trends im Vertriebsmanagement von morgen, Wiesbaden (ID: 4954496)

Felten, C. (2014): Das Net Promoter®-Konzept als Teil des Customer Experience Managements, München

[sfp]* Heinemann, G. (2013): Multi-Channel ist das Ende der Bequemlichkeit, Wiesbaden (ID: 4954486)

Kumar, V.;/Reinartz, W. (2012): Customer Relationship Management: Concept, Strategy, and Tools; Heidelberg, New York, Dordrecht, London

o.V. (2009): Internationale Studie zur Kundenzufriedenheit, Accenture

Peppers , D./Rogers, M. (2008): Rules to Break and Laws to Follow: How Your Business Can Beat the Crisis of Short-Termism, New Jersey

Reichheld, F. (2011): The Ultimate Question: Driving Good Profits and True Growth, Boston

Venkatesh, V. / Bala, H. (2008), 'Technology acceptance model 3 and a research agenda on interventions', Decision Science 39(2), 273–315

Winters, P. (2014): Customer Strategy, Freiburg-München

[sfp]* Abonnenten des Portals Springer für Professionals erhalten diesen Beitrag im Volltext unter www.springerprofessional.de/ID

Handlungsempfehlungen

- Die Relevanz und Bedeutung neuer technischer Möglichkeiten ist für viele Unternehmen schwer bewertbar. Der wichtigste erste Schritt ist daher eine Standort- und Zielbestimmung. Erst dann lässt sich der optimale Handlungsstrang bestimmen.
- Performance ist ein Schlüssel zur Nutzerakzeptanz. Testen Sie die Systeme vor dem Kauf in Alltags-Situationen auch außerhalb des Büros, etwa im Zug.
- Kalkulieren Sie mindestens einen Fünf-Jahres-Total-Cost-of-Ownership. Dazu zählen etwa interne und externe Projektkosten, Kosten für Lizenzen, Support, Beratung, Schulungen, Hosting und Betrieb sowie Weiterentwicklung. Stellen Sie Wirtschaftlichkeitsberechnungen gegenüber: Welchen Wert haben treuere Kunden?
- CRM bedeutet in der Regel Veränderungen für Ihre Mitarbeiter. Nehmen Sie diese aktiv mit in diesen Veränderungsprozess und geben Sie ihnen Gestaltungsfreiraum.

Das schwierige Management von Großprojekten für Kunden

Wie gehen Unternehmen erfolgreich mit Key Accounts und Großprojekten um? Forschung und Unternehmen zeichnen meistens ein erwünschtes Bild. Da ist die Rede von Entwicklungszusammenarbeit, strategischen Partnerschaften oder Win-win-Beziehungen. Die Realität ist dagegen oft geprägt von Schwierigkeiten. Es lohnt sich, auch die Schwierigkeiten und Krisen in der Zusammenarbeit mit großen Kunden zu erfassen, um Lösungen realistischer und besser zu gestalten.

Marc Schmickler, Christian Belz

In diesem Beitrag wird das schwierige Management von Großprojekten am Beispiel von Angebotsprojekten für ein umfassendes Informatik-Telekom (IT)- Outsourcing diskutiert. Es handelt sich um Vertriebsprojekte mit einem starken Akzent auf dem technologischen Lösungsdesign. Viele konzeptionelle Entscheidungen werden in einer vertrieblich geprägten Interaktion mit dem Kunden getroffen. Während der Angebotsphase wird die Grundlage für den Erfolg oder bereits der Keim des Scheiterns bei der nachfolgenden Umsetzung des IT-Outsourcings gelegt.

„Chronik eines angekündigten Todes"

Es scheint, als ob große und komplexe Projekte in Deutschland nicht mehr erfolgreich sein können. Dies manifestiert sich darin, dass selbst die sogenannten „Leuchtturm"- Projekte der Wirtschaft und Öffentlichkeit nicht gelingen wollen. Viele Großprojekte scheitern nicht im Stillen, sondern sie scheitern grandios mit starker Öffentlichkeitswirkung. Im Sinne der Erzählung „Chronik eines angekündigten Todes" von Gabriel García Márquez ist das Scheitern häufig zu erahnen; doch niemand hält den tragischen Verlauf der Ereignisse auf. Doch was macht das Management dieser Großprojekte so schwierig? Was sind die Erfolgsfaktoren und wo liegen die Hebel für eine wirksame Projektsteuerung? Bei einer tieferen Analyse von erfolglosen Projekten im Bereich des IT-Outsourcings treten Probleme letztlich auf drei Ebenen auf: schlechtes Lösungskonzept, ungenügende Zusammenarbeit im Sinne einer fehlenden übergreifenden Projektkommunikation oder das simple „menschliche" Scheitern in Form von falschen Entscheidungen bzw. „falschem" oder gar „böswilligem" Verhalten. Natürlich beeinflussen sich die Problemebenen wechselseitig. Die besonderen Merkmale der Angebotsprojekte im IT-Outsourcing zeigt **Tabelle 1**.

Es folgen vier ausgewählte Thesen, die Schwierigkeiten und systematischen Fehler beim Management der Vergabe eines IT-Outsourcings bezeichnen. Diese Thesen beruhen auf Erfahrungen, Expertengesprächen und Marktbeobachtungen.

Dr. Marc Schmickler
verantwortet bei T-Systems International in Bonn große und komplexe Angebotsprojekte im Bereich des IT-Outsourcings für europäische Großkonzerne.

Prof. Dr. Christian Belz
ist Ordinarius für Marketing an der Universität St. Gallen und Geschäftsführer des Instituts für Marketing.

Tab. 1	Charakteristika von Angebotsprojekten im IT-Outsourcing
• Fremdvergabe von IT-Leistungen über eine definierte Vertragslaufzeit (in der Regel für drei bis zehn Jahre)	
• Ausschreibungen als übliches Vorgehen zur Vergabe	
• Projekte im Umfang von zwei- bis dreistelligen Millionen Euro mit einem Total Contract Value über die Laufzeit des Vertrages	
• Ausschreibungen werden meistens über den Einkauf oder (vermeintlich) unabhängige Berater getrieben.	
• Prozesse der Ausschreibung dauern lange und unterteilen sich in mehrere Phasen von Interessen-Wettbewerb, Request for Proposal/Quotation, Best Final Offer, Due Dilligence bis Vertragsverhandlungen.	
• An die Ausschreibung schließt sich meistens eine komplexe Transformations-, beziehungsweise Umsetzungsphase an.	

Quelle: eigene Recherche

Marc Schmickler
T-Systems International GmbH, Bonn, Deutschland
E-Mai: marc.schmickler@t-systems.de

Christian Belz
Universität St. Gallen, St. Gallen, Schweiz
E-Mai: christian.belz@unisg.ch

Kerngedanke 1
Gescheiterte Projekte sind kein Tabu-Thema, sondern ein wichtiges Lernfeld.

Thesen zu Schwierigkeiten und Fehlern bei der Vergabe eines IT-Outsourcings

These 1: IT-Großprojekte werden zu wenig am Wertbeitrag der beteiligten Unternehmen ausgerichtet.

IT-Systemlandschaften sind das Rückgrat von Organisationen. Wertschöpfende sowie administrative Prozesse sind IT-gestützt. Verändert sich das Unternehmen, wird das Geschäftsmodell angepasst oder will das Management flexibel auf Marktanforderungen reagieren, muss die IT die Voraussetzungen schaffen. Damit liegt im Zusammenspiel zwischen Business und IT ein bedeutender strategischer Hebel. Die Pflichtaufgabe der IT besteht darin, das Gesamt-IT-System möglichst stabil und zuverlässig zu betreiben. Die grundsätzliche Erwartungshaltung ist, dass die IT funktioniert und ein komfortables Arbeiten ermöglicht. Immer mehr Unternehmen wünschen sich aber eine agilere IT. Die Chance der IT liegt darin, die Effektivität des Business zu erhöhen.

Voraussetzung ist eine klare Vision darüber, wie sich das IT-Gesamtsystem perspektivisch unter Berücksichtigung sich ständig wandelnder Rahmenbedingungen entwickeln sollte. Das IT-Management ist aufgefordert, die eigenen Aktivitäten konsequent auf dieses Leitbild auszurichten. Doch vielen IT-Abteilungen fällt es zunehmend schwerer, dem Spannungsbogen aus steigenden Anforderungen und Kostendruck gerecht zu werden. Oft sind diese Abteilungen auch nicht ausreichend in eine strategische Diskussion über Kernkompetenzen und die strategische Ausrichtung des Unternehmens eingebunden. Sie agieren nicht auf Augenhöhe, sondern sind teilweise vor allem durch Kosten getrieben. Sie hinken den Wünschen und Erwartungen der Fachbereiche hinterher. Aus dieser eher reaktiven Position fällt es den IT-Abteilungen zunehmend schwerer, Projekte und Aktivitäten strategiekonform zu definieren und zu priorisieren.

Fazit: IT-Organisationen bewegen sich im Spagat zwischen steigenden Anforderungen und einem steigenden Kostendruck. Projekte werden eher punktuell geplant und zahlen nicht konsequent auf die strategische Ausrichtung des Unternehmens ein. Damit fehlt auch der strategische Rahmen für ein IT-Outsourcing. Als Konsequenz erfüllen viele IT-Projekte die Erwartungen des Managements und des Business nicht.

These 2: Ausschreibungsprozesse dauern zu lange, sind zu teuer und helfen nicht, die beste Lösung zu gestalten.

Unternehmen schreiben Leistungen im Rahmen eines IT-Outsourcings aus, um deutliche Einsparungen zu erzielen. Es geht darum, die vermeintlich beste, in jedem Fall aber eine preislich optimierte Leistung einzukaufen. In dem angestoßenen Vergabeprozess agieren die beteiligten IT-Anbieter kompetitiv und sind in der Regel zu deutlichen Zugeständnissen bereit.

Der Vergabeprozess eines IT-Outsourcings kann sich über ein Jahr hinziehen: vom „Request for Information" über ein „Request for Proposal" hin zur „Due Diligence Phase" mit abschließendem „Best and Final Offer". An das Best and Final Offer schließen sich in der Regel die Vertragsverhandlungen an, die vom Kunden häufig parallel gegen einen oder mehrere IT-Anbieter geführt werden. Das Verfahren bindet in den beteiligten Unternehmen eine Vielzahl von Ressourcen und ein signifikantes Sales-Budget des Anbieters. In den Vertragsverhandlungen sind Kunden bestrebt, die Leistung über ein hartes Master Service Agreement abzusichern, was insbesondere Pönale und Ausstiegsszenarien betrifft. Damit steht nicht die partnerschaftliche Zusammenarbeit im Mittelpunkt der Diskussion, sondern beide Vertragsparteien konzentrieren sich auch auf ein mögliches Ausstiegsszenario. Die Absicherung vor dem Scheitern steht also im Kern der Verhandlungen, nicht die gemeinsame Optimierung der Lösung.

Fazit: Die Ausschreibungen der Kunden dauern zu lange, bringen nach einer gewissen Zeit keinen Erkenntnis- beziehungsweise Konkretisierungsfortschritt und sind insbesondere auf Methodik, Preis und Absicherung ausgerichtet. Die konkrete Umsetzbarkeit kann während der Vergabe meist nicht im Detail bewertet werden.

These 3: Das Risikomanagement in Projekten fokussiert sich auf die vertragliche Absicherung, minimiert aber die echten Risiken kaum.
Am Entscheidungsprozess für die Vergabe von komplexen Projekten sind zahlreiche Anspruchsgruppen in einer Kundenorganisation beteiligt. Einfluss nehmen Verantwortliche aus Fachbereichen, der Unternehmensstrategie, aus zahlreichen Querschnittsfunktionen bis hin zu den zentralen und dezentralen IT-Abteilungen. Formell führen Buying Center und Einkaufsbereiche den Vergabeprozess und orchestrieren die interne Abstimmung. Beinahe kein Unternehmen führt den Prozess dabei autonom. Häufig sind mehrere Beratungshäuser mit unterschiedlichen Schwerpunkten involviert.

Das Buying Team bereitet eine Entscheidungsgrundlage für jede Vergabephase vor. Formell entscheidet dann ein Steuerungs- oder Lenkungskreis auf der Grundlage der vorbereiteten Bewertungsmatrizen. In diesen Lenkungskreisen sitzt das verantwortliche Management: Führungskräfte aus Business und IT. Damit sind sehr viele Personen bzw. Rollen an der Entscheidung beteiligt, die eine Managementkompetenz besitzen, aber nicht in der Lage sind, ein IT-Lösungsdesign fachlich zu bewerten. Vielen Top-Managern ist das inhärente Risiko zwar bewusst, aber der kompetitiv ausgerichtete Vergabeprozess verhindert eine ehrliche und objektive Diskussion der Projektrisiken und -chancen.

Fazit: Das Top-Management entscheidet über die Vergabe von Projekten. Sie sind auf die saubere fachliche Entscheidungsvorbereitung des Buying Centers angewiesen. Oft gibt es aber eine „Grauzone" im Hinblick auf die getroffenen Annahmen und Projektrisiken und -chancen. Das betrifft nicht nur die IT, sondern auch das eigene Business.

These 4: Einseitige Vorteilnahme auf Kosten des Vertragspartners schwächt die Partnerschaft und reduziert die Spielräume.
Die letzte These bezieht sich auf die Arbeitskultur, darauf wie die handelnden Menschen miteinander umgehen. Dabei ist natürlich zu beachten, dass

Zusammenfassung
Manche Großprojekte mit potenziellen Kunden scheitern. Es lohnt sich, diese Schwierigkeiten zu reflektieren und daraus Voraussetzungen und Verbesserungen abzuleiten.

Kerngedanke 2

Der Erfolgsdruck mit Großprojekten ist für Kunden und Lieferanten enorm. Zwischenberichte zu Projekten sind deshalb oft schöngefärbt, weil politisch und taktisch geprägt.

es im Bereich des IT-Outsourcings um sehr viel geht. Sowohl auf Seite des Kunden als auch bei Anbietern stehen die handelnden Personen in einer hohen Verantwortung. Der Erfolg sowie der Misserfolg entscheiden über persönliche Karrieren. Menschen gehen abhängig von ihrer persönlichen Disposition unterschiedlich mit diesem Druck um. Nervosität sowie Gefühlsausbrüche sind keine Seltenheit und politische Taktiken vernebeln das Projekt.

Im persönlichen Umgang der Menschen in gemeinsamen Präsentationen, Meetings oder Workshops spüren die Akteure, ob die „Chemie stimmt". Wichtig ist, dass sich zwischen den Key Playern ein Vertrauensverhältnis entwickelt. Natürlich ist es legitim, dass sowohl im Buying als auch im Selling Team verschiedene Rollen eingenommen werden und es im Ton und im Umgang emotionaler und „härter" werden kann. In einigen Fällen überziehen aber beteiligte Personen ihr Auftreten und sehen sehr einseitig den eigenen Erfolg und lassen dem Gegenüber keinen Spielraum.

An dieser Stelle soll nicht über Respekt und Fairness gesprochen werden, denn das entsprechende Empfinden ist subjektiv geprägt. Jedoch werden agierende Personen direkt oder viel häufiger indirekt angegangen und damit geschwächt – oft auch aus dem eigenen Haus. Auch dieser Umstand ist eine Ursache für das Scheitern von Projekten. Wenn man bereits im Vergabeprozess nicht gemeinsam, sondern eher gegeneinander antritt, wird sich auch in der nachfolgenden Umsetzung kein Team bilden, das gemeinsam nach dem Erfolg sucht.

Fazit: Vergabeprojekte werden von den handelnden Menschen geprägt. Innerhalb der eigenen Organisation besteht die Aufgabe darin, die notwendigen Prozesse der Administration und Kontrolle möglichst schlank zu halten und die agierenden Menschen zu stärken. Im Umgang zwischen den Organisationen ist es wichtig, dass ein Vertrauensverhältnis geprägt durch eine

Tab. 2 Vertriebliche Herausforderungen, um zu gewinnen		
Den Kunden durchdringen	**Den Kunden verstehen**	**Kosten optimieren**
• Vertrauen • Verbindlichkeit in die Diskussion bringen • verschiedene Stakeholder verstehen und sich auf die wichtigen Player konzentrieren • Kultur des Feedbacks fördern	• das Business und IT Ökosystem des Kunden verstehen • Transparenz über heutige Leistungen erzeugen • passendes Zukunftsmodell für den Kunden entwickeln, das Nutzen stiftet • ganzheitliches Risikomanagement etablieren	• kostenoptimierte Lösung entwickeln und adäquate Annahmen treffen • Zielpreis ermitteln und Target Costing ableiten • Spielräume für die kommenden Verhandlungsrunden definieren • Reaktionsfähigkeit gegenüber dem Wettbewerb bewahren
verbindlich sein	**die beste Lösung gestalten**	**den besten Preis bieten**

Quelle: eigene Darstellung

offene, ehrliche und konstruktive Feedback-Kultur entstehen kann. Die einseitige Vorteilnahme mit einer Maximierung des eigenen Nutzens schwächt die Gegenseite und reduziert die Spielräume in der zukünftigen partnerschaftlichen Zusammenarbeit. Gestützt auf diese Ausgangslage lassen sich verschiedene Empfehlungen ableiten.

Empfehlungen für das Management von Vergabeprojekten im Bereich des IT-Outsourcings

Tabelle 2 fasst die wichtigen Hinweise zusammen, um Kundenprojekte zu gewinnen. Sie lassen sich nicht nur im Kontext von IT nutzen. Die wichtigsten Folgereungen präzisieren wir mit vier Vorschlägen:

Vorschlag 1: Wertorientiertes Handeln als Leitmotiv
Bei der Führung von großen Vergabeprojekten im Bereich des IT-Outsourcings ist es wichtig, dass im Projektteam gemeinsame Prinzipien und Leitlinien vereinbart werden. Dies ist natürlich eine grundsätzliche Anforderung an Führung, aber in Projekten noch bedeutender, zumal die Zusammenarbeit noch intensiver und emotionaler erlebt wird. Die Projektteams stehen unter einem erheblichen Druck resultierend aus knappen Zeitplänen und hohen (Management-) Erwartungen. Wichtig ist, dass alle Beteiligten in hohem Maße engagiert und dem Vorhaben verpflichtet sind. Bei der Diskussion der Arbeitsergebnisse ist ein direktes und konstruktives Feedback essenziell. Sofern die Ergebnisse nicht passen, muss rasch reagiert und korrigiert werden. Diese Führungsprinzipien sind bedeutend für beide Projektteams: auf Kunden- und Anbieterseite.

In der Zusammenarbeit zwischen Buying und Selling Team herrschen formelle Kontakte vor. Dennoch muss es gelingen, Empathie und Vertrauen sowohl auf Top-Management als auch auf Arbeitsebene zu erzeugen. Grundlage ist „nachgewiesene" Kompetenz, Offenheit und unbedingte Ehrlichkeit. Die kurze Formel: Vertrauen = Kompetenz x Sympathie.

Vorschlag 2: Risiken nicht nur absichern, sondern minimieren. Entscheider müssen die Risiken der Umsetzung im Detail verstehen.
Entscheidungen im IT-Outsourcing sollten sich auf eine umfassende und detaillierte Risikoanalyse stützen. Die Herausforderung besteht für Entscheider darin, ein Verständnis darüber zu gewinnen, wo der kritische Pfad der Umsetzung liegt, was mit welcher Konsequenz passieren könnte, wie die Risiken gemanagt und diversifiziert werden. Die kritischen Diskussionen auf Arbeitsebene kommen oft nicht auf der Ebene der Entscheider an, sondern sie werden über die Hierarchieebenen hinweg herausgefiltert.

Vor diesem Hintergrund sollten Entscheider möglichst viele Perspektiven auf das Projekt in getrennten Sessions abfragen. Dabei ist es notwendig, auch einmal selbst „hinabzusteigen" in die Details der Lösungskonzeptionen. Entscheider sollten dabei konkret die Umsetzbarkeit der Lösungen hinterfragen und nicht einseitig auf die vertragliche Absicherung der Risiken fokussieren. Denn schließlich ist es zwar gut, wenn man eine gute Unfallversiche-

Handlungsempfehlungen
- Durchleuchten Sie erfolgreiche, aber ebenso erfolglose Projekte kritisch. Detaillierte Kundenschritte zeigen, wo sich für den Erfolg ansetzen lässt.
- Handeln Sie in Projekten wertorientiert.
- Sichern Sie Risiken nicht nur ab, sondern vermeiden oder vermindern Sie diese.
- Klären Sie das übergeordnete Zielsystem und harmonisieren Sie die Erwartungen von Business und IT.
- Wählen Sie Projekte kritisch, um dann den vollen Einsatz der Beteiligten zu mobilisieren.

rung hat, dennoch ist es besser, den Unfall zu vermeiden. Auch das Management seitens der IT-Anbieter ist aufgefordert, den kritischen Projektpfad zu hinterfragen. Bezogen auf Projektrisiken kann es keine Verkäuferattitude geben. Sind die Risiken in der gemeinsamen Planung mit dem Kunden nicht darstellbar, so ist auch das Anbietermanagement aufgefordert, konsequent zu intervenieren.

Vorschlag 3: Ein übergreifendes Zielesystem definieren und die Erwartungen von Business und IT harmonisieren

Um den Erfolg eines IT-s besser bewerten zu können, ist es notwendig, nicht nur IT-nahe Ziele zu definieren, sondern sämtliche Projektaktivitäten am Wertbeitrag für das Gesamtunternehmen auszurichten. Nutzenaspekte können zum Beispiel sein, wie schnell neue Geschäftsmodelle IT-seitig unterstützt werden, wie schnell Business-Innovationen umgesetzt werden, wie schnell eine geografische Expansion des Unternehmens ermöglicht wird oder wie sich Medienbrüche entlang von Geschäftsprozessen reduzieren lassen. Bereits vor dem Start der Ausschreibung sollte kundenseitig definiert sein, welchen Beitrag IT-Outsourcing zur Steigerung der Effizienz und Effektivität leisten soll. Voraussetzung ist, dass die Anforderungen des Managements und der Fachbereiche gemeinsam mit der IT priorisiert und in konkrete Aktivitäten übersetzt werden. Der Erfolg dieser Maßnahmen muss sich anhand geeigneter Messindikatoren überprüfen lassen. Mit einem solchen Vorgehen bleiben IT-Projekte für das Unternehmen weniger abstrakt, weil sie in einem direkten Kontext mit der Gesamtausrichtung des Unternehmens stehen. Als ganzheitlicher Bezugsrahmen kann es sinnvoll sein, eine übergreifende Scorecard für das IT-Outsourcing zu definieren. In eine solche Scorecard lässt sich auch die notwendige Risikobetrachtung integrieren.

Vorschlag 4: „All in" – wenn Ausschreibung, dann mit vollem Einsatz

Sofern Unternehmen sich dazu entscheiden, eine Ausschreibung zu starten bzw. an einer solchen teilzunehmen, dann ist klar, dass dieser Prozess sowohl den Kunden als auch den Anbieter eine Menge Geld kostet. Abhängig von der Komplexität, der zeitlichen Anforderungen, dem Beratereinsatz, der Reisetätigkeit etc. kommen Millionenbeträge zusammen. Vor diesem Hintergrund trifft man mit der Entscheidung, eine Ausschreibung anzustoßen beziehungsweise an einer solchen teilzunehmen, eine signifikante Investitionsentscheidung in ein noch unsicheres Geschäft, das zudem in der nachfolgenden Umsetzung mit Risiken behaftet ist.

Vor diesem Hintergrund ist es gerade für den IT-Dienstleister sehr wichtig, genau zu prüfen, an welchen Ausschreibungen man sich beteiligt. Wesentliche Selektionskriterien auf Anbieterseite sind: die Gewinnchance, die Passgenauigkeit der geforderten Lösung zum eigenen IT-Portfolio oder der strategische Wert des Kunden. Entscheidet ein IT-Anbieter, sich zu engagieren, so gilt es, sämtliche Akteure im Projektteam auf den Erfolg zu verpflichten. Dies bedeutet, dass die bestmöglichen Kräfte auf das Vorhaben gesetzt werden und dass dieses Team gestärkt und unterstützt wird. Ziel ist, die Aus-

Kerngedanke 3

Großprojekte für Kunden scheitern selten an spezifischen Technologien oder Teillösungen. Besonders kritisch ist die Einbettung der Projekte in das Geschäft des Kunden – heute und für die Zukunft. Eine verbreitete Kultur des Misstrauens verhindert optimale Lösungen systematisch.

gangsposition beim Kunden im Detail zu verstehen und die beste Lösung für den Kunden zu gestalten. Dabei kommen auch zahlreiche beratende Leistungen für den Kunden hinzu.

Unter anderem kann es darum gehen, die Kundenorganisation auf ihre Fähigkeit zum Outsourcing zu bewerten. Oder es ist bedeutend, die Anwendungslandschaft zu bewerten und die Hebel für eine Konsolidierung zu ermitteln. Entscheidend ist dabei, dass der Kunde diese Aktivitäten auch als eine Mehrleistung versteht und honoriert. Insofern sollten diese Dienste auch etwas kosten und bestenfalls schon vor der eigentlichen Ausschreibung mit dem Kunden erörtert werden. In jedem Fall ist die Teilnahme an einer kompetitiven Ausschreibung für ein IT-Outsourcing nur dann erfolgversprechend, wenn IT-Anbieter sich umfassend engagieren und im Sinne des Kunden „mitdenken". Ein halbherziges Mitlaufen, um immer knapp über die Hürde der nächsten Kundenentscheidung zu springen, wird am Ende nicht erfolgreich sein.

Fazit

Dieser Beitrag zeigt vier Schwierigkeiten und vier Vorschläge zum Umgang mit Großprojekten am Beispiel von Ausschreibungen im Bereich des IT-Outsourcings. Weitere Vertiefungsthemen in diesem Kontext sind beispielsweise: wirksames Arbeiten in Entscheidungs- und Steuerungsgremien, der Aufbau eines ganzheitliches Risikomanagements für Outsourcing-Projekte, die Erstellung von Checklisten, wann sich die Vergabe über einen Ausschreibungsprozess lohnt beziehungsweise wann eine Teilnahme erfolgversprechend ist. Schließlich ist es auch ergiebig, sich mit schwierigen Verhandlungen zu befassen oder neue Ansätze der Mediation auch im Key Account Management zu nutzen.

Literatur

Belz, Ch. et al. (2011): Ready to pitch - Eine kritische Betrachtung der Ausschreibungspraxis, in: Marketing Review St. Gallen, 2011, No. 4, S. 27-33

Reinhold, M./Belz, Ch. (2014): Ausschreibungen im Vertrieb gewinnen, in: Marke 41, Nr. 4, 2014, S. 8-13

SfP Zusätzlicher Verlagsservice für Abonnenten von „Springer für Professionals | Vertrieb"

Zum Thema | Outsourcing-Projekte | 🔍 Suche

finden Sie unter www.springerprofessional.de 4 Beiträge im Fachbereich Vertrieb   Stand: Januar 2015

Medium
☐ Zeitschriftenartikel (1)
☐ Buchkapitel (3)

Sprache
☐ Deutsch (4)

Von der Verlagsredaktion empfohlen

Kaschek, B.: True Value Selling: Die Methodik, in: Kaschek, B.: True Value Selling, Wiesbaden 2014, S. 95-145,
www.springerprofessional.de/5275564

„Es sind Kleinigkeiten, die das Besondere ausmachen"

Die Bedürfnisse und Erwartungen des Kunden zu erkennen und sich zu bemühen, diese zu erfüllen, gilt als Maßstab von Kundenorientierung im Vertrieb. Guido Cuypers-Koslowski, Leiter Sales & Marketing bei der Jäger + Schmitter Dialog GmbH, nennt die besonderen Herausforderungen und Chancen für Dienstleistungsunternehmen, die nach eigenem Bekunden auf Kundenbetreuung und -zufriedenheit spezialisiert sind und sich als Premium-Anbieter am Markt behaupten wollen.

Das Interview führte Gabi Böttcher.

Guido Cuypers-Koslowski
ist Leiter Sales & Marketing bei der
Jäger + Schmitter Dialog GmbH in
Köln

Herr Cuypers-Koslowski, wo liegt nach Ihrer Erkenntnis die größte Herausforderung, wenn sich ein Unternehmen in besonderem Maß „Kundenorientierung" auf die Fahnen geschrieben hat?

Die Kundenbetreuung ist unsere tägliche Arbeit. Dabei stehen nicht die Produkteigenschaften im Vordergrund, sondern allein der Mensch, der Fragen zu Produkt oder Abläufen hat, der eine Beschwerde oder Anregung vorbringen möchte. Das geschieht bei uns on- und offline. Das Ziel unserer täglichen Arbeit ist, dass am Tagesende jeder Kunde, der mit uns Kontakt hatte, zufrieden ist. Und auch unsere Kundenbetreuer sollen mit dem Gefühl nach Hause gehen, jedem einzelnen Kunden, mit dem sie Kontakt hatten, zufriedenstellend geholfen zu haben. Und genau darin besteht die größte Herausforderung. Jeder Kontakt muss punktgenau und zielführend sein. Kunden, die mit einem Produkt unzufrieden sind, aber durch eine exzellente Dienstleistung weiterhin gebunden werden, sind für unsere Auftraggeber die besten Vertriebler. Sie fungieren oftmals als unbewusste Markenbotschafter, indem sie sich in ihrem sozialen Umfeld positiv über Marke oder Produkt äußern – und Empfehlungen wirken doppelt so stark wie jede Art von Werbung!

Guido Cuypers-Koslowski
Jäger + Schmitter Dialog GmbH, Köln, Deutschland
E-Mail: guido.cuypers-koslowski@jsdialog.com

Und wie kann dieses Ziel erreicht werden?

Indem sich die Kundenbetreuer in Sekundenschnelle auf den einzelnen Kunden einstellen, zuhören, Sachverhalte und Schwierigkeiten nachvollziehen können und eine passende Lösung in die richtigen Wege leiten. Das funktioniert über alle Kommunikationskanäle anders, und doch ist eines von größter Bedeutung: das Bewusstsein, dass die Kommunikation immer von Mensch zu Mensch läuft. Aus diesem Fokus heraus ist Kundenorientierung für uns on- und offline überlebenswichtig.

Wie definieren Sie Kundenorientierung im Dienstleistungsbereich?

Wie wollen Sie als Kunde behandelt werden? Das ist im Grunde die alles entscheidende Frage zur Definition der Kundenorientierung im Dienstleistungsbereich – und nicht nur da. Jeder einzelne Kunde will ganz individuell beraten, bedient oder betreut werden. Natürlich auf Augenhöhe, fachlich kompetent und empathisch.

Welche Rolle spielen dabei die Verkäufer?

Der Verkäufer soll die Funktion des Beraters übernehmen, dem Kunden einen Schritt voraus sein und somit in der Lage zu erkennen, welches Ziel der Kunde anpeilt. Wenn der Verkäufer das schafft und dazu in Lage ist, den Kunden zum Ziel zu leiten, dann ist das eine gute Kundenorientierung.

Und wie profitiert Dialog davon?

Wir dürfen als Dienstleister an das Wichtigste ran, was unsere Auftraggeber haben: ihre Kunden. Das bedeutet für uns, ein hohes Maß an Sorgfalt an den Tag zu legen. Wir möchten, dass die Kunden unserer Auftraggeber einen zugewandten, authentischen und professionellen Kontakt mit uns erleben. Jeder Prozess ist als gute Erfahrung für den Kunden angelegt, damit Vertrauen zwischen Kunden und Marke aufgebaut wird und der Kunde uns lange die Treue hält.

Wie gehen Ihre Mitarbeiter in der Praxis auf die Bedürfnisse und Erwartungen Ihrer Kunden ein?

Bei jedem Kundenkontakt wird ein technischer und menschlicher Prozess in Gang gesetzt, der mit dem Auftraggeber abgesprochen und aufeinander abgestimmt sein muss. Wie wir auf die Bedürfnisse unserer Kunden eingehen, möchte ich anhand von ein paar Beispielen erläutern. Beispiel eins: Unsere Auftraggeber erwarten, dass der Kunde innerhalb einer bestimmten Zeit jemanden erreicht. Dieses Servicelevel besagt,

dass zum Beispiel 80 Prozent der Anrufer innerhalb der ersten 20 Sekunden angenommen werden. Die Erreichbarkeit bleibt davon unberührt, das heißt, es geht kein Anruf verloren. Das ist eine technische Herausforderung, die individuell auf die Auftraggeber zugeschnitten wird.

Zweites Beispiel: Eine gute und effektive Planung des Personaleinsatzes ist ebenfalls technisch gesteuert und spielentscheidend. Hier wird entschieden, ob die Erreichbarkeit und das Servicelevel eingehalten werden können. Durch die richtige Planung sind aber auch Effizienz und Kosten steuerbar. Für einen Auftraggeber ist es zwar schön, wenn ein Servicelevel immer übertroffen wird, letztendlich kostet dies aber auch, denn in dem Fall sind zu viele Mitarbeiter im Einsatz. Diese Steuerung bedarf einer ganz genauen Bedarfsanalyse und Erfahrung, zu welchen Tageszeiten, Jahreszeiten oder sonstigen Anlässen es Peaks im Aufkommen gibt.

Ein weiteres Beispiel betrifft einen funktionierenden Mensch-Maschine-Mix: Ein gut gepflegtes CRM-System sowie die richtige und schnelle Bedienung sind für die Kundenzufriedenheit mit ausschlaggebend. Welcher Kunde steckt hinter der Anrufnummer, wer ist Halter des Fahrzeugs, wie alt ist das Fahrzeug, wann war die letzte Wartung, besteht Garantieanspruch etc. – Mit diesen Informationen kann unser Mitarbeiter zielorientiert auf die Bedürfnisse eingehen. Im nächsten Schritt kommt die menschliche Komponente ins Spiel, die letztendlich richtungsweisend für den Erfolg ist. Hier sind Freundlichkeit, Zuhören, Empathie und schnelles Verstehen die Schlagworte.

Sind Ihre Auftraggeber in diese Prozesse eingebunden?

All die genannten Instrumente klären wir mit unserem Auftraggeber, der dann letztendlich darüber entscheidet, wie sein Kunde betreut werden soll. Wir sehen uns dabei nicht als „Bauchladen-Verkäufer", der nur versucht, seine Produkte mit wenig Blick auf deren Nutzen zu verkaufen. Wir beraten unsere Auftraggeber dahingehend, welche Module sinnvoll sind, welche Erfahrungen wir mit anderen Projekten gemacht haben und was unsere Vorstellungen von exzellentem Service sind.

Warum ist für Sie Kundenbindung so wichtig?

Schlicht und einfach, weil Kundenbindung unser Produkt ist – eins unserer Produkte. Auf unserer Homepage können Sie den Satz unseres Unternehmensgründers Bernd Schmitter lesen: „Wir stellen keine Fahrräder her, keine Autos. Bei uns ist es die Kommunikation, die im Mittelpunkt steht, und damit der Mensch. Den Dialog tragen wir nicht nur im Namen – Dialog ist unsere Leidenschaft."

Und mit diesen Dialogen möchten Sie die Produkte Ihrer Auftraggeber einzigartig machen?

Der Konsument von heute hat eine schier unendliche große Auswahlmöglichkeit an Produkten. Die Unterscheidungsmerkmale der Produkte sind marginal. Und wenn ich als Kunde nicht zufrieden bin, dann wechsle ich zu einem anderen Anbieter. Mit dem Kunden im persönlichen Dialog zu stehen, ihn zu beraten und trotz einer Unzufriedenheit positiv zu stimmen, zu begeistern und letztendlich zu halten, das ist die Königsdisziplin der Kundenbindung. Wir wollen es schaffen, dass der Kunde – über positive Kontakte und gute Erfahrungen – Vertrauen aufbaut. Zu uns und somit in die Marke unserer Auftraggeber. Kundenbindung in höchster Professionalität anzubieten und stetig weiterzuentwickeln, ist unsere Daseinsberechtigung.

Mit welchen Maßnahmen wollen Sie Ihre Kunden noch ans Unternehmen binden?

Wir sind ein Teil im Gefüge der Kundenbindungsstrategien unserer Auftraggeber. Wir sind diejenigen, die erster Ansprechpartner sind, wenn mal was schief gegangen ist, diejenigen, die schnell sämtliche Informationen für den Kunden parat haben, oder diejenigen, die anrufen, um nach der Zufriedenheit zu fragen oder ein Produkt vorstellen. All das machen wir in höchstem Maße professionell, zugewandt und effektiv. Damit binden wir die Kunden an unsere Auftraggeber.

Und wenn sich die Kunden nicht bei Ihnen melden? Wie erfahren Sie dann, wo es möglicherweise Probleme oder Unzufriedenheit gibt?

Wir sind permanent mit dem Ohr bei den Kunden. Wir bekommen mit, was die Kunden brauchen. Und wir wissen, dass die Verbundenheit des Kunden zu einem Produkt, einer Marke durch kommunikative Elemente und passgenaue Zusatzleistungen gesteigert werden kann. Den Kunden noch dauerhafter zu binden, bedarf einer Gebundenheitsstrategie. Das bedeutet, dass ein Unternehmen konkrete Wechselbarrieren aufbaut, die aus vertraglich bindenden Elementen bestehen. Solche Strategien können wir nicht eigenmächtig umsetzen, aber wir sind nicht nur Dienstleister, sondern genauso Berater unserer Auftraggeber. Unsere Projektleiter stehen im permanenten Austausch mit den Auftraggebern, um Projekte nachzujustieren oder neue Maßnahmen der Kundenbindung auf den Weg zu bringen.

Service spielt in vielen Unternehmen eine wichtige Rolle bei der Kundenbindung. Auch in Ihrem Unternehmen?

Was erwarten Sie von Ihrem Auto? Es soll fahren, wenn möglich spritsparend, bequem und auf Ihre Bedürfnisse angepasst sein. Damit das lange so bleibt, müssen hin und wieder Teile ausgetauscht und die Technik in regelmäßigen Abständen überprüft werden. Vielleicht bindet Sie Ihr Händler durch Garantien, vielleicht schafft er es aber auch, dass Sie sich an ihn verbunden fühlen – zum Beispiel durch guten Service. Und da kommen wir ins Spiel: Wir erinnern Sie an den TÜV, die Reifenwechsel, die Inspektionen etc…

Das hört sich so selbstverständlich an.

Ist es aber nicht. Der ständige Kontakt zu Kunden muss erarbeitet werden. Denken Sie nur an die gesetzlich auferlegten Bestimmungen, nach denen Kunden nur kontaktiert werden dürfen, wenn sie es ausdrücklich genehmigen. Nutzen und Sympathie sind also für die Kunden ausschlaggebend, damit sie ihre Zustimmung überhaupt erst geben.

Das Besondere macht aber nicht der 08/15-Service. Auch wenn es viele nicht mehr hören können: Mit einem richtig guten Service können positive Kundenerlebnisse geschaffen werden. Überraschen Sie Ihren Kunden, bauen Sie ein persönliches Verhältnis auf. Und glauben Sie mir, es sind nur Kleinigkeiten, die das Besondere ausmachen.

Können Sie uns dazu ein Beispiel nennen?

Ein Kunde erzählte einmal bei einem Kontakt, dass während einer Urlaubsfahrt mit seiner Familie das Auto liegen geblieben und seine kleine Tochter Julia darüber ganz aufgeregt war. Jahre später rief dieser Kunde wieder mit einer Frage an. Unser Mitarbeiter kümmerte sich um das Anliegen und erkundigte sich auch nach Julia. Der Kunde war überrascht und begeistert zugleich und sagte, dass er sich bei uns nicht wie in einem Service-Center fühle, sondern als wenn er bei Freunden anrufe.

Können Sie bei Ihren Kundenbindungsmaßnahmen Erfolge registrieren?

Ja, das können wir. Wir hören das von Kunden direkt, werden von Auftraggebern durch sogenannte Mystery Calls geprüft und sehen unsere Auftraggeber bei Kundenzufriedenheitsbefragungen im Vergleich zu vielen anderen Unternehmen immer sehr weit vorn und last but not least macht sich das an der Treue unserer Auftraggeber uns gegenüber bemerkbar.

Wie lässt sich der Erfolg eines Kundengesprächs auch messen?

Gerade in einem Service-Center rufen meist Kunden an, die etwas zu bemängeln haben oder Fragen zu einem Produkt haben. Wenn man es schafft, dass genau diese Kunden trotz Wut und Enttäuschung lobende Worte für den Kundenbetreuer übrig haben, ist das ein Erfolg, der sich direkt messen lässt. Natürlich sind es aber auch die Kundenbefragungen nach dem Kundenkontakt, die ein klares Signal in Richtung guter Kundenbindung aussenden.

Welches Ziel verfolgen Sie mit Kundenzufriedenheitsbefragungen?

Auftraggeber wollen natürlich wissen, inwieweit wir einen guten Job machen. Wir werden also geprüft – über alle Kanäle. In regelmäßigen Abständen werden Kundenzufriedenheitsstatistiken vergleichbarer Unternehmen gegenüber gestellt. Hier schneiden besonders unsere Auftraggeber immer sehr gut ab.

Und wie macht sich die Treue Ihrer Auftraggeber für Ihr Unternehmen bemerkbar?

In vielen Konzernen ist es mittlerweile üblich, Dienstleistungen in einem bestimmten Turnus neu auszuschreiben. Wenn Ausschreibungen immer wieder zu unseren Gunsten ausfallen, dann hat dies auch etwas mit Kundenbindungsmaßnahmen zu tun. Es gibt weitaus mehr Stellschrauben für die Kundenbindung als nur den Faktor „Preis". Vor allem ist es die Kundenzufriedenheit, die für uns immer wieder zu Buche schlägt.

Mit welchen Mitteln und Methoden überprüfen Sie, ob die Kundenbindungsmaßnahmen auch greifen und die Kunden auch wirklich zufrieden sind?

Einige Prozesse bieten auf Wunsch des Auftraggebers eine Abfrage der Kundenzufriedenheit im Anschluss an die Bearbeitung. Dabei liegt in der Regel der Fokus auf der Beurteilung des Gesamtprozesses, nicht nur auf der Einstufung der Dienstleisterqualität. Das bedeutet, dass der Kunde etwa auch die faktisch vorgegebene Ablehnung seiner Kulanzanfrage in die Bewertung einfließen lässt. Für einen unserer Auftraggeber wird zum Beispiel im Nachgang des Telefonanrufes auf der Kundenhotline die Möglichkeit geboten, seine Zufriedenheit anzugeben.

Im Prozessablauf einer Pannenhilfevermittlung wird die Zufriedenheit im Laufe des Bearbeitungsprozesses individuell durch den Serviceberater erfragt und Unzufriedenheit im Rahmen eines Recovery-Prozesses behandelt.

Welche technischen Möglichkeiten stehen Ihnen für die Prozessabläufe zur Verfügung?

Wir können zum Beispiel eine automatisierte Befragung im Anschluss an das Telefonat durch Weiterleitung auf ein IVR-System wie Interactive Voice Response realisieren oder eine persönliche Befragung durch Outbound Calls vornehmen. Möglich sind auch Abfragen per SMS mit persönlichem Nachkontakt per Telefon oder eine E-Mail im Nachgang zu einem vorher definierten Prozess. In der Chat- oder Video-Chat-Anwendung von Dialog besteht außerdem die Möglichkeit, eine Befragung im Anschluss an die Kommunikation einzubinden.

Gibt es rechtliche Hürden beim Einsatz der technischen Möglichkeiten?

Rechtliche Voraussetzung für die aktive Nachfrage per Mail oder Telefon in einem neuen Bearbeitungsschritt ist, dass der Kunde hierfür ausdrücklich eine Erlaubnis erteilt hat. Das liegt daran, dass Zufriedenheitsbefragungen nach gängiger Rechtsprechung als werblicher Kontakt eingestuft werden, der ohne Erlaubnis nicht rechtmäßig ist.

Für Dienstleister erklärungsintensiver und emotionaler Produkte kommt es sehr auf die Qualifikation der Mitarbeiter im Vertrieb an. Worauf legen Sie bei der Auswahl Ihrer Mitarbeiter Wert?

Als reines Dienstleistungsunternehmen sind unsere Mitarbeiter unser wichtigstes Gut, denn mit ihrer Qualität steht und fällt unser gesamtes Angebot. Wir suchen Menschen, die grundsätzlich gerne im Kundenkontakt stehen, die sich mit viel kommunikativem Fingerspitzengefühl auf potenzielle neue Kunden einstellen können. Dabei geht es nicht darum, einen Verkaufsregister nach dem anderen zu ziehen, sondern sich im Gespräch wirklich auf den Kunden einzustellen, herauszuhören, was er braucht und passgenaue Angebote zu machen.

Welche Fähigkeiten sind Ihnen besonders wichtig?

Uns ist es wichtig, offene, freundliche und kundenorientierte Menschen an Bord zu haben, die es schaffen, auch in stressigen Situationen ihr Lächeln zu bewahren. Deswegen hat es für uns oberste Priorität, dass unsere Kollegen bestens ausgebildet sind, gefördert werden und sich hier wohlfühlen.

Welche Fähigkeiten und Kompetenzen werden den Mitarbeitern bei Qualifizierungsmaßnahmen vor allem vermittelt?

Um im Kundengespräch erfolgreich und vertrauensvoll agieren zu können, brauchen unsere Mitarbeiter zum einen Soft Skills zum anderen Hard Skills. Auf Soft Skills, also emotionale Qualitäten wie Freundlichkeit, Verbindlichkeit, innere Zuwendung und die Fähigkeit zur Identifikation mit dem Anliegen des Kunden gehen wir natürlich in unseren Schulungen ein. Gewisse Voraussetzungen müssen aber unserer Erfahrung nach gegeben sein. In Trainings und Coaching geht es darum, diese Grundvoraussetzungen zu schärfen und zu einem professionellen Handwerkszeug zu machen, damit sich der Kunde im Gespräch gut aufgehoben fühlt.

Welchen Stellenwert haben Hard Skills?

Kein Gesprächsszenario gleicht inhaltlich genau dem anderen. Hierfür brauchen die Kollegen viel Fachwissen. Für die Betreuung jedes einzelnen Projekts braucht man unterschiedliche, teilweise sehr vielschichtige Fach- und Methodenkompetenzen. Unsere Mitarbeiter lernen und trainieren bei der Einarbeitung und in weiterführenden Schulungen und Workshops deshalb auch Hard Skills, von der Direktauskunft über die Anwendung spezieller Programme und Software bis hin zur aufwendigen Recherche über unsere hauseigenen Infosysteme oder andere Suchtools.

Die Jäger + Schmitter Dialog GmbH

ist seit 1989 insbesondere auf Kundenbetreuung und -zufriedenheit spezialisiert. Mit individuellen und auf die Unternehmen maßgeschneiderten Konzepten kommuniziert Dialog mit Anrufern, Briefschreibern und Usern im Internet. Als Premium-Anbieter unter Deutschlands Contact-Centern gilt das Unternehmen als führender Dienstleister speziell für die Automobilbranche sowie für erklärungsintensive und emotionale Produkte.

Die Jäger + Schmitter Dialog GmbH wurde für ihre herausragende Vertriebskompetenz im Oktober 2014 mit dem Award „Vorbildlicher Vertrieb 2014/2015" ausgezeichnet, der von der Wissensplattform „Springer für Professionals" und dem Kölner Institut Service-Value vergeben wird.

Auch Kundenorientierung muss sich unterm Strich finanziell lohnen und effektiv sein. Sehen Sie auch Grenzen?

Unsere operativen Mitarbeiter agieren immer als Bindeglied zwischen Auftraggeber und deren Kunden. Das heißt, der Handlungsspielraum, in dem sie sich bewegen, ist vom Auftraggeber vorgegeben und genau dieser wird auch bezahlt. Wir tun für die Kunden im wahrsten Sinne des Wortes alles, was in unserer Macht steht, aber auch für uns ist irgendwann die Grenze erreicht.

An welchem Punkt?

Wir müssen vor allem darauf achten, dass sich unsere Kundenkontakte in einem zeitlich definierten Rahmen bewegen. Sonst kann es unrentabel oder sogar auftragsschädigend werden, wenn wir zum Beispiel die Servicelevel nicht stabil halten können. Nur ein effizientes und wirtschaftliches Arbeiten sichert unsere Aufträge und letztendlich die Arbeitsplätze der Mitarbeiter. Aus diesem Grund werten unsere Teamleiter und Projektleiter regelmäßig alle Projekte nach diversen Kennzahlen aus. Ergeben sich Unstimmigkeiten oder läuft etwas nicht effizient, wird der ein oder andere Prozess auch schon einmal nachgebessert.

Kann es vorkommen, dass der Vertrieb zwischen die Stühle gerät, wenn auf der einen Seite die Zufriedenheit des Kunden im Fokus steht und auf der anderen Seite die Interessen des Unternehmens dagegen stehen?

Diese Spannungen gibt es tatsächlich für diejenigen unserer Mitarbeiter, die vorwiegend Outbound und somit häufig vertrieblich telefonieren. Vom Auftraggeber sind gewisse Zahlen vorgegeben, die es zu erreichen gilt; oder es werden spezielle Sprachregelungen gewünscht, an die sich die Mitarbeiter halten müssen. Und je nach Kunde kann es da schon mal schwer fallen, auch wirklich dran zu bleiben und das Angebot zu unterbreiten. Wobei eine Maxime von uns ist, ein „Nein" vom Kunden wirklich zu akzeptieren. Und wenn wir das Gefühl haben, ein neuer Auftrag passt nicht zu uns, weil Produkt, Auftraggeber oder der Weg, wie das Produkt an den Mann gebracht werden soll, nicht unserem Stil entspricht, dann nehmen wir diesen Auftrag nicht an.

Ist es bei Dialog üblich, dass Wege der Kundenorientierung kontinuierlich überprüft, diskutiert und bei Bedarf auch neu abgesteckt werden?

Eine kontinuierliche Überprüfung aller Prozesse ist für eine hohe Kundenzufriedenheit unumgänglich. Das Kundenver-

halten ändert sich, die Kommunikationskanäle ändern sich. Wir hinterfragen unsere Arbeit ständig. Treffen wir den richtigen Ton, nutzen wir die richtigen Systeme, stimmen die Prozesse? Hierzu haben wir unseren so genannten „PDCA"-Kreislauf entwickelt, der sich an das Total Quality Management anlehnt und alle Maßnahmen miteinander verknüpft, die auf unser Ziel der Kundenzufriedenheit hinwirken.

Welche Bedeutung haben für Sie technische Tools wie ein CRM-System bei der Optimierung der Kundenbetreuung?

Wir können von der menschlichen Seite noch so gut sein – ein professionelles CRM-System ist unverzichtbar. Hierüber steuern wir die Effizienz bei der Personalplanung und die Effektivität bei jedem einzelnen Kundenkontakt. Stellen Sie sich vor, Sie rufen an und werden aufgrund der übertragenden Nummer direkt mit Namen angesprochen. Mit einer Bestätigung Ihres Namens hat unser Mitarbeiter einen direkten Überblick über Fahrzeugdaten und Kundenhistorie und kann direkt mit der Beantwortung Ihrer Fragen loslegen.

Außerdem arbeiten wir mit einer Software, bei der Aufgaben den Agenten kanalübergreifend und prioritätsgesteuert zugewiesen werden können. Das heißt, die Kunden werden direkt mit dem Mitarbeiter verbunden, der die passenden Skills hat. Ausschlaggebend sind zum Beispiel Sprache und Kommunikationskanal.

Was müssen solche Tools bieten, um Ihren Anforderungen zu genügen?

Technische Tools bedeuten für uns einfach eine Produktivitätssteigerung. Je optimierter der Kundenkontakt abläuft, desto effizienter ist der Weg zum Ergebnis. Bei den verschiedensten Abrechnungsmodellen kommt es letztendlich auf die Produktivität an. Je besser und effektiver die Tools also sind, desto mehr können wir die Soft Skills in den Vordergrund rücken und uns um das Quäntchen „mehr Service" kümmern.

Was gehört für Sie unbedingt zur Kundenorientierung im Vertrieb?

Zur Kundenorientierung gehört auf jeden Fall der intelligente Vertrieb. Wen kann ich wann und wie ansprechen, damit es effektiv, effizient und somit erfolgreich ist? Ebenfalls bedarf es einer gehörigen Portion Vertrauen. Wird Vertrauen missbraucht, wird es für den Vertrieb schwer, die umworbenen Marktteilnehmer wieder für sich zu gewinnen.

Zur Kundenorientierung gehört sicherlich auch ein ausgefeiltes Beschwerdemanagement, das immer mehr an Bedeutung zunehmen wird. Von zufriedenen Kunden lernen wir ein „weiter so". Von unzufriedenen Kunden lernen wir hingegen, wo unsere Fehler liegen, wo Verbesserungspotenziale sind und vor allem lernen wir mit schwierigen Kunden umzugehen – und das spiegelt sich dann in einer rundum guten Kundenorientierung wider.

Welche Rolle wird die Kundenorientierung Ihrer Ansicht nach im Vertrieb der Zukunft spielen?

Ich bin mir sicher, dass die Kundenorientierung in Zukunft eine noch größere Rolle spielen wird. Wir kennen Beispiele, bei denen Kunden mit einem fehlerhaften Produkt der Marke trotzdem loyal bleiben, weil der Service überzeugt hat. In Zukunft werden sich Produkte nicht allein durch die eigentlichen Produkteigenschaften auszeichnen. Ein exzellenter Service wird das Zünglein an der Waage sein und entscheiden, wie loyal Kunden einem Produkt gegenüber sind. Diese Serviceexzellenz kann nur mit bester Qualität gesichert sein. Insofern gehen wir davon aus, dass sich Qualität in der Kundenbetreuung durchsetzen wird.

Mehr Kundenorientierung durch neue Technologien im Vertrieb?

Die teils problematischen Erfahrungen mit CRM-Systemen aus den letzten 20 Jahren zeigen, dass neue Technologien im Vertrieb nicht automatisch zu mehr Kundenorientierung führen. Vielmehr kommt es darauf an, innovative Ansätze in ein strategisches Vertriebsmanagement zu integrieren. Der Beitrag stellt hierfür mit dem Digital-Sales-Excellence-Ansatz einen geeigneten Bezugsrahmen vor.

Lars Binckebanck

Die Berücksichtigung von individuellen Wünschen und Bedürfnissen der Kunden ist eine klassische Kernkompetenz des Vertriebs. Im Sinne einer Wirkungskette führt diese Kundenorientierung zu Kundenzufriedenheit, die wiederum Kundenbindung entstehen lässt, was sich letztendlich in ökonomisch vorteilhaften Kundenbeziehungen niederschlägt.

Kundenorientierung durch CRM-Systeme – eine Erfolgsgeschichte?

Im Rahmen der Digitalisierung im Vertrieb sollen neue Technologien Vertriebsmitarbeiter bei der Realisierung eines langfristig stabilen und profitablen Kundenbeziehungsmanagements bzw. Customer Relationship Managements (CRM) unterstützen. „Stopp", wird hier mancher Praktiker einwerfen. „Hatten wir das nicht schon vor 20 Jahren?" Tatsächlich sollten bereits ab Mitte der 90er-Jahre CRM-Systeme durch die Integration von Instrumenten zur Vorbereitung, Durchführung und Nachbereitung von Kundengesprächen die Effizienz und Effektivität im Vertrieb steigern. Dabei sollten standardisierbare Routine- und Verwaltungsprozesse automatisiert werden, so dass Mitarbeiter im Vertrieb sich auf das Beziehungsmanagement als Kernaufgabe konzentrieren können. Der schnelle und umfassende Zugriff auf vertriebsrelevante Daten sollte die aktive Verkaufszeit erhöhen und die Interaktionsqualität im Kundenkontakt fördern.

Allerdings blieben diese Projekte häufig hinter den Erwartungen zurück. Hohe Flopraten, niedrige Nutzungsintensitäten und eskalierende Implementierungskosten haben den CRM-Ansatz in der Praxis vielerorts in Misskredit gebracht. Mit erheblichem Aufwand wurden nämlich im Zeichen von CRM Scheinlösungen für die Kundenbeziehungsstrategie implementiert, die mit der Vertriebspraxis wenig bis gar nichts zu tun hatten. Die resultierende Abwehrhaltung im Vertrieb dürfte ein wesentlicher Grund dafür sein, dass in der Vergangenheit viele CRM-Projekte entweder komplett gescheitert sind oder als bessere Kundendatenbanken kümmerliche Verwendung gefunden haben.

Digitalisierung im Vertrieb – Neustart oder alter Wein in neuen Schläuchen?

Demnach führt die Implementierung neuer Technologien nicht notwendigerweise zu besseren Vertriebsergebnissen. Gleichwohl steht die Digitalisierung im Vertrieb heute ganz oben auf der Agenda. Getrieben wird sie durch die Diskussion um Social Media, Mobile Marketing und Big Data. Diese allerdings wird in vielen Unternehmen am Vertrieb vorbei in der IT, im Marketing oder auch im Top Management geführt und aus dem Unternehmensumfeld von allerlei Beratern und Agenturen mit immer neuen Success Stories und methodisch meist recht fragwürdigen Studienergebnissen befeuert. Die Geschichte scheint sich zu wiederholen: Der Vertrieb überlässt wesentliche Zukunftsfragen Anderen und wundert sich dann, dass es in der Diskussion um IT-Systeme und Marketinginstrumente geht, nicht aber um die Vertriebspraxis. Wieder ist ein enormer Hype um kryptische Schlagwörter

Prof. Dr. Lars Binckebanck
ist Professor für Marketing & International Management an der Nordakademie in Hamburg/Elmshorn. Zuvor verantwortete er als Geschäftsführer bei einem führenden Münchener Bauträger Verkauf und Marketing.

Lars Binckebanck
Nordakademie, Hamburg/Elmshorn, Deutschland
E-Mail: lars.binckebanck@nordakademie.de

und wolkige Zukunftsvisionen entstanden, der den Blick auf die real existierenden Potenziale neuer Technologien im Vertrieb zunehmend verstellt. Diese Potenziale sind objektiv erheblich, lassen sich aber nur substanziell realisieren, wenn sie richtig eingesetzt werden.

Empfehlenswert ist es nämlich vielmehr, die Digitalisierung im Vertrieb eben gerade nicht mit der Techniksicht zu beginnen. Denn es gilt mit der Kundenorientierung auch weiterhin das Grundprinzip des Marketings, nämlich den Kunden und seine Bedürfnisse als Ausgangs- und Bezugspunkt aller Unternehmensaktivitäten zu fokussieren. Auf dieser Basis sind geeignete Strategien zu entwickeln, welche die Relevanz der angebotenen Leistung für den Kunden und die glaubwürdige Differenzierung im Wettbewerb zur Erreichung unternehmerischer Ziele festschreiben. Erst nach der Definition der Value Proposition stellt sich die Frage nach Plattform und Technik, nach Online vs. Offline und nach analogen vs. digitalen Instrumenten.

Vor diesem Hintergrund bezeichnet „Digital Sales Excellence" als Konzept grundsätzlich den innovativen und prozessorientierten Einsatz von IT-gestützten Technologien im Rahmen vertriebsstrategischer Grundsatzent-

Kerngedanke 1

Es wird derzeit zu viel über Technik und Instrumente der Digitalisierung diskutiert und zu wenig über die Vertriebspraxis.

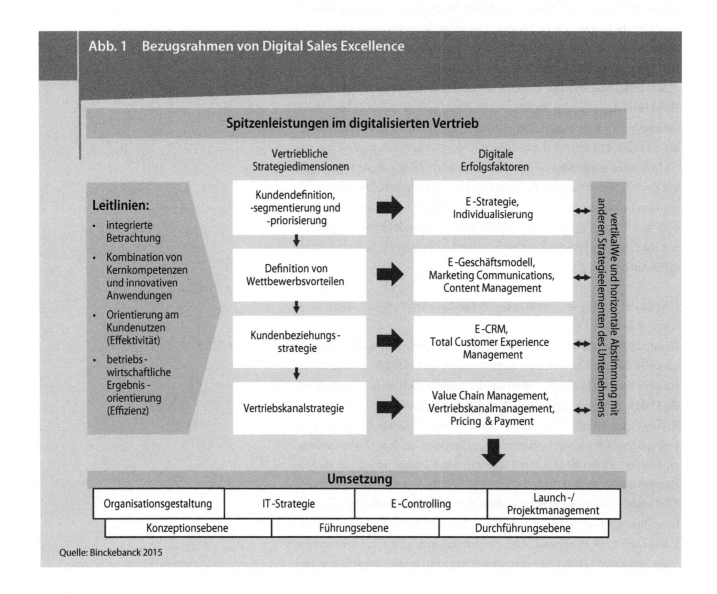

Abb. 1 Bezugsrahmen von Digital Sales Excellence

Spitzenleistungen im digitalisierten Vertrieb

Vertriebliche Strategiedimensionen — Digitale Erfolgsfaktoren

Leitlinien:
- integrierte Betrachtung
- Kombination von Kernkompetenzen und innovativen Anwendungen
- Orientierung am Kundennutzen (Effektivität)
- betriebswirtschaftliche Ergebnisorientierung (Effizienz)

Kundendefinition, -segmentierung und -priorisierung → E-Strategie, Individualisierung

Definition von Wettbewerbsvorteilen → E-Geschäftsmodell, Marketing Communications, Content Management

Kundenbeziehungsstrategie → E-CRM, Total Customer Experience Management

Vertriebskanalstrategie → Value Chain Management, Vertriebskanalmanagement, Pricing & Payment

vertikalWe und horizontale Abstimmung mit anderen Strategieelementen des Unternehmens

Umsetzung

| Organisationsgestaltung | IT-Strategie | E-Controlling | Launch-/ Projektmanagement |

| Konzeptionsebene | Führungsebene | Durchführungsebene |

Quelle: Binckebanck 2015

scheidungen, konzeptioneller Rahmenbedingungen sowie operativer Vertriebsaktivitäten mit dem Ziel, Vertriebsergebnisse nachhaltig zu steigern und den Vertrieb als Wettbewerbsvorteil zu positionieren. **Abbildung 1** stellt einen Bezugsrahmen für Digital Sales Excellence dar, dessen Elemente im Folgenden kurz skizziert werden.

Bezugsrahmen für Digital Sales Excellence

Digitalisierung per se macht kein Unternehmen automatisch erfolgreich. Der zielgerichtete Einsatz neuer Technologien im Vertrieb erfordert vielmehr deren Einbindung in ein strategisches Gesamtkonzept. Hierbei sind – in vertikaler und horizontaler Abstimmung mit anderen Strategieelementen des Unternehmens – vier wesentliche Entscheidungstatbestände im Vertriebsmanagement zu berücksichtigen. Hinsichtlich der Erfolgsfaktoren bei der Digitalisierung lassen sich aus einer Analyse erfolgreicher E-Business-Unternehmen zentrale Bausteine ableiten und den Dimensionen des strategischen Vertriebsmanagements zuordnen:

- **Kundendefinition, -segmentierung und -priorisierung:** Zunächst ist die Basis für die Marktbearbeitung festzulegen. Dazu muss zunächst geklärt werden, welchen Beitrag neue Technologien im Rahmen der gesamtunternehmerischen Strategie leisten sollen. Insbesondere ist die Grundsatzfrage zu klären, ob diese Technologien eigenständige Strategieansätze (zum Beispiel Customer Intimacy als Differenzierungsansatz) rechtfertigen oder ob ihnen lediglich Umsetzungscharakter (zum Beispiel Social Media als zusätzlicher Kanal im Kommunikations-Mix) zugesprochen wird. Neue Technologien schaffen im Vertrieb auch jenseits der persönlichen Verkaufsinteraktion neue Möglichkeiten einer individuellen Kundenbearbeitung. Daher ist auch der Digitalisierungsbaustein Individualisierung (One-to-One-Marketing, Mass Customization) dieser Strategiedimension zuzuordnen. Die digitale Individualisierung der Marktbearbeitung stellt eine inhärente Substitutionsgefahr für den klassischen persönlichen Verkauf dar, der seine Rolle innerhalb der Vertriebsorganisation deswegen neu und strategisch definieren muss.

- **Definition von Wettbewerbsvorteilen:** Bei der Identifikation strategischer Wettbewerbsvorteile als Ausgangspunkt für die Differenzierung und Positionierung von Leistungsangeboten ist der potenzielle Beitrag des Vertriebs zum (elektronischen) Geschäftsmodell des Unternehmens zu untersuchen. Wird der Vertrieb als Kernkompetenz des Unternehmens identifiziert, sollten digitale Kommunikationsinstrumente (Marketing Communications, z. B. traditionelles Online-Marketing, Suchmaschinenmarketing, Targeting, Markenführung) diese Positionierung systematisch unterstützen und nicht untergraben. Digital Marketing Communications wiederum benötigen qualitativ hochwertige Inhalte und damit ein Content Management System. Hierzu kann der Vertrieb als Content-Kanal in enger Zusammenarbeit mit dem Marketing einen wertvollen Beitrag leisten.

- **Kundenbeziehungsstrategie:** Kundenbeziehungsmanagement ist in der Vergangenheit häufig auf ein IT-System verkürzt worden, was in der Praxis

Zusammenfassung:

- Bisherige Erfahrungen mit CRM-Systemen zeigen, dass neue Technologien kein Garant für mehr Kundenorientierung im Verkauf sind.
- Um die Potenziale der Digitalisierung im Vertrieb auszuschöpfen, bedarf es der Einbindung neuer Technologien in ein strategisches Gesamtkonzept.
- Digital Sales Excellence verknüpft die vier wesentlichen vertriebsstrategischen Entscheidungstatbestände mit den digitalen Erfolgsfaktoren des E-Business.
- Digital Sales Excellence formuliert darüber hinaus vier zentrale Leitlinien für die Digitalisierung im Vertrieb und definiert erfolgskritische Umsetzungsbereiche.
- Total Customer Experience Management als Leitkonzept für mehr Kundenorientierung benötigt ein funktionales CRM als operativen Integrationsmechanismus nach innen.

Kerngedanke 2

Der Vertrieb darf die eigene Digitalisierung nicht anderen Unternehmensfunktionen oder Externen überlassen.

zu Reaktanzen geführt hat. Hier kann die zielführende Einbindung neuer Technologien im Rahmen eines E-CRM eine zweite Chance zur Nutzung entsprechender Potenziale liefern. Ein solches System kann als Integrationsmechanismus die unternehmensweite Kundenorientierung über interne Schnittstellen hinweg sicherstellen. Dies ist für ein Total Customer Experience Management, das heißt notwendige Konsistenz über alle Kundeninteraktionspunkte (Customer Touchpoints), von zentraler Bedeutung.

• **Vertriebskanalstrategie:** Im Mittelpunkt stehen bei dieser Strategiedimension zwischenbetriebliche Kooperationen, denn aus der übergeordneten Sicht des Value Chain Managements ist der Vertriebskanal des Anbieters die Bezugsquelle eines Unternehmenskunden (Business-to-Business) beziehungsweise des Endkunden (Business-to-Consumer). Aus Anbietersicht stehen neben dem persönlichen Verkauf verschiedene Alternativen für einen Multikanalvertrieb zur Verfügung, wobei durch das Internet in den vergangenen Jahren eine Vielzahl von neuen Möglichkeiten hinzugekommen ist. Web-basierte Vertriebskanäle und auch mobile Angebote stellen wiederum besondere Anforderungen an Preismanagement und Bezahlsysteme (Pricing & Payment), die in der Praxis einen wesentlichen Einflussfaktor auf die Akzeptanz auf Kundenseite und damit auch auf den Erfolg des digitalen Angebots darstellen.

Leitlinien für Digital Sales Excellence

Bei der digitalen Umsetzung der Vertriebsstrategie sind einige grundsätzliche Leitlinien zu beachten.

• **Integrierte Betrachtung:** Digitalisierung ist weder eine ausschließlich technische noch eine rein betriebswirtschaftliche Angelegenheit. Vielmehr bedarf es der systematischen und durchgehenden Integration dieser unterschiedlichen Perspektiven im Rahmen eines aktiven Managements. Die aktuelle Diskussion über neue Technologien im Vertrieb ist nicht nur hypege-

„Wenn der Vertrieb eine Kernkompetenz im Unternehmen ist, so lässt sich diese durch neue Technologien sehr viel besser nutzen."

trieben, sondern auch noch unzulässig fragmentiert. Ständig neue Instrumente mit Marketingpotenzial im Internet entfalten Zentrifugalkräfte, die den Kerngedanken der Kundenorientierung zunehmend in den Hintergrund drängen. Entscheidungsträger erscheinen häufig gleichsam wie im Hamsterrad: Sie jagen immer schneller jedem Trend hinterher und drehen sich doch nur im Kreis. Die Orientierung an langfristigen Strategien und Markenpositionierungen kann helfen, die vielen Versatzstücke der Digitalisierung im Vertrieb wieder zu integrieren und so ihr volles Potenzial auszuschöpfen. Entsprechend wichtig sind horizontale Abstimmung, Schnittstellenmanagement und Integrationsmechanismen.

- **Kombination von Kernkompetenzen mit innovativen Geschäftsmodellen:** Die Realisierung nachhaltiger Erfolge gründet meist auf der Kombination von Kernkompetenzen in traditionellen Geschäftsfeldern mit innovativen Technologien bzw. Geschäftsmodellen („Brick & Click"). Wenn der Vertrieb eine Kernkompetenz im Unternehmen ist, so lässt sich diese durch neue Technologien als Wettbewerbsvorteil sehr viel besser nutzen. So kann etwa das implizite Wissen in den Köpfen der Vertriebsmitarbeiter über den Markt, die Kunden und die Anwendungsfelder der Unternehmensleistungen sichtbar gemacht und skaliert werden. Im indirekten Vertrieb entstehen darüber hinaus jenseits des persönlichen Verkaufs neue Vertriebskanäle und damit neue Absatzpotenziale.

- **Orientierung am Kundennutzen (Effektivität):** Letztlich entscheiden die Kunden über den Erfolg neuer Technologien im Vertrieb. Insbesondere die Diskussion um das Targeting offenbart ein zuweilen problematisches Kundenverständnis im Marketing. Ausgangspunkt strategischer Überlegungen sollten daher nicht Medien und Technologien sein, sondern ein kundenorientiertes Geschäftsmodell, das Kundennutzen schafft und sich dabei neuer Technologien bedient. Zwar schaffen neue Technologien auch die Basis für neue Geschäftsmodelle, aber während Erstere zumeist IT-getrieben diskutiert werden, fokussieren Letztere auf die ultimative Instanz im Markt, den Kunden. Daher ist für mehr Kundenorientierung das Denken in Geschäftsmodellen wichtiger als die Faszination für neue Technologien.

- **Betriebswirtschaftliche Ergebnisorientierung (Effizienz):** Ein wesentlicher Treiber des Hypes um die Digitalisierung ist die Idee des Performance Marketings. Immer schon war mangelnde Messbarkeit von Marketingaktivitäten und damit einhergehend ein problematischer Erfolgsnachweis ein Problem für die Marketingdisziplin im Vergleich zu anderen Unternehmensfunktionen. So sind etwa im Vertrieb Ergebnistransparenz und erfolgsabhängige Entlohnung zumeist selbstverständlich. Allerdings weiß jeder Verkäufer auch, dass es im Umgang mit Kunden auch qualitative, psychologische und wirtschaftssoziale Phänomene gibt, die sich der unmittelbaren Quantifizierung entziehen. Für das Performance Marketing bedeutet dies zu konzedieren, dass sich eine komplexe Kundenbeziehung nicht in Datenbanken und Algorithmen pressen lässt. Die resultierende Schein-Effizienz neuer Technologien kann zu kontraproduktiven Entscheidungen und zu falschen Gewichtungen innerhalb der Vertriebsstrategie führen. Auch hier empfiehlt sich ein Denken in Geschäftsmodellen. Diese werden nämlich betriebswirtschaftlich nur dann erfolgreich sein, wenn sie nicht nur Kundennutzen stiften, sondern auch Zahlungsbereitschaft auf Kundenseite und damit entsprechende Erlöse bewirken. Die aktuelle Diskussion um Digitalisierung im Vertrieb leidet an einer Überbetonung von Effizienzaspekten (und einer Untergewichtung der Effektivität) neuer Technologien.

Umsetzung von Digital Sales Excellence

Im Rahmen der Umsetzung ist zu unterscheiden zwischen solchen Aspekten, die typischerweise außerhalb des Einflusses der Vertriebsorganisation

Handlungsempfehlungen

- Lassen Sie sich vom Hype um Social Media, Big Data & Co. nicht anstecken, sondern prüfen Sie reale Einsatzfelder und Potenziale für Ihr Unternehmen.
- Versetzen Sie Ihren Vertrieb in die Lage, ihn unmittelbar betreffende Strategiefelder in horizontaler und vertikaler Abstimmung eigenverantwortlich gestalten zu können.
- Überlassen Sie die Digitalisierung im Vertrieb weder anderen Abteilungen noch externen Beratern.
- Verknüpfen Sie sodann die klassischen Strategiedimensionen im Vertrieb mit digitalen Erfolgsfaktoren, wie sie sich im E-Business herauskristallisiert haben.
- Analysieren Sie hinsichtlich jeder vertrieblichen Strategiedimension den Status Ihrer Vertriebsorganisation sowie Chancen und Risiken der Digitalisierung.
- Entscheiden Sie über den Einsatz neuer Technologien im Vertrieb unter Beachtung zentraler und durchgängiger Leitlinien.
- Berücksichtigen Sie hinsichtlich der Umsetzung die betroffenen Ebenen der Vertriebsorganisation und funktionenübergreifende Bausteine der Implementierung.
- Erarbeiten Sie sodann einen Aktionsplan mit konkreten Maßnahmen und Timings und involvieren Sie die Mitarbeiter in Ihre Überlegungen.
- Vermeiden Sie isolierte Maßnahmen und kurzfristigen Aktionismus.

Kerngedanke 3

Neue Technologien werden ihr Potenzial in der Vertriebspraxis nur dann entfalten, wenn sie strategisch sinnvoll eingesetzt werden: Strategie schlägt IT.

liegen, und solchen, die unmittelbar den Vertriebsprozessen zuzuordnen und damit beeinflussbar sind. Organisationsgestaltung, IT-Strategie, E-Controlling und Launch-/ Projektmanagement sind vier erfolgskritische Bausteine, die übergeordneten Stellen zugeordnet werden können. Der strategisch orientierte Vertrieb sollte allerdings den Anspruch entwickeln, sich in die entsprechenden Entscheidungsprozesse auch außerhalb der Vertriebsorganisation einzubringen und hierbei vertriebliche Belange einfließen zu lassen. Die konkrete Umsetzung innerhalb der Vertriebsorganisation findet auf drei Ebenen statt, in deren Mittelpunkt die Führungsebene steht. Die Führungskraft muss zunächst auf der Konzeptionsebene Rahmenbedingungen der Vertriebsorganisation mit Blick auf die strategischen Grundsatzentscheidungen einerseits und die gewünschten Vertriebsergebnisse andererseits konfigurieren und dabei digitale Erfolgsfaktoren systemisch berücksichtigen. Dazu gehören Aspekte der Vertriebsziele und -systeme, der Vertriebsorganisation, der Steuerungssysteme im Vertrieb, des Kundenbeziehungsmanagements sowie von Vertriebskultur und -philosophie.

Diese Parameter bilden die Voraussetzungen für den Vertriebserfolg. Andererseits muss die Führungskraft auf der Durchführungsebene Akzeptanz und ein einheitliches Verständnis von Vertriebsstrategie und Systemumfeld unter den Mitarbeitern schaffen und gleichzeitig als Trainer und Coach im operativen Tagesgeschäft fungieren. Die Führungskraft muss also auf das zielkompatible Selbstverständnis, die Selbstorganisation sowie auf die Persönlichkeitsmerkmale, soziale und fachliche Kompetenzen proaktiv Einfluss nehmen. Die Durchführungsebene umfasst damit die individuelle Vertriebsleistung inklusive der individuellen Unterstützung durch neue Technologien.

Digital Sales Excellence und Kundenorientierung

Vor diesem Hintergrund lässt sich der Einfluss neuer Technologien auf die Kundenorientierung nunmehr differenziert bewerten. Kundenorientierung muss bereits bei der Kundendefinition, -segmentierung und -priorisierung strategisch berücksichtigt werden, wobei neue Technologien neue Ansätze der Individualisierung liefern. Ein kundenorientierter Vertrieb kann sodann als Wettbewerbsvorteil innerhalb eines entsprechenden Geschäftsmodells nach innen und außen positioniert werden. Schließlich ist die Kundenorientierung systematisch in der Kundenbeziehungs- und Vertriebskanalstrategie zu berücksichtigen.

Angesichts von fundamentalen Veränderungen im Kaufverhalten und im globalisierten Wettbewerb stellen neue Technologien im Vertrieb sicherlich grundsätzlich eine notwendige, jedoch keine hinreichende Bedingung für mehr Kundenorientierung dar. Strategie schlägt IT. Weder Datenbanken noch Algorithmen können Kundenbeziehungen führen, aber sie werden zunehmend zur zwingenden Grundlage für ein modernes Kundenbeziehungsmanagement.

Total Customer Experience Management ist hierbei ein hilfreiches Leitkonzept. Es fokussiert auf die Schaffung qualitativ hochwertiger und konsistenter Interaktionen mit Kunden über alle Kontaktpunkte und über den gesamten Lebenszyklus eines Kunden beziehungsweise des Produktes hinweg. Der Schlüssel zur Kundenorientierung liegt demnach darin, dem Kunden zu jedem Zeitpunkt der Customer Journey bestmögliche Erfahrungen („Moments-of-Truth") zu bieten, online wie offline. Hierfür müssen jedoch zunächst unternehmensintern entsprechende Voraussetzungen im Sinne einer internen Kundenorientierung geschaffen werden. Das notwendige Schnittstellenmanagement zur Prozesskoordination auf operativer Ebene bedarf eines funktionalen CRM-Systems. Hier bieten innovative Technologien und damit neue vertriebliche Möglichkeiten den Anlass und die Möglichkeit für einen „Relaunch" von CRM als „E-CRM". Dieses kann im Erfolgsfall zur integrierenden Plattform in der schnittstellenübergreifenden Kundenbeziehungsstrategie werden und so strategische Wettbewerbsvorteile durch Kundenorientierung generieren.

Literatur

Berry, L.L./Carbone, L.P./Haeckel, S.H. (2002): Managing the total customer experience, in: MIT Sloan Management Review, Vol. 43, No. 3, pp. 1-5

sfp[*] Binckebanck, L. (2013): Grundlagen zum strategischen Vertriebsmanagement, in: Binckebanck, L./Hölter, A.-K./Tiffert, A. (Hrsg.), Führung von Vertriebsorganisationen, Wiesbaden, S. 3-35 (ID: 4727638)

Binckebanck, L. (2015): Digital Sales Excellence, in: Binckebanck, L./Elste, R. (Hrsg.), Digitalisierung im Vertrieb, Wiesbaden (in Druck)

Bruhn, M./Schäfer, D.B. (2011): Kundenorientierung im Vertrieb, in: Homburg, C./ Wieseke, J. (Hrsg.), Handbuch Vertriebsmanagement, Wiesbaden, S. 411-436

Strauß, R.E. (2013): Digital Business Excellence, Stuttgart

sfp[*] Abonnenten des Portals Springer für Professionals erhalten diesen Beitrag im Volltext unter www.springerprofessional.de/ID

Kerngedanke 4
Kundenorientierung erfordert ein CRM, das nicht nur kundenbezogene Prozesse unterstützt, sondern auch als interner Integrationsmechanismus fungiert.

---

sfp **Zusätzlicher Verlagsservice für Abonnenten von „Springer für Professionals | Vertrieb"**

Zum Thema | Digitalisierung | 🔍 Suche

finden Sie unter www.springerprofessional.de 143 Beiträge im Fachgebiet Vertrieb   Stand: Januar 2015

Medium
☐ Online-Artikel (12)
☐ Interview (2)
☐ Zeitschriftenartikel (27)
☐ Buchkapitel (101)

Sprache
☐ Deutsch (140)
☐ Englisch (3)

Von der Verlagsredaktion empfohlen

Fost, M.: Grundlagen und Wachstumsgründe von E-Commerce, in: E-Commerce-Strategien für produzierende Unternehmen, Wiesbaden 2014, S. 7-31,

www.springerprofessional.de/5218522

Entwicklung einer kundenbezogenen Wertschöpfung

Kundenzentrierung steht in Spannung zur Orientierung des Unternehmens nach Produkten, Ländern und Funktionen. Deshalb bleibt in vielen Unternehmen ein proklamierter „Customer Focus" nur oberflächlich. Es gilt, die Gewichte zu verschieben.

Christian Belz

Kundenorientierung ist in Unternehmen omnipräsent und in der Forschung vielfach beschrieben. Als Kunden fühlen wir uns aber häufig nicht sympathisch, kompetent und individuell behandelt. Kundenorientierung betrifft den Verkauf sehr unmittelbar. Die These lautet aber: Kundenorientierung bewegt sich in Unternehmen meistens an der Oberfläche.

Dieser Beitrag zeigt die Basis, definiert Kundenvorteile und -prozesse. Nehmen Unternehmen die Orientierung am Kunden ernst, so müssen sie die Eingriffstiefe verstärken und damit der Kundendimension schrittweise mehr Gewicht verleihen.

Das Unternehmen auf die Bedürfnisse des Kunden ausrichten

Unternehmen sind kundenorientiert, wenn sie wirksam und sympathisch mit Kunden kommunizieren, ihre Mitarbeitenden auf Kunden eingehen und die Leistung für den Kunden passt.

Kundenorientierung ist ein klassisches und wichtiges Thema. Grundidee des Marketings ist es ja, das Unternehmen auf die Bedürfnisse und den Nutzen des Kunden auszurichten. Offensichtlich spielen aber auch die Fähigkeiten der Mitarbeitenden und die Voraussetzungen der Technik eine Rolle, ebenso wie das Unternehmen organisatorisch aufgestellt ist. Unternehmen orientieren sich nicht nur nach Kunden, sondern auch nach Produkten und Technik, nach Ländern, nach Kanälen, nach Funktionen des Marketings oder auch nach Aktionären und Analysten. Zwischen diesen Ausrichtungen gibt es Spannungen und es folgen Prioritäten und Kompromisse. Das Leistungsvermögen des Unternehmens entspricht dabei den Ansprüchen einzelner Kunden oft nicht.

> „Auch der Kunde geht zunehmend selektiv vor und sucht nach Leistungen, die seine Prozesse gezielt erleichtern und seinem Bedarf genau entsprechen."

Zudem verlangt das ökonomische Prinzip, dass ein Unternehmen nur gerade so viel für Kunden tut, wie es nötig ist, um ein Geschäft kurz- und langfristig erfolgreich zu realisieren. Es ist ein verbreitetes Missverständnis, dass Unternehmen alles für den Kunden tun wollen. Mit Forderungen zur Kundenbegeisterung wird das laufend geschürt. Nur sind zumutbares Marketing und zumutbarer Vertrieb erfolgreicher.

Auch der Kunde geht zunehmend selektiv vor und sucht nach Leistungen, die seine Prozesse gezielt erleichtern und seinem Bedarf genau entsprechen. Er ist nicht bereit, Überleistungen zu bezahlen. Zudem verhalten sich Kunden nicht konform, sondern stellen je nach Situation andere Anforderungen an das Unternehmen. Von Luxus bis zu Schnäppchen ist alles möglich.

Effiziente Kundenorientierung geht nicht davon aus, ob es „noch etwas mehr für den Kunden sein darf", sondern konzentriert sich nur auf ergiebi-

Prof. Dr. Christian Belz
ist Ordinarius für Marketing an der Universität St. Gallen und Direktor am Institut für Marketing; www.ifm.unisg.ch.

Christian Belz
Universität St. Gallen, St. Gallen, Schweiz
E-Mail: christian.belz@unisg.ch

ge Ansätze für Unternehmen und Kunden. Mindestens wäre es aber erwünscht, dass Unternehmen sich dort am Kunden ausrichten, wo keine Kostensteigerungen folgen. Schlendrian ist häufig für Unternehmen und Kunden ineffizient.

Unternehmen stützen sich inzwischen häufig auf Umfragen zur Kundenzufriedenheit, um Fortschritte und Rückschläge in der Kundenorientierung zu messen. Leider werden diese Erhebungen häufig zu gleichförmig und generisch durchgeführt und verlieren ihre Wirkung für rasche Verbesserungen. Sie werden langweilig für die Verantwortlichen. Wichtig wäre es deshalb, zwar zu einem Teil jeweils die gleichen Fragen zu stellen, um Veränderungen im Zeitablauf zu erkennen, aber in einem zusätzlichen Teil bei jeder Erhebung auch spezifische, wichtige und neue Aspekte der Kundenbeurteilung zu vertiefen.

Gleichzeitig gilt es auch, die kritischen Ereignisse zu erfassen, die der Kunde in schematischen Befragungen kaum ausdrücken kann. Zudem können Kunden alle Fragen nach dem Warum des Kaufens nicht zuverlässig beantworten. Ergiebig ist es, nach dem Wie zu fragen. Dabei spielen konkrete Schritte des Kunden zum Kauf eine wichtige Rolle. Kunden berichten besser zeitnah über ihre konkreten Erfahrungen. Jährliche Erhebungen, weit entfernt von den aktuellen Kundenerlebnissen, sind wenig ergiebig. Dass Kundenzufriedenheit nicht direkt zum Erfolg führt, zeigen aktuelle Untersuchungen von Keiningham. Der Zusammenhang ist oft gering oder sogar negativ.

Kerngedanke 1

Unternehmen konzentrieren sich auf nötige und nicht mögliche Leistungen für Kunden.

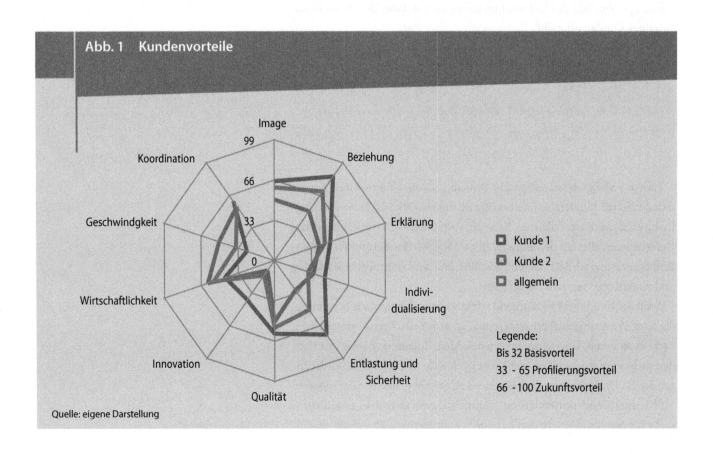

Abb. 1   Kundenvorteile

Image
99
66
33
0
Koordination
Beziehung
Erklärung
Geschwindgkeit
Individualisierung
Wirtschaftlichkeit
Entlastung und Sicherheit
Innovation
Qualität

□ Kunde 1
□ Kunde 2
□ allgemein

Legende:
Bis 32 Basisvorteil
33 - 65 Profilierungsvorteil
66 - 100 Zukunftsvorteil

Quelle: eigene Darstellung

Kundenvorteile strategisch erörtern

Maßstab für die Kundenorientierung sind die Vorteile für angestrebte Kunden in der Zusammenarbeit und mit der Leistung des Anbieters. Es geht also um attraktive Kunden, nicht um alle. Und es geht um die Sicht des Kunden. Gleichzeitig sind mit jedem Kauf auch Nachteile des Kunden verknüpft. Auch mit ihnen müssen sich Marketing und Vertrieb proaktiv befassen.

Abbildung 1 gibt einen Überblick der möglichen Vorteile, besonders für komplexere Angebote. Selten ist es ratsam, einen Kunden mit allen Vorteilen gewinnen zu wollen. Segmente, Zielgruppen und besonders einzelne Kunden setzen Schwerpunkte, ebenso wie der Anbieter. Solche Vorteile lassen sich strategisch erörtern: Mit welchen maßgeblichen Vorteilen positioniert sich ein Unternehmen oder eine Geschäftseinheit am Markt? Ebenso spielen sie bei jedem Verkaufsgespräch eine Rolle. Der Verkäufer überlegt sich im Value Selling, mit welchen Vorteilen er einen Kunden gewinnen kann.

> ## Kerngedanke 2
> Kundenvorteile sind keine Produktvorteile oder -spezifikationen. Der Nutzen steht im Vordergrund. Vor- und -Nachteile des Kunden prägen das Value Selling.

„Es ist für Kunden mühsam, sich zu bewegen. Deshalb gilt es, den Weg zu erleichtern und gezielt anzustoßen."

Für jede Kategorie von Vorteilen unterscheiden wir drei Stufen: Basisvorteile werden vom Kunden vorausgesetzt, sie schaffen nur Unzufriedenheit, falls sie nicht geboten werden. Profilierungsvorteile sind heute für den Kunden besonders wichtig und wirken als Wettbewerbsvorteil. Zukunftsvorteile wirken heute noch vereinzelt oder marginal, werden aber für die zukünftige Zusammenarbeit mit Kunden als wichtig eingeschätzt. Wenn sich im Markt und bei Kunden die Profilierungs- zu Basisvorteilen verschieben, besteht die Hoffnung, dass die Zukunfts- zu Profilierungsvorteilen werden.

Die Kundenprozesse detailliert erfassen

Manche Führungskräfte gehen immer noch davon aus, dass Kunden vor dem Kaufentscheid alle sachlichen und emotionalen Vorteile und Nachteile für Angebote explizit oder auch intuitiv abwägen und dann im Markt den besten „Saldo" wählen. Kundenvorteile sind aber nicht statisch. Zum Kauf legen Kunden einen langen Weg zurück, selbst für einfachere Leistungen sind 40 oder 50 Zwischenschritte verbreitet. Auf diesem Weg verschieben sich die Gewichte der Vorteile laufend.

Zudem werden diese Kundenprozesse im heutigen Geschehen der Märkte häufig verlängert, verschoben, unterbrochen oder abgebrochen. Jeder Mensch verfolgt viele Interessen und Kaufprozesse parallel. Deshalb wird der Kundenprozess der Gegenstand von Marketing und Vertrieb. Der Weg zum Kauf wird wichtiger, als Vor- und Nachteile der Leistung oder eines Un-

> **Zusammenfassung**
>
> Unternehmen orientieren sich nach Produkten, Ländern, Funktionen und Kunden. Das Gewicht dieser Dimensionen bestimmt die Kundenorientierung. Unternehmen werden schrittweise die Kundenorientierung stärker gestalten. Von segmentorientierter Kommunikation bis zu einer gezielten Wertschöpfung für Kundengruppen und Großkunden ist der Weg anspruchsvoll. Es gilt, konkrete Vorteile für Kunden umzusetzen und Kunden wirksam zum Kauf zu führen. Strukturell gehört die Zukunft der Kundenorganisation.

Kerngedanke 3

Im Kaufprozess verändern sich die Ansprüche des Kunden erheblich. Den Kunden zum Kauf zu führen wird oft wichtiger als das Kaufobjekt.

ternehmens, die von den Wettbewerbern ähnlich realisiert werden. Es ist für Kunden mühsam, sich zu bewegen. Deshalb gilt es, den Weg zu erleichtern und gezielt anzustoßen.

Unternehmen sind kundennah, wenn sie sich mit den realen Kundenprozessen auseinandersetzen, sie detailliert erfassen, an den Stellhebeln für weitergeführte oder abgebrochene Prozesse mit geschickten Maßnahmen von Marketing und Vertrieb ansetzen. Das Vorgehen ist konsequent bottom-up. Kundennähe geschieht dort, wo Kunden sich bewegen, nicht im Schonraum von Konferenzräumen und Büros, wo sich Führungskräfte kundenorientierte Slogans, wirksame Positionierungen oder neue Argumente und Unique Selling Propositions ausdenken.

Kundenorientierung lässt sich steigern

Kundenorientierung lässt sich kommunizieren. Kundenorientierung lässt sich durch Servicequalität und ein kundennahes Verhalten der Mitarbeiter steigern. Schließlich ist es möglich, die Wertschöpfung für angestrebte Kunden gezielt zu steigern. **Abbildung 2** zeigt die Stufen der Eingriffe und eine plausible Unternehmensentwicklung im Zeitablauf.

Mit der zunehmenden Eingriffstiefe zur Kundenorientierung, strukturieren sich auch Unternehmen neu. Am konsequentesten ist die Kundenorganisation, die maßgebliche Teile der Wertschöpfung nach Kundengruppen bis zu Key Accounts ausrichtet.

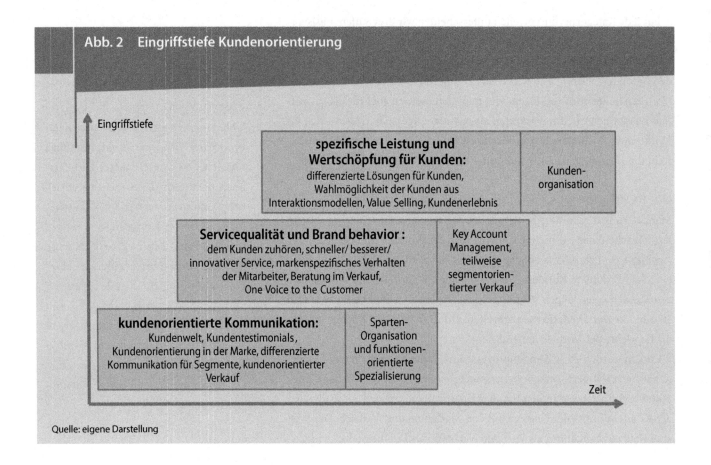

Abb. 2   Eingriffstiefe Kundenorientierung

Eingriffstiefe

spezifische Leistung und Wertschöpfung für Kunden:
differenzierte Lösungen für Kunden, Wahlmöglichkeit der Kunden aus Interaktionsmodellen, Value Selling, Kundenerlebnis

Kundenorganisation

Servicequalität und Brand behavior :
dem Kunden zuhören, schneller/ besserer/ innovativer Service, markenspezifisches Verhalten der Mitarbeiter, Beratung im Verkauf, One Voice to the Customer

Key Account Management, teilweise segmentorientierter Verkauf

kundenorientierte Kommunikation:
Kundenwelt, Kundentestimonials, Kundenorientierung in der Marke, differenzierte Kommunikation für Segmente, kundenorientierter Verkauf

Sparten-Organisation und funktionenorientierte Spezialisierung

Zeit

Quelle: eigene Darstellung

Zu viele Initiativen von Unternehmen, um sich mehr am Kunden zu orientieren, sind nur oberflächlich. Die Schnittstelle zum Kunden soll für standardisierte Leistungen optimiert werden. Gleichzeitig handelt es sich meistens um flächendeckende Ansätze, beispielsweise sollen sich Personen mit Kundenkontakt gegenüber jedem Kunden freundlich, aufmerksam, motiviert oder zuverlässig verhalten. Diese Ansätze sind wichtig. Unternehmen sind aber erst dann kundenorientiert, wenn ihre Leistungen die Kundenbedürfnisse treffen, wenn das Unternehmen die richtigen Werte für den Kunden schöpft.

„Kundenorientierung bewegt sich zwischen rigoroser Kostensenkung und Individualisierung für Kunden."

Top-down entwickelten sich manche Unternehmen vom generellen Angebot zu differenzierten Leistungen für Segmente und Zielgruppen. Die Segmentierungen funktionieren aber meistens schlechter als erwartet. Denn Kunden kaufen kaum gleichförmig ein, der gleiche Kunde braucht einmal umfassende Unterstützung und intensives Know-how der Lieferanten und beim nächsten Mal kauft er schlanke Leistungen sehr preisorientiert. Deshalb sind Unternehmen gefordert, mit den Kunden verschiedene Formen der Zusammenarbeit wirtschaftlich zu beherrschen, mindestens wenn sie wachsen und den Markt umfassender bedienen wollen.

Es ist die Kernaufgabe des Vertriebs, die unternehmerische Leistungsfähigkeit in die Interaktion, den Prozess mit Kunden zu bringen. Auf beteiligte Menschen im Kundenunternehmen einzugehen, heißt aber noch lange nicht, die besondere Konstellation des Kunden mit Strategien, Beschaffungsvorgehen, internen Entscheidungsprozessen und so weiter zu beherzigen. Dieser Anspruch ist hoch.

Fazit

Grundsätzliche Erkenntnisse sind:
• Kundenorientierung steht in Spannung zu weiteren Ausrichtungen eines Anbieters, wie Controlling, Technik und Produkte, Kanäle und Instrumente, Regionen und Länder. Auch stellen Aktionäre und Kunden (sowie weitere Anspruchsgruppen des Unternehmens) verschiedene Ansprüche. Es gilt, neue Gewichte zu setzen und das Zusammenspiel zu klären. Kundenorientierung wird aber für den Erfolg der Anbieter zunehmend wichtig. Die große Herausforderung ist es, dieses Kräftespiel der Ausrichtungen in der Richtung des Kunden zu verschieben.
• Unternehmen betreiben zumutbares Marketing, also nur so viel Marketing wie nötig. Kunden beanspruchen je nach Situation verschiedene Leistungen und fordern differenzierte Unterstützung. Dem Kunden zu entsprechen, bedeutet selektiv und differenziert vorzugehen. Segmentierungen füh-

Handlungsempfehlungen
• Bestimmen Sie die prägenden Dimensionen, um Unternehmen, Marketing und Vertrieb auszurichten. Im Spannungsfeld stehen Leistungen, Länder, Funktionen und Kunden.
• Realisieren Sie Vorteile für attraktive Kunden von der Strategie bis zum konkreten Verkaufsgespräch.
• Orientieren Sie Marketing und Vertrieb konsequent an konkreten Kaufprozessen der Kunden. Sales Funnels sind nur konzeptionell und zu grob.
• Entwickeln Sie Ihr Unternehmen zu kundenorientierter Wertschöpfung und zur Kundenorganisation.

Kerngedanke 4

Über Customer Centricity zu kommunizieren, ist nicht genug. Es braucht eine kundenbezogene Wertschöpfung.

ren hier oft zu wenig weit. Spielräume: Kundenorientierung bewegt sich zwischen rigoroser Kostensenkung und Individualisierung für Kunden; Angebote müssen punktgenau sein (kein Ballast und keine unnötige Komplexität)

• Echte Kundenorientierung erfordert es, die Werte des Unternehmens kundennah zu schöpfen. Kundenvorteile und -prozesse sind der wichtige Zugang. Oberflächliche Bekenntnisse zum Kunden oder breite Ansätze der Servicequalität greifen zu kurz.

Leicht lässt sich die Kundenorientierung fordern oder akzeptieren. Das ist doch selbstverständlich. Nur folgt die Herausforderung danach, wenn es gilt, mit Spannungsfeldern im Unternehmen umzugehen.

Literatur

Belz, Ch. (2013): Marketing gegen den Strom, 2.A., Stuttgart

Belz, Ch./Bieger, T. et al. (2011): Customer Value; 3. Auflage, Landsberg am Lech

Belz, Ch./Seghezzi, H.D. (1990): Qualitätsmanagement für Dienstleistungen und Services, in: Hauser, H./ Haller, M. et al. (Hrsg.) (1990): Band zur wissenschaftlichen Tagung zur Eröffnung des Bibliothekbaus, St. Gallen, SD. 131-178

Elfroth, A./Neckermann, S./Zupancic, D. (2006): Kundenzufriedenheit – Ein Konzept zur Messung und Verbesserung im Business-to-Business-Geschäft, Düsseldorf

Keiningham, T. et al. (2014): The High Price of Customer Satisfaction, in: MIT Sloan Management Review(http://sloanreview.mit.edu/article)

Reinecke, S. et al (1998): Total Customer Care, St. Gallen/Wien

Rudolph, T. (1997): Profilieren mit Methode, Frankfurt/New York

Rutschmann, M./Belz, Ch. (2014): Reales Marketing, Stuttgart

Villiger, A./Herhausen, D./Schögel, M. (2013): Customer Centricity bei der Graubündner Kantonalbank : Kundenorientierung als Veränderungsprogramm. In: Marketing Review St. Gallen 30), Nr. 5, S. 22-35.

Weinhold, H. (1968): Marketing in 12 Lektionen: Heerbrugg: Verkauf und Marketing.

Sfp Zusätzlicher Verlagsservice für Abonnenten von „Springer für Professionals | Vertrieb"

Zum Thema | Kundenorientierung | 🔍 Suche

finden Sie unter www.springerprofessional.de 439 Beiträge im Fachbereich Vertrieb   Stand: Januar 2015

Medium
☐ Online-Artikel (31)
☐ Kompakt-Dossier (1)
☐ Interview (2)
☐ Zeitschriftenartikel (125)
☐ Buchkapitel (279)

Sprache
☐ Deutsch (439)

> **Von der Verlagsredaktion empfohlen**
>
> Mescheder, B./Sallach, C.: Kundenbeziehungen und Wissen, in: Mescheder, B./Sallach, C.: Wettbewerbsvorteile durch Wissen, Wiesbaden 2012, S. 23-38,
> www.springerprofessional.de/3027836
>
> Böttcher, G.: „Kundenorientierung wird in schlechten Zeiten nicht gelebt" (Interview mit Prof. Dr. Dr. h.c .mult. Christian Homburg), in: Springer für Professionals, Wiesbaden 2012,
> www.springerprofessional.de/3024994

Post-romantische Kundenorientierung

Was bedeutet Kundenorientierung? Wie kundenorientiert ist unser Unternehmen wirklich? Diese zwei Fragen sind uralt. Aber die Antwort darauf hat sich stark gewandelt. Kundenorientierung wird heute bedeutend unsentimentaler diskutiert als früher.

Ove Jensen
ist Gründungsherausgeber der Sales Management Review und Inhaber des Lehrstuhls für Vertriebsmanagement und Business-to-Business-Marketing der WHU – Otto Beisheim School of Management.
E-Mail: ove.jensen@whu.edu

In der ersten Hälfte des 20. Jahrhunderts erweiterte sich die Maxime der Kundenorientierung über den Vertrieb hinaus. Unternehmen wie GM räumten dem Vertrieb eine Mitsprache bei der Entwicklung neuer Produkte ein. Aufgabe der neuen Marketingmanager wurde die bedürfnisdeckende und bedürfnisweckende Produktentwicklung. In der zweiten Hälfte des 20. Jahrhunderts erlebte die Philosophie der marktorientierten Unternehmensführung ihre Blüte: Kundenorientierung sollte das ganze Unternehmen durchziehen, die Unternehmen von den Märkten her zu den Märkten hin geführt werden. Die 90er machten Kundenzufriedenheitsmessungen zu einer Routine. Kundenbindung wurde zum Programm.

Viele historische Beiträge zur Kundenorientierung kennzeichnet ein festes Vertrauen auf Gegenseitigkeit: Wenn wir in den Kunden investieren, bekommen wir das als Kundenloyalität zurück. Auch bestand in der Vergangenheit ein Vertrauen, dass loyale Kunden profitabel sind. Jüngere Forschungsergebnisse sind jedoch gemischt. Das Vertrauen wird vielfach enttäuscht. Bei der Kundenloyalität und -profitabilität hat sich insbesondere seit den Krisenjahren nach 2007 viel verändert: In B2C- wie B2B-Märkten schildern Vertriebsmanager, dass die Kundenloyalität dramatisch abnehme. Für geringe Preisunterschiede seien die Kunden bereit, den Anbieter zu wechseln.

Im B2B-Bereich wurde der Einkauf seit den 90er Jahren stark professionalisiert, wofür der Name Ignacio Lopez steht. Die Einkäufer nutzen globale Beschaffung, um den Preisdruck auf hiesige Lieferanten zu erhöhen. Personalrotation im Einkauf soll persönliche Beziehungen zwischen Verkäufern und Einkäufern unterbinden. Gremien entscheiden, wo früher Einzelpersonen ein Budget hatten. Compliance-Regeln verbieten vielen Kunden die Teilnahme an Kundenbindungs-Events. Das Zeitalter einer romantischen Beziehungs- und Kundenorientierung ist vielerorts vorbei.

Eine post-romantische Kundenorientierung sollte weniger beziehungs- als sachorientiert sein. Sie sollte Kundennutzen und Preisdurchsetzung kombinieren. Eine uralte Maxime der Kundenorientierung fordert, „die Welt durch die Augen des Kunden zu sehen". Kundenorientierung hat im B2B-Geschäft zwei Ebenen: die Orientierung am Kundenunternehmen und die Orientierung an den Personen. Da auf Kundenseite immer mehr Personen mitreden, müssen Verkäufer und Verkaufsunterlagen die Nöte unterschiedlicher Zielgruppen wie Techniker, Einkäufer, Nutzer oder Risikomanager ansprechen können. Die einen sprechen eine Qualitätssprache (U-Werte, Lambdas und Alphas), andere eine Emotionensprache (einfach, stressfrei), wieder andere eine Produktivitätssprache (Euro, Prozent). Kundenorientierter Vertrieb muss mehrsprachig sein.

Kundenorientierung und Überzeugungskraft in der schriftlichen Kundeninteraktion

Untersuchungen von Angeboten sowie die begleitenden Interviews mit Einkäufern zeigen, dass viele Angebote nur erweiterte Werbebroschüren mit einem Preisschild sind. Um Kunden zu gewinnen, müssen Angebote nicht nur äußerlich ansprechend, sondern vor allem kundenorientiert und überzeugend formuliert sein.

Marco Wunderlich

Zu dem Zeitpunkt, an dem der Kunde ein Angebot anfordert, ist der Einkaufsprozess in der Regel bereits weit fortgeschritten und die Auftragsvergabe nur wenige Schritte entfernt. Darauf arbeitet die Vertriebsorganisation oft monatelang hin. Die Angebotserstellung ist also ein wichtiger Meilenstein auf dem Weg zum Auftrag und es steht entsprechend viel auf dem Spiel. Im betrieblichen Alltag reflektiert die Qualität der Angebote diese Vertriebschancen in der Breite jedoch oft nicht. Obwohl Anbieter durchaus viel Mühe und zeitliche Ressourcen in Angebote und insbesondere in Angeboten auf der Basis von Ausschreibungen (Requests for Proposal, kurz: RFPs) stecken, erreicht deren Qualität oft nur ein Level, das bestenfalls als akzeptabel bezeichnet werden kann.

Die Mängel beginnen bei einer unsauberen Optik, ziehen sich über einen optimierungsbedürftigen Sprachstil fort und reichen schließlich bis hin zu einer fehlenden Passgenauigkeit der angebotenen Kundenlösung. So entstehen häufig nur erweiterte Produktbroschüren, die den Anbieter mit mehr oder weniger relevanten Fakten lobpreisen. Im Vordergrund stehen Unternehmenshistorie, Produktmerkmale und technische Besonderheiten. Was indes fehlt, ist der Nutzen, den der Kunde aus der angebotenen Leistung zieht. Dieses wichtige Angebotskriterium muss dieser allzu häufig selbst herausfinden. Neben einer falschen inhaltlichen Ausrichtung mangelt es Angeboten erstaunlich oft auch an einer angemessenen Struktur. Nicht selten fehlt eine Executive Summary, die ein mehrseitiges Angebot mit der im B2B-Geschäft üblichen Komplexität unbedingt erfordert.

Was kennzeichnet ein kundenorientiertes Angebot?

Ein professionelles Angebot überzeugt den Kunden sachlich und emotional, dass der Anbieter der richtige Partner ist. Der Kunde kann klar erkennen, dass der Anbieter ihn und seinen Bedarf verstanden hat. Der Kunde erkennt, dass sein potenzieller Lieferant über eine passende Lösung verfügt und in der Lage ist, diese vereinbarungsgemäß umzusetzen. Dabei muss immer auch deutlich werden, dass die Risiken im Vergleich mit anderen Alternativen gering sind. Denn ebenso wichtig wie die beste Lösung ist es, dem Kunden zu helfen, Fehler zu vermeiden. Zusammengefasst bedeutet das: In einem Top-Angebot findet sich der Kunde wieder – er erhält einen verständlich aufbereiteten Lösungsvorschlag, der zu ihm und seiner Situation passt und seine Risiken minimiert.

Überzeugende Angebote erfüllen neben dem (hier nicht betrachteten) Preis und der konkreten technisch-inhaltlichen Lösung die folgenden vier Kriterien (siehe **Abbildung 1**) auf einem hohen Niveau:
1. Layout,
2. Textstil
3. Kundenorientierung
4. Überzeugungskraft

Die ersten beiden Anforderungen – Layout und Textstil – sind relativ leicht zu erreichen. Jeder Anbieter, der etwas Zeit in den Text und in das Layout investiert, erhält mit überschaubarem Aufwand ein professionell wir-

Marco Wunderlich
ist Geschäftsführer von Sales Excellence International, einem auf Vertrieb spezialisierten, internationalen Trainings- und Beratungsunternehmen in München. Er berät Unternehmen in Fragen zum Vertriebsmanagement und bei Angebotsprozessen.

Marco Wunderlich
Sales Excellence International, München, Deutschland
E-Mail: marco.wunderlich@salesexcellence.de

kendes Angebotsdokument. Hier können das Marketing oder die Assistenzen wertvolle Unterstützung leisten.

Schwieriger dagegen ist es, die Kundenorientierung und Überzeugungskraft in den Angeboten zu verbessern. Insoweit verwundert es nicht, dass hier die meisten Angebote zum Teil erhebliche Schwachstellen aufweisen. Um diesem Problem Herr zu werden, bedarf es solider Vertriebsarbeit und eines Verständnissen des Einflusses von Systematik in der Sprache auf die menschliche Entscheidungsfindung.

Kerngedanke 1

Angebote sind noch immer zu wenig kundenorientiert, da die für den Kunden erzielbaren Ergebnisse nicht ausreichend klar aufgezeigt werden.

Drei Gruppen von Angeboten

Im Wesentlichen unterteilen sich Angebote in drei Gruppen:

1. **Professionelle Angebote:** Nur ungefähr ein Viertel der Angebote erweist sich bei der Bewertung nach den genannten vier Faktoren als professionell. Sie unterscheiden sich von exzellenten Angeboten dadurch, dass sie noch nicht alle genannten Aspekte insbesondere hinsichtlich Kundenorientierung und Überzeugungskraft durchgehend erfüllen. Hier finden sich immer noch zu viele Nennungen von Produkt- und Firmennamen im Text und nicht alle Produktfeatures werden in eine für den Kunden relevante Nutzen- und Ergebnisdarstellung umgewandelt.

2. **Erweiterte Werbebroschüren:** Die Mehrzahl der Angebote sind nur erweiterte Werbebroschüren mit einem Preisschild. Optisch und textlich

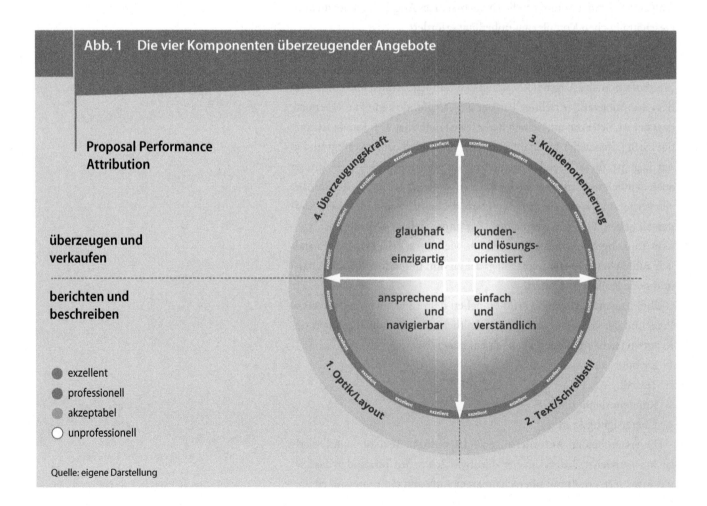

Abb. 1   Die vier Komponenten überzeugender Angebote

Proposal Performance Attribution

überzeugen und verkaufen

berichten und beschreiben

- exzellent
- professionell
- akzeptabel
- unprofessionell

4. Überzeugungskraft

3. Kundenorientierung

glaubhaft und einzigartig

kunden- und lösungsorientiert

ansprechend und navigierbar

einfach und verständlich

1. Optik/Layout

2. Text/Schreibstil

Quelle: eigene Darstellung

erreichen diese ein sehr ansprechendes Niveau, jedoch fehlen inhaltlich für den Kunden wichtige Bestandteile. An vielen Stellen sind die typischen Verkaufstexte aus den Produktbroschüren eingefügt. Die eigenen Firmen- und Produktnamen finden sich sehr viel häufiger als die Anrede des Kunden, der insgesamt selten auftaucht und auch nicht direkt angesprochen wird. Stattdessen werden Werbeblasen und Buzzwords aneinandergereiht (zum Beispiel „Wir sind kundenorientiert", „leistungsstarkes Produkt", „State-of-the-Art-Prozesse"). Konkrete Ausführungen dazu, wie genau die angebotene Leistung dem Bedarf des Kunden gerecht werden, finden sich fast nie. Auch gelingt es den Anbietern zu selten, ihre Alleinstellungsmerkmale hinreichend im Angebot zu vermarkten. Ein Versuch der Differenzierung erfolgt lediglich über die Industriestandards, zum Beispiel „Unser Team verfügt über langjährige Erfahrung", „Wir nutzen einen erprobten Prozess" oder „Wir verfügen über ein ausgefeiltes Risikomanagement". Diese Merkmale erwarten Kunden aber ohnehin. Letztlich führen solche Allgemeinphrasen dazu, dass sich Anbieter zu wenig unterscheiden lassen – und dem Kunden nur der Preis als Auswahlkriterium bleibt.

3. **Organisationsberichte:** Bei dieser Art von Angeboten wird erkennbar wenig Wert auf die Form und das Layout gelegt, sodass bereits der erste Eindruck Zweifel am Anbieter aufkommen lässt. Aufgrund einer mangelhaften Struktur kostet es bereits Überwindung, das Angebot zu prüfen. Inhaltlich handelt es sich oft um fachliche Berichte und Prozessbeschreibungen. Die Produkt- oder Dienstleistungsmerkmale sind sehr ausführlich aufgelistet. Zu oft wird damit jedoch ein falscher Fokus gelegt. Für die Kunden sind viele Details überhaupt nicht relevant, während entscheidende Komponenten fehlen. Überdies machen es in solchen Angeboten, viele Fachwörter, komplexe Sätze oder eine unübliche oder unlogische Dokumentenstruktur dem Leser schwer, diese durchzuarbeiten.

Wie und warum nutzen Kunden überhaupt Angebote?

Um überzeugende Angebote zu erstellen, ist es hilfreich, zu verstehen, wie und zu welchem Zweck Kunden diese nutzen. Für Kunden sind Angebote ein wichtiges Teil im Puzzle ihres Einkaufsprozesses da sie komplexe Lösungen zusammenfassen und verschiedene Ansätze in den angebotenen Leistungen vergleichbar machen. Inzwischen gehören neben den klassischen Angeboten auch RFPs zum Vertriebsalltag. Diese sind deutlich umfangreicher als klassische Angebote, weisen aber grundsätzlich die gleichen Anforderungen auf.

Eine besondre Aufmerksam erfordern Angebote, da sie bei Zugang für den Kunden das führende Dokument in seinem Kaufprozess werden. So gilt es, das bisherige Bild des Kunden über den Anbieter und dessen Lösung im Angebot zu komprimieren, um den nächsten Schritt zu ermöglichen. Angebote sind nach diversen Interaktionen mit den Anbietern ein wichtiges, greifbares Teilergebnis für den Kunden in dessen Einkaufsprozess und prägen daher sein Kauferlebnis.

Kerngedanke 2

Angebote stellen ein wichtiges Teilergebnis für den Kunden in dessen Einkaufsprozess dar und prägen das Kauferlebnis.

Kerngedanke 3

Überzeugende Angebote erfordern spezifische Erfolgskomponenten, die systematisch bearbeitet und optimiert werden können.

Als Ersteller eines Angebots kommt es daher stets darauf an, sich in die Position des Kunden hineinversetzen zu können. Nur wenn sich der Anbieter die gleichen Fragen stellt wie sein Kunde, wird er ein auf dessen Bedürfnisse zugeschnittenes Angebot abgeben können. Im Idealfall empfindet der Kunde das Angebot inhaltlich wie eine intern erstellte Entscheidungsvorlage (siehe **Abbildung 2**). Die wichtigsten Fragen lauten dabei:

● Erhält der Kunde mit dem Angebot die gewünschten Resultate?

● Vermittelt das Angebot den Eindruck, dass der Anbieter die Gesamtsituation des Kunden versteht? Kann der Kunde dem Anbieter vertrauen?

● Rechtfertigt die angebotene Leistung den Preis,und liegen die Gesamtkosten im Budget?

● Welche Risiken geht der Kunde mit Annahme des Angebots ein? Wie, wann und mit welchen Nebeneffekten erreicht der Kunde seine Ziele?

Herausforderungen bei der Angebotserstellung

An Komplexität gewinnt diese Aufgabe dadurch, dass es nicht den einen Kunden gibt, sondern im B2B-Geschäft verschiedene Personen mit unterschiedlichem fachlichen Know-how und Interessen in Gremien als so genannte Buying Center entscheiden. Sie alle müssen sich im gleichen Angebot wiederfinden und Vertrauen fassen. Hinzu kommen die stetig steigenden rechtlichen Beschaffungsanforderungen einerseits sowie die zunehmende Professionalisierung von Einkaufsabteilungen andererseits, die zukünftig ein verstärktes Augenmerk auf die Angebotserstellung erfordern.

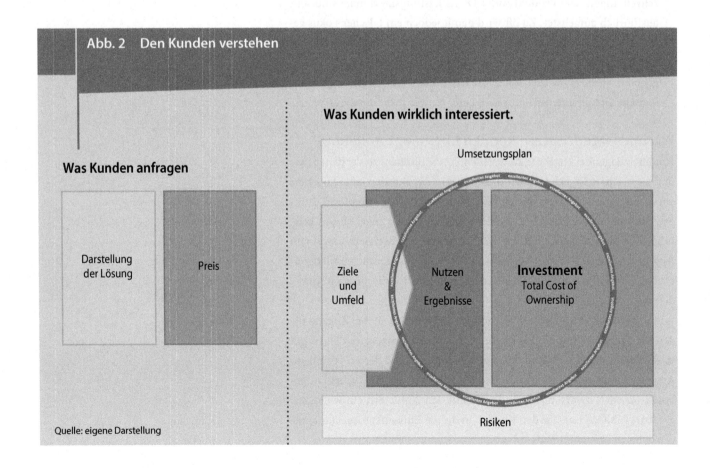

Abb. 2   Den Kunden verstehen

Was Kunden anfragen

Darstellung der Lösung

Preis

Was Kunden wirklich interessiert.

Umsetzungsplan

Ziele und Umfeld

Nutzen & Ergebnisse

Investment Total Cost of Ownership

exzellentes Angebot

Risiken

Quelle: eigene Darstellung

Überzeugende Angebote sind in erster Linie eine Prozessfrage, denn 80 Prozent des Ergebnisses steht schon fest, bevor überhaupt das erste Wort geschrieben ist. Um die Komplexität in der Angebotsphase zu beherrschen, ist es wichtig, klare betriebliche Prozesse definiert zu haben. Dies setzt aber voraus, dass die Mitarbeiter hinreichend geschult sind, damit diese konsequent dem Angebotsprozess folgen und dabei alle verfügbaren Informationen über Kunden aggregieren und nutzen.

Ein Qualitätssprung lässt sich insoweit bereits erreichen, indem Angebote auf der Basis einer sauberen Kundenanalyse und vor allem systematisch bearbeitet werden. Dabei ist stets ein Augenmerk auf den notwendigen zeitlichen Aufwand zu richten und genug Zeit für die Erstellung des Angebots einzuplanen. Eine eigene Angebotsabteilung beziehungsweise spezialisierte Mitarbeiter, die sich dezidiert um die Angebotserstellung kümmern, sind dabei zwar hilfreich, für überzeugende Angebote jedoch nicht unbedingt erforderlich.

Der Weg zu mehr Kundenorientierung

Die interne Erklärung für verlorene Angebote lautet allzu oft: „Der Wettbewerb war billiger!" Tatsächlich liegt der Grund jedoch oft nicht im Preis, sondern darin, dass es nicht gelang, den Kundennutzen hinreichend darzustellen. Dies betrifft dann zwar den Verkaufsprozess in Gänze, jedoch fallen Defizite im schriftlichen Angebot besonders auf, da dieses – schwarz auf weiß – die Essenz der Vertriebsarbeit ist. Daher ist es wichtig, dass im Angebot die Kernbotschaften für den Kunden hinreichend transportiert werden. Ein gutes Angebot ist immer auch Ausdruck von Kundenorientierung.

Ein möglichst genaues Verständnis der Kundenerwartungen ist Grundvoraussetzung dafür, diese mit dem Angebot tatsächlich zu treffen. Ausgangspunkt hierfür bildet eine sorgfältige Kundenanalyse, um das Akquise-Umfeld transparent zu machen. Die Analyse muss nicht nur die Märkte, Produkte und Kunden des Kunden umfassen, sondern auch dessen Wertschöpfungsprozesse, den Aufbau der Kundenorganisation. Der Vertrieb muss den Einkaufsprozess verstehen sowie die Entscheider, deren aktuellen Herausforderungen und strategischen Ziele kennen. Diese Informationen gilt es während des Vertriebsprozesses parallel zur Abstimmung der Kundenbedürfnisse, der Leistungsmerkmale und Rahmenbedingungen zu identifizieren. Allzu oft nehmen Vertriebe jedoch nicht richtig Maß oder erheben zwar die erforderlichen Informationen, geben diese aber nur rudimentär weiter. Daneben werden die vorhandenen Informationen aus anderen kundennahen Abteilungen, wie Kundenservice und Servicetechnik, oft nicht ausreichend genutzt. In diesen Fällen kann auch das Angebot nicht exakt passen.

Bei der Anforderung eines Angebotes verlangen Kunden meist nur eine Darstellung der Lösung und den zugehörigen Preis. Kundenorientierte Anbieter beantworten jedoch auch die Fragen, die der Kunde nicht explizit gestellt hat – etwa die nach der Total Cost of Ownership. Es geht vor allem um die zentrale Frage, ob und wie der Kunde mit der vorgeschlagenen Lösung

Handlungsempfehlungen

• Definieren Sie den Kundenbedarf sehr genau.
• Holen Sie dazu alle verfügbaren Kundeninformationen ein, auch vom Kundenservice und den Servicetechnikern.
• Halbieren Sie die Zahl der Nennungen Ihres eigenen Firmen- und Produktnamens.
• Ergänzen Sie Produkteigenschaften um den konkreten Kundennutzen (z. B. „Ihr Vorteil dabei ist ...").
• Streichen Sie nichtssagende Wörter und Floskeln.
• Brechen Sie lange Sätze, Absätze und Wörter auf: 15 Wörter pro Satz, sieben Zeilen pro Absatz.
• Fassen Sie die Kernaussagen immer in einer Executive Summary zusammen.

seine Ziele erreichen kann (siehe **Abbildung 3**). Mit klaren und konkreten Antworten darauf gewinnt ein Angebot an Überzeugungskraft, es bietet dem Kunden einen Mehrwert und schafft Vertrauen. Auf diese Weise wird es dem Kunden leichter gemacht, den nächsten Schritt im Entscheidungsprozess zu gehen.

So wird Vertrauen und Überzeugungskraft geschaffen

Kunden glauben den Aussagen der Anbieter nicht, sondern brauchen „Beweise". Dazu eignen sich neben den objektiven Leistungsdaten Referenzen anderer Kunden, Gütesiegel, Case Studies, Business Cases etc. Demgegenüber haben nichtssagende Füllwörter, ungeläufige Fachbegriffe, Abkürzungen, Fremdwörter und zu viel Marketingjargon den gegenteiligen Effekt. Überzeugen lässt sich der Kunde auch nur dann, wenn die Argumentation klar und schlüssig ist. Ein weiterer Grund für wenig überzeugende Angebote ist die Annahme, dass gut lesbare Texte per se ausreichen, um zu überzeugen und zu verkaufen. Hierbei spielt es eine wesentliche Rolle wie überzeugend der Text formuliert ist. Der Stil kann zwar angenehm und schnell zu erfassen sein, muss dabei jedoch nicht zwangsläufig überzeugen.

Überzeugende Texte verstärken oder verändern die Meinung zu einem Angebotsbestandteil und lösen bewusste oder unbewusste Handlungen beziehungsweise Entscheidungen aus. Die Bedeutung überzeugender Texte wird in der Praxis unterschätzt. Dabei ist unbestritten, dass bestimmte Strukturen der Präsentation von Fakten auf den Menschen besser wirken als an-

Kerngedanke 4

Entscheider unterliegen auch durch Texte psychologischen Einflüssen, die derzeit noch zu wenig beachtet werden.

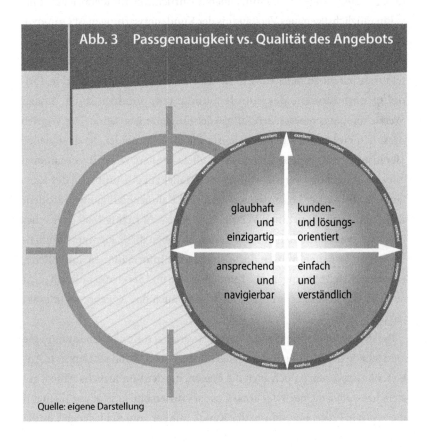

Abb. 3   Passgenauigkeit vs. Qualität des Angebots

glaubhaft und einzigartig

kunden- und lösungsorientiert

ansprechend und navigierbar

einfach und verständlich

Quelle: eigene Darstellung

dere. Trotzdem führt die systematische Schulung und Nutzung solcher Methoden in den meisten Unternehmen ein stiefmütterliches Dasein.

Nicht zuletzt gelingt das Überzeugen leichter, wenn Kernaussagen am Anfang des Angebotes zusammengefasst werden. Eine Executive Summary in Angeboten ist deshalb so wichtig, weil viele Passagen eines Angebots nur überflogen werden, während zwei Angebotsbestandteile nahezu jeder liest: die Zusammenfassung und den Preis. Anbieter versuchen vielfach bei der Übersendung des Angebotes, in dem beiliegenden Anschreiben die wesentlichen Fakten zu den Ergebnissen für den Kunden zusammenzufassen. Ein Anschreiben hat jedoch nicht die gleiche Bedeutung wie eine Executive Summary im Angebot, da Anschreiben entweder direkt aussortiert oder im weiteren Entscheidungsprozess bei den Beteiligten verloren gehen.

Fazit

Ein gutes Angebot allein überzeugt keinen neuen Kunden, doch ein schlechtes kann Kundenverunsichern und damit verschrecken. Mit unprofessionellen Angeboten verschwenden Anbieter eigene Ressourcen – vor allem aber die knappe Zeit der Kunden. Kundenorientierung zahlt sich in Angeboten sehr unmittelbar in Form einer höheren Erfolgswahrscheinlichkeit aus. Während Quick Wins bereits mit einem stärkeren Fokus auf Layout und Textstil erzielt werden können, bedarf es für eine höhere Kundenorientierung und Überzeugungskraft klarer Strukturen im eigenen Vertriebsprozess. Im Vordergrund steht dabei eine systematische Kundenanalyse, eine konsequente Übersetzung der eigenen Leistungsmerkmale in konkrete Ergebnisse für den Kunden sowie eine effektive Darstellung mittels klarer Strukturen und wirksamer Texte.

Kerngedanke 5

Auch die besten Formulierungen und der beste Preis machen ein Angebot nicht erfolgreich, wenn der Bedarf und die Rahmenbedingung der Kunden nicht getroffen werden.

[sfp] Zusätzlicher Verlagsservice für Abonnenten von „Springer für Professionals | Vertrieb"

Zum Thema Angebotsmanagement   Suche

finden Sie unter www.springerprofessional.de 15 Beiträge im Fachbereich Vertrieb   Stand: Januar 2015

Medium
☐ Zeitschriftenartikel (7)
☐ Buchkapitel (8)

Sprache
☐ Deutsch (15)

Von der Verlagsredaktion empfohlen

Biesel, H. H.: Werkzeuge für die operative Vertriebsarbeit, in: Biesel, H. H.: Vertriebsarbeit leicht gemacht, Wiesbaden 2013, S. 35-48,
www.springerprofessional.de/4698224

Limbeck M.: Mut zur Neukundenakquisition, in: Limbeck, M.: Das neue Hardselling, Wiesbaden 2012, S. 67-114,
www.springerprofessional.de/3039118

Mit Kennzahlen bessere Ergebnisse erzielen

Was bringt einen Kunden dennoch dazu, wieder bei dem aktuellen Lieferanten zu kaufen? Professionelles Kundenbeziehungsmanagement im Vertrieb bildet in diesem Kontext einen wichtigen strategischen Baustein. Jedoch muss die Beziehung zu Kunden mit geeigneten Kennziffern (KPIs) erfasst, Leistungsreserven identifiziert und ausgeschöpft werden.

Matthias Huckemann, Christian Schmitz

Kundenorientierung gehört zweifelsohne zu den wichtigsten Unternehmensgrundsätzen und verlangt, das gesamte Denken und Handeln auf den Kunden auszurichten. Sie erfasst und analysiert regelmäßig die Wünsche, Bedürfnisse und Erwartungen der Kunden. Kundenorientierung erfüllt keinen Selbstzweck, sondern soll zu einer langfristig stabilen Kundenbindung führen, die wiederum bessere Ergebnisse erzielen hilft. Loyale Kunden bilden für das Unternehmen das Kapital von heute und morgen, jeder einzelne Kunde wird mit Dauer der Geschäftsbeziehung immer wertvoller. Somit rückt die Kundenbindung immer stärker in den strategischen Fokus, zumal die Kosten für die Gewinnung neuer Kunden ungleich höher sind. Soweit die bekannte Theorie.

In der Praxis wird oft versucht, Kundenbindung durch die Vorgabe von Besuchshäufigkeiten für den Verkäufer oder durch Veranstaltungen sicherzustellen. Das ist aber nach unserer Überzeugung und Erkenntnis weder systematisch noch professionell. Kundenbesuche ohne wirklichen Grund werden eher als Belästigung als eine Kundenbindungsmaßnahme empfunden. Auch das Bauchgefühl eines Verkäufers ist zwar wichtig, aber kein zuverlässiger Gradmesser für die Qualität einer Kundenbeziehung. Viele Außendienstler geben sich der positiven Illusion hin, ihre Kunden und Bedürfnisse genau zu kennen. Tatsächlich haben die Vertriebler einen bis zwei Ansprechpartner pro Kunden, die sie durchschnittlich zwei- bis dreimal im Jahr besuchen. Eine enge und tiefe Kundenbeziehung entsteht so eher nicht!

Selbst Kundenzufriedenheitsbefragungen stellen selten zuverlässige Messgrößen dar, weil sie häufig methodisch schlecht gemacht sind. Die meisten Unternehmen erfahren somit regelmäßig schmerzhaft, dass auch (vermeintlich) zufriedene Kunden ohne Vorwarnung wechseln, wenn sie dort zusätz-

„Kundenbesuche ohne wirklichen Grund werden eher als Belästigung als eine Kundenbindungsmaßnahme empfunden."

liche Vorteile erhalten. Überhaupt werden sich Unternehmen Loyalität zukünftig noch härter erarbeiten müssen, da Produkte immer austauschbarer werden, Kunden immer kritischer, aufgeklärter und fordernder, Preise immer vergleichbarer und Wettbewerber immer aggressiver.

Status Quo zu Kennziffern im Vertrieb

Um Kundenbindung professionell zu managen, müssen die Kennzahlen definiert werden, welche die Kundenbindung beeinflussen. Mercuri International hat gemeinsam mit dem Sales & Marketing Department der Ruhr-Universität Bochum und der Universität St. Gallen im Mai 2014 den Status Quo zur Steuerung des Vertriebs in deutschen Unternehmen untersucht. Im Rahmen der Studie wurden Manager aus 130 führenden Unternehmen unterschiedlicher Branchen befragt und 20 vertiefende Expertengespräche ge-

Dr. Matthias Huckemann
ist Geschäftsführer der Unternehmensberatung Mercuri International Deutschland.

Prof. Dr. Christian Schmitz
ist Universitätsprofessor für Vertriebsmanagement sowie Lehrstuhlinhaber am Sales & Marketing Department an der Ruhr-Universität Bochum. An der Executive School der Universität St.Gallen ist er Hauptdozent für „B2B Marketing and Sales Management" und leitet das Konsortialprogramm „Sales Driven Company".

Matthias Huckemann
Mercuri International Deutschland GmbH, Meerbusch, Deutschland
E-Mail: matthias.huckemann@mercuri.de

Christian Schmitz
Ruhr-Universität Bochum, Bochum, Deutschland
E-Mail: christian.schmitz@rub.de

führt. Drei zentrale Ergebnisse seien hier stellvertretend genannt, da sie helfen können, den Rahmen für das KPI-System Kundenbindung richtig zu definieren:

• Im Schnitt führen Verkäufer branchenübergreifend zehn Kundenbesuche pro Woche durch, das heißt zwei Besuche pro Tag. Gleichzeitig investiert der Verkäufer die meiste Arbeitszeit pro Jahr in interne Aufgaben und Projekte. Bei durchschnittlich 44.000 gefahrenen Kilometern pro Jahr werden ca. 50 Tage allein im Auto verbracht. Die Ergebnisse verdeutlichen, dass die Ressource Vertrieb nicht nur teuer, sondern äußerst knapp ist. Umso wichtiger ist eine präzise Steuerung etwa zu den potenzialstarken und attraktiven Kundenklassen.

• Allerdings scheint es genau hier Luft nach oben zu geben, nur 48 Prozent der Befragten messen den Umsatz nach Kundensegmenten, den Umsatz nach Kundenklassen sogar nur 38 Prozent. Somit bleibt es dem Vertrieb überlassen, welche Kunden wichtig sind und welche nicht. Sich auf die Erfahrun-gen und die Intuition der eigenen Verkäufer zu verlassen, birgt jedoch erhebliche Risiken(siehe Anmerkung zur positiven Illusion der Verkäufer). Kundenbindung sollte vor allen Dingen bei den strategisch wichtigen Kunden forciert werden.

• Kennzahlen, die die Aktivitäten des Vertriebs (zum Beispiel Besuche, Phasen im Verkaufsprozess) steuern und erfassen, sind erst für 55 Prozent der Befragten gängige Praxis. Wille und Erfahrung des Vertriebs alleine garantieren aber nicht den Erfolg. Es reicht keinesfalls aus, nur mehr Kundenbindung einzufordern. Vielmehr müssen die entsprechenden Aktivitäten gemanagt werden. Unsere Studie zeigt, dass die meisten Unternehmen eher die Quantität als die Qualität der kundenbezogenen Aktivitäten erfassen (siehe **Abbildung 1**). Anzahl der Aufträge und Angebote werden von der überwiegenden Anzahl der Unternehmen zur Steuerung herangezogen. Kennziffern, die ein kundenorientiertes Vorgehen des Vertriebs unterstützen, fehlen hingegen völlig.

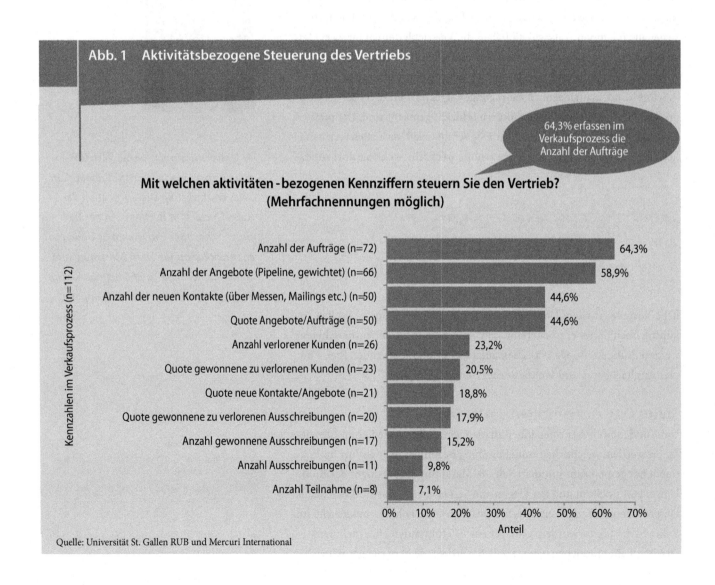

Abb. 1   Aktivitätsbezogene Steuerung des Vertriebs

Quelle: Universität St. Gallen RUB und Mercuri International

Fazit: Das Erfolgsbild des Verkäufers wird überproportional von Intuition, spontanen Reaktionen beim Kunden und dem Einsatz der eigenen Persönlichkeit geprägt. Kennzahlen helfen dem Vertrieb, sich auf die Aktivitäten mit der richtigen Quantität, Qualität und Richtung zu konzentrieren, Erfolge zu multiplizieren und Misserfolge zu reduzieren. Aus den Ergebnissen der Untersuchung leiten sich folgende drei wichtige Handlungsempfehlungen für das professionelle Managen der Kundenbindung ab:

- KPIs für das Aktivitätenmanagement entwickeln und einsetzen, um die wahren Erfolgstreiber zu managen.
- Leistungen für Spitzenverkäufer transparent machen (siehe **Abbildung 2**).
- KPIs auswählen, die helfen, den Status quo der Kundenbindung zu erfassen und zu managen.

Erfolgskennzahlen für die Kundenbindung

Welche strategische Bedeutung die Kundenbindung für ein Unternehmen hat, lässt sich mit dem Mercuri-Plattform-Modell beschreiben. Dabei handelt es sich um ein unerlässliches

Kerngedanken
- Unternehmen werden sich die Loyalität ihrer Kunden zukünftig noch härter erarbeiten müssen.
- Unternehmen verlassen sich zu stark auf die Erfahrung und Intuition ihrer Verkäufer.
- Die Beziehungsqualität zum Kunden muss mit Kennziffern transparent gemacht werden. Nur so erkennt man, wie sie verbessert werden kann.

Instrument für die Aktivitätenplanung und erfasst, welcher Teil der Vertriebsergebnisse mit kaufenden und welcher mit potenziellen Kunden erzielt werden soll bzw. in der Vergangenheit erzielt wurde. Die Kaufplattform umfasst alle kaufenden Kunden, die Verhandlungsplattform alle potenziellen Kunden, mit denen konkrete Verhandlungen geführt werden, die Marktplattform alle potenziellen Kunden. Das Denken in Plattformen ermöglicht es, für jede Zielsetzung entsprechen-

die Aktivitäten abzuleiten. Zwei wichtige Kennziffern in der Kaufplattform sind die Wiederkaufrate und die Beziehungsqualität. Mit der Wiederkaufrate wird erfasst, wie stabil eine Kundenbeziehung gemessen an Zahlen (Umsatz, DB insgesamt pro Produkt etc.) ist und welche weiteren Verkaufspotenziale sich anbieten.

Die Beziehungsqualität der Kunden dokumentiert, wie eng und verlässlich der Kontakt zum Kunden ist. Wie sich das messen lässt, zeigen die folgenden Kriterien beispielhaft:

Anzahl der Kontaktpartner beim Kunden: Je mehr Kontaktpartner persönlich bekannt sind, desto vielschichtiger ist die Informations- und Beziehungsbasis. Sachliche oder emotionale Probleme mit einzelnen Gesprächspartnern können eher kompensiert werden.

Anzahl der Kontaktpartner des Kunden im eigenen Unternehmen: Im Prinzip gilt hier das Gleiche. Die Kundenbeziehung basiert auf mehreren Ebenen und ist so weniger anfällig für zwischenmenschliche Differenzen einzelner.

Kontakte auf Geschäftsleitungsniveau: Wenn es nicht nur auf operativer, sondern auch auf strategischer Ebene Kontakte gibt, können Konfliktsituationen leichter entschärft werden. Geschäftsführer sind nicht durch das Tagesgeschäft belastet und können so wesentlich emotionsfreiere Verhandlungen führen.

Produktportfolio: Je mehr unterschiedliche Produkte ein Kunde bezieht, desto stabiler ist die Beziehung. Bezieht er mehrere Produkte können Rückgänge bei einem Produkt leichter ausgeglichen werden, ohne dass die gesamte Stellung beim Kunden gefährdet ist. Auch dem in fast allen Industrien anzutreffenden Trend zur Lieferantenreduktion wird so begegnet.

„Es reicht keinesfalls aus, nur mehr Kundenbindung einzufordern. Vielmehr müssen die entsprechenden Aktivitäten gemanagt werden."

Inanspruchnahme von Services und ergänzenden Dienstleistungen: Je häufiger ein Kunde solche Angebote nutzt, desto größer werden Vernetzung, Abhängigkeit und Bindung des Kunden an das Unternehmen. Es kann also durchaus Sinn machen, bei solchen Angeboten nur mit kostendeckenden

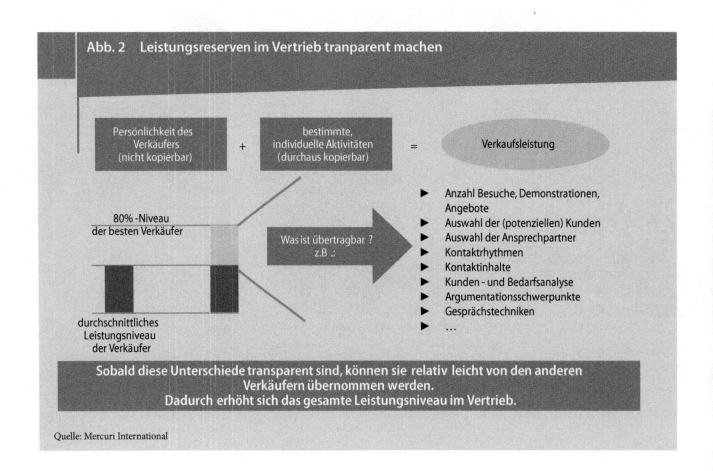

Abb. 2   Leistungsreserven im Vertrieb tranparent machen

Persönlichkeit des Verkäufers (nicht kopierbar) + bestimmte, individuelle Aktivitäten (durchaus kopierbar) = Verkaufsleistung

80%-Niveau der besten Verkäufer

Was ist übertragbar ? z.B .:

durchschnittliches Leistungsniveau der Verkäufer

► Anzahl Besuche, Demonstrationen, Angebote
► Auswahl der (potenziellen) Kunden
► Auswahl der Ansprechpartner
► Kontaktrhythmen
► Kontaktinhalte
► Kunden - und Bedarfsanalyse
► Argumentationsschwerpunkte
► Gesprächstechniken
► …

Sobald diese Unterschiede transparent sind, können sie relativ leicht von den anderen Verkäufern übernommen werden.
Dadurch erhöht sich das gesamte Leistungsniveau im Vertrieb.

Quelle: Mercuri International

Margen zu arbeiten, wenn dadurch die Austauschbarkeit als Lieferant spürbar reduziert wird.

Reklamationsquoten: Sie stellen einen guten Gradmesser für die Befindlichkeiten des Kunden dar. Zum einem zeigt er Engagement im Vergleich zu vielen unzufriedenen Kunden. Zum anderen ist jede professionell bearbeitete Reklamation ein Mittel zur Festigung.

Servicestandards: Servicestandards wie zum Beispiel die maximale Dauer für die Beantwortung einer Anfrage sollen bereits im Vorfeld dafür sorgen, dass eine Kundenbeziehung nicht belastet wird. Auch hier kann davon ausgegangen werden, dass die Kundenbeziehung umso besser ist, je exakter die Standards eingehalten werden.

Integration in Kundengremien: Wer als Lieferant in internen Gremien, Ausschüssen oder Projektgruppen des Kunden sitzt, ist nicht nur akzeptiert, sondern schwer zu ersetzen.

Alle genannten Stellhebel sind aktiv durch das Anbieter-Unternehmen zu beeinflussen. Erreicht man nicht die gewünschte Ausprägung, entsteht automatisch Handlungsbedarf. Je besser die Kriterien erfüllt werden, umso höher ist die Beziehungsqualität.

Fazit

Kennzahlen im Vertrieb sollen den Vertrieb dabei unterstützen, auszuwählen, womit er seine knappe und teure Zeit verbringt. Sie helfen, sich auf die richtigen Aktivitäten mit der richtigen Qualität und Richtung zu konzentrieren. Wenn aber der Vertrieb wie ein großes Loch erscheint und nur die Ergebnisse transparent sind, birgt dies ein hohes Risiko und eine gefährliche Abhängigkeit. Stellt das Unternehmen fest, dass die Kundenloyalität und die damit verbundenen Vertriebser-

Handlungsempfehlungen

- Nutzen Sie das Plattformmodell, um festzustellen, wie hoch die Abhängigkeit von bestehenden Kunden ist.
- Loyale Kunden werden immer wichtiger für den Unternehmenserfolg. Messen Sie deshalb mit Kennziffern wie der Wiederkaufsrate und der Beziehungsqualität den Status Ihrer Kundenbeziehungen.
- Vertrauen Sie der positiven Illusion, dass der Vertrieb selber weiß, was wichtig ist. Helfen Sie ihm, die richtigen Aktivitäten mit der richtigen Qualität und Richtung zu definieren und umzusetzen.

gebnisse rückläufig sind, müssen Ressourcen neu auf Aktivitäten ausgerichtet werden, um Kunden zu binden.

Der Vertrieb wird seine eigenen Prioritäten setzen, er sieht keine Notwendigkeit etwas zu verändern, solange seine Aktivitäten nicht systematisch beobachtet und gemanagt werden. Das Gewohnte bietet ihm vielmehr einen Rettungsanker in seinem immer schnelleren, komplexeren und unüberschaubaren Vertriebsalltag.

Literatur:

[SfP]* Dannenberg, H,/Zupancic, D. (2008): Spitzenleistungen im Vertrieb. Optimierungen im Vertriebs- und Kundenmanagement, Wiesbaden (ID: 1840164)

Huckemann, M, /u.a. (2000): Verkaufsprozessmanagement: So erzielen Sie Spitzenleistungen im Vertrieb, Neuwied/Kriftel

Johne, Th. (2011): Kundenbindung durch Kundenorientierung

[SfP]* Abonnenten des Portals Springer für Professionals erhalten diesen Beitrag im Volltext unter www.springerprofessional.de/ID

[SfP] Zusätzlicher Verlagsservice für Abonnenten von „Springer für Professionals | Vertrieb"

Zum Thema | KPIs | 🔍 Suche

finden Sie unter www.springerprofessional.de 84 Beiträge im Fachgebiet Vertrieb Stand: Januar 2015

Medium
☐ Online-Artikel (3)
☐ Zeitschriftenartikel (18)
☐ Buchkapitel (63)

Sprache
☐ Deutsch (29)
☐ Englisch (55)

Von der Verlagsredaktion empfohlen

Kühnapfel, J. B.: Kennzahlen für den Vertrieb – eine Auswahl, in: Kühnapfel, J. B.: Vertriebskennzahlen, Wiesbaden 2014, S. 9-11, www.springerprofessional.de/5125994

Klepzig, H.-J.: Working Capital-Management: Fallbeispiele, Checklisten, KPIs, in: Working Capital und Cash Flow, Wiesbaden 2014, S. 177-195, www.springerprofessional.de/4905508

Spektrum

Über die Bedeutung und Wirkung der Intuition im Vertriebsprozess

Intuition ist im Management schon längst kein Randthema mehr. Die fruchtbare Wirkung der Intuition ist jedoch vielfach nachgewiesen worden. Trotzdem schwebt stellenweise der Schleier der Esoterik über diesem Thema. Zu Unrecht. Seinen „guten Riecher" hat der erfolgreiche Spitzenverkäufer doch schon immer benutzt. Eine Studie zur Rolle der Intuition im Verkaufsprozess beleuchtet dieses faszinierende Thema.

Marco Schmäh, Tobias Blickle

„Der intuitive Verstand ist ein Geschenk und der rationale Verstand ein treuer Diener. Wir haben eine Gesellschaft geschaffen, die den Diener ehrt und das Geschenk vergessen hat." (Albert Einstein)

Gegenstand der Studie zur Intuition im Vertrieb an der ESB Business School ist dieses von Albert Einstein beschriebene Geschenk: die Intuition. Von Unsicherheit geprägte Entscheidungen, „Information Overload" und die starke Vernetzung unterschiedlicher Wirtschaftsräume sind nur drei von einer Vielzahl an Faktoren unserer heutigen Zeit, die einen ausschließlich rational geprägten Entscheidungsstil schnell an Grenzen stoßen lässt. Stattdessen gewinnt die Intuition als erfolgsentscheidende Kraft erheblich an Bedeutung. Deshalb wurden in einer Studie 258 Vertriebsmitarbeiter im Rahmen einer Studie an der ESB Business School nach Ihrer Einschätzung zur Bedeutung der Intuition befragt.

Was verbirgt sich hinter diesem Begriff Intuition? Es existiert eine Vielzahl von verschiedenen Definitionen. Dabei ist das Zusammenspiel von Rationalität und Intuition von signifikanter Bedeutung. Daraus lässt sich schlussfolgern, dass man diesem Begriff mit einer einzigen Definition, die den Anspruch auf allgemeine Gültigkeit erhebt, nicht vollständig gerecht werden kann. Vielmehr ist es entscheidend, das Verständnis des Begriffes immer im entsprechenden Kontext und in Abhängigkeit der relevanten Faktoren zu betrachten.

Vertriebsrelevante Komponenten der Intuition

Deshalb wurde im Rahmen der vorliegenden Studie versucht, die vertriebsrelevanten Komponenten zu definieren. Die Rolle der Intuition im Verkaufsprozess wird deshalb aus drei verschiedenen Richtungen betrachtet:

1. Die Entstehungsrichtung befasst sich mit dem Gefühl, dem impliziten Wissen, das im Rahmen des Verkaufsprozesses entsteht.
2. Die Erscheinungsrichtung befasst sich mit Situationen, in welchen Intuition zum Einsatz kommt. Entscheidend ist hier die Wechselwirkung zwischen Ratio und Intuition.
3. Die Erfolgsrichtung umfasst schließlich die Ergebnisse, die aus Intuition im Vertrieb entstehen.

Letztlich kann Intuition als ganzheitliches, komplexes Konstrukt verstanden werden, das die Entstehungsrichtung, Erscheinungsrichtung und die Erfolgsrichtung umfasst. Die drei Richtungen sind die einzelnen Komponenten, aus denen sich Intuition im Verkaufsprozess zusammensetzt. Sie können allerdings auch als zeitliche Abfolge betrachtet werden.

Die Intuition kommt aus dem Unbewussten und ignoriert Informationen. Das moderne Unbewusste besteht aus allen psychischen Prozessen, derer man sich nicht bewusst ist, die aber dennoch das Verhalten (oder das Denken oder die Emotionen) beeinflussen.

Die Untersuchung fokussiert sich im Folgenden darauf, ein tieferes Verständnis der Entstehung, des Auftretens und des Erfolges intuitiver Entscheidungsfindung im B2B-Vertrieb zu erlangen. Zu jeder der drei Richtungen

Prof. Dr. Marco Schmäh
ist Inhaber des Lehrstuhls für Marketing und Vertriebsmanagement an der ESB Business School in Reutlingen.

Tobias Blickle
ist Student an der ESB Business School im deutsch-amerikanischen Studiengang International Management.

Marco Schmäh
ESB Business School, Reutlingen, Deutschland
E-Mail: Marco.Schmaeh@Reutlingen-University.de

Tobias Blickle
ESB Business School, Reutlingen, Deutschland
E-Mail: tobiaskai.blickle@web.de

werden verschiedene Hypothesen generiert, um diese dann mit Hilfe der Studie zu überprüfen.

Handeln weibliche Vertriebsmitarbeiter intuitiver?

In der Entstehungsrichtung soll der volkstümliche Glaube der „weiblichen" Intuition in Bezug auf den Vertrieb untersucht werden. Die erste Hypothese lautet somit „Weibliche Vertriebsmitarbeiter handeln intuitiver."

Die Arbeiten des britischen Psychologieprofessors Richard Wiseman konnten anhand der Stichprobe verifiziert werden. Das heißt: Frauen beschreiben sich selbst intuitiver im Vergleich zu Männern. Jedoch belegen Studien, dass kein Unterschied zwischen den beiden Geschlechtern besteht. Während 72,7 Prozent der Frauen der Aussage „Ich handle intuitiv in Verkaufsgesprächen" zustimmten, waren es nur 67,7 Prozent der Männer.

Führt Berufserfahrung oder höheres Alter zu einem intuitiveren Entscheidungsstil?

Die zweite Hypothese, die generiert wurde lautet „Berufserfahrung führt zu einem intuitiveren Entscheidungsstil bei im Vertrieb tätigen Personen." Diese Hypothese wurde aus Daniel Kahnemans These abgeleitet, nach der valide Expertenintuition auf zwei wesentlichen Gegebenheiten basieren. Erstens ein gleichbleibendes und stabiles Umfeld, in welchem es zur Entscheidungsfindung kommt und die Möglichkeit, durch langjährige Erfahrung aus diesen Regelmäßigkeiten zu lernen.

Basierend auf unserer Studie lässt sich konstatieren, dass zwischen Berufserfahrung und intuitivem Handeln keine signifikante Korrelation festzustellen ist. Die Korrelation zwischen der Frage „Wie lange arbeiten Sie im Vertrieb?" und „Ich handle intuitiv in Verkaufsgesprächen" wurde sowohl mit dem Korrelationskoeffizienten nach Pearson, als auch mit dem Maße des Spearmanschen Rangkorrelationskoeffizienten untersucht, wobei jedoch in beiden Fällen keine signifikante Korrelation zu beobachten war.

Auch die Betrachtung des Zusammenhanges zwischen Lebenserfahrung, in Form der Frage „Wie alt sind Sie?" und intuitivem Handeln ergibt erneut keine signifikante Korrelation zwischen den beiden untersuchten Komponenten.

Nachdem zuvor festgestellt wurde, dass Intuition im Vertrieb nicht maßgeblich vom Faktor Erfahrung geprägt wird, kann nun auch der Faktor Alter deshalb als nicht wesentlich angesehen werden.

Generell ist anzumerken, dass 29 Prozent der befragten Probanden keine Entscheidung getroffen haben, ob sie ihren Entscheidungsstil bei Verkaufsgesprächen als intuitiv oder als rational bezeichnen würden. Zu diesem Ergebnis gelangt die Untersuchung bei Durchführung einer Differenzanalyse der antagonistischen Fragen „Ich handle intuitiv in Verkaufsgesprächen" und „Ich handle rational in Verkaufsgesprächen".

„Die Intuition kommt aus dem Unbewussten und ignoriert Informationen."

Ist den Vertrieblern überhaupt bewusst, ob sie überwiegend intuitiv oder rational handeln?

Bei der Betrachtung der Erscheinungsrichtung von Intuition im Vertrieb wird untersucht, ob den Probanden bewusst ist, dass sie intuitiv oder rational handeln. Somit lautet die Hypothese „Im Vertrieb tätige Personen handeln unbewusst intuitiv". Dabei wurden die gegensätzlichen Fragen „Ich handle intuitiv in Verkaufsgesprächen" sowie „Ich handle rational in Verkaufsgesprächen" untersucht.

Eine geringe Standardabweichung aus der Differenz der beiden Fragen lässt uns nun zu dem Schluss kommen, dass die Probanden ein geringes Bewusstsein für explizit rationales oder intuitives Handeln aufweisen. Daher kann die aufgestellte Hypothese verifiziert werden.

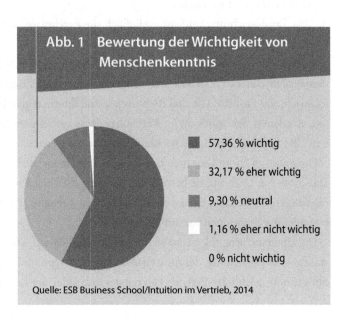

Abb. 1 Bewertung der Wichtigkeit von Menschenkenntnis

- 57,36 % wichtig
- 32,17 % eher wichtig
- 9,30 % neutral
- 1,16 % eher nicht wichtig
- 0 % nicht wichtig

Quelle: ESB Business School/Intuition im Vertrieb, 2014

Wann handeln wir intuitiv?

Ausgehend von dieser inneren Betrachtung sollen die externen Einflüsse, die zu einem intuitiven Entscheidungsstil führen, untersucht werden. Dabei wurde der Zusammenhang von Intuition und ihrem Auftreten in komplexen, unbekannten Situationen untersucht.

Folglich lautet die Hypothese: „ Im Vertrieb tätige Personen entscheiden intuitiv in komplexen Situationen oder in Situationen, in denen sie über unzureichendes Wissen verfügen. Entgegen der allgemeinen Erwartung vor der Untersuchung widersprachen etwa 45 Prozent dieser Aussage.

Ein Verkaufsgespräch wird wesentlich von der interpersonellen Komponente geprägt. Im Folgenden wurde untersucht, inwiefern Intuition im Vertrieb in Form von Menschenkenntnis auftritt. Die Untersuchung zeigt, dass der Spezialisierung Menschenkenntnis eine signifikant höhere Wichtigkeit als dem Bauchgefühl beigemessen wird. 57 Prozent der Befragten sahen Menschenkenntnis als essenziell für die Tätigkeit im Vertrieb an (siehe **Abbildung 1**), während nur 32,56 Prozent das Bauchgefühl als höchste Priorität angaben.

Des Weiteren wurden die Fragen „Ich habe schon einen Verkauf nicht getätigt, obwohl die Zahlen für ihn sprachen" und „Ich kann den Charakter eines Menschen richtig einschätzen" genauer betrachtet. Eine auffallend große Menge an Befragten (etwa 70 Prozent) bestätigten die Aussage, dass schon einmal aufgrund eines negativen Bauchgefühls ein Verkauf nicht getätigt wurde (siehe **Abbildung 2**).

Die Befragung der Probanden nach der Fähigkeit, den Charakter eines Menschen adäquat einzuschätzen, suggeriert ein

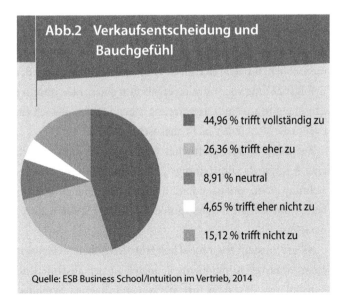

Abb.2 Verkaufsentscheidung und Bauchgefühl

- 44,96 % trifft vollständig zu
- 26,36 % trifft eher zu
- 8,91 % neutral
- 4,65 % trifft eher nicht zu
- 15,12 % trifft nicht zu

Quelle: ESB Business School/Intuition im Vertrieb, 2014

Zusammenfassung

In der ESB-Studie „Intuition im Vertrieb: Die Rolle der Intuition im Verkaufsprozess" wird der Zusammenhang zwischen Expertenintuition im Vertrieb und langjähriger Berufserfahrung untersucht. Dabei geht es um Antworten auf folgende Fragen:

- Gibt es einen geschlechtsspezifischen Unterschied bei intuitiven Entscheidungsstilen im Vertrieb?
- Können die Vertriebsmanager zwischen rationalem und intuitivem Verhalten unterscheiden?
- In welcher Erscheinungsform tritt Intuition im Vertrieb auf?
- Darüber hinaus wird untersucht, ob eine intuitive Entscheidung eine gute Orientierung vorgibt.

ähnliches Bild. Hieraus wird ersichtlich, dass die zwischenmenschliche Ebene ein wesentliches Erscheinungsfeld von Intuition im Vertrieb ist.

Sind intuitive Entscheidungen richtig?

Neben der Frage, woher Intuition kommt (Entstehungsrichtung) sowie der eingehenden Analyse ihres Auftretens (Erscheinungsrichtung) soll im Folgenden im Rahmen der Erfolgsrichtung genauer analysiert werden, ob intuitive Entscheidungen richtig sind.

Die Hypothese lautete: „ Intuitive Entscheidungen sind zum großen Teil richtig und vorteilhaft." Die Mittelwerte der Fragen „In Verkaufsgesprächen liege ich mit spontanen Einschätzungen richtig" und „Intuitive Verkaufsentscheidungen bestätigen sich im Nachhinein" weisen die Tendenz einer Zustimmung auf. Somit wird die Einschätzung, dass intuitive Entscheidungen eine richtige Orientierung geben können, von der Mehrheit der Befragten geteilt.

Intuitive Entscheidungen sind somit zum großen Teil richtig, das schließt einen Restfehler aber dennoch nicht vollständig aus. Dies wird durch das Ergebnis der schärfer formulierten Aussage „Ich kann schon zu Beginn des Verkaufsgespräches sagen, ob es zu einem Abschluss kommt" bestätigt. Hier reagierten die Befragten zurückhaltender in ihrer Zustimmung und zeigten eine unentschlossene Haltung. Eine Ursache für die leicht unterschiedlichen Angaben könnte in der Formulierung der letzteren Frage liegen, da hier die zeitliche Differenz zwischen Entscheidung „Zu Beginn" und dem tatsächlichen Eintreten des Umstandes, dem „Abschluss", größer ist als bei den zuvor analysierten Aussagen. Des Weiteren suggeriert die Formulierung „Zu Beginn", dass noch sehr wenige Informationen zum Zeitpunkt der Abschätzung gesammelt werden konnten.

Der Zusammenhang zwischen Ratio und Intuition

Die ganze Untersuchung übergreifend sollte ebenfalls der Zusammenhang zwischen Rationalität und Intuition näher betrachtet werden. Aus der Literatur ergibt sich hierbei eine enge Verbundenheit der Begrifflichkeiten, wie auch gleichzeitig ihre Gegensätzlichkeit.

Die zu untersuchende Hypothese ergibt sich wie folgt: „Intuition und Ratio im Vertrieb treten nur zusammen auf und bedingen sich gegenseitig."

Probanden wurden um eine Einschätzung der Wichtigkeit von Bauchgefühl, Faktenwissen, Hintergrundinformationen und Menschenkenntnis im Verkaufsprozess gebeten. Die Probanden messen dem Begriff Menschenkenntnis(89,54 Prozent) und gleichzeitig dem Begriff Faktenwissen(85,15 Prozent) eine annähernd äquivalente Wichtigkeit zu. Daraus kann die wechselseitige Beziehung abgeleitet werden.

68,6 Prozent der Probanden stimmen der Aussage „Ich kann immer begründen, warum ich mich für etwas entschieden habe" zu. Dies impliziert somit einen erheblichen Teil, der nicht durch Rationalität begründet werden kann.

Kerngedanken

- Expertenintuition im Vertrieb beruht nach unserer Studie nicht auf langjähriger Berufserfahrung.
- Im Vertrieb tätige Frauen beschreiben ihren Entscheidungsstil als signifikant intuitiver als Männer.
- Intuition im Verkaufsprozess tritt überwiegend in Form von Menschenkenntnis auf und der Fähigkeit, den Charakter des Kunden richtig einzuschätzen.
- Intuitive Entscheidungen sind im Verkaufsprozess vorteilhaft und geben eine richtige Orientierung vor.
- Während in der Literatur mehrfach die Bedeutung der Intuition im Entscheidungsprozess bei Fragestellungen hoher Komplexität hervorgehoben wird, greift ein erheblicher Teil der Befragten bei komplexen Fragen wider Erwarten nicht auf Intuition zurück.

Fazit und Ausblick

Zusammenfassend lässt sich somit konstatieren, dass der Entscheidungsstil bei im Vertrieb tätigen Personen sowohl durch Rationalität als auch durch Intuition geprägt wird und eng miteinander verknüpft ist.

Dem metaphorischen Plädoyer von Albert Einstein, der Intuition „als vergessenes Geschenk" eine größere Bedeutung beizumessen, wurde in den letzten Jahren zunehmend Rechnung getragen. Die Intuition kann als ein komplexes, vielschichtiges Konstrukt beschrieben werden, welches trotz seiner nicht greifbaren und noch weitestgehend unerforschten Natur in der Welt des Vertriebs einen hohen Stellenwert genießt. Die Ambivalenz der Thematik spiegelt sich auch in den vorangehend geschilderten Untersuchungsergebnissen wider. Während im Rahmen dieser wissenschaftlichen Arbeit einige Thesen von Wissenschaftlern und Psychologen wie Kahneman oder Wiseman bestätigt werden konnten, wurden eine nicht geringe Anzahl der Thesen wiederum durch die vorliegenden Ergebnisse widerlegt.

„Die zwischenmenschliche Ebene ist ein wesentliches Erscheinungsfeld von Intuition im Vertrieb."

Interessanterweise hat die detaillierte Analyse gezeigt, dass keine Korrelation zwischen Alter oder Lebenserfahrung mit einem intuitiven Entscheidungsstil zu erkennen ist. Den Probanden fiel es schwer zu definieren, ob sie eher rational oder intuitiv entscheiden und es konnte ein allgemein geringes Bewusstsein für einen spezifischen Entscheidungsstil festgestellt werden. Aus den Untersuchungen wurde zudem ersichtlich, dass Intuition im Vertrieb hauptsächlich auf der zwischenmenschlichen Ebene eine große Rolle spielt. Eine Analyse der Erfolgsrichtung von Intuition ergab zum einen, dass intuitive Entscheidungen eine Orientierung geben können, jedoch ein eventueller Restfehler nicht auszuschließen ist.

Ziel dieser wissenschaftlichen Untersuchung war es, durch eine Analyse der Entstehungs-, Erscheinungs- und Erfolgsrichtung einen umfassenden Einblick in die Thematik zu erhalten und einen Ausgangspunkt für weitere Studien zu generieren.

Albert Einstein erkannte schon früh den hohen Stellenwert einer intuitiven Komponente. Jedoch lässt sich abschließend konstatieren, dass diese ihre Wirkung nur in einer Symbiose mit der Rationalität entfalten kann. Trotz zunehmender Beliebtheit der Thematik Intuition lässt sich vermuten, dass die Intuition den „treuen Diener", vor allem im Bereich des Vertriebs, nie vollständig verdrängen wird. Vielmehr wird auch in der Zukunft eine Balance zwischen beiden Komponenten entscheidend sein, um einen Verkaufsprozess effizient und gleichzeitig erfolgreich zu gestalten.

Literatur

Burke, L., Miller, M. (1999): Taking the mystery out of intuitive decision making, in: Academy of Management Executive, Vol. 13 (4), S. 91-99.

Connor, Steve (2005): The Myth of female Intuition exploded by fake smile test, The Independent, Online: http://www.independent.co.uk/news/science/the-myth-of-female-intuition-exploded-by-fake-smile-test-6148499.html, 03.05.2014.

Dijksterhuis, A. (2010): Das kluge Unbewusste, 2.Auflage. Stuttgart

Gerbert, Frank(2004): Die Intelligenz der Gefühle, in: Focus Magazin Nr. 24 vom 07.06.2004, Online: http://www.focus.de/wissen/mensch/neurowissenschaft/psychologie-die-intelligenz-der-gefuehle_aid_201408.html, 30.04.2014.

Gigerenzer, G. (2008): Bauchentscheidungen, Die Intelligenz des Unbewussten und die Macht der Intuition

Kahneman, D. (2012): Schnelles Denken, langsames Denken

Wisemann, R. (2012): Machen, nicht denken

Handlungsempfehlungen

- Intuition und Rationalität stehen im Verkaufsprozess in einer alternierenden Beziehung und können nur im Zusammenspiel ihre volle Wirkung entfalten. Zudem wird intuitive Menschenkenntnis niemals vollständig rationales Faktenwissen ersetzen können. Eine gute Vorbereitung des Verkaufsgesprächs mit Zahlen, Daten und Fakten ist deshalb weiterhin essenziell!
- Versuchen Sie im nächsten Verkaufsgespräch einmal die Momente zu identifizieren, in denen sie spontan bzw. intuitiv entscheiden. Sie werden erstaunt sein, welchen hohen Anteil diese Entscheidungen ausmachen.
- 71 Prozent der Befragten haben schon einmal einen Verkauf nicht getätigt, obwohl die Zahlen dafür sprachen. Trainieren Sie im Rahmen des Verkaufstrainings mit ihrer Vertriebsmannschaft regelmäßig intuitive Entscheidungsstile bzw. den „guten Riecher" und vertrauen sie insbesondere bei komplexen Entscheidungen mehr auf ihre Intuition. Es lohnt sich!

Optimierung von Verkaufsprozessen

Der persönliche Verkauf ist in vielen Unternehmen einer der größten Kostenfaktoren. Daher müssen sich Vertriebsmannschaften den Diskussionen über ihre eigene Effektivität und Effizienz stellen. Grundlage dafür ist ein definierter Verkaufsprozess, quasi die Produktionsfunktion des Vertriebs. Dazu gehört eine detaillierte Beschreibung von Arbeitsschritten und entsprechender Erfolgskennzahlen, mit denen die Input-Output-Relationen logisch verknüpft werden.

Holger Dannenberg, Dirk Zupancic

Wenn die Vertriebsproduktivität optimiert werden soll, muss die Effizienz und Effektivität der Verkaufsprozesse verbessert werden. Selbst etablierte Prozesse können durch regelmäßige Überprüfungen weiter optimiert werden. Das Motto lautet: „Wer aufhört, besser zu werden, hat aufgehört, gut zu sein." Dies gilt insbesondere im Vertrieb, weil sich die Kunden ständig weiterentwickeln.

Dieser Beitrag beruht auf vielen Jahren Erfahrung bei der Analyse und Optimierung von Verkaufsorganisationen, die wir als Beratungsunternehmen und Business School begleitet, beraten und erforscht haben. Wir stellen unsere Erkenntnisse dar und bieten Lösungsvorschläge. Dabei konzentrieren wir uns für eine bessere Anschaulichkeit auf den Einsatz des persönlichen Verkaufs. Dieser kann und wird in der Praxis durch andere Kanäle ergänzt.

Verkaufen muss sich am Kaufprozess der Kunden orientieren

In der Zusammenarbeit mit der Praxis stellen wir häufig fest, dass Anbieter sich bei der Definition von Verkaufsprozessen oft ausschließlich auf ihre eigenen Aktivitäten konzentrieren, ohne den Kauf- und Entscheidungsprozess der Kunden zu analysieren und zu berücksichtigen. Verkaufen ist jedoch kein isolierter Prozess, sondern muss sich am Kaufprozess der Kun-

„Oft werden wesentliche Schritte im Kaufprozess der Kunden nicht durch die Verkaufsprozesse abgedeckt."

den orientieren. Der Kaufprozess der Kunden ist die Grundlage für alle weiteren Überlegungen. Je besser ein Verkaufsprozess auf den Kaufprozess ausgerichtet ist, desto erfolgreicher wird er sein (siehe **Abbildung 1**).

Häufig sind Kaufprozesse komplexer als es zunächst den Anschein hat. Problemanalyse, Bedarfsdefinition, Lösungskonzeption, Auswahl von potenziellen Lieferanten, Bewertungen, Verhandlungen und die finale Entscheidung werden meistens von verschiedenen Personen vorgenommen. Zusätzlich werden unterschiedliche Entscheidungskriterien genutzt. Nur wenn diese Bestandteile eines Kaufprozesses bekannt sind, kann ein wirksamer Verkaufsprozess definiert werden.

Als zusätzliche Herausforderung hat sich in den letzten Jahren erwiesen, dass viele Kunden zunehmend „autonom" agieren. Sie warten nicht auf eine Initiative oder auf Angebote von Verkäufern. Sie analysieren permanent ihre Marktherausforderungen, definieren auf dieser Grundlage ihren Bedarf und formulieren selbstständig eine Lösung. Erst danach kommen der Einkauf und Lieferanten ins Spiel. In diesen Fällen wird es für Lieferanten schwer, beim Kunden einen Bedarf zu wecken, ihn von einer bestimmten Lösung zu überzeugen und sich vom Wettbewerb abzugrenzen.

Holger Dannenberg
ist Geschäftsführer von Mercuri International Deutschland, einem auf Vertrieb spezialisierten, internationalen Trainings- und Beratungsunternehmen in Meerbusch.

Prof. Dr. Dirk Zupancic
ist Professor für Industriegütermarketing und Vertrieb sowie Präsident der German Graduate School of Management and Law in Heilbronn.

Holger Dannenberg
Mercuri International Deutschland GmbH, Meerbusch, Deutschland
E-Mail: holger.dannenberg@mercuri.de

Dirk Zupancic
German Graduate School of Management and Law, Heilbronn, Deutschland
E-Mail: dirk.zupancic@ggs.de

Die wichtigsten Entscheidungen sind bereits gefallen. Immer öfter erhalten Verkäufer nur noch Termine, um eine Spezifikation entgegenzunehmen und ein Angebot abzugeben. Verständlicher Weise reduzieren sich die weiteren Schritte nicht selten auf Preisdiskussionen. Verkaufsaktivitäten sollten daher viel früher ansetzen und den Prozess zusätzlich kontinuierlich begleiten. Anbieter müssen sich daher auch unabhängig von konkreten Anfragen als Experte für die Bewältigung von Marktherausforderungen potenzieller Kunden profilieren.

Berechnung des Kapazitätseinsatzes

Sind die Phasen auf Kunden- und Anbieterseite definiert, können die Erfolgsquoten (Key Performance Indicators, KPIs) und der Ressourcenbedarf pro Arbeitsschritt in der Regel aus der Vergangenheit abgeleitet werden. Wenn beide bekannt sind, kann daraus der gesamte Kapazitätseinsatz für einen Verkaufsprozess berechnet werden. Ausgangspunkt für die Prozessplanung ist das anvisierte Ergebnis. Bei Ausbauprozessen wird zum Beispiel zunächst mit Hilfe des Durchschnittsergebnisses pro Kunde die Anzahl der Kunden, die akquiriert werden müssen, bestimmt. Über die einzelnen Erfolgsquoten kann dann zur Anzahl der Zielkunden in den einzelnen Arbeitsschritten zurückgerechnet werden.

Die Ergebnisse sind gerade bei Neukundengewinnungsprozessen oft ernüchternd. Nicht selten ist die Zahl der Zielkunden, die für die Realisierung von ehrgeizigen Neukundenzielen benötigt werden, höher als die Anzahl der überhaupt im Markt verfügbaren Kunden. Hier werden Zielkorrekturen nötig. Es wird auch deutlich, dass die Planung nur als iterativer Prozess möglich ist, an deren Ende ein konsistenter ambitionierter, aber auch realistischer Plan steht.

Multipliziert man die Anzahl der Kunden pro Arbeitsschritt mit dem dafür erforderlichen Kapazitätsbedarf, können die gesamthaft benötigten Ressourcen ermittelt werden. Auch hier ergeben sich nicht selten unrealisierbare Zeitvolumina, die nun entsprechend der eigenen Möglichkeiten angepasst werden können. Entscheidende Fragen bei diesem Vorgehen sind:

• Welche Erfolgsquoten (KPIs) können gezielt verbessert werden?

• Welche Tätigkeiten können von anderen Vertriebsfunktionen wie dem Innendienst, von Spezialisten oder sogar von externen Anbietern ausgeführt werden?

• Ist die Zielsetzung für den Verkauf allein überhaupt realistisch?

• Wie unterscheiden sich die Vorgehensweisen einzelner Vertriebsmitarbeiter in den Schritten?

• Wie kann die Vertriebsmannschaft voneinander lernen?

Abb. 1 Ausrichtung der Verkaufsprozesse auf die Kaufprozesse der Kunden

Kaufprozess

Analyse Markt-herausforderungen → Bedarfs-definition → Lösungs-konzept → Lieferanten-auswahl → Lieferanten-briefing → Verhandlung, Lieferanten-bewertung → Entscheidung

Markt-/Branchen-analyse → Zielkunden-definition → KPI → Kontaktaufbau Positionierung → KPI → Bedarfs-analyse → KPI → Angebots-erstellung → KPI → Verhand-lung → KPI → Auftrag

Verkaufsprozess

Quelle: Mercuri International & German Graduate School Heilbronn

Es geht um Leistungsvergleiche und das Ableiten von Verbesserungen. Für dieses Vorgehen hat sich in den letzten Jahren das Konzept „Benchmarking" etabliert, das wir im Folgenden für Vertriebsprozesse adaptieren.

Benchmarking zur Optimierung der Verkaufsprozesse

Das Ziel eines Benchmarkings besteht darin, Geschäftsprozesse und -praktiken verschiedener Bereiche des eigenen und anderer Unternehmen strukturiert zu analysieren, zu vergleichen und zu optimieren. Auf diese Weise kommen neue Erkenntnisse aus anderen Unternehmensbereichen oder anderen Unternehmen hinzu, die für die Vertriebsoptimierung sehr wertvoll sein können (siehe **Abbildung 2**).

In der Planungsphase werden die Fragen „Was?", „Wer?" und „Wie?" beantwortet. Es muss definiert werden, was genau im Benchmarking-Prozess untersucht und optimiert werden soll. Anschließend sollte definiert werden, mit wem man sich vergleichen möchte und wie gemessen werden soll. Als erstes kommen Mitbewerber oder direkte Konkurrenten in Frage. Ein ambitioniertes Benchmarking sollte aber darüber hinaus gehen, indem man sich mit führenden Unternehmen (auch aus anderen Branchen) vergleicht. Die Branche spielt grundsätzlich keine Rolle, solange anhand von vergleichbaren Prozessen Spitzenleistungen identifiziert und analysiert werden können.

Im letzten Schritt der Planung geht es um die notwendigen Informationen. Wie erhält man diese Informationen oder wie sollen sie ermittelt werden? Teilweise sind die benötigten Daten öffentlich zugänglich (für den Vertrieb zum Beispiel im Rahmen von wissenschaftlichen Studien oder Case Studies), teilweise müssen sie erhoben werden. Geeignet sind auch Kooperationsprojekte verschiedener Unternehmen, die sich zu einem Benchmarkingkonsortium zusammenschließen. Wichtig ist, dass der Benchmarkingprozess nicht nur zu quantifizierbaren Messgrößen und auch Zielen führt, sondern dass die besten Praktiken und Methoden im Detail ermittelt werden.

Die Analyse umfasst die Gewinnung interner und externer Daten, welche verglichen werden sollen. Wichtige Fragen sind: Welche internen Funktionen haben welche Stärken und Schwächen? Besitzen Benchmarkingpartner eventuell bessere Praktiken als das eigene Unternehmen? Wie können diese Praktiken auf die eigenen Verhältnisse angepasst werden?

In der Integrationsphase werden die Resultate der Analyse zur Hand genommen, um Sollvorgaben abzuleiten, um die

späteren Veränderungen herbeizuführen. Zu diesem Schritt gehören vor allem die Planung neuer Praktiken und Prozesse sowie die Berücksichtigung der neuen Erkenntnisse im formalen Planungsprozess. Wichtig ist dabei, die Akzeptanz der Fachabteilungen und des Managements gegenüber den Benchmarkingresultaten sicherzustellen.

Die angesprochenen Ergebnisse und Prinzipien müssen nun in konkrete Aktionen umgesetzt werden. Auch für die Umsetzung sollte eine periodische Messung des Fortschritts eingeführt werden. Das Setzen von Meilensteinen ist nicht nur psychologisch wichtig, sondern führt in der Regel auch zur ständigen Verbesserung oder Anpassung des Benchmarkingprozesses selbst. Dazu empfiehlt sich zum Beispiel eine ständige Berichterstattung.

Von Reife spricht man, wenn in allen Geschäftsprozessen die besten Praktiken eingeführt sind. Es werden somit Spitzenleistungen erzielt. Indizien dafür sind, dass der Prozess für andere Unternehmen verfügbar ist, und sie diesen als Referenz nutzen. Reife ist ebenfalls erreicht, wenn Benchmarking ein andauernder, wesentlicher und selbstinitiierter Bestandteil des Managementprozesses wird.

Unternehmen sollten nicht nur die Prozessergebnisse der einzelnen Vertriebsmitarbeiter miteinander vergleichen, sondern vor allem ihre Erfolgsquoten bei den Verkaufsprozessen. In der Regel stellt man fest, dass es erhebliche Unterschiede gibt. Gute Vertriebsmitarbeiter sind meistens nicht in allen Erfolgsquoten besser, sondern nur in einigen. Aber auch durchschnittliche Kolleginnen und Kollegen haben manchmal bei einigen Erfolgsquoten überdurchschnittliche Werte, die allerdings durch unterdurchschnittliche bei anderen Erfolgsquoten wieder kompensiert werden. Im Verkauf wird ein Teil der Leistung durch die individuelle Persönlichkeit des

Zusammenfassung

In diesem Beitrag geht es um die Antworten auf folgende Fragen:
- Welche Aspekte sind bei der Ressourcen- und Kapazitätsplanung von Verkaufsprozessen zu berücksichtigen?
- Welche Rolle spielt das Benchmarkingkonzept im Rahmen der Prozessoptimierung?
- Wie kann und soll man Verkaufsprozesse systematisch optimieren?

Verkäufers beeinflusst. Der übrige Teil ist jedoch nach einer Analyse durchaus nachvollziehbar und durch andere Vertriebsmitarbeiter multiplizierbar. Der Erfolg beruht häufig auf Verhaltensweisen und Arbeitstechniken, die erlernbar sind.

Das Problem beim bloßen Vergleich von Prozessergebnissen ist, dass die guten Verkäufer oft nicht erklären können, warum sie gut sind. Durch die Analyse der Erfolgsquoten lässt sich daher zunächst nur Transparenz erreichen. Nun müssen die konkreten Arbeitsschritte identifiziert werden, welche die Unterschiede ausmachen. Durch Fragen zu Aktivitäten, Verhaltens- und Vorgehensweisen kann hiernach herausgefiltert werden, was bei den einzelnen Arbeitsschritten wirklich anders gemacht wird. Dabei sollte unterschieden werden, was nicht durch die Persönlichkeit eines Verkäufers, sondern durch konkretes Verhalten beeinflusst ist. Diese Vorgehensweise hat den Vorteil, dass die erkannten Optimierungsmöglichkeiten bereits praxisgetestet sind. Sie lassen sich deshalb in der Regel ohne große Veränderungen der Infrastruktur im Verkaufsalltag direkt umsetzen.

Äquivalent zu den zuvor geschilderten Vorgehensweisen im Rahmen eines internen Benchmarkings im Vertrieb kann man mit externen Vergleichen vorgehen. Wichtig erscheint uns hierbei, dass Detailthemen bei einem externen Benchmarking nur dann sinnvoll verglichen werden können, wenn die Geschäftsmodelle der zu vergleichenden Unternehmen ähnlich sind. Verkaufspraktiken im kurzfristigen Produktgeschäft werden sich von solchen im langfristigen Projektgeschäft unterscheiden. Einfache Produkte werden anders vermarktet als komplexe, erklärungsbedürftige Anlagen und Systeme usw.

Typische Optimierungspotenziale bei Vertriebsprozessen

Abschließend beschreiben wir im Folgenden die Optimierungspotenziale, die wir immer wieder in unserer Praxis feststellen. Es lohnt sich für viele Unternehmen, die eigenen Optimierungen hier zu beginnen:

„Der Verkauf ist in den meisten Unternehmen einer der größten Kostenfaktoren. Daher müssen sich Vertriebsmannschaften den Diskussionen über ihre eigene Effektivität und Effizienz stellen.“

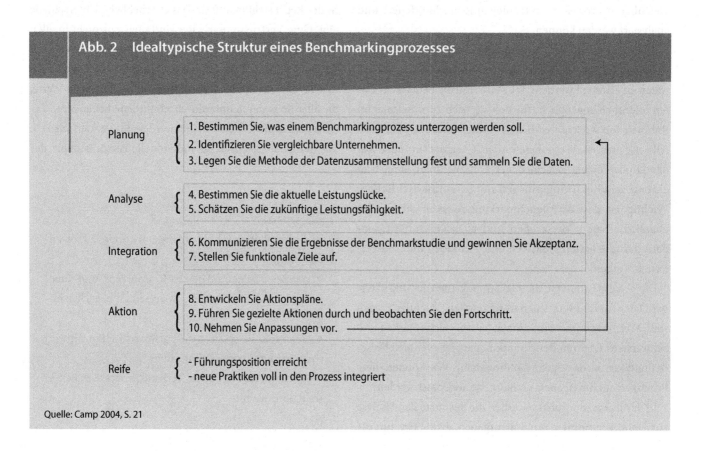

Abb. 2   Idealtypische Struktur eines Benchmarkingprozesses

Planung
{
1. Bestimmen Sie, was einem Benchmarkingprozess unterzogen werden soll.
2. Identifizieren Sie vergleichbare Unternehmen.
3. Legen Sie die Methode der Datenzusammenstellung fest und sammeln Sie die Daten.
}

Analyse
{
4. Bestimmen Sie die aktuelle Leistungslücke.
5. Schätzen Sie die zukünftige Leistungsfähigkeit.
}

Integration
{
6. Kommunizieren Sie die Ergebnisse der Benchmarkstudie und gewinnen Sie Akzeptanz.
7. Stellen Sie funktionale Ziele auf.
}

Aktion
{
8. Entwickeln Sie Aktionspläne.
9. Führen Sie gezielte Aktionen durch und beobachten Sie den Fortschritt.
10. Nehmen Sie Anpassungen vor.
}

Reife
{
- Führungsposition erreicht
- neue Praktiken voll in den Prozess integriert
}

Quelle: Camp 2004, S. 21

Zielkundenauswahl: Aus unserer Sicht der wichtigste Faktor, der zudem die größte Hebelwirkung auf alle anderen Erfolgsfaktoren hat. Je besser ein Zielkunde für das Unternehmen geeignet ist, desto besser werden die Erfolgsquoten und damit auch der gesamte Prozess am Ende sein. Hier werden aus unserer Sicht auch die meisten Fehler gemacht. Oft gibt es überhaupt keine systematische Zielkundenauswahl. Kunden werden mehr oder weniger zufällig oder im besten Fall nach dem Bauchgefühl eines Verkäufers ausgewählt. Es ist keine Seltenheit, dass ungeprüft sämtliche Anfragen von potenziellen Kunden an die Außendienstmitarbeiter weitergegeben werden, und diese dann erste Kundenbesuche ohne weitere Analysen durchführen. Gravierender ist die Situation, wenn diese Vorgehensweise die einzige Quelle für Neukunden darstellt, der Markt also weder systematisch durchleuchtet noch bewertet wird. Zielgruppenauswahl, insbesondere bei erklärungsbedürftigen Produkten und Dienstleistungen und gerade bei Neukontakten, ist anspruchsvoll und kann häufig nicht delegiert werden.

Terminquoten: Zumindest bei Neukunden ist die Terminvereinbarung eine herausfordernde Aufgabe. Wenn diese Aufgabe nicht an Spezialisten ausgegliedert wird, kann ein spezifisches Training zur Terminvereinbarung helfen, die Erfolgsquoten und somit die Prozesseffizienz zu verbessern. Es muss ein überzeugender Grund genannt werden, warum der Kunde seine Zeit investieren soll. Die Tatsache, dass ein Verkäufer einmal seine Produktpalette vorstellen möchte, reicht dazu selten aus. Trotzdem sollte bei der Terminvereinbarung

noch nicht verhandelt werden. Die Devise lautet: „Interessieren statt informieren im telefonischen Erstkontakt." Andernfalls besteht die Gefahr, dass ein Besuch gar nicht mehr nötig ist.

Die Einwände, mit denen ein Verkäufer bei einer Terminvereinbarung konfrontiert wird, sind häufig stereotyp: „Kein Bedarf!", „Wir sind in guten Händen", „Keine Zeit, schicken Sie doch erstmal einige Unterlagen" und so weiter. Die Reaktionen darauf können und sollten mittels Verhandlungstrainings vorbereitet werden. Sprachlose Verkäufer können so vermieden werden.

Bedarfsweckung: Weitere Effizienzverluste im Verkaufsprozess treten auf, wenn es zwar Gespräche mit Kunden gibt, diese aber zu häufig ergebnislos bleiben, Bedarfsanalysen nicht erfolgreich abgeschlossen oder keine Folgetermine vereinbart werden können. Solange ein Kunde einen Bedarf hat und sich dessen bewusst ist, ist die Bedarfsanalyse kein allzu großes Problem. Der Verkäufer muss gut zuhören, diese richtigen Informationen hinterfragen und gegebenenfalls versuchen, den Bedarf auf seine spezifischen Angebotsvorteile zu lenken. Schwieriger wird es, wenn der Kunde keinen expliziten Bedarf hat (beziehungsweise er sich dessen nicht bewusst ist). In dieser Situation muss der Verkäufer einen Bedarf wecken. Er braucht dazu einen speziellen Fragenkatalog, mit dem mögliche Unzufriedenheit oder Optimierungspotenziale systematisch analysiert werden können.

Persönliche Angebotspräsentationen: Oft werden Angebote nicht wirklich verkauft. Sie werden den Kunden zugeschickt und man fasst nach einiger Zeit noch mal nach, wenn sich der Kunde nicht von selbst meldet. Natürlich stellt sich immer die Frage nach Aufwand und Ertrag. Eine persönliche Angebotsvorstellung hat jedoch trotz des erhöhten Aufwands überzeugende Vorteile. Durch sie kann vermieden werden, dass für den Kunden nur die Preisliste entscheidend ist. Die Vorteile und der Nutzen der Leistung für den Kunden können in einer persönlichen Präsentation individuell ermittelt und darauf basierend bedeutend greifbarer gemacht werden als allein auf schriftlichem Weg. Es kann auf ausgesprochene und versteckte Einwände eingegangen werden. Verkaufen bleibt schlussendlich eine Interaktion zwischen Menschen, die nicht nur nach rationalen Kriterien entschieden wird.

Verhandlungen: Viele Verkäufer sind unvorbereitet, wenn der Kunde zwar grundsätzlich mit dem Angebot zufrieden ist, aber den geforderten Preis nicht zahlen will. Sie versuchen immer wieder, die Vorteile ihres Angebotes vorzubringen, obwohl das gar nicht das Thema ist, brüskieren ihre Gesprächspartner durch die völlige Ablehnung von Verhandlungen oder geben einseitig nach. Verhandeln ist eine sehr

> *„Das Problem beim bloßen Vergleich von Prozessergebnissen ist, dass die guten Verkäufer oft nicht erklären können, warum sie gut sind.“*

komplexe Tätigkeit. Es ist aber unnötig, dass vorab keine Verhandlungsspielräume eingebaut werden, wenn man genau weiß, dass noch verhandelt wird. Das eigene Angebot und die möglichen Gegenleistungen des Kunden sollten vorab in einzelne Bestandteile zerlegt und bewertet werden, damit man vorbereitet ist, neue Alternativen von Leistung, Preis und Konditionen diskutieren zu können.

Literatur

Camp, R. C. (1994): Benchmarking, München

Dannenberg, H./ Zupancic, D. (2008): Spitzenleistungen im Vertrieb, Wiesbaden

---

Service

Buchrezensionen

Robert Klimke

Professionelles Partnermanagement im Lösungsvertrieb

In 35 Schritten zur nachhaltig erfolgreichen Geschäftsbeziehung

SpringerGabler, 1. Auflage

Wiesbaden, 2015

196 Seiten, 39,99 Euro

ISBN 978-3-658-06073-2

Kerngedanke

„Die Nutzung von Vertriebspartnern unterliegt der Kernfrage nach den Zielkunden, den Kundenbedürfnissen, der Auswahl der Vertriebszugänge und der Ausgangslage der Unternehmung."

Nutzen für die Praxis

In 35 Schritten wird gezeigt, wie mit passgenauen Strukturen die komplexen Prozesse von der Partnersuche bis zur Performance-Auswertung für alle Seiten erfolgreich verlaufen.

Abstract

Das Buch liefert das Rüstzeug für ein zielführendes und effizientes Partnermanagement im lösungsorientierten Verkauf.

Christian Belz, Markus Müllner, Dirk Zupancic

Spitzenleistungen im Key Account Management

Das St. Galler KAM-Konzept

Verlag Franz Vahlen, 3. Auflage

München, 2015

258 Seiten, 49,80 Euro

ISBN 978-3-8006-4642-5

Kerngedanke

„Weil Key Account Management dynamisch, komplex und individuell ist, brauchen Unternehmen klare Strategien, Konzepte und modulare Lösungen."

Nutzen für die Praxis

Das St. Galler KAM-Konzept bietet einen Bezugsrahmen für die professionelle Entwicklung und Implementierung von Key Account Management.

Abstract

Jedes Unternehmen bedient attraktive, aber anspruchsvolle Großkunden. Um den Wettbewerbsvorteil, den das Key Account Management bietet, nutzen zu können, müssen strategische Voraussetzungen von den Unternehmen geschaffen werden.

Ernst Kurzmann, Erwin Langmann

Supply Chain Management

Wie Sie mit vernetztem Denken im 21. Jahrhundert überleben

Frankfurter Allgemeine Buch, 1. Auflage

Frankfurt, 2015

230 Seiten, 24,90 Euro

ISBN 978-3-95601-089-7

Kerngedanke

„Gebrauchsanweisung für eine vernetzte (Handels-)Welt."

Nutzen für die Praxis

Die Autoren zeigen dem Leser, wie sich Lieferketten optimieren lassen und stellen Tools vor, die ein Supply Chain Management erleichtern.

Abstract

In einer globalisierten Welt stehen nicht mehr nur einzelne Unternehmen im Wettbewerb zueinander. Auch ganze Wertschöpfungsketten (Supply Chains) ringen um die Plätze an der Sonne. Vom Lieferanten über den Dienstleister bis hin zum Endkunden müssen alle ihre Rollen neu finden. Genau hier setzt „Supply Chain Management" an.

Veranstaltungen

Veranstaltungen zum Thema Vertrieb				
Datum	Event	Thema	Ort	Veranstalter/Website
24.02.2015 25.02.2015 03.03.2015 04.03.2015 05.03.2015	Best of salesRecruiting 2015: Die besten Verkäufer finden	Tagesseminar für noch mehr Vertriebser-folg. Sie erhalten einen roten Faden für die erfolgreiche Gewinnung, gezielte Auswahl, langfristige Bindung und praktische Füh-rung der besten Talente im Vertrieb.	Hamburg Düsseldorf Frankfurt Stuttgart München	BV Bestseller Verlag GmbH www.bestseller-verlag.com
25.02.- 26.02.2015	3. Westdeutscher Vertriebstag	Hochkarätiges Erfolgswissen für das B2B-Vertriebmanagement: Tag 1: Mehr Umsatz und Gewinn durch Kundenorientierung und erfolgreiche Kun-denbindung Tag 2: Professionelles Preismanagement	Mönchen-gladbach	Gesellschaft für Kongressma-nagement Köhler-Lürssen GbR www.westdeutscher-vertriebs-kongress.de
26.02.2015	SMM Sales Marketing Messe	Die wichtigsten Faktoren, um im Markt be-stehen zu können: Ein systematisches Ver-triebs-Management, motivierte Mitarbei-ter und zielorientierte Verkaufsstrategien. Professionelle Marketing-Strategien, Kun-denorientierung und Service-Bereitschaft: Diese Messe präsentiert genau das.	München	NETCOMM GmbH www.smm-muc.de
24.03.2015	Best of salesRecruiting 2015: Die besten Verkäufer finden	Mit einem professionellen OnBoarding-System im Vertrieb bringen Sie Ihre Ver-käufer bis zu 34 % schneller bzw. bis zu vier Monate früher auf das Umsatzniveau Ihrer etablierten Vertriebsmannschaft.	Wien	BV Bestseller Verlag GmbH www.bestseller-verlag.com
12.03. - 13.03.2015	8. Norddeutscher Vertriebstag	Es erwarten Sie zwei Tage voller konkreter Handlungsempfehlungen für Ihren Ver-triebserfolg. 1. Tag: Effektive Vertriebssteuerung und Vertriebscontrolling 2. Tag: Verbesserung der Zusammenarbeit zwischen Vertrieb und Marketing	Lüneburg	Gesellschaft für Kongressma-nagement Köhler-Lürssen GbR www.westdeutscher-vertriebs-kongress.de
26.03.2015	IMU Frühjahrsta-gung 2015	Wachstum durch Service ExcellenceKey Learnings, Erkenntnisse aus der For-schung, Diskussionen und Networking mit Praktikern und Wissenschaftlern	Mannheim	Universität Mannheim www.imu-mannheim.de
20.04.2015	relaunch Konferenz - Strategien für er-folgreiche Websites	Im Mittelpunkt der Konferenz stehen Stra-tegien und Konzepte bei der Optimierung und Fortentwicklung professioneller Onlineauftritte von Unternehmen und Organisationen.	Köln	KOMED www.relaunch-konferenz.de
21.04.2015	WHU-Campus for Sales 2015	Trends im Key Account Management. Mit Fallbeispielen u.a. von Dürr, Siemens, Procter&Gamble, Hewlett-Packard, Vodafo-ne und Commerzbank.	Vallendar	Lehrstuhl für Vertriebsmanage-ment, WHU – Otto Beisheim School of Management, www.campus-for-sales.org

Mindestlohn im Vertrieb

Seit Jahresanfang gilt für alle Arbeitnehmer grundsätzlich ein Mindestlohn in Höhe von 8,50 Euro pro Stunde. Das gilt auch für Beschäftigte im Vertrieb. Allerdings sind rechtlich noch einige Punkte unklar.

Seit dem 1. Januar 2015 gilt für alle Arbeitnehmer – bis auf wenige Ausnahmen und Übergangsfälle – ein flächendeckender Mindestlohn in Deutschland. Betroffen sind auch geringfügige Beschäftigungsverhältnisse.

Für diese sind in § 17 des Mindestlohngesetzes (MiLoG) zusätzlich Aufzeichnungs- und Aufbewahrungspflichten vorgesehen. So muss der Arbeitgeber bei geringfügig Beschäftigten Beginn, Ende und Dauer der täglichen Arbeitszeit binnen einer Woche aufzeichnen und diese Aufzeichnungen mindestens zwei Jahre aufbewahren.

Die Höhe des Mindestlohns beträgt gegenwärtig brutto 8,50 Euro je Zeitstunde. Diese Höhe kann künftig angepasst werden.

Die gesetzgeberischen Vorgaben zur Durchsetzung des Mindestlohns sind rigoros. § 3 des Mindestlohngesetzes (MiLoG) ordnet an, dass Vereinbarungen, die den Anspruch auf Mindestlohn unterschreiten oder seine Geltendmachung beschränken oder ausschließen, insoweit unwirksam sind.

Wichtig: Der Arbeitnehmer kann auf den entstandenen Anspruch auf Mindestlohn nur durch gerichtlichen Vergleich verzichten.

Im Übrigen ist ein Verzicht ebenso wie eine Verwirkung des Anspruchs ausdrücklich ausgeschlossen.

Berechnung bei variabler Vergütung

Gerade bei angestellten Außendienstmitarbeitern ist die Zahlung eines (reinen) Stundenlohnes in der Praxis eher die Ausnahme: Meist wird neben einem monatlichen Fixum noch eine variable Vergütung in Form von Provisionen oder Leistungsboni gezahlt.

Das Mindestlohngesetz verbietet solche Vergütungsformen nicht. Gleichwohl muss auch das Ergebnis derartiger Entgeltsysteme an den Vorgaben des Mindestlohngesetzes gemessen werden.

Dr. Michael Wurdack
ist Rechtsanwalt und Partner der seit 40 Jahren auf Vertriebsrecht spezialisierten Kanzlei Küstner, v. Manteuffel & Wurdack in Göttingen. Telefon. +49(0)551/49 99 60 E-Mail: kanzlei@vertriebsrecht.de Weitere Informationen, aktuelle Urteile und Seminarangebote rund ums Vertriebsrecht finden Sie auf der Kanzlei-Homepage: www.vertriebsrecht.de

Bezugszeitraum Kalendermonat Favorit

Problematisch bzw. gegenwärtig nicht verbindlich geklärt ist dabei schon, auf welchen Bezugszeitraum abzustellen ist: Soll jede Arbeitsstunde einzeln daraufhin überprüft werden, ob die dafür gezahlte Vergütung mindestens 8,50 Euro beträgt? Wie aber sollte dann eine Provision einer einzelnen Arbeitsstunde zugerechnet werden?

Nach bisherigen Stellungnahmen in der Literatur wird unter Verweis auf die Fälligkeitsregelung in § 2 Abs. 1 MiLoG wohl eine monatliche Betrachtungsweise favorisiert, also die Frage geprüft, ob die für einen Kalendermonat gezahlte Vergütung insgesamt den Mindestlohnanspruch für die in diesem Monat geleisteten (regulären) Arbeitsstunden übersteigt.

Arbeitszeit oft zu pauschal

In Verträgen angestellter Außendienstmitarbeiter fehlt es darüber hinaus oft schon an einer ausdrücklichen Regelung der

Arbeitszeit bzw. es wird pauschal auf „Vollzeit" oder die „betriebsübliche Arbeitszeit" verwiesen. Ist der zeitliche Umfang der geschuldeten Tätigkeit unklar, begründet das nun aber auch Risiken im Hinblick auf das Mindestlohngesetz. Empfehlenswert ist es daher, die geschuldete Arbeitszeit vertraglich ausdrücklich zu fixieren.

Einzubeziehende Vergütungen

Der Gesetzgeber hat nicht geregelt, in welcher Weise variable Entgeltbestandteile bei der Prüfung auf Einhaltung der Vorgaben des Mindestlohngesetzes berücksichtigt werden können. Zu Vorläuferbestimmungen, die einen europarechtlichen Bezug hatten, hat der EuGH allerdings bereits entschieden, dass nur solche Entgeltbestandteile berücksichtigt werden können, die dem Arbeitnehmer in dem betreffenden Zeitraum bereits „unwiderruflich" zustehen.

Nimmt man diese Rechtsprechung wörtlich, so könnte sogar angezweifelt werden, ob Provisionen überhaupt berücksichtigungsfähig sind: Schließlich unterliegen diese etwa im Versicherungsvertrieb häufig einer jahrelangen Stornohaftung, sind also im Zeitpunkt ihrer (Voraus-)Zahlung noch keineswegs vollständig verdient. Auch im Warenvertrieb können Provisionen zurückzuzahlen sein, wenn etwa feststeht, dass der Kunde nicht leistet, §§ 65, 87 a Abs. 2 HGB.

Problematisch könnte auch werden, dass Provisionen oft erst mehrere Monate nach der eigentlichen Vermittlungstätigkeit des Außendienstlers fällig, abgerechnet und ausgezahlt werden. Die Provisionsvergütung, die ein Außendienstler beispielsweise im Dezember erzielt, kann etwa auf Geschäften beruhen, die bereits im Mai von ihm vermittelt wurden. Mit den im Dezember geleisteten Arbeitsstunden hat die für diesen Monat abgerechnete variable Vergütung in diesem Fall also gar nichts zu tun.

Klärung erst durch Rechtsprechung zu erwarten

All diese und weitere Detailfragen sind bislang ungelöst. Ihre Klärung wird vermutlich erst im Laufe der Zeit durch die Rechtsprechung erfolgen. Wer als Arbeitgeber auf der sicheren Seite sein will, sollte daher auf eine monatliche Mindestvergütung in einer nicht rückforderbaren Höhe achten, die über dem Betrag monatlich tatsächlich geleisteter Arbeitsstunden x 8,50 Euro brutto liegt.

Haftung im mehrstufigen Vertrieb

§ 13 MiLoG verweist auf § 14 des Arbeitnehmer-Entsendegesetzes. Danach haftet ein Unternehmer, der einen anderen Unternehmer mit der Erbringung von Werk- oder Dienstleistungen beauftragt, für die Verpflichtungen dieses Unternehmers und weiterer Nachunternehmer zur Zahlung des Mindestentgelts (netto) wie ein selbstschuldnerischer Bürge.

Wichtig: Der übergeordnete Unternehmer kann sich dieser Haftung nicht entziehen. Eine im Gesetzentwurf noch vorgesehene Exkulpationsmöglichkeit ist letztlich nicht Gesetz geworden.

Der Wortlaut der Norm trifft auch Handelsvertretervertragsverhältnisse, denn Handelsvertreter werden mit der Erbringung von Dienstleistungen beauftragt. Das wiederum würde bedeuten, dass Unternehmen und Hauptvertreter in sämtlichen Arbeitsverhältnissen, die von Untervertretern abgeschlossen werden, für die Zahlung des Netto-Mindestlohns haften, und zwar gerade auch im Fall der Insolvenz des Arbeitgebers.

In der Rechtsprechung wurde zwar zur ursprünglichen Regelung in § 14 des Arbeitnehmer-Entsendegesetzes eine einschränkende Interpretation bzw. Begrenzung auf „echte" Generalunternehmer-Konstellationen vertreten. Ob diese einschränkende Auslegung angesichts der Zielsetzung des Mindestlohngesetzes – flächendeckende Umsetzung – auch künftig beibehalten wird, ist allerdings offen.

Bis zur Klärung dieser Frage kann auch hier die Empfehlung nur lauten, selbstständige Untervermittler sorgfältig auszusuchen und die Einhaltung der Vorgaben des Mindestlohngesetzes bei den Untervermittlern zu überwachen.

Zusammenfassung

- Seit dem 1. Januar 2015 gilt für alle Arbeitnehmer grundsätzlich ein Mindestlohn in Höhe von 8,50 Euro pro Zeitstunde.
- Ob der Mindestlohn in Vergütungssystemen erreicht wird, die nicht auf eine fixe Vergütung pro abgeleisteter Arbeitsstunde ausgelegt sind, muss in jedem Einzelfall ermittelt werden. Aus rechtlicher Sicht sind dabei gegenwärtig einige Punkte unklar.
- Unternehmer, Vertriebsgesellschaften und Hauptvertreter haften gegebenenfalls dafür, dass ihre selbstständigen Untervermittler den Mindestlohn an ihre Angestellten zahlen.

Onlinehandel soll bis 2017 wachsen

Der stationäre Handel steht vor einer großen Herausforderung: Ludovic Subran, Chefökonom der Euler Hermes Gruppe erwartet eine Zunahme des Onlinehandels um rund 50 Prozent bis zum Jahr 2017. Grundlage der Prognose ist die Studie des Kreditversicherers zur deutschen Textilindustrie. Zwar macht der Online-Handel heute erst etwa neun Prozent des gesamten Einzelhandels in Deutschland aus, dieser Bereich wächst jedoch überdurchschnittlich. Zwischen 2008 und 2012 stiegen die Einnahmen im Einzelhandel um rund 26 Prozent an – im Online-Handel war das Wachstum im gleichen Zeitraum mit 55 Prozent mehr als doppelt so groß. Tendenz weiter steigend. Weitere Studienergebnisse unter www. eulerhermes.de/economic-research/veroeffentlichungen/ Pages/branchen-report.aspx

Negative Konjunktursignale aus dem Vertrieb

Aktuell trübt sich die Stimmung an der Kundenfront: Im dritten Quartal 2014 ist der Sales-Indikator nun zum zweiten Mal in Folge zweistellig gefallen. Im derzeitigen Abwärtstrend gibt es wenig Unterschiede zwischen der Angebotshöhe und der Neukundenquote. Bei ersterer fällt der Wert von 30,02 auf 16,76. Die Neukundenquote bewegt sich von 25,06 im zweiten Quartal auf 15,03 im dritten. Noch ist der Xenagos Sales-Indikator allerdings positiv. Es berichten also immer noch mehr Vertriebsspezialisten von besseren Geschäften als von schlechteren. Mit dem Sales-Indikator erfasst die auf Vertrieb spezialisierte Personalberatung Xenagos seit 2006 die Angebotslage und damit die konjunkturelle Situation im Vertrieb. Dazu werden ausgewählte Vertriebsspezialisten alle drei Monate zur Höhe ihrer Angebote sowie zur Neukundenquote befragt. Die Ergebnisse der Erhebung werden im Xenagos Sales-Indikator zusammengefasst und geben einen Hinweis auf die zukünftige Konjunkturentwicklung. Mehr zum Xenagos-Sales-Indikator unter www.xenagos.de

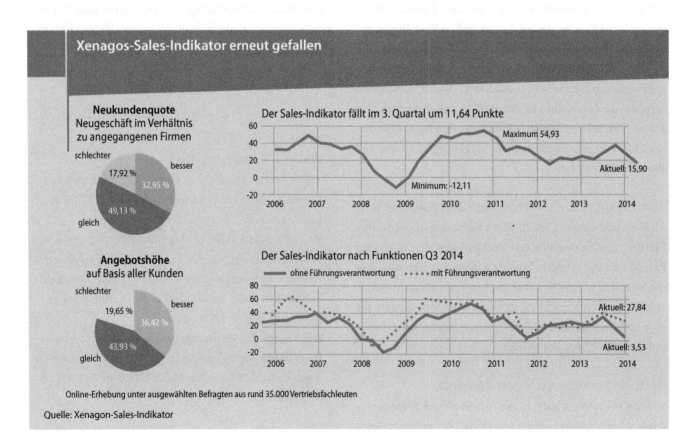

Xenagos-Sales-Indikator erneut gefallen

Neukundenquote
Neugeschäft im Verhältnis zu angegangenen Firmen

schlechter 17,92 %
besser 32,95 %
gleich 49,13 %

Der Sales-Indikator fällt im 3. Quartal um 11,64 Punkte

Maximum 54,93
Minimum: -12,11
Aktuell: 15,90

Angebotshöhe
auf Basis aller Kunden

schlechter 19,65 %
besser 36,42 %
gleich 43,93 %

Der Sales-Indikator nach Funktionen Q3 2014

ohne Führungsverantwortung ···· mit Führungsverantwortung

Aktuell: 27,84
Aktuell: 3,53

Online-Erhebung unter ausgewählten Befragten aus rund 35.000 Vertriebsfachleuten

Quelle: Xenagon-Sales-Indikator

Gehaltsbarometer für Vertriebsingenieure

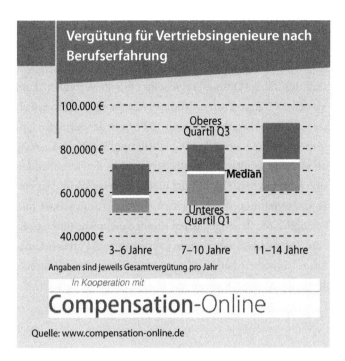

Vergütung für Vertriebsingenieure nach Berufserfahrung

100.000 €

Oberes
Quartil Q3

80.0000 €

Median

60.0000 €

Unteres
Quartil Q1

40.0000 €

3–6 Jahre   7–10 Jahre   11–14 Jahre

Angaben sind jeweils Gesamtvergütung pro Jahr

In Kooperation mit

Compensation-Online

Quelle: www.compensation-online.de

Die glänzenden Berufsaussichten für Vertriebsingenieure auf der einen und der in Deutschland nach wie vor herrschende Mangel an qualifiziertem Nachwuchs im technischen Vertrieb schlagen sich auch in den Gehältern für diese Spezialisten nieder. Denn was knapp ist, ist bekanntlich teuer. Selbst in kleineren Unternehmen und mit wenig Berufserfahrung sind Jahresgehälter unter 50.000 Euro eher selten. Dafür liegt der Durchschnitt bei Großunternehmen zumindest für erfahrene Vertriebsingenieure nah an der 100.000-Euro-Grenze. Dass diese Berufsgruppe von der Wirtschaft umgarnt wird, zeigt sich auch am hohen Anteil der begehrten Zusatzleistungen: Jeweils circa die Hälfte der Vertriebsingenieure kommt in den Genuss eines Firmenwagens oder kann sich über Prämien in Höhe von durchschnittlich 14 Prozent des Grundgehalts freuen.

Zahl des Monats

Zahl des Monats: Kundenorientierung

15 %

■ Digitalisierung ist eine der größten Herausforderungen.

■ Andere Herausforderungen, z.B. Kostendruck, Globalisierung.

Quelle: Mutaree Change-Fitness-Studie 2014/2015

Im Vertrieb spielen neue digitale Technologien eine bedeutende Rolle: Unternehmen wollen durch die mobile-optimierte Ansprache, kontaktreiche Social-Media-Maßnahmen oder funktionsfähige Online-Services ihre Inhalte verbreiten. Laut aktueller Change-Fitness-Studie der Mutaree GmbH wird allerdings unverkennbar, dass nur 15 Prozent der befragten Unternehmen eine verstärkte Digitalisierung/Technologisierung als eine der größten Herausforderungen in den kommenden drei Jahren sehen. Damit zeigt dieser niedrige Wert, dass viele Unternehmen ihren eigenen Veränderungsbedarf und -dringlichkeit der angepassten Kundenansprache unterschätzen. So kann das Festhalten an „altbewährten" Vertriebskanälen zu Umsatzeinbußen führen – vor allem, wenn die direkte Konkurrenz neue Technologien bereits sinnvoll einsetzt.

Smartphones als Routenplaner am POS

32 Prozent der deutschen Smartphone-Nutzer sind daran interessiert, ihr Smartphone als Routenplaner beim Einkauf zu nutzen. 28 Prozent würden es als Einkaufsassistenten verwen-

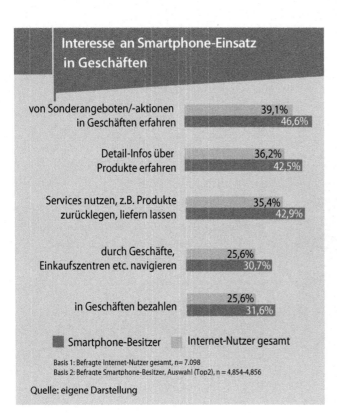

Interesse an Smartphone-Einsatz in Geschäften

	Smartphone-Besitzer	Internet-Nutzer gesamt
von Sonderangeboten/-aktionen in Geschäften erfahren	39,1%	46,6%
Detail-Infos über Produkte erfahren	36,2%	42,5%
Services nutzen, z.B. Produkte zurücklegen, liefern lassen	35,4%	42,9%
durch Geschäfte, Einkaufszentren etc. navigieren	25,6%	30,7%
in Geschäften bezahlen	25,6%	31,6%

■ Smartphone-Besitzer   ■ Internet-Nutzer gesamt

Basis 1: Befragte Internet-Nutzer gesamt, n= 7.098
Basis 2: Befragte Smartphone-Besitzer, Auswahl (Top2), n = 4.854-4.856

Quelle: eigene Darstellung

den. Ebenfalls 28 Prozent können sich sogar vorstellen, in Zukunft mit ihrem Smartphone im Handel zu bezahlen. Zu diesem Ergebnis kommt eine Internet-repräsentative Studie des Online-Marktforschungsinstituts Fittkau & Maaß Consulting im Auftrag der Internet World Messe, für die über 7.000 deutsche Internet-Nutzer über ihr Interesse an der Nutzung ihrer mobilen Geräte beim Einkaufsbummel durch Läden, Kaufhäuser und Einkaufszentren befragt wurden.

Aus Verbrauchersicht ist das Smartphone beim Einkaufen ganz besonders nützlich, wenn es um den Abruf von Informationsangeboten geht: Fast zwei Drittel (64 Prozent) möchten ihr Gerät während des Einkaufsbummels nutzen, um Angebote und Preise zu vergleichen. 43 Prozent würden gerne Produktbewertungen abrufen. Besonders interessiert sind Verbraucher daran, während des Einkaufens in stationären Geschäften Hinweise auf Sonderangebote und Rabatte zu erhalten. Mehr als 29 Prozent wollen über ihr Smartphone darüber informiert werden. An Hinweisen über aktuelle Aktionen im Ladengeschäft (z. B. Themenwochen) wären 18 Prozent interessiert. Jeder Vierte wünscht sich Hinweise bei Betreten des Geschäfts. Weitere Ergebnisse der Studie unter www.internetworld-messe.de/Presse/Studie

[SP]* www.springerprofessional.de/5502872

[SfP] www.springer für Professionals

Beitrag des Monats
Online-Shops müssen mit Infos punkten

Ohne gute Usability und ansprechende Website-Gestaltung geht im Online-Handel heute nichts mehr. Konsumenten halten vor allem Informationen zu Produkten, Verfügbarkeit und Versand für unerlässlich. Das ergibt eine Studie zu Erfolgsfaktoren im E-Commerce. Die Website-Gestaltung eines Online-Shops prägt dessen Image bei Besuchern und stellt einen wesentlichen Faktor der Wettbewerbsfähigkeit dar. Kunden entscheiden schon nach wenigen Klicks, ob sie auf einer Website bleiben oder nicht. Vor allem Online-Shopper 50plus legen großen Wert auf ausführliche Informationen. Ihnen sind Shop-Kriterien wie Servicegrad und Produktinformation weitaus wichtiger als Konsumenten unter 30. Die Konsumenten 50plus legen vor allem Wert auf Aspekte wie ein attraktives Shop-Design und mobile Nutzungsmöglichkeiten der Shopping-Plattform. Lesen Sie mehr unter

[SfP] * *www.springerprofessional.de/4401816*

Weitere meistgeklickte Beiträge

2. Funktionierende Bonussysteme einführen
[SfP] * *www.springerprofessional.de/5008910*

3. Online-Handel birgt sowohl Chancen als auch Risiken
[SfP] * *www.springerprofessional.de/5012456*

4. Auch schwierige Kunden sind Kunden
[SfP] * *www.springerprofessional.de/4965280*

5. Führen mit Zielen: Wie wirken smarte Ziele wirklich?
[SfP] * *www.springerprofessional.de/3733326*

Das Wissensportal Springer für Professionals

Unser Wissensportal bündelt die wichtigsten Fachgebiete in Wirtschaft und Technik auf einer Plattform. Im Channel Vertrieb finden Sie aktuelle Informationen und weiterführende Literatur für den Vertrieb. Dort ist auch das Archiv des Sales Management Review hinterlegt. Abonnenten haben auf die Inhalte kostenlos Zugriff.

 www.springerprofessional.de/fachzeitschriften/

Empfehlungen des Monats

Exzellenz im Vertrieb lohnt sich

Wie gut sind deutsche Unternehmen in der Performance ihrer Strategie bei Personal, Organisation und Management? Eine Studie ergibt, dass deutsche Vertriebe besser sind als häufig erwartet. So sind 76 Prozent der Befragten der Meinung, dass ihr Vertrieb insgesamt gut arbeitet. Nur 15 Prozent glauben, dass ihr Vertrieb in punkto Exzellenz noch nicht gut genug ist. Bei einem Drittel der Teilnehmer sind zudem die Vertriebsaktivitäten an die Unternehmensstrategie angepasst. Zwölf Prozent der teilnehmenden Vertriebsleiter, und -manager geben jedoch immerhin an, dass ihre Aktivitäten im Vertrieb eher nicht mit der Unternehmensstrategie in Einklang stehen. Mehr unter
[SfP] * *www.springerprofessional.de/5476312*

Integriertes CRM für den Mittelstand

Für viele Unternehmer ist ein IT-System, das beim Customer Relationship Management (CRM) unterstützt, zwar erstrebenswert – die Komplexität bei der Einführung lässt sie bisher jedoch davor zurückschrecken. Ausufernde Einführungsprojekte und kaum überschaubare Kosten stehen als Horror-Szenarien am Horizont. Doch wer die Kundenbetreuung, Neu-Akquisition und die Auftragsgenerierung bei Bestandskunden strategisch betreibt, der kommt an einem CRM-System auf Dauer kaum vorbei. Dabei ist es für die Effizienz des Kundenbeziehungsmanagements wichtig, dass Vertrieb, Marketing und Service Hand in Hand agieren und auf Kundendaten gemeinsam zurückgreifen können. Mehr unter
[SfP] * *www.springerprofessional.de/5387740*

Dienstleisterverzeichnis

Präsentieren Sie Ihr
Unternehmen.

Thema der nächsten Ausgabe:

Vertriebsschnittstellen

Wenn Vertrieb, Marketing, Service und Logistik effektiv miteinander verzahnt sind und die Zusammenarbeit perfekt funktioniert, ist das zum Vorteil eines Unternehmens und dessen Kunden. Doch in der Praxis gibt es häufig Schwachstellen im Netzwerk: Die Leistungen der Serviceabteilung verärgern die Kunden, in der Logistik ist die pünktliche Auslieferung infolge der reduzierten Lagerkapazitäten ein Problem, die Kundenbindungsmaßnahmen des Marketings rufen keine Begeisterung hervor … Im schlimmsten Fall wechseln die mühsam gewonnenen Kunden zur Konkurrenz. In der nächsten Ausgabe wird gezeigt, wie die Schnittstellenproblematik gelöst werden und die Zusammenarbeit der Bereiche optimiert werden kann.

Impressum

Sales Management Review
Zeitschrift für Vertriebsmanagement
www.salesmanagementreview.de
Ausgabe 1/2015 | 24. Jahrgang
ISSN 1865-6544

Verlag
Springer Gabler
Springer Fachmedien Wiesbaden GmbH
Abraham-Lincoln-Straße 46
65189 Wiesbaden
www.springer-gabler.de
Amtsgericht Wiesbaden | HRB 9754
USt-IdNr. DE811148419

Geschäftsführer
Armin Gross | Peter Hendriks |
Joachim Krieger

Gesamtleitung Anzeigen und Märkte
Armin Gross

Gesamtleitung Produktion
Olga Chiarcos

Leitung Magazine
Stefanie Burgmaier

Verantwortliche Redakteurin
Gabi Böttcher
Tel.: +49 (0)611 7878-220
gabi.boettcher@springer.com

Leitung Programmbereich Marketing |
Sales | Kommunikation
Barbara Roscher
Tel.: +49 (0)611 7878-233
barbara.roscher@springer.com

Kundenservice
Springer Customer Service GmbH
Springer Gabler-Service
Haberstr. 7 | D-69126 Heidelberg
Telefon: +49 (0)6221 345-4303
Fax: +49 (0)6221 345-4229
Montag – Freitag 8.00 Uhr – 18.00 Uhr
springergabler-service@springer.com

Produktmanagement
Melanie Engelhard-Gökalp
Tel.: +49 (0)611 7878-315
melanie.engelhard-goekalp@springer.com

Verkaufsleitung Anzeigen
Mandy Braun
Tel.: +49 (0)611 7878-313
Fax: +49 (0)611 7878-78313
mandy.braun@best-ad-media.de

Anzeigenpreise
Es gelten die Mediainformationen
vom 01.10.2014

Anzeigendisposition
Susanne Bretschneider
Tel.: +49 (0)611 7878-153
Fax: +49 (0)611 7878-443
susanne.bretschneider@best-ad-media.de

Layout und Produktion
Erik Dietrich
erik.dietrich@springer.com

Titelbild
Jörg Block
info@joergblock.de

Bezugsmöglichkeit
Das Heft erscheint sechsmal jährlich.
Bezugspreis Print + Online für Privatleser:
109 €, Bezugspreis Print + Online für Unternehmen: 174 €, Studenten/Azubis in Deutschland: 70 € (jeweils inkl. MwSt., Porto und Versand), Einzelheftpreis: 34 €, Bezugspreis Print + Online im Ausland für Privatleser: 135 €, Bezugspreis Print + Online im Ausland für Unternehmen: 200 €
Jedes Abonnement enthält eine Freischaltung für das Online-Archiv auf www.springerprofessional.de/2787710 (Registrierung erforderlich). Der Zugang gilt ausschließlich für den einzelnen Empfänger des Abonnements.

Das Abonnement kann jederzeit zur nächsten erreichbaren Ausgabe schriftlich mit Nennung der Kundennummer gekündigt werden. Eine schriftliche Bestätigung erfolgt nicht. Zuviel gezahlte Beträge für nicht gelieferte Ausgaben werden zurückerstattet.

Druck und Verarbeitung
Stürtz, Würzburg

Der Kunde und die Anderen

Eigentlich müssten sich Marketing und Vertrieb herzlich zugetan sein. Haben sie doch ein elementares gemeinsames Interesse, wie es selbst bei älteren Ehepaaren in dieser Eindeutigkeit selten ist: Kunden gewinnen und Kunden binden. Punkt. Treffender kann man die reine Absatzlehre kaum auf den Punkt bringen.

Trotzdem mögen sie sich irgendwie nicht, die auf die bodenständigen Sales Profis immer etwas „verkopft" wirkenden Marketing-Menschen auf der einen und die für die „Kreativen" in den Marketingetagen zu sehr auf Effektivität bedachten Vertriebler auf der anderen Seite. Der Kunde soll kaufen, nicht gehätschelt werden, lautet der Vorwurf aus dem Verkauf – der Kunde soll begeistert werden, sonst kauft er auch nicht, meinen die anderen. Ihr seid zu umsatzfixiert, wirft das Marketing dem Vertrieb vor. Von euren kreativen Ideen können wir nicht leben, schlägt die Verkaufsfront zurück. Kaum eine Schnittstelle im Unternehmen ist ähnlich unterschwellig konfliktgeladen wie das Verhältnis zwischen Vertrieb und Marketing. Die organisatorische Trennung der beiden Abteilungen in vielen Unternehmen verstärkt das Konfliktpotenzial noch. „Ich weiß, was unser Kunde wünscht, will, braucht. Die ‚Anderen' haben keine Ahnung!" So schallt es regelmäßig aus den Abteilungen – aus beiden.

Doch Fakt ist: Weder Marketing noch Vertrieb haben einen Exklusivanspruch auf den Kunden. Denn letztlich gehört der Kunde dem Unternehmen – und zwar dem ganzen Unternehmen. Dirk Zupancic spricht in diesem Zusammenhang von einer „Sales Driven Company", in der der Vertrieb den Kontakt zu anderen Abteilungen suchen und dafür sorgen sollte, dass alle Mitarbeiter im Unternehmen ihre Bedeutung für den Kunden und für den (gemeinsamen) Erfolg erkennen (S. 12).

Vertrieb und Marketing, Vertrieb und Service, Vertrieb und Logistik... Es gibt viele Schnittstellen im Unternehmen, die es im Interesse des Unternehmens – und des Kunden – zu erkennen und zu nutzen gilt. Ein ganzheitliches Schnittstellenmanagement ist der zentrale Erfolgsfaktor für die Führung von Vertriebsorganisationen, ist Lars Binckebanck überzeugt (S. 44). Gerade die vielfältigen Konfliktpotenziale in der Zusammenarbeit zwischen Vertrieb und Marketing erfordern seiner Ansicht nach ein systematisches Schnittstellenmanage-

Gabi Böttcher
Verantwortliche Redakteurin von
Sales Management Review und Portal-
managerin Vertrieb der Wissensplattform
Springer für Professionals.
E-Mail: gabi.boettcher@springer.com

ment. Diana Walther und Heinrich Amecke-Mönnighof von der Synpos Vertriebsgesellschaft geben sich im SMR-Interview davon überzeugt, dass eine Marke für Kunden greifbar wird, wenn alle am Markenerfolg beteiligten Partner ein gemeinsames, nachhaltiges Ziel verfolgen (S. 28). Und für Anabel Ternès ist im Zuge der Digitalisierung vor allem Konsequenz beim Schnittstellenmanagement erforderlich, um die enormen Informationsmengen und Geschwindigkeiten zu bewältigen (S. 18).

Ganzheitlichkeit, Nachhaltigkeit, Konsequenz – die Messlatte liegt hoch beim Schnittstellenmanagement. Animositäten oder Territorialallüren sind dabei fehl am Platz. Vielleicht ist die Besinnung auf die reine Absatzlehre gar nicht so falsch.

Gabi Böttcher

2|2015

Schwerpunkt

www.springerprofessional.de

Spektrum

Beilagenhinweis
Dieser Ausgabe liegen Beilagen des Erich Schmidt Verlag GmbH & Co., Berlin sowie des VNR Verlag für die deutsche Wirtschaft AG, Bonn bei. Wir bitten unsere Leserinnen und Leser um Beachtung.

Personalien

Geschäftsführer für Vertrieb und Marketing

Die S+S Software Partner GmbH, Anbieter von IT-Produkten und Organisationsdienstleistungen, hat einen neuen Geschäftsführer: Seit Januar 2015 leitet **Kenan Cosar** den Bereich Vertrieb und Marketing. Er verfügt über 14 Jahre Vertriebserfahrung im Umfeld von Business- bzw. ERP-Softwarelösungen. Bis zu seinem Wechsel zu S+S Software Partner war der für den ERP-Softwarespezialisten Mega Software als Leiter Vertrieb und Marketing im Einsatz.

Ruffert ist neuer MFE-Geschäftsführer

Michael Ruffert ist seit 1. Februar 2015 neuer Geschäftsführer der zur Freenet Group gehörenden MFE Energie GmbH. Nach siebenjähriger Tätigkeit als Regionalvertriebsleiter Handel der Deutschen Telekom arbeitete Ruffert als Interimsmanager in verschiedenen Führungspositionen für diverse Energieunternehmen. Unter anderem verantwortete er den Vertrieb der Rheinischen Energie AG und leitete als Geschäftsführer Vertrieb und Marketing von Sauber Energie.

Mario Seefried verstärkt als Senior Manager Inside Sales International das Sales-Team von Lifesize, Anbieter von HD-Videokommunikationslösungen. In seiner neuen Position wird er die Cloud-Lösung von Lifesize etablieren und die Weiterentwicklung des Kundenservice vorantreiben.

STI Freight Management, Logistikdienstleister mit Hauptsitz in Duisburg, hat sein internationales Netzwerk neu geordnet. STI bündelt die 13 europäischen Standorte in den vier Regionen West, East, North und South. Die Regionen West/East werden von **Kai Schüttke,** Vice President von STI Freight Management, die Regionen North/South von **Bertrand Moyer,** Geschäftsführer von STI France als Regional Director, geführt.

Gettings hat sein Sales-Team verstärkt: **Arpine Shahnas** ist als Key Account Managerin Direktkunden zuständig für die nationalen Accounts des Location-Based-Service-Anbieters, **Agnes Cichon** betreut als Sales Managerin die Agenturlandschaft in Düsseldorf und **Thorsten Plenter** unterstützt das Düsseldorfer Unternehmen als Key Account Manager.

Carina Landmann hat als Marketing-Leiterin des Personaldienstleisters Piening Personal die Aufgaben von Frank Schrader übernommen, der in die Geschäftsleitung gewechselt ist.

Eckhard Wernich hat im Januar bei Matrix42 die Verantwortung für den internationalen Vertrieb mit Fokus auf die Emerging Markets des Anbieters von Software für das Arbeitsplatzmanagement übernommen. Der Vertriebsexperte kümmert sich um die systematische Entwicklung der ausländischen Märkte UK, Benelux und Australien und internationale Partnerschaften mit VARs und SIs.

Jan Schemuth ist in der Geschäftsführung des Beratungsunternehmens The Performance Company (RPC) für den neu geschaffenen Unternehmensbereich neue Kundenaccounts und Business Development verantwortlich. Der Diplom-Kaufmann hat damit die operative Geschäftssteuerung des von der BMW Group und der H&Z Unternehmensberatung gegründeten Joint Ventures übernommen und betreut neue Märkte.

Susanne Jennen ist seit Januar für den niederländischen Sterbegeldversicherer Monuta im Bereich Marketing und Vertrieb tätig und unterstützt hier vor allem die Maklerbetreuung.

Dr. Mirko Warschun, Partner und Geschäftsführer bei A. T. Kearney, hat den Beratungsbereich Konsumgüterindustrie und Handel in der EMEA-Region (Europa, Mittlerer Osten, Afrika) übernommen. Er ist außerdem Leiter des A. T. Kearney-Büros in München.

Vertriebsklima hat sich im vierten Quartal 2014 deutlich verbessert

Im letzten Quartal 2014 hat der Vertrieb in Deutschland einen kräftigen Sprung nach oben gemacht. Vertriebsspezialisten berichten von deutlich mehr und auch höheren Angeboten, die sie ihren Kunden im vierten Quartal unterbreiten konnten. Das ist das Ergebnis des aktuellen Xenagos-Sales-Indikators, der seit 2006 die Lage im deutschen Vertrieb als wichtigen Konjunkturindikator erfasst. So steigt der Indikator um 10,8 Punkte auf 26,70 und liegt damit 1,48 Punkte unter Vorjahresniveau (28,18).

Der Xenagos-Sales-Indikator erfasst die Höhe der abgegebenen Angebote und die Neukundenquote. Beide Werte konnten zweistellig zulegen. So stieg die Neukundenquote um 10,48 und die Angebotshöhe um 11,13 Punkte auf 25,51 bzw. 27,89.

Betrachtet man die einzelnen Funktionen im Vertrieb, so sehen Führungskräfte die Lage oft anders als Verkäufer im Feld. Letztere haben in der Regel den direkten Kontakt zum Kunden und lassen sich tendenziell weniger von der allgemeinen Stimmung beeinflussen als ihre Vorgesetzten. Im vierten Quartal 2014 kommen die positiven Impulse des Indikators von den Verkäufern ohne Führungsverantwortung. Bei ihnen steigt der Wert von 3,53 im dritten Quartal auf 23,13 im aktuellen vierten. Bei den Führungskräften ist die Veränderung vergleichsweise gering, hier steigt der Indikator um 0,1 auf 27,94 Punkte.

Der Xenagos-Sales-Indikator gibt seit 2006 regelmäßig Auskunft über die Auftragslage der kommenden Monate. Dazu folgt er dem gleichen Umfrage-Konzept wie der ifo-Geschäftsklimaindex. Allerdings richtet sich die Xenagos-Umfrage direkt und ausschließlich an rund 35.000 Vertriebsspezialisten. Mehr zum Xenagos-Sales-Indikator unter www.xenagos.de

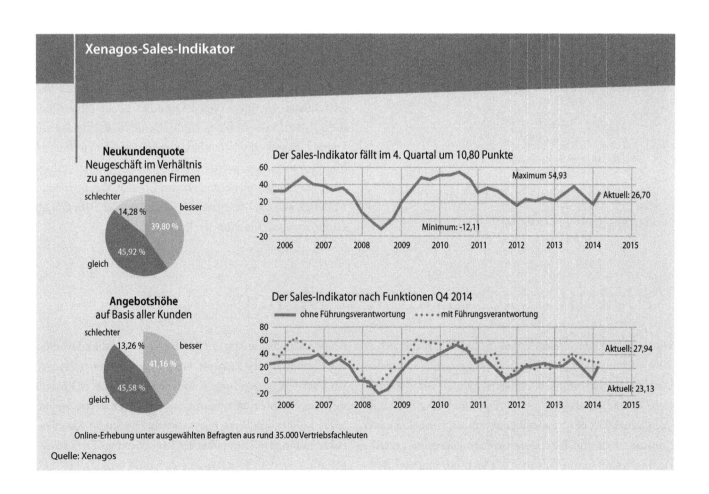

Xenagos-Sales-Indikator

Neukundenquote
Neugeschäft im Verhältnis zu angegangenen Firmen

schlechter 14,28 %
besser 39,80 %
gleich 45,92 %

Angebotshöhe
auf Basis aller Kunden

schlechter 13,26 %
besser 41,16 %
gleich 45,58 %

Der Sales-Indikator fällt im 4. Quartal um 10,80 Punkte

Maximum 54,93
Minimum: -12,11
Aktuell: 26,70

Der Sales-Indikator nach Funktionen Q4 2014

— ohne Führungsverantwortung ···· mit Führungsverantwortung

Aktuell: 27,94
Aktuell: 23,13

Online-Erhebung unter ausgewählten Befragten aus rund 35.000 Vertriebsfachleuten

Quelle: Xenagos

Gehaltbarometer für Vertriebsleiter

Erfolgreiche Vertriebsleiter gehören zu den Spitzenverdienern Deutschlands. Dabei profitieren sie vor allem von hohen Prämienzahlungen. Bei den Vertriebschefs liegt der Anteil derjenigen, die Prämien bekommen, bei rund 80 Prozent. Die Spannen bei den Bezügen allerdings sind groß. Grund dafür ist einerseits der sehr unterschiedliche Stellenwert von Vertriebspositionen, andererseits schlagen hier vor allem Branchenbesonderheiten zu Buche. Manche Branchen zahlen traditionell gut, andere deutlich schlechter. In vielen Unternehmen ist der Vertrieb „Chefsache" und wird von einem Mitglied der Geschäftsführung verantwortet. Die Bezüge können dann noch einmal deutlich höher ausfallen.

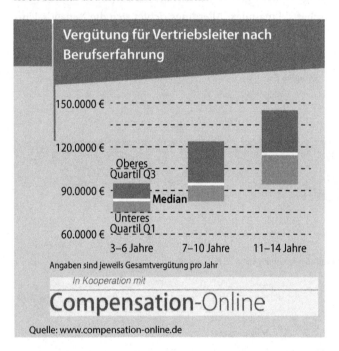

Quelle: www.compensation-online.de

Quelle: MUTAREE Change-Fitness-Studie 2014/2015

Zahl des Monats

Einer der wichtigsten Erfolgsfaktoren im Schnittstellenmanagement ist die Zusammenarbeit der einzelnen Unternehmensbereiche. Das Ziel sollte hierbei immer eine stringente Prozesskette sein, in der auch der Vertrieb in direktem Kontakt zu allen internen Divisionen steht – beispielsweise zum Marketing, zum Service oder zur Logistik. Um diese Zusammenarbeit auch langfristig zu fördern, muss die Rolle der Führungsriege klar umrissen sein. Mit der Notwendigkeit zur Kooperation beginnt ein interner Veränderungsprozess, bei dem es an der Führungsmannschaft liegt, die operative Umsetzung der veränderten Strategie in das Unternehmen zu tragen und zu initiieren. Allerdings zeigt die aktuelle Change-Fitness-Studie 2014/2015 der Mutaree GmbH deutlich, dass leider nur knapp zwei von zehn Veränderungsprozessen (19 Prozent) erfolgreich umgesetzt werden. Häufig basiert dieser geringe Wert auf mangelnder Stringenz im Change Management – wobei gerade ein transparentes Vorgehen der Führung als Grundvoraussetzung für den Erfolg gilt.

Kunden mögen Kontakte, Manager Apps

Wie der Kundenservice der Zukunft aussieht, darüber gehen die Ansichten von Kunden und von Managern auseinander. Die Gemeinschaftsstudie „Omnikanal Monitor 2015" von Arvato CRM Solutions und CSC hat Prognosen über den künftigen Kanal-Mix der Kundeninteraktion aus Perspektive von Konsumenten und B2C-Unternehmen gegenübergestellt. Demnach sind für die befragten Manager ein zentrales Kun-

denportal und eine App mit Serviceangeboten die relevantesten Themen für die Zukunft. Für die Konsumenten dagegen sind der fest zugeordnete Kundenberater mit 86,4 Prozent und eine erneute Kontaktaufnahme mit dem letzten Kundenberater (76 Prozent) am relevantesten. Die Studie „Omnikanal Monitor 2015" kann über ein Registrierungsformular angefordert werden: http://www.csc.com/de/insights/118809

Digitalisierung verändert Kundenbeziehungen

Die Digitalisierung prägt die Beziehung zum Kunden zunehmend und Unternehmen sehen sich zur Anpassung an den Wandel gezwungen, um im Wettbewerb nicht unterzugehen. Das ist das Fazit des jährlichen Global Contact Centre Benchmarking Reports von Dimension Data. Danach erwarten 76 Prozent der Contact Center von mehr als 900 Unternehmen aus 72 Ländern ein steigendes Aufkommen an Kundenkontakten. Während erwartet wird, dass der digitale Austausch in rund 86 Prozent der europäischen Contact Center in den nächsten zwei Jahren zunimmt, sollen die sprachlichen Interaktionen zwischen Contact Center und

Kunde bei 39 Prozent der Befragten zurückgehen. Laut Dimension Data ist davon auszugehen, dass die Contact Center in den nächsten 24 Monaten mehr digitale als sprachliche Interaktionen verzeichnen werden. Welche Auswirkungen der digitale Wandel auf die Nutzung technischer Einrichtungen und welche Anforderungen an das Management von Kundendienstleistungen zukommen, kommentiert André Kiehne, Sales Director Transformational Business der Dimension Data in Deutschland, auf der Wissensplattform Springer für Professionals:
🔲* www.springerprofessional.de/5592282

Männer wollen Handy als Zahlungsmittel nutzen

In Deutschland sind vor allem Männer gegenüber Mobile Payment aufgeschlossen: 73 Prozent der Smartphone-Nutzer, die in Zukunft ihr mobiles Gerät als Zahlungsmittel im stationären Handel nutzen wollen, sind männlich. Zu diesem Ergebnis kommt eine Sonderauswertung einer Internet-repräsentativen Studie, die das Online-Marktforschungsinstitut Fittkau & Maaß Consulting im Auftrag der Internet World Messe durchgeführt hat. Mobile Payment mit all seinen Facetten steckt in Deutschland noch in den Kinderschuhen, im stationären Handel haben

sich die mobilen Bezahlsysteme noch nicht richtig durchgesetzt. Bislang nutzen daher in Deutschland gerade einmal vier Prozent der Smartphone-Besitzer ihr Handy als Zahlungsmittel in stationären Geschäften. Dennoch besteht ein hohes Interesse: Weitere 28 Prozent der Befragten gaben an, zukünftig das Smartphone als mobiles Zahlungsmittel nutzen zu wollen. Die kompletten Studienergebnisse stehen kostenlos unter folgendem Link zum Download zur Verfügung: http://www.internet-world-messe.de/Presse/Studie

Vertriebs-PR hält Einzug in B2B-Kommunikation

Heute muss PR eng verzahnt mit dem Vertrieb daran arbeiten, gezielt den Absatz zu fördern, potenzielle Kunden zu erreichen und sie von konkreten Produkten und Dienstleistungen zu überzeugen. Vertriebs-PR löst die alten Grenzen zwischen den Disziplinen PR, Marketing und Vertrieb zugunsten eines integrierten Kommunikationsansatzes auf. Für PR-Profi Gabriele Horcher, Geschäftsführerin der Kommunikationsagentur Möller Horcher, ist eine integrierte Vertriebskampagne im B2B-Bereich dann am effektivsten, wenn der Vertrieb direkt nach der Presseveröffentlichung seine Branchenoffensive eröffnet. Jede Presseveröffentlichung, die die USPs des neuen Produkts auf

den Punkt bringt, wirkt dank der Neutralität des Fachmediums viel glaubhafter und nachhaltiger als eine Anzeige. Sinnvoll ist es beispielsweise, Sonderdrucke der Veröffentlichung für Messeauftritte, für Mailings oder als Sonderdruck-PDFs für die Website zu nutzen. Zudem kann in Newslettern, Blogbeiträgen und in Social-Media-Kanälen auf die Veröffentlichung aufmerksam gemacht werden. Auch entsprechender branchenspezifischer Content auf der eigenen Website des Unternehmens kann die integrale Vertriebskampagne flankieren. Weitere Tipps für erfolgreiche Vertriebs-PR unter
🔲* www.springerprofessional.de/5594272

Vertriebsschnittstellen

Die Größe eines Wortes stellt die relative Häufigkeit in den Beiträgen des Heft-Schwerpunktes dar.

Schwerpunkt
Vertriebsschnittstellen

Vertriebsorientierung jenseits der Schnittstellen

Als Sales Driven Company wird ein Unternehmen bezeichnet, das den Vertrieb als Differenzierungsfaktor im Wettbewerb und als Wachstumsmotor betrachtet. Solche vertriebsorientierten Unternehmen streben nach einer ganzheitlichen Einbindung des Vertriebs in das Unternehmen und einer kontinuierlichen Optimierung, um sich auf diese Weise wirkungsvoll vom Wettbewerb zu unterscheiden.

Dirk Zupancic

Vielen Unternehmen fehlen heute klare Wettbewerbsvorteile. Daher befinden sie sich ständig in ruinösen Preiskämpfen und bleiben hinter ihren Marktchancen zurück. Mehr „Sales Drive" kann eine strategische Option sein, wenn

- der Vertrieb für die Kunden einen echten Mehrwert stiftet oder zumindest das Potenzial dazu hat,
- dieser Mehrwert vom Kunden auch geschätzt und wahrgenommen wird,
- der Vertriebsansatz nicht oder nur schwer vom Wettbewerb imitiert werden kann.

„Sales Drive" in diesem Sinne ist eine Möglichkeit der Differenzierung. Sie kann alleine oder in Kombination mit anderen Differenzierungsfaktoren ausgebildet und im Wettbewerb eingesetzt werden. Sales Drive kann dabei helfen, Schnittstellen zu überwinden. Wenn alle Bereiche gemeinsam vertriebsorientiert arbeiten, ist die Richtung klar. Alle ziehen gleichsam an einem Strang und haben harmonisierte Ziele.

Dieser Beitrag skizziert Gestaltungsansätze, wie ein Unternehmen in eine Sales Driven Company transformiert werden kann. Hintergrund ist das Konsortialprogramm „Sales Driven Company", das ich im Jahr 2007 an der Universität St.Gallen initiierte und mehrere Jahre verantwortlich führte. Zu den Partnerunternehmen gehörten zum Beispiel Unternehmen wie ABB, Dachser, Swisscom, EOn, SBB Cargo, SFS Intec, Woerner, Kaeser Kompressoren, Aurubis und die schweizerische Post Finance.

Die Ansätze können anderen Unternehmen als Unterstützung zur Erarbeitung eines eigenen Konzeptes dienen. Im Folgenden werden wesentliche Erkenntnisse aus verschiedenen Workshops und Fallstudien zusammengefasst.

Prof. Dr. Dirk Zupancic
ist Professor für Industriegütermarketing und Vertrieb sowie Präsident der German Graduate School of Management and Law in Heilbronn, www.ggs.de.

Stellhebel der „Sales Driven Company"

Wie wird aus einem Unternehmen eine Sales Driven Company? Dazu wurden in den Workshops des Programms „Sales Driven Company" verschiedene Stellhebel erarbeitet. Die folgenden Konzepte und Maßnahmen dienen dazu, das Gesamtunternehmen vertriebsorientiert auszurichten.

SDC Leadership: Die wichtigste Rolle in einer Sales Driven Company hat das Management, vor allem die Geschäftsleitung. Nur wenn das Topmanagement von den Potenzialen des Vertriebs überzeugt ist und sich im Idealfall selbst als oberster Verkäufer des Unternehmens versteht, wird genügend Kraft entfaltet. So sagt zum Beispiel der Unternehmer Reinhold Würth: „95 Prozent unserer Kernkompetenzen liegen in Vertrieb und Verkaufsmarketing." Basierend auf diesem Statement ist die Rolle der Führungskräfte aller Bereiche klar definiert. Sie müssen auch regelmäßig im Rahmen der „Mitreisen" Kundenkontakt haben. Durch dieses Vorbild ist allen Führungskräften ihr Beitrag zum erfolgreichen Vertrieb bewusst und sie fordern und fördern entsprechende Verhaltensweisen auch von ihren Mitarbeitenden.

SDC-Strategie: Die Strategie beschreibt das geplante Verhalten und die Maßnahmen des Unternehmens als Antwort auf externe Veränderungen. „Sales Drive" des Unternehmens kann eine Antwort auf steigenden Wettbewerbsdruck, austauschbare Produkte oder eine grundsätzliche Möglichkeit

Dirk Zupancic
German Graduate School of Management and Law, Heilbronn, Deutschland
E-Mail: dirk.zupancic@ggs.de

zur Differenzierung in Märkten sein. Es geht darum, die Vertriebsorientierung in der Unternehmensstrategie zu verankern. Dazu sollten konkrete Themen des Vertriebs in die Strategie integriert werden. Dies betrifft als erstes die Rolle des Vertriebs, zum Beispiel als Ansatz zur Differenzierung im Wettbewerb.

Beispiel: Die Firma Würth beschreibt sich selbst als Weltmarktführer im Handel mit Montage und Befestigungsmaterial. Im Geschäftsbericht der Würth Gruppe 2008 findet sich dazu folgende Aussage: „Wir haben 1945 als Familienunternehmen begonnen und sind es bis heute. Motor unseres Erfolges ist der Direktvertrieb. Rund 30.000 Außendienstmitarbeiter treffen täglich auf 300.000 Kunden."

Wachstumziele mit dem Vertrieb abstimmen

Darüber hinaus sollten Wachstumsziele mit dem Vertrieb und seinen Ressourcen abgestimmt sein. Sind die Ziele ambitiöser, als die vorhandenen Ressourcen es erlauben, sollten auch die nötigen Investitionen in der Strategie geplant werden. Als besonders hilfreich haben sich konkrete Initiativen für bestimmte Kunden bzw. Segmente erwiesen, die zur Zielerreichung nötig sind. Zum Beispiel: Welche Ziele sollen durch welche Initiativen mit Stamm- oder Neukunden erreicht werden?

SDC-Struktur und -Prozesse: Hier geht es um die organisatorische Basis für Spezialisierung, Koordination und Kooperation einzelner Unternehmensbereiche. Im engeren Sinne versteht man darunter die Aufbauorganisation des Unternehmens, das heißt, die Aufteilung in Abteilungen, Business Units und so weiter. „Sales Drive" ist vorhanden, wenn die Konzepte zum Aufbau des Unternehmens so gestaltet sind, dass Vertriebsaufgaben optimal erfüllt werden können.

Der Vertrieb sollte zunächst auf Geschäftsleitungsebene verankert sein. Zusätzlich muss die Anzahl und die Qualität der Mitarbeitenden den strategischen Zielen entsprechen. Schnittstellen zu anderen Bereichen werden koordiniert, indem der Vertrieb als Motor wirkt und bei wichtigen Abstimmungen in der Führungsrolle ist. Exemplarisch sei hier Louis V. Gerstner, früherer CEO IBM, erwähnt, der gerne sagte: „Die Sales Organisation ist nicht die ganze Firma, aber die ganze Firma sollte wie eine Verkaufsorganisation agieren."

Dazu sollten vertriebsorientierte Teams aus verschiedenen Bereichen zusammengestellt werden. Hilfreich ist es immer, wenn Mitarbeiter, die vertriebsorientiert zusammenarbeiten, auch räumlich eng zusammenarbeiten oder sich zumindest physisch regelmäßig treffen.

Klar definierte Prozesse für bereichsübergreifende Teams lassen sich gut für einige Kernprozesse im Vertrieb definieren. Dazu gehören zum Beispiel Kundenakquise, Kundenausschöpfung oder Neuprodukteinführungen.

SDC-Systeme: Vertriebsorientierung muss durch entsprechende Informations- und Kommunikationssysteme sowie Managementkonzepte wie etwa die Balanced Scorecard oder auch Anreizsysteme unterstützt werden. Das Unternehmen muss Kennzahlensysteme einsetzen (zum Beispiel Cock-

Kerngedanke 1
Der Vertrieb hat das Potenzial zu einem echten Wettbewerbsvorteil und wird so zu einer strategischen „Speerspitze".

pits, Kennzahlensysteme), die vertriebsorientierte Erfolgskontrollen ermöglichen. Diese gehen deutlich über die Finanzkennzahlen hinaus.

Erfolgreiche vertriebsorientierte Unternehmen verfügen über ein Customer-Relationship-Management-System und arbeiten auch konsequent damit. So sind die Kundenbedürfnisse den Mitarbeitenden durch die systematische Nutzung kontinuierlich präsent. Die amerikanische Firma Siebel arbeitet zum Beispiel mit einem systematisch entwickelten Verkaufsprozess. Dieser ist komplett im (hauseigenen) CRM-System hinterlegt. Alle Vertriebsmitarbeitende und Key Account Manager arbeiten nach diesem Konzept und pflegen ihre Aktivitäten in das System ein.

SDC-Kultur: Die Kultur des Unternehmens besteht aus zwei Elementen: Zum einen die direkte Unternehmenskultur, die Werte, Verhaltensweisen, Normen und andere historisch entwickelte Aspekte des Arbeitsstils im Unternehmen umfasst. Zum anderen die Führungskultur, die in erster Linie durch das Verhalten der Führungskräfte geprägt wird.

Eine starke vertriebsorientierte Kultur entsteht, wenn das Topmanagement den Vertrieb im Kundenkontakt und intern aktiv unterstützt. Darüber hinaus sollten alle Mitarbeitenden zugleich kunden- und vertriebsorientiert denken und handeln. So wird eine vertriebsorientierte Unternehmenskultur aktiv gepflegt oder aufgebaut.

Die Hilti AG in Schaan, Liechtenstein, bezeichnet sich selbst als „weltweite Vertriebsorganisation". Neben innovativen Produkten, hoher Qualität, einer starken Marke und anderen Differenzierungsfaktoren gilt der Vertrieb als äußerst wichtig. Der Vertrieb genießt ein entsprechend hohes Ansehen im Unternehmen, weil jeder im Unternehmen diesen Beitrag zum Gesamtunternehmenserfolg zu schätzen weiß. Die Mitarbeiter identifizieren sich mit dem Vertrieb und leisten ihre Beiträge, auch wenn sie selbst nicht direkt im Vertrieb arbeiten. So entsteht eine sehr vertriebsorientierte Kultur.

Den Vertrieb als „Karrieresprungbrett" profilieren

SDC-Mitarbeiter: Zu diesem Aspekt gehören alle Aktivitäten des Human Ressource Managements. Insbesondere Aus- und Weiterbildung, Karrierewege, die Integration neuer Mitarbeitender und die Sozialisationsprozesse formeller und informeller Art gehören hierzu. „Sales Drive" kann hier durch eine Reihe von Maßnahmen aktiv gefördert werden. Ein besonderer Anreiz entsteht zum Beispiel, wenn der Vertrieb als ein mögliches „Karrieresprungbrett" im Unternehmen bekannt ist und Vertriebsmitarbeiter systematisch weitergebildet werden. Auch andere Mitarbeiter sollten vertriebsorientiert geschult/trainiert werden. Zusätzlich können diese durch regelmäßige Kundenkontakte vertriebsorientiert eingesetzt werden.

Der Business-to-Business-Bereich der Schweizer Swisscom ist sich schon länger der Bedeutung des Vertriebs für den Erfolg des eigenen Geschäftes bewusst. Die Mitarbeiter werden dabei als zentral angesehen. Es gibt eine Reihe von systematisch entwickelten und intern angebotenen Aus- und Weiterbildungsmöglichkeiten. Externe Seminare werden unterstützt, die Zusammenarbeit mit führenden Hochschulen gepflegt. Innerhalb des Vertriebs

Kerngedanke 2
Zu einer Sales Driven Company wird ein Unternehmen nur, wenn dieser Ansatz vom Management wirklich gewollt und gelebt wird.

Zusammenfassung
„Sales Driven Company" ist ein Managementkonzept, mit dem ein Unternehmen Vorteile im Wettbewerb durch eine ausgeprägte Vertriebsorientierung erzielen kann. Dazu muss das gesamte Unternehmen auf den Vertrieb ausgerichtet werden. Wichtige Ansätze dazu liegen in Strategie, Strukturen/Prozessen, Systemen, Kultur und den Mitarbeitern.

Kerngedanke 3
Die Transformation muss systematisch anhand bestimmter Stellhebel erfolgen.

gibt es verschiedene Aufstiegsmöglichkeiten. Auch ein Wechsel in den und aus dem Vertrieb heraus ist möglich.

Fazit

Die Ausrichtung des gesamten Unternehmens auf die Vertriebsaufgabe ist ein Thema für die Unternehmensführung und nicht nur für die Vertriebsführung. Die beschriebenen Stellhebel zeigen zugleich, wie tiefgreifend das Konzept der Sales Driven Company ist.

Wenn man reflektiert, welche Unternehmen heute als „sales driven" gelten, dann sind es häufig gerade diejenigen, die bei ihrem Leistungsangebot naturgemäß wenig Möglichkeiten zur Differenzierung hatten: Würth (Schrauben und Baubedarf), Hilti (Befestigungstechnik), AWD/MLP (Allfinanzdienstleister). Diese Unternehmen waren immer schon mit der Herausforderung konfrontiert, die heute jedes Management- und Marketingbuch einleitet: die Austauschbarkeit von Produkten und Dienstleistungen. Gerade deshalb, so die These, suchten sie ihr Heil schon früh im Vertrieb. Mit Erfolg. Andere Unternehmen können und sollten von ihnen lernen.

Handlungsempfehlungen

Echte Wettbewerbsvorteile sind heute selten geworden. Unternehmen, die vor dieser Herausforderung stehen, sollten kritisch prüfen, ob der Ansatz der Sales Driven Company ihnen neue Chancen bietet. Wenn diese vorhanden sind, gilt es, das Unternehmen entsprechend auszurichten. Die hier vorgestellten Ansatzpunkte bieten dazu eine Agenda. Sie eignen sich für eine Analyse der eigenen Stärken und Schwächen und zur Entwicklung eines unternehmensindividuellen Konzepts.

Literatur

SfP* Belz, Christian/Zupancic, Dirk (Hrsg.): Sales Driven Company, Themenheft, Marketing Review St.Gallen, 1/2010 (ID: 2730556)

SfP* Dannenberg, Holger/Zupancic, Dirk (2009): Excellence in Sales, Wiesbaden (ID: 1840788)

Gerstner, Louis V. (2003): Who Says Elephants Can't Dance?, London

Zupancic, Dirk: Vertriebsstärke, in: Belz et al.: Marketing und Vertrieb in einer neuen Welt, St.Gallen 2009, S. 139-153

SfP* Zupancic, Dirk: Unsere Kernkompetenz liegt zu 95 Prozent im Vertrieb (Interview mit Reinhold Würth). Marketing Review St.Gallen, 1/2010, S. 4-7 (ID: 2730592)

Zupancic, Dirk: Warum das Image des Vertriebs so wichtig ist, Harvard Business Manager (HBM) Blog, 5.9.2012

SfP* Abonnenten des Portals Springer für Professionals erhalten diesen Beitrag im Volltext unter www.springerprofessional.de/ID

Die Schnittstellen für den Vertrieb managen

Die Digitalisierung, Globalisierung und der demografische Wandel verstärken bestehende Diskrepanzen zwischen dem Vertrieb und anderen Unternehmensbereichen. Eine marktgerechte und wertorientierte Ausrichtung des Vertriebs kann hier unterstützen. Zielführend ist allerdings ein konsequentes Schnittstellenmanagement, das die enormen Informationsmengen und -geschwindigkeiten beherrscht.

Anabel Ternès

Direkt an der Kundenfront zeichnen Vertriebsmitarbeiter letztendlich für den Verkaufserfolg von Unternehmen verantwortlich, was ohne die Zusammenarbeit mit einer ganzen Reihe von anderen Abteilungen nicht funktioniert: Der Vertrieb ist nicht nur auf die Verkaufsförderung der Marketingabteilung angewiesen. Insbesondere die qualitativ hochwertige Umsetzung der Aufträge in der Produktion und die pünktliche Auslieferung durch die Logistik sichern die Kundenzufriedenheit. Treten Probleme auf, sollte wiederum der Kundenservice die mit den Kunden vereinbarten Lösungen zügig umsetzen.

Die Schnittstellen zwischen den einzelnen Unternehmensbereichen erweisen sich immer wieder als neuralgische Punkte. Kommt es hier zu Komplikationen, steht letztendlich der Vertrieb gegenüber der Unternehmensleitung für die Ergebnisse in der Verantwortung. Dazu reicht es schon aus, dass wichtige Informationen nicht an die verantwortliche Stelle geleitet werden (s. **Abb. 1**).

Das komplexe Gebilde lässt sich aus Sicht des Vertriebs in folgendem Beispiel zusammenfassen:
Die Marketingabteilung eines Unternehmens initiiert vor der Einführung einer neuen Produktgeneration den rabattierten Abverkauf des Warenbestandes. Entsprechende Informationen darüber gehen an den Vertrieb, der daraufhin die Bestandskunden informiert. Ein Verkäufer kann einen größeren Auftrag platzieren, allerdings ist die Einhaltung eines kurzfristigen Liefertermins die Bedingung. Die Logistikabteilung kann den vereinbarten Termin nicht einhalten und verschiebt die Lieferung, eine Mitteilung geht erst mit Realisierung an die Vertriebsleitung. Der Verkäufer muss sich nicht nur mit einem aufgebrachten Kunden auseinandersetzen, dieser nimmt die verspätete Lieferung auch nicht ab. Der fehlende Umsatz wiederum wird von der Vertriebsleitung und daraufhin auch von der Geschäftsführung kritisiert.

> *„Welche Abteilung und wer dort welche Information erhält, muss oft viel schneller entschieden werden als früher.“*

Die unterschiedlichen Positionen der einzelnen Abteilungen zu Produkten und Kunden ergeben verschiedene Sicht- und Herangehensweisen, was die Herausforderungen für eine zielführende Kommunikation noch größer macht.

Die Digitalisierung verändert die Anspruchshaltung

Diese Diskrepanzen sind nicht neu, sie werden aber im Zuge der Digitalisierung deutlich verstärkt. Vor allem die neuen Kommunikationstechnologien sollen eine entscheidende Verbesserung bringen. Allerdings erhöhen sowohl die Menge der Informationen als auch die Geschwindigkeit, mit der

Prof. Dr. Anabel Ternès
ist Geschäftsführerin des Instituts für Nachhaltiges Management (IISM) an der SRH Hochschule Berlin, das sich mit Trends und Strategien für nachhaltige Unternehmensführung und -entwicklung beschäftigt.

Anabel Ternès
SRH Hochschule Berlin, Berlin, Deutschland
E-Mail: anabel.ternes@srh-hochschule-berlin.de

Kerngedanke 1

Um die Interessen und Kulturen in den einzelnen Abteilungen zur Unterstützung der Vertriebsaktivitäten zusammenzuführen, muss ein Schnittstellenmanager zum einen die unterschiedlichen Herangehensweisen berücksichtigen, zum anderen sind die einzelnen Positionen miteinander in Einklang zu bringen.

diese zur Verfügung stehen, die Anforderungen und den Druck auf die Mitarbeiter. Nicht nur An- oder Rückfragen von Kunden, auch Beschwerden oder Reklamationen müssen deutlich schneller bearbeitet werden. Welche Abteilung und wer dort welche Information erhält, muss oft viel schneller entschieden werden als früher. Die Erwartungshaltung hat sich verändert, der 24/7-Service-Anspruch ist heute gang und gäbe. Für den Vertrieb werden die Abläufe komplizierter: Die Trennung der Zuständigkeiten macht eine regelmäßige zusätzliche Abstimmung notwendig, die insbesondere im Zuständigkeitsbereich des Schnittstellenmanagements liegt.

Der Verkäufer ist in der Regel der erste Ansprechpartner des Kunden – auch bei Reklamationen. Er muss sich also mit dem Anliegen befassen und die entsprechenden Informationen an die betreffende Abteilung oder den Kundenservice weiterleiten. Wird eine Lösung für das Problem vereinbart, überwacht er die Erledigung. Ein Teil seiner Kapazitäten für den Verkauf ist also blockiert, andererseits tragen diese Serviceleistungen zur Kundenbindung bei. Hat das Unternehmen die Zuständigkeiten strikt getrennt, muss der Kunde sich an die Serviceabteilung wenden. Für den Verkäufer spielt nun diese Schnittstelle eine entscheidende Rolle: Wird das Kundenanliegen zufriedenstellend bearbeitet oder nicht?

Technisierung vs. persönliche Kundenbindung

Durch die Technisierung der Prozesse, also beispielsweise die Erleichterung des Vertriebs durch eine zentrale Service-Adresse, spart der Vertrieb zunächst den Aufwand für die Bearbeitung. Allerdings wird der Kunde zu einer anonymen Größe unter vielen. Das Anliegen durchläuft den eigens entwickelten Ablauf für Reklamationen, eine standardisierte E-Mail ist die erste Reaktion. Der persönliche Bezug, der für den Vertrieb so wichtig ist, kommt damit deutlich zu kurz. Um das auszugleichen, muss der Verkäufer sich selbst zum Stand der Dinge informieren oder im Bedarf auch intervenieren – die Zeitersparnis ist wieder verloren. Auch dieser Schnittstelle ge-

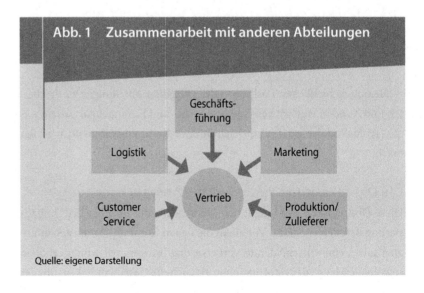

Abb. 1 Zusammenarbeit mit anderen Abteilungen

Quelle: eigene Darstellung

hört ein beachtliches Augenmerk, um die Kundenbeziehung und damit die Umsätze nicht zu gefährden.

Wie das Marketingforum der Universität St. Gallen ermittelt hat, wird die Bedeutung des persönlichen Verkaufs von Produkten und Dienstleistungen nach Einschätzung eines Großteils der europäischen Unternehmen noch steigen. Dazu gehört also auch die Pflege der persönlichen Beziehung zum Kunden durch den einzelnen Verkäufer, was dem Trend zur Technisierung zuwider läuft.

Die Globalisierung und ihre vielschichtigen Folgen

Ein weiterer Faktor darf nicht unerwähnt bleiben: die Globalisierung. Sie eröffnet der Wirtschaft und damit dem Vertrieb enorme Chancen, sich auch im internationalen Maßstab erfolgreich zu etablieren. Allerdings wachsen damit auch die Herausforderungen: Die jeweilige Landeskultur ist nicht nur im direkten Verkauf zu berücksichtigen, sondern vor allem auch der Auswahl und Präsentation der Produkte. Steht der Vertrieb hier direkt im Kontakt mit den speziellen Kundenbedürfnissen und -ansprüchen, vernachlässigen andere Abteilungen diese Besonderheiten oft. Die Anforderungen an das Schnittstellenmanagement erhalten so eine neue Dimension, nämlich die Verständigung zwischen den unterschiedlichen Kulturen von Verkäufer und Käufer, die sich auch in der Produktpolitik und Marketingstrategie des Unternehmens niederschlagen muss.

Wachsen Unternehmen über die Landesgrenzen hinaus, sind komplexere Strukturen die Folge. Nicht zu vernachlässigen ist allerdings der Aspekt, dass die Digitalisierung wiederum einen schnellen Informationsfluss im globalen Maßstab ermöglicht. Es nimmt also nicht nur die zu verarbeitende Menge zu, es verändert sich auch die Qualität der Informationen. Müssen in global agierenden Unternehmen nicht nur die einzelnen Bereiche effektiv miteinander kommunizieren, sind auch unterschiedliche kulturelle Hintergründe und Arbeitsweisen zu beachten. Dies gilt aber auch für einheimische Firmen, die Mitarbeiter anderer Nationalitäten beschäftigen. Nicht zuletzt die demografische Entwicklung verstärkt diese Tendenz. Über die gezielt gesuchten Fachkräfte hinaus sind Arbeitnehmer mit ausländischen Wurzeln zur Aufrechterhaltung der Abläufe teilweise unerlässlich. Für ein effektives Schnittstellenmanagement zählen also nicht nur die Kenntnisse zu den kulturellen Eigenheiten, sondern vor allem auch empathische Fähigkeiten, um zwischen den verschiedenen Herangehensweisen vermitteln zu können.

Warum Schnittstellenmanagement schwierig ist

Die Entwicklung verschiedener Unternehmensbereiche geht auf die notwendige Spezialisierung zurück. Unterschiedliche Kompetenzen müssen nun effektiv wieder zusammengeführt werden, um den Gesamterfolg eines Unternehmens zu optimieren. Insbesondere die Stellung und Verzahnung des Vertriebs in der Unternehmensorganisation und die damit einhergehende Bedeutungsrelevanz ist ausschlaggebend für ein effektives Schnittstellenma-

Zusammenfassung
● Die Diskrepanzen zwischen dem Vertrieb und anderen Bereichen werden durch Digitalisierung, Technisierung und Globalisierung verschärft.
● Ein effektives Schnittstellenmanagement erfordert klare Kommunikations- und Reporting-Regeln, die auch Face-to-Face-Meetings umfassen.
● Intelligente Software-Tools können auch den Vertrieb effektiv unterstützen.

Kerngedanke 2

Eine wesentliche Aufgabe für die Vertriebsschnittstellen liegt im Beherrschen der Informationsflut, die nicht zuletzt durch die Digitalisierung gefördert wird.

nagement: Rangiert der Vertrieb in einigen Firmen direkt unterhalb der Geschäftsführung, sehen andere eine Einordnung in den Bereich Marketing vor. Weitere Firmen wiederum sehen den Vertrieb eher ausgegliedert als verlängerten Arm der Gesamtorganisation in den Markt hinein. Die gemeinsame Schnittmenge, nämlich die Distribution der Waren oder Dienstleistungen, sorgt nicht automatisch für ein harmonisches Miteinander. Eine klare Herangehensweise der Geschäftsführung ist hier unerlässlich, um dem tatsächlichen Stellenwert des Vertriebs und seine Verzahnung in die anderen Abteilungen hinein gerecht zu werden.

Ressourcengerechte Vertriebssteuerung notwendig

Die fehlende Abstimmung zwischen den Unternehmenszielen und den Vertriebsressourcen stellt sich immer wieder als Ursache vieler Probleme heraus: Nur die effektive Verknüpfung zwischen mittelfristiger Unternehmensstrategie und der operativen Jahresplanung bringt eine stringente Vertriebssteuerung hervor. Diese sollte auf der Analyse der tatsächlich vorhandenen Ressourcen für den Vertrieb fußen. Dazu empfiehlt sich zum einen das Profiling der Vertriebsmannschaft, um den eventuell notwendigen Recruiting- und Entwicklungsprozess auszurichten. Auch spielt die Implementierung eines zu den jeweiligen Vertriebszielen passenden Anreiz- und Vergütungssystems eine wichtige Rolle.

Allerdings sieht die Praxis anders aus. Findet eine Vertriebsplanung statt, geschieht dies oft entweder nur ansatzweise oder schießt weit über die sinnvollen Grenzen hinaus. Wird nämlich zu viel geplant, leidet die Vertriebsmannschaft unter fehlender Marktorientierung und überbordender Bürokratie. Fehlt ein konsequentes Schnittstellenmanagement, kostet die Ressourcenvergeudung wegen der Überlastung der Vertriebsabteilung durch administrative Aufgaben, wegen Doppelarbeiten oder wegen fehlender Informationen nicht nur wichtige Umsätze. Sie erzeugt auch enormen Frust – und verstärkt die Diskrepanzen zwischen den einzelnen Bereichen.

Blockierter Informationsfluss mit drastischen Folgen

Ausgeprägte Bereichsegoismen blockieren dann nicht nur den Informationsfluss, sie können den Unternehmenserfolg erheblich beeinträchtigen: Vertriebsmitarbeiter sammeln Hintergrundinformationen zu den einzelnen Kunden, um diese als Anknüpfungspunkte für eine erneute Kontaktaufnahme zu nutzen – und sich Vorteile gegenüber den Mitstreitern zu verschaffen. Diese Informationen sind aber beispielsweise auch für die Marketingabteilung wichtig, die auf dieses Feedback zum Abgleich der entwickelten Zielgruppendefinition oder Marktanalyse angewiesen ist. Andererseits werden eventuelle Mängel oder fehlende Produkteigenschaften nicht ausreichend kommuniziert, sodass der Vertrieb beim Kunden von falschen Voraussetzungen ausgeht – und die Konsequenzen von Kundenseite tragen muss.

Ein weiteres Problem stellt die reine Ausrichtung des Vertriebs an den Planzahlen dar. Dadurch wird ein Umsatzdenken des Vertriebs gefördert, das der Entwicklung einer wirklichen Verkaufs- und Leistungskultur effektiv im Weg steht. Die Vertriebsmitarbeiter orientieren sich durch den Umsatzdruck auf eine kurzfristige Herangehensweise, die mit dem Kundennutzen nicht mehr viel zu tun hat: Einfache Produkte, die sich schnell und ohne großen Aufwand umsetzen lassen, werden bevorzugt – Cross-Selling-Ansätze können auf diese Weise kaum berücksichtigt werden. Die Umstellung auf nachhaltig ertragsorientierte Zielsetzungen, die auch nicht-monetäre Komponenten berücksichtigen, muss also ebenso Einfluss in die Vergütungssysteme finden.

In der Praxis müssen zum Beispiel Bankberater ihre Umsatzvorgaben in verschiedenen Kategorien erfüllen. Ist zum Monatsende abzusehen, dass zu wenige Sparverträge verkauft wurden, wird dieses Produkt verstärkt angesprochen. Dabei werden die einfachsten Varianten genutzt, um den Beratungsaufwand gering zu halten. Ob dieser Vertrag nachhaltig im Interesse der Anlagestrategie des Kunden ist, kann dabei nicht berücksichtigt werden.

„Die gemeinsame Schnittmenge, nämlich die Distribution der Waren oder Dienstleistungen, sorgt nicht automatisch für ein harmonisches Miteinander."

Kulturunterschiede blockieren wertvolle Ressourcen

Sinnvoll wäre es doch, die Kundenbindung mehr in den Vordergrund zu rücken: Mehrere Produkte, die dem Anlageziel des Kunden und seinem Risikoprofil entsprechen, sorgen für deutlich mehr Gesprächsansätze. Schnittstellenmanagement zwischen Kundenservice, Marketing und Vertrieb würde hier zwar den Aufwand erhöhen, aber auch den nachhaltigen Erfolg für das Unternehmen.

Letztendlich liegt die Schwierigkeit im effektiven Schnittstellenmanagement auch in den Kulturen der Abteilungen, in den unterschiedlichen Positionen, Denk- und Herangehensweisen der einzelnen Bereiche. Fehlt zudem eine konsequente Vertriebssteuerung, die die anderen Abteilungen mitnimmt, prallen die unterschiedlichen Subkulturen und Interessen aufeinander und blockieren wertvolle Ressourcen. Für diese Weichenstellung zeichnet eindeutig die Geschäftsführung verantwortlich.

Was ein gutes Schnittstellenmanagement ausmacht

Eine der wesentlichen Aufgaben des Schnittstellenmanagements besteht im Ausgleich der verschiedenen Mindsets. Zum Beispiel legen Verkäufer oft Wert auf ein breit gefächertes Produktportfolio, um die Wahrscheinlichkeit des Erfolgs zu erhöhen. Demgegenüber können die Interessen der Marketingabteilung stehen, die eventuell die eigene Marke für ein bestimmtes Marktsegment stärken will.

Handlungsempfehlungen

• Vertriebssteuerung an den Ressourcen ausrichten

Die Vertriebsstrategien und -zielsetzung müssen die vorhandenen Ressourcen berücksichtigen, um Rückschlüsse auf das Recruiting- und Entwicklungspotenzial ziehen zu können. Darüber hinaus spielen sinnvolle Anreiz- und Vergütungssysteme eine wichtige Rolle, die nicht nur reine Umsatzvorgaben zum Inhalt haben.

• Entwicklung klarer Kommunikations- und Reporting-Regeln

Sowohl der E-Mail-Verkehr als auch das Reporting lassen sich mit konkreten Anweisungen effizient gestalten. Der Vertrieb wird so von administrativen Tätigkeiten entlastet. Auch im Zuge der Digitalisierung sollten persönliche Gespräche und Meetings regelmäßig eingeplant werden.

• Kommunikationsstrukturen dämmen Informationsflut ein

Nicht jeder Mitarbeiter muss alle verfügbaren Informationen erhalten. Eine klare Struktur hält die Kanäle frei und minimiert den Arbeitsaufwand.

• Zusammenführung der verschiedenen Bereiche

Crossfunktionale Meetings verbessern das Verständnis zwischen den Abteilungen. Darüber hinaus empfehlen sich gemeinsam genutzte Software-Tools, um eine einheitliche Datenbasis zu erhalten.

Kerngedanke 3

Die Verknüpfung von CRM- und Warenwirtschaftsprogrammen oder Kundenverwaltungsprogrammen eröffnet die Möglichkeit, stringente Prozesse zu entwickeln.

Andererseits arbeiten Marketingfachleute in der Regel projektbezogen, ein Einzelverkäufer präferiert das kontinuierliche Bearbeiten seines Gebietes. An den speziellen regionalen Gegebenheiten richtet er seine Aktivitäten aus, die Marketingabteilung folgt zentralen Vorgaben und plant überregional. Sie befasst sich mit Kunden als abstrakte Größe, die in verschiedene Zielgruppen eingeteilt werden. Der Vertriebsmitarbeiter hingegen baut eine persönliche Beziehung auf, um mit individuellen Lösungen punkten zu können. Den Erfolg erfährt er direkt, der Effekt einer Marketingstrategie oder -kampagne lässt sich deutlich schwerer quantifizieren. Muss sich der Verkäufer mit seinen Niederlagen oder mit dem Ärger vor Ort auseinandersetzen, bleibt dieser Aspekt für Marketingmitarbeiter eine unbekannte Größe. Auch die zeitliche Orientierung unterscheidet sich, denn Verkäufer müssen ihre Umsatzziele in bestimmten Intervallen erfüllen. Die Marketingabteilung hingegen richtet ihre Ziele im Hinblick auf die Positionierung im Markt projektbezogen oder langfristig aus.

Stringentes Reglement – Effizienz in der Kommunikation

Neben dem Verständnis für die unterschiedlichen Herangehensweisen der betreffenden Unternehmensbereiche muss der Schnittstellenmanager klare Regeln vorgeben. Diese beziehen sich nicht nur auf die Kommunikation und das Reporting, sondern vor allem auch auf effiziente Prozesse. Auch hier spielt die Digitalisierung eine wesentliche Rolle. Sie kann die Arbeit erleichtern, aber zum anderen auch erschweren: Informationen, beispielsweise zu einer Reklamation oder einer Kundenanfrage, werden schnell transportiert. Nur klare Regeln schaffen die Möglichkeit, mit der so eingehenden Flut an E-Mails fertig zu werden.

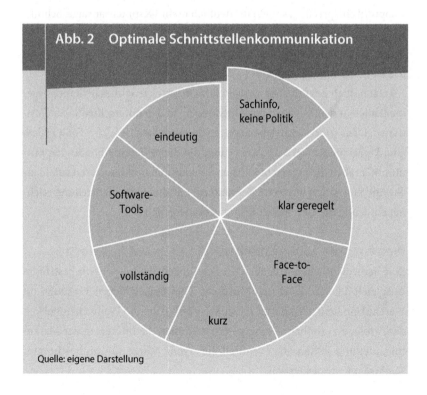

Abb. 2   Optimale Schnittstellenkommunikation

Sachinfo, keine Politik

eindeutig

Software-Tools

klar geregelt

vollständig

Face-to-Face

kurz

Quelle: eigene Darstellung

Die Möglichkeit, sich mit E-Mails schnell zu verständigen, artet in der Praxis häufig aus: Entweder wird nicht sauber formuliert oder die Formen des Anstands geraten in Vergessenheit. Viele E-Mails haben eine enorme Länge, ohne wirklich einen Inhalt von Belang zu haben. Andererseits werden einfach Mitarbeiter nach Belieben in „CC" gesetzt. Die Auswirkungen der Digitalisierung sind an einigen Stellen erschreckend, wenn beispielsweise für jede Banalität eine E-Mail geschrieben wird. Sitzt der Kollege am Nachbartisch, wäre ein kurzes Gespräch deutlich effektiver.

Klare Regeln, die der jeweilige Schnittstellenmanager vorzugeben hat, könnten wie folgt aussehen: Die Betreffzeile muss den Inhalt der E-Mail kurz und prägnant ankündigen. Der Empfänger ist ebenso klar zu benennen, wie der Inhalt zu strukturieren und zu formulieren ist. Vor allem muss die Zielsetzung mit Zuständigkeiten und Terminen kommuniziert werden. Sinnvoll sind konkrete Schritte, deren eventuell schon laufende Bearbeitung abgegrenzt dargestellt wird. Ist eine umfangreichere Konzeption oder Darstellung Gegenstand der E-Mail, sollten diese als eigenes Dokument angehängt werden. Mit einem strengen Reglement, wer warum eine Kopie zu erhalten hat, kann die Flut der Nachrichten, deren Sichtung und Bearbeitung sonst zu unnötigen Ressourcenverschwendungen führen, selektiert und in die geeigneten Kanäle geleitet werden. Auch können so E-Mails vermieden werden, bei denen es weniger um Inhalte, sondern mehr um persönliche Positionierung geht.

Persönliche Kommunikation bleibt unersetzlich

Trotz aller Vorteile durch die Digitalisierung kann ein effektives Schnittstellenmanagement nicht auf regelmäßige Face-to-Face-Meetings verzichten. Informationen werden direkt mitgeteilt, auf Reaktionen kann ebenso schnell eingegangen werden. Vor allem die Zusammenführung verschiedener Bereiche bietet sich in diesem Rahmen zumindest in größeren Intervallen an. Dabei ist zu beachten, dass der Vertrieb oft eine andere Meeting-Kultur entwickelt hat, als dies beispielsweise im Marketing der Fall ist: Der Vertrieb befasst sich bevorzugt mit den erreichten Zahlen und den Herausforderungen im Verkauf. Es kommen also ganz praktische Themen zur Sprache, die kurzfristige Lösungen erfordern. Die Marketingabteilung analysiert die Ergebnisse im Bezug auf die Zielgruppe und die Positionierung im Markt, um geeignete Strategien zu entwickeln. Eine regelmäßige persönliche Abstimmung zwischen den Abteilungen ist also nicht nur zum gegenseitigen Verständnis erforderlich, sondern trägt auch zum effektiven Informationsaustausch bei. Für die abteilungsinternen Meetings empfiehlt sich beispielsweise die Teilnahme eines Vertreters aus den anderen Bereichen, quasi als „Linking Pin". So lassen sich Informationen effektiv transportieren, aber auch die unterschiedlichen Herangehensweisen der Bereiche vermitteln.

Intelligente Software-Tools – effektive Hilfsmittel

Ein weiteres Hilfsmittel für den Schnittstellenmanager sind intelligente Software-Tools, wie beispielsweise CRM-Programme. Vertriebsmitarbeiter tun sich oft schwer, ihre Kundendaten und -informationen kontinuierlich einzupflegen. Die Effekte der Implementierung müssen also von vornherein deutlich werden: Wird der Vertriebsprozess insgesamt unterstützt, profitieren auch die Verkäufer. Zum Beispiel lassen sich Aufträge sofort online auslösen oder der Lagerbestand direkt abfragen. Schon beim Kunden können also wichtige Informationen abgerufen werden, um einen Auftrag abzusichern. Sowohl die Logistikabteilung als auch die Buchhaltung können die Daten verarbeiten. Aber auch die Marketingabteilung kann wichtige Rückschlüsse ziehen, beispielsweise zur Akzeptanz bestimmter Produkte oder zum Erfolg spezieller Kampagnen.

Darüber hinaus können sowohl die Meetings als auch die Software-Tools das Reporting, das transparent strukturiert sein sollte, unterstützen. Der Schnittstellenmanager führt die Ergebnisse der einzelnen Abteilungen zusammen und bindet dabei alle Prozess- und Organisationsstufen ein. Nur so kann er die Kontrolle über Veränderungen in den Prozessen erhalten.

Literatur

Cooper, M. C./Lambert, D. M./Pagh, J. D. (1997): Supply chain management. More than a new name for logistics, in: The International Journal of Logistics Management 8, 1, S. 1-14.

🆂🅵🅿* Duderstadt, St. (2006): Wertorientierte Vertriebssteuerung durch ganzheitliches Vertriebscontrolling, 1. Aufl., Wiesbaden, S. 18-23 (ID: 1882036)

🆂🅵🅿* Hippner, H./Hubrich, B./Wilde, K. D. (2006): Grundlagen des CRM. Konzepte und Gestaltung, 2. Aufl., Wiesbaden (ID: 1847324)

Jenewein, W./Schmitz, Ch./Malms, O. (2008): Komplexität in Marketing und Verkauf – gemeinsame Aufgaben, kritische Schnittstellen und Mindset-Differenzen. in: Marke 41, Heft 5, S. 10-16.

🆂🅵🅿* Reinmuth, M. (2009): Vertrauen und Wirtschaftssprache. Glaubwürdigkeit als Schlüssel für erfolgreiche Unternehmenskommunikation, in: Moss, C. (Hrsg.): Die Sprache der Wirtschaft. Wiesbaden, S. 127-145 (ID: 1685222)

🆂🅵🅿* Abonnenten des Portals Springer für Professionals erhalten diesen Beitrag im Volltext unter wwwspringerprofessional.de/ID

„Wir sind Partner, die gemeinsam am Markenerfolg arbeiten"

Die Synpos Vertriebsgesellschaft setzt die Marken ihrer Partner am POS in Szene, indem sie für die optimale Platzierung sorgt. Geschäftsleiterin Diana Walther und Geschäftsführer Heinrich Amecke-Mönnighof erläutern die besonderen Herausforderungen der Schnittstelle Markenartikler und Handel für den Vertrieb und welche Rolle der Konsument bei der erfolgreichen Markenplatzierung spielt.

Das Interview führte Gabi Böttcher.

Fotos: Dirk Uebele

Diana Walther
ist Geschäftsleiterin der Synpos Vertriebs-
gesellschaft in Dortmund.

Heinrich Amecke-Mönnighof
ist Geschäftsführer der Synpos Vertriebsge-
sellschaft in Dortmund.

Wie lösen Sie Konflikte, wenn der Handel andere Vorstellungen von der optimalen Platzierung am POS hat als Sie?

Amecke-Mönnighof: Wir orientieren uns immer am Nutzen für unsere Kunden. Das ist die einzige nachhaltig akzeptable Grundlage für die Zusammenarbeit.

Walther: Dafür ist eine gute Kenntnis des Kunden, seiner Möglichkeiten, seines Wettbewerbsumfeldes und seiner Erfahrung erforderlich. So unterschiedlich die Gegebenheiten sind, die unsere Kundenberater erkunden, so maßgeschneidert müssen auch ihre Lösungsangebote sein.

Ihr Unternehmen bildet eine im Vertrieb nicht unbedingt typische Schnittstelle zwischen dem Markenartikler – Ihrem Kunden – auf der einen und dem Handelspartner auf der anderen Seite. Betrachten Sie diese Situation als Herausforderung?

Walther: Der Vertrieb ist für den Markenartikler eine der wichtigsten Ressourcen, um den Verbraucher am POS zu erreichen. Das ganze Potenzial der Marketingstrategien soll am POS zur Wirkung kommen. Die Herausforderung liegt in der Gestaltung des Feedback-Kreislaufs. Der permanente Dialog zwischen den Bereichen des Markenartiklers – Produktmanagement, Trade Marketing, KAM, etc. – dem Handel und unserem Team ermöglicht es, die wirkungsvollsten Initiativen auszuwählen und zu gestalten. Das ist Herausforderung und Chance in einem.

Wie eng muss die Zusammenarbeit mit dem Handel und wie intensiv muss die Kommunikation mit dem Markenartikler sein, um den Interessen beider Seiten gerecht zu werden?

Walther: Wir stehen mehr oder weniger täglich im Kontakt. Außerdem nutzen wir alle möglichen Kommunikationswege, um uns regelmäßig und

Diana Walther
Synpos Vertriebsgesellschaft GmbH & Co. KG,
Dortmund, Deutschland
E-Mail: Walther@synpos.de

Heinrich Amecke-Mönnighof
Synpos Vertriebsgesellschaft GmbH & Co. KG,
Dortmund, Deutschland
E-Mail: am@synpos.de

strukturiert zu informieren und Feedback zu geben. Das setzt voraus, dass wir offen aufeinander zugehen und am gleichen Ziel arbeiten. Hinzu kommt: Nur wer die Marke und ihre Möglichkeiten am POS genau kennt und nur, wer gleichzeitig den POS, sein Marktumfeld und seine Gestaltungsmöglichkeiten kennt, wird die wirkungsvollsten Konzepte finden.

Der Dreh- und Angelpunkt ist aber der Konsument. Er entscheidet letztlich über Erfolg oder Misserfolg einer Platzierung. Welchen Stellenwert hat der Verbraucher für Ihr Unternehmen?

Amecke-Mönnighof: Der Verbraucher ist für beide, den Handel als Betreiber des POS und den Markenhersteller, der gemeinsame Dreh- und Angelpunkt. Es zählt nur, was bei ihm letztendlich ankommt.

Und wie erfahren Sie, welchen Erfolg eine Marke beim Endkunden hat?

Walther: Unsere Kundenberater analysieren, welche Platzierung an welchem Ort am besten vom Verbrauchen angenommen wird. Sie empfehlen dem Handel die bestmögliche Umsetzung der POS-Aktionen.

Amecke-Mönnighof: Gleichzeitig geben wir unseren Markenartikel-Partnern Rückmeldung, wie die optimale Promotion aussehen könnte und welche Materialien benötigt werden. Unsere Partner wiederum nutzen Category Management und Shopper-insight-geleitete Platzierungskonzepte, um den Erfolg der Marke am POS zu forcieren.

Welche Maßnahmen ergreifen Sie, wenn zum Beispiel eine Platzierung nicht den gewünschten Erfolg hat?

Amecke-Mönnighof: Wir betreiben klassisch Ursachenforschung. Wir überprüfen unsere Erfolgsvoraussetzungen und justieren die Einsatzbedingungen am POS. Und wir analysieren Studien, testen am POS, entwickeln weiter und testen uns so Schritt für Schritt an den gewünschten Erfolg heran,

Walther: Das ist ein permanentes „learning by doing". Natürlich können wir kreative Lösungen nur entwickeln, wenn wir uns gegenseitig Feedback geben und die Platzierung durch regelmäßige Besuche überprüfen und verbessern.

Wie gehen Sie mit der Dreifach-Schnittstelle Marke – Handel – Konsument um? Wo setzen Sie Prioritäten, wie kann man sich die Abgleichung der Interessen vorstellen?

Walther: Der Verbraucher ist der gemeinsame Bezugspunkt von Markenhersteller und Handel. Der Handel wird im Wettbewerbsumfeld bestehen können, wenn seine Dienstleistung für den Verbraucher wertvoller als die der vergleichbaren Wettbewerber ist. Er wird sein Profil in der Wahrnehmung des Verbrauchers stärken wollen. Dazu muss der Markenhersteller mit seiner Marke die Möglichkeiten bieten.

Amecke-Mönnighof: Je besser es der Marke gelingt, das angestrebte Profil des Handels zu stärken, umso eher wird dabei eine wirkungsvolle Synergie von Marke und POS entstehen. Handel und Marke können nur nachhaltig Erfolg haben, wenn ihre kombinierten Initiativen für den Verbraucher einen Mehrwert erzeugen.

Welche besonderen Anforderungen müssen die Synpos-Vertriebsmitarbeiter erfüllen?

Amecke-Mönnighof: Unsere Kundenberater müssen fähig sein, die Potenziale am POS zu erkennen. Sie entwickeln die wirkungsvollsten Lösungen dafür. Sie verstehen es, mit dem Kunden über Potenziale und Lösungen zu diskutieren, so dass die beste Vorgehensweise vereinbart werden kann. Sie kümmern sich um die Durchführung, leisten Feedback zum Ergebnis und werten es für die zukünftigen Aktivitäten aus. Letztendlich müssen unsere Kundenberater Verantwortung übernehmen und diese pro-aktiv nutzen, um die Ziele unserer Partner zu erreichen. Eine hoch anspruchsvolle Aufgabe, die nicht immer ganz einfach ist.

In Ihrem Unternehmen fließen die Verkaufserfolge in das Vergütungskonzept der Mitarbeiter ein. Können Sie uns erläutern, wie Sie dieses Vergütungssystem als Führungs- und Vertriebssteuerungsgrundlage einsetzen?

Walther: Das Vergütungskonzept orientiert sich am nachhaltig bewirkten Erfolg am POS, den die Vertriebsinitiativen der Kundenberater erzielen. Damit ist sichergestellt, dass die Prioritäten jederzeit transparent sind – die Ziele der Kundenberater, der Marke und von Synpos identisch sind. Die Ziele der Marke sind so abgesteckt, dass sie die Ziele der Kunden bzw. des POS in ihrem Wettbewerbsumfeld widerspiegeln.

Welche Vorteile haben Markenartikler von einer Vertriebspartnerschaft mit Synpos?

Amecke-Mönnighof: Synpos arbeitet mit Partnern zusammen, deren Geschäftsmodell auf der nachhaltigen Entwicklung der Marke am POS basiert. Wenn die Partner nach dem gleichen Geschäftsmodell zusammenarbeiten, ergibt sich ein großes Synergiepotenzial. Das liegt nicht nur in der optimalen Nutzung der Ressource Kundenberater.

Walther: Es liegt auch darin, dass alle Vertriebsinitiativen aus der gleichen Denke für den Kundenberater Sinn machen und er sich in einer einheitlichen Erfolgslogik an seine Kunden wenden kann. Erfolg ist dann immer das Gleiche – auch wenn

Die Synpos Vertriebsgesellschaft GmbH & Co. KG

Ist im Auftrag von Partnermarken aktiv, deren Produkte am POS in Szene gesetzt werden. Ziel der Partnerschaft ist die optimale Platzierung und dadurch die Erhöhung der Wahrnehmung. In der Zusammenarbeit mit den Partnern geht es Geschäftsleiterin Diana Walther vor allem darum, ein tiefes Verständnis für die Marken zu entwickeln und eine langfristige und vertrauensvolle Partnerschaft aufzubauen. Für ihre Vertriebsstrategie wurde die Synpos Vertriebsgesellschaft im Oktober 2014 mit dem Award „Vorbildlicher Vertrieb 2014/2015" ausgezeichnet, der von „Springer für Professionals" und dem Kölner Institut ServiceValue vergeben wird.

er mit verschiedenen Marken zu finden ist. Der Markenartikler profitiert auch davon, dass der Kundenberater in den Augen des Kunden wichtiger wird, wenn er mit zwei statt mit einer aktiven Marke am POS zu tun hat.

Wie überzeugen Sie Ihre Partner von den Vorteilen der Zusammenarbeit?

Amecke-Mönnighof: Mit Transparenz und Leistung. Wenn Sie heute als Markenartikler eine gewachsene Feldmannschaft haben, dann ist diese aus historischen Gründen nicht immer zu 100 Prozent effizient strukturiert oder bereist nicht optimal geplante Gebiete. Wir haben unsere Gebiete nach Potenzial erstellt und vergleichbar gemacht.

Walther: Unsere Systeme und unser eigenes CRM-System sind auf Wirksamkeit am POS und Messbarkeit ausgerichtet. Wir geben strukturiertes Feedback über die Maßnahmen am POS und als POS-Experten Input zur Entwicklung künftiger Aktivitäten. Wir sind keine Außendienst-Agentur und auch kein Dienstleister. Wir sind Partner, die gemeinsam an einem nachhaltigen Markenerfolg arbeiten.

Wie würden Sie Ihren Auftrag definieren?

Walther: Unser Claim heißt „Wir machen Marke greifbar". Und genau das tun wir – im wahrsten Sinne des Wortes greifbar für den Verbraucher und natürlich auch für unsere Partner. Wir sind das Bindeglied zwischen Verbraucher, Handel und Markenartikelhersteller. Dabei verfolgen wir ein gemeinsames nachhaltiges Ziel. Und das macht richtig Spaß!

Mal „Opfer", mal „Täter"

Viele Industrieunternehmen haben die Strategie, Lösungen statt Produkte zu vermarkten. Lösungen erfordern die Zusammenarbeit des technischen Service mit dem Vertrieb. Die Zusammenarbeit an dieser Schnittstelle ist alles andere als konfliktfrei, wie eine Studie der WHU – Otto Beisheim School of Management zeigt.

Ralf Meyer, Ove Jensen

Industrielle Dienstleistungen stellen für Industriegüterunternehmen eine wichtige Gewinnquelle dar. Zum einen nutzen Unternehmen industrielle Dienstleistungen, um sich gegenüber dem Wettbewerb zu differenzieren. Zum anderen sind Dienstleistungsverträge ein direkter Erlösträger. Bei Rolls-Royce und IBM machen Dienstleistungen beispielsweise mehr als 50 Prozent des Erlöses aus. Bei General Electric stammten zu Beginn der 1980er-Jahre noch 85 Prozent des Erlöses aus der Produktherstellung. Heute liegt der Erlösanteil von Dienstleistungen bei ca. 75 Prozent. **Tabelle 1** zeigt Beispiele industrieller Dienstleistungen.

Dennoch gibt es zahlreiche Unternehmen, denen das Zusammenspiel von Nutzenstiftung durch Dienstleistungen und Gewinnrealisierung nicht gelingt. Wir haben deshalb in einer Studie die Schnittstelle der beteiligten Akteure untersucht: dem Servicebereich als Erbringer des Kundennutzens („value for money") und dem Vertriebsbereich als Verantwortlichen für Verhandlungen mit Kunden („money for value") untersucht. Die folgenden Fragen leiteten uns:

• Wie werden Service und Vertrieb in Unternehmen organisiert?
• Welche Spannungsfelder entstehen an der Schnittstelle Service – Vertrieb?
• Durch welche organisatorischen Gestaltungsmaßnahmen kann man die Spannungen reduzieren?

An unserer Vergleichsstudie nahmen 30 Manager aus dem Maschinen- und Anlagenbau teil. In einem, teilweise zwei Gesprächen von einer bis zwei Stunden Dauer nahmen wir die Organisationsstrukturen auf und trugen Konfliktepisoden zusammen.

Wie werden Vertrieb und technischer Service organisiert?

Unterschiede zwischen den Organisationsstrukturen der teilnehmenden Unternehmen zeigten sich anhand von vier Aspekten.

1. Wie ist der Produktvertrieb aufgestellt? Der Produktvertrieb ist entweder entlang von Regionen oder aber entlang von Produkten aufgestellt. Regionale Vertriebsorganisationen bündeln und verkaufen die Produk-

Dr. Ralf Meyer
war wissenschaftlicher Mitarbeiter am Lehrstuhl für Vertriebsmanagement und Business-to-Business Marketing der WHU – Otto Beisheim School of Management. Heute arbeitet er bei einer führenden strategischen Unternehmensberatung.

Prof. Dr. Ove Jensen
ist Inhaber des Lehrstuhls für Vertriebsmanagement und Business-to-Business-Marketing der WHU – Otto Beisheim School of Management, Vallendar.

Tab. 1 Beispiele industrieller Dienstleistungen	
Dienstleistungsfelder	**Tätigkeitsbeispiele**
Beratung	technische Beratung, strategische Beratung
Engineering	Machbarkeitsstudien, Projektplanung, Customization
Logistik	Transport, Verpackung, Lagerhaltung
Installation	Aufbau, Test, Inbetriebnahme
Schulung	Transfer von technischem Know-how vom Hersteller an den Kunden, Training für Bedienungspersonal einer Anlage
Wartung	Reparatur, Leistungsüberprüfung, Ersatzteilverkauf
Recycling	Rückbau, Entsorgung
Finanzen	Leasing, Finanzierungsdienstleistungen, Versicherungsdienstleistungen

Quelle: Meyer (2015)

Ralf Meyer
The Boston Conulting Goup, Frankfurt am Main, Deutschland
E-Mail: ralf.meyer@whu.edu

Ove Jensen
WHU – Otto Beisheim School of Management, Vallendar, Deutschland
E-Mail: ove.jensen@whu.edu

Kerngedanke 1

Ein wesentliches Unterscheidungsmerkmal zwischen Unternehmen ist die Organisation des Servicebereichs als Cost Center oder Profit Center.

te mehrerer Geschäftseinheiten. Es gibt also eine Schnittstelle zwischen der regionalen Marktorganisation als „Front-End" und der Produktdivision als „Back-End". In produktbezogenen Vertriebsorganisationen dagegen sind die globalen Geschäftseinheiten bis in die Länder durchgezogen und haben eine eigene lokale Vertriebsorganisation.

2. Wer verkauft die Dienstleistungen? Weiterhin unterscheiden sich die Unternehmen hinsichtlich der Eigenständigkeit des Vertriebs für Dienstleistungen. Einige Unternehmen halten eine separate Vertriebseinheit für den Verkauf von Dienstleistungen vor. In anderen Unternehmen übernimmt der Produktvertrieb den Verkauf der Dienstleistungen.

3. Wer erbringt die Dienstleistungen? Die Hierarchieebene, auf der die zuständige Einheit beziehungsweise der Servicebereich verankert wird, reicht dabei von der Ebene einer Abteilung bis zur Ebene einer Business Unit.

4. Welche Centerform besitzt die Serviceeinheit? Während bei einer Ausgestaltung als Cost Center das Ziel der Einheit ausschließlich in der Minimierung der Kosten besteht, ist bei der Ausgestaltung als Profit Center auch der Umsatz relevant und die Gewinnmaximierung als Ziel vorgegeben.

Aus den vier Fragen ergeben sich fünf typische Konstellationen, die wir in unserer Studie angetroffen haben. **Tabelle 2** stellt diese fünf Typen im Überblick dar.

Tab. 2 Organisatorische Service-Vertriebs-Konfigurationen				
Konfiguration	Wie ist der Produktvertrieb aufgestellt?	Wer verkauft die Dienstleistungen?	Wer erbringt die Dienstleistungen?	Welche Centerform besitzt die Serviceeinheit?
1. First/Second Level Competence Center	nationale oder regionale Vertriebsorganisationen (Produktdivisions-übergreifend)	globaler Produkt- und Dienstleistungsvertrieb oder gemeinsamer Vertrieb in regionaler Aufstellung	Hybrid: - globale Service Business Unit (Second Level) - lokaler Kundendienst (First Level)	globales Cost Center & regionales Cost Center
2. Consulting Business Unit	nationale oder regionale Vertriebsorganisationen (Produktdivisions-übergreifend)	globale Service Business Unit mit eigenem Vertrieb	Hybrid: - globale Service Business Unit - lokaler Kundendienst	Profit Center (Cost Center)
3. After Sales Profit Center in der Business Unit	globale Geschäftseinheit mit eigenem Vertrieb	eigener Dienstleistungsvertrieb in Business Unit neben Produktvertrieb	globale Serviceabteilung in Business Unit	Profit Center in der Business Unit
4. Sales Support Center in der Business Unit	globale Geschäftseinheit mit eigenem Vertrieb	gemeinsamer Vertrieb von Dienstleistungen und Produkten	globale Serviceabteilung in Business Unit	Cost Center in der Business Unit
5. Service Business Unit mit externem Provider Support	globale Geschäftseinheit mit eigenem Vertrieb	gemeinsamer Vertrieb von Dienstleistungen und Standardprodukten	3-fach: - technischer Service in Business Unit - eigener Service der Service Business Unit - Externer Service-Dienstleister	globales Profit Center (internes Cost Center)

Quelle: Meyer (2015)

Spannungsfelder an der Schnittstelle Vertrieb – Service

Die befragten Manager beschrieben zahlreiche Konflikte. Die Kritik kam dabei von beiden Seiten. Gegenstand der Kritik waren zum einen die Preise und zum anderen die Leistungen. **Tabelle 3** strukturiert die auftretenden Spannungsfelder.

Der erste Kritikbereich, den Verantwortliche aus den Bereichen Service und Vertrieb adressieren, ist Leistung. Manager aus dem Vertriebsbereich kritisieren im Rahmen der Gespräche das Angebot und die Erbringung von zu viel Leistung seitens des Servicebereichs. Dieses erste Spannungsfeld wird als Spannungsfeld (A) „Luxuslösung" beschrieben. In den Gesprächen mit den Service- und Vertriebsmanagern wurde deutlich, dass der technische Service bei der Angebotskalkulation häufig Lösungsvorschläge ausarbeitet, die die Anforderungen des Kunden weit übertreffen. Ein Manager berichtet:

„Natürlich, der Konstrukteur sagt: ‚ Ja, die muss sein.' Aber man fragt: ‚Kann man nicht eine etwas günstigere nehmen, die wird es vielleicht auch bringen, aber zehn Prozent weniger Leistung haben.' "

Nach Aussagen der Befragten strebt der Servicebereich oft die Entwicklung optimaler Lösungen an. Die Kosten werden dabei nur geringfügig berücksichtigt. Dies führt zu überteuerten Angeboten und kostenintensiven

Tab. 3   Spannungsfelder zwischen Vertrieb und Service

Was wird kritisiert?			Wer kritisiert?	
			Vertrieb kritisiert den Service	Service kritisiert den Vertrieb
	Leistung	zu viel Leistung	Spannungsfeld (A): „Luxuslösung"	Spannungsfeld (B): „Unhaltbare Versprechen"
			„Service produziert Luxuslösung, um Qualitätsrisiken auszuschließen – aber die Lösung wird dadurch so teuer, dass wir sie nicht mehr verkaufen können."	„Der Vertrieb sagt dem Kunden, um den Auftrag zu bekommen, Termine und Dienstleistungen zu, die unrealistisch sind. Wir dürfen es dann ausbaden."
		zu wenig Leistung	Spannungsfeld (C): „Fließband-Dienstleistung"	Spannungsfeld (D): „Inkompetenz"
			„Der Servicebereich erbringt seine Dienstleistung zu standardisiert und geht nicht so individuell und flexibel auf einzelne wichtige Kunden ein, wie wir das im Vertrieb tun."	„Dem Vertrieb fehlt die Kompetenz, den Kunden optimal zu beraten."
	Verpreisung	zu stark verpreist	Spannungsfeld (E): „Drücker-Verkauf"	Spannungsfeld (F): „Übertriebene Kommerzialisierung"
			„Der Servicebereich verkauft seine Dienstleistungsverträge zu aggressiv und verärgert damit Kunden, zu denen wir als Produktvertrieb mühsam eine Beziehung aufgebaut haben."	„Wenn unser Kunde Unterstützung für unsere Produkte braucht, sollten wir sie ihm geben, ohne jedes Mal die Hand aufzuhalten."
		zu wenig verpreist	Spannungsfeld (G): „Gedankenlose Dienstleistung"	Spannungsfeld (H): „Dienstleistungsverschleuderung"
			„Der Servicebereich erledigt unabgestimmt Dienstleistungen ohne Bezahlung, so dass wir im Vertrieb diese in Preisgesprächen nicht in die Waagschale werfen können."	„Der Vertrieb verschenkt unsere Dienstleistungen, obwohl der Kunde anderswo viel Geld dafür bezahlen müsste."

Quelle: Meyer (2015)

Kerngedanke 2

Vertrieb und Service sehen sich jeweils selbst in der Opferrolle und die andere Seite in der Täterrolle.

Ausführungen von Kundenaufträgen. Dieses Verhalten betrachtet der Vertrieb nach Aussagen der Befragten wiederum als kundenfeindlich.

Manager aus dem Servicebereich üben hingegen Kritik an zu großen Leistungsversprechen von Seiten des Vertriebs. Das Spannungsfeld (B) „Unhaltbare Versprechen" spiegelt die oft unrealistischen Leistungszusagen seitens des Vertriebs gegenüber dem Kunden wider. Ein Serviceleiter berichtet:

„Wir haben zum Beispiel das Problem, wenn der Verkäufer eine Anlage verkauft hat, die wir technisch nicht gut handeln können, wo wir uns die Finger abreißen, da kommt viel Missmut auf. Da gibt es zum Beispiel dann Anlagen von anderen Herstellern mit alten Steuerungen, wo wir nicht so gut sind. Der Verkäufer möchte natürlich sein Vertriebsziel erreichen, der möchte entsprechendes Volumen generieren und nimmt alles rein. Der Meister oder der Techniker, der schlägt die Hände über dem Kopf zusammen und sagt: ‚Die Anlage kann ich nicht wirtschaftlich betreuen.'"

Kennzeichnend für dieses Spannungsfeld ist die große Diskrepanz zwischen den Leistungsversprechen des Vertriebs gegenüber dem Kunden und den tatsächlich durch den Service erbringbaren Leistungen.

Manche Manager aus dem Vertriebsbereich kritisieren wiederum einen Mangel an Leistung auf Seiten des Servicebereichs. Das Spannungsfeld (C) „Fließband-Dienstleistung" spiegelt dies wider. Entscheidungsträger aus dem Vertrieb berichten von Servicebereichen, die für den Kunden ausschließlich einen standardisierten Service erbringen. Kundenbedürfnisse oder -anfragen bleiben dabei unberücksichtigt, wie ein Vertriebsmanager berichtet:

„Es gab Abwicklungsmanager [technischer Service], die, wenn der Kunde angerufen hat, aufgelegt haben, so nach dem Motto: ‚Sprich mal deinen Vertriebsmann an.'"

„Dem Vertrieb fehlt die Kompetenz, den Kunden optimal zu beraten."

Gleichzeitig kritisieren Serviceverantwortliche ein mangelndes technisches Wissen des Vertriebs, das ihrer Meinung nach nicht für eine adäquate Kundenberatung ausreicht. Diese Kritik nennen wir Spannungsfeld (D): „Inkompetenz". In den Gesprächen drücken einige Serviceverantwortliche Sorge über das mangelnde Fachwissen des Vertriebs aus. Ein Serviceverantwortlicher formuliert dies folgendermaßen:

„Also was wir als problematisch ansehen, ist eher, wenn ein Vertreter draußen bestimmte Fragen nicht beantworten kann. Das heißt, er wird mit Fragen konfrontiert werden von Technikern auf der Anlage, die er nicht beantworten kann mit seinem Wissen, mit seinem Bildungsstand."

Der zweite Bereich, auf den sich die gegenseitige Kritik von Service und Vertrieb konzentriert, ist die Verpreisung von Dienstleistungen. Die Kritik an der zu starken Verpreisung von Dienstleistungen durch den Servicevertrieb beschreibt das Spannungsfeld (E) „Drücker-Verkauf". Der Produktvertrieb kritisiert dabei die zu aggressive Herangehensweise bei der Vermarktung von Wartungsverträgen, welche die aufgebaute Kundenbeziehung gefährden kann.

Umgekehrt werfen Serviceverantwortliche dem Vertrieb eine (F) „übertriebene Kommerzialisierung" von Dienstleistungen vor. Der Servicebereich fürchtet in diesem Fall eine zu starke Ausrichtung des Vertriebs auf zusätzlichen Umsatz bei gleichzeitiger Vernachlässigung des Kundenbindungsgedankens. Ein Serviceverantwortlicher schildert:

„Also heißt es, man muss dem Kunden jetzt diese Dienstleistung in Rechnung stellen. Das führt mitunter zu zwei unterschiedlichen Betrachtungsweisen im Kundenverhältnis. Der Kunde sagt, ‚Ihr haltet ja für allen Mist jetzt die Hand auf, das habt ihr früher nicht gemacht.' "

Vertriebsmanager hingegen berichten von der Tendenz des Servicebereichs, Dienstleistungen unabgestimmt zu erledigen. Dieses Spannungsfeld bezeichnen wir als (G) „Gedankenlose Dienstleistung". Damit nimmt der Servicebereich dem Vertrieb die Möglichkeit, mit Dienstleistungen zusätzlichen Umsatz zu generieren oder die Dienstleistung als Mittel für die Kundenbindung einzusetzen. Ein Manager kritisiert:

„In der Serienphase kann es auch passieren, dass die Techniker sich untereinander innerhalb eines Projektes unterhalten. Das sollen sie ja auch. Aber es ist natürlich so: Techniker denken in Lösungen und nicht in kommerziellen Bahnen. Deshalb muss also da der Account-Manager eingebunden sein, denn sonst wird von der Technik nämlich häufiger viel zugesagt, was anschließend nicht entsprechend vergütet wird. "

Umgekehrt berichten Serviceverantwortliche kritisch über die (H) „Dienstleistungsverschleuderung" durch den Vertrieb. Serviceverantwortliche werfen in diesem Spannungsfeld dem Vertrieb vor, Dienstleistungen zu verschenken, obwohl diese für den Kunden einen Wert darstellen und bei Konkurrenzunternehmen kostenpflichtig sind. Ein Serviceverantwortlicher umschreibt dieses Spannungsfeld folgendermaßen:

„Wenn Sie mit großen Kunden zusammenarbeiten und das über vielleicht 15, 20 Jahre schon, dann schleichen sich da Themen ein wie: ‚Ach, das kann man denen doch nicht in Rechnung stellen.' Und wenn der dann sagt: ‚Könnt Ihr mir mal die Liste machen, könnt Ihr mir mal da die Untersuchung machen, könnt Ihr mir mal das ändern' und so weiter, das war auch zu einem Zeitpunkt von schönen satten Margen nicht das Thema. "

Spannungen reduzieren

Im Rahmen der Studie stachen drei Koordinationsinstrumente heraus:

1. **Einrichtung von Angebotsteams aus Service- und Vertriebskräften (institutionelle Selbstabstimmung):** Einige Unternehmen bilden Teams aus Service- und Vertriebskräften für die gemeinsame Erstellung von Angeboten. Diese sind entweder auftragsbezogen oder dauerhaft. Diese Teams definieren dabei insbesondere den Umfang der für den Kunden zu erstellenden Leistung beziehungsweise des Produkts sowie die Preisvorgabe für den Vertrieb.

Handlungsempfehlungen

- Lassen Sie die Konflikte zwischen Vertrieb und technischem Service nicht schwelen. Sie riskieren das Scheitern Ihrer „Solution Selling" und „Value Selling"-Strategie.
- Unterscheiden Sie nach dem Dienstleistungskontext: Dienstleistungen, die vor der Unterschrift des Kunden erbracht werden, sind ungleich schwerer zu verpreisen als Dienstleistungen nach der Unterschrift. Das beste Umfeld für die Verpreisung von Dienstleistungen sind Nachkauf-Dienstleistungen an der Infrastruktur des Kunden.
- Nachkauf-Dienstleistungen sollten in der Regel über einen Servicebereich als Profit Center organisiert werden, Vorkaufdienstleistungen über ein Cost Center.
- Ermitteln Sie Selbstbild und Fremdbild von Vertrieb und Servicebereich bei Schnittstellenproblemen. Stimmt die Eigenwahrnehmung der Stärken und Schwächen im Hinblick auf Leistungen (zu viel? zu wenig?) und Preise (zu niedrig? zu hoch?) mit der Wahrnehmung des anderen Bereichs überein?
- Es ist wenig sinnvoll, eine Opfer- und eine Täterrolle zuzuschreiben. Es gibt selten reine Leistungs- oder reine Preisprobleme, reine Vertriebs- oder reine Servicebereichsprobleme Meist ist es eine Mischung. In der Regel sind Opferrolle und Täterrolle verteilt.
- Machen Sie die Berührungs- und die Konfliktpunkte zwischen Vertrieb und Service in einem Prozessablauf sichtbar.
- Stellen Sie dem Vertriebsbereich und dem Servicebereich Moderatoren zur Diskussion der Schnittstellenherausforderung an die Seite. Manchmal gilt eine externe Stimme mehr als die des Propheten im eigenen Lande.

Kerngedanke 3

Spannungen drehen sich um zu niedrige oder zu hohe Leistung sowie zu niedrige oder zu hohe Preise für den Kunden.

2. **Festlegung von Zielvereinbarungen (planbasierte Abstimmung):** Die planbasierte Abstimmung zwischen Service und Vertrieb erfolgt durch die Angleichung der Zielvereinbarungen beziehungsweise durch die Vereinbarung gemeinsamer Zielkennzahlen für die beiden Bereiche. Service und Vertrieb erhalten gemeinsame Profit- und Kundenertragsziele anstelle von separaten Kostensenkungszielen für den Service und Umsatzzielen für den Vertrieb.

3. **Vorgabe von Handlungsrichtlinien (regelbasierte Abstimmung):** Die befragten Unternehmen schreiben beispielsweise vor, dass der Service bei einer direkten Anfrage durch den Kunden zunächst die Abstimmung mit dem betreuenden Vertriebsmitarbeiter herbeizuführen hat, ehe die Dienstleistung erbracht werden darf. Ein Beispiel für die Koordination mit Hilfe von Handlungsrichtlinien erläutert ein Serviceverantwortlicher folgendermaßen:

„Es gibt also auch hier klassisch eine Range von Rabatten, die der Vertrieb geben kann. Und dann gibt es einen nächsten Genehmigungslevel, in dem man sich noch bewegen kann, und dann gibt es noch einen weiteren Level, in dem man sich bewegen könnte. Aber das geht alles nicht, ohne dass eben eine Frei-

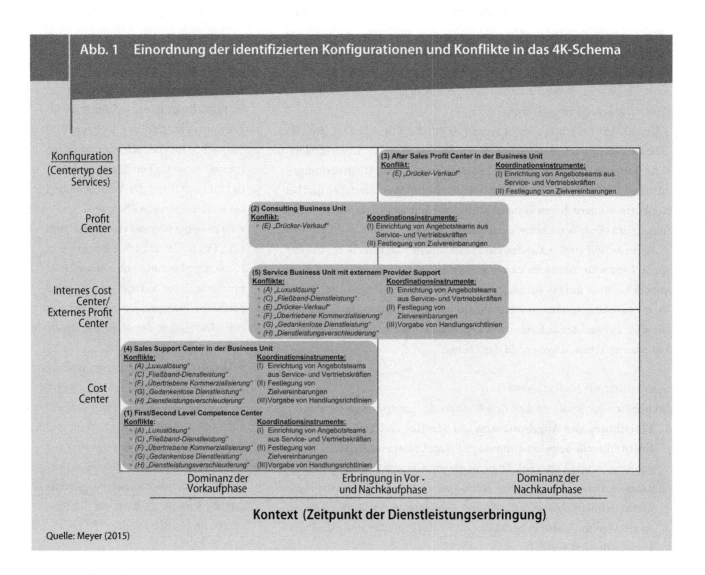

Abb. 1   Einordnung der identifizierten Konfigurationen und Konflikte in das 4K-Schema

Quelle: Meyer (2015)

gabe da ist, die teils bis ins Top-Management geht. Es sind genaue Regeln fest-
gelegt. Das ist das Wichtigste. Ein Vertriebsmann muss ganz, ganz klare Re-
geln haben. Wenn er diese Regeln bricht, dann verliert er seinen Job."

Das 4K-Schema

Das Ausmaß der Konflikte erklären wir in unserer Studie mit dem 4K-Sche-
ma. Die übrigen drei „K" stehen für:

Kontext: Hierunter ist die Kaufphase zu verstehen, in der die industrielle Dienstleistung erbracht wird. Dienstleistungen fallen von der Vorkauf- bis
zur Nachkaufphase an, wobei es jedoch klare Schwerpunkte gibt. Bei Vorkaufdienstleistungen tritt der Anbieter ins Risiko, bei Nachkaufdienstleis-
tungen hat er den Kunden stärker in der Hand.

Konfiguration: Eine wesentliche Gestaltungsdimension ist dabei die Wahl
der Centerform. Bei den befragten Unternehmen lassen sich die Formen
Cost Center, Profit Center sowie eine Kombination der beiden Formen identifizieren. Bei einer Kombination der beiden Formen erfolgt die Vergabe eines Teils der Dienstleistungen an einen externen Dienstleister.

Koordination: Hier geht es um das Abstimmungsinstrument, welches die
mit der jeweiligen organisatorischen Konfiguration tendenziell auftretenden Konflikte lindert.

„Der Servicebereich verkauft seine Dienstleistungsverträge zu aggressiv."

Entlang des Kontext-Konfiguration-Koordination-Konflikt-Schemas lassen sich die ermittelten organisatorischen Konfigurationen und die damit
verbundenen Spannungsfelder sowie Koordinationsinstrumente zur Linderung der Spannungsfelder einordnen (**Abbildung 1**).

Zusammenfassend zeigt sich folgendes Bild: Die Erbringung der die
Konfiguration kennzeichnenden Dienstleistung in der Vorkaufphase
bringt eine Aufstellung des Servicebereichs als Cost Center mit sich. Ist
die Konfiguration hingegen von einer Dienstleistung gekennzeichnet,
die in der Nachkaufphase erbracht wird, zieht dies die Gestaltung des
Servicebereichs als Profit Center nach sich. Unternehmen (Konfigurationen), bei denen die kennzeichnende Dienstleistung in der Vorkaufphase liegt, betrachten diese häufig als notwendige Vorleistung für das Zu-
standekommen eines Vertrags. In diesen Fällen ist auch der Service als
Cost Center organisiert, da bei der Erbringung einer nicht vergüteten
Dienstleistung das Primat in der Vermeidung von Kosten liegt.

Umgekehrt sind die Servicebereiche häufig als Profit Center organisiert, wenn die charakterisierende Dienstleistung in der Nachkaufphase
liegt. Diese wird dann von den Unternehmen als zusätzliche Erlösquelle angesehen.

Das 4K-Schema verdeutlicht zudem den Zusammenhang zwischen Cen-
terwahl und auftretenden Konflikten. Bei den beiden Konfigurationen (1)

Studie

**Vertrieb
industrieller Dienstleistungen**
Eine Untersuchung organisationaler
Strukturen und Fähigkeiten
von Ralf Meyer
SpringerGabler 2015
aus der Reihe Schriften zum Vertriebsmanagement, Hrsg.: Ove Jensen

Kerngedanke 4

Abhilfe an der Schnittstelle schaffen Teams, Pläne und Abstimmungsregeln.

First/Second Level Competence Center und (4) Sales Support Center in der Business Unit ist der Servicebereich als Cost Center aufgestellt. Bei diesen Konfigurationen sind die Spannungsfelder (A) „Luxuslösung", (C) „Fließ-band-Dienstleistung", (F) „Übertriebene Kommerzialisierung", (G) „Gedan-kenlose Dienstleistung" und (H) „Dienstleistungsverschleuderung" mög-lich. Das Spannungsfeld (E) „Drücker-Verkauf" ist hingegen eher bei den Konfigurationen (2) Consulting Business Unit und (3) After Sales Profit Center in der Business Unit möglich, bei denen der Servicebereich als Pro-fit Center installiert ist. Die Konfiguration (5) Service Business Unit mit ex-ternem Provider Support ist intern als Cost Center und extern als Profit Cen-ter organisiert. In diesem Fall ist damit das Auftreten sämtlicher genannter Spannungsfelder möglich.

Die Wahl der Centerform legt fest, welches Spannungsfeld begünstigt wird und welchen Konflikten (Spannungsfeldern) sich das betroffene Unterneh-men mit dieser Wahl möglicherweise aussetzt. Die Unternehmen können Konflikten somit nicht ausweichen. Sie haben jedoch die Möglichkeit, Kon-flikte mit Hilfe von ablauforganisatorischen Koordinationsinstrumenten zu lindern. Das Kontext-Konfiguration-Koordination-Konflikt-Schema veran-schaulicht die von den Unternehmen genutzten Koordinationsinstrumente,

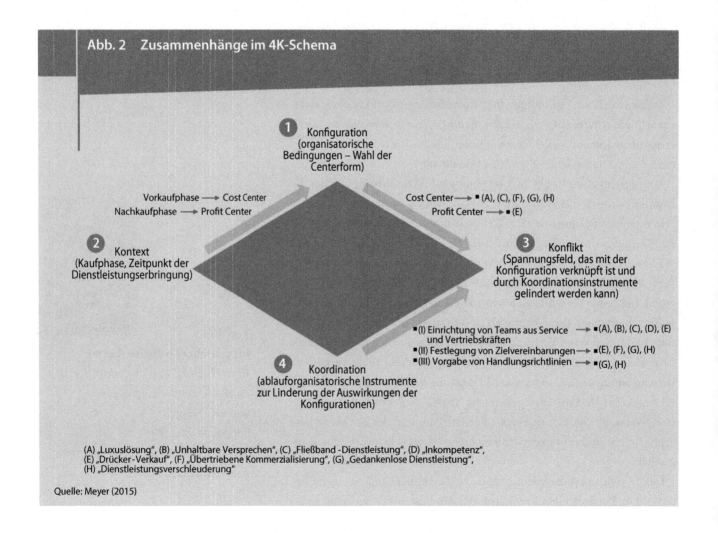

Abb. 2   Zusammenhänge im 4K-Schema

1 Konfiguration
(organisatorische Bedingungen – Wahl der Centerform)

Vorkaufphase ⟶ Cost Center
Nachkaufphase ⟶ Profit Center

Cost Center ⟶ ▪ (A), (C), (F), (G), (H)
Profit Center ⟶ ▪ (E)

2 Kontext
(Kaufphase, Zeitpunkt der Dienstleistungserbringung)

3 Konflikt
(Spannungsfeld, das mit der Konfiguration verknüpft ist und durch Koordinationsinstrumente gelindert werden kann)

▪(I) Einrichtung von Teams aus Service ⟶ ▪(A), (B), (C), (D), (E)
und Vertriebskräften
▪(II) Festlegung von Zielvereinbarungen ⟶ ▪(E), (F), (G), (H)
▪(III) Vorgabe von Handlungsrichtlinien ⟶ ▪(G), (H)

4 Koordination
(ablauforganisatorische Instrumente zur Linderung der Auswirkungen der Konfigurationen)

(A) „Luxuslösung", (B) „Unhaltbare Versprechen", (C) „Fließband -Dienstleistung", (D) „Inkompetenz",
(E) „Drücker-Verkauf", (F) „Übertriebene Kommerzialisierung", (G) „Gedankenlose Dienstleistung",
(H) „Dienstleistungsverschleuderung"

Quelle: Meyer (2015)

die zur Linderung der jeweiligen Konflikte eingesetzt werden. Unternehmen der Konfigurationen (1) First/Second Level Competence Center, (4) Sales Support Center in der Business Unit und (5) Service Business Unit mit externem Provider Support nutzen die ablauforganisatorischen Koordinationsinstrumente 1. Einrichtung von Angebotsteams aus Service- und Vertriebskräften, 2. Festlegung von Zielvereinbarungen und 3. Vorgabe von Handlungsrichtlinien.

„Service produziert Luxuslösung, um Qualitätsrisiken auszuschließen."

Mit den Konfigurationen (2) Consulting Business Unit und (3) After Sales Profit Center in der Business Unit ist tendenziell nur der Konflikt (E) „Drücker-Verkauf" verknüpft. Unternehmen dieser Konfiguration setzen zu dessen Linderung primär die beiden Koordinationsinstrumente 1. Einrichtung von Teams aus Service- und Vertriebskräften und 2. Festlegung von Zielvereinbarungen ein. **Abbildung 2** fasst die Zusammenhänge zwischen den Elementen des 4K-Schema zusammen.

Kerngedanke 5

Aus dem Kontext ergibt sich die Konfiguration, aus der Konfiguration der typische Konflikt.

STP Zusätzlicher Verlagsservice für Abonnenten von „Springer für Professionals | Vertrieb"

Zum Thema „Vertrieb und Service"   🔍 Suche

finden Sie unter www.springerprofessional.de 46 Beiträge im Fachbereich Vertrieb   Stand: März 2015

Medium

☐ Online-Artikel (3)
☐ Zeitschriftenartikel (30)
☐ Buchkapitel (13)

Sprache

☐ Deutsch (46)

Von der Verlagsredaktion empfohlen

Klimke, R. Den richtigen Partner finden, in: Klimke, R.: Professionelles Partnermanagement im Lösungsvertrieb, Wiesbaden 2015, S. 43-81 , www.springerprofessional.de/5437320

Felten, C./Loetschert, U.: CRM ist tot – es lebe CRM!, in: Sales Management Review Nr. 1/2015, Wiesbaden 2015, S. 8-19 , www.springerprofessional.de/5569172

Ganzheitlichkeit durch integriertes Management

Die vielfältigen Konfliktpotenziale in der Zusammenarbeit zwischen Vertrieb und Marketing erfordern ein systematisches Schnittstellenmanagement. In der Praxis stehen hierbei zumeist effizienzorientierte Maßnahmenprogramme im Fokus. Ein ganzheitlicher Ansatz sollte darüber hinaus die Steigerung der Effektivität in der Marktbearbeitung verfolgen.

Lars Binckebanck

Synergien zwischen Vertrieb und Marketing im Rahmen funktionenübergreifender Zusammenarbeit, Kommunikation und Prozesse führen zu strategischen Wettbewerbsvorteilen durch verbesserte Fähigkeiten, effektivere Strategieumsetzung und erhöhte Marktorientierung im Gesamtunternehmen. Diese Potenziale werden in der Praxis jedoch viel zu häufig nicht genutzt, da es eine Vielzahl von Unterschieden zwischen Vertrieb und Marketing gibt, welche die Zusammenarbeit zum operativen Konfliktherd werden lassen. Dazu gehören etwa kulturelle (zum Beispiel Produkt- und Markenorientierung einerseits vs. Kundenorientierung andererseits oder Analytik und Systematik einerseits vs. Intuition und Flexibilität andererseits) und verhaltensbezogene (z.B. strategische Planung der medialen Kommunikation vs. operative Durchführung der interaktiven Kommunikation) Unterschiede.

Große Potenziale, noch größere Unterschiede

Diese Unterschiede beeinflussen sowohl die Effizienz als auch die Effektivität der Marktbearbeitung:

- **Effizienzeffekte:** Der notwendige zeitliche und finanzielle Input zur Erreichung von Absatzzielen wird negativ durch Schnittstellenprobleme zwischen Vertrieb und Marketing beeinflusst. Unproduktive Konflikte, Machtkämpfe, Mitarbeiterunzufriedenheit und innere bzw. tatsächliche Kündigungen wirken wie Sand im Getriebe der Marktbearbeitung.
- **Effektivitätseffekte:** Der Einfluss der Unterschiede auf das Niveau der Marktbearbeitung ist hingegen weniger eindeutig. Zum einen kann das Spannungsfeld dazu führen, dass die beiden Funktionen sich in der Markt- und Kundenbearbeitung widersprechen und damit die Effektivität reduzieren. Dies ist insbesondere der Fall, wenn das mediale Markenversprechen in der interaktiven Kommunikation nicht umgesetzt wird und die Anbietermarke so geschwächt wird. Andererseits können kulturelle und wissensbasierte Unterschiede, wenn sie im Rahmen eines ganzheitlichen Schnittstellenmanagements systematisch und produktiv kanalisiert werden, aber auch zu einer vergrößerten Wissensbasis, erhöhter Kreativität und besseren Entscheidungen führen.

Die meisten Projekte zum Schnittstellenmanagement zwischen Vertrieb und Marketing setzen bei der Effizienzsteigerung an und fokussieren auf operative Maßnahmen zur Verbesserung der Zusammenarbeit. Dies ist aus einer Projektperspektive nachvollziehbar, da sich Effizienzgewinne vergleichsweise schnell realisieren und messen lassen.

Effizienzorientierte Konfiguration der Zusammenarbeit

Hierbei hat es sich in der Praxis bewährt, drei Konfliktfelder zu unterscheiden und jeweils maßgeschneiderte Lösungsansätze zu entwickeln:

- **Organisationsbezogene Konfliktpotenziale** ergeben sich aus der Aufbau- und Ablauforganisation. Hier handelt es sich um eine horizontale Schnittstelle, die sich zwischen aufbauorganisatorisch gleichrangigen Einheiten befindet, die meist nicht hierarchisch voneinander abhängig sind, während gleichzeitig die Leistungsprozesse interdependent sind. Um orga-

Prof. Dr. Lars Binckebanck
ist Professor für Marketing & International Management an der Nordakademie in Hamburg/Elmshorn. Zuvor verantwortete er als Geschäftsführer bei einem führenden Münchener Bauträger Verkauf und Marketing.

Lars Binckebanck
Nordakademie, Hamburg/Elmshorn, Deutschland
E-Mail: lars.binckebanck@nordakademie.de

Kerngedanke 1

Effizienzorientierung ist eine notwendige, jedoch keine hinreichende Bedingung für ein ganzheitliches Schnittstellenmanagement.

nisatorischen Konfliktpotenzialen entgegenzuwirken, sollten die Ablaufplanung und -organisation auf einem funktionsübergreifenden Prozessdenken basieren und eine möglichst flache Hierarchiestruktur mit räumlicher Nähe, gemeinsamen Zielen und Systemen sowie klaren Zuständigkeiten geschaffen werden. Bereichsübergreifende Teams können zur Überwindung von Abteilungsgrenzen beitragen und sicherstellen, dass das Unternehmen den Kunden ganzheitlich und kompetent gegenübertreten kann.

• **Personenbezogene Konfliktpotenziale** sind das Ergebnis von Differenzen hinsichtlich der subjektiven Sicht- und emotionalen Verhaltensweisen. Je unterschiedlicher die Ausprägung der jeweiligen Subkulturen in Vertrieb und Marketing ist, desto größer ist auch das Konfliktpotenzial zwischen den Mitarbeitern. Personenbezogene Lösungsansätze beziehen sich auf die Personalführung und -entwicklung. Ziel ist es, die divergierenden soziokulturellen Einstellungen der Marketing- und Vertriebsmitarbeiter miteinander zu harmonisieren. Eine Grundvoraussetzung hierfür ist die Entwicklung einer koordinations- und integrationsfördernden Unternehmenskultur, die einzelne Subkulturen verhindert und die Kooperation durch einheitliche Werte, Normen, Pläne und Programme verstärkt.

• **Informationsbezogene Konfliktpotenziale** umfassen den Informationsaustausch und die Kommunikation zwischen Marketing- und Vertriebsmitarbeitern sowie Probleme mit Hard- und Softwarelösungen. Denn die Koordination von Vertrieb und Marketing ist in hohem Maße auch ein infor-

Tab. 1	Ansatzpunkte zur Effizienzsteigerung in der Zusammenarbeit zwischen Vertrieb und Marketing		
	Organisation	Personen	Informationen
Konflikt-potenziale	• Zu viele Hierarchieebenen, unklare Zuständigkeiten • Unausgeglichene Machtverhältnisse • Räumliche Trennung, isolierte Planung, unterschiedliche Anreizsysteme • Keine gemeinsame Definition von Zielen	• Divergierende Ansichten und Denkwelten • Unterschiede in Fähigkeiten und Wissen • Fehlende Kundennähe im Marketing • Unprofessionelle Führung und fehlender Kontakt	• Selektive Wahrnehmung • Mangelnder Informationsaustausch • Unkoordinierte Datenerfassung, unterschiedliche Informationssysteme • Informationsüberflutung
Lösungs-ansätze	• Flache Hierarchien, klare Zuständigkeiten, gemeinsame Leitung • Zusammenlegung von Büros und ausgeglichene Machtverhältnisse • Definition gemeinsamer Ziele; gemeinsame Planung & Anreizsysteme • Bereichsübergreifende Teams	• Moderation, Job Rotation • Gemeinsame Rekrutierung, gemeinsame Workshops/Trainings/Meetings • Gemeinsame Kundenbesuche und Events • Professionelle Führungsstrukturen und -kompetenzen	• Definition des Informationsbedarfs • Feedbackbögen und Datentransparenz • Gemeinsames Informationssystem • Gemeinsame Meetings
Erfolgs-kennziffern	Organisationsbezogene KPIs, z.B. • Verhältnis Führungskräfte zu Mitarbeitern • Anteil gemeinsamer Ziele im Zielsystem	Personenbezogene KPIs, z.B. • Anzahl gemeinsamer Touch Points • Tage in Job Rotation • Managerweiterbildung	Informationsbezogene KPIs, z.B. • Anzahl Feedbackbögen • Zugriffe gemeinsames Infosystem • Reduktion Datenredundanzen

Quelle: in Anlehnung an Binckebanck/Kämmerer 2013

mations- und kommunikationstechnisches Problem. Missverständnisse in der Kommunikation sowie das Zurückhalten von Fachwissen tragen wesentlich zur Entstehung von Konflikten bei. Einen zentralen Lösungsansatz für einen reibungslosen Austausch zwischen Marketing und Verkauf stellt ein gemeinsames Informationssystem dar, in dem aktuelle kunden- und marktspezifische Daten von beiden Seiten hinterlegt werden.

Tabelle 1 fasst die drei Konfliktfelder in der Zusammenarbeit zwischen Vertrieb und Marketing zusammen und gibt Hinweise zu Lösungsansätzen, die in entsprechenden Projekten als Tool Box für das effizienzorientierte Schnittstellenmanagement verwendet werden können, sowie zu möglichen Erfolgskennziffern bzw. Key Performance Indicators (KPIs).

Im Vergleich zur effizienzorientierten Verbesserung der Zusammenarbeit zwischen Vertrieb und Marketing ist die Steigerung der Effektivität durch die Ausschöpfung von Synergiepotenzialen vergleichsweise komplex und intransparent. Aus dieser Perspektive ist der emotionale und kulturelle Fit zwischen beiden Funktionen für eine nachhaltige gemeinsame Ausrichtung am Markt von zentraler Bedeutung.

Effektivitätssteigerung durch gegenseitiges Lernen

Vertrieb und Marketing dürfen sich nicht als getrennte oder gar um die Kundenhoheit konkurrierende Funktionen sehen, sondern sie müssen vielmehr erkennen, dass sie voneinander lernen und so die Effektivität der (gemeinsamen) Marktbearbeitung erhöhen können. Das notwendige organisationale Lernen sollte dabei sowohl die Übernahme von Werten, Einstellungen und Weltanschauungen der anderen Funktion („Kulturlernen") anregen als auch konkretes Wissen und Fähigkeiten in Bezug auf bestimmte Maßnahmen oder Tools („Verhaltenslernen") umfassen. Es lassen sich mehrere konkrete Gegenstandsfelder des gegenseitigen Lernens identifizieren, wobei nachfolgend vier Felder exemplarisch skizziert werden sollen:

• **Beziehungsmanagement:** Der Vertrieb denkt und handelt meist noch immer in Abschlüssen. Diese Denkweise in isolierten Transaktionen kann aber zu Problemen führen, wenn die langfristige Bindung von Kunden den ökonomisch sinnvolleren Ansatz darstellt. Beziehungsmarketing als Paradigma zeichnet sich im Kern dadurch aus, dass nicht kurzfristig die einzelne Transaktion im Mittelpunkt steht, sondern langfristig die innere Verbindung von Transaktionen eines Kunden über den gesamten Kundenlebenszyklus hinweg zählt. Zur Maximierung des Wertes der gesamten Kundenbeziehung sind eine Reihe von Strategien und Konzepten für die verschiedenen Phasen der Kundenbeziehung (Neukundenakquisition, Kundenpflege, Kundenrückgewinnung, Beziehungsauflösung) sowie konkrete Instrumente und Kennzahlen (zum Beispiel Customer Lifetime Value, Customer Equity) entwickelt worden. Der Vertrieb kann vom Marketing zum einen diese Philosophie und deren Instrumente lernen. Zum anderen ermöglicht eine Beziehungsorientierung auch die Verbesserung der Zusammenarbeit zwischen Vertrieb und Marketing, wie etwa bei der Leadgenerierung und im Kampagnenmanagement.

Zusammenfassung:

• Kulturelle und verhaltensbezogene Unterschiede zwischen Vertrieb und Marketing behindern in der Praxis häufig die synergetische Zusammenarbeit.

• Die Effizienz der Marktbearbeitung wird durch organisations-, personen- und informationsbezogene Konfliktpotenziale beeinträchtigt.

• Die meisten Projekte zum Schnittstellenmanagement zielen auf schnell realisierbare und gut messbare Effizienzgewinne ab.

• Dagegen ist die Steigerung der Effektivität durch die Ausschöpfung von Synergiepotenzialen und gegenseitiges Lernen vergleichsweise komplex.

• Die Marke kann hierbei als Integrationsmechanismus zwischen Vertrieb und Marketing fungieren und ein Total Customer Experience Management ermöglichen.

Kerngedanke 2

Übersehen werden zu häufig Potenziale zur Steigerung der Effektivität der Marktbearbeitung durch gegenseitiges Lernen und Synergieeffekte.

_____

• **Messbarkeit des Markterfolgs:** Der Vertrieb ist seit jeher zahlenorientiert. Neben der Führung der Mitarbeiter durch quantitative Vorgaben, wie etwa Besuchshäufigkeiten, Umsatz- und Absatzziele, basiert typischerweise das Entlohnungssystem für Verkäufer auf der Erfüllung von quantifizierten Marktzielen, und zwar viel stärker als dies bei Marketingmitarbeitern üblich ist. Ein Hauptgrund für den zunehmenden Bedeutungsverlust der Marktfunktion in vielen Unternehmen ist die fehlende Zahlenorientierung und der damit fehlende quantitative Nachweis über den Beitrag des gesamten Marketings oder einzelner Marketingmaßnahmen zum Unternehmenserfolg. Seit langem wird daher in der Marketingwissenschaft und -praxis eine verstärkte Messbarkeit des Marketings gefordert. Allerdings zeigt sich immer wieder, dass das Marketing in der Praxis im Bereich der Marketing-Metrics oder des Marketingcontrollings noch Schwachstellen aufweist. In diesem Feld kann das Marketing sowohl die „zahlenorientierte" Kultur als auch die Konstruktion und Nutzung von konkreten Kennzahlen vom Vertrieb lernen.

• **Customer Insights:** Zwar bezeichnet sich auch das Marketing als kundenorientierte Funktion oder Abteilung, allerdings werden vom Vertrieb immer wieder der fehlende Kundenkontakt im Marketing und das daraus resultierende fehlende Verständnis für Kunden beklagt. Standardisierte und mit Durchschnitten arbeitende Marktforschungsstudien sind nur ein schwacher Ersatz für tatsächliche Kontakte mit leibhaftigen Kunden. Der Vertrieb hingegen zeichnet sich gerade durch diese tatsächlichen und häufigen Kundenkontakte und die ausgeprägte Kundenorientierung aus. Persönliche Kundengespräche, langfristige Beziehungen, die häufig über das eigentliche Geschäft hinausgehen, und spontane Anpassung an die Wünsche des Kunden (zum Beispiel Adaptive Selling) sind nur einige Schlagworte, die dieses tiefe Kundenverständnis charakterisieren. Im Rahmen dieses Lernfeldes ist es notwendig, dass der Vertrieb dem Marketing dieses Wissen über den einzelnen Kunden zugänglich macht. Dieser Lernprozess mit dem Ergebnis „Kundenkenntnis" bildet die Basis zur Generierung von echten Customer Insights und darauf aufbauend die Entwicklung von echten Innovationen. Er stärkt darüber hinaus die Position der Marktfunktion als „Anwalt des Kunden" innerhalb des Unternehmens und erhöht die Relevanz des Sales Support im Marketing durch die stärkere Berücksichtigung der Kundenbedürfnisse.

• **Marke:** Markenführung ist ein typisches Aktionsfeld der Marketingabteilung. Zunehmend erkennt das Marketing aber, dass eine starke Marke an der Schnittstelle zwischen Unternehmen und Kunde entsteht und nicht auf schwarzen Pappen in wohl klimatisierten Agenturräumen. Diese Erkenntnis spiegelt sich wieder in der verstärkten Beschäftigung der Wissenschaft und der Unternehmenspraxis mit Konzepten der internen Markenführung. In diesem Kontext ist es insbesondere notwendig, den Vertrieb als Hauptzielgruppe der internen Markenführung zu integrieren. Neben dem Verdeutlichen der Relevanz der Marke für den Erfolg in konkreten Verhandlungen mit dem Kunden müssen solche Maßnahmen dem Vertrieb auch vermitteln, was die Marke ausmacht, welche Rolle der einzelne Vertriebsmitarbeiter für die Marke spielt und wie er sich in der Kundeninteraktion verhalten soll.

Marke als Integrationsmechanismus

Der letzte Punkt legt nahe, dass sich die Markenführung in besonderer Weise als Integrationsmechanismus zur Koordinierung der dezentralen Aktivitäten in Vertrieb und Marketing im Sinne eines „Management by Values" anbietet. Dabei ist eine interne und eine externe Perspektive zu unterscheiden:

• **Interne Markenführung:** Die Markenwerte sind im Marketing meist bekannt und verinnerlicht, jedoch gilt das Augenmerk in der Regel der medialen Kommunikation. Darüber hinaus sind Aufbau und Pflege von Marken aber auch durch zielgerichtetes Verhalten und persönliche Kommunikation in der Kundeninteraktion zu unterstützen. Damit sind auch die Vertriebsmitarbeiter zu Markenbotschaftern zu machen. Dafür müssen die interaktiv zu vermittelnden Markenwerte eindeutig definiert und im Vertrieb bekannt sein. Die Mitarbeiter im Vertrieb müssen, ebenso wie die Kollegen im Marketing, die rationalen und emotionalen Markenwerte verinnerlicht haben, sich mit ihnen einverstanden fühlen und auch fähig sein, sie den Zielgruppen interaktiv zu vermitteln. Das Marken-Commitment der Mitarbeiter in Vertrieb und Marketing wird dann zum zentralen Treiber für Markenwert und Absatzerfolg. Dabei fungiert die Markenidentität als Richtungsanzeiger für das Denken, Fühlen und Handeln der Mitarbeiter. Voraussetzung ist jedoch der Aufbau von Markenwissen bei den Mitarbeitern durch interne Kommunikation. Diese stellt eine markenkonforme persönliche Interaktion zwischen Vertrieb und Markt sicher und liefert gleichzeitig das Fundament für situative und kundenindividuelle Aktivitäten im Vertrieb. Dabei ist es im Vertriebsmanagement zielführend, drei Elemente zu berücksichtigen, nämlich die Entwicklung einer anzustrebenden und zur Marke kompatiblen Vertriebsidentität, ein geeignetes Strukturmodell und ein Prozessmodell zur internen Implementierung. Dieses Vorgehen impliziert die Standardisierung vertrieblicher Prozesse sowie verkäuferischer Routinen und provoziert damit in der Praxis meist Änderungswiderstände, die im Gesamtkonzept zu berücksichtigen und aufzulösen sind.

• **Externe Markenführung:** Der Vertrieb kann und muss heute mehr leisten als „nur" verkaufen: Er kommuniziert darüber hinaus die Markenwerte und schafft eine differenzierende Positionierung in den Köpfen der Kunden. Das Marketing muss konzedieren, dass eine effektive Markenstrategie und ein konsistenter Markenauftritt über diverse Kommunikationskanäle hinweg nur gelingen können, wenn sich die zu Grunde gelegten Markenwerte in jedweder Kundeninteraktion widerspiegeln. Vertriebsmitarbeiter leisten mit ihrem Verhalten im Kundenkontakt einen wesentlichen Beitrag zur externen Markenführung des Anbieterunternehmens. Sie sind gerade im B2B-Bereich häufig wichtigster „Customer Touchpoint" in der Interaktion mit der Anbietermarke entlang der „Customer Journey". Der Vertrieb ist Be-

Handlungsempfehlungen:

• Akzeptieren Sie keine Revierstreitigkeiten zwischen Vertrieb und Marketing.

• Führen Sie beide Funktionen hierarchisch und disziplinarisch zusammen und suchen Sie dafür Führungskräfte mit integrativer Managementkompetenz.

• Identifizieren Sie mit geeigneten empirischen Analyseinstrumenten systematisch organisations-, personen- und informationsbezogene Konfliktfelder.

• Wählen Sie dann gezielt passende Lösungsansätze aus dem effizienzorientierten Schnittstellenmanagement aus und messen Sie Umsetzung und Erfolg.

• Implementieren Sie parallel dazu eine interaktive Markenführung in der Vertriebsorganisation.

• Übersetzen Sie hierzu die übergeordneten Markenwerte in eine SOLL-Vertriebsidentität und messen Sie den IST-Zustand zur Ableitung geeigneter Strategien.

• Nutzen Sie ein normatives Vertriebsmodell, um die strukturellen Ansatzpunkte für die operative Implementierung von Markenwerten in der Vertriebsorganisation zu identifizieren.

• Verwenden Sie zugleich ein dynamisches Phasenmodell, um die ablaufbezogenen Ansatzpunkte für die operative Implementierung von Markenwerten in den Vertriebsprozessen zu identifizieren.

• Erarbeiten Sie einen Aktionsplan mit konkreten Maßnahmen und Timings und involvieren Sie die Mitarbeiter in Ihre Überlegungen.

• Vermeiden Sie isolierte Maßnahmen und kurzfristigen Aktionismus.

standteil des Kommunikationsmix und muss mit den anderen Kommunikationskanälen kombiniert und integrativ gesteuert werden. Im Rahmen der externen Markenführung sind also mediale und interaktive Kommunikation integrativ zu gestalten.

Dies führt zum Konzept der interaktiven Markenführung. Dafür muss der Vertrieb als Instrument der Markenführung gemeinsam mit dem Marketing systematisch in ein Gesamtkonzept integriert werden, um die Leistungspotenziale im Rahmen einer Wettbewerbsstrategie der „Beziehungsführerschaft", d.h. des Angebots der „besten" Customer Journey, zu erschließen.

Identifikation und Commitment erzeugen

Interaktive Markenführung lässt sich definieren als der Managementprozess der Planung, Implementierung und Kontrolle beziehungsgestaltender Interaktionsprozesse mit aktuellen und potenziellen Kunden eines Unternehmens mit dem Ziel, ein identitätskonformes und differenzierendes Image in den Köpfen der relevanten Zielgruppen zu verankern, welches zu Präferenzen führt. Ziel der interaktiven Markenführung ist es demnach, die Marke in Denken und Fühlen der Mitarbeiter in Vertrieb und Marketing zu verankern, Identifikation und Commitment zu erzeugen und durch gemeinsames und integriertes Handeln eine nachhaltige und wirtschaftlich erfolgreiche „Total Customer Experience" zu schaffen.

Abbildung 1 fasst die Überlegungen zu einem ganzheitlichen Schnittstellenmanagement zur Optimierung von Effizienz und Effektivität der Marktbearbeitung im Rahmen einer interaktiven Markenführung zusammen.

Kerngedanke 3

Dezentrale Aktivitäten in Vertrieb und Marketing lassen sich implizit koordinieren, wenn sich die jeweiligen Mitarbeiter freiwillig an Markenwerten orientieren.

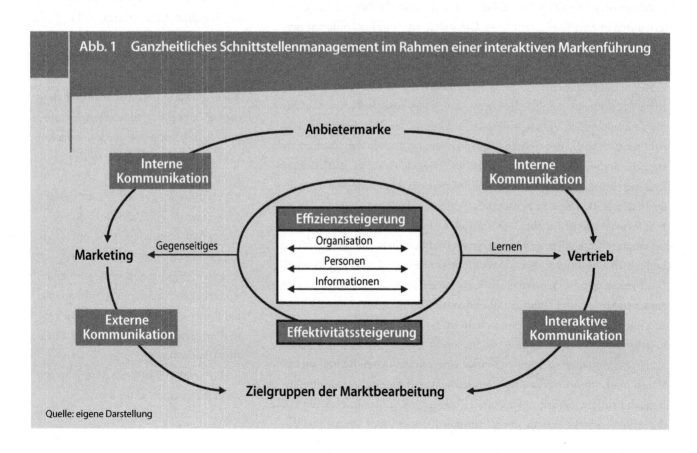

Abb. 1   Ganzheitliches Schnittstellenmanagement im Rahmen einer interaktiven Markenführung

Anbietermarke

Interne Kommunikation

Interne Kommunikation

Marketing

Gegenseitiges

Effizienzsteigerung

Organisation

Personen

Informationen

Lernen

Vertrieb

Externe Kommunikation

Effektivitätssteigerung

Interaktive Kommunikation

Zielgruppen der Marktbearbeitung

Quelle: eigene Darstellung

Instrumente zur Effizienzsteigerung im Tagesgeschäft sind systematisch in ein umfassendes und integratives Konzept einzubinden, das auch „weiche" Aspekte wie gegenseitiges Lernen berücksichtigt und die Effektivitätssteigerung in den Mittelpunkt stellt. Der Ansatz der interaktiven Markenführung zeigt konzeptionell, wie Vertrieb und Marketing gemeinsam die Marke als Integrationsmechanismus verwenden können, um eine Strategie der Beziehungsführerschaft umzusetzen und strategische Wettbewerbsvorteile zu generieren. Damit wird Schnittstellenmanagement zu einem zentralen Erfolgsfaktor für die Führung von Vertriebsorganisationen.

Literatur

[SfP]* Baumgarth, C./Binckebanck, L. (2011a): Zusammenarbeit von Verkauf und Marketing - reloaded, in: Binckebanck, L. (Hrsg.), Verkaufen nach der Krise, Wiesbaden, S. 43-60 (ID: 1816484)

Baumgarth, C./Binckebanck, L. (2011b): Sales Force Impact on B-to-B Brand Equity: Conceptual framework and empirical test, in: Journal of Product and Brand Management, Vol. 20, No. 6, pp. 487-498

[SfP]* Binckebanck, L. (2006): Interaktive Markenführung, Wiesbaden (ID: 977680)

[SfP]* Binckebanck, L. (2013): Schnittstellenmanagement zwischen Vertrieb und Marketing durch interaktive Markenführung, in: Binckebanck, L./Hölter, A.-K./Tiffert, A. (Hrsg.), Führung von Vertriebsorganisationen, Wiesbaden, S. 209-250 (ID: 4727650)

[SfP]* Binckebanck, L./Kämmerer, P. (2013): Schnittstellenmanagement zwischen Marketing und Verkauf im B2B-Geschäft bei Castrol, in: Marketing Review St. Gallen, Jg. 30, Nr. 2, S. 70-79 (ID: 4416896)

Esch, F.-R./Knörle, C./Strödter, K. (2014): Internal Branding, München

[SfP]* Haase, K. (2006): Koordination von Marketing und Vertrieb, Wiesbaden (ID: 1880368)

Homburg, C./Jensen, O. (2007): The thought worlds of marketing and sales, in: Journal of Marketing, Vol. 71, No. 3, pp. 124-142

Klumpp, T. (2000): Zusammenarbeit von Marketing und Verkauf, St. Gallen

[SfP]* Abonnenten des Portals Springer für Professionals erhalten diesen Beitrag im Volltext unter www.springerprofessional.de/ID

Aus „Schnittstellen" werden „Nahtstellen"

Was für ein schönes Wortspiel! Natürlich wollen wir die Zusammenarbeit zwischen Bereichen – zum Beispiel dem Vertrieb und anderen Funktionen – nicht „zerschnitten" sehen. Vielmehr träumen wir von kooperativer Zusammenarbeit über Bereichsgrenzen hinweg.

Dirk Zupancic
ist Professor für Industriegütermarketing und Vertrieb sowie Präsident der German Graduate School of Management and Law in Heilbronn. Er stammt aus der Schule der Universität St. Gallen. Er berät, lehrt und forscht zu verschiedenen Vertriebsthemen. Sein Motto: Vertrieb ist der Wettbewerbsfaktor der Zukunft! +49 (0)7131-64563674, E-Mail: dirk.zupancic@ggs.de, www.ggs.de

Spätestens, wenn der Kunde ins Spiel kommt, sollten alle relevanten Mitarbeiter an einem Strang ziehen, um Nutzen für den Kunden zu schaffen. Das ist in der Praxis alles andere als trivial. Schnittstellen und deren Überwindung sind anspruchsvoll, weil die Hintergründe komplex sind und oft unterschätzt werden. Die Zusammenarbeit zwischen Funktionsbereichen wird durch verschiedene Barrieren behindert. Je besser man die Grenzen kennt und sich ihnen aktiv widmet, desto erfolgreicher wird man zusammenarbeiten. Beispiele:

Räumliche Distanzen: Physische Nähe erleichtert die Zusammenarbeit der verschiedenen Bereiche, Entfernung erschwert sie. In den letzten Jahren wurde propagiert, dass neue Informations- und Kommunikationstechnologien räumliche Distanzen überbrücken und physische Treffen gar ersetzen könnten. Ich halte das für eine Illusion. Technologien ergänzen die Kommunikation und bieten gerade bei großen Distanzen kostengünstige Wege, regelmäßig kommunizieren zu können. Wer jedoch echte Zusammenarbeit fördern will, muss dafür sorgen, dass die Menschen sich persönlich begegnen.

Unterschiedliche Denkwelten: Mitarbeiter aus unterschiedlichen Funktionsbereichen eines Unternehmens unterscheiden sich häufig auch bezüglich ihrer Denkwelten. Dazu gehören Unterschiede bezüglich bestimmter Präferenzen (zum Beispiel Kunden, Finanzzahlen, Produkte), Vokabular (Fachausdrücke), Persönlichkeiten (analytisch oder beziehungsorientiert), Zeithorizonte (kurzfristig oder langfristig) oder Ausbildungsniveau (Akademiker, Handwerker). Diese erschweren die Zusammenarbeit auf vielfältige Weise und sie wirken nicht selten im Hintergrund. Wer trotzdem gut zusammen arbeiten möchte, muss diese Aspekte verstehen und akzeptieren.

Organisation: Schnittstellen entstehen durch Arbeitsteilung. Die Unternehmensstruktur definiert die Schnittstellen zwischen Bereichen im Rahmen der Aufbauorganisation. Organisatorische Barrieren entstehen auch durch unterschiedliche Prioritäten bei der Aufgabenerfüllung und den Verantwortlichkeiten, also im Rahmen der Ablauforganisation. Verkaufsprozesse (zum Beispiel für Kundenakquise, Kundenausschöpfung oder Produktneueinführung) können helfen, Bereichsgrenzen zu überwinden. Dazu müssen diese definiert und mit klaren Verantwortlichkeiten versehen werden.

Zeitliche Verfügbarkeit: Mitarbeiter und Führungskräfte haben immer mehr Aufgaben und für jede Aufgabe immer weniger Zeit. In jeder Sitzung gibt es eine übervolle Agenda und kaum Zeit für die einzelnen Punkte. So werden Prioritäten falsch gesetzt und den Diskussionen fehlt die Tiefe.

Schnittstellen bieten also nicht nur organisatorische Herausforderungen. Es lohnt sich, die Punkte zu analysieren und mit den beteiligten Bereichen und Menschen zu lösen.

Spektrum

Versteckspiele zwischen Lieferanten und Kunden

Verbreitet suchen Unternehmen im Business-to-Business-Vertrieb Lösungen für Kunden anzubieten. Nur verändern sich Lösungen im Laufe der Zusammenarbeit und Lieferanten sowie Kunden spielen oft mit verdeckten Karten.

Christian Belz

Der Kunde wählt bei der Unterzeichnung von Verträgen oft nur Teile der späteren Lösung eines Lieferanten. Nach dem Zuschlag entwickeln sich komplexere Projekte und die Anforderungen der Kunden ändern sich. Nicht selten wird angestrebt, zusätzliche Leistungen in den ursprünglichen Projektumfang zu integrieren. Die Lieferanten versuchen ihrerseits, entstehende Leistungen zusätzlich in Rechnung zu stellen. Es gilt deshalb, Leistungspakete als dynamischen Prozess zu gestalten. Begleitet wird die Zusammenarbeit durch laufende Verhandlungen. Gleichzeitig gilt es, mit dem Versteckspiel zwischen Lieferanten und Kunden wirksam umzugehen.

Diese Hinweise betreffen den Vertrieb im Zusammenspiel mit den weiteren Kundenkontaktpersonen in Technik, Logistik, Informatik und Kundendienst. Ebenso wechselt die Zuständigkeit bei Kunden.

Der folgende Fall beschreibt die Ausgangslage: Y.AG entwickelt und produziert Produkte für andere Unternehmen. Für einen Großkunden der Lebensmittelindustrie industrialisierte das Unternehmen eine komplexere Produktfamilie von Küchengeräten und erhielt den Zuschlag für die Serienfertigung. Dieser Auftrag ist bedeutend. Allerdings bringt der Kunde verschiedene, zusätzliche Ansprüche ein. Sie betreffen beispielsweise die Logistik, Produktanpassungen oder die Einrichtung eines Inbound Marketings für Anliegen der Konsumenten. Für diese Aufgaben ist Y.AG qualifiziert. Nur will der Kunde für zusätzliche Aufgaben nicht bezahlen und betrachtet sie als Bestandteil des langfristigen Produktionsauftrags. Generell sind die Anforderungen an Teilequalität, Produktionsmittel, Reaktionsgeschwindigkeit, Kundensupport und Auftragsabwicklung sehr hoch. Mit den Zusatzanforderungen des Kunden droht das attraktive Projekt für Y.AG in die Verlustzone zu gleiten.

Prozess der Zusammenarbeit

Komplexere Angebote gehen immer von Annahmen aus. Im Laufe der Zusammenarbeit ändern sich die Erkenntnisse und Anforderungen der Kunden, aber ebenso der Lieferanten. Ein rigoroser Preisdruck in der Vergabephase vermindert spätere Spielräume. Wenn erste Projektschritte erfolgreich vollzogen wurden, entstehen neue Aufgaben, um das ganze Projekt zum Erfolg zu führen.

Zwar vermuten Kunden und Anbieter, dass später etwas auf sie zukommt. Nur sind beide Parteien bedingt motiviert, die Folgeaufgaben alle einzubeziehen oder abzugrenzen. Die Verantwortlichen des Kunden befürchten, dass das Projekt intern scheitert, wenn bereits zu viele Folgen einbezogen werden. Der Lieferant will das Projekt gewinnen und stellt beispielsweise auch kritische Aspekte in einer Ausschreibung des Kunden nicht in Frage. Deshalb ist es wohl auch blauäugig, für das Gesamtprojekt und den Gesamtvertrag bereits eine umfassende Transparenz zu fordern, die Leistungen klar zu spezifizieren und auch zu begrenzen.

Begleitet wird ein solcher Prozess durch die unterschiedliche Spannung des Lieferanten und des Kunden im Zeitablauf. Während der Verkäufer sein Ziel und Höhepunkt mit dem Kaufabschluss erreicht, setzen die hohen An-

Prof. Dr. Christian Belz
ist Ordinarius für Marketing an der
Universität St. Gallen und Direktor am
Institut für Marketing.

Christian Belz
Universität St. Gallen, St. Gallen, Schweiz
E-Mail: christian.belz@unisg.ch

sprüche des Kunden erst nach dem Kaufentscheid richtig ein. Diese Zusammenhänge zeigte der klassische Artikel von Theodore Levitt zu ‚After the Sale is Over' (Harvard Business Review 9/1983) bereits deutlich. Deshalb schlägt die Großzügigkeit des Lieferanten in der Gewinnungsphase für ein Projekt nach dem Kauf oft um, in die Abwehr oder konsequente Verrechnung von Zusatzleistungen. Nicht selten vertraut der Anbieter darauf, dass er ein gewonnenes Projekt mit Preisdruck im Laufe der Zusammenarbeit in einer weiteren Zusammenarbeit für sich verbessern kann.

Die Prozesse im einfachen Modell

Die beschriebenen Prozesse lassen sich grob in **Abbildung 1** darstellen. Die obere Hälfte der Abbildung zeigt Haupt- und Nebenprojekte im Zeitablauf. Jedes dieser Projekte schließt ein:

- verschiedene Phasen von Initialphase, Evaluation, Konzeption bis Realisierung (dabei sind Phasen für konkrete Projekte auch spezifisch definiert)
- Verlauf von internen und externen Kosten des Lieferanten und des Kunden
- Verlauf des „Zusammenarbeitsklimas"
- unterschiedliche Beteiligte im Anbieter- und Kundenunternehmen je nach Phase
- mehrere Schlüsselstellen für Zwischenentscheide

In einem schrittweisen Prozess (untere Hälfte der Abbildung) handeln Kunde und Lieferant aus, welche Leistungen im Hauptprojekt integriert sind und was zusätzlich belastet werden kann. Dominiert das Interesse des Kunden, so verwandelt sich das Hauptprojekt des Lieferanten in ein Verlustgeschäft. Dominiert das Interesse des Anbieters, überborden

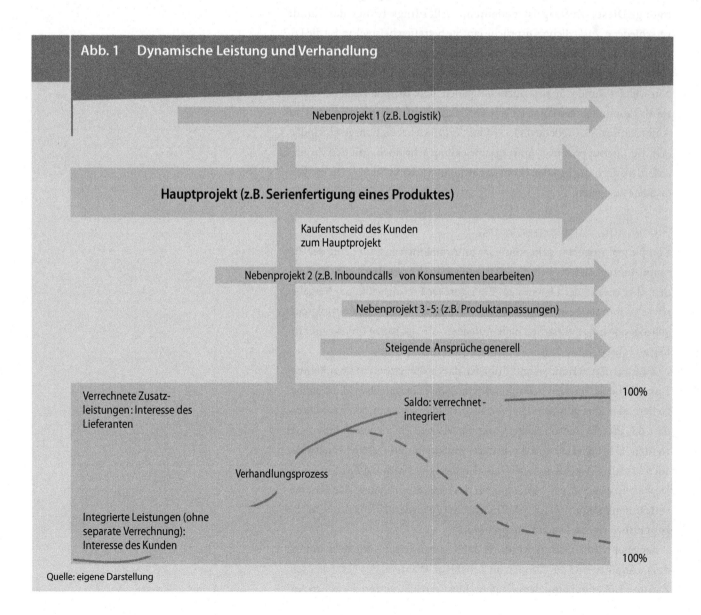

Abb. 1   Dynamische Leistung und Verhandlung

Nebenprojekt 1 (z.B. Logistik)

Hauptprojekt (z.B. Serienfertigung eines Produktes)

Kaufentscheid des Kunden zum Hauptprojekt

Nebenprojekt 2 (z.B. Inbound calls von Konsumenten bearbeiten)

Nebenprojekt 3 -5: (z.B. Produktanpassungen)

Steigende Ansprüche generell

Verrechnete Zusatzleistungen: Interesse des Lieferanten

Saldo: verrechnet - integriert

100%

Verhandlungsprozess

Integrierte Leistungen (ohne separate Verrechnung): Interesse des Kunden

100%

Quelle: eigene Darstellung

die Kosten für den Kunden in seinem Hauptprojekt und den Zusatzleistungen.

Beide Phänomene lassen sich beobachten. Ersteres ist durch die Machtposition der Kunden häufiger. Letzteres trifft ein, wenn ein Kunde durch die Vorentscheide abhängig wird. Die Varianten werden durch gestrichelte und ausgezogene Linie gezeigt.

Beide Parteien arbeiten mit Vermutungen

Die folgenden Hinweise verdanke ich Dr. Michael Reinhold von der Universität St. Gallen: In einer Zusammenarbeit decken Kunden ihre Ansprüche nicht völlig auf und auch Lieferanten halten ihre Absichten teilweise zurück. Manches ist einfach nicht bewusst, anderes beruht auf konkurrierenden Zielen. Unter diesen Voraussetzungen lässt sich das Zusammenspiel nur begrenzt optimieren, beide Parteien arbeiten dann mit Vermutungen. Angebote können in dieser Konstellation falsch liegen, ohne dass die Gründe dafür bekannt sind. Aus Anbietersicht interessieren besonders die verdeckten Bedürfnisse und Auswahlkriterien des Kunden:

Auch das Versteckspiel betrifft nicht nur die große Auftragsvergabe, sondern begleitet sämtliche expliziten und impliziten Teilverhandlungen im Prozess der Zusammenarbeit.

Um den Kundennutzen zu steigern, richten Anbieter ihre Leistung besser auf Bedürfnisse des Kunden (oder von Kundengruppen) aus, sie verzichten auf Unnötiges und erweitern ihr Angebot. Sie können auch versuchen, dem Kunden zu zeigen, dass ihre Leistung wichtigen Bedürfnissen entspricht, die sie bisher nicht erkannten. Damit bewegen sie den Kunden zu

ihrer Leistung. Natürlich spielt dabei auch der Vergleich zum Angebot der Wettbewerber eine Rolle.

Sowohl Bedürfnisse als auch Angebote sind jedoch nicht alle transparent und werden in der Zusammenarbeit offengelegt.

Manches ist dem Kunden einfach selbst nicht bekannt. Mögliche Voraussetzungen für eine Beschaffung, zusätzliche Kriterien oder vernachlässigte und schlicht unterschätzte Bedürfnisse lassen sich dann zwischen Anbieter und Kunden besser ausloten. Allerdings hat der Anbieter meist nur das Interesse, jene Bedürfnisse zu klären, die er auch abdecken kann, was der Idee eines Value Selling entgegengesetzt ist.

Zusammenfassung

● Im Laufe einer anspruchsvollen Zusammenarbeit von Anbietern und Kunden verändern sich die Lösungen laufend. Nach dem Kauf folgen weitere Zwischenschritte mit Leistungen und Gegenleistungen, die ein Projekt zum Erfolg oder Misserfolg führen können.

● Das Verhältnis zwischen Lieferanten und Kunden ist nicht transparent. Zielkonflikte, sachliche Gründe oder Machtausübung sind die Gründe.

● Es gilt, Lösungen als Prozess zu führen und nach dem Kaufentscheid besonders wachsam zu agieren.

● Wichtig ist es, die Versteckspiele zu akzeptieren und auszuloten.

Abb. 2   Kundennutzen als Schnittmenge zwischen Kundenbedürfnissen und Angebot

Offener Austausch

Versteckte Absichten und Unbekanntes

Bedürfnisse des Kunden

Nutzen des Kunden

Angebot des Unternehmens

Quelle: Erweiterte Darstellung nach Weinhold, H.: Marketing in 20 Lektionen, Heerbrugg: Fachmed 1991, S. 192

Anbieter und Kunden haben auch unterschiedliche Ziele, offensichtlich ist der Anbieter an hohen Preisen interessiert, während der Kunde den tiefen Preis anstrebt; das betrifft alle Leistungen und Gegenleistungen. Um die eigenen Ziele zu erreichen, spielen beide mit verdeckten Karten. Sie halten Informationen zurück. Das äußert sich auch in Verhandlungen. So kann der Kunde begeistert sein oder er ist abhängig vom Lieferanten, lässt ihn das aber möglichst wenig spüren und gibt sich im Gegenteil kritisch. Beispielsweise erkennt der Anbieter verschiedene Folgeprobleme einer Anschaffung oder spätere Kosten des Kunden, möchte dies aber nicht thematisieren, um seine Position nicht zu schwächen. Auch erkennt der Verkäufer eventuell in Diskussionen, Unterlagen oder beim Durchgang durch die Produktion des Kunden verschiedene Lösungen, die er dann beim Wettbewerber des Kunden im nächsten Gespräch nutzen will.

Natürlich gibt es in diesem Wechselspiel auch ethische Grenzen. Hier interessiert mehr, was der Kunde versteckt und nicht der Lieferant. Misstrauen und Verschlossenheit steigern sich jedoch gegenseitig. Warum sagt der Kunde nicht, was er wirklich will? Es gibt verschiedene Gründe, weshalb der Kunde nicht alles mitteilt, was er will. Einige Beispiele:

● Versteckte Strategie: Eine Beschaffung hängt mit einer neuen Technologie oder/und einem neu entdeckten Markt des Kunden zusammen. Der Kunde will diese Strategie nicht offenlegen, weil damit die Branche durch die Lieferanten frühzeitig informiert werden könnte.

● Versteckte Konzepte: Eigene Konzepte und Kriterien werden nicht offengelegt, weil der Kunde bei Lieferanten prüfen will, ob sie auf die gleichen Lösungen stoßen.

● Know-how-Abfluss: Der Kunde zeigt seine Lösungen und die Integration der Beschaffungsgüter nicht, damit dieses Know-how nicht zu den eigenen Wettbewerbern weitergetragen wird.

● Eigenes Engagement: Der Kunde sucht die Zusammenarbeit mit einem Lieferanten, um von ihm zu lernen und die Zeit zu überbrücken, bis er die entsprechenden Leistungen selbst erbringt. Befürchtet der Lieferant diese zukünftige Konkurrenzierung durch den Kunden, so sucht er sie zu erschweren. Teilweise arbeiten Kunden und ihre Lieferanten an ähnlichen Projekten und stehen damit gleichzeitig in Konkurrenz. Sie soll nicht offengelegt werden.

● Versteckte und divergierende Agenda im Buying Center: Versteckt bleiben oft die verschiedenen Prioritäten von Entscheidern und Beeinflussern. So können Grundsatzüberlegungen der Geschäftsleitung selbst intern den einkaufenden Personen unbekannt sein. Auch intern wird (aus ähnlichen Gründen wie im Verhältnis von Lieferanten und Kunden) oft verdeckt argumentiert.

● Abschirmung: Die Kontaktpersonen blockieren die Kontakte zu weiteren Personen im Unternehmen und streichen ihre eigene Bedeutung heraus.

Es gibt durchaus sachliche Gründe für Kunden, nicht alles zu sagen. Andere Gründe hängen mit der Demonstration von Macht bis zu unbegründeten Ängsten, Misstrauen oder mangelndem Engagement zusammen. Teilweise verschwenden Kunden auch einfach die Ressourcen ihrer potenziellen Partner. Manchmal weiß der Kunde, was er braucht, aber verantwortliche Personen akzeptieren das nicht oder sind dafür nicht zuständig.

Analog wissen oft Anbieter, dass ihre Kunden etwas brauchen, sie verkaufen jedoch in der vorgegebenen Konstellation des Kunden etwas Falsches. Ob sie die Verhältnisse dem Kunden nur andeuten oder gar eine Lieferung verweigern, schließt viele Reaktionen ein. Die versteckte Agenda des Kunden führt oft dazu, dass Lieferanten in Unkenntnis der Verhältnisse ein falsches Angebot abgeben.

Empfehlungen für Kunden und Lieferanten

Drei Empfehlungen lassen sich für Kunden und Lieferanten wie folgt zusammenfassen:

1. Projektklärung: Bei repetitiven Aufgaben für Kunden lässt sich eine Transparenz zur Zusammenarbeit zum Zeitpunkt

---

Kerngedanken

● Gefeierte Zuschläge des Kunden können nach dem Kauf zum Verlustgeschäft umschlagen. Der Preisdruck für ein Angebot verlagert die Anstrengungen für gute Geschäfte.

● Mit einem üblichen Projektmanagement lässt sich den wechselnden Ansprüchen der Kunden und neuen Erkenntnissen der Lieferanten nicht allein beikommen.

● Die Zielkonflikte zwischen Lieferant und Kunde führen zu einem natürlichen Versteckspiel.

● Kostentransparenz ist wichtige Voraussetzung für eine vernünftige Diskussion.

● Die Zusammenarbeit mit Kunden stützt sich auf periodische oder laufende Verhandlungen.

des Kaufentscheides fordern. Auch lassen sich Projekte entwerfen und professionell führen. Bei komplexen Formen der Zusammenarbeit und Leistungen sind mehrere Zwischenschritte nötig, an denen das Haupt- und die Nebenprojekte geklärt werden und gemeinsam diskutiert wird, was zum Leistungsumfang gehört und was nicht. Generell ist es nicht möglich, die aufgezeigten Probleme nur mit einem professionellen Projektmanagement zu lösen.

2. Kostenverlauf: Voraussetzungen für eine Diskussion mit Kunden ist es, die Kosten im Verlauf der Zusammenarbeit transparent zu erfassen. Auch intern diszipliniert diese Transparenz die Beteiligten. Oft kann oder will ein Lieferant auch Zusatzaufgaben nur mit externen Partnern erfüllen. So wird beispielsweise für Logistik ein entsprechender Dienstleister einbezogen. Diese Fremdkosten sind eindeutig und lassen sich auch gegenüber Kunden belegen und allenfalls leichter belasten.

3. Verhandlung: Die Verhandlung begleitet das Haupt- und die Zusatzprojekte. Es geht darum, die Zeitpunkte, Gegen-

---

Handlungsempfehlungen

- Managen Sie den bewegten Ablauf der komplexen Zusammenarbeit mit Kunden. Erfassen Sie die großen Herausforderungen nach dem Kauf.
- Gestalten Sie proaktiv die Verhandlungsprozesse über die ganze Zusammenarbeit.
- Analysieren Sie die natürlichen Versteckspiele zwischen Lieferanten und Kunden und versuchen Sie, gegen unproduktive Vorgehensweisen das Vertrauen des Partners aufzubauen.

---

stände und beteiligten Personen der Zwischenverhandlungen proaktiv zu gestalten und günstige Voraussetzungen für eigene Vorteile zu nutzen. Dabei spielt das dynamische Zusammenspiel zwischen Selling- und Buying-Center eine wichtige Rolle. Die Beteiligten ändern sich laufend in

den verschiedenen Prozessen. Falsche Gesprächspartner führen zu falschen Ergebnissen.

Gemeinsame Interessen im Vordergrund

Wichtig bleibt dabei, sich nicht auf eigene Positionen zu verfestigen, sondern im Sinne einer Mediation die gemeinsamen Interessen in den Vordergrund zu stellen. Emotional braucht es gegenseitige Akzeptanz und Anstand, ein konstruktives Klima, Fairness und Vertrauen. Das Misstrauensprinzip scheint sich zwar in der Wirtschaft mehr und mehr auszudehnen, verhindert aber Hochleistungen systematisch.

Ergebnis der Verhandlungen sind im Kern die Leistungsbegrenzungen oder -erweiterungen sowie die Verteilung von Kosten und Erträgen zwischen Lieferanten und Kunden. Daraus ergibt sich ein dynamischer Verrechnungsprozess.#

Im Umgang mit dem Versteckspiel sind zudem folgende Möglichkeiten zu prüfen:

• Die offene Zusammenarbeit kann als Voraussetzung für Kunden- und Projektselektion dienen. Dabei spielen auch frühere Erfahrungen mit dem Kunden eine Rolle.

• Die Grenzen der Lösungsangebote durch Kunden gilt es zu akzeptieren und gleichzeitig ein Sensorium dafür zu entwickeln.

• Die versteckten Aspekte zur Zusammenarbeit gilt es aktiv zu suchen.

• Je nach vermuteten Hürden lassen sich spezifische Lösungen prüfen. ‚Non disclosure agreements' oder Vereinbarungen zur Geheimhaltung lösen die Problematik aber kaum. So

können ja Lieferanten bei Kunden auf Hinweise und Lösungen stoßen, die sie bereits kennen oder selbst entwickeln.

Geheimnisse in der Zusammenarbeit sind normal. Bemühen sich jedoch Lieferanten und Kunden darum, mögliche Lücken für den Partner vernünftig zu überbrücken, so lassen sich schon viele Fehlleistungen verhindern. Diese Hinweise sind noch recht generisch. Konkrete Projektverläufe und spezifische Geheimnisse prägen die konkreten Chancen und Gefahren in der Zusammenarbeit. Deshalb ist es notwendig, die spezifischen Prozesse zu gestalten.

Fazit

Lösungen für Kunden werden in der Forschung und auch Praxis mehrheitlich statisch erfasst. Anbieter definieren ein Leistungspaket und der Kunde wählt die passenden Bausteine. Besonders für komplexere Leistungen müssen wir aber zukünftig die Dynamik der Zusammenarbeit besser durchdringen. Natürlich ist ein rigoroses Projektmanagement in einer umfangreichen Zusammenarbeit naheliegend. Aufwand und Kosten müssen geführt werden, damit sich Projekte nicht verselbstständigen. Prozessorientierte Lösungen und dynamische Verrechnung gilt es jedoch, explizit zu erfassen, um den realistischen und erfolgreichen Umgang mit dem Lösungsgeschäft zu fördern. Die Wahl eines Anbieters oder eines Kunden ist erst die Einstiegskarte. Wichtiger ist, wie später die Zusammenarbeit gelebt wird. Begleitend gilt es auch zu berücksichtigen, dass weder Kunden noch Lieferanten ihre Absichten offenlegen.

WHU EXECUTIVE EDUCATION

WHU
Otto Beisheim School of Management
30 Years 1984–2014

Thinking in new directions.

Maßgeschneiderte Programme
- Konzeption und Durchführung interner Weiterbildungsmaßnahmen
- Angepasst an die individuellen Bedürfnisse Ihres Unternehmens

Offene Programme
- General Management Plus Program
- Doing Business With India Program
- Negotiations Program

AACSB ACCREDITED

EFMD
EQUIS
ACCREDITED

30 Years
Excellence in
Management
Education

1984–2014

SYSTEMAKKREDITIERT
nach Akkreditierungsrat ■ durch FIBAA

Weitere Informationen: whu.edu/execed
E-Mail: execed@whu.edu

Den Vertriebserfolg mit Motivation steuern

Erfolgreicher Vertrieb hängt vom Handeln begeisterter und gewissenhafter Vertriebsmitarbeiter ab. Mitarbeiter handeln verantwortungsbewusst, wenn sie motiviert sind. Jedoch sehen sich Vertriebsführungskräfte oft nicht in der Verpflichtung zu motivieren. Es wird lediglich versucht, durch Vertriebsziele zu steuern. Ein Plädoyer für eine zeitgemäße Führung.

Kathrin Hägele

Die Motivation der Vertriebsmitarbeiter wird in vielen Unternehmen stiefmütterlich behandelt. Häufig assoziieren Führungskräfte Motivation irrtümlicherweise mit Animation und wollen nicht den „Motivationshansel" mimen. Mangelt es dauerhaft an motivierenden Anreizen, ist die Demotivation der Vertriebsmitarbeiter programmiert. Fast schon symptomatisch werden dann Kundenbeziehungen vernachlässigt, Fehlzeiten erhöhen sich, die Leistungen des jeweiligen Vertrieblers sinken oder das Betriebsklima verschlechtert sich. Dabei sind die Anstrengungen der Vertriebsmitarbeiter entscheidend für den Erfolg oder Misserfolg im Vertrieb und somit des gesamten Unternehmens. Aktuelle Studien zeigen einen Zusammenhang zwischen guter und schlechter Motivation und Fehlzeiten auf. Insgesamt ergeben sich durch Fehltage (Unlust/Krankmeldungen), Mitarbeiterabgänge und mangelnde Leistungsfähigkeit volkswirtschaftliche Kosten in Höhe von über 110 Milliarden Euro pro Jahr.

Anhand des Vertriebsexperten-Barometers von Horváth & Partners wird dieser Kontext deutlicher. Darin wurden mehr als 60 Vertriebsleiter, Geschäftsführer und Vertriebsmanager zu relevanten Themen und Herausforderungen im Vertrieb befragt. Ganz oben auf der Agenda stehen die Themen „Ausschöpfung von Bestandskunden" mit 95 Prozent sowie „Gewinnung von Neukunden" mit 89 Prozent. Als größte Herausforderungen im Vertrieb werden „Die Marktpotenziale müssen besser ausgeschöpft werden" mit 95 Prozent sowie „Wir müssen die Durchdringung bei Bestandskunden erhöhen" mit 80 Prozent genannt. Diese Aspekte können nur mit begeisterten und motivierten Vertriebsmitarbeitern gemeistert und verbessert werden.

Allerdings sorgt laut einer deutschlandweiten Studie die 2013 von der Hay Group veröffentlicht wurde jedoch nur jeder dritte Chef (37 Prozent) für ein positives oder anspornendes Klima am Arbeitsplatz. Besorgniserregend ist, dass fast die Hälfte (49 Prozent) der Manager eine demotivierende Arbeitsatmosphäre schaffen. Viele erfolgreich am Markt etablierte Unternehmen haben dies erkannt und setzen auf engagierte und motivierte Vertriebsmitarbeiter. Denn diese übertragen ihre Begeisterung auf den Kunden und setzen sich mehr für das eigene Unternehmen ein, zum Beispiel hinsichtlich Kundenorientierung, Kundenkontakt- und Auftragsabwicklungsqualität, Güte der Angebote und einer schnellen Reklamationsbearbeitung. Begeisterte und motivierte Vertriebsmitarbeiter erhält, wer die Bedürfnisse und die Motivation ihrer Mitarbeiter erkennt und diese durch ein Anreizsystem mit individuellen Zielen zum Erfolg führt.

Vom Bedürfnis zum Anreiz – Wie kann die Vertriebsmannschaft motiviert werden?

Für jeden Vorgesetzten ist es wichtig, die Bedürfnisse und die Motivation der eigenen Vertriebsmitarbeiter zu verstehen, um durch gezielte Anreize den Vertrieb zu steuern und damit den Vertriebserfolg zu gewährleisten.

Unter einem Bedürfnis wird eine Mangelerscheinung verstanden. Folglich löst dies den Wunsch aus, diesen Mangel zu beheben. Sobald bei einem

Kathrin Hägele
ist Senior Project Managerin im Competence Center Strategy, Innovation & Sales bei der Managementberatung Horváth & Partners. Sie ist Expertin für die Themen Strategie- und Vertriebsexzellenz und hält Vorträge an der Technischen Universität München.

Kathrin Hägele
Horvath & Partners, München, Deutschland
E-Mail: KHaegele@horvath-partners.com

Bedürfnis ein ausreichendes Niveau an Intensität erreicht ist, wird aus einem Bedürfnis ein Motiv. Motive führen dazu, dass ein Mensch mit einem spezifischen Verhalten reagiert. Dieser Antrieb – eine bestimmte Handlung für eine gewisse Ergebniserreichung mit einer bestimmten Intensität und Dauerhaftigkeit auszuführen – wird als Motivation bezeichnet.

Um ihre Vertriebsmitarbeiter zielgerichtet zu motivieren, sollten Führungskräfte die drei von McClelland definierten Motive, die im Zusammenhang mit Maslow stehen (Maslowsche Bedürfnishierarchie), kennen und nutzen:

- Leistungsmotiv (Begeisterung für die Arbeit an sich, Zielsetzung als Bedürfnisäußerung)
- Machtmotiv (Motiv gegenüber anderen Personen)
- Zugehörigkeitsmotiv (soziale Bedürfnisse, Gruppenzugehörigkeit)

Die Vertriebsführungskraft kann das Leistungsmotiv der Mitarbeiter durch die Bereitstellung von Infrastruktur (Handy, Dienstwagen usw.) ansprechen und fördern. Die Vertriebstätigkeit und somit die vertriebliche Leistung kann z.B. bei sehr guten Verkaufszahlen mit hohen Prämien belohnt werden. Das Machtmotiv, welches sich durch den Status des Vertriebsmitarbeiters oder auch dessen Einfluss äußert, kann durch die Übertragung von mehr Verantwortung oder einer Führungsaufgabe und Erhöhung seiner Privilegien stimuliert werden. Auch die Mitsprache und dessen Einfluss auf eine Entscheidung stellen hinsichtlich des Machtmotivs mögliche Anreize dar.

Das Zugehörigkeitsmotiv spiegelt sich in der Sicherheit, im Vertrauen und in der Verbundenheit des Vertrieblers wider. Ein Kernpunkt ist die Wertschätzung des Mitarbeiters und dessen Arbeit. Somit kann der Vorgesetzte durch Loben und durch Anerkennung der Leistungen des jeweiligen Vertrieblers dessen Zugehörigkeitsmotiv ansprechen.

Die oben aufgeführten Motive und die daraus resultierende Motivation stehen in einer Wechselwirkung zu den Anrei-

„Häufig assoziieren Führungskräfte Motivation irrtümlicherweise mit Animation und wollen nicht den ‚Motivationshansel‘ mimen.“

zen. Unter Anreiz (incentive) versteht man eine situative Bedingung, d.h. positive oder negative Reize aus der Umwelt, die anhand von vorhandenen Bedürfnissen bzw. einer Motivation das Verhalten eines Menschen beeinflussen können. Ein Motiv kann sich nur dann auf das Verhalten auswirken, wenn er durch Reize stimuliert wird. Auf der anderen Seite kann ein Anreiz nur dann Verhaltensauswirkungen haben, wenn es auf die Bedürfnisse und Motivation der Person abzielt.

Jeder Vertriebsführungskraft sollte der Zusammenhang zwischen Bedürfnis, Motiv, Motivation und Anreiz klar sein (siehe **Abbildung 1**). Denn nur wenn die Anreize zu den Motivationsmotiven passen, lässt sich die Vertriebsorganisation mittels Motivation erfolgreich steuern.

Anreize steuern Verhalten und Handeln – Welche Anreize sollten gesetzt werden?

In den Medien wird oft über Skandale im Vertrieb und den verschiedenen Anreizen berichtet. Es wird von Provisionsgier bei Finanzdienstleistungsmitarbeitern und extrem hohen Vertriebs-Boni, von Belohnungsseisen oder noch drastischer von Boni für Banker, die so hoch wie der Konzernverlust sind, gesprochen. Die Medien berichten von falschen Anreizsetzungen der Konzerne, von unfähigen Führungskräften und profitgierigen Mitarbeitern. Umso wichtiger ist es, durch Anreize keine falschen Signale zu setzen.

Anreize stellen ein Motivations-, aber auch ein Steuerungstool dar. Die Vertriebssteuerung und somit die Erzielung des Vertriebserfolgs kann durch die Anreize/-systeme geschaffen

---

Zusammenfassung

- Oft tragen die Führungskräfte nicht zur Motivation ihrer Vertriebsmitarbeiter bei. Dabei sind die Anstrengungen jedes Vertriebsmitarbeiters entscheidend für den Erfolg oder Misserfolg des Vertriebs und somit des gesamten Unternehmens.

- Daher ist es für jeden Vorgesetzten wichtig, die Bedürfnisse und die Motivation der eigenen Mitarbeiter zu verstehen, um diese durch gezielte Anreize zu steuern und damit den Vertriebserfolg zu gewährleisten.

- Allerdings lässt sich nicht alle Motivation mit Geld und Statussymbolen aufrechterhalten oder gar erhöhen. Daher sollten Führungskräfte in vertriebsstarken Branchen neben den rein monetären Anreizen für die Mitarbeitermotivation auch auf andere wirksame (nichtmonetäre) Maßnahmen zurückgreifen.

werden. Es gibt drei Kernziele, die mit Anreizsystemen verfolgt werden:

1. Kommunikation
2. Koordination
3. Motivation

Die Vertriebsführungskraft vereinbart und verbalisiert die Ziele, um den Vertriebsmitarbeitern eine klare Führung und Linie zu geben (Zielerreichung/Feedback, Anpassungsmaßnahmen) und somit die Anforderungen und Erwartungen zu kommunizieren. Im Rahmen der Koordination wird die Verhaltenssteuerung definiert, d.h. die Selbststeuerung der Vertriebsmitarbeiter durch Zielvorgaben und somit die Steuerung des gesamten Vertriebs. So kann z.B. eine Produktivitätssteigerung im Vertrieb gewährleistet werden, wenn die Anreize an kontinuierliche Verbesserungen im Vertrieb gekoppelt sind. Die Motivation der Vertriebsmitarbeiter wird ebenso sichergestellt, da die Mitarbeiter durch klare Zielvorgaben und -anreize ihr Potenzial ausschöpfen können und somit auch die Mitarbeiterbindung gewährleistet wird.

Um die oben aufgeführten Kernziele sicherzustellen, gilt es, das Anreizsystem anhand von intrinsischen und extrinsischen Anreizen aufzubauen. Bei der extrinsischen Motivation können durch das Handeln positive Erfolge erzielt oder durch ein Unterlassen negative Auswirkungen verhindert werden. Ext-

Kerngedanken

● Um die vollständige Motivation der Vertriebsmitarbeiter zu erhalten und steuern zu können, sollten intrinsische Anreize einbezogen und in die Ziele aufgenommen werden.

● Die Vertriebsführungskräfte sollten auf Basis der Bedürfnisse und der Motivation der Vertriebsmitarbeiter das Anreizsystem aufbauen und somit die Ziele festlegen.

rinsische Anreize sind unterteilt in monetäre und nicht-monetäre Anreize (siehe **Abbildung 2**). Unter der intrinsischen (von innen kommenden) Motivation wird das Handeln aus dem eigenen, inneren Antrieb heraus verstanden oder auch die Selbstmotivation. Wenn zum Beispiel ein Vertriebsmitarbeiter, der im Außendienst tätig ist, grundsätzlich Freude daran hat, viel unterwegs zu sein, dann ist er intrinsisch motiviert, wöchentlich auf Reisen zu gehen.

Die meisten extrinsischen/monetären Ziele werden im Vertrieb als Bestandteil des Gehalts und als Vorgaben formuliert. D.h. diese sind durch das Unternehmen bzw. durch die Vertriebsführungskraft bereits spezifisch vorgegeben:

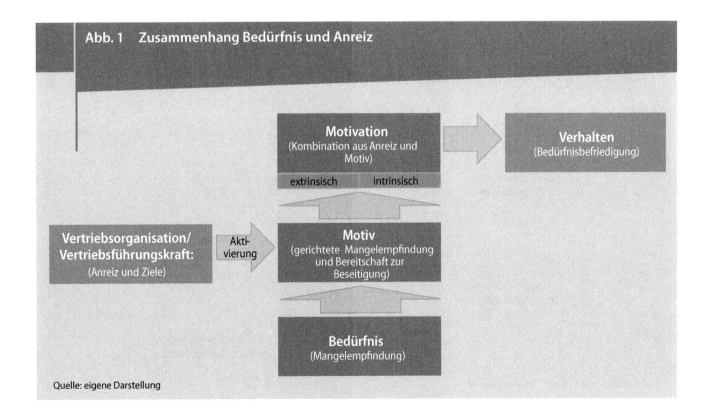

Abb. 1   Zusammenhang Bedürfnis und Anreiz

Quelle: eigene Darstellung

• Fixer/garantierter monetärer und variabler/erfolgsabhängiger monetärer Anreiz: Der Vertriebsmitarbeiter bekommt ein fixes Grundgehalt bzw. ab einer verkauften Stückzahl von fünf Autos im Monat eine Bonuszahlung von 1.000 Euro.

• Statussymbole: Jeder Vertriebsmitarbeiter mit dem Dienstgrad Key Account Manager erhält einen Dienstwagen zum Neupreis von 60.000 Euro.

• Long-Term-Incentives: Für die Vertriebsmitarbeiter wird ein aktienbasiertes Anreizsystem etabliert.

• Erfolgsreisen: Jeder Vertriebsmitarbeiter, der eine bestimmte Anzahl an Neuverträgen abgeschlossen hat, darf an der Reise ins Ausland teilnehmen.

Die monetären Anreize sind stark branchenabhängig. So wird z.B. in der Versicherungsindustrie oft mit Erfolgsreisen motiviert, wobei hingegen bei Banken sehr stark über Boni gesteuert wird. Allerdings lässt sich nicht alle Motivation mit Geld und Statussymbolen aufrechterhalten oder gar erhöhen. Daher sollten Führungskräfte in vertriebsstarken Branchen neben den rein monetären Anreizen für die Mitarbeitermotivation auch auf andere wirksame Maßnahmen (nicht-monetär) zurückgreifen:

• Aufgabenzuteilung und Beteiligung des Vertriebsmitarbeiters (persönliches Interesse): Das Management versucht die Aufgaben an die entsprechenden Interessen der Mitarbeiter auszurichten und neue Aufgaben spannend zu gestalten.

• Flache Hierarchien, Zugehörigkeitsgefühl und Wertschätzung: Die Führungskraft erklärt seinen Vertriebsmitarbeitern den Gesamtzusammenhang und den Beitrag, den deren Aufgaben dazu leisten.

• Befriedigung des Wunsches nach Erfolgen: Die Vertriebsführung gibt dem Mitarbeiter die Akquise im kommenden Jahr von 120 Neukunden auf und unterteilt das Ziel in zehn Kunden monatlich, um durch den Abschluss einer Teilaufgabe einen Erfolg zu erzielen.

• Erweiterung der Mitarbeiterkompetenzen: Der Vorgesetzte überträgt Aufgaben, die den Vertriebsmitarbeiter fordern, aber nicht überfordern. Z.B. anstatt das Ziel „Neuen Kunden akquirieren" aufzunehmen, wird dem Vertriebler das Ziel gesetzt, eine Vorgehensweise für die Gewinnung des Neukunden zu erarbeiten.

„Begeisterte und motivierte Vertriebsmitarbeiter erhält, wer die Bedürfnisse und die Motivation seiner Mitarbeiter erkennt und diese durch ein Anreizsystem mit individuellen Zielen zum Erfolg führt."

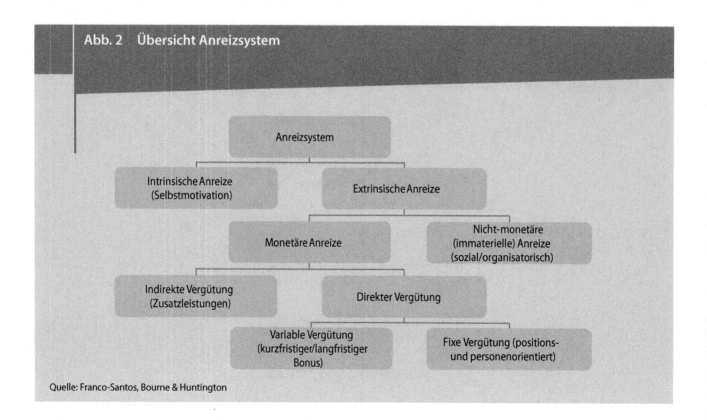

Abb. 2   Übersicht Anreizsystem

Anreizsystem

Intrinsische Anreize (Selbstmotivation)

Extrinsische Anreize

Monetäre Anreize

Nicht-monetäre (immaterielle) Anreize (sozial/organisatorisch)

Indirekte Vergütung (Zusatzleistungen)

Direkter Vergütung

Variable Vergütung (kurzfristiger/langfristiger Bonus)

Fixe Vergütung (positions- und personenorientiert)

Quelle: Franco-Santos, Bourne & Huntington

In der Wissenschaft wurde die immaterielle Motivation lange vernachlässigt. Seit einiger Zeit geht der Trend dahin, in den vertrieblichen Organisationen die verschiedenen Anreize zu vermischen. Es wurde festgestellt, dass nicht-monetäre Anreize die Vertriebsmitarbeiter zu Mehrleistung anleiten können. Zum Beispiel endet ein zusätzlicher monetärer Bonus immer in „mehr Gehalt". Die Motivation ist aber oftmals höher, wenn der Vertriebler durch nicht-monetäre Anreize wie Lob und Anerkennung oder auch eine Auszeichnung bzw. öffentliche Ehrung zum Vertriebler des Monats, „vergütet" wird. Er empfindet hierin eine ganz andere und höhere Wertschätzung.

Allerdings ist es für Vorgesetzte einfacher extrinsische Anreize zu setzen, da diese monetär operationalisiert und einfach gesteuert werden können. Im Vergleich hierzu ist es schwieriger, immaterielle Anreize zu aktivieren. Indes erreichen die Führungskräfte hierdurch eine stärkere und langfristigere Motivation und Unternehmensbindung der Vertriebsmitarbeiter. Umso bedeutender ist, dass die Anreizsysteme auf den Bedürfnissen und auf der Motivation der Vertriebler aufgebaut werden müssen, um diese gezielt im Unternehmen einsetzen zu können.

Ziele operationalisieren das gewünschte Handeln – Wie kann das Team gesteuert werden?

Führungskräfte können bei der Zieldefinition zwischen der individuellen Zielerreichung sowie der Bereichs- und Unternehmenszielerreichung unterscheiden. Auf Basis dieser drei Säulen des Zielvereinbarungs- und Vergütungssystems werden die jeweiligen Ziele festgelegt (z.B. individuelle Säule – individuelle Entwicklungsziele). Für die Zieldefinition ist festzuhalten, dass diese individuell und ausgewogen definiert werden müssen. Außerdem gilt es zu gewährleisten, dass die Ziele messbar und nachvollziehbar sowie umsetzbar sind. Des Weiteren sollten die Ziele immer auf die Unternehmensstrategie ausgerichtet sein und den Mitarbeiter fordern.

Das Management kann durch die Zielvorgaben das Handeln des Vertriebsmitarbeiters und somit der gesamten Vertriebsorganisation steuern. Zum Beispiel wird sich ein Mitarbeiter in seiner Arbeitszeit sehr viel intensiver auf den Ver-

kauf konzentrieren, wenn er die Vorgabe bekommt, ein Auto am Tag zu verkaufen, als wenn seine Vorgabe generell lautet Autos zu verkaufen. Dies bedeutet, dass der Vertriebserfolg von definierten Zielen und Zielvorgaben abhängig ist. Allerdings darf hierbei nicht vergessen werden, dass diese Ziele mit Anreizen hinterlegt sind, die auf die Motivation und auf die Bedürfnisbefriedigung des jeweiligen Mitarbeiters abzielen.

Fazit

Vertriebserfolg kann dann erzielt werden, wenn begeisterte und motivierte Mitarbeiter im Vertrieb arbeiten. Die Motivation der Mitarbeiter ist eine Führungsaufgabe und jede Füh-

„Die Motivation der Mitarbeiter ist eine Führungsaufgabe und jede Führungskraft sollte sich hierfür verantwortlich zeichnen und die Anreize als ein Motivations- und Steuerungstool einsetzen. "

rungskraft sollte sich hierfür verantwortlich zeichnen und die Anreize als ein Motivations- und Steuerungstool einsetzen.

Um die Motivation und das Verhalten der Mitarbeiter zielgerichtet beeinflussen und steuern zu können, stellen Anreizsysteme und Zieldefinitionen die Grundlage für die Vertriebsführungskräfte dar:

● Wie erreicht der Vertriebsmitarbeiter Ziele? – Ziele erreicht er durch Motivation (Bedürfnis/Motiv).

● Wie fordert man die Motivation? – Indem die Vertriebsführungskraft Anreize setzt.

● Wie kann die Vertriebsführungskraft Anreize setzen? – Indem sie weiß, welche Punkte, neben den monetären/extrinsischen, die Mitarbeiter von innen motivieren und diese Anreize auf die Ziele überführt.

Jeder Führungskraft sollte bewusst sein, dass nur monetäre Anreize nicht ausreichen, um die Motivation stetig aufrechtzuerhalten und die Vertriebler ans Unternehmen zu binden. Erfolgsentscheidender ist, das Anreizsystem auf Basis der Bedürfnisse und der Motivation der Vertriebsmitarbeiter und auf Grundlage der Motivationsmotive von McClelland aufzubauen und so die Ziele festzulegen. Neben der Frage nach den

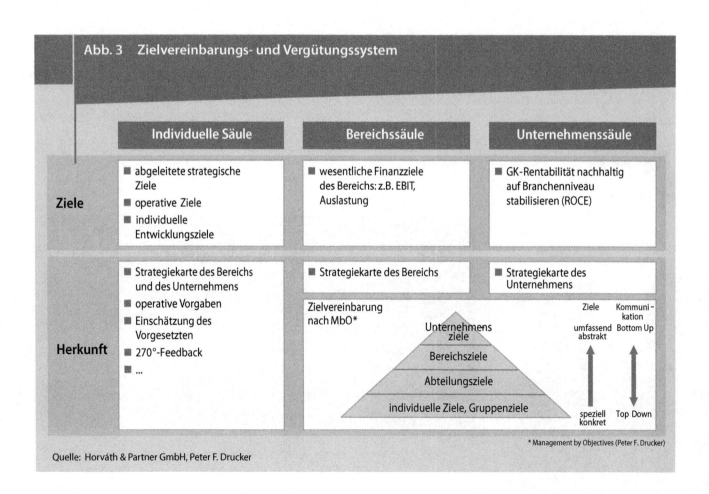

Abb. 3   Zielvereinbarungs- und Vergütungssystem

	Individuelle Säule	Bereichssäule	Unternehmenssäule
Ziele	■ abgeleitete strategische Ziele ■ operative Ziele ■ individuelle Entwicklungsziele	■ wesentliche Finanzziele des Bereichs: z.B. EBIT, Auslastung	■ GK-Rentabilität nachhaltig auf Branchenniveau stabilisieren (ROCE)
Herkunft	■ Strategiekarte des Bereichs und des Unternehmens ■ operative Vorgaben ■ Einschätzung des Vorgesetzten ■ 270°-Feedback ■ ...	■ Strategiekarte des Bereichs Zielvereinbarung nach MbO*	■ Strategiekarte des Unternehmens

Quelle: Horváth & Partner GmbH, Peter F. Drucker

* Management by Objectives (Peter F. Drucker)

individuellen Anreizen gilt es, weitere „weiche" Faktoren wie flache Hierarchien, Stärkung des Zugehörigkeitsgefühls, Wertschätzung sowie Erweiterung der Mitarbeiterkompetenzen unbedingt einzubeziehen. Denn fest steht: Sind die Vertriebsmitarbeiter erst einmal demotiviert, erfordert es einen deutlich höheren Einsatz, die Demotivation abzubauen und eine Remotivation herbeizuführen.

Nur durch den richtigen Umgang der Vertriebsführungskraft mit den Bedürfnissen und der Motivation der Mitarbeiter kann eine Vertriebsführungs- und Firmenkultur aufgebaut werden, in der die Vertriebsmitarbeiter motiviert werden und ein gemeinsames Handeln befürwortet und durch die Vertriebssteuerung der Vertriebserfolg durch Mitarbeitermotivation herbeigeführt wird.

Handlungsempfehlungen

- Hinterfragen Sie Ihr gegenwärtig genutztes Anreizsystem.
- Arbeiten Sie neben extrinsischen auch mit intrinsischen Anreizen, um ein ganzheitliches Anreizsystem im Vertrieb zu etablieren.
- Holen Sie das Beste aus Ihren Vertriebsmitarbeitern, indem Sie den Fokus auf die Bedürfnisse und die Motivationsgründe ihrer Mitarbeiter legen.
- Richten Sie die Anreize auf die individuellen Bedürfnisse und Motivation ihrer Vertriebler aus.

Literatur

SAPEX Experten-Barometer (2013)

Horváth & Partners (2007). Balanced Scorecard umsetzen. 4. Auflage.

Kottler, Marketing: An Introduction, 5th Edition, S. 101

Krause, Ulrich H. (2003). Zielvereinbarungen und leistungsorientierte Vergütung.

Duden Wirtschaft von A bis Z: Grundlagenwissen für Schule und Studium, Beruf und Alltag. 5. Aufl. Mannheim: Bibliographisches Institut 2013. Lizenzausgabe Bonn: Bundeszentrale für politische Bildung 2013

http://www.handelsblatt.com/unternehmen/management/strategie/gallup-studie-fehlende-motivation-kostet-firmen-milliarden/7888974.html

http://www.zeit.de/karriere/beruf/2013-06/management-mitarbeiter-motivation

Springer Gabler Verlag (Herausgeber), Gabler Wirtschaftslexikon, Stichwort: Motivation

http://www.download.ff-akademie.com/Gallup-Studie.pdf

http://www.wpgs.de/content/view/576/368/

http://wirtschaftslexikon.gabler.de/Definition/anreizsystem.html

http://www.managerseminare.de/Datenbanken_Tools/Extrinsische-und-intrinsische-Motivation,157530

http://www.psychologie.uni-oldenburg.de/fachschaft/scripte/allgemeine1/Arbeitsmotivation.pdf

http://www.haygroup.com/de/press/details.aspx?id=37320

[SfP] Zusätzlicher Verlagsservice für Abonnenten von „Springer für Professionals | Vertrieb"

Zum Thema	Motivation	🔍 Suche

finden Sie unter www.springerprofessional.de 2.545 Beiträge im Fachgebiet Vertrieb   Stand: März 2015

Medium

- ☐ Online-Artikel (34)
- ☐ Interview (2)
- ☐ Zeitschriftenartikel (337)
- ☐ Buch (1)
- ☐ Buchkapitel (2.171)

Sprache

- ☐ Deutsch (1.364)
- ☐ Englisch (1.182)

Von der Verlagsredaktion empfohlen

Sänger, M., Buchenau, P., Davis, Z.: Motivation nach Kimba an schlechten Tagen, in: Sänger, M., Buchenau, P., Davis, Z.: Die Löwen-Liga: Verkaufen will gelernt sein, Wiesbaden 2015, S. 15-19,
www.springerprofessional.de/5519520

Durinkowitz, H. S.: Motivation im Unternehmen, in: Durinkowitz, H. S.: Crashkurs für Verkaufsleiter – Vom Start weg auf der Gewinnerseite, Wiesbaden 2013, S. 67-80,
www.springerprofessional.de/3209190

Service

Buchrezensionen

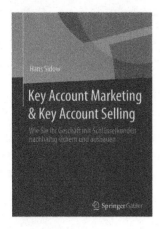

Hans Sidow

**Key Account Marketing & Key
Account Selling**

Wie Sie Ihr Geschäft mit Schlüsselkunden
nachhaltig sichern und ausbauen

SpringerGabler, 1. Auflage

Wiesbaden, 2014

149 Seiten, 39,99 Euro

ISBN: 978-3-658-06354-2

Kurt-Georg Scheible

Verhandeln, um zu siegen

Wiley, 1. Auflage

Weinheim, 2015

166 Seiten, 19,99 Euro

ISBN: 978-3-527-50811-2

Manfred Bruhn

Relationship Marketing

Das Management von
Kundenbeziehungen

Vahlen, 4., überarbeitete Auflage

München, 2015

454 Seiten, 39,80 Euro

ISBN: 978-3-8006-4886-3

Kerngedanke

„Key Account Manager müssen zu Geschäftsleuten werden. Account Teams müssen den Kunden so gut verstehen lernen wie ein Insider des Kundenunternehmens. Nein: besser!"

Nutzen für die Praxis

Der Leser erfährt, wie er Geschäfte mit Key Accounts sichert und ausbaut, seinen Kunden gegenüber argumentiert und seine eigene Leistung belegen kann.

Abstract

Der Autor zeigt, wie verantwortliche Key Accounter systematisch zusätzliche Potenziale bei Bestandskunden erschließen: zum Beispiel durch Cross-Selling, Sortimentserweiterung oder nutzenorientierte Kundenberatung.

Kerngedanke

„Jeder Seite sollte daran gelegen sein, in einer Verhandlung eindeutig zu siegen."

Nutzen für die Praxis

Zwischen den Extremen der Methode „eiserne Faust" auf der einen Seite und demütigem Verhandlungsverhalten andererseits liegt eine Vielzahl von Optionen. Diese gilt es zu erkennen und taktisch geschickt einzusetzen.

Abstract

Viele Verhandlungsprinzipien propagieren das Ziel, eine Win-Win-Situation anzustreben. Im Vordergrund soll der größtmögliche beiderseitige Nutzen stehen. Scheible fordert ein Ende dieser Strategie und plädiert für Verhandlungen ohne faule Kompromisse.

Kerngedanke

„Die Beziehungsführerschaft zum Kunden rückt als strategischer Erfolgsfaktor zunehmend in den Mittelpunkt."

Nutzen für die Praxis

Geboten wird ein Überblick über den Managementprozess, zahlreiche Erfolgsbeispiele sowie die wichtigsten Zukunftstendenzen und Herausforderungen des Relationship Marketing.s

Abstract

Das Buch erläutert die Grundlagen eines effektiven und effizienten Einsatzes des Relationship Marketings für Unternehmen. Es entwickelt einen systematischen Managementansatz und stellt alle notwendigen Phasen des Managements von Kundenbeziehungen dar.

Veranstaltungen

Veranstaltungen zum Thema Vertrieb				
Datum	Event	Thema	Ort	Veranstalter/Website
20.04.2015	relaunch Konferenz – Strategien für erfolgreiche Websites	Im Mittelpunkt der Konferenz stehen Strategien und Konzepte bei der Optimierung und Fortentwicklung professioneller Onlineauftritte von Unternehmen und Organisationen.	Köln	KOMED www.relaunch-konferenz.de
28.04.2015/ 29.04.2015	Training für den Außendienst	Den Verkauf strategisch planen und im Gespräch mit dem Kunden überzeugend auftreten.	Hannover	IME-Seminare www.ime-seminare.de
28.04.2015/ 29.04.2015	10. Process Solutions Day (PSD) der gfo	Das ganzheitliche Prozessmanagement mit der daraus resultierenden Organisationsentwicklung und outputorientierten Unternehmessteuerung wird immer mehr zum entscheidenden Wettbewerbsfaktor.	Köln	Gesellschaft für Organsiation (gfo) www.psd2015.de
21.04.2015	WHU-Campus for Sales 2015	Trends im Key Account Management. Mit Fallbeispielen u.a. von Dürr, Siemens, Procter&Gamble, Hewlett-Packard, Vodafone und Commerzbank.	Vallendar	Lehrstuhl für Vertriebsmanagement, WHU – Otto Beisheim School of Management, www.campus-for-sales.org
11.06.2015	DIALOG im Hof	Vertraut Ihnen Ihr Kunde? Wie Sie den Vertrauensvorsprung zu einer dauerhaften Partnerschaft führen.	Köln	Jäger + Schmitter DIALOG GmbH www.jsdialog.com

Der Entzug der Fahrerlaubnis im Außendienst

Der Entzug der Fahrerlaubnis muss nicht zwangsläufig das Ende des Arbeitsverhältnisses im Außendienst bedeuten.

Ohne Fahrerlaubnis ist keine Tätigkeit im Außendienst möglich – das dachte sich wohl auch die Arbeitgeberin in einem Fall, über den das Landesarbeitsgericht Schleswig-Holstein in einem Urteil vom 3. Juli 2014 (7 U 2604/13) zu entscheiden hatte: Das beklagte Versicherungsunternehmen hatte der klagenden Maklerbetreuerin fristlos gekündigt, nachdem ihr die Fahrerlaubnis entzogen worden war.

Fristlose Kündigung nach Führerscheinentzug

Das Versicherungsunternehmen hatte die Klägerin zuletzt als Maklerbetreuerin beschäftigt. Zu ihren Aufgaben gehörte die Zusammenarbeit mit Maklern in Hamburg, Schleswig-Holstein und Teilen Mecklenburg-Vorpommerns sowie der gewinnbringende Ausbau, deren regelmäßige Kontrolle sowie die Unterstützung und Schulung der Makler vor Ort. Die zu betreuenden Makler sollten regelmäßig besucht werden. Im Anforderungsprofil wurde eine Besuchsfrequenz von sieben Besuchen je Woche bei 30 durchschnittlichen Jahreswochen zugrunde gelegt. Der Maklerbetreuerin stand ein Dienstfahrzeug zur Verfügung. Infolge einer privaten Trunkenheitsfahrt beschädigte sie dieses leicht. Die polizeilichen Kontrollen ergaben einen Alkoholwert von rund zwei Promille. Der Führerschein wurde sogleich beschlagnahmt. Später wurde der Maklerbetreuerin die Fahrerlaubnis mit einer Sperrfrist von über einem Jahr entzogen. Das Versicherungsunternehmen kündigte das Arbeitsvertragsverhältnis daraufhin fristlos, hilfsweise fristgerecht. Gegen diese Kündigungen wandte sich die Maklerbetreuerin mit ihrer Kündigungsschutzklage.

Abwägung der Interessen

Sowohl das Arbeitsgericht als auch das LAG Schleswig-Holstein gaben der Maklerbetreuerin recht. Nach § 626 Abs. 1 BGB kann ein Arbeitsverhältnis aus wichtigem Grund ohne Einhaltung einer Kündigungsfrist gekündigt werden, wenn Tatsachen vorliegen, aufgrund derer dem Kündigenden unter

*Dr. Michael Wurdack
ist Rechtsanwalt und Partner der seit 40 Jahren auf Vertriebsrecht spezialisierten Kanzlei Küstner, v. Manteuffel & Wurdack in Göttingen. Telefon. +49(0)551/49 99 60 E-Mail: kanzlei@vertriebsrecht.de Weitere Informationen, aktuelle Urteile und Seminarangebote rund ums Vertriebsrecht finden Sie auf der Kanzlei-Homepage: www.vertriebsrecht.de*

Berücksichtigung aller Umstände des Einzelfalles und unter Abwägung der Interessen beider Vertragsteile die Fortsetzung des Arbeitsverhältnisses bis zum Ablauf der Kündigungsfrist nicht zugemutet werden kann. Die rechtliche Überprüfung nach § 626 Abs. 1 BGB erfolgt dabei in zwei Stufen:

1. Zum einen muss ein Grund vorliegen, der an sich geeignet ist, eine außerordentliche Kündigung zu rechtfertigen.
2. Zum anderen muss dieser Grund im Rahmen der Interessensabwägung unter besonderer Berücksichtigung aller Umstände des Einzelfalles zum Überwiegen der berechtigten Interessen des Kündigenden an der fristlosen Beendigung des Arbeitsverhältnisses führen.

Im Rahmen dieser zweistufigen Prüfung stellt das LAG unter Berufung auf andere Rechtsprechungsentscheidungen fest:

Wichtig: Die Entziehung der Fahrerlaubnis eines Berufskraftfahrers ist an sich geeignet, einen wichtigen Grund zur außerordentlichen Kündigung abzugeben. Dies gilt auch für den Fall, dass die Entziehung auf einer im Zustand der Trunkenheit im Verkehr bei einer außerhalb der Arbeitszeit durchgeführten Privatfahrt beruht. Auch bei einem Außendienstmitarbeiter, dem ein Dienstfahrzeug überlassen wurde und der zumindest zu 50 Prozent seiner Arbeitszeit im Außendienst unterwegs ist, kann der Entzug der Fahrerlaubnis an sich geeignet sein, eine fristlose Kündigung zu rechtfertigen.

Überlassung des Dienstfahrzeugs

Ob die Maklerbetreuerin mit einem Außendienstmitarbeiter vergleichbar und zumindest 50 Prozent ihrer Arbeitszeit im Außendienst tätig sein sollte, ließ das Gericht offen. Jedenfalls sei die Überlassung des Dienstfahrzeugs nicht arbeitsvertraglich festgelegt, sondern in einem eigenen Vertrag vereinbart worden. Im Arbeitsvertrag sei die Gestellung eines Dienstfahrzeuges nicht zugesagt worden. Der gesonderte Kraftfahrzeugnutzungsvertrag weise eine Verknüpfung von Dienstfahrzeug und Maklertätigkeit ebenfalls nicht auf. Vielmehr sei im Kraftfahrzeugnutzungsvertrag ausdrücklich geregelt, dass die Überlassung des Dienstfahrzeugs jederzeit ohne Angabe von Gründen widerrufbar sei. Die Versicherungsgesellschaft gehe also offenbar selbst nicht davon aus, dass die von der Maklerbetreuerin geschuldete Tätigkeit nur unter Nutzung eines Kraftfahrzeugs erledigt werden könne.

Ein wichtiger Grund zur fristlosen Kündigung könne weiter nicht angenommen werden, wenn zwar ein Dienstfahrzeug für die Besuchsfahrten zu den Maklern zur Verfügung gestellt worden sei, der Nutzungsvertrag es jedoch zulasse, dass das Firmenfahrzeug von Dritten gefahren werden dürfe

und die Arbeitnehmerin während der Sperrzeit angeboten habe, sich von einem Verwandten fahren zu lassen, was hier der Fall gewesen sei.

Auch der Einwand greife nicht durch, die Betreuerin könne die ihr obliegenden Aufgaben nur dann innerhalb der Arbeitszeit erledigen, wenn sie die durchschnittlich geforderten sieben Fahrten zu den Maklern pro Woche konzentriert an zwei bis drei Tagen durchführe, um genügend Zeit für die Aufbereitung im Home Office zu haben. Hierbei werde nicht berücksichtigt, dass die Betreuerin bei Nutzung öffentlicher Verkehrsmittel zumindest in der Eisenbahn am Laptop arbeiten und damit die Fahrtzeiten produktiv nutzen könne.

Interessensabwägung im Einzelfall

Auf zweiter Stufe der Wirksamkeitsprüfung sei darüber hinaus zu berücksichtigen, dass nach dem das Kündigungsrecht beherrschenden Verhältnismäßigkeitsgrundsatz nur dann eine Beendigungskündigung in Betracht komme, wenn keine Möglichkeit zu einer anderweitigen Beschäftigung auf einem freien Arbeitsplatz bestehe.

Wichtig: Für das Fehlen einer anderweitigen Beschäftigungsmöglichkeit ist der Arbeitgeber im Prozess darlegungs- und beweispflichtig. Sofern der Arbeitsplatz des gekündigten Arbeitnehmers weggefallen ist oder er aus personenbedingten Gründen an diesem Arbeitsplatz nicht mehr arbeiten kann, gilt eine abgestufte Darlegungslast: Es obliegt dem Arbeitnehmer zunächst darzulegen, inwieweit er sich eine anderweitige Beschäftigung – gegebenenfalls zu geänderten Bedingungen – vorstellt. Sodann hat der Arbeitgeber eingehend zu erläutern, aus welchen Gründen eine solche Beschäftigung nicht möglich war.

Im vorliegenden Fall hatte das Versicherungsunternehmen nach Ansicht des Gerichts lediglich substantiiert vorgetragen, dass der von der Maklerbetreuerin zuvor innegehabte Arbeitsplatz durch Neueinstellung nachbesetzt worden und somit bei Ausspruch der Kündigung nicht mehr frei gewesen sei. Die Maklerbetreuerin habe allerdings zuvor unstreitig mehrere Positionen beim Unternehmen bekleidet. Angesichts der vielseitigen Einsetzbarkeit und der Größe des Unternehmens sei der Vortrag der Versicherungsgesellschaft, ein anderweitiger Arbeitsplatz sei nicht vorhanden, alle Stellen seien besetzt, Vakanzen seien nicht vorhanden, unsubstantiiert.

Aus den gleichen Gründen hielt das Gericht auch die hilfsweise ausgesprochene ordentliche Kündigung für unwirksam. Das Arbeitsvertragsverhältnis der Maklerbetreuerin bestand damit nach Ansicht des Gerichts fort.

Zusammenfassung

- Bei einem Außendienstmitarbeiter, dem ein Dienstfahrzeug überlassen wurde und der zumindest zu 50 Prozent seiner Arbeitszeit im Außendienst unterwegs ist, kann der Entzug der Fahrerlaubnis an sich geeignet sein, eine fristlose Kündigung zu rechtfertigen.
- Die Auslegung der vertraglichen Regelungen muss in einem solchen Fall allerdings ergeben, dass die vertraglich geschuldeten Aufgaben nur mit einem Kraftfahrzeug erbracht werden können. Alternative Beförderungsmöglichkeiten müssen – sofern rechtlich und tatsächlich möglich – berücksichtigt werden.
- Der Ausspruch einer Beendigungskündigung kommt auch im Falle eines Fahrerlaubnisentzugs nur dann in Betracht, wenn anderweitige Beschäftigungsmöglichkeiten auf einem freien Arbeitsplatz nicht bestehen.

SMR sucht Deutschlands vorbildliche Vertriebe

Zusammen mit dem Institut ServiceValue wird Sales Management Review in diesem Jahr die vorbildlichen Vertriebe in Deutschland küren. Wer sich für die Auszeichnung „Vorbildlicher Vertrieb 2015/2016" bewerben möchte, kann sich ab sofort online anmelden. Unter dem Link **http://VorbildlicherVertrieb.ServiceValue.de** können die Vertriebsführungskräfte einen spezifischen Management-Fragebogen vollständig ausfüllen und ihre Qualifikation nachweisen.

Wie vorbildlich ist Ihr Vertrieb? Wodurch zeichnet sich Ihre Vertriebseinheit aus? Mit welchem Selbstverständnis arbeitet Ihre Organisation? Und was unterscheidet Ihr Team von einer reinen Verkaufskolonne?

Reibungslose Abläufe, klare Absatzstrategien und professionelle Organisationsstrukturen – bei einem Vertrieb wird nichts dem Zufall überlassen. Der Unternehmenserfolg heute und in Zukunft hängt in immer stärkerem Maße von der Leistungsfähigkeit eines gut funktionierenden Vertriebes ab. Denn es wird immer schwieriger, Produkte, Waren und Dienstleistungen zu distribuieren und dabei die verschiedensten Vertriebskanäle zu bedienen.

Um auch nachhaltig als Vertrieb erfolgreich zu sein, müssen Kundenerwartungen erfüllt und zugleich die Kompetenz von Führungskräften sichergestellt werden. Dabei gilt es, vor allem den Verkaufs- und Beratungsprozess stets als Beginn einer wertvollen und fairen Kundenbeziehung anzusehen. Um herauszufinden, welcher Vertrieb diesen Anforderungen gerecht wird, hat die Redaktion von Sales Management Review in Zusammenarbeit mit ServiceValue eine Methode entwickelt, die die Gesamtleistung eines Vertriebs bewertet.

Die Befragung

Die Online-Befragung ist für alle Vertriebsgesellschaften und Unternehmen mit eigener Vertriebsorganisation offen – unabhängig von Unternehmensgröße und Branche.

Die Befragung umfasst Auskünfte von Vertriebsabläufen, über Prozesse und Strukturen bis hin zum Organisationsklima und zur Führungskultur. Dabei werden Vertriebsführungskräfte zu personen- und rollenbezogenen Faktoren sowie zu Fakten rund um die Vertriebseinheit unter die Lupe genommen. Beantwortet werden sollen unter anderem die Fragen: Was macht Ihre Vertriebseinheit besser als andere? Worin sehen Sie für Ihre Vertriebseinheit Chancen und Herausforderungen für die nächsten Jahre?

Die Teilnahme für alle interessierten Vertriebsorganisationen startet mit der Online-Befragung:
http://VorbildlicherVertrieb.ServiceValue.de

Bewertungskriterien

Eine vorbildliche Vertriebsleitung zeichnet sich besonders durch eine ausgewogene strategische Aufmerksamkeitsverteilung auf Führung, Fachlichkeit und Teamorientierung aus. Bei der Bewertung der Vertriebseinheiten wird darauf geachtet, wie sehr der Vertrieb eines Unternehmens an einer langfristigen und nachhaltigen Kundenbindung interessiert ist, wie ein zufriedenes und engagiertes Vertriebsteam aufgebaut wird und wie zielführend Strukturen und Prozesse gestaltet sind.

Ob diese Kriterien erfüllt sind, entscheidet eine unabhängige Jury. Dabei steht die Gesamtleistung des Vertriebs im Mittelpunkt der Bewertung.

Die Befragungsdimensionen

Vorbildliche Vertriebsleitung: Um auch nachhaltig im Vertrieb erfolgreich zu sein, bedarf es unter anderem einer ausgeglichenen Aufmerksamkeitsverteilung der Vertriebsleitung. Bei diesem Fragenblock werden die Vertriebsführungskräfte gebeten anzugeben, wie stark ihre derzeitige Aufmerksamkeit – die so genannte Management-Attention – auf strategische Kompetenz, Führungs-, Fach-, Sozial- und Selbstkompetenz sowie Ethik-Aspekte ausgeprägt ist.

Vorbildliche Vertriebe: Die beste Vertriebsleitung (siehe **Abbildung 1**) ist jedoch ohne eine starke Vertriebseinheit nicht funktionstüchtig. Daher werden zur Analyse der herausragenden Vertriebsorganisationen über weitere sechs Dimensionen die Stärken und Schwächen der Vertriebseinheit erhoben. Dieser Fragenblock umfasst Aspekte der Kundenkommunikation und -information, Mitarbeiterführung und -entwicklung, Fairness und Ethik sowie Planung und Steuerung (siehe **Abbildung 2**).

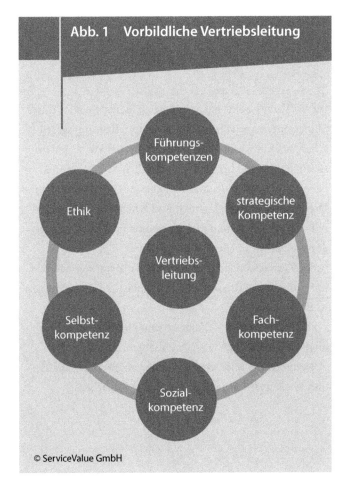

Abb. 1   Vorbildliche Vertriebsleitung

© ServiceValue GmbH

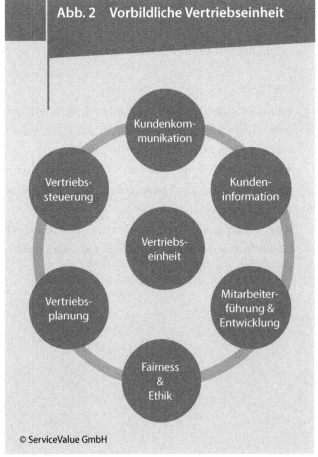

Abb. 2   Vorbildliche Vertriebseinheit

© ServiceValue GmbH

Und so funktioniert's

Der Aufruf geht an alle Vertriebsgesellschaften und Unternehmen mit eigener Vertriebsorganisation – unabhängig von Unternehmensgröße und Branche. Die Teilnahme ist für regional ansässige und allein in Deutschland tätige Firmen wie auch für Holdings mit inländischen Gesellschaften möglich. Vertriebsführungskräfte dieser Unternehmen können ihre Organisation gerne vertreten. Die Teilnahme an der Befragung ist kostenlos und kann bis zum 15. Juni 2015 unter folgendem Link erfolgen:

http://VorbildlicherVertrieb.ServiceValue.de

Bei Erreichen einer Mindestpunktzahl in der Befragung ist das Unternehmen für die Auszeichnung „Vorbildlicher Vertrieb" qualifiziert. Aus diesen Unternehmen werden schließlich die Vertriebe ermittelt, die sich durch eine spürbare Vorbildfunktion hervorheben. Die ausgezeichneten Vertriebe werden auf einer Preisverleihung gekürt. Die Auszeichnung selbst kann über ein Qualitätssiegel kommuniziert werden. Sales Management Review wird über die Ergebnisse sowie über die Preisverleihung berichten.

Wir freuen uns auf Ihre Bewerbung!

Ihr Nutzen

• Ihre Vertriebsorganisation kann bei erfolgreicher Teilnahme den Status „Vorbildlicher Vertrieb 2015/2016" mit einem Siegel nach innen und außen darstellen.
• Als Vertriebsführungskraft und Vertriebsorganisationen erhalten Sie ein individuelles Feedback-Profil und einen informativen Marktvergleich.
• Sie bekräftigen Ihr Bestreben, Vertriebsaktivitäten stets fair und partnerschaftlich zu gestalten und zeigen auf, dass Sie Ihre Versprechen halten.

Die Initiatoren

Sales Management Review

Sales Management Review ist eine Zeitschrift von Springer Science+Business Media, einem der führenden Anbieter für klassische und digitale Lehr- und Fachmedien in den Bereichen Wirtschaft, Naturwissenschaften, Technik und Gesellschaft im deutschsprachigen Raum. Hervorgegangen aus der Fachzeitschrift Sales Business versteht sich Sales Management Review als hochwertige, wissenschaftlich fundierte Fachzeitschrift für den Themenbereich Vertrieb. Top-Entscheider und renommierte Fachautoren analysieren, bewerten und schreiben über zukunftsorientierte Vertriebs- und Sales-Management-Themen für Praktiker im Vertriebsmanagement und Wissenschaftler auf hohem fachlichen Niveau.

ServiceValue ist eine auf Servicequalität und Relationship Management spezialisierte Analyse- und Beratungsgesellschaft aus Köln, gegründet 2009. Sie schafft Werte, indem sie analytisch und betriebswirtschaftlich den Zusammenhang zwischen Kunde, Mitarbeiter oder Partner und dem Unternehmen aufdeckt, misst und erklärt. Eine besondere Bedeutung kommt dabei der optimalen Gestaltung der Servicequalität in alle Richtungen zu.

Die Kernleistungen finden sich in der Beratung, Marktforschung sowie Personal- und Organisationsentwicklung wieder.

Zudem führt ServiceValue regelmäßig Benchmarkstudien durch und erstellt ServiceAtlanten.

Wettbewerbe und Awards werden mit Wissenschafts- und Medienpartnern initiiert und ausgeschrieben.

www.springer für Professionals

Beitrag des Monats

Warum Kennzahlen im Vertrieb wichtig sind

Eine Untersuchung von Mercuri International in Zusammenarbeit mit der Universität St. Gallen aus 2014 zeigt, dass der Erfolg von Vertriebsarbeit wesentlich von einem professionellen Kennzahlensystem des Unternehmens abhängt. Danach sollten die Key Performance Indicators (KPIs) möglichst alle wichtigen, erfolgsabhängigen und leistungsbezogenen Kernbereiche des Vertriebs definieren. Dennoch ist die Verbreitung von Kennzahlen in den unterschiedlichen Leistungsbereichen im Vertrieb eher durchwachsen. Kennzahlen, die klassische Aktivitäten des Vertriebs, wie etwa Kundenbesuche oder Phasen im Verkaufsprozess, steuern und erfassen, gehören erst für 55 Prozent der Befragten zur gängigen Praxis. 64 Prozent sind der Meinung, dass ihr aktuelles Kennzahlensystem zum Erreichen der eigenen Ziele beiträgt. Nur 40 Prozent glauben, dass es auch hilft, die Leistungsreserven im eigenen Vertrieb zu identifizieren. Lesen Sie mehr unter

www.springerprofessional.de/5523310

Weitere meistgeklickte Beiträge

2. Online-Handel birgt sowohl Chance als auch Risiken
www.springerprofessional.de/5012456

3. Funktionierende Bonussysteme einführen
www.springerprofessional.de/5008910

4. „80 Prozent der Online-Händler werden nicht überleben"
www.springerprofessional.de/5568790

5. So fragen Sie richtig
www.springerprofessional.de/5562258

Das Wissensportal Springer für Professionals

Alle Beiträge und Literaturtipps im Heft die mit 𝗦𝗳𝗣 gekennzeichnet sind, sind für Abonnenten des Portals Springer für Professionals im Volltext unter www.springerprofessional.de frei zugänglich. Abonnenten dieser Zeitschrift können das Portal drei Monate kostenfrei unter Angabe des Aktionscodes C0006818 testen und danach zum Vorzugspreis beziehen.

 www.springerprofessional.de/fachzeitschriften/

Empfehlung des Monats

Offline- und Online-Handel verknüpfen

Die großen Vorteile des stationären Handels sind die Atmosphäre, der Service und die Greifbarkeit der Produkte. Der Vorteil von E-Commerce ist die Vielfältigkeit. Wie kann ein Geschäft mit kleiner Verkaufsfläche Vielfältigkeit leisten? Indem der Online-Shop aktiv in den Verkaufsprozess eingebunden wird. Mit Hilfe von digitalen Lösungen und mobilen Endgeräten kann der Online-Shop einer bestimmten Marke direkt mit den Filialen bzw. den Verkäufern verbunden werden und nicht über den Konsumenten wie zuvor. So können unter anderem Bestellungen von Artikeln, die in der Filiale nicht oder nicht mehr erhältlich sind, direkt vom Verkaufspersonal über ein Tablet auf der Fläche für den Kunden getätigt werden. Mehr unter

www.springerprofessional.de/5616246

Mobiles CRM wird Benchmark

Mobile Business-Awendungen werden zur Selbstverständlichkeit im Vertriebsalltag. Einer Vergleichserhebung von Ec4u Consulting AG zufolge sind Marketing- und Vertriebsmanager bedacht darauf, dass ihre Kundenmanagement-Systeme möglichst mobil verfügbar sind. Für Unternehmen ist der mobile und standortunabhängige Zugriff auf CRM-Daten längst zum Benchmark gegenüber Wettbewerbern geworden. Denn der schnelle Abruf über mobile Endgeräte wie Smartphones oder Tablet-PCs sichert eine effektive Kundenbetreuung. So ist laut der Studie das Interesse an mobilem CRM im Vertrieb innerhalb eines Jahres um das Doppelte gestiegen. Mehr unter

www.springerprofessional.de/5616280

Dienstleisterverzeichnis

**Präsentieren Sie Ihr
Unternehmen.**

Thema der nächsten Ausgabe:

Erfolgsfaktor Vertrieb

Die Mannschaft ist der Star – diese Weisheit gilt nicht nur im Sport. Auch der Vertrieb kann als echte Mannschaftssportart angesehen werden. Denn auch hier kommt es auf die gemeinsam erbrachte Leistung aller an. Und für die Zusammenstellung und die Einstellung des Teams ist der „Trainer" zuständig – der Vertriebsleiter. Er ist dafür verantwortlich, dass alle an einem Strang ziehen und ihre Aufgaben darin sehen, Nutzen zu schaffen für den Kunden und das Unternehmen auf die Gewinnspur zu führen. Führungskräfte im Vertrieb brauchen deshalb innovative Konzepte, die wirklich greifen und die das Team auf die steigenden Anforderungen und die neuen Aufgaben einstellt, die den Vertrieb bereits nachhaltig verändert haben und noch weiter verändern werden.

Impressum

Sales Management Review
Zeitschrift für Vertriebsmanagement
www.salesmanagementreview.de
Ausgabe 2/2015| 24. Jahrgang
ISSN 1865-6544

Verlag
Springer Gabler
Springer Fachmedien Wiesbaden GmbH
Abraham-Lincoln-Straße 46
65189 Wiesbaden
www.springer-gabler.de
Amtsgericht Wiesbaden | HRB 9754
USt-IdNr. DE811148419

Geschäftsführer
Armin Gross | Joachim Krieger | Dr. Niels
Peter Thomas

Gesamtleitung Anzeigen und Märkte
Armin Gross

Gesamtleitung Produktion
Dr. Olga Chiarcos

Leitung Magazine
Stefanie Burgmaier

Wissenschaftlicher Beirat
Prof. Dr. Ove Jensen
WHU – Otto Beisheim School of Management, Vallendar
Prof. Dr. Manfred Klarmann
Karlsruhe Institute of Technology (KIT)

Prof. Dr. Manfred Krafft
Wilhelms-Universität Münster
Prof. Dr. Dirk Zupancic
German Graduate School of Management
& Law (GGS), Heilbronn

Verantwortliche Redakteurin
Gabi Böttcher
Tel.: +49 (0)611 7878-220
gabi.boettcher@springer.com

Leitung Programmbereich Marketing |
Sales | Kommunikation
Barbara Roscher
Tel.: +49 (0)611 7878-233
barbara.roscher@springer.com

Kundenservice
Springer Customer Service GmbH
Springer Gabler-Service
Haberstr. 7 | D-69126 Heidelberg
Telefon: +49 (0)6221 345-4303
Fax: +49 (0)6221 345-4229
Montag – Freitag 8.00 Uhr – 18.00 Uhr
springergabler-service@springer.com

Produktmanagement
Melanie Engelhard-Gökalp
Tel.: +49 (0)611 7878-315
melanie.engelhard-goekalp@springer.com

Verkaufsleitung Anzeigen
Mandy Braun
Tel.: +49 (0)611 7878-313

Fax: +49 (0)611 7878-78313
mandy.braun@best-ad-media.de

Anzeigenpreise
Es gelten die Mediainformationen
vom 01.10.2014

Anzeigendisposition
Susanne Bretschneider
Tel.: +49 (0)611 7878-153
Fax: +49 (0)611 7878-443
susanne.bretschneider@best-ad-media.de

Layout und Produktion
Erik Dietrich
erik.dietrich@springer.com

Titelbild
Malte Knaack
mknaack@malteknaack.com

Bezugsmöglichkeit
Das Heft erscheint sechsmal jährlich.
Bezugspreis Print + Online für Privatleser:
109 €, Bezugspreis Print + Online für Unternehmen: 174 €, Studenten/Azubis in
Deutschland: 70 € (jeweils inkl. MwSt., Porto und Versand), Einzelheftpreis: 34 €, Bezugspreis Print + Online im Ausland für Privatleser: 135 €, Bezugspreis Print + Online im Ausland für Unternehmen: 200 €
Jedes Abonnement enthält eine Freischaltung für das Online-Archiv auf www.springerprofessional.de/2787710 (Regis-

Im Fluss des Werdens und Wandelns

Mit dem Aphorismus „panta rhei" konnten die griechischen Philosophen einst die Welt erklären. Ausgehend von der „Flusslehre" Heraklits steht „alles fließt" für das ewige Werden und Wandeln im Leben. Die Bedeutung hinter der Formel wird in der Philosophie oft dahingehend interpretiert, dass das Sein nicht statisch, sondern als ewiger Wandel dynamisch zu erfassen sei. Der ewige Wandel ist sicher eine allzu bekannte Facette des Vertriebs. Ohne Wandel, ohne Veränderung kein Fortschritt, kein Erfolg.

Noch immer scheitern zu viele Unternehmen an der nachhaltigen Umsetzung von Veränderungsprozessen im Vertrieb, kritisieren Alexander Tiffert und Lars Binckebanck (siehe Seite 12). Ihrer Ansicht nach brauchen Führungskräfte im Vertrieb neue Konzepte, die die Eigendynamik von Organisationen berücksichtigen. Denn auch in den Unternehmen ist das Sein nicht statisch ...

Für Anabel Ternès ist es mit ein bisschen Wandel nicht getan, vielmehr sei eine regelrechte Metamorphose notwendig, um den Vertrieb auf eine neue qualitative Ebene zu stellen (Seite 26). So müsse sich der Vertrieb neuen Kanälen öffnen, während gleichzeitig der Kunde den Mehrwert einer persönlichen Beratung erkennen könne. Das ist vor dem Hintergrund der fortschreitenden Digitalisierung laut Ternès nur realisierbar, wenn der Verkäufer eine Verwandlung zum Berater durchlaufe. Denn der Kunde von heute erwarte Experten, die ihm einen greifbaren Nutzen bieten.

Es ist mehr als deutlich, dass durch die zunehmende Internationalisierung insbesondere im Vertrieb von Industriegütern die Notwendigkeit nach stetiger Weiterentwicklung nicht nur von Verkäufern, sondern auch von Vertriebssystemen und -werkzeugen steigt. Denn „panta rhei" steht auch im Vertrieb für das ewige Werden und Wandeln. Um eine nachhaltige Leistungssteigerung der Vertriebsorganisation zu erreichen, ist es nötig, Wachstumshebel im globalen B2B-Vertrieb zu aktivieren. „Sales Performance Excellence" nennen Oliver Greiner und Thorsten Lips solche Ansätze (Seite 34). Die Au-

Gabi Böttcher
Verantwortliche Redakteurin von
Sales Management Review und Portal-
managerin Vertrieb der Wissensplattform
Springer für Professionals
E-Mail: gabi.boettcher@springer.com

toren begründen in ihrem Beitrag, warum es heute überlebenswichtig für B2B-Unternehmen ist – ganz im Sinne der Flusslehre Heraklits –, regelmäßige Optimierungsinitiativen der Vertriebsorganisation statt reiner Effizienzprogramme zu forcieren.

Der philosophische Faden könnte an diesem Punkt wieder aufgenommen und weiter verfolgt werden, bis der Fluss des Werdens und Wandelns im Freudenschrei des griechischen Mathematikers Archimedes von Syrakus mündet: „Heureka!" – Ich habe es gefunden!

Gabi Böttcher

3|2015

Schwerpunkt

www.springerprofessional.de

 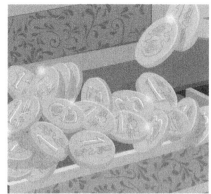

Personalien

Freund leitet Arithnea-Vertrieb

Michael Freund soll als neuer Director Sales von Arithnea das Neukundengeschäft des E-Business-Experten ausbauen. Darüber hinaus verantwortet er das Key Account Management und den Partnervertrieb. Zur weiteren Stärkung des Vertriebs besteht seine Aufgabe darin, die Aktivitäten der verschiedenen Standorte des Unternehmens zu konsolidieren. Dazu zählen der Sitz von Arithnea in Neubiberg bei München sowie die Niederlassungen in Bremen, Dortmund, Frankfurt und Stuttgart.

Refined Labs erweitert Geschäftsführung

Philipp von Stülpnagel verstärkt seit 1. April als Geschäftsführer Sales das Management von Refined Labs, Technologie-Anbieter für Cross-Channel-Tracking und SEM Bidmanagement mit Sitz in München. In seiner neuen Funktion verantwortet von Stülpnagel den Ausbau des Neugeschäfts sowie die Weiterentwicklung und Intensivierung von strategischen Partnerschaften mit Media- und Performance-Marketing-Agenturen. Zudem wird er sich um den Aufbau eines dedizierten Sales-Teams für das Wachstumssegment Customer Journey Analyse bzw. Cross-Channel-Tracking kümmern.

Peter Dahm wurde von eBay Advertising zum Regional Head of Agency Sales für Düsseldorf & Frankfurt am Standort Düsseldorf ernannt. In seiner neuen Position verantwortet er die Betreuung der Mediaagenturen und die Weiterentwicklung des regionalen Werbegeschäfts.

Harald Knapstein ist seit Februar 2015 VP Marketing bei Matrix42. In dieser Funktion verantwortet er, in enger Zusammenarbeit mit dem Vorstand Produktmanagement und Sales, die Planung und Umsetzung der globalen Marketingstrategie.

Bernd Lynen ist neuer Senior Project Manager & Key Account Manager beim Online-CRM-Anbieter Artegic AG. Seine Hauptaufgabe besteht darin, bestehende Kunden bei der Entwicklung von integrierten Dialogmarketing-Lösungen und Business-Intelligence-Anwendungen zu unterstützen und zu beraten.

Karina Spronk leitet das Partnergeschäft bei deals.com, der Suchmaschine für digitales Sparen. In ihrer neuen Funktion verantwortet die studierte Betriebswirtin den Auf- und Ausbau von Partnerstrukturen mit nationalen und internationalen Händlern, Agenturen und Netzwerken.

Roberto Casini verstärkt als Vice President of Sales für DACH und Italien das Team von Uros, Anbieter des mobilen Wi-Fi-Service Goodspeed. In dieser Funktion ist Casini dafür verantwortlich, das Wachstum des Goodspeed-Service in Deutschland, Österreich, Schweiz und Italien voranzutreiben, mit besonderem Fokus auf Geschäftskunden und Mobilfunknetzbetreiber.

Loredana Popescu-Moraru verantwortet als Sales Business Developer DACH den Ausbau der Vertriebs- und Marketingaktivitäten des belgischen Software-Spezialisten Selligent.

Frank Häusgen, bislang Sales-Verantwortlicher für SimCorp in der Schweiz, hat jetzt zusätzlich die Gewinnung von Neukunden in Deutschland und Österreich zu verantworten.

Christoph Martial ist seit 1. Mai als Property Practice Leader Germany für die Chubb Insurance Company of Europe SE tätig. Martial übernimmt damit Verantwortung für die Entwicklung des Bestands- und Neugeschäfts im Bereich Sachversicherung in Deutschland, inklusive der Spezialsegmente Hochtechnologie und Medizintechnik.

Jürgen Metko ist seit Anfang Mai bei Akamai als Regional Vice President Central Europe tätig. In dieser Funktion ist er verantwortlich für Vertrieb, Service und Support des Unternehmens in Deutschland, Österreich und der Schweiz.

Vertriebsklima hellt sich weiter auf

Positive Konjunktursignale auch aus dem Vertrieb: Zum zweiten Mal in Folge kann der Xenagos-Sales-Indikator zulegen: Im ersten Quartal 2015 stiegen sowohl Neukundengeschäft als auch die absolute Angebotshöhe und schoben so den Gesamtindikator auf einen Wert von 28,97.

Geschäfte werden im Vertrieb gemacht, so lautet ein verbreitetes Sprichwort. Und die Geschäfte laufen gut in diesen Tagen in Deutschland. So gut, dass das Vertriebspersonal der Unternehmen erneut von höheren Angebotswerten und mehr Neukunden berichten kann.

Seit 2006 befragt die auf Vertrieb spezialisierte Personalberatung Xenagos ausgewählte Verkäufer aus einem Pool von über 35.000 Vertriebsspezialisten zum Verlauf ihrer Angebote im abgelaufenen Quartal. Für das erste Quartal des laufenden Jahres fallen die Ergebnisse erneut positiv aus – in der letzten Befragung für das vierte Quartal 2014 legten die Werte ebenfalls zu. Die Neukundenquote steigt in Q1 um 4,23 Punkte auf 29,74. Die gesamte Angebotshöhe verzeichnet ein Plus von 0,31 und liegt damit aktuell bei 28,21. Der aus den Werten zusammengesetzte Gesamt-Indikator erreicht damit 28,97 Punkte (+2,27).

Betrachtet man die einzelnen Funktionen im Vertrieb, so sehen Führungskräfte die Lage oft anders als Verkäufer im Feld. Letztere haben in der Regel den direkten Kontakt zum Kunden und lassen sich tendenziell weniger von der allgemeinen Stimmung beeinflussen als ihre Vorgesetzten. Im ersten Quartal 2015 kommen die positiven Impulse des Indikators anders als im Vorquartal von den Führungskräften: Bei ihnen steigt der Wert von 27,94 im vierten Quartal 2014 auf 31,19 im abgelaufenen Q1 2015. Bei den Verkäufern ohne Führungsverantwortung ist die Veränderung vergleichsweise gering – hier steigt der Indikator um 0,68 auf 23,81 Punkte.

Kaum eine andere Frage beschäftigt Entscheider so sehr wie die Zukunftsaussichten. Deshalb fragt Xenagos diejenigen, die es wissen müssen: Die Vertriebsexperten. Aus rund 37.000 Vertriebsfachleuten werden ausgewählte Vertriebs- und Führungskräfte per Onlineerhebung befragt. Wie niemand sonst beobachten sie die Kaufbereitschaft der Kunden.

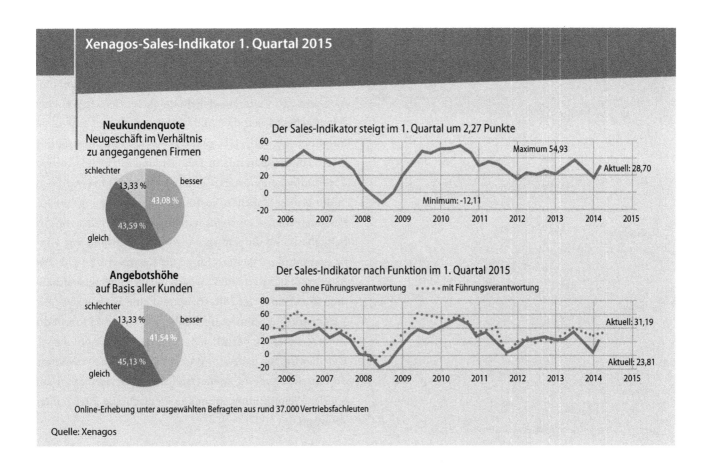

Xenagos-Sales-Indikator 1. Quartal 2015

Neukundenquote
Neugeschäft im Verhältnis zu angegangenen Firmen
schlechter 13,33 %
besser 43,08 %
gleich 43,59 %

Der Sales-Indikator steigt im 1. Quartal um 2,27 Punkte
Maximum 54,93
Aktuell: 28,70
Minimum: -12,11

Angebotshöhe
auf Basis aller Kunden
schlechter 13,33 %
besser 41,54 %
gleich 45,13 %

Der Sales-Indikator nach Funktion im 1. Quartal 2015
ohne Führungsverantwortung   mit Führungsverantwortung
Aktuell: 31,19
Aktuell: 23,81

Online-Erhebung unter ausgewählten Befragten aus rund 37.000 Vertriebsfachleuten

Quelle: Xenagos

Gehaltsbarometer für Vertriebsinnendienst

Zwischen 32.000 und 43.000 Euro liegt das Durchschnittsgehalt der im Innendienst beschäftigten Vertriebsmitarbeiter pro Jahr. Im unteren Quartil können die Jahresgehälter auch durchaus unterhalb der 28.000-Euro-Grenze liegen, bei den 25 Prozent im oberen Gehaltsbereich kann auch die Marke von 55.000 Euro übertroffen werden. Die Gehaltsspannen in diesem Bereich sind nicht so ausgeprägt wie etwa im Außendienst oder bei Führungspositionen, allerdings erhalten auch 23 Mitarbeiter im Innendienst Prämien: 23 Prozent profitieren von diesen Leistungsanreizen. Der Durchschnitt bei den Prämien liegt bei 3.187 Euro – das sind acht Prozent vom durchschnittlichen Gesamtgehalt. In den Genuss eines Firmenwagens kommen lediglich vier Prozent der im Innendienst Beschäftigten.

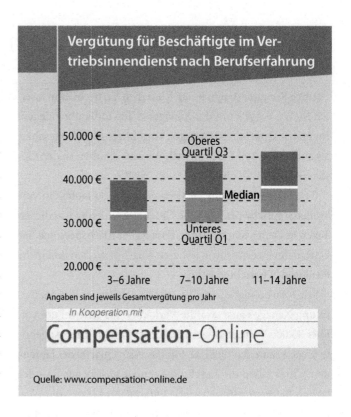

Quelle: www.compensation-online.de

Karriereturbo Weiterbildung

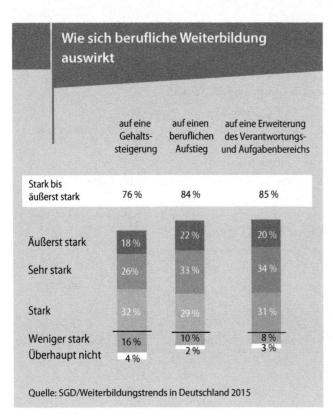

Quelle: SGD/Weiterbildungstrends in Deutschland 2015

Viele Fach- und Führungskräfte im Vertrieb sind auf der Suche nach einem neuen Job, weil sie beruflich vorankommen und sich weiterentwickeln möchten. Bei der Wahl des Arbeitgebers spielt das Weiterbildungsangebot eine nicht unerhebliche Rolle. Das geht aus der TNS Infratest-Studie „Weiterbildungstrends in Deutschland 2015" im Auftrag der Studiengemeinschaft Darmstadt (SGD) hervor. Fortbildungsmöglichkeiten, so das Fazit der Befragung von 300 Personalverantwortlichen, stärken die Attraktivität von Arbeitgebern und unterstützen die Mitarbeiterbindung. Hinzu kommt, dass Weiterbildung als Karriereturbo gilt: Für 85 Prozent der Befragten fördern Qualifizierungsmaßnahmen die Chance der Mitarbeiter auf eine Erweiterung des Verantwortungs- und Aufgabenbereichs, für 84 Prozent die Chance auf einen beruflichen Aufstieg (siehe Abbildung). Darüber hinaus gaben 76 Prozent an, dass Weiterbildung die Aussicht auf eine Gehaltssteigerung forciert. Mehr zur Studie „Weiterbildungstrends in Deutschland 2015" unter www.sgd.de.

Unternehmen verstärken Vertriebsteams

Eine steigende Nachfrage nach qualifiziertem Personal im Vertrieb verzeichnet der Salesjob-Index auch im ersten Quartal des Jahres 2015. Insgesamt waren 73.807 Positionen ausgeschrieben, was im Vergleich zum Vorjahresquartal einem Zuwachs von 18,5 Prozent entspricht. Bemerkenswert ist der deutlich gestiegene Bedarf an Fachkräften (siehe Abbildung). Während im ersten Quartal 2014 noch 38.473 Stellen ausgeschrieben waren, gab es in den ersten drei Monaten dieses Jahres bereits 50.796 offene Positionen und damit einen Zuwachs von 32 Prozent. Auch im Vergleich zum letzten Quartal 2014 sind das knapp 6.000 Positionen mehr. Zwar ist der Bedarf an Vertriebspersonal insgesamt gestiegen, für Führungskräfte gab es jedoch fünf Prozent weniger ausgeschriebene Positionen als im ersten Quartal 2014. (www.salesjob.de)

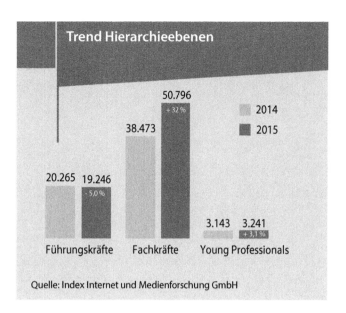

Quelle: Index Internet und Medienforschung GmbH

Wenig Innovation im B2B-Service

Sowohl bei den Kontaktmöglichkeiten als auch bei Service- und Informationsangeboten dominieren auf dem B2B-E-Commerce-Markt noch die „Klassiker": Kunden müssen sich weitgehend mit Standars wie Kontaktformularen, Hotlines oder Warenkorb-Schnellerfassung zufriedengeben. Das ergibt der B2B-E-Commerce-Konjunkturindex, eine Initiative der IntelliShop AG in Zusammenarbeit mit dem ECC Köln am IFH Institut für Handelsforschung. Nur wenige Online-Händler bieten danach ihren B2B-Partnern dialogorientierte Kontaktmöglichkeiten wie Click-to-Chat, Click-to-Call oder Click-to-Video an. Auch innovative Service- und Informationsfunktionen wie ein Materialrechner haben sich noch nicht durchgesetzt. Immerhin: Jeder fünfte Händler testet oder nutzt einen virtuellen Verkaufsberater. Und rund 27 Prozent der Unternehmen produzieren Beratungsvideos mit Experten. Lesen Sie mehr unter

SEP* www.springerprofessionell.de/5656624

Direktvertrieb punktet mit Kundennähe

Von mehr als 14 Millionen Kundenbestellungen, die im Jahr 2014 bei den Direktvertriebsunternehmen eingingen, wurde nur jede 500ste widerrufen. Die Widerrufsquote liegt damit bei nur 0,2 Prozent. Das ergibt die jährliche Mitgliederbefragung des Bundesverbands Direktvertrieb Deutschland e. V. (BDD). Zum Vergleich: Im Online-Handel liegt die Widerrufsquote bei fünf Prozent und ist 25-mal so hoch. Laut dem BDD-Vorstandsvorsitzenden Jochen Acker liegen die Gründe für die niedrige Widerrufsquote vor allem in der professionellen Beratung im Direktvertrieb sowie im persönlichen Kontakt zum Kunden – Faktoren, die eine langfristige vertrauensvolle Kundenbeziehung begünstigen würden. Der BDD veröffentlicht einmal im Jahr die Quote aller Bestellungswiderrufe, die im Vorjahr bei seinen Mitgliedsunternehmen eingegangen sind. (www.direktvertrieb.de)

Erfolgsfaktor Vertrieb

Die Größe eines Wortes stellt die relative Häufigkeit in den Beiträgen des Heft-Schwerpunktes dar.

Vertriebssteuerung
Kennzahl
Kompetenzen
Verkäufertypen
Kunde
Daten Kunden Berater Erfolg
Verkäufer
Vertrieb
sales Service
Unternehmen
Führungskräfte
Veränderungen
Informationen

Schwerpunkt
Erfolgsfaktor Vertrieb

Veränderungen neu denken

Immer noch scheitern zu viele Unternehmen an der nachhaltigen Umsetzung von Veränderungsprozessen im Vertrieb. Bei der Analyse der Ursachen zeigt sich immer wieder, dass klassische Konzepte, die eine Steuerbarkeit von Veränderungen unterstellen, nicht ausreichend greifen. Führungskräfte im Vertrieb brauchen neue Konzepte, welche die Eigendynamik von Organisationen berücksichtigen.

Alexander Tiffert, Lars Binckebanck

Sie war eine Sensation und galt als modernste Paketfabrik der Welt – die neue Versandanlage von Quelle, die Anfang der 1950er-Jahre gebaut wurde. Die innovative Maschine revolutionierte den Vertrieb, da es nun möglich war, Versanddaten elektronisch zu verarbeiten. Dank solcher Ideen und Investitionen hängte Firmenpatriarch Gustav Schickedanz lästige Konkurrenten wie Neckermann ab und baute sein Unternehmen zum größten Versandhaus Europas aus. Jahrzehntelang hielt es diese Position. Bis zu dem Zeitpunkt, als der Gigant mit dem dicken Versandkatalog die Vorteile des Internets verschlief, in dem Firmen wie Amazon ihre Waren online zu verkaufen begannen. Quelle scherte sich dank satter Gewinne wenig um diesen radikal neuen Weg – und ging 2009 pleite.

Das einzige traurige Beispiel dafür, wie einstige Marktführer und Innovationstreiber unter die Räder kommen können, ist Quelle leider nicht. Weitere prominente Namen lassen sich leicht finden: Agfa, Commodore, Kodak oder auch jüngst die Pleiten von Praktiker und Schlecker, die hierzulande massive Entlassungen zur Folge hatten. Die Gefahr, dass der unaufhaltsame Wandel selbst vermeintliche „Riesen" in die Knie zwingt, ist virulent. Somit stehen Unternehmen, ganz gleich welcher Größe und Branche, vor der Herausforderung, sich immer schneller zunehmend dynamischen Marktveränderungen anzupassen. Sie sind zukünftig noch mehr gefordert, ihre Segel immer wieder neu zu setzen.

> *„Die Gefahr, dass der unaufhaltsame Wandel selbst vermeintliche ‚Riesen' in die Knie zwingt, ist virulent."*

Veränderung als Konstante im globalisierten Wettbewerb

Umso erschreckender ist die Erfolgsquote der angestoßenen Veränderungsprozesse. Studien belegen, dass mehr als die Hälfte von ihnen mehr oder weniger scheitern. In diesen Fällen überschreiten Führungskräfte massiv die Zeitpläne oder Budgetgrenzen. Oder sie müssen ganze Veränderungsvorhaben aufgeben, weil sich unter den Mitarbeitern massiver Widerstand gebildet hat. Dies hat natürlich fatale Folgen: Hohe Investitionen versickern und notwendige Neuausrichtungen bleiben aus. Insofern ist es unabdingbar, genauer hinzusehen, warum sich Unternehmen so schwer tun, notwendige Veränderungen umzusetzen und langfristig zu verankern.

Grundsätzlich ist die Auseinandersetzung mit der „richtigen" Umsetzung von Veränderungen gar nicht neu. Bereits seit Ende der 1980er-Jahre empfehlen Experten, dem Druck zur Veränderung mit einem professionellen „Change Management" zu begegnen. Dahinter steckt die Idee, durch systematische Analyse, sorgfältige Maßnahmenkonzeption und gewissenhafte Umsetzungsplanung die Risiken kalkulierbar und die Schritte zur Umsetzung planbar zu gestalten. Der größte Vorteil derartiger Konzepte: Sie versprechen Sicherheit durch gezielte Steuerung. Alleine im deutschsprachigen Raum gibt es mittlerweile mehrere hundert Bücher dazu, wie Change Ma-

Dr. Alexander Tiffert
ist Experte für systemische Organisationsentwicklung im Vertrieb. Mit seinem Beratungsunternehmen begleitet er komplexe Prozesse zur Führungs- und Organisationsentwicklung bei Unternehmen in hochdynamischen Marktumfeldern. Er ist zudem Lehrbeauftragter und Honorardozent für Vertriebsmanagement und systemische Organisationsentwicklung.

Prof. Dr. Lars Binckebanck
ist Professor für Marketing & International Management an der Nordakademie in Hamburg/Elmshorn. Er war in leitender Funktion als Marktforscher, Unternehmensberater und Vertriebstrainer tätig, bevor er als Geschäftsführer bei einem führenden Münchener Bauträger Verkauf und Marketing verantwortete.

Alexander Tiffert
Vertriebsentwicklung mit Kultur Dr. Alexander Tiffert, Lübeck, Deutschland
E-Mail: atiffert@dr-tiffert.de

Lars Binckebanck
Nordakademie, Elmshorn, Deutschland
E-Mail: lars.binckebanck@nordakademie.de

Kerngedanke 1

Das operative Tagesgeschäft und das Primat des „positiven Denkens" führen zu struktureller und kultureller Blindheit für die Notwendigkeit von Veränderungen.

nagement gelingen soll. Insofern ist zu fragen, warum so viele dieser Ansätze offenbar nicht fruchten.

Viele Ideen, keine Hilfe in Sicht

Projekterfahrungen zeigen, dass es zuerst einmal die drei folgenden Gründe sind, die Veränderungsprozesse scheitern lassen:

• Strukturelle und kulturelle Blindheit: Ein großes Problem besteht sehr häufig darin, dass notwendige Veränderungen einfach zu spät erkannt werden. Dabei ist es zunächst paradox und scheinbar kaum verständlich, wie Unternehmen buchstäblich mit offenen Augen dem Abgrund entgegenfahren und unbeirrbar an bestimmten Produkten oder Verkaufsansätzen festhalten, obwohl sich der Markt bereits lange verändert hat. Dieses Phänomen lässt sich auf strukturelle sowie kulturelle Probleme zurückführen. Strukturell schwierig ist, dass Unternehmen zu wenig vorausschauend über künftige Markt- und Umweltentwicklungen reflektieren. So gibt es oftmals keine klar definierten Routinen und Instrumente dafür. Gerade auch im Vertriebsumfeld ist die Strategiearbeit zumeist sehr operativ auf jährliche Budgetplanungen beschränkt. Hier diskutieren Führungskräfte wie auch Mitarbeiter aber eben nicht über Szenarien möglicher Marktveränderungen und die resultierenden Konsequenzen. Neue Bedrohungen rechtzeitig zu erkennen ist aber nicht selbstverständlich, denn es gilt, Vorboten möglicher Bedrohungen zu erkennen, obwohl noch gar nicht klar ist, wie diese aussehen. Erschwerend kommt ein oftmals kulturelles Problem hinzu: Gerade im Vertrieb gilt häufig das Primat des „positiven Denkens". Demnach ist eine Führungskraft nur dann erfolgreich, wenn sie auch in schwierigen Zeiten scheinbar unbeirrbar vorangeht, Krisen als Chancen umdeutet und so die „gute Stimmung" nicht gefährdet. Vertriebsmanager blenden dann schlechte Nachrichten aus und verbreiten lieber Optimismus. Und so passiert es, dass Unternehmen trotz sinkender Erfolgszahlen unbeirrbar an den Erfolgsmustern der Vergangenheit festhalten und die notwendige Reflexion komplett ignorieren. Diese fatale Kombination aus fehlender systematischer Voraussicht und unterlassener kritischer Reflexion des Status Quo macht Unternehmen systematisch blind für existenzielle Bedrohungen.

• Falsche Botschaften frustrieren: Aber selbst wenn an den relevanten Stellen im Unternehmen der Handlungsdruck erkannt wurde, sind die notwendigen Folgemaßnahmen kein Selbstläufer. Mittlerweile dürfte sich herumgesprochen haben, welchen hohen Stellenwert dabei eine passende interne Kommunikation hat. Denn eine Veränderungsbereitschaft setzt von den betroffenen Personengruppen stets die Einsicht in die Notwendigkeit von Einschnitten voraus. Dementsprechend muss der „Need-for-Change" klar herausgearbeitet sein. Weiterhin braucht es eine klar definierte „Vision" für jede relevante Zielgruppe sowie einen Überblick, was sich alles konkret ändert und wie vorgegangen werden soll. Dabei ist es wichtig, genau zu überlegen, welche interne Zielgruppe über welche Kommunikationskanäle und mit welcher Botschaft erreicht werden soll. Gerade hier zeigen sich in der Praxis allerdings weitere Schwachstellen: Oftmals gibt es überhaupt keine klare Strategie, oder die durchgeführten Maßnahmen passen nicht zur jeweiligen Zielgruppe. Beispielsweise vermitteln Führungskräfte, „was" alles verändert werden soll, aber sie verknüpfen es nicht mit dem „Warum" und vor allem nicht mit dem konkreten „Wie". Ein besonderes Problem ist zudem, dass die Einsicht in die Veränderung je nach Zielgruppe zeitlich variieren kann. So passiert es, dass das Management bereits ein klares Bild zum Change entwickelt hat, während die Mitarbeiter noch über das „Warum" rätseln oder es womöglich noch gar nicht kennen. Insgesamt ist immer wieder festzustellen, dass viel zu häufig systematisch an den jeweiligen Zielgruppen vorbei kommuniziert wird.

> *„Ein großes Problem besteht sehr häufig darin, dass notwendige Veränderungen einfach zu spät erkannt werden."*

● Überschätzung der Steuerbarkeit von Change-Prozessen: Wollen Führungskräfte Veränderungen erfolgreich gestalten, greifen sie in der Regel sehr geschäftig zu einem ganzen Bündel an Maßnahmen: Sie planen Teilprojekte und Projektschritte mit Arbeitspaketen, definieren neue Prozesse oder strukturieren ganze Abteilungen um. In der Art und Weise, wie sie das tun, liegt oft einer der schwerwiegendsten Fehler: Viele von ihnen haben nämlich noch immer eine verklärte Sicht auf die Plan- und Steuerbarkeit von Veränderungsprozessen. Das ist zuerst einmal verständlich. Allein der Begriff Change Management legt schon in seiner Wortbedeutung nahe, Veränderungen könnten systematisch „gemanaged" werden. In der Praxis zeigt sich jedoch, dass Unternehmen in Sachen Veränderung eben nicht nach dem linearen Ursache-Wirkung-Prinzip funktionieren und gezielte Steuerungsversuche daher nicht greifen. Ansätze der neuen systemischen Organisationstheorie belegen diese Beobachtungen auch theoretisch. Demnach haben es Führungskräfte bei der Gestaltung von Veränderungen in Unternehmen mit komplexen Prozessen von Wechselwirkungen und Selbstorganisation zu tun, weshalb sich Veränderungsvorhaben eben nicht aus der Ferne planen und mit den Methoden des gängigen Projektmanagements steuern lassen. Wenn aber immer noch vielfach Change-Prozesse aus der reinen Projektmanagement-Brille gedacht und umgesetzt werden, ist es nur logisch, dass der Motor der Umsetzung ins Stocken gerät, weil im ursprünglich entwickelten Konzept bestimmte Nebenwirkungen der Veränderung nicht berücksichtigt wurden.

Nach dieser Kritik an bisherigen Konzepten stellt sich natürlich die berechtigte Frage: Wie gelingt Change Management im Vertrieb erfolgreich?

Neues Denken für eine alte Herausforderung

Natürlich würden Standardrezepte der Praxiserfahrung widersprechen, dass jeder Change-Prozess individuell gedacht und mit entsprechender Archi-

Zusammenfassung
● Der globalisierte Wettbewerb erfordert von Unternehmen die Bereitschaft und die Fähigkeit zur kontinuierlichen Anpassung.
● Klassisches Change Management scheitert in der Praxis häufig an struktureller und kultureller Blindheit, frustrierenden und falschen Botschaften sowie mangelnder Steuerbarkeit von Change-Prozessen.
● Veränderungsprozesse sollten daher durch systemische Ansätze ergänzt werden, welche die organisationalen Realitäten besser abbilden.
● Führungskräfte müssen sich kontinuierlich mit der Zukunftsfähigkeit der Vertriebsorganisation auseinandersetzen, mit Ambivalenzen umgehen, Veränderungen in Feedbackschleifen einbinden und den Dialog mit internen Stakeholdern suchen.

Kerngedanke 2

Veränderungsprozesse werden von Führungskräften häufig falsch moderiert, legitime Fragen der internen Stakeholder nicht oder falsch beantwortet.

tektur entwickelt und umgesetzt werden muss. Gleichwohl sollen im Folgenden einige grundlegende Empfehlungen abgegeben werden, die sich in der Projektpraxis sehr erfolgreich bewährt haben:

• Eine kontinuierliche Auseinandersetzung mit der Zukunftsfähigkeit systematisch fördern: Die erste zentrale Frage ist natürlich, wie es gelingen kann, notwendige Veränderungen frühzeitiger zu erkennen, um dann schneller und passend zu reagieren. Führungskräfte sollten daher immer wieder für eine entsprechende Außenperspektive sorgen. Außerdem müssen sie die interne Diskussion anregen, um kontinuierlich relevante Soll-Ist-Diskrepanzen zu besprechen. Wichtig sind dafür fixe Zeiten, in denen ein ergebnisoffenes und frühzeitiges Querdenken möglich ist. Idealerweise darf dabei jeder Mitarbeiter, ähnlich wie beim Brainstorming, seine Meinung in einer offenen Atmosphäre äußern. In vielen Projekten führt die Vertriebsleitung regelmäßig zum Ende eines Jahres so genannte „Zukunftskonferenzen" durch. Man blickt darin auf die Ergebnisse des abgelaufenen Jahres und sucht nach möglichen Erfolgsmustern, wagt aber auch gemeinsam einen prognostischen Blick auf die nächsten ein bis drei Jahre. Dabei werden mit Szenario-Techniken Hypothesen über mögliche Entwicklungen in der Zukunft auf politischer, gesellschaftlicher, rechtlicher sowie wirtschaftlicher Ebene entwickelt. Sehr wichtig sind am Schluss natürlich die Konsequenzen und konkreten Aufgaben, die sich für den Vertrieb bzw. das Gesamtunternehmen ableiten.

Abb. 1   Relevante Fragen in vertrieblichen Change-Prozessen

Systemisches Change Management im Vertrieb

Diskussion der Zukunftsfähigkeit	Umgang mit Ambivalenzen	kontinuierliche Feedbackschleifen	Dialog statt Monolog
• Was waren die wesentlichen Markt - und Wettbewerbsbedingungen in der Vergangenheit? Wie sind wir damit umgegangen, um unseren Markterfolg zu sichern?	• Inwieweit ist eine gezielte Steuerung von Veränderungsprozessen im Vertrieb überhaupt möglich? Wo liegen die Grenzen?	• Welche konkreten nächsten Schritte können wir aktuell planen? Was sind konkrete Maßnahmen und Vorgehensweisen?	• Wer sind überhaupt die von der Veränderung betroffenen Personengruppen: Innendienst, Außendienst, Key Account Manager, Regionalleiter, Kunden oder auch Kunden unserer Kunden…?
• Was sind momentan die zentralen Markt - und Wettbewerbsbedingungen? Wie gehen wir aktuell damit um und ´was macht uns dabei erfolgreich?	• Welches Selbstverständnis über meine eigene Rolle als Führungskraft habe ich? Was bedeutet für mich „Erfolg als Führungskraft"? Welche Erwartungen meines Unternehmens (Geschäftsführung, Mitarbeiter, andere Führungskräfte) gibt es hierzu?	• Mit welchen möglichen Widerständen müssen wir aus heutiger Sicht rechnen - auf der Ebene unserer Vertriebsmitarbeiter, aber auch auf Kundenebene?	• Wie klar ist den betroffenen Personengruppen…
Was sind mögliche Entwicklungen im • Hinblick auf politische, gesellschaftliche, ökonomische oder auch technologische Veränderungen der nächsten drei Jahre? Welche Konsequenzen leiten sich hieraus möglicherweise für unser Unternehmen bzw. Vertrieb ab?	• Welche möglichen Widersprüche zwischen meinem eigenen Anspruch, den Erwartungen aus dem eigenen Unternehmen und den Möglichkeiten gezielter Steuerung von Veränderungsprozessen gibt es?	• Welche Erfahrungen aus einzelnen Umsetzungsschritten konnten bislang im Umsetzungsprozess gesammelt werden? Welche Hypothesen über die Ursachen von Widerständen gibt es? Inwieweit beeinflussen unsere Erfahrungen die geplante "Roadmap" des Veränderungsprozesses? Welche Anpassungen sind notwendig?	• das "Warum" der bevorstehenden Veränderung?
Inwieweit sind die bisherigen • Erfolgsmuster eine adäquate Antwort auf mögliche Entwicklungen in der Zukunft? Auf welche Herausforderungen braucht es neue Anworten in unserem Vertrieb?	• Was bedeutet eine hohe Unsicherheit im Hinblick auf die Prognose künftiger Entwicklungen für mich als Führungskraft?	• Was sind sinnvolle Abstände, um den Stand der Umsetzung der bisherigen Planung gezielt zu reflektieren? Wer sollte an entsprechenden Reflexions-Workshops teilnehmen? Welche Formate sind hierfür sinnvoll?	• das "Was" der bevorstehenden Veränderung (also: Was soll sich eigentlich ändern)?
			• das "Wie" der bevorstehenden Veränderung (also: Wie gehen wir dabei vor, was sind konkrete nächste Schritte etc.)?
			• Was sollten wesentliche Schritte einer adäquaten Kommunikationsstrategie sein? Welche Botschaften sollten auf welchen Wegen und durch welche Personen kommuniziert werden?

Quelle: eigene Darstellung

• Coaching im Umgang mit Ambivalenzen: Da Führungskräfte Organisationen nicht gezielt steuern bzw. verändern können, müssen sie sich mit Unsicherheit und Nicht-Planbarkeit auseinandersetzen. Das ist nicht nur ungewohnt, sondern macht vielfach auch Angst. Führungskräfte benötigen daher die Fähigkeit, diese unbequeme Konfrontation auszuhalten (und angemessen mit ihr umzugehen). Das ist aber alles andere als banal, weshalb eine gezielte Begleitung des Managementteams sowie der Führungskräfte der mittleren Ebene durch externes Coaching gerade bei größeren Veränderungsprozessen empfehlenswert erscheint. Das stärkt sie bei ihrem täglichen Umgang mit Paradoxien und Ambivalenzen. Entsprechende Auseinandersetzungen sind unabdingbar, damit Führungskräfte illusorische Scheinsicherheiten ablegen und sich rechtzeitig neuen, passenderen Führungskonzepten öffnen.

„Eine Veränderungsbereitschaft setzt von den betroffenen Personengruppen stets die Einsicht in die Notwendigkeit von Einschnitten voraus."

• Veränderungsarbeit in kontinuierlichen Feedbackschleifen: Veränderungsprozesse sollten in Schleifen gedacht werden, wobei sich Phasen der Maßnahmenkonzeption mit Phasen der Umsetzung abwechseln. Denn auch wenn Veränderungen in Unternehmen nicht planbar gesteuert werden können, bedeutet das nicht, dass Führung nicht mehr notwendig oder völlig hilflos ist. Unternehmen reagieren durchaus auf Veränderungsimpulse, nur ist im Vorfeld nicht vorhersehbar, wie sie das tun werden. Kein Change-Prozess ist planbar, sondern muss als ein hypothesengeleitetes Experimentieren begriffen werden, bei dem auch im späteren Verlauf noch Veränderungen der ursprünglichen Planung zulässig sind. In der Praxis sind demnach variable Change-Architekturen zu entwickeln. Hierbei werden auf der strukturellen Seite eines Projektplans zwar durchaus klare Maßnahmenpläne definiert, aber für die Umsetzung werden von vornherein regelmäßige Reflexionsräume zur Justierung des geplanten Vorgehens mit eingebaut. Beispielsweise gibt es fixe Termine für Projekttreffen, deren inhaltliche Themen sich erst im Prozess ergeben. So haben Führungskräfte den nötigen Freiraum, um flexibel auf Veränderungen im Verlauf des Veränderungsprozesses einzugehen.

• Vom Monolog zum Dialog: Da bei Veränderungsprozessen die kluge Kommunikation mit der internen Zielgruppe entscheidend ist, sollten wichtige Inhalte immer eine Verbindung aus dem „Warum" (ist die Veränderung notwendig), dem „Was" (wird sich konkret ändern und bedeutet es für die Zielgruppe) und dem „Wie" (gehen wir vor) herstellen. Zu beachten ist dabei, dass die verschiedenen Zielgruppen vor jeweils anderen Fragestellungen stehen können. Zudem ist es wichtig, Kommunikation nicht als Einbahnstraße zu denken, sondern einen echten Dialog zu ermöglichen. In Praxisprojekten lassen sich unterschiedliche Formate kombinieren: Angefangen

Handlungsempfehlungen

• Fördern Sie systematisch durch ergebnisoffenes und frühzeitiges Querdenken die kontinuierliche Auseinandersetzung mit der eigenen Zukunftsfähigkeit.

• Lassen Sie sich als Führungskraft im Vertrieb im ungewohnten Umgang mit Ambivalenzen extern unterstützen und legen Sie Scheinsicherheiten ab.

• Akzeptieren Sie bei der Veränderungsarbeit Reflexionsräume und Feedbackschleifen zur (Nach-)Justierung variabler Change-Architekturen.

• Richten Sie Ihre interne Kommunikation zu Veränderungsprozessen an den heterogenen Bedürfnissen Ihrer Stakeholder aus und suchen Sie den Dialog.

• Vermeiden Sie isolierte Maßnahmen und kurzfristigen Aktionismus.

Kerngedanke 3

Die Steuerbarkeit von Veränderungsprozessen mit dem Instrumentarium des klassischen Projektmanagement wird von Führungskräften häufig überschätzt.

von der Großgruppenveranstaltung zum Projekt-Kick-Off über die Nutzung der vorhandenen internen Kommunikationswege (wie Mitarbeiterzeitschrift oder Intranet) bis hin zum speziellen Sounding-Bord.

Abbildung 1 fasst die Überlegungen zu einem systemischen Change Management im Vertrieb zusammen und formuliert für die vier Handlungsfelder relevante Fragen für Führungskräfte in der Praxis.

Unternehmen, die bei der Gestaltung ihrer Veränderungsvorhaben die beschriebenen Empfehlungen berücksichtigen, sind besser aufgestellt, um auch größeren Veränderungsanforderungen erfolgreich zu begegnen. Und dass selbst „Riesen" des Marktes völlig neue Strukturen und Vorgehensweisen ausbilden und profitabel nutzen können, zeigt übrigens ein Konkurrent des pleitegegangen Quelle-Konzerns: Das Unternehmen Otto setzte, während sich das Internet gerade noch etablierte, bereits sehr früh auf eigene Onlineshops. Heute macht das Unternehmen seinen größten Umsatz im Web.

Literatur

Königswieser, R./Exner, A. (2005): Systemische Intervention: Architekturen und Designs für Berater und Veränderungsmanager, 9. Aufl., Stuttgart

Krusche, B. (2008): Paradoxien der Führung. Aufgaben und Funktionen für ein zukunftsfähiges Management, Heidelberg

Luhmann, N; (2011): Organisation und Entscheidung, 3. Aufl., Wiesbaden

Simon, F. B. (2009): Einführung in die systemische Organisationstheorie, 4. Aufl., Heidelberg

[SfP]* Tiffert, A. (2013): Everything changes – systemische Ansätze für das Change Management, in: Binckebanck, L./Hölter, A.-K./Tiffert, A. (Hrsg.), Führung von Vertriebsorganisationen, Wiesbaden, S. 381-401 (ID: 4727618)

Wimmer, R. (2004): Organisation und Beratung. Systemtheoretische Perspektiven für die Praxis, Heidelberg

[SfP]* Abonnenten des Portals Springer für Professionals erhalten diesen Beitrag im Volltext unter www.springerprofessional.de/ID

Die Sales-Geheimwaffe zum Leben erwecken

Zahlen statt Bauchgefühl: Im Vertrieb werden Entscheidungen oftmals auf Basis persönlicher Erfahrungen oder Erfolge des vergangenen Quartals getroffen. Business Intelligence analysiert, segmentiert Kunden und Interessenten und hilft so, die Konversionsraten und den Umsatz zu steigern.

Wolfgang Kobek

Bauchgefühl ist zum großen Teil Erfahrungssache. Das bedeutet jedoch nicht, dass dies auch immer stimmt. Mit all den Möglichkeiten der Digitalisierung und Globalisierung ändern sich Rahmenbedingungen und Technologien rasant – und damit ist Wissen auch sehr schnell veraltet. Gerade im Vertrieb werden Entscheidungen oftmals auf Basis jüngster Kundenerfahrungen oder der Erfolge des vergangenen Jahres getroffen. Vertriebsorganisationen sind bislang nicht gerade dafür bekannt, Technologien zu nutzen, um ihre Aktivitäten zu erfassen und entsprechende Berichte zu erstellen oder mithilfe Datenanalysen ihre vertrieblichen Ziele zu bestimmen. Oft haben die Ergebnisse des letzten Quartals oder der letzte große Kunden-Deal einen höheren Einfluss auf die Entwicklung der Vertriebsstrategie als eine wohl durchdachte, datengetriebene Analyse historischer Trends und zukünftiger Entwicklungen.

Gewohnheiten sind schwer zu ändern. Wer seine Entscheidungen bisher auf Basis persönlicher Erfahrungen getroffen hat, wird nur schwer zu einer Datenbasis für sein Handeln zu bewegen sein – umso weniger, wenn die Daten den bisherigen Erfahrungen widersprechen. Die wenigsten Vertriebsorganisationen sind darauf ausgelegt, einen solchen Wandel voranzutreiben. Sie investieren viel, um die Leistung individueller Mitarbeiter und damit den Umsatz zu steigern. Aber eine flexible und übergreifende Strategie zu entwickeln und umzusetzen ist ein Problem. Dabei würde es sich lohnen: Schon die kleinste Verbesserung im Sales-Bereich hat umfassende Folgen. Wenn ein Vertriebsteam mit 500 Leuten eine durchschnittliche Quote von zwei Millionen erzielt, so bedeutet eine Steigerung von 80 auf 82 Prozent rund 20 Millionen mehr Umsatz. Eine Studie des MIT zeigte, dass Firmen, die datenbasiert und analytisch bei ihrer Entscheidungsfindung vorgehen, um fünf Prozent produktiver und um sechs Prozent profitabler sind als ihre Konkurrenz. Die Aberdeen Group hat herausgefunden, dass 57 Prozent der Umsatzführer Sales Analytics sehr oder umfassend nutzt – dies trifft allerdings nur auf 41 Prozent der Umsatzschwächsten zu (siehe **Abbildung 1**).

> *„Firmen, die datenbasiert und analytisch bei ihrer Entscheidungsfindung vorgehen, sind um fünf Prozent produktiver und um sechs Prozent profitabler als ihre Konkurrenz."*

Wie kann man den Umsatz steigern und eine gesunde Marge behalten, zugleich aber schnell auf den Markt und den Wettbewerb reagieren? Wer es nicht schafft, funktionsübergreifend zu planen und die Ressourcen entsprechend einzusetzen, sieht sich mit Problemen konfrontiert. Für mehr Sales Performance muss jeder Schritt im Vertriebszyklus – von der strategischen Planung bis zur Ergebnisanalyse – angepasst werden. Dafür bedarf es Informationen. An der nötigen Grundlage mangelt es den Unternehmen dabei nur selten. Ganz im Gegenteil: Sie schwimmen geradezu in einem Meer aus Daten. Das Problem besteht darin, die Daten zugänglich zu machen und

Wolfgang Kobek
ist als Geschäftsführer für den Business Intelligence-Anbieter Qlik in Deutschland, Österreich und der Schweiz verantwortlich. Er ist Experte auf den Gebieten Big Data und Business Intelligence.

Wolfgang Kobek
Qlik, Düsseldorf, Deutschland
E-Mail: infode@qlik.com

richtig zu nutzen. Die Daten liegen in Silos bei unterschiedlichen Leuten oder Teams, in unterschiedlichen Regionen oder sogar im externen Ökosystem.

Der Weg zum „faktenbasierten Verkaufen"

Organisationen müssen also einen Weg finden, aus den Datenbergen die für Sales wichtigen und gewinnentscheidenden Informationen herauszuziehen und diese auszuwerten. Einige Maßnahmen helfen, das Potenzial des „faktenbasierten Verkaufens" voll auszuschöpfen.

Ausrichtung am User: Die beste Analysehilfe hilft nichts, wenn sie nicht genutzt wird – dies erfordert eine Unternehmenskultur, die das unterstützt. Vertriebsteams wollen wissen, was ihre Zielgruppe bewegt. Und sie möchten auf einen Blick sehen, welche Verkaufspotenziale sich bieten und welche Vertriebsstrategien in diesem Fall erfolgreich sein könnten. Best Practices sind nur dann wertvoll, wenn sie auf andere konkrete Fälle übertragbar sind. Dies ist aber nicht die einzige Perspektive, denn Führungskräfte und Manager haben ganz andere Bedürfnisse an den Vertrieb: Sie benötigen den Überblick über die Sales Pipeline und die Performance nach Teams, Produkten oder Regionen. Ziel ist nicht nur ein genaueres Forecasting, sondern vielmehr das Wissen, wie eine gesteigerte Produktivität erreicht werden kann. Kurz: Die Anwender wissen sehr genau, welche Antworten sie brauchen – und genau hier sollte Business Intelligence ansetzen, um zu schnellen Resultaten zu kommen. Es macht keinen Sinn, alle Energie und Ressourcen in langwieriger händischer Datenbereinigung zu verlieren. Je schneller die Erkenntnisse vorliegen, desto größer ist die Motivation, weiter zu machen. Und: Je mehr Vertriebler Zugriff auf die Analysen ihrer Vertriebsdaten haben, umso größer die Erfolgsrate.

Kerngedanke 1

Studien zeigen, dass Unternehmen die datengetriebene und analytische Sales-Entscheidungen treffen, produktiver und profitabler sind als ihre Konkurrenz.

Zusammenfassung

● Sales-Teams vertrauen oft stärker auf ihre Erfahrung und ihr Bauchgefühl als auf Datenanalysen.

● Mit Business Intelligence können zukünftige Entscheidungen mit den Daten vergangener Erfolge abgeglichen und argumentativ unterlegt werden.

● Voraussetzung für „faktenbasiertes Verkaufen" ist, bestehende Unternehmensdaten zusammenzuführen und eine intuitive Umsetzung, die sich am User ausrichtet.

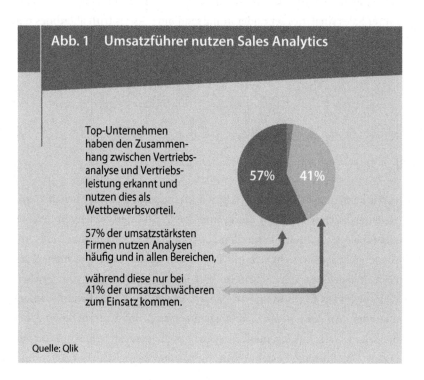

Abb. 1   Umsatzführer nutzen Sales Analytics

Top-Unternehmen haben den Zusammenhang zwischen Vertriebsanalyse und Vertriebsleistung erkannt und nutzen dies als Wettbewerbsvorteil.

57% der umsatzstärksten Firmen nutzen Analysen häufig und in allen Bereichen,

während diese nur bei 41% der umsatzschwächeren zum Einsatz kommen.

57%   41%

Quelle: Qlik

Auch über Sales hinaus kommt es darauf an, alle Bereiche im Unternehmen mit Informationen zu versorgen – schnell und entsprechend ihrer Bedürfnisse. Auch das Marketing ist erfolgreicher und kann bessere Grundlagen für Sales legen, wenn Entscheidungen und Schwerpunkte mit dem Vertrieb abgestimmt werden. Finanzentscheidungen brauchen ebenfalls Wissen um die Sales Pipeline und HR-Daten. Diesen Fluss zu blockieren – oder gar nicht erst zu ermöglichen – hindert auch die Vollständigkeit und Qualität wichtiger Geschäftsentscheidungen.

Doch den Austausch von Daten mit Data Governance und Sicherheit in Einklang zu bringen, kann eine kniffflige Sache sein. Hier gilt es, Extreme zu vermeiden. Daten vollkommen frei zu teilen kann daneben gehen: Was würde passieren, wenn Vertrauliches nach außen geht? Das andere – wesentlich häufigere – Phänomen der Überregulierung führt letztlich zu Datensilos, deren Potenzial ungenutzt schlummert. Unternehmen, die hier Maßstäbe setzen, orientieren sich ganz klar am Bedarf: Sie klären und erfüllen die Bedürfnisse der Anwender in Richtung Analytics und geben ihren Anwendern nicht einfach eine Technologie vor in der Hoffnung, dass diese schon damit zurechtkommen.

„Die beste Analysehilfe hilft nichts, wenn sie nicht genutzt wird – dies erfordert eine Unternehmenskultur, die das unterstützt.“

Verfügbar: Was bringen Analysen, wenn sie nicht sofort zur Verfügung stehen, wenn man sie benötigt? Nicht immer sind Analysen planbar – oft müssen Daten in kürzester Zeit zusammengestellt und aufbereitet werden. Doch gerade Sales ist unter Zeitdruck. Ohnehin bleibt immer weniger Zeit für den direkten Kundenkontakt. Es liegt also nahe, die Informationen, die aus indirekten Kanälen kommen, zu erfassen und auf einer einzigen Plattform zusammenzufügen. Die schnelle Auswertung dieser Daten ist ein klarer Wettbewerbsvorteil – vorausgesetzt, die Datengrundlage stimmt und bietet einen umfassenden Blick auf den Kunden oder Absatzzahlen. Ein Self Service Analytics Tool geht sogar einen Schritt weiter und legt mehr Verantwortung in die Hände der Sales-Mitarbeiter: Das Wissen aus eigenen, schnell umgesetzten Analysen – zu regionalen und kundeninternen Trends – schafft mehr Sales-Chancen und höhere Konversionsraten. Schnellere Antworten und tiefere Einblicke verkürzen den Vertriebszyklus.

Intuitiv: Der Schlüssel zur breiten und regelmäßigen Nutzung ist letztlich die menschliche Neugier: Es ist spannend zu sehen, wo Erfolg herkommt und welche Faktoren ihren Beitrag leisten. Eine gute BI-Lösung muss also nicht nur intuitive Bedienung, sondern auch ein gewisses Maß an Freiheit bieten. Die Vorteile einer gelungenen Analytics-Strategie reichen von positiven Emotionen bis hin zur fundierten und flexibel auswertbaren Zahlenbasis. Denn wenn ein Anwender ganz einfach mit Analytics umgehen kann, steigt generell die Durchdringung des Unternehmens mit Analysen und Er-

Kerngedanke 2

Datenanalyse geht einher mit einer intuitiven Visualisierung – und ermöglicht damit in Sekundenschnelle neue Perspektivenwechsel auf die Vertriebszahlen.

kenntnissen – aber auch die Motivation und Verantwortlichkeit auf Seiten der Mitarbeiter.

Es gilt also, Business Intelligence zum Leben zu erwecken – mit Visual Analytics. Visualisierung über ein Dashboard oder über Scorecards zeigt dann beispielsweise die Vertriebszahlen für das letzte Quartal, aber auch mit wenigen Mausklicks, wie sich der Sales-Bereich unter verschiedenen Bedingungen entwickeln könnte – sei es durch neue Kanäle, andere Preise, ein größeres Sales-Team, Events oder äußere Einflüsse wie das Wetter. Dies bedeutet natürlich nicht, dass der Vertrieb bei schlechtem Wetter grundsätzlich keine Verkaufsbemühungen betreiben sollte, aber die Simulation alternativer Szenarios und das Berücksichtigen sowohl von „weichen" als auch harten, finanziellen Faktoren hilft dabei, die beste Strategie zu entwickeln – sei es für ein Produkt, eine Produktfamilie oder eine Region.

Klare KPIs: Analytics-Projekte scheitern oft daran, dass die Strategie des Unternehmens nicht mit den Kennzahlen übereinstimmt. Wenn das Falsche gemessen wird, der Einfluss mancher Faktoren auf den Geschäftserfolg überschätzt oder die wesentlichen Faktoren ignoriert werden, kann das nur in

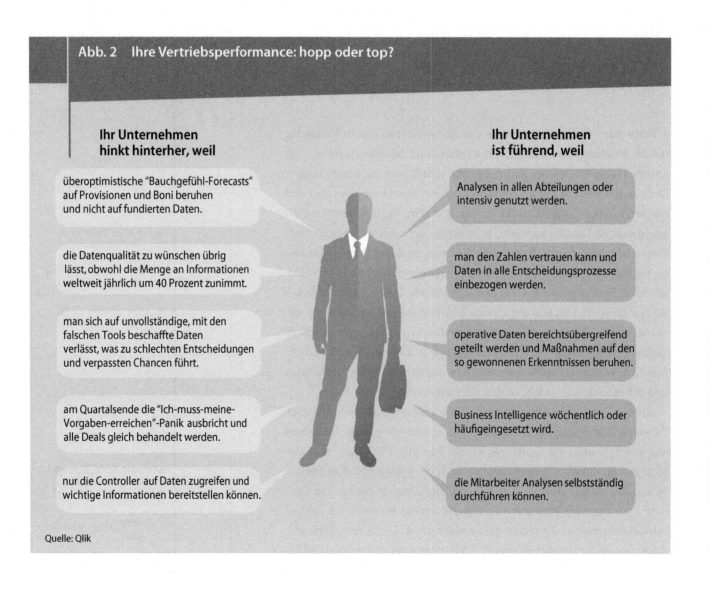

Abb. 2   Ihre Vertriebsperformance: hopp oder top?

Ihr Unternehmen hinkt hinterher, weil

überoptimistische "Bauchgefühl-Forecasts" auf Provisionen und Boni beruhen und nicht auf fundierten Daten.

die Datenqualität zu wünschen übrig lässt, obwohl die Menge an Informationen weltweit jährlich um 40 Prozent zunimmt.

man sich auf unvollständige, mit den falschen Tools beschaffte Daten verlässt, was zu schlechten Entscheidungen und verpassten Chancen führt.

am Quartalsende die "Ich-muss-meine-Vorgaben-erreichen"-Panik ausbricht und alle Deals gleich behandelt werden.

nur die Controller auf Daten zugreifen und wichtige Informationen bereitstellen können.

Ihr Unternehmen ist führend, weil

Analysen in allen Abteilungen oder intensiv genutzt werden.

man den Zahlen vertrauen kann und Daten in alle Entscheidungsprozesse einbezogen werden.

operative Daten bereichtsübergreifend geteilt werden und Maßnahmen auf den so gewonnenen Erkenntnissen beruhen.

Business Intelligence wöchentlich oder häufigeingesetzt wird.

die Mitarbeiter Analysen selbstständig durchführen können.

Quelle: Qlik

falschen Entscheidungen resultieren. Was nutzt es dem Vertrieb, seine Erfolge zu messen, wenn die Profite sinken?

Genau: Auch ungenaue Forecasts tragen zu verpassten Zielen bei. Wenn die Angaben zur Pipeline nicht vollständig sind und darüber hinaus die CRM-Plattform nicht die fundierte Analyse bietet, die eigentlich notwendig wäre, kann eine Prognose nicht passen. Eine BI-Plattform ermöglicht es, die wichtigen Informationen und Opportunities herauszupicken. Sie kombiniert eine What-if-Analyse und traditionelle Forecasts bzw. Budgetanalysen und schafft so einen Mehrwert. Im Spiel mit den Daten werden auch Inkonsistenzen und Fehler deutlich.

„Ein gutes BI-Tool muss nicht nur intuitive Bedienung, sondern auch ein gewisses Maß an Freiheit bieten."

Zwischen Funktionsumfang und Unternehmenskultur

Bei der Auswahl des für die Situation richtigen Tools geht es nicht darum, den reinen ROI zu betrachten – wichtiger ist vielmehr die Total Cost of Ownership und auch der Aufwand, mit dem die Anwender und die Technologie einander angenähert werden müssen. Auch die Datenanalyse selbst ist nur der erste Schritt. Der Einfluss der Sales-Analyse geht weit über die reinen Vertriebsprozesse hinaus und hat Auswirkungen auf die grundlegende Geschäftsstrategie und die Unternehmensprozesse. So werden die Bereiche Produktion, Forschung und Entwicklung sowie Support die Auswirkungen sehr schnell spüren. Die Einführung von Visual Analytics im Sales-Bereich hat Auswirkungen auf die gesamte Unternehmenskultur (siehe **Abbildung 2**).

Handlungsempfehlungen

● Beim Austausch von Daten – zwischen Abteilungen oder auch mit Kunden – sollte darauf geachtet werden, das richtige Maß an Data Governance und Sicherheit zu finden.

● Business Intelligence sollte nicht nur rückblickend eingesetzt werden, sondern kann auch neue Möglichkeiten und Chancen aufzeigen.

● Für eine gesteigerte Sales Performance muss jeder Schritt im Vertriebszyklus, von der strategischen Planung bis zur Ergebnisanalyse hinterfragt und gegebenenfalls angepasst werden.

Metamorphose für Verkäufer

Für einen nachhaltigen Erfolg im Vertrieb sind neue Qualitäten notwendig: weniger Rhetorik – mehr Empathie, weniger Produktpräsentation – mehr Entwicklung von individuellen Lösungen, weniger Verkäufer – mehr Berater. Denn der Kunde von heute ist anspruchsvoller als früher, er ist gut informiert und nimmt sein Recht auf umfassenden Service wahr.

Anabel Ternès

Die goldenen Zeiten, als ein Verkäufer in Anzug und Krawatte seine rhetorischen Fähigkeiten gespickt mit etwas Fachwissen treffsicher und erfolgreich platzieren konnte, sind definitiv vorbei. Der moderne Kunde weiß, was er will. Er informiert sich auf den verschiedensten Kanälen, die ihm heute jederzeit und global offen stehen. Und er hat Erwartungen: Nicht weniger als das Beste für sein Geld muss es sein. Schließlich kennt er den Wettbewerb und damit Alternativen, die sich ihm jederzeit einfach erschließen. Der Kunde fordert mit seiner Anspruchshaltung vom Verkäufer eine neue Qualität, die eine deutliche Änderung in der gesamten Vertriebsstrategie notwendig macht.

Die Digitalisierung revolutioniert den Vertrieb, er muss sich neuen Kanälen öffnen. Können auf der einen Seite Standardprodukte unkompliziert online erworben werden und machen damit einen Verkäufer überflüssig, gibt es andererseits immer auch komplizierte beratungsintensive Produkte und Dienstleistungen.

Es ist nun eine Frage des Expertentums, das erfolgreiche Verkäufer vor allem in ihrer Funktion als Berater authentisch und plausibel vermitteln: Der Kunde muss den Mehrwert einer persönlichen Beratung erkennen können. So ergaben einschlägige Untersuchungen wie die von Horvath Partners 2015, dass die Finanzdienstleistungsbranche mit einem enormen Zuwachs an Online-Abschlüssen rechnet.

Darüber hinaus erwartet der Kunde von heute, dass seine Bank oder sein Versicherer einen 24/7-Service im Internet anbietet. Gleichzeitig werden Filiale und Agentur als Anlaufstellen ihre Funktion behalten, wenn sie parallel einen Online-Service unterhalten.

Prof. Dr. Anabel Ternès
ist Geschäftsführerin des Instituts für
Nachhaltiges Management (IISM), das
sich mit Trends und Strategien für nach-
haltige Unternehmensführung und -ent-
wicklung beschäftigt.

> *„Der Kunde fordert also mit seiner Anspruchs-*
> *haltung vom Verkäufer eine neue Qualität, die eine*
> *deutliche Änderung in der gesamten Vertriebs-*
> *strategie notwendig macht.“*

Es lassen sich also zwei Tendenzen feststellen:

1. Online-Abschlüsse oder -Einkäufe setzen sich für standardisierte Produkte oder Dienstleistungen sukzessive durch.
2. Der Vertrieb komplizierterer Produkte oder Dienstleistungen wird zwar weiterhin persönlich erfolgen, trotzdem fordert der Kunde einen flankierenden Online-Service.

Vom Verkäufer zum Berater

Für die Verkäufer selbst werden die Hürden höher: Zum einen müssen sie sich mit sowohl zum Produkt als auch zum Preis informierten Kunden auseinandersetzen, zum anderen im Wettbewerb behaupten. Gleichzeitig unterliegen sie dem üblichen Umsatzdruck, der in vielen Fällen immer noch zu stark auf Quantität abgestellt ist.

Anabel Ternès
Institut für Nachhaltiges Management (IISM), Berlin, Deutschland
E-Mail: anabel.ternes@srh-hochschule-berlin.de

Kerngedanke 1

Eintrainierte Verkaufsgespräche mit perfekt inszenierten Argumentationen wird ein informierter und moderner Kunde schnell durchschauen – und ablehnen. Er will mit seinem speziellen Bedürfnis verstanden werden.

Es stellt sich demnach die Frage, wie ein Verkäufer vor dem Hintergrund der Digitalisierung sein Terrain erfolgreich verteidigen kann. Zahlreiche Vergleichsrechner im Internet eröffnen beispielsweise die Möglichkeit, sich vollkommen eigenständig und zum günstigsten Preis mit Versicherungen oder Finanzprodukten zu versorgen. Anhand detaillierter Fragestellungen wird eine Produktauswahl vorgenommen, sodass unterm Strich passende Lösungen zur Auswahl stehen. Die Beantragung erfolgt dann direkt online, ein Berater wird offensichtlich nicht benötigt.

Dieses Selbstverständnis prägt vor allem die Generationen Y und Z: Sie sind seit ihrer Kindheit vertraut mit den modernen Kommunikationsmitteln und setzen diese wie selbstverständlich im Alltag ein. Aber schon die Einschränkung der Online-Transaktionen auf bestimmte Sparten zeigt die Grenzen klar auf: Personenversicherungen wie Lebens- oder Rentenversicherungen lassen sich online nicht ganz unkompliziert abschließen. Offensichtlich gibt es also qualitative Unterschiede, die wiederum einen fachkundigen Ansprechpartner in den Fokus rücken.

Über Erfolg oder Misserfolg entscheidet letztendlich die Fähigkeit, als kompetenter Berater und Entscheidungsgehilfe zu agieren. Der moderne Kunde will nicht noch mehr Informationen oder ein bestimmtes Produkt mit all seinen Vorzügen präsentiert bekommen. Er möchte sich und seine Bedürfnisse verstanden fühlen, die Antworten auf seine Fragen klar und einfach beantwortet bekommen. Mit stereotypen Abläufen und Argumentationen, die in intensiven Verkaufsschulungen antrainiert werden, muss ein Verkäufer an dieser Stelle scheitern. Er sollte vielmehr in der Lage sein, sich in die Situation seines Kunden hineinzuversetzen und aus dieser Perspektive eine individuelle Lösung zu entwickeln.

Es kommt also schon in der ersten Phase eines Verkaufsgespräches auf Empathie und aufmerksames Zuhören an, denn hier werden die für eine erfolgreiche Beratung notwendigen Informationen ausgetauscht: Der Finanzdienstleister erkennt die Versorgungslücke, die für seinen Kunden existenzbedrohend werden kann. Für den Einkäufer eines großen Unternehmens

Tab. 1 Merkmale eines guten Erstbesuches und deren Relevanz für den Kunden		
Merkmale eines guten Erstbesuchs und % der Kunden, für die das jeweilige Merkmal wichtig ist		% der Kunden, die Verbesserungsbedarf sehen
Kenntnisse über das Geschäft und die Branche des Kunden	71	63
Gute Fragen und aufmerksames Zuhören	66	56
Fachkompetenz des Gesprächspartners	63	49
Nur kundenrelevante Information und Unterlagen	61	57
Zusammenfassung des Gesprächs und der nächsten Schritte	56	48
Sich gut verstanden fühlen	55	51
Der potenzielle Nutzen wird besprochen und quantifiziert	53	52
Relevante Referenzinformationen inkl. konkreter Ergebnisse	51	47
Unternehmenspräsentation	49	48

Quelle: Harvard Business Manager 2015

zählt an dieser Stelle der Nutzen, der in Euro ausgedrückt das entscheidende Argument in den internen Entscheidungsprozessen darstellt. Es geht also in erster Linie um profunde Fachkenntnisse und um die Fähigkeit, Bedürfnisse und Probleme aktiv herauszuhören und in einen Verkaufsansatz umzusetzen, der sicheren wie nachhaltigen Erfolg verspricht.

Um als kompetenter Berater fungieren zu können, muss sich ein Verkäufer mit der Branche, seiner Zielgruppe und dem Kunden bereits im Vorfeld befassen. Nur mit profunden Fachkenntnissen kann so viel Vertrauen aufgebaut werden, dass ein Verkaufsgespräch in die nächste Ebene gelangt (siehe **Tabelle 1**). Insbesondere im B2B-Bereich lassen sich Defizite bei den Verkäufern feststellen, die nicht zuletzt auf eine veränderte Qualität der Kunden zurückzuführen sind: Die gesamten Einkaufsprozesse wurden optimiert – Recherchen zu Produktalternativen gehören zu den Selbstverständlichkeiten. Kennt sich nun ein Verkäufer schlechter in der Materie aus als sein Kunde, dürfte das Gespräch schnell beendet sein.

Der Kunde von heute erwartet einen Experten, der ihm in den verschiedensten Bereichen seines Lebens oder seiner beruflichen Tätigkeit als Berater zur Seite steht und einen greifbaren Nutzen bringt.

Dienstleistung und Service werden erwartet

Schon die Tatsache, dass sich der Kunde von heute selbstständig mit den Informationen versorgt, die ihm im Einkauf weiterhelfen, verdeutlicht die neue Anspruchshaltung: Ein Verkäufer muss mehr bieten als nur einen guten Preis und das, was das Internet an Information bietet. Dies ist nämlich auch beim Mitbewerber erhältlich. Die Entscheidung über Erfolg und Misserfolg liegt in der Qualität als Berater, als Problemlöser und Dienstleister – und gutmeinender ratgebender Experte. Aus der Expertenrolle heraus unterbreitet der Berater verschiedene Lösungswege und gibt Empfehlungen ab, die die Entscheidung erleichtern. Ausschlaggebend ist dabei, dass die Vorschläge explizit zum identifizierten Bedarf passen, also das Bedürfnis des Kunden optimal befriedigen.

Darüber hinaus spielt der angebotene Service eine wichtige Rolle:
- Welche begleitenden Leistungen kann der Kunde erwarten?
- Lassen sich einfache Angelegenheiten flexibel klären?
- Steht ein telefonischer oder Online-Service 24/7 zur Verfügung?

Auch hier spiegelt sich das veränderte Anspruchsdenken wider, die Unterschiede im Service sind die entscheidenden Argumente bei vergleichbaren Angeboten. Je weniger Aufwand der Kunde selbst bewältigen muss, desto größer ist die Wahrscheinlichkeit eines Vertragsabschlusses. Zeit ist sowohl im B2C- als auch im B2B-Bereich eine wertvolle Ressource, die es optimal auszunutzen gilt.

Wenn der Berater Arbeiten als Service erledigt, wird dies die Entscheidung beeinflussen. Ob es sich um die Übernahme der Schadensabwicklung oder lästiger Formalitäten bei Finanzdienstleistern handelt oder um die Bereitstellung wichtiger Referenzinformationen zur Argumentation beim Vor-

Kerngedanke 2
Es geht im Verkaufsgespräch nicht um zusätzliche Informationen, sondern um auf die Bedürfnisse des Kunden zugeschnittene Lösungen.

Zusammenfassung
- Die digitalen Informationsquellen qualifizieren die Kunden, die auf die standardisierten Produktpräsentationen der Verkäufer keinen Wert mehr legen.
- Der erfolgreiche Verkäufer agiert als Berater, erkennt Bedürfnisse und entwickelt Lösungen mit einem quantifizierbaren Nutzen.
- Zusätzlicher Service und begleitende Dienstleistungen entscheiden den Wettbewerb.

gesetzten des Einkäufers – unterm Strich zählt der Nutzen, den der Kunde aus dem zusätzlichen Service ziehen kann.

Allerdings prallen hier entgegengesetzte Interessen aufeinander: Der Vertrieb misst den Erfolg immer noch überwiegend an den erreichten Zahlen zum Monats- oder Jahresende. Der qualitative Aspekt des Geschäftes bleibt damit auf der Strecke. Denn mögliche Synergien oder das Cross-over-Potenzial lassen sich nicht sofort quantifizieren. Hier ist ein Umdenken erforderlich, das insbesondere der Digitalisierung geschuldet ist: Auch Vertriebsmitarbeiter sind vernetzt und tauschen sich zu den Führungsqualitäten ihrer Vorgesetzten aus.

Um die Verkäufer-Kunden-Beziehung auf eine neue Qualitätsstufe zu heben, muss dies zunächst vom Vertriebsmanagement verinnerlicht und vorgelebt werden: mit Empathie, bedarfsgerechten Prozessen und vor allem Wahrhaftigkeit. Für die Entwicklung vom Verkäufer zum kompetenten Berater reichen die Erstellung von prägnanten Präsentationen und die Schulung in bewährten Verkaufstechniken nicht mehr aus. Es sind sowohl Medien- als auch Sozialkompetenz gefordert, um im Verkaufsgespräch flexibel und sicher agieren zu können. Allein der ergebnisorientierte Druck kann dem veränderten Anspruch der Kunden nicht gerecht werden.

„Über Erfolg oder Misserfolg entscheidet letztendlich die Fähigkeit, als kompetenter Berater und Entscheidungsgehilfe zu agieren."

Anforderungen an den Verkäufer von heute

Trotz all des Zeitdrucks, dem Berater im Vertrieb ausgesetzt sind, ist die Vorbereitung auf den jeweiligen Kunden und seine individuellen Belange unersetzlich. Schon in den ersten Minuten wird nämlich klar, ob der Verkäufer überhaupt die notwendige Kompetenz mitbringt. Aufmerksames Zuhören und empathisches Erfassen der Bedürfnisse und der Befindlichkeiten gehören ebenso zum erfolgreichen Verkauf wie die Umsetzung in Lösungen mit dem gewünschten Kundennutzen. Die fundierten Empfehlungen müssen den Bedarf explizit erfüllen, sodass die Entscheidung optimal vorbereitet wird. Der Abschluss inklusive Abwicklung und Service geraten dann zur selbstverständlichen Nebensächlichkeit.

Darüber hinaus erwartet auch der Kunde von heute, dass ein Berater bereits mit seinem äußeren Erscheinungsbild seine Seriosität und sein Expertentum zum Ausdruck bringt. Das mag zunächst als ein Widerspruch zur auf Anonymität ausgelegten Internetaffinität der Generation Y erscheinen, hat aber doch sehr viel mit Wertschätzung zu tun: sich selbst und dem Kunden gegenüber. Die gängigen Dresscodes erfüllen nicht den Zweck der Uniformierung, sie geben der besonderen Aufgabe einen geeigneten Rahmen, der sich trotzdem individuell ausfüllen lässt. Spannend ist, dass an dieser Tatsache auch die Digitalisierung nichts ändern kann. Das beginnt bei der Wahl des Firmenwagens und endet bei der Entscheidung für oder gegen ge-

Handlungsempfehlungen

• Der Kunde von heute ist informiert, stellt Aussagen des Verkäufers in Frage und überprüft den Wahrheitsgehalt. Fachkompetenz und eine sorgfältige Vorbereitung auf Branche, Zielgruppe und Kunde sind daher unerlässlich.

• Aufmerksames Zuhören ist die Voraussetzung zur Aufnahme und Verarbeitung der wichtigen Informationen, auf die sich eine erfolgreiche Beratung beziehen kann. Die Zusammenfassung besprochener Inhalte legt den gemeinsamen Standpunkt fest.

• Der Kundennutzen muss plastisch dargestellt werden. Lässt er sich quantifizieren, sollte diese Möglichkeit unbedingt ausgeschöpft werden.

• Zur Befriedigung der konkreten Bedürfnisse ausgesprochene Empfehlungen erleichtern dem Kunden die Entscheidung. Ein kompetenter Berater übernimmt diese Aufgabe und bereitet so den Weg für den Abschluss.

• Die Abwicklung eines Auftrages muss unkompliziert erfolgen, dies erwartet der Kunde von heute als Service. Je mehr Formalitäten oder Aufwand der Berater abnimmt, umso höher wird seine Kompetenz eingeschätzt.

brandete Arbeitskleidung. Ein zu großes Auto ist nicht selten der Grund dafür, dass ein Geschäftsabschluss nicht erzielt werden konnte.

Digitalisierung wirkt sich in vielen anderen Bereichen aus: Kunden werden immer anspruchsvoller, weil sie ohne Probleme auf Informationen zu Produkten, Dienstleistungen und Preisen zugreifen können. Die Vergleichbarkeit von Angeboten wiederum verstärkt den Druck auf den Berater - und damit auf den gesamten Vertrieb. Die Qualität von Kundenbeziehungen muss in den Vordergrund rücken, wobei die Persönlichkeit des Verkäufers gefordert ist. Nachhaltige Vertriebsansätze beziehen demnach Sozialkompetenz, Empathie und die Fähigkeit, Gehörtes schnell in einen gangbaren Verkaufsansatz einfließen zu lassen, dringend mit ein.

Kerngedanke 3
Bedürfnisse erkennen, Lösungsansätze erarbeiten und eine nützliche Empfehlung dazu geben - das ist die Qualität, die heute vom Verkäufer gefordert wird.

Literatur

Merkmale eines guten Erstbesuches und % Kunden, für die das jeweilige Merkmal wichtig ist (2015). In: www.harvardbusinessmanager.de

Horvath-Partners (Hrgs.; 2015): Studie: Vertrieb von Finanzdienstleistungen steht vor drastischem Wandel. In: www.horvath-partners.com

Ibi reseach (Hrsg.; 2014): Digitalisierung der Finanzbranche. In: www.google.de

Die Zeit (Hrsg.; 2015): Chefs – Führungsstil – Psychologie. In: www.zeit.de

Das digitale Zeitalter braucht empathische Chefs (2015) In: www.personalwirtschaft.de

Urteilskraft

Ich gucke gerne Fußball im TV. Wenn nur die nervigen Statistiken nicht wären ...

Früher hat man ein Spiel gesehen und geurteilt: „geniales Spiel – offener Schlagabtausch" oder „langweilig – die mauern nur". Heute geht es nicht mehr ohne Statistiken wie Ballbesitz, Abschlüsse aufs und neben das Tor, Quoten gewonnener Zweikämpfe, gespielter und erfolgreicher Pässe. Daniel Kehlmann würde es die Vermessung der Fußballwelt nennen. Was mir auffällt: Manchmal finde ich eine Mannschaft furchtbar, auch wenn die Statistik Bestwerte zeigt, oder ich finde ein Spiel irre spannend, obwohl es keine Statistiken dazu gibt.

Auch die Vermessung der Vertriebswelt ist in vollem Gange. Auf der einen Seite stehen die digitalen Verkaufskanäle mit ihren Page Impressions, Clicks, Conversion Rates, Cost per Order und Campaign-ROIs. Auf der anderen Seite steht der Außendienst. Seine Abschlussquoten, Schlagzahlen, Besuchskosten, seine aktive Verkaufszeit und seine Umsätze kann man messen. Oft sieht der persönliche Kundenbesuch bei diesen Statistiken in Relation zu digitalen Kontakten nicht allzu gut aus.

Aber dann sind da noch die schwerer messbaren Nebeneffekte des Mensch-zu-Mensch-Kontakts: Vertrauen, eine belastbare Kundenbeziehung, die auch Fehler verzeiht, ein Geben und Nehmen, bei dem man mal „einen gut" hat, das Elefantengedächtnis für erfahrene Unterstützung. Wer einem Kunden ohne Aussicht auf einen konkreten Abschluss einfach nur hilft, der erlebt manchmal, dass dieser Kunde Jahre später daran denkt und ein großer Auftrag daraus wird. Der Ein-Jahres-ROI solcher Beziehungspflege ist schlecht. Doch der Fünf- und Zehn-Jahres-ROI kann viel besser aussehen.

Seit Jahrzehnten kennen wir das Diktum: „Ich weiß, dass 50 Prozent meines Marketing- und Vertriebsaufwands verschwendet sind, aber ich weiß nicht, welche 50 Prozent." (Das Zitat wurde schon so vielen verschiedenen Urhebern zugeschrieben, dass ich keinen zu nennen wage) Diese Unschärfe ist für viele Manager – und vor allem für Controller – zunehmend schwer zu ertragen. Die meisten Entscheidungsträger ahnen zwar, dass Außendienstarbeit eine größere Wirkung hat als digitale Kampagnen. Doch weil die Wirkung der Au-

Ove Jensen
ist Gründungsherausgeber von Sales Management Review und Inhaber des Lehrstuhls für Vertriebsmanagement und Business-to-Business-Marketing der WHU – Otto Beisheim School of Management. E-Mail: ove.jensen@whu.edu

ßendienstarbeit schwer nachzuweisen ist, entscheiden sich immer mehr Manager für den weniger wirksamen, doch messbaren digitalen Kanal. Ich beobachte, dass Manager, die im Vertrieb groß geworden sind, viel tiefer von der Wirkung der Außendienstmannschaft überzeugt sind, als Manager, die nie Kundenbeziehungen erlebt haben. Intuition versus KPIs - wer wird gewinnen?

In das deutsche Fußball-TV hielten die Statistiken vor 20 Jahren Einzug, als Sat1 der ARD die Übertragungsrechte abjagte. Die neuen Moderatoren der SAT1-Sendung „ran" hatten nicht so viel zu sagen wie die Schlachtrösser der ARD-Sportschau und stützten sich daher auf Statistiken. Statistik ersetzte Urteilskraft.

Neulich war ein Pokalspiel gleichzeitig im öffentlichen und privaten TV zu sehen. Die Urteile der Kommentatoren fielen bemerkenswert unterschiedlich aus. Die Mannschaft mit den schlechteren Statistiken hat übrigens gewonnen…

Wie eine nachhaltige Leistungssteigerung der Vertriebsorganisation gelingt

Die Komplexität im Vertrieb von Industriegütern steigt, insbesondere durch die zunehmende Internationalisierung vieler Unternehmen der produzierenden Industrie. In der Folge steigt auch die Notwendigkeit nach stetiger Weiterentwicklung von Vertriebssystemen und -werkzeugen. Hier sehen Vertriebsorganisationen allerdings noch viel Luft nach oben.

Oliver Greiner, Thorsten Lips

Viele Unternehmen der produzierenden Industrie haben ihr Wachstum in den letzten Jahren vornehmlich im Ausland realisiert. Dies bleibt nicht ohne Konsequenzen für die eigene Vertriebsorganisation. Die lokale Autonomie einzelner Länder oder Regionen, die den Expansionsdrang am Anfang beflügelt, führt bei zunehmender Internationalisierung zu verschiedenen, jeweils für sich funktionierenden Vertriebsansätzen. Die damit verbundene Komplexitätssteigerung beeinflusst jedoch die Steuerungsfähigkeit des Gesamtsystems maßgeblich. Zur nachhaltigen Wachstumsgenerierung im Ausland ist nun statt der ursprünglich stark dezentral ausgerichteten Vertriebssteuerung ein systematischer – zentraler – Ansatz gefragt.

An diesem Hebel gilt es anzusetzen. Eine Untersuchung von Horváth & Partners zeigt, dass nur neun Prozent der befragten Vertriebsverantwortlichen ihre internationalen Vertriebsorganisationen ausreichend für zukünftige Herausforderungen gerüstet sehen.

Dabei hat die Bedeutung des Vertriebs für den Unternehmenserfolg in den letzten Jahren erheblich zugenommen. Untersuchungen zufolge kann die Kaufentscheidung des Kunden heutzutage zu gut 50 Prozent vom Vertrieb direkt beeinflusst werden. Reine Produkt- oder Dienstleistungsvorteile verlieren an Bedeutung oder sind durch gestiegene Transparenz und Vergleichbarkeit für den Kunden nicht mehr existent. Zusammen mit weiteren Faktoren wie Image, Positionierung und Preise stehen sie nur noch für knapp 50 Prozent der Kaufentscheidung. In Zeiten immer kürzerer Produktlebenszyklen und einem Hang zur Austauschbarkeit wird der Vertrieb immer mehr zur wichtigsten Schnittstelle zum Kunden und trägt maßgeblich zum Unternehmenserfolg bei. Daraus folgt, dass Potenziale und Wachstumshebel des Vertriebs mittels ganzheitlicher und systematischer Ansätze aufgedeckt werden müssen.

Das von Horváth & Partners entwickelte Sales-Performance-Excellence-Modell bedient sich verschiedener Instrumente, um Wachstumshebel im Vertrieb global zu aktivieren. Im Fokus stehen dabei folgende wesentliche Fragestellungen, die systematisch bearbeitet und je nach Entwicklungsstufe des internationalen Vertriebs unterschiedlich beantwortet werden:

1. Was müssen wir tun, um die Vertriebsaktivitäten strategisch richtig zu fokussieren?
2. Wie stellen wir sicher, dass die Vertriebsressourcen richtig ausgerichtet und eingesetzt sind?
3. Erhält der Vertrieb die notwendigen Anreize in Form von Steuerungsimpulsen?

Market & Customer Grids – für den richtigen Fokus

Grundlage jeder Strategieentwicklung, auch der Vertriebsstrategie, bilden Transparenz und die Generierung relevanter Daten zu Märkten, Kunden und Produkten. Die Nutzung des Market&Customer-Grid-Ansatzes befähigt Unternehmen, ihre Vertriebsarbeit fokussiert, potenzial- und erfolgsorientiert auszurichten. Das Werkzeug ermöglicht, die relevanten Marktsegmente systematisch zu identifizieren (Ausprägung über Produkte, Kunden-

Dr. Oliver Greiner
leitet als Partner das Competence Center Strategy, Innovation & Sales bei der auf Unternehmenssteuerung spezialisierten Managementberatung Horváth & Partners.

Thorsten Lips
ist Vertriebsexperte bei Horváth & Partners in Düsseldorf. Er berät vor allem Unternehmen aus dem Industriegüter- und High-Tech-Sektor.

Oliver Greiner
Horvath & Partners, Stuttgart, Deutschland
E-Mail: OGreiner@horvath-partners.com

Thorsten Lips
Horvath & Partners, Düsseldorf, Deutschland
E-Mail: TLips@horvath-partners.com

gruppen und regionale Märkte), zu bewerten (beispielsweise über Segmentgröße und Wettbewerbsintensität) und anschließend für die Vertriebsarbeit zu priorisieren. Zudem lassen sich die generierten Informationen als Input für die Vertriebsplanung unmittelbar nutzen.

Der Ansatz umfasst fünf Schritte: Zunächst wird anhand der drei Dimensionen Produkt, Markt und Zielkunden(-gruppen) der Gesamtmarkt in Segmente ("Cubes") geteilt (siehe **Abbildung 1**). Anschließend wird jedes der Segmente analysiert und anhand eines standardisierten Kriterien-Sets beschrieben. Im dritten Schritt wird mit Hilfe der erhobenen KPIs die Attraktivität jedes Cubes bewertet und es werden zwei "Scores" je Cube gebildet (externer Market Fit und interner Business Fit). Diese Bewertung dient im vierten Schritt dazu, die Marktsegmente zu priorisieren und entsprechende Normstrategien abzuleiten (z. B. hoher Market Fit und hoher Business Fit = Kernsegmente mit Priorität 1 für weiteres Marktanteilswachstum). Im fünften und letzten Schritt werden diese Normstrategien dann mit konkreten Wachstumszielen quantifiziert und Zielportfolios simuliert.

Market & Customer Grids zeigen damit eindeutige Wachstumspotenziale und -beschränkungen auf und ermöglichen eine klare Fokussierung der Vertriebsressourcen auf strategisch relevante Markt-, Kunden- sowie Produktsegmente. Der Einsatz des Werkzeugs steigert auch im Vertrieb das Verständnis und die Kenntnis der eigenen Märkte durch eine intensive Beschäftigung mit diesen. So kann sichergestellt werden, dass über 70 Prozent der eingesetzten Vertriebszeit für die Kunden mit dem größten Potenzial genutzt werden. Hinzu kommt die Möglichkeit der parallelen Bearbeitung von Bestands- und Neukunden ("Farming + Hunting") zur nachhaltigen Steigerung des Vertriebsergebnisses.

Zusammenfassung

● Nicht einmal jedes zehnte Unternehmen der produzierenden Industrie ist mit seiner Vertriebsorganisation zufrieden.

● Dabei kann die Kaufentscheidung des Kunden heutzutage zu 50 Prozent vom Vertrieb direkt beeinflusst werden.

● Für eine regelmäßige und nachhaltige Leistungssteigerung im Vertrieb stehen den Unternehmen unterschiedliche Instrumente zur Verfügung.

● Je nach Internationalisierungsgrad können mit diesen Instrumenten die richtigen Wachstumshebel aktiviert werden.

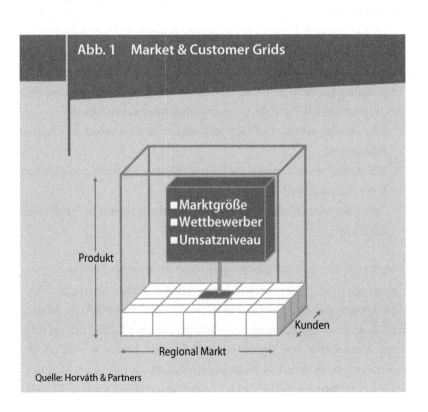

Abb. 1   Market & Customer Grids

■ Marktgröße
■ Wettbewerber
■ Umsatzniveau

Produkt

Kunden

Regional Markt

Quelle: Horváth & Partners

Mit der Sales Process Map die Ressourcen effizient nutzen

Weltweit standardisierte Vertriebsprozesse auf Basis eines vielfach erprobten und mit den großen ERP-/CRM-Systemen kompatiblen Horváth & Partners Best Practice Templates steigern die Effizienz der Vertriebsarbeit deutlich. Prozesse können an den Stellen, an denen es sinnvoll ist (zum Beispiel bei Preisfreigaben oder in Angebotsprozessen), automatisiert und über Kennzahlen wie Ausschöpfung von Discount-Spielräumen, Hitrates etc. messbar gemacht werden (siehe **Abbildung 2**). Prozesse bilden die wesentliche Basis für weiteres Wachstum, da sie es den Unternehmen ermöglichen, steigende Umsätze mit unterproportional steigenden Kosten im Vertrieb zu realisieren.

Eine global standardisierte Vertriebsprozesslandschaft verbessert die Steuerbarkeit der Organisation und dient als Basis für eine flexible und weltweit verteilte Wertschöpfung. Zudem ermöglicht die Standardisierung eine vereinfachte und somit beschleunigte Einführung und Integration neuer Prozesse in allen Ländern, was zur signifikanten Reduzierung von Einarbei-

Kerngedanke 1

Jedes Unternehmen kennt Initiativen zur Kostensenkung. Wie viele Unternehmen haben Initiativen zur Sales Performance Excellence?

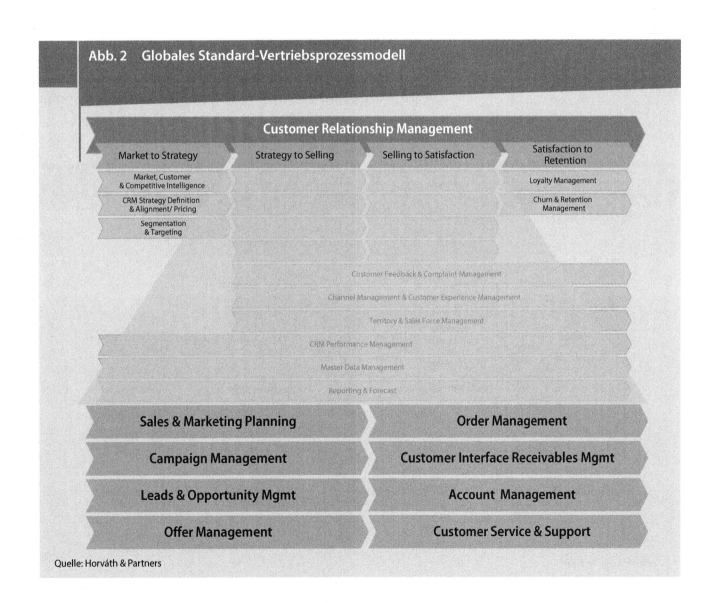

Abb. 2 Globales Standard-Vertriebsprozessmodell

Quelle: Horváth & Partners

Kerngedanke 2

In der Systematisierung der Vertriebsarbeit liegen große Potenziale.

tungs- und Schulungsaufwänden führt. Damit verbunden ist ebenfalls eine Senkung des Betriebs- und Wartungsaufwands für IT-Systeme.

Sales Funnel Management – das „GPS" der Vertriebssteuerung

Mit Hilfe eines systematischen Sales Funnel Managements kann die Vertriebsarbeit nicht nur vergangenheitsorientiert bewertet, sondern systematisch und aktiv gesteuert werden. Hierbei wird der gesamte Sales-Prozess von der Lead-Aufnahme im Rahmen des Lead Managements über das Kontakt- und Angebotsmanagement bis zum finalen Auftragsmanagement abgebildet und transparent gemacht (siehe **Abbildung 3**).

Ausgewählte Kennzahlen wie Volumen der Leads und Opportunities oder die Conversion Rate werden anhand von CRM-Daten entsprechend ausgewertet. So kann der gesamte Sales Funnel systematisch nach Erfolgsmustern analysiert und für die Vertriebssteuerung genutzt werden. Gleichzeitig ist es über den Sales Funnel möglich, eine Vorsteuerung des Umsatzes zu betreiben. Die mögliche Nicht-Erreichung eines Umsatzziels kann viel früher bereits „vorhergesehen" und ggf. Gegenmaßnahmen ergriffen werden (zum Beispiel mehr Opportunities für den Funnel generieren, die Conversion Rate erhöhen). Der Vorteil des Sales Funnel Managements liegt demzufolge in einer Quantifizierung der Vertriebsarbeit über den gesamten Sales-Prozess und bietet die Möglichkeit, Schwachstellen aufzudecken und zu bearbeiten.

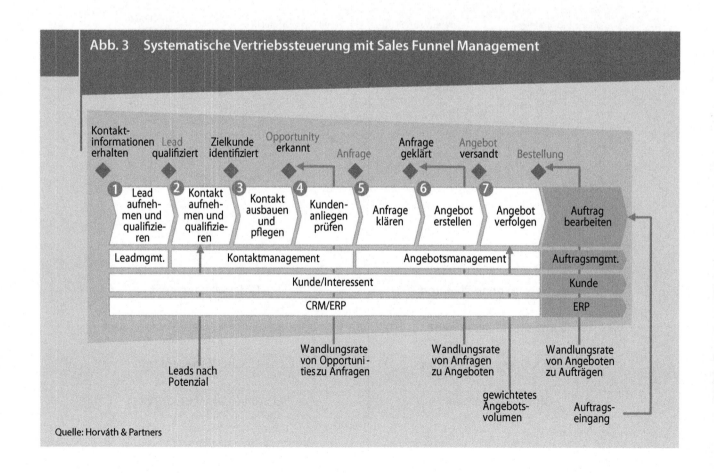

Abb. 3   Systematische Vertriebssteuerung mit Sales Funnel Management

Quelle: Horváth & Partners

Vertriebsplanung und -reporting sorgen für neue Impulse

Die Vertriebsplanung bietet ebenfalls Optimierungspotenztiale. Heutzutage ist eine rein finanzielle Planung nicht mehr ausreichend, um den Vertrieb wettbewerbsfähig erfolgreich zu steuern. Zusätzlich zu den finanziellen Basiskennzahlen sollte auch eine kunden- und produktbasierte Ausgestaltung der Vertriebsplanung erfolgen (siehe **Abbildung 4**). Dazu werden 60 bis 80 Prozent des Umsatzes mit konkreten Kunden, Projekten sowie Produkten hinterlegt. Neben der Definition des Planungsumfangs und -detailgrades ist im zweiten Schritt eine Detailplanung des Reportings mittels Kennzahlen und Maßnahmen entscheidend. Dies bedeutet, eine Planung über die Verteilung von Wachstum aus Bestands- und Neukunden basierend auf einem definierten Top-down-Ziel durchzuführen und anschließend konkrete, kundenbezogene Maßnahmen für die größeren Kunden oder Kundengruppen zu definieren.

Im Ergebnis setzt sich der Vertrieb noch intensiver mit der Kundenbasis auseinander und auch die Vertriebsplanung erfolgt verbindlicher statt „intuitiv". Abweichungen im laufenden Geschäftsjahr können auf dieser Basis konkreter analysiert und mit qualitativ passenderen Gegenmaßnahmen versehen werden. Die Gründe für Umsatzabweichungen (positiv wie negativ) können unmittelbar mit den vereinbarten und durchgeführten Maßnahmen in Verbindung gebracht werden. Die Diskussion wird somit wesentlich substantieller und damit wirksamer.

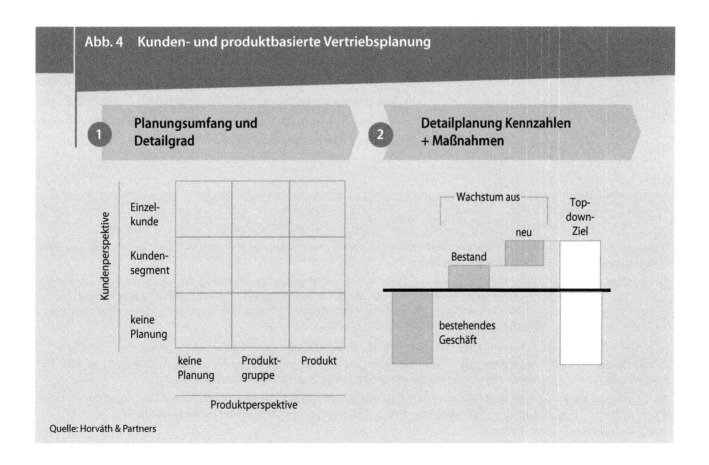

Abb. 4   Kunden- und produktbasierte Vertriebsplanung

1 Planungsumfang und Detailgrad

2 Detailplanung Kennzahlen + Maßnahmen

Kundenperspektive:
- Einzelkunde
- Kundensegment
- keine Planung

Produktperspektive: keine Planung, Produktgruppe, Produkt

Wachstum aus — Bestand, neu — Top-down-Ziel — bestehendes Geschäft

Quelle: Horváth & Partners

Verantwortungsgerechte Vertriebssteuerung

In Industriegüterunternehmen werden vorrangig umsatz- und ergebnisorientierte Größen zur Vertriebssteuerung herangezogen. Auf den ersten Blick scheint diese Steuerungsmethode zur Erfolgskontrolle der Vertriebsmitarbeiter naheliegend zu sein, schließlich liegt die grundsätzliche Zielsetzung der Unternehmen darin, ihre Leistungen und Produkte an den Kunden möglichst gewinnbringend zu verkaufen. Allerdings werden hierbei oft Kostenbestandteile betrachtet, die durch den Vertrieb kaum oder in geringem Maß zu verantworten sind. Auch kommen qualitative Größen zur Vertriebssteuerung meist zu kurz.

Die ganzheitliche, verantwortungsgerechte Steuerung des Vertriebs stellt eine zentrale Erfolgskomponente dar. Strategische Ziele werden nur erreicht, wenn ein konsistentes Gesamtsystem zur Vertriebssteuerung aufgebaut und konsequent umgesetzt wird. Der ganzheitliche Steuerungsansatz zur verantwortungsgerechten Vertriebssteuerung kann genau dies leisten. Er umfasst ein marktorientiertes Kennzahlensystem basierend auf fünf Lenkungsparametern, die in ihrer Gesamtheit die wesentlichen durch den Vertrieb zu verantwortenden Leistungsbereiche beleuchten (siehe **Tabelle 1**):

● Der Umsatz aus Lieferungen und Leistungen vor Direktvertriebskosten als zielerreichungsrelevante Kennzahl gibt Aufschluss über den für das Unternehmen erwirtschafteten Umsatz nach Berücksichtigung der Rabatte und Zuschläge und der umsatzrelevanten Kosten wie sonstige Erlöse (zum Beispiel Fracht- und Verpackungserlöse) und Erlösschmälerungen (zum Beispiel Skonti oder Boni). So hat diese Kennzahl gegenüber dem Bruttoumsatz als Messgröße den Vorteil, dass die umsatzrelevanten Kosten berücksichtigt werden und somit die Maßnahmen des operativen Pricings, wie die Vergabe von Rabatten, Skonti und Boni inkludiert sind.

● Die Kennzahl Preisdurchsetzung berechnet sich durch den Quotienten aus dem Umsatz aus Lieferungen und Leistungen nach Direktvertriebskosten und dem Bruttoumsatz. Hier stehen die Erlösschmälerungen und sämtliche Vertriebskosten (umsatzrelevant und auftragsbezogen) im Fokus. Die

Tab. 1	Ganzheitlicher Ansatz zur verantwortungsgerechten Vertriebssteuerung
Kennzahl	**Nutzen**
Umsatz vor Direktvertriebskosten	Erwirtschafteter Umsatz nach Berücksichtigung der Rabatte und Zuschläge und der umsatzrelevanten Kosten wie sonstige Erlöse
Preisdurchsetzung	Berücksichtigung von Erlösschmälerungen und sämtlicher Vertriebskosten (umsatzrelevant und auftragsbezogen). Die Kennzahl misst, wie gut der Vertrieb die Bruttopreise am Markt durchsetzen kann. Hierzu zählt auch die Weitergabe von Zuschlägen und Preiserhöhungen (beispielsweise bei gestiegenen Roh- und Betriebsstoffkosten) an den Kunden
Kalkulatorische Marge	Fokussierung auf margenschwache „Umsatzrenner" vermeiden
Kosteneffizienz der Vertriebstätigkeit	Misst, wie effizient der Außendienst, das Key Account Management und die Verkaufsbüros mit den Kosten (Primärkosten), die im Rahmen der Geschäftstätigkeit anfallen, umgeht.
Working Capital Impact des Vertriebs	Beleuchtet die Planung richtiger Verkaufsmengen mit dem Ziel der optimalen Disposition der Lagerbestände sowie die schnelle Begleichung der Verbindlichkeiten aus Kundensicht.

Quelle: Horváth & Partners

Kennzahl misst somit, wie gut der Vertrieb die Bruttopreise am Markt durchsetzen kann. Hierzu zählt auch die Weitergabe von Zuschlägen und Preiserhöhungen (beispielsweise bei gestiegenen Roh- und Betriebsstoffkosten) an den Kunden. Außerdem werden im Rahmen der Kennzahl gegebenenfalls vorhandene Zuschläge (zum Beispiel Mindermengen, Teilkommissionierung bei Anbruch von Packstücken) berücksichtigt. Die Delegation der Preiskompetenz an den Außendienst beinhaltet neben den motivatorischen Aspekten besonders den Vorteil, dass dieser die Zahlungsbereitschaft des Kunden am besten kennt. Durch Zielvorgaben im Rahmen der Kennzahl „Preisdurchsetzung" kann dieser Vorteil ausgeschöpft werden, ohne der Gefahr einer übertriebenen Nachgiebigkeit der Kundenbetreuer bei Preisverhandlung und einer reinen Fixierung auf Umsatzgenerierung zu begegnen.

• Die Kennzahl kalkulatorische Marge zielt primär darauf, die Fokussierung auf margenschwache „Umsatzrenner" zu vermeiden. Der Vertrieb soll keinen Anreiz darin sehen, durch den alleinigen Verkauf problemloser und umsatzstarker Produkte seine Umsatzzielvorgaben zu erreichen, da er zusätzlich seine Vorgaben zur Erfüllung der kalkulatorischen Marge im Auge behalten muss. Zur Berechnung werden die (durchschnittlichen) produktspezifischen Margen am Anfang eines Geschäftsjahres festgelegt und als fixe (Plan-)Werte im laufenden Geschäftsjahr herangezogen. Kurzfristige Änderungen der tatsächlichen Marge, zum Beispiel durch Änderung der

Kerngedanke 3
Produktvorteile allein sind nicht mehr ausreichend.

Herstellkosten, sind in der Regel nicht durch den Vertrieb zu verantworten und werden daher durch diese Methode ausgeschlossen. Durch die kalkulatorischen und im Geschäftsjahr stabilen Werte steht somit der Produktmix im Vordergrund. Die kalkulatorische Marge gibt Auskunft darüber, wie effektiv der Vertrieb den Artikelmix hin zu margenstarken Produkten steuert. Kurzfristige Einflussgrößen, welche die tatsächlichen aktuellen Einstandspreise verändern, werden in dieser Kennzahl bewusst vernachlässigt oder – wie zum Beispiel die umsatz- und auftragsbezogenen Kosten – nicht berücksichtigt, um eine Vermischung mit der Kennzahl Preisdurchsetzung – jene Kennzahl, die genau das Monitoring dieser Kosten im Fokus hat – zu vermeiden.

• Um eine ganzheitliche Steuerung des Vertriebs nach den Maßgaben der Kosteneffizienz zu gewährleisten, müssen auch die Kosten, die im Rahmen der Verkaufstätigkeit anfallen, beleuchtet werden. Daher bedarf es einer Kennzahl, die misst, wie effizient der Außendienst, das Key Account Management und die Verkaufsbüros mit den Kosten (Primärkosten), die im Rahmen der Geschäftstätigkeit anfallen, umgeht. Diese umfassen bei den Vertriebsmitarbeitern in erster Linie die Reisekosten. Wird die Leistung eines gesamten Verkaufsbüros gemessen, können weitere Kostenarten wie Personalkosten, Werbekosten, sonstige Gemeinkosten, Abschreibungen, Miete oder Leasing von Mobilien miteinbezogen werden. Um den Anforderungen der Verursachungsgerechtigkeit zu entsprechen, sollten im Rahmen dieser Kennzahl keine Umlagen einfließen und nur die originären Vertriebskosten berücksichtigt werden. Die Sondereinzelkosten des Vertriebs zählen nicht zu den Kosten der Verkaufstätigkeit, diese werden bei der Berechnung der Kennzahl „Preisdurchsetzung" berücksichtigt (siehe oben).

• Gerade in wirtschaftlich schwierigen Zeiten wird der Kapitalrentabilität und der Sicherung von Liquidität eine große Bedeutung beigemessen. Da hier einige wesentliche Treiber im Einflussbereich des Vertriebs stehen, muss gerade die Vertriebssteuerung diese Aspekte im Sinne des Working Capital Managements integrieren. Dies sind jene Kennzahlen, welche die Dimensionen Vorräte (Days Inventory Held (DIH)) und Forderungen (Days Sales Outstanding (DSO)) behandeln. Im Rahmen der hier beschriebenen Kennzahlen liegen also besonders die Planung richtiger Verkaufsmengen mit dem Ziel der optimalen Disposition der Lagerbestände sowie die schnelle Begleichung der Verbindlichkeiten aus Kundensicht im Verantwortungsbereich des Außendienstes.

Fazit

Für Unternehmen der produzierenden Industrie gibt es zahlreiche Lösungsansätze, um je nach Grad der Internationalisierung eine nachhaltige Steigerung der Vertriebsperformance im B2B-Bereich zu erreichen. Es wird jedoch deutlich, dass nur durch systematisierte Vertriebsarbeit eine Sales Performance Excellence und damit der Unternehmenserfolg im internationalen Umfeld erzielt werden kann. Hinzu kommt das immer noch fehlende Bewusstsein für den Stellenwert des Vertriebs und die daraus abgeleitete Not-

Handlungsempfehlungen

• Schaffen Sie als allererstes Transparenz über Ihre Märkte, Produkte und Kunden.

• Stellen Sie diese Klarheit auch bei Ihren Sales-Prozessen her, von der Lead-Aufnahme bis zum finalen Auftragsmanagement.

• Standardisieren Sie Ihre globale Vertriebslandschaft: Damit sparen Sie Ressourcen und agieren flexibler.

• Erweitern Sie Ihre finanzielle Vertriebsplanung um kunden- und produktspezifische Kennzahlen und Maßnahmen.

• Schaffen Sie eine Vertriebssteuerung, die den tatsächlichen Verantwortlichkeiten Ihres Vertriebs gerecht wird.

Studie

Lips, T./Dolle, R.: „Die Mühen der Ebenen meistern". Den Vertrieb international wirksam steuern. Sales Performance Excellence in Industrial Goods & High Tech, Stuttgart 2014.

wendigkeit, regelmäßige Optimierungsinitiativen der Vertriebsorganisation zu forcieren. Hier besteht ein großer Unterschied zu häufig durchgeführten, kurzfristig orientierten „Sales Up"-Projekten. Diese zielen lediglich darauf ab, einen kurzfristigen und häufig nicht nachhaltigen Effekt zu erzielen. Es wird außerdem deutlich, dass reine Produktvorteile für die Kundengewinnung nicht mehr ausreichend sind, was sich auch im Eigenbild der aktuellen Performance von Vertriebsorganisationen ausdrückt. Demzufolge lassen sich folgende, wesentliche Stellhebel zur Vertriebsoptimierung zusammenfassen:

- Fokussierung und Potenzialorientierung
- Standardisierung und Systematisierung
- Effiziente Vertriebsplanung und -steuerung

Es wird sich zeigen, ob Unternehmen den internationalen Herausforderungen an den Vertrieb Rechnung tragen und den Fokus von reinen Effizienzprogrammen zu regelmäßigen Sales-Performance-Excellence-Programmen verlegen.

Kerngedanke 4

Die wesentlichen Stellhebel für mehr Performance sind: Fokussierung, Potenzialorientierung, Standardisierung, Systematisierung und Vertriebssteuerung.

SfP Zusätzlicher Verlagsservice für Abonnenten von „Springer für Professionals | Vertrieb"

Zum Thema | Sales Performance | Suche

finden Sie unter www.springerprofessional.de 1.547 Beiträge im Fachgebiet Vertrieb   Stand: Mai 2015

MEDIUM

☐ Online-Artikel (9)
☐ Zeitschriftenartikel (105)
☐ Buchkapitel (1.433)

SPRACHE

☐ Deutsch (193)
☐ Englisch (1.354)

Von der Verlagsredaktion empfohlen

Lips, T.: Sales Performance Excellence als Erfolgsfaktor auf dem Weg zum globalen Unternehmen, in: Keuper, F./Sauter, R. (Hrsg.): Unternehmensteuerung in der produzierenden Industrie, Wiesbaden 2014, S. 233-244, www.springerprofessional.de/5308494

Lips, T./Dolle, R.: Die Mühen der Ebenen meistern, in: Sales Management Review, Ausgabe 5/2014, Wiesbaden 2014, S. 33-41, www.springerprofessional.de/5360302

Mit dem richtigen Verkäufertyp zum Vertriebserfolg

Vertriebserfolge hängen maßgeblich davon ab, zu welchem „Typ" ein Verkäufer gehört. Wie sich unterschiedliche Verkäufertypen identifizieren lassen, zeigt eine empirische Untersuchung im Versicherungsaußendienst.

Michael Müller-Schwarz, Michael Thomas

Ob Verkäufer, Berater oder Trainer – jeder erfahrene Vertriebler bringt seine persönliche Theorie und sein eigenes Verständnis davon mit, welche Vertriebs- oder Verkäufertypen es gibt. Basis dieser vielfältigen Einschätzungen sind in der Regel eher punktuelle Erfahrung und hieraus entwickelte Intuition. Eine Ausnahme bildet hier die Forschungsarbeit von Ryals und Davis, die Verkäufer in Kundengesprächen beobachtet haben. Auf der Basis ihrer Verhaltensweisen identifizierten sie acht unterschiedliche Verkäufertypen (zum Beispiel Jäger, Berater, Kumpel).

Das Verhalten von Verkäufern in Verkaufssituationen (wie Vorbereitung von Treffen, Umgang mit Kunden) kann einer Beurteilung sicherlich dienlich sein. Allerdings sind solche Beobachtungen stark von den konkreten Gegebenheiten und der Tagesform der beteiligten Personen abhängig. Ein anderer Ansatz, um unterschiedliche Verkäufertypen zu identifizieren, liegt in der Messung stabiler, für den Vertriebserfolg entscheidender Persönlichkeitsmerkmale (Kompetenzen). Das Online-Assessment sales.skillware erfasst solche objektiven Merkmale und kann auf diese Weise den vertrieblichen Erfolg prognostizieren. Und das, bevor tatsächliche Erfahrungen im Vertrieb gemacht werden können oder reale Verkaufsgespräche scheitern.

Objektive Messung

Mit den Kompetenzen Abschlussstärke, Kontaktstärke, Erfolgswille, Durchsetzungsstärke, Sensibilität und persönliche Wirkung werden damit genau die Merkmale erfasst, die für den Vertrieb eine entscheidende Rolle spielen (siehe **Tabelle 1**). Wie die hier vorliegende diesem Beitrag zugrunde liegende Untersuchung zeigt, können auf diese Weise empirische Daten gewonnen werden, die das Vertriebspotenzial eines Verkäufers belegen.

Was die Teilnehmer betrifft, so liegen dieser Untersuchung zwei voneinander unabhängige Datensätze zugrunde. Der erste Datensatz umfasst 723 Testergebnisse von Personen aus unterschiedlichen Branchen und Unternehmen, die das Online-Assessment sales.skillware als Probanden durchgeführt haben. Der zweite Datensatz enthält die Ergebnisse des Online-Assessments von 59 selbstständigen oder angestellten Verkäufern von

Michael Müller-Schwarz
ist Referent bei der Provinzial Rheinland
Versicherung AG in Düsseldorf.

Dr. Michael Thomas
ist Geschäftsführer der e³ Skillware GmbH
software for human resources in Berlin.

Michael Müller-Schwarz
Provinzial Rheinland Versicherung AG, Düsseldorf,
Deutschland
E-Mail: michael.mueller-schwarz@provinzial.com

Michael Thomas
e³ Skillware GmbH software for human resources,
Berlin, Deutschland
E-Mail: mthomas@ehochdrei-skillware.de

Tab. 1	Entscheidende Kompetenzen für den Vertriebserfolg
Abschlussstärke	Individuelle Neigungen, eigene Ziele und Absichten zeitnah in konkrete Handlungen und Maßnahmen umzusetzen und den Erfolg dieser Maßnahmen zu überwachen
Kontaktstärke	Individuelle Neigung, gerne und häufig soziale Kontakte zu knüpfen und diese zu suchen
Erfolgswille	Individuelle Neigungen, hohe Anforderungen an die eigene Leistung zu stellen und das Ausmaß der Anstrengungen und diese auch tatsächlich zu erreichen
Durchsetzungsstärke	Individuelle Neigung, eigene Ziele, Interessen und Meinungen in sozialen Kontakten zum eigenen Vorteil und auch gegen die Interessen und Meinungen anderer durchzusetzen
Sensibilität	Fähigkeit, aktives Interesse an Perspektiven und Gefühlen anderer zu vermitteln und deren Gefühle und Handlungsmotive zu verstehen
Persönliche Wirkung	Fähigkeit, durch Einsatz von Sprache und Körpersprache (Gestik/Mimik) verständlich und authentisch zu kommunizieren, die Kommunikationspartner zu überzeugen und für den eigenen Standpunkt zu gewinnen

Kerngedanke 1

Die Messung stabiler Persönlichkeitsmerkmale ist für die Identifikation von Verkäufertypen sinnvoll als Ergänzung individueller Erfahrung, Intuition oder beispielhafter Beobachtung.

Zusammenfassung

● Zu welchem Typ ein Verkäufer gehört, entscheidet maßgeblich über den Vertriebserfolg eines Unternehmens.

● Die Untersuchung zeigt, dass durch die Messung objektiver Persönlichkeitsmerkmale Daten über das Vertriebspotenzial eines Verkäufers gewonnen werden können.

● Es lassen sich vier Verkäufertypen identifizieren, die sich in ihrem Vertriebserfolg deutlich unterscheiden.

Handelsvertretern der Provinzial Rheinland Versicherung AG. Darüber hinaus umfasst er Angaben zu Zielerreichung und Abschlussprovision der jeweiligen Verkäufer für das Jahr 2011, die als Kennwerte für den vertrieblichen Erfolg dienen.

Erfolg heißt Kompetenz und Potenzial

Als Testverfahren wurde das Online-Assessment sales.skillware eingesetzt, das die sechs für den Vertriebserfolg entscheidenden Kompetenzen erfasst (**Tabelle 1**). Das Testergebnis enthält zusätzlich den Vertriebspotenzialindex, der sich aus der individuellen Ausprägung der einzelnen Kompetenzen errechnet. Er gibt die Erfolgswahrscheinlichkeit im Vertrieb an. Die Ausprägungen aller Kompetenzen und des Vertriebspotentzialindexes werden auf einer Skala von null bis 100 gemessen, ebenso die Zielerreichung und die Abschlussprovisionen.

Mit einer Kombination aus Methoden der hierarchischen und nicht-hierarchischen Clusteranalyse wurden Teilnehmergruppen mit ähnlichen Eigenschaften (Typen) ermittelt. Zur leichteren Interpretation haben wir anschließend mittels einer Hauptkomponentenanalyse alle erfassten Kompetenzen auf ihre zugrundeliegende Struktur reduziert und die Vertriebs- oder Verkäufertypen in dem sich so ergebenden Raum dargestellt.

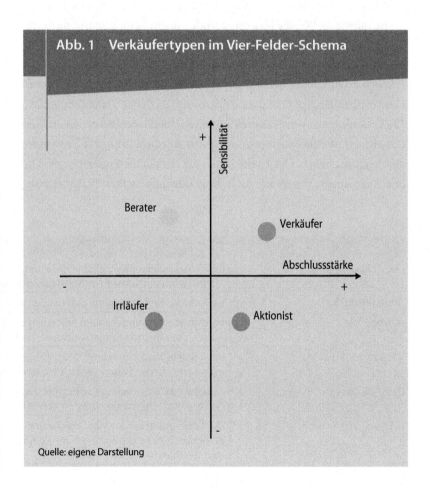

Abb. 1   Verkäufertypen im Vier-Felder-Schema

Quelle: eigene Darstellung

Merkmale für den vertrieblichen Erfolg

Als Ergebnis der Clusteranalyse zeigen sich vier Verkäufertypen mit unterschiedlichen Kompetenzausprägungen, die sich folgendermaßen interpretieren lassen:

- **Der Verkäufer** zeichnet sich dadurch aus, dass er alle Kompetenzen einschließlich angemessener Sensibilität in hohem Maße besitzt und damit die idealen Voraussetzungen für verkäuferischen Erfolg mitbringt.
- **Der Aktionist** ist vor allem durch hohe Abschlussstärke bei zumeist durchschnittlichen Kompetenzen und niedriger Sensibilität gekennzeichnet. Er stellt sich nur wenig auf seine Kunden ein; sein Thema ist der Produktverkauf. Der Bedarf des Kunden besitzt bei ihm nicht den für einen erfolgreichen Verkauf erforderlichen Stellenwert.
- **Der Berater** verfügt über zumeist überdurchschnittliche Kompetenzen, stellt einen guten Kontakt zum Kunden her, setzt sich mit ihm und seinen Wünschen auseinander und ist engagiert und motiviert. Leider tendiert er dazu, den „Sack nicht zuzumachen" und den Kunden nach einem positiven, informativen Gespräch ohne Abschluss und möglicherweise verwirrt allein zu lassen.
- **Der Irrläufer** hat sich ganz offensichtlich für eine berufliche Aufgabe entschieden oder interessiert, die nicht zu ihm passt. Alle erforderlichen Kompetenzen liegen bei ihm im deutlich unterdurchschnittlichen Bereich.

Kerngedanke 2

Das Vertriebspotenzial eines Verkäufers lässt sich anhand von sechs Kompetenzen erfassen und prognostizieren.

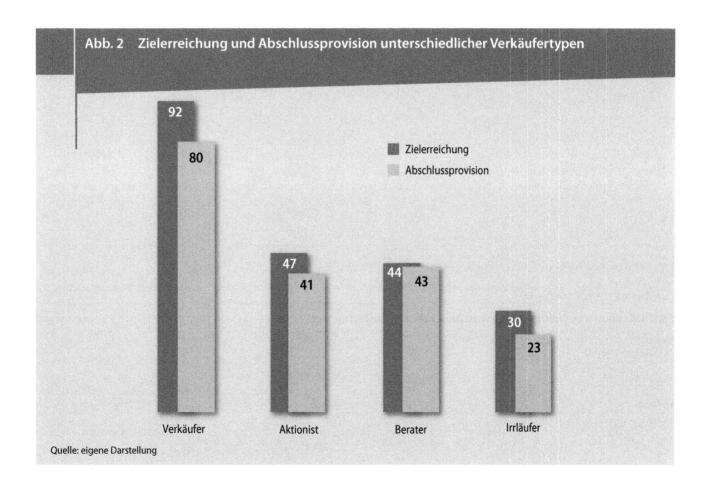

Abb. 2 Zielerreichung und Abschlussprovision unterschiedlicher Verkäufertypen

Quelle: eigene Darstellung

Handlungsempfehlungen

- Vertrauen Sie bei der Auswahl Ihrer Vertriebsbeauftragten auch auf empirisch abgesicherte Methoden.
- Überprüfen Sie die Kompetenzen, die Ihre Vertriebsmannschaft benötigt.
- Achten Sie darauf, dass Ihre Verkäufer angemessen mit den notwendigen Kompetenzen ausgestattet sind.
- Nutzen Sie Kompetenzen messende Methoden, um den Entwicklungsbedarf Ihrer Vertriebsbeauftragten zu ermitteln.

Erfolgskritisch: Sensibilität und Abschlussstärke

Die Kompetenzen lassen sich auf zwei Hauptkomponenten reduzieren, die 71 Prozent der gemessenen Information wiedergeben. Durch Rotation lassen sich diese Hauptkomponenten als in erster Linie Abschlussstärke und Sensibilität darstellen. Stellt man die vier Verkäufertypen in dem hierdurch aufgespannten zweidimensionalen Raum dar (siehe **Abbildung 1**), zeigt sich ein interessantes Ergebnis: Jeder der vier Vertriebstypen ist in einem Quadranten des Vier-Felder-Schemas lokalisiert.

Die wesentliche Frage ist nun natürlich, ob sich die vier Verkäufertypen in ihrem Verkaufserfolg unterscheiden. Der „Verkäufer" hat die mit Abstand höchste Zielerfüllung und die deutlich höchsten Abschlussprovisionen, für den „Irrläufer" gilt das Gegenteil. (siehe **Abbildung 2**) Der „Aktionist" und der „Berater" liegen dazwischen und unterscheiden sich kaum voneinander.

Auf der Grundlage der Daten wird also deutlich, dass sich mit objektiv messbaren Merkmalen verschiedene Verkäufertypen differenzieren lassen, die sich in ihrem Verkaufserfolg klar unterscheiden. Ausschlaggebend für den vertrieblichen Erfolg eines Verkäufers ist eine gleichmäßige Kompetenzausstattung in den für Verkaufserfolg relevanten Kompetenzen. Verkäuferischer Erfolg hängt dabei anscheinend von einer Kombination aus aggressiv-durchsetzenden Kompetenzen (Abschlussstärke) mit einfühlsam-verständnisvollen Kompetenzen (angemessener Sensibilität) ab, die im besten Fall gleichermaßen gut ausgeprägt sind.

Literatur

Müller-Schwarz, M./Thomas, M. (2014): Wider das Bauchgefühl. In: Versicherungswirtschaft, Heft 3, S. 66 f.

Ryals, L./Davies, I. (2010): Do You Really Know Who Your Best Salespeople Are? In: Harvard Business Review, Heft 10, S. 32 f.

SfP Zusätzlicher Verlagsservice für Abonnenten von „Springer für Professionals | Vertrieb"

Zum Thema | Verkäufertypen | 🔍 Suche

finden Sie unter www.springerprofessional.de 23 Beiträge im Fachgebiet Vertrieb   Stand: Mai 2015

Medium
☐ Online-Artikel (2)
☐ Zeitschriftenartikel (6)
☐ Buchkapitel (15)

Sprache
☐ Deutsch (23)

Von der Verlagsredaktion empfohlen

Fell, T.: Zwischen Kunst und Struktur: neue Verkäufertypen für neue Vertriebsansätze, in: Sales Management Review Nr. 7/8, Wiesbaden 2013, S. 16-24 , www.springerprofessional.de/4618234

Künzl, M.: Wie Sie nie werden sollten!, in: Künzl, M.: Beruf: Verkäufer!, Wiesbaden 2014, S. 73-93, www.springerprofessional.de/5412512

Spektrum

Vertriebsressourcen nicht verschwenden

Lean-Methoden kommen nun auch im Vertrieb an. Genau wie in der Produktion werden Verschwendungspotenziale erkannt und eliminiert, sodass die Vertriebsmitarbeiter effizienter agieren können. Eine aktuelle Studie zeigt die Herausforderungen ebenso wie das Potenzial auf.

Uwe Vogel

Verschwendung im Unternehmen lässt sich am effektivsten vermeiden, wenn die gesamte Wertschöpfungskette über alle Abteilungen hinweg mit einbezogen wird. Schlanke, verschwendungsfreie Prozesse sind für viele Unternehmen in der Produktion längst gelebte Praxis. Doch damit das gesamte Unternehmen Ressourcen und Kapazitäten schont, müssen alle Bereiche den Lean-Gedanken verfolgen. Lean im Verkauf – also Lean Sales – ist dabei vergleichsweise jung.

Um die Ausgangsposition deutscher Unternehmen in punkto schlanker Vertriebsaufstellung zu eruieren, hat die Unternehmensberatung Staufen kürzlich die Ergebnisse ihrer breit angelegten Studie „Vertrieb auf dem Weg zur Spitzenleistung" veröffentlicht, bei der 110 Industrieunternehmen zu den neun Handlungsfeldern Vertriebsstrategie, Vertriebsprozess, Auftragsabschluss, Vertriebsorganisation, Kundenbeziehungsmanagement, Management und Führung, Produktmanagement und Pricing, Qualifizierung sowie Wertstromorientierung befragt wurden (siehe **Abbildung 1**).

Exzellent ist der Vertrieb in deutschen Industrieunternehmen demnach bei Weitem noch nicht aufgestellt. Die Gesamtnote rangiert laut Studie im befriedigenden Bereich. Zu den entscheidenden Schwächen gehört, dass in den meisten Unternehmen eher in organisatorischen Einheiten als in Prozessen gedacht wird. Der Vertrieb steht in seiner Eigenschaft als Gesicht zum Markt nach eigenen Angaben mit hervorragenden Kenntnissen über Märkte, Produkte und Kunden immerhin gut da. Dabei sollte aber berücksichtigt werden, dass nur wenige Befragte ihre Defizite im Hinblick auf das Wissen über den eigenen Markt auch zugeben würden. Die fehlende Selbstkritik fällt den Betroffenen auch selbst meist erst bei intensivem Nachhaken auf. Kaum einem Vertriebsmitarbeiter ist nämlich wirklich bewusst, dass er zwar die direkten Wettbewerber vor Ort, in Deutschland oder in Europa wirklich kennen mag, nicht jedoch beispielsweise die aufstrebenden Konkurrenten aus China. Hier täte es gut, die eigenen Scheuklappen abzulegen und das scheinbar umfassende Marktwissen verstärkt zu hinterfragen. Die Studie zeigt zudem bei den internen Abläufen noch deutliches Verbesserungspotenzial. 22 Prozent der Befragten schätzen ihre internen Prozesse mit der Note 4 oder schlechter ein.

„In den meisten Unternehmen wird eher in organisatorischen Einheiten als in Prozessen gedacht."

Bessere Recherche nach Potenzialkunden

Kritisch ist auch die aktive Identifikation neuer potenzieller Kunden zu betrachten. Verkäufer sind derzeit oft mit Abwicklungstätigkeiten, mit ineffizienten Besprechungen oder Reporting beschäftigt, was sie von ihrem eigentlichen Kerngeschäft, nämlich der Präsenz beim Kunden, abhält. So vergeudet der Vertrieb gleich doppelt Zeit. Zum einen, weil er Kunden insgesamt seltener besucht. Zum anderen, weil er die falschen Kunden besucht. Er fährt

Uwe Vogel
ist Berater bei der Unternehmensberatung Staufen AG; als Senior Manager führt er das Team Sales Excellence.

Uwe Vogel
Staufen AG, Köngen, Deutschland
E-Mail: U.Vogel@staufen.ag

zum Beispiel bei Kunden oft nur deshalb vorbei, weil sie auf seiner Strecke liegen. Zum anderen sucht er mangels optimaler Vorbereitung die falschen Unternehmen auf, die auch nach mehrmaligen Besuchen nicht zu Kunden werden. Ein spezialisierter Innendienst hilft bei der Vorbereitung und der Routen-Optimierung, indem er dem Vertrieb die Recherchearbeit abnimmt und herausfindet, in welchen Unternehmen Anschaffungen anstehen und in welchen nicht. So werden nur ausgewiesene Potenzialkunden besucht, die Effizienz und damit auch der Umsatz steigen.

Unterstützung des Vertriebs

Um den Außendienst dauerhaft effizient aufzustellen, ist eine viel intensivere und kurzzyklischere Kommunikation erforderlich, als dies derzeit in den meisten Unternehmen geschieht. Hierbei geht es nicht darum, den Vertrieb „an die kurze Leine zu nehmen". Vielmehr unterstützen Führungskräfte und Kollegen den Vertrieb dabei, seine Ressourcen effizient einzusetzen, besser zu priorisieren und nicht an den falschen Kunden zu arbeiten.

Vom reaktiven Vorgehen ist durch die Lean-Methode im Verkauf eine Hinwendung zu einem proaktiven Ansatz möglich. Nur wer Zahlen erhebt, kann sich selbst folgende Fragen

Zusammenfassung

• Der Vertrieb vergeudet nach wie vor Ressourcen.

• Mit der gleichen Mannschaft lässt sich durch Lean-Methoden mehr und vor allem profitablerer Umsatz akquirieren.

• Kommunikation – nach außen wie nach innen – ist die Schlüsselqualifikation.

• Eine ausschließlich am Umsatz orientierte Bezahlung leitet den Vertrieb fehl.

beantworten: Wie viele neue Kunden haben wir in dieser Woche besucht? Wie vielen davon dürfen wir Angebote erstellen? Passt der Kunde wirklich in unsere Zielgruppe? Welches Potenzial bietet der Kunde? Dazu braucht es Transparenz und Messbarkeit sowie eine kurzzyklische Kommunikation über Probleme und Abweichungen. Visualisierungsboards oder IT-gestützte remotefähige Lösungen helfen, die Antworten jederzeit zu erhalten und die Arbeit nachzujustieren.

Am Ende steht ein ganzheitlicher Prozess, in den neben den Niederlassungen oder Außenorganisationen auch nachgelagerte Bereiche integriert werden. Die Qualität der Vertriebs-

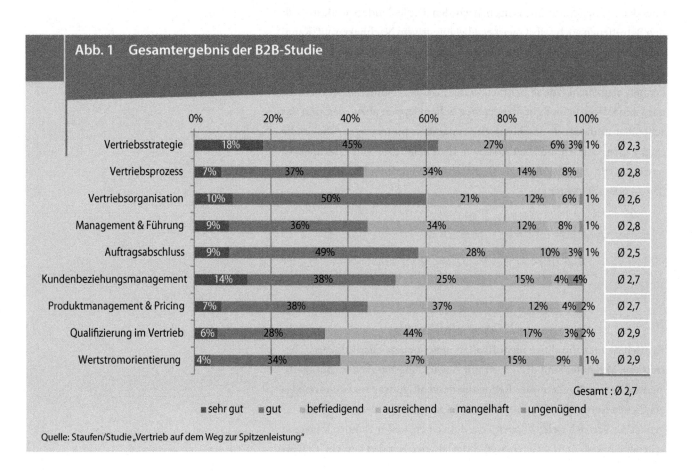

Abb. 1 Gesamtergebnis der B2B-Studie

	sehr gut	gut	befriedigend	ausreichend	mangelhaft	ungenügend	Ø
Vertriebsstrategie	18%	45%	27%	6%	3%	1%	Ø 2,3
Vertriebsprozess	7%	37%	34%	14%	8%		Ø 2,8
Vertriebsorganisation	10%	50%	21%	12%	6%	1%	Ø 2,6
Management & Führung	9%	36%	34%	12%	8%	1%	Ø 2,8
Auftragsabschluss	9%	49%	28%	10%	3%	1%	Ø 2,5
Kundenbeziehungsmanagement	14%	38%	25%	15%	4%	4%	Ø 2,7
Produktmanagement & Pricing	7%	38%	37%	12%	4%	2%	Ø 2,7
Qualifizierung im Vertrieb	6%	28%	44%	17%	3%	2%	Ø 2,9
Wertstromorientierung	4%	34%	37%	15%	9%	1%	Ø 2,9

Gesamt : Ø 2,7

Quelle: Staufen/Studie „Vertrieb auf dem Weg zur Spitzenleistung"

prozesse wird über Quality-Gates abgesichert. Von zentraler Bedeutung ist dabei die Kommunikation, denn es geht darum, bei Problemen Veränderung zu initiieren, Abweichungen und Handlungsbedarfe sofort sichtbar zu machen und Lösungen stets im Team zu erarbeiten.

Unterstützende Rolle für Teamleiter

Dieses Mehr an Kommunikation weist der Führungskraft eine neue Rolle zu. Der Charakter ihrer Arbeit ändert sich – weg

von eigener Vertriebstätigkeit. Der neue Kunde des Vertriebsleiters ist sein Sales-Mitarbeiter, den er nach Kräften unterstützt. In schlanken Vertriebsorganisationen setzt eine Führungskraft etwa die Hälfte ihrer Zeit für die Entwicklung von Mitarbeiterkompetenzen und die Verbesserung von Prozessen ein. Nur so bekommt ein Unternehmen das kontinuierliche Streben nach Verbesserung auch im Vertrieb umgesetzt. Dabei findet Führung am „Ort des Geschehens" statt – im Falle der Mitarbeiterführung im Verkauf also direkt beim Kun-

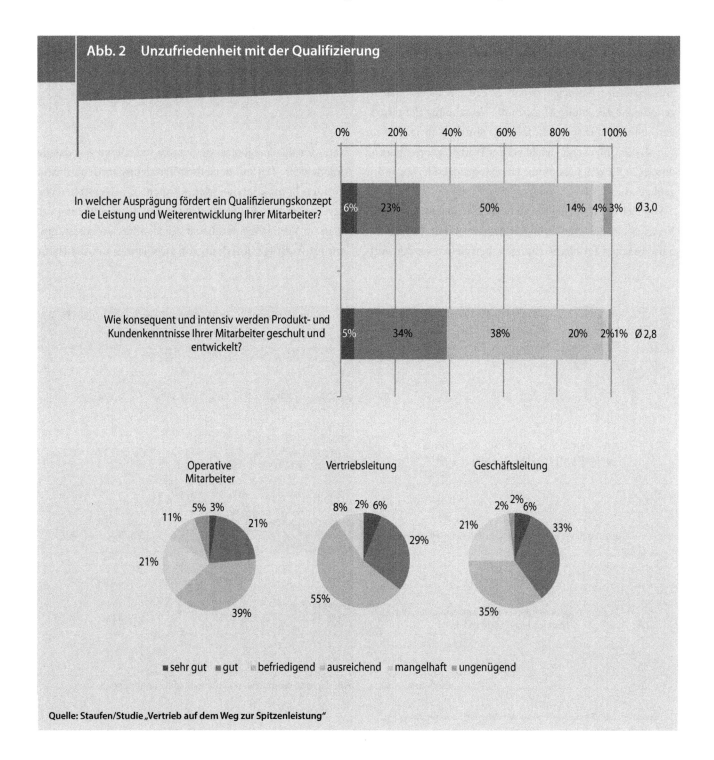

Abb. 2 Unzufriedenheit mit der Qualifizierung

In welcher Ausprägung fördert ein Qualifizierungskonzept die Leistung und Weiterentwicklung Ihrer Mitarbeiter?
6% | 23% | 50% | 14% | 4% 3% | Ø 3,0

Wie konsequent und intensiv werden Produkt- und Kundenkenntnisse Ihrer Mitarbeiter geschult und entwickelt?
5% | 34% | 38% | 20% | 2% 1% | Ø 2,8

Operative Mitarbeiter
5% 3% — 21% — 39% — 21% — 11%

Vertriebsleitung
8% 2% 6% — 29% — 55%

Geschäftsleitung
2% 2% 6% — 33% — 35% — 21%

■ sehr gut ■ gut ■ befriedigend ■ ausreichend ■ mangelhaft ■ ungenügend

Quelle: Staufen/Studie „Vertrieb auf dem Weg zur Spitzenleistung"

den. Verbesserungen, zum Beispiel in der Beratungskompetenz, erfolgen kontinuierlich und in kleinen Schritten. Die Führungskraft gibt Feedback und unterstützt bei der Problemlösung, sodass die Fähigkeiten der Mitarbeiter geschult werden. Um diese kurzzyklische Art der Führung umsetzen zu können und messbare Verbesserung zu erreichen, führt ein Lean-Sales-Leiter in der Regel nicht mehr als acht bis zehn Mitarbeiter. Ihm geht es dabei primär um die kontinuierliche Verbesserung der Arbeit und weniger um Kontrolle und Aufgabenverteilung.

Angesichts der aktuellen Realität verwundert es nicht, dass mehr als jeder fünfte in der Studie Befragte (21 Prozent) die Führungsleistung in seinem Unternehmen kritisiert. Die Qualifizierung bewerten zudem 22 Prozent als unbefriedigend (siehe **Abbildung 2**). Auch die Verzahnung der einzelnen Unternehmensbereiche lässt zu wünschen übrig: Fast ein Viertel der Unternehmen fällt bei der Wertstromorientierung durch (24 Prozent bekommen ein mangelhaft oder sogar ungenügend).

Wer sich auf den Weg hin zu Lean Sales macht, spürt bald Vertriebserfolge. Die Veränderungen beginnen bei scheinbar einfachen Problemstellungen, beispielsweise den Auf-

Kerngedanken
• Um der Verschwendung im Vertrieb Einhalt zu gebieten, muss der Fokus stärker als bisher darauf gelegt werden, wirklich die richtigen Kunden zu betreuen.
• Die Führungskraft sollte seine Mitarbeiter künftig mehr als bisher unterstützen und intensiver mit ihnen kommunizieren.
• Standardisierung im Baukastensystem kann auch bei der Auftragserstellung die allermeisten Fälle abbilden.
• Für die Incentivierung sind neue Modelle nötig, denn die Umsatzfokussierung führt nicht zu den ganzheitlich gewünschten Ergebnissen.

wand für die Angebotserstellung zu reduzieren – sodass in der gleichen Zeit mit derselben Vertriebsmannschaft mehr Kunden kontaktiert werden können. Ein Hersteller von Lkw-Anhängern hat beispielsweise seit der Einführung von Lean im Vertriebsinnendienst die Standard-Bearbeitungszeit für Aufträge innerhalb von zwei Jahren um die Hälfte

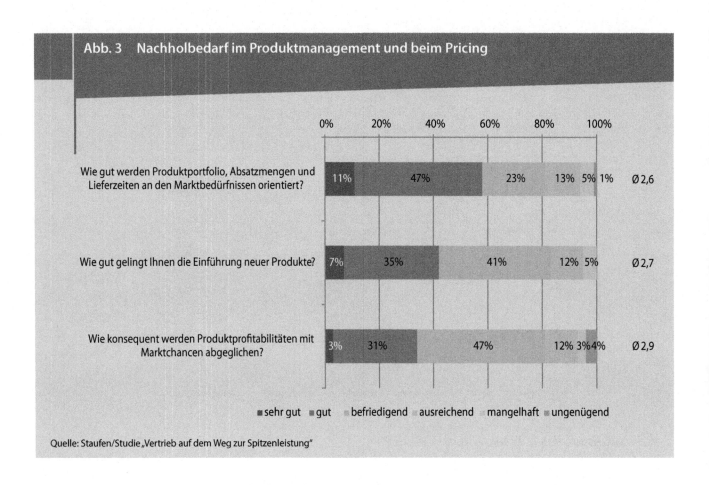

Abb. 3   Nachholbedarf im Produktmanagement und beim Pricing

Wie gut werden Produktportfolio, Absatzmengen und Lieferzeiten an den Marktbedürfnissen orientiert?
11% | 47% | 23% | 13% | 5% | 1%   Ø 2,6

Wie gut gelingt Ihnen die Einführung neuer Produkte?
7% | 35% | 41% | 12% | 5%   Ø 2,7

Wie konsequent werden Produktprofitabilitäten mit Marktchancen abgeglichen?
3% | 31% | 47% | 12% | 3% | 4%   Ø 2,9

■ sehr gut ■ gut ■ befriedigend ■ ausreichend ■ mangelhaft ■ ungenügend

Quelle: Staufen/Studie „Vertrieb auf dem Weg zur Spitzenleistung"

gesenkt – auf nun nur noch fünf Tage. Das ist umso bemerkenswerter, da in diesem Marktsegment bereits die Erstellung von Angeboten und auch deren spätere Abwicklung sehr komplex ist, weil die Kundenwünsche stark variieren und zahlreiche Klärungsschleifen Zeit und Koordinierungsaufwand erfordern.

„Verkäufer sind derzeit oft mit Innendiensttätigkeiten wie Routenplanung und Potenzialanalyse beschäftigt, die sie von ihrem eigentlichen Kerngeschäft, nämlich der Präsenz beim Kunden, abhalten.“

Durch die Lean-Lösung wurde die Auftrags- und Änderungsbearbeitung weitgehend automatisiert. Knapp zwei Drittel aller Aufträge durchlaufen inzwischen den Standardprozess. Auf Basis eines Baukastensystems, das nahezu alle sinnvollen Varianten abbilden kann, können Kunden ihre Bestellung konfigurieren. Von der Angebotserstellung und Auftragsabwicklung im Sales über die Erstellung von Stücklisten bis hin zum Arbeitsplan für die Produktion können so „vorgedachte Aufträge“ mit hohem Automatisierungsgrad angestoßen werden. Der Kunde kann bis fünf Tage vor Produktionsbeginn noch Änderungen einbringen und gewinnt durch die Automatisierung an Flexibilität. Und die Produktion freut sich über diese Aufträge, die sie störungsfrei und ohne ressourcenfressende Klimmzüge abarbeiten kann.

Der schlanke Vertrieb funktioniert nicht isoliert, wie das Beispiel zeigt. Die Lean-Lösung bezieht nachgelagerte Bereiche wie Beschaffung oder Produktion in die Kommunikation ein, so dass stets das Gesamtoptimum erreicht wird. Dabei gibt die Kundenanforderung den Takt vor und der Vertrieb stellt sicher, dass alle Klärungsschleifen mit dem Kunden so früh wie möglich, also schon in der Angebotsphase stattfinden. Nur so werden spätere Störungen vermieden, die der Kunde schließlich nicht bezahlen möchte.

Incentivierung erfordert neue Modelle

Nicht zuletzt erfordert ein Lean-Ansatz im Vertrieb auch eine auf neuen Parametern basierende Incentivierung. Bisher wird der Vertrieb ausschließlich angelehnt an die Höhe des Umsatzes entlohnt. So verwundert es nicht, wenn dem Vertriebsmitarbeiter letztlich egal ist, welche Anstrengungen die Produktion unternehmen muss, um von ihm zugesagte Liefertermine einzuhalten. Dem Unternehmen allerdings kommen beispielsweise Sonntagsschichten teuer zu stehen und fressen möglicherweise ein Mehr an Gewinn im Vergleich zu einer späteren Terminierung auf. Stellt ein Unternehmen auf Lean-Methoden im Vertrieb um, sind also neue Incentivierungsmodelle zu entwickeln. Dass hier noch Nachholbedarf besteht, zeigt exemplarisch das Studienergebnis, dass nur in jedem dritten Unternehmen wirklich konsequent Produktprofitabiltäten mit Marktchancen abgeglichen werden (siehe **Abbildung 3**.)

„Der neue Kunde des Vertriebsleiters ist sein Sales-Mitarbeiter, den er nach Kräften unterstützt."

Fazit

Unternehmen, die Lean Sales einführen, richten ihren Fokus verstärkt auf die Wachstumspotenziale. Sie verändern nicht nur Prozesse und Strukturen im Verkauf, sondern ihre gesamte Zusammenarbeits- und Führungskultur. Der Außendienstmitarbeiter ist nicht mehr auf sich allein gestellt, sondern jederzeit in ein Team im Unternehmen eingebunden. Er entwickelt seine fachlichen und sozialen Kompetenzen permanent weiter und wird dabei tatkräftig von seiner Führungskraft unterstützt, die regelmäßig Feedback gibt. Die Rolle des Vertriebsleiters ist damit künftig verstärkt die des Mentors, der Impulse für Problemlösung gibt, alle Informationen für jeden verfügbar macht und bei der Priorisierung von Aufgaben hilft.

Einen guten Vertrieb zeichnet also weit mehr aus als geschickte und eloquente Verkäufer, die als Einzelkämpfer beim Kunden um neue Aufträge ringen. Ein guter Vertrieb punktet mit einer Mannschaft von kommunikativen Teamplayern, die nach außen genauso wie nach innen wirken. Denn richtig zufriedene und damit meist auch profitable Kunden gibt es erst, wenn von der professionellen Angebotserstellung bis zur pünktlichen Auslieferung wirklich alle Prozesse stimmen.

Handlungsempfehlungen

- Führungskräfte sollten ihre eigene Vertriebstätigkeit weitgehend einstellen und verstärkt ihre Mitarbeiter coachen.
- Ein spezialisierter Innendienst übernimmt die Potenzialrecherche und Routenplanung.
- Klärungsschleifen mit dem Kunden bereits so früh wie möglich in der Angebotsphase durchlaufen.
- Neue Incentivierungsmodelle sollten unternehmensübergreifende Ziele berücksichtigen.

SfP Zusätzlicher Verlagsservice für Abonnenten von „Springer für Professionals | Vertrieb"

Zum Thema Spitzenleistung   🔍 Suche

finden Sie unter www.springerprofessional.de 123 Beiträge im Fachgebiet Vertrieb   Stand: April 2015

Medium
- ☐ Online-Artikel (6)
- ☐ Zeitschriftenartikel (40)
- ☐ Buch (2)
- ☐ Buchkapitel (75)

Sprache
- ☐ Deutsch (123)

Von der Verlagsredaktion empfohlen

Herndl, K.: Das 15-Minuten-Zielgespräch, in: Herndl, K.: Das 15-Minuten-Zielgespräch, Wiesbaden 2014, S. 43-158 , www.springerprofessional.de/5347658

Preußners, D.: Interviews mit renommierten Experten des technischen Vertriebs, in: Preußners, D.: Mehr Erfolg im Technischen Vertrieb, Wiesbaden 2013, S.115-130 , www.springerprofessional.de/4641546

Die Kundenprozesse im Blick

Die Vorgehensweise im Vertriebsprozess hat sich in den letzten Jahren gewandelt. Zunehmend lässt sich eine Abkehr vom bloßen, preisorientierten Verkaufen hin zu einer Orientierung an Werten beobachten. Dieses Umdenken bringt weitläufige Veränderungen mit sich. Denn auch im Vertriebstraining muss zukünftig anders geschult werden. Diese faszinierende Entwicklung war Gegenstand der nachfolgenden Studie.

Marco Schmäh, Patrick Schilling

Die bedingungslose Rationalisierung der Lebenswelt ist die Prämisse einer jeden wirtschaftlichen Theorie. Ökonomen sind seit jeher bemüht, in der Realwirtschaft beobachtbare Prozesse, Hergänge und Abläufe in quantitativ objektivierbare und nachvollziehbare Modelle zu integrieren. Anhand dieser Modelle sollen die Bewegungen und Entscheidungen sowohl einzelner Individuen, als auch des aggregierten Ganzen verstanden werden. Die Modellierungen fußen allesamt auf dem Menschenbild des Homo Oeconomicus, namentlich auf der Annahme eines exklusiv wirtschaftlich denkenden, den individuellen Nutzen maximierenden Archetypen rationaler Entscheidungsfindung.

Gerade im Vertrieb allerdings, wo unmittelbarer und direkter menschlicher Kontakt praktiziert wird, reflektieren geübte Verkäufer erfolgreich eine andere Art wirtschaftlichen Typus. Erfahrene Verkäufer wissen, dass bloße Rationalität im Verkaufsgespräch nicht zum Ziel führt. Das menschliche Wesen geht, wie nicht zuletzt Kahnemann und Tversky in ihrer mit dem Nobelpreis ausgezeichneten Prospect Theory aufzeigten, seiner Natur gemäß mit einer gewissen Emotionalität und Irrationalität einher.

Das entscheidende Gespür für die richtige Situation, die Empathie, sich in sein Gegenüber hineinzuversetzen sowie die Intuition, seine Verhandlungspartner einschätzen zu können, sind für erfolgreiche Verkäufer mindestens genauso hoch zu bewerten. Deshalb verwundert es nicht, dass sich der Trend hin zu einem Mehr an intuitivem Verständnis und einer Abkehr vom bloßen preisorientierten Verkaufen immer stärker auch im Vertriebstraining manifestiert.

Diese Entwicklung war Gegentand einer im Jahre 2015 durchgeführten Studie an der ESB Business School. Im Rahmen mehrerer Gespräche mit Vertriebsleitern im B2B-Bereich, führenden Anbietern von offenen Vertriebsseminaren sowie mit führenden Vertriebstrainern wurden die aktuellen Trends im Vertriebstraining nähergehend durchleuchtet.

Bei Inhouseveranstaltungen lassen sich insbesondere drei Entwicklungen konstatieren:
- Bereits im Vertriebstraining ist eine Abkehr von der Lehre des exklusiv preisorientierten Verkaufens hin zu einer stärker strukturierten und wertorientierten Strategie festzustellen.
- Die strategische Wichtigkeit von Mental- und Intuitionstechniken sowie persönlichkeitsentwickelnden Trainings gewinnt vermehrt an Bedeutung.
- Der Verkaufsprozess über verschiedene Plattformen im Internet, das sogenannte Social Selling, wird zukünftig zunehmend in den Vertriebsprozess integriert.

1. Value Based Selling als omnipräsenter Dauerbrenner

Das strukturelle Wachstum eines Unternehmens geht mit einer Professionalisierung des Vertriebes einher. Wo neue Kunden akquiriert werden möchten und Verkäufe gesteigert werden wollen, ist eine gewisse Erhöhung der Effizienz des Vertriebs unabdingbar. Geschult werden müssen hierbei vor allem Kompetenzen wie die Priorisierung der Produkte und die syste-

Prof. Dr. Marco Schmäh
ist Inhaber des Lehrstuhls für Marketing und Vertriebsmanagement an der ESB Business School in Reutlingen

Patrick Schilling
ist Student an der ESB Business School im deutsch-amerikanischen Studiengang International Management (IMX)

Marco Schmäh
ESB Business School, Reutlingen, Deutschland
E-Mail: Marco.Schmaeh@Reutlingen-University.DE

Patrick Schilling
ESB Business School, Reutlingen, Deutschland
E-Mail: Patrick.Schilling@Student.Reutlingen-University.DE

matische Bedürfniserkennung der Kunden, insbesondere im Bereich gewinnbringender Premiummarken.

Im Zeitalter des globalen Marktangebotes ist eine exklusive Differenzierung über das eigene Produkt allerdings kaum noch möglich. Wer der Intention folgt, sich von seinen Konkurrenten zu unterscheiden, macht diesen Prozess ebenso von anderen Faktoren abhängig.

Besserstellungsmerkmale im gegenwärtigen Verkaufsprozess sind insbesondere Qualitäten wie Sensitivität im Umgang mit den Kunden und die Ausrichtung des Fokus auf eine individualisierte Befriedigung der jeweiligen Bedürfnisse des Kunden. Diese Kernkompetenzen des modernen Verkaufsprozesses bedürfen einer besonderen Sensibilität und Haptik im Kundenumgang. Wer es vermag, seinen Kunden einen Mehrwert zu generieren, drängt auch die scheinbar omnipräsente Rolle des Preises im Verkaufsprozess in den Hintergrund. Um diesen Prozess zu optimieren, müssen strategische Ansätze im Vertrieb neu angedacht werden. „Hierbei werden dem Account Manager nun auch verstärkt Segmente beziehungsweise Kundengruppen von der Vertriebsleitung vorgegeben (mit einem Anteil von circa 50 Prozent). Die vertriebliche Freiheit wird somit bewusst zukünftig stärker eingeschränkt", so der Stuttgarter Marketing- und Strategieberater Andreas Fein.

Der Grundsatz des erfolgreichen, modernen Verkaufens, bei dem der Preis in den Hintergrund tritt, ist integraler Bestandteil des Value Based Selling Konzeptes. Dieser Verkaufsansatz folgt der Intention, seinen Kunden einen konkreten quantifizierbaren Mehrwert zu schaffen und exklusive Kundenvorteile für diesen zu erarbeiten. Diese Mehrwerte können sich für den Kunden beispielsweise in Kosteneinsparungen oder aber in einer Steigerung des Umsatzes manifestieren. Idealerweise lässt sich der dadurch entstandene monetäre Mehrwert bereits während des Verkaufsprozesses quantifizieren. Auf Grundlage dessen ist es dem geschulten Verkäufer somit möglich, in die Rolle eines Vorteilsberaters und Prozessoptimierers zu schlüpfen. Eine Rolle, die vom Kunden mit gebührender Wertschätzung und einer Anteilnahme am generierten Mehrwert bilanziert wird.

Für die erfolgreiche Adaption dieses strategischen Verkaufsansatzes ist ein Umdenken im Vertrieb von Nöten. Wertorientiertes Verkaufen bedingt in der Konsequenz auch ein wertorientiertes Verhandeln. Pricing muss differenziert betrieben werden, das Verständnis des Deckungsbeitrages sowie des kohärenten Zusammenhangs zwischen Rabatt und Erlös müssen sich ändern. Anstelle übereifrigen Rabattierens bietet sich die Zugabe von Zusatzleistungen wie Ersatzteilpakete oder Dienstleistungen an. Anstelle mühsamer Preisdiskussionen kann so die Entwicklung hin zu fruchtbaren Wertbeitragsdiskussionen gelenkt werden.

2. Der Verkäufer als einfühlsamer Verhandlungspartner

Wessen sich Spitzensportler bereits seit längeren Zeiten gewahr sind, findet seinen Weg nun auch sukzessive in den Vertriebstrainingsprozess: Persönlichkeitsentwicklungsmaßnahmen in der Form von Intuitions- und Mentaltrainings tragen ihren Teil zur Einstellungs- und Ergebnisverbesserung von Verkäufern bei. Laut Definition des Dudens beschreibt Intuition „das unmittelbare, nicht diskursive, nicht auf Reflexion beruhende Erkennen, Erfassen eines Sachverhalts oder eines komplizierten Vorgangs". Dieses gemeinhin als Bauchgefühl oder, im Vertrieb, als „guter Riecher" aufzufassende Element des menschlichen Spürsinns verhilft Individuen in vielen Bereichen des täglichen Lebens dazu, sensitive Entscheidungen zu treffen – und erweist dem Verkäufer ebenso seinen Dienst im Verkaufsprozess.

Fundiertes Verständnis des Zusammenspiels aus unterbewussten, impulshaften, intuitiven Entscheidungen und bewusst reflektierter Ratio verhilft Verkäufern zu einer besseren Grundlage, auf deren Basis Entscheidungen getroffen werden.

Frank Max, Coach und Mentaltrainer aus Düsseldorf sieht den „Vertrieb oft als reine Nervensache". Weiter postuliert er, dass, wer nicht nur gut vorbereitet sei, sondern sich auch in ei-

---

Zusammenfassung

In der ESB-Studie „Der Vertrieb im Wandel: Aktuelle Trends im Vertriebstraining" werden im Rahmen von Expertengesprächen mit Vertriebstrainern, Vertriebsleitern und Geschäftsführern die aktuellen Entwicklungen im Vertrieb und Vertriebstraining untersucht. Dabei geht es um Antworten auf folgende Fragen:

• Hat die preisorientierte Verhandlungsführung zukünftig noch Bestand?

• Welche Rolle spielen Werte in der Verhandlungsführung?

• Können Achtsamkeit, Intuition und Resilienz im Vertrieb zu besseren Ergebnissen verhelfen?

• Wie können Vertriebsprozesse in die digitale Welt übertragen werden?

nem guten mentalen Zustand befinde, zumeist jeden Abschluss schaffen könne. Um dies zu forcieren, zeigt Max seinen Klienten typgerechte Mentaltrainingstechniken, mit denen sie ihre Selbstwirksamkeitserwartung vor wichtigen Terminen deutlich steigern und ihre persönlichen Ressourcen aktivieren können. Hierzu gehört beispielsweise auch das gezielte Aufarbeiten von Erinnerungen an zu früheren Zeitpunkten erfolgte Kundentermine, die weniger erfolgreich waren.

Ein weiterer wichtiger Aspekt im Rahmen des Vertriebstrainings ist für Max das Intuitionstraining. Das sogenannte „Bauchhirn" verfüge nämlich über 100 Millionen Nervenzellen, die wir meist völlig ignorierten. Es sei denn, wir geraten in eine Situation, die Angst oder Stress auslöst. Dann sprechen wir von einem komischen Gefühl in der Magengegend, einem Kloß im Hals oder ähnlichem, so Max. „Die Traumaforschung hat inzwischen entdeckt, dass der Körper traumatische und belastende Erinnerungen dauerhafter abspeichert, als unser Geist. In unserem Alarm- und Überlebenssystem besteht eine „feste Verdrahtung" zwischen dem Stammhirn und dem limbischen System. Diesem ist mit dem Ego (hierzu gehört auch die persönliche Erfolgsgeschichte) allein nicht beizukommen. Hier ist jeder Einzelne gefragt, sich mit seinen emotionalen und kognitiven Bewertungs- und Verarbeitungsprozessen auseinanderzusetzen und Überreaktionen zu reduzieren sowie ein persönliches Frühwarnsystem zu entwickeln."

Spätestens seit den Veröffentlichungen von Joachim Bauer wissen viele bereits um die sogenannten „Spiegelneurone". „Doch wer nicht im Rahmen einer psychologischen oder psychotherapeutischen Ausbildung darauf trainiert ist, mit diesen psychodynamischen Prozessen kompetent umzugehen – oder dies, kontextzentriert, mit einem Fachmann erarbeitet – lässt auch diesen Teil der Intuition leider ungenutzt", so Max.

Frank Max betont zuletzt auch einen weiteren wichtigen Faktor, das Bewusstsein um die eigene Wertehierarchie, damit diese den Erfolgswillen stärke. Mit den richtigen Techniken könne man dies einfach und schnell erlernen und somit eine Menge Erfolgsfaktoren unter einen Hut bringen.

3. Die Bedeutung des Social Selling im Verkaufsprozess

Der dritte und letzte explizite Trend, auf welchen wir im Rahmen unserer Studie gestoßen sind, bezieht sich auf das Schaffen neuartiger, innovativer Verkaufsmöglichkeiten im digitalen Zeitalter. Wie mehrere Experten aus der Praxis einhellig postulierten, kommt dem Online-Auftritt eines Unternehmens eine stetig größer werdende Bedeutung zu. Diese Entwicklung müssen erfolgreiche Vertriebler mitgestalten und

neue Formen des Verkaufens adaptieren. Denn, so Martin Meyer-Gossner, Founder & Managing Director von The Strategy Web, „auch beim Trendthema Social Selling geht es um Vertrauen". Dies gelte im Digitalzeitalter genauso wie vor 100 Jahren. Um den traditionellen Vertrieb inklusive dessen Mentalität mit dem Konzept des Social Selling zu harmonisieren, bedarf es einiger Veränderungen. „Die Herausforderung", so Meyer-Gossner weiter, „ist der Change Prozess im Vertrieb. Hierzu muss man sich von einer aktiven „Wir-kennen-unsere-Kunden-Drückerkolonne" zu einem empathischen Engagement-Team wandeln." Besonders gefordert sei hierbei die Unternehmensführung. Denn diese müsse „die Soft Skills wie Kommunikationsfähigkeit, Sozialkompetenz und Eigenverantwortung" fördern. Darüber hinaus gelte es, den Mitarbeitern „intelligente Compliance-Technologien an die Hand zu geben".

Trotz der praktischen Relevanz sind systematische Verkaufsprozesse über das Internet für viele Unternehmen noch immer ein Novum. Zwar sind Plattformen wie Onlinehandel bereits seit einiger Zeit im betrieblichen Verkaufsprozess etabliert, jedoch mangelt es vielerorts noch immer an einer strategischen Form proaktiver Generierung neuer Leads. Das Konzept des Social Selling rückt derzeit immer mehr in den Vordergrund als Lösungsansatz mit dem Potenzial, die Art und Weise des digitalen Verkaufens nachhaltig zu verändern.

Es handelt sich hierbei allerdings noch um ein eher unerforschtes Gebiet. Es stellt sich die Frage danach, inwieweit Social Selling beim eigentlichen Verkaufsprozess behilflich sein kann. Ungewissheiten existieren noch immer, ob Plattformen wie Xing oder Facebook bei signifikanten Bestandteilen des Verkaufsprozesses wie dem durch Big Data ermöglichten Mo-

---

Kerngedanken

● Rationalität als einzige Entscheidungsgrundlage verhilft im Vertrieb nicht zum Erfolg.

● Das Prinzip des Value Based Selling bedeutet eine Entwicklung weg von einer reinen Preisdiskussion hin zu einer Wertbeitragsdiskussion.

● Achtsamkeit, Intuition und Resilienz können zu besseren Entscheidungen verhelfen.

● Im digitalen Zeitalter bietet Social Selling neue Möglichkeiten, den Verkaufsprozess in die Welt der Social Media Plattformen zu übersetzen.

nitoring oder der Generierung neuer Kunden behilflich sein können. Und wenn ja, wie dies im Detail vonstatten zu gehen hat, um den Prozess als Erfolg deklarieren zu können. Darüber hinaus, gehen mit der Ungewissheit hierüber auch berechtigte Fragen über die ethischen Grenzen eines solchen Prozesses einher. Die Thematik verspricht allerdings ein großer Trend im Vertriebstraining der nächsten Jahre zu werden.

4. Trends bei offenen Vertriebsseminaren

Zusätzlich zu den oben genannten Trends wurden im Rahmen einer fortführenden Studie die 20 größten Anbieter von offenen Seminaren für Verkäufer im April 2015 telefonisch kontaktiert. Hierbei sollten die Trends bei offenen Vertriebsseminaren näher eruiert werden. Es ergab sich ein stark heterogenes Bild (Anmerkung: Die Studie war bei Redaktionsschluss noch nicht vollständig abgeschlossen). Bei den Trendthemen dominierten in signifikanter Art und Weise Persönlichkeitsbildungs- sowie Persönlichkeitsentwicklungsmaßnahmen, Menschenkenntnis und der Lösungs- bzw. Beziehungsverkauf. Diese Maßnahmen werden, basierend auf deren zunehmender Wichtigkeit für den Verkaufsprozess, in mindestens zweitägigen, häufig allerdings mehrtägigen Trainings geschult. Beobachtbar ist ein signifikanter Trend zu mehrtägigen offenen Veranstaltungen bei allen Anbietern.

Fazit

Intuition und Resilienz, Manifeste des Unterbewussten und damit einhergehend des Irrationalen, werden sukzessive zu integralen Bestandteilen des Vertriebstrainings. Sie sind beide vielversprechende Maßnahmen, mit denen Verkäufer den erfolgreichen Ausgang ihrer Verkaufsgespräche determinieren können.

Dr. Matthias Kirchherr, CSO Europe Lapp Kabel, bringt die zentralen Erfolgsfaktoren von Vertriebstrainings abschlie-

Handlungsempfehlungen

• Die Abkehr vom rein preisorientierten Verhandeln hin zum Value Based Selling bietet neue Möglichkeiten für den Vertrieb. Machen Sie Ihre Mitarbeiter im Vertrieb deshalb mit diesen Konzepten stärker vertraut.

• Achtsamkeit und intuitive Entscheidungsstile liegen voll im Trend. Schauen Sie über den Tellerrand hinaus und befassen Sie sich mit diesem hochinteressanten Thema. Sie werden dabei zu einer neuen Entscheidungsqualität gelangen.

• Versuchen Sie, aktuelle und vielversprechende Konzepte wie das Social Selling mitzugestalten und weiter voranzutreiben. Die Bemühungen werden sich vielfach auszahlen!

ßend zutreffend auf den Punkt. „Vertriebstrainings sollen den Blick konsequent auf Kundenaufgabenstellungen und Kundenprozesse lenken." Vor allem bei technisch anspruchsvollen Produkten werde dies noch vernachlässigt. Dies, so Dr. Kirchherr weiter, gelte es durch die Integration moderner Formen des Lernens, wie beispielsweise des sogenannten Blended Learnings, anzureichern, „um in kurzen Präsenzzeiten das Verkäuferverhalten nachhaltig zu verändern". Schlussendlich bleibe es dabei, Vertrieb heiße „den Wert der eigenen Leistung an den Kunden zu vermitteln. Damit bleibt Value Based Selling ein fester Bestandteil in Vertriebstrainings".

Literatur:

Kahneman, D. (2012): Schnelles Denken, langsames Denken, München

http://www.duden.de/rechtschreibung/Intuition

Bauer, Joachim (2006): Warum ich fühle, was du fühlst, Hamburg

---

Service

Buchrezensionen

Michael Mauer

Preisverhandlungen erfolgreich führen und gewinnen

Rabattforderungen professionell abwehren – und Kunden trotzdem zufriedenstellen

SpringerGabler, 1. Auflage

Wiesbaden 2015

145 Seiten, 29,99 Euro

ISBN: 979-3-658-07601-6

Kerngedanke

„Begegnen Sie dem besorgniserregenden Rabattschlacht-Trend sympathisch und mit Leichtigkeit und wirken Sie damit sinkenden Umsätzen und Margen entgegen."

Nutzen für die Praxis

Der Autor zeigt auf, wie Sie Rabattforderungen seitens der Kunden erfolgreich abwehren und mit den richtigen Gesprächsstrategien dennoch zum Abschluss kommen und am Ende einen zufriedenen Kunden verabschieden.

Abstract

Dieses Buch vermittelt Strategien für die klügste Preisfestsetzung und Preisverhandlung.

Michael Hirt

Die wichtigsten Strategietools für Manager

Mehr Orientierung für den Unternehmenserfolg

Verlag Franz Vahlen 2015

340 Seiten, 49,80 Euro

ISBN: 978-3-8006-4846-7

Kerngedanke

„Welche Strategieinstrumente finden in der Praxis Anwendung und was haben Sie zum Ziel?"

Nutzen für die Praxis

Das Buch bietet einen schnellen und übersichtlichen Zugang auf praxisbewährte und theoretisch fundierte Strategietools und schafft damit die Grundlage für den Erfolg Ihres Unternehmens bzw. Geschäftsbereichs.

Abstract

Das Handbuch ist ein praktisches Arbeitsinstrument für alle Führungskräfte, die sich mit dem Thema „Strategie" auseinandersetzen. Es wird dargestellt, welche Ressourcen zur Entwicklung einer Strategie benötigt werden.

Stephan Heinrich

Gute Geschäfte

52 clevere Tipps für profitable Beziehungen im Business

Edition curositas docet 2014

222 Seiten, 19,90 Euro

ISBN: 978-3-73860-590-7

Kerngedanke

„Menschen wollen nicht überzeugt werden, sie wollen auf Augenhöhe verhandeln."

Nutzen für die Praxis

Der Autor gibt Tipps für die Suche nach der Zielgruppe und für Abschlussverhandlungen. Auch Gedanken zu Führung und Erfolgsstrategien machen das Buch zu einem praxisnahen Leitfaden.

Abstract

Vertriebsorganisationen, die sich an Geschäftskunden richten, können künftig nur Gewinne machen, wenn sie ihren Kunden zu Erfolgen verhelfen und sie in die Lage versetzen, sinnvoll zu investieren. In 52 Kapiteln zeigt der Autor Wege zu dauerhaft profitablen Geschäftsbeziehungen.

Veranstaltungen

Veranstaltungen zum Thema Vertrieb				
Datum	Event	Thema	Ort	Veranstalter/Website
30.06.2015/ 01.07.2015	Expertentreff Business Development	Unternehmen neu denken, Märkte erschließen: Neue Märkte, härtere Konkurrenz und anspruchsvollere Kundenbedürfnisse – in den letzten Jahren sind eine Vielzahl neuer Aufgaben auf Sie im Business Development hinzugekommen. Die Rahmenbedingungen haben sich geändert. Sie und Ihr Unternehmen müssen sich in bestehenden Märkten behaupten und neue effektiv erschließen. Weitere Herausforderungen stehen an: Freihandelsabkommen wie TTIP bieten Chancen und Risiken für Unternehmen. Es gilt, vorbereitet zu sein. Sie erhalten Antworten auf alle wichtigen Fragen.	Frankfurt	Management Circle AG www.managementcircle.de
11.06.2015	DIALOG im Hof	Vertraut Ihnen Ihr Kunde? Wie Sie den Vertrauensvorsprung zu einer dauerhaften Partnerschaft führen.	Köln	Jäger + Schmitter DIALOG GmbH www.jsdialog.com
15.07.2015/ 16.07.2015	Süddeutscher B2B-Vertriebskongress 2015	Erfolgswissen für das B2B-Vertriebsmanagement. Zwei Tage voller konkreter Handlungsempfehlungen für Ihren Vertriebserfolg! Für alle Führungskräfte, die Verantwortung für den Vertriebserfolg tragen.	Würzburg	Gesellschaft für Kongressmanagement Köhler-Lürssen GbR www.sueddeutscher-vertriebs-kongress.de

Keine betriebsbedingte Kündigung ohne Sozialauswahl

Bei betriebsbedingter Kündigung kann es erforderlich sein, einen freien Arbeitsplatz in einem anderen Vertriebsgebiet zuzuweisen beziehungsweise anzubieten oder auch eine Sozialauswahl vorzunehmen.

Fällt der Arbeitsplatz des angestellten Außendienstmitarbeiters in einem bestimmten Vertriebsgebiet weg, kann der betreffende Mitarbeiter gekündigt werden ... Dass diese Formel nicht immer stimmen muss, ergibt sich aus einer Entscheidung des Landesarbeitsgerichts Schleswig-Holstein vom 28. Januar 2014 (1 Sa 230/13).

Die Parteien hatten zunächst einen auf drei Monate befristeten Handelsvertretervertrag geschlossen, in dem ein bestimmtes Vertriebsgebiet vereinbart war. Unmittelbar im Anschluss wurde der klagende Arbeitnehmer auf Basis eines schriftlichen Arbeitsvertrages tätig, der keine Gebietsangaben mehr enthielt. Tatsächlich betreute der Außendienstmitarbeiter auch weiterhin von seinem Wohnsitz aus die Kunden, die ihm bereits vorher zugeordnet waren. Darüber hinaus wurden ihm noch angrenzende Postleitzahlbereiche übertragen.

Der Außendienstmitarbeiter war auf dieser Basis rund fünfeinhalb Jahre im Geschäftsbereich Automotive Carsystems tätig. In diesem Geschäftsbereich beschäftigte das Unternehmen insgesamt acht Vertriebsmitarbeiter.

Ende 2012 kündigte das Unternehmen dem klagenden Vertriebsmitarbeiter ordentlich zu Ende Februar 2013. Zum Zeitpunkt der Kündigung war eine Stelle im Vertriebsaußendienst dieses Geschäftsbereichs für Süddeutschland und Österreich ausgeschrieben. Der Arbeitnehmer wandte sich mit einer Kündigungsschutzklage gegen die Kündigung und gewann sowohl vor dem Arbeitsgericht als auch dem Landesarbeitsgericht Schleswig-Holstein.

Kündigung aus betriebsbedingten Gründen

Die ordentliche Kündigung eines Mitarbeiters, der – wie im zu entscheidenden Fall – allgemeinen Kündigungsschutz nach dem Kündigungsschutzgesetz genießt, kann gerechtfertigt

Dr. Michael Wurdack
ist Rechtsanwalt und Partner der seit 40 Jahren auf Vertriebsrecht spezialisierten Kanzlei Küstner, v. Manteuffel & Wurdack in Göttingen. Telefon. +49(0)551/49 99 60 E-Mail: kanzlei@vertriebsrecht.de Weitere Informationen, aktuelle Urteile und Seminarangebote rund ums Vertriebsrecht finden Sie auf der Kanzlei-Homepage: www.vertriebsrecht.de

sein, wenn sie durch dringende betriebliche Erfordernisse bedingt ist. Das setzt voraus, dass

- der Beschäftigungsbedarf für in dem bisher wahrgenommenen Aufgabenbereich auf Dauer entfällt (Entfall des Arbeitsplatzes) und
- der Arbeitnehmer nicht auf einem anderen freien Arbeitsplatz weiterbeschäftigt werden kann (fehlende Weiterbeschäftigungsmöglichkeit).

Zur ersten Voraussetzung hatte das Unternehmen vorgetragen, dass es den Vertrieb durch einen angestellten Außendienstmitarbeiter in dem zugewiesenen Vertriebsgebiet für unrentabel erachtet habe und diesen in dem Gebiet künftig von gleichfalls für das Unternehmen tätigen Handelsvertretern durchführen lassen wollte. Das LAG Schleswig-Holstein meinte, dies könne grundsätzlich einen Entfall des Arbeitsplatzes begründen. Es klärte den streitigen Vortrag jedoch nicht weiter auf, weil die Wirksamkeit der Kündigung bereits aus anderen Gründen scheiterte.

Fehlende Weiterbeschäftigungsmöglichkeit

Grundsätzlich muss der Arbeitgeber dem Arbeitnehmer vor Ausspruch einer betriebsbedingten Kündigung die Beschäftigung auf einem anderen freien Arbeitsplatz zuweisen. Gegebenenfalls ist auch eine Änderungskündigung erforderlich, insbesondere dann, wenn eine Weiterbeschäftigung auf dem freien Arbeitsplatz nicht vom Inhalt des bisherigen Arbeitsvertrages gedeckt ist. Das LAG Schleswig-Holstein meinte, dass dem klagenden Arbeitnehmer die ausgeschriebene Stelle im Vertriebsaußendienst für Süddeutschland und Österreich hätte zugewiesen werden müssen: Die fachliche Eignung sei zwischen den Parteien nicht umstritten und durch die bisherige Tätigkeit auch erwiesen.

Die Stelle sei dem Arbeitnehmer auch dann zuzuweisen gewesen, wenn sie wegen Ausscheidens des bisherigen Stelleninhabers erst zu Ende Mai 2013 besetzt werden konnte.

Wichtig: Nach der Rechtsprechung des Bundesarbeitsgerichts ist eine Überbrückung mindestens für den Zeitraum zumutbar, den ein anderer Stellenbewerber zur Einarbeitung benötigen würde. Je nach den Umständen kann eine Probezeitvereinbarung dabei als Indiz für die Bemessung der Einarbeitungszeit herangezogen werden.

Sozialauswahl wäre durchzuführen gewesen

Darüber hinaus meint das Gericht, dass vor Ausspruch einer Kündigung auch eine Sozialauswahl im Sinne des § 1 Abs. 3 KSchG durchzuführen gewesen wäre. Das ist bei betriebsbedingten Kündigungen immer dann notwendig, wenn
• es mehrere Arbeitnehmer gibt, die hinsichtlich arbeitsplatzbezogener Merkmale vergleichbar sind oder zumindest gleichwertige Tätigkeiten ausüben und
• der Arbeitgeber den Arbeitnehmer auf Grundlage des Arbeitsvertrages einseitig auf einen solchen vergleichbaren Arbeitsplatz versetzen kann.

Diese so genannte arbeitsvertragliche Austauschbarkeit bejahte das LAG Schleswig-Holstein hinsichtlich der Arbeitsplätze der insgesamt acht Außendienstmitarbeiter im Geschäftsbereich Automotive Carsystems. Die Arbeitgeberin habe dem gekündigten Arbeitnehmer auch jede Stelle in anderen Vertriebsgebieten einseitig zuweisen können.

Das Direktionsrecht des Arbeitgebers umfasse grundsätzlich auch das Recht, dem Arbeitnehmer einen anderen Einsatzort zuzuweisen. Der Arbeitsvertrag enthalte diesbezüglich, anders als der vorgehend für drei Monate geltende Handelsvertretervertrag, keine Einschränkungen oder Konkretisierungen des Vertriebsgebietes.

Zwar könne sich eine Konkretisierung auf einen bestimmten Arbeitsort nach der BGA-Rechtsprechung auch durch Nichtausübung über längere Zeit und das Hinzutreten besonderer Umstände ergeben. Beide Voraussetzungen seien aber im zu entscheidenden Fall nicht erfüllt: Es sei schon äußerst fraglich, ob ein Zeitraum von rund fünfeinhalb Jahren im Vertriebsaußendienst mit typischerweise länger gewünschtem Kundenkontakt überhaupt genüge, um von einer „längeren Zeit" auszugehen. Darüber hinaus fehlten aber auch besondere Umstände. Diese könnten nicht in dem zuvor abgeschlossenen und über drei Monate praktizierten Handelsvertretervertrag erblickt werden.

Da damit die arbeitsvertragliche Austauschbarkeit nach Ansicht des LAG Schleswig-Holstein gegeben war, hätte das Unternehmen eine Sozialauswahl unter allen Vertriebsmitarbeitern im Geschäftsbereich Automotive Carsystems durchführen müssen. Da diese unterblieben war, erwies sich die Kündigung auch aus diesem Grund als rechtsunwirksam.

Wichtig: Das LAG Schleswig-Holstein setzt sich in seiner Entscheidung nicht damit auseinander, inwieweit die „arbeitsvertragliche Austauschbarkeit" noch gegeben sein kann, wenn Vertriebsmitarbeiter (teilweise) erfolgsbezogen vergütet werden, Provisionsansprüche mithin von der konkreten Zusammensetzung des Kundenstammes im jeweiligen Vertriebsgebiet abhängen. Diese Frage ist in der arbeitsgerichtlichen Rechtsprechung nach wie vor wenig geklärt.

Zusammenfassung

• Die betriebsbedingte Kündigung eines angestellten Außendienstmitarbeiters setzt in der Regel voraus, dass der Beschäftigungsbedarf in dem bisher wahrgenommenen Aufgabenbereich auf Dauer entfällt und der Arbeitnehmer nicht auf einem anderen freien Arbeitsplatz weiterbeschäftigt werden kann.

• Die Weiterbeschäftigungsmöglichkeit ist auch dann gegeben, wenn für die Besetzung des anderen freien Arbeitsplatzes ein zumutbarer Zeitraum überbrückt werden muss, der die Einarbeitungszeit eines anderen Stellenbewerbers nicht überschreitet.

• Sofern Vertriebsmitarbeiter vergleichbar sind und der Arbeitgeber den Arbeitnehmer einseitig auf einen vergleichbaren Arbeitsplatz versetzen kann, kann auch eine Sozialauswahl geboten sein.

SfP www.springer für Professionals

Beitrag des Monats

Online-Handel birgt sowohl Chancen als auch Risiken

Gegenüber anderen Kanälen besitzt das Internet als Verkaufsform spezifische Vor- und Nachteile sowie Chancen und Risiken. Springer-Autor Gerrit Heinemann definiert das Internet in seinem Buch „Der neue Online-Handel" als virtuellen Begegnungsraum zwischen Anbieter und Nachfrager. Jeder Teilnehmer kann diesen virtuellen Raum in Abhängigkeit von seiner technischen Infrastruktur und seinen Präferenzen jederzeit betreten, in ihm verbleiben und ihn auch wieder verlassen. Damit unterscheidet sich der Kanal von anderen Märkten, in denen diese globale und augenblickliche Reichweite nicht möglich ist. Als wesentliche Vorteile und Chancen aus Kundensicht entpuppen sich die Überallerhältlichkeit, die Unabhängigkeit von Ladenöffnungszeiten und Standorten, die größere Auswahl und Vergleichbarkeit an Produkten und Angeboten, die Markttransparenz, die individuellen Angebote, die Offenheit sowie die besseren Informationen.

SfP * *www.springerprofessional.de/5012456*

Weitere meistgeklickte Beiträge

2. Funktionierende Bonussysteme einführen
SfP * *www.springerprofessional.de/5008910*
3. Gute Verkäufer akzeptieren kein „Nein"
SfP * *www.springerprofessional.de/5678570*
4. Wie ein Vertriebscontrolling implementiert wird
SfP * *www.springerprofessional.de/5241898*
5. Probleme bei Preisverhandlungen umschiffen
SfP * *www.springerprofessional.de/5667098*

Das Wissensportal Springer für Professionals

Alle Beiträge und Literaturtipps im Heft die mit SfP gekennzeichnet sind, sind für Abonnenten des Portals Springer für Professionals im Volltext unter www.springerprofessional.de frei zugänglich. Abonnenten dieser Zeitschrift können das Portal drei Monate kostenfrei unter Angabe des Aktionscodes C0006818 testen und danach zum Vorzugspreis beziehen.

 www.springerprofessional.de/fachzeitschriften/

Empfehlung des Monats

Gute Kennzahlen für gute Leistung

Die strategischen wie operativen Vertriebskennzahlen sind für die Steuerung der Vertriebsmitarbeiter Kernbestandteil eines guten und transparenten Vertriebscontrollings. Denn klar strukturierte Kennzahlen bestimmen weitere Maßnahmen im Absatzprozess und helfen, den Vertrieb zu optimieren. Sie geben dem Vertrieb unter anderem darüber Aufschluss, wie die Vertriebsleistung der Teams aussieht, wie sich einzelne Vertriebskosten und Verkaufserfolge in bestimmten Verkaufsperioden aufschlüsseln und wie rentabel die Verkäufe sind.
SfP * *www.springerprofessional.de/5722968*

Wie Sie Vertriebspartner zu Fans machen

Wenn Kunden zur Konkurrenz abwandern, kann das viele Gründe haben. Einer davon ist sicherlich, dass der Wettbewerb nicht schläft. Für die Springer-Autoren Hubert Enser-Laaber und Erwin Ottermann ist es deshalb unverzichtbar, das Verhalten der Vertriebspartner im Auge zu behalten und „Alarmsignale einzubauen", die eine Abwanderungsbereitschaft signalisieren könnten. So ist es zum Beispiel ein Alarmzeichen, wenn Kunden Bestellungen nur (noch) nach aktiver Kontaktaufnahme vornehmen.
SfP * *www.springerprofessional.de/5712374*

Dienstleisterverzeichnis

Präsentieren Sie Ihr
Unternehmen.

Thema der nächsten Ausgabe:

Kundensegmentierung

Die Bestimmung des Kundenwerts und die Segmentierung der Kunden-zielgruppen gehören zu den Kernaufgaben im Vertrieb. Kundensegmentie-rung ist notwendig, um auf der Grundlage der Ergebnisse effiziente Markt-bearbeitungsstrategien zu entwickeln. Das Gießkannenprinzip bei der Kun-dengewinnung und -bindung hat ausgedient. Es gilt, die „richtigen" Kunden zu identifizieren und zu priorisieren. In der nächsten Ausgabe von Sales Ma-nagement Review geht es um die Bedeutung des Kundenwerts und einer zielgerichteten Marktsegmentierung, um die Bestimmung der attraktivsten Marktsegmente und um Strategien zur Fokussierung auf vielversprechende Käufergruppen.

Impressum

Sales Management Review
Zeitschrift für Vertriebsmanagement
www.salesmanagementreview.de
Ausgabe 3/2015| 24. Jahrgang
ISSN 1865-6544

Verlag
Springer Gabler
Springer Fachmedien Wiesbaden GmbH
Abraham-Lincoln-Straße 46
65189 Wiesbaden
www.springer-gabler.de
Amtsgericht Wiesbaden | HRB 9754
USt-IdNr. DE811148419

Geschäftsführer
Armin Gross | Joachim Krieger | Dr. Niels
Peter Thomas

Verantwortliche Redakteurin
Gabi Böttcher
Tel.: +49 (0)611 7878-220
gabi.boettcher@springer.com

Gesamtleitung Anzeigen und Märkte
Armin Gross
Gesamtleitung Produktion
Dr. Olga Chiarcos
Gesamtleitung Magazine
Stefanie Burgmaier

Verkaufsleitung Anzeigen
Eva Hanenberg
Tel.: +49 (0)611 7878-226
Fax: +49 (0)611 7878-783226
eva.hanenberg@best-ad-media.de

Anzeigendisposition
Susanne Bretschneider
Tel.: +49 (0)611 7878-153
Fax: +49 (0)611 7878-443
susanne.bretschneider@best-ad-media.de

Anzeigenpreise
Es gelten die Mediainformationen
vom 01.10.2014

Produktmanagement
Melanie Engelhard-Gökalp
Tel.: +49 (0)611 7878-315
melanie.engelhard-goekalp@springer.com

Layout und Produktion
Erik Dietrich

Alle angegebenen Personen sind, soweit
nicht ausdrücklich angegeben, postalisch
unter der Adresse des Verlags erreichbar.

Titelbild
Malte Knaack
mknaack@malteknaack.com

Leserservice
Springer Customer Service GmbH
Springer Gabler-Service
Haberstr. 7 | D-69126 Heidelberg
Telefon: +49 (0)6221 345-4303
Fax: +49 (0)6221 345-4229
Montag – Freitag 8.00 Uhr – 18.00 Uhr
springergabler-service@springer.com

Sonderdrucke
Martin Leopold
leopold@medien-kontor.de
Tel.: +49 (0)2642 9075-96
Fax: +49 (0)2642 9075-97

Druck
Phoenix Print GmbH
Alfred-Nobel-Straße 33
97080 Würzburg

Wissenschaftlicher Beirat
Prof. Dr. Ove Jensen
WHU – Otto Beisheim School of Manage-
ment, Vallendar
Prof. Dr. Manfred Klarmann
Karlsruhe Institute of Technology (KIT)
Prof. Dr. Manfred Krafft
Wilhelms-Universität Münster
Prof. Dr. Dirk Zupancic
German Graduate School of Management
& Law (GGS), Heilbronn

Die Guten ins Töpfchen …

Vorbei die Zeiten, in denen die Kunden (fast) so einfach wie bei Aschenputtel sortiert wurden: Die Guten kamen ins Töpfchen – sprich in Schublade A –, die Schlechten ins Kröpfchen – Schublade C. Und dazwischen gab es immerhin noch Schublade B – sozusagen als Chance oder als Signal, je nach Sichtweise. Aber Kunden sind nun einmal keine Linsen wie im Märchen der Gebrüder Grimm. Und ein Vertriebsmanager ist auch keine Taube, die (mit einem untrüglichen Instinkt gesegnet) gute von schlechten Linsen mit spielerischer Leichtigkeit unterscheiden kann.

Im Vertrieb ist die Entscheidung darüber, welchen Wert der Kunde für das Unternehmen hat und mit welchem Maß an Aufmerksamkeit er umgarnt werden soll, eine enorme Herausforderung. Allen Kunden gleichermaßen zu Diensten zu sein – das funktioniert im zunehmenden Wettbewerbsdruck nicht mehr, wie Dirk Zupancic in seiner Kolumne so treffend schreibt (Seite 70). „Everybody's darling is nobody's darling", hat es ein Bekannter einmal ähnlich auf den Punkt gebracht. Darin liegt nämlich die Krux vernachlässigter Segmentierungsansätze: Wer es allen Kunden gleichermaßen recht machen möchte, verliert am Ende auch noch diejenigen, die er eigentlich unbedingt behalten wollte.

Ein Vertriebsmanager hat das Dilemma auf einer Fachkonferenz kürzlich mit den Worten zugespitzt: „Kundensegmentierung? Da müssen wir durch!" Es ist eine ungeliebte Pflicht, die Guten von den Schlechten trennen zu müssen. Aber ein effektives Kundenwertmanagement kann sich tatsächlich lohnen, wie Andreas Mengen anhand einer Case Study erläutert (Seite 12). Ein Ergebnis: „Kundenwertmanagement ermöglicht eine objektive und transparente Kundenbewertung."

Richtig – die Guten ins Töpfchen. Aber mit welcher Methode und welchen Mitteln? Die Epoche der einfachen Kategorisierungen von Kundengruppen – etwa nach angestrebtem Nutzen oder Kaufverhalten – gehört jedenfalls der Vergangenheit an, wie Nina und Kai Alexander Saldsieder in ihrer historischen Betrachtung der Zielgruppensegmentierung konstatieren (Seite 22). Im Internetzeitalter gewinnen neue Verfahren an Bedeutung, die Verbreitung mobiler Informations- und Kommunikationstechnologie macht's möglich.

Gabi Böttcher
Verantwortliche Redakteurin von
Sales Management Review und Portal-
managerin Vertrieb der Wissensplattform
Springer für Professionals
E-Mail: gabi.boettcher@springer.com

„Big Data" heißt das Zauberwort, das die Möglichkeiten, an (Kunden-)Daten von enormer Quantität und Qualität mühelos zugreifen zu können, erheblich erweitert hat.

Alles nur eine Frage der Technik also? Sicher – Kröpfchen und Töpfchen haben schon lange ausgedient. Aber ob sich durch neue Tools und innovative Technik allein die Herausforderungen Kundenwertmanagement und Segmentierung bewältigen lässt, darf durchaus bezweifelt werden. Das gilt auch für viele Ansätze, die neue Segmentierungsverfahren als Allheilmittel bei der Zusammenarbeit mit Kunden propagieren. Ein wenig Instinkt, wer die „richtigen", die wichtigen Kunden sind, wer die Guten, wer die weniger Guten sind, ist nicht nur für Tauben von Vorteil.

Gabi Böttcher

4|2015

Schwerpunkt

www.springerprofessional.de

Beilagenhinweis
Dieser Ausgabe liegt eine Beilage der DVKS Deutsche Verkäufer-Schule GmbH, München, bei. Wir bitten unsere Leserinnen und Leser um Beachtung.

Personalien

Miles sorgt für Global Sales bei Forge Rock

Aled Miles ist seit 1. Juli als Executive Vice President Global Sales für die globale Vertriebsstrategie von Forge Rock verantwortlich. Bevor er zu dem Anbieter einer Identitätsmanagement-Plattform kam, war Miles in der Geschäftsführung von Symantec tätig, wo er eine Reihe globaler Positionen in EMEA und Amerika bekleidete. Seine Aufgabe bei Forge Rock besteht vor allem darin, die Expansion des Unternehmens in neue Regionen und vertikale Märkte zu beschleunigen.

SNT beruft Rietz in den Vorstand

Florian Rietz ist in den Vorstand der SNT Deutschland berufen worden. In seiner neuen Funktion besteht seine Hauptaufgabe darin, das operative Geschäft des Kundendialog-Anbieters mit rund 3.500 Mitarbeitern an sechs Standorten zu verantworten. Rietz kommt von der Bertelsmann-Tochter Arvato, wo er zuletzt als Managing Director die Länderorganisation und das Kundenservicegeschäft in Peru und Kolumbien aufgebaut und geleitet hatte.

Daniel Demmler ist als neuer Country Manager für Nextperf dafür zuständig, das Unternehmen als Partner für Retargeting in Deutschland und der DACH-Region zu platzieren sowie das Geschäft zu Retailern und Agenturen auszubauen.

Teleperformance Germany hat seine Führungsspitze neu formiert. Die Vertriebsleitung hat **Thomas Grimm** übernommen. In seiner neuen Position als CCO soll der Vertriebsprofi den Ausbau und die Weiterentwicklung des Kundenstamms vorantreiben. Er berichtet direkt an CEO Brian Blackader, ebenfalls neu in der Unternehmensspitze.

Zaid Zahedani leitet jetzt HPs Cloud-Geschäftsbereich in Deutschland. Er verantwortet den direkten und indirekten Vertrieb von HPs Helion-Portfolio, mit einem Fokus auf Cloud-Infrastruktur, Cloud-Software und dazugehörigen Dienstleistungen. Außerdem ist er für den Ausbau des Helion-Partner-Ökosystems zuständig.

Jürgen Kohlmann hat das Key Account Management Deutschland für das europäische Softwareunternehmen De Vries Workforce Management mit Hauptsitz in Veenendaal, Niederlande, übernommen.

Als neuer Geschäftsführer bei Phone House leitet **Herbert Borghs** die Bereiche Marketing und Vertrieb des Münsteraner Handelsunternehmens für mobile Kommunikation. Borghs ist seit 25 Jahren in der Mobilfunkbranche tätig und verantwortete unter anderem bei T-Mobile Deutschland den Bereich Vertrieb Service Provider.

Michael Achtelik hat bei Fritz & Macziol den Posten des Vertriebsleiters für Deutschland übernommen. Darüber hinaus ist er dem Business Leadership Board des Unternehmens beigetreten.

Dr. Martin Eldracher ist neuer Senior Managing Partner Consulting für Zentral- und Osteuropa CSC. Seine Aufgabe besteht darin, das regionale Consulting-Geschäft in allen Industrien weiter auszubauen. Entsprechend der weltweiten CSC-Strategie wird er sich auf die Beratung von Kunden in Next-Generation-Themen und -Technologien wie Mobility, Cloud, Cybersecurity und Big Data konzentrieren.

Als neuer Marketing Manager ist **Felix Wegener** beim E-Book-Spezialisten Readbox zuständig für die Unternehmensbereiche Kommunikation und Business Development.

Urs Sträuli hat als Chief Marketing Officer (CMO) in der Geschäftsleitung von Unic die Leitung der Bereiche Sales, Account Management sowie Marketing Communication im internationalen Kontext übernommen.

Gehaltsbarometer für leitende Angestellte im Kundendienst

Für die Ermittlung des Gehalts eines leitenden Angestellten im Kundendienst analysierte die Vergütungsberatung Compensation-Online 185 Datensätze aus den vergangenen zwölf Monaten. Demnach erhält ein Leiter im Kundendienst rund 72.000 Euro (brutto). Das Gehalt variiert je nach Unternehmensgröße. In einer Firma mit 101 bis 1.000 Mitarbeitern steigt die Vergütung auf 91.000 Euro und in Großunternehmen mit über 1.001 Beschäftigten auf 101.000 Euro an. Ein weiterer Faktor für das Gehalt ist die Berufserfahrung. Beschäftigte mit drei bis sechs Jahren im Job kommen auf ein Jahresgehalt von 71.100 Euro, während solche mit sieben bis zehn Jahren Erfahrung 88.100 Euro verdienen. „Alte Hasen" mit elf bis 14 Jahren Berufserfahrung dürfen sich über 95.000 Euro freuen. Ihr Firmenwagen kostet im Schnitt 43.700 Euro.

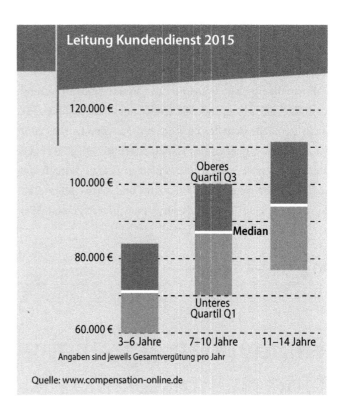

Leitung Kundendienst 2015

120.000 €

Oberes Quartil Q3

100.000 €

Median

80.000 €

Unteres Quartil Q1

60.000 €

3–6 Jahre   7–10 Jahre   11–14 Jahre

Angaben sind jeweils Gesamtvergütung pro Jahr

Quelle: www.compensation-online.de

Bei Kundensegmentierung und kanalspezifischer Preisdifferenzierung ansetzen

Das Management von Mehrkanalvertriebssystemen sollte schon bei der Kundensegmentierung ansetzen. Das ist eine der zentralen Implikationen aus Experteninterviews, die das Mannheimer Institut für Marktorientierte Unternehmensführung (IMU) in der 29. Ausgabe seiner Forschungsreihe zu aktuellen Entwicklungen bei der Preissetzung von Mehrkanalvertriebssystemen durchgeführt hat. Außerdem empfehlen die Studienautoren Marketing- und Vertriebsmanagern in den Unternehmen, eine kanalspezifische Preisdifferenzierung zur Sicherung von Margen und Umsätzen zu betreiben. Zukünftig könnten Manager die Vorzüge einzelner Vertriebskanäle genauer betrachten und bei der Preissetzung berücksichtigen, um Kunden hinsichtlich individueller Bedürfnisse anzusprechen und um Kannibalisierungseffekte zwischen den Vertriebskanälen zu vermeiden. So können Händler zum Beispiel das volle Sortiment online und Top Seller offline zusammen mit intensiver Beratungsleistung und atmosphärischen Markenerlebnissen anbieten. Aufgrund der gestiegenen Mündigkeit von Konsumenten sehen die befragten Unternehmen dabei jedoch eine klare Kommunikation in Hinblick auf die erhöhte Preistransparenz und die Herausstellung der kanalbezogenen Mehrwerte als erforderlich an. Schließlich sollten Unternehmen auf eine stärkere funktionale und datenbasierte Verzahnung der Vertriebskanäle Wert legen, so die Studienautoren des IMU. Infos zur Ergebnispräsentation der Studie „Multichannel Pricing – Status Quo und zukünftige Entwicklungen" gibt es bei Danijel Jozic, E-Mail: danijel.jozic@ bwl.uni-mannheim.de

Lust auf Neues

Für rund ein Viertel der Deutschen ist die Neuheit eines Produktes der Hauptgrund für dessen Kauf. Das ermittelte eine aktuelle Nielsen-Studie. Darin wurden das Verhalten und die Beweggründe der Verbraucher beim Kauf von neuen Produkten in 60 Ländern in Europa und weltweit untersucht.

Ebenfalls ein Drittel (26 Prozent) gab als Grund an, sich mit dem Kauf eines Neuproduktes etwas Gutes tun zu wollen. Erst an dritter Stelle steht der Preis. Im europäischen Durchschnitt ist der Preis hingegen das Hauptkriterium: Mit 25 Prozent steht er an erster Stelle. Auf den Plätzen zwei und drei folgen in Europa die Neuheit des Produktes und die Weiterempfehlung eines neuen Produktes durch eine andere Person. Weitere Ergebnisse der Studie unter

[STP]* www.springerprofessionell.de/5821790

Warum wir neue Produkte kaufen

26 % weil es neu ist

26 % möchten sich etwas gönnen

20 % günstiger Preis

19 % Wiedererkennung der Marke

18 % Empfehlung

Quelle: Nielsen Global New ProductInnovation Survery

Kundendatenqualität in deutschen Unternehmen sinkt

Für Kundenbindungsmaßnahmen sind gepflegte Datenbanken von entscheidender Bedeutung. Dennoch werden laut der aktuellen Studie „Kundendaten-Qualität 2015" der Deutschen Post Direkt Kundendaten heute schlechter gepflegt als vor fünf Jahren. Der Anteil unzustellbarer Kundenadressen in den Datenbanken deutscher Unternehmen stieg von 12,8 im Jahr 2010 auf 14,2 Prozent (2015). Die auf Adressmanagement spezialisierte Tochter der Deutschen Post untersucht seit 2010 regelmäßig in zehn Branchen die Aktualität von Adressdatenbanken. Die neuen Ergebnisse zeigen: Nur drei von zehn Branchen – Banken, Konsumgüterhersteller und Automobilunternehmen – schneiden bei der Adresspflege besser ab als vor fünf Jahren. Im Branchenvergleich liegen Banken mit 93,7 Prozent zustellbaren Kundenadressen mit Abstand vorn. Die Nummer Zwei sind Konsumgüterunternehmen (90,9 Prozent). Den dritten Platz belegen Versicherungen mit 86,7 Prozent. Schlusslicht ist der gemeinnützige Sektor. Jeder sechste Brief würde hier seinen Empfänger nicht erreichen – und damit auch die Marketingmaßnahme ins Leere laufen. www.addressfactory.de/studie

Entwicklung der Kundendatenqualität zwischen 2010 und 2015

Branche	Anteil unzustellbare Kundenadressen (Angabe in Prozent)					
	Jahr 2015	(Ranking)	Jahr 2012	(Ranking)	Jahr 2010	(Ranking)
Banken	6,3	(1)	10,2	(2)	13,8	(8)
Konsumgüter	9,1	(2)	14,0	(4)	10,2	(2)
Versicherungen	13,3	(3)	8,6	(1)	11,9	(4)
Verlagsgewerbe	13,7	(4)	20,0	(9)	13,7	(7)
Öffentlicher Sektor	14,3	(5)	12,6	(3)	10,5	(3)
Einzelhandel	16,6	(6)	18,5	(8)	12,5	(5)
Versandhandel	16,6	(6)	12,6	(3)	9,3	(1)
Touristik	16,7	(7)	14,5	(7)	k.A.	
Automotive	17,3	(8)	14,2	(5)	19,5	(9)
Gemeinnütziger Sektor	17,7	(9)	14,3	(6)	13,4	(6)
Branchendurchschnitt	14,2		13,9		12,8	

Quelle: Deutsche Post Direkt

Handelsvertreterrichtlinie bleibt unverändert

In dem am 16. Juli 2015 erschienenen Untersuchungsbericht der EU-Kommission zur Handelsvertreterrichtlinie heißt es als Fazit: Die Richtlinie erfüllt ihre Ziele und Funktionen sehr gut. Der Nutzen der Richtlinie übersteigt ihre Kosten, sie ist relevant und wird auch in Zukunft in der EU ihren Stellenwert haben. Aus diesen Gründen wird empfohlen, dass die Richtlinie weiterhin in der bisherigen Form beibehalten wird. Vorausgegangen waren monatelange intensive Bemühungen der Centralvereinigung Deutscher Wirtschaftsverbände für Handelsvermittlung und Vertrieb (CDH) e.V., Berlin. Die EU-Kommission wollte Ende 2013 im Rahmen des REFIT-Programms Bürokratie abbauen und nahm auch die Handelsvertreterrichtlinie ins Visier. Die 1986 verabschiedete Richtlinie bildet den Rahmen für ein einheitliches Handelsvertreterrecht in Europa. Jedes Mitgliedsland der EU hat sich bei seinem nationalen Handelsvertreterrecht an den Vorgaben der Richtlinie zu orientieren. Eine Abschaffung der Richtlinie hätte letztlich grenzüberschreitende Vertriebsverträge wesentlich komplizierter gemacht und Rechtsunsicherheit bei den Vertriebsunternehmen und den Herstellern zur Folge gehabt. Die Bemühungen der CDH und ihrer „Verbündeten" – darunter die internationale Handelsvertretervereinigung IUCAB (Internationally United Commercial Agents and Brokers) und EuroCommerce – haben zum Erfolg geführt. Die Handelsvertreterrichtlinie wird in der derzeitigen Fassung fortbestehen. www.cdh.de

Zurück in den Shop!

Online-Händler kennen das Phänomen: Kunden wollen kaufen, überlegen es sich aber im letzten Moment noch anders. Sie brechen den Kauf ab – sei es bei der Produktauswahl, im Warenkorb oder beim Check-Out. Connexity, Technologieunternehmen für Marketing- und Datendienstleistungen, hat die Kaufabbrecher genauer unter die Lupe genommen. In einer Analyse unter mehr als 60.000 Online-Einkäufern in Nordamerika untersuchten die Datenexperten von Januar bis April 2015 das Verhalten von Nutzern mit Kaufabsicht, die den Kauf jedoch abgebrochen haben. Ein Ergebnis der Analyse: Etwa die Hälfte der Besucher einer Shopseite verlassen die Seite wieder, noch bevor sie ein Produkt für den Warenkorb ausgewählt haben. Bei den meisten liegt es daran, dass sie Schwierigkeiten hatten, das gewünschte Produkt, die gewünschte Größe oder die gewünschte Ausführung zu finden (siehe Abbildung rechts). Aber: Ein Großteil derjenigen, die den Besuch abgebrochen haben, weil sie den gewünschten Artikel nicht gefunden haben oder weil der Artikel gar nicht oder nicht in der richtigen Farbe bzw. Größe vorlag, gab an, dass es ihre Kaufentscheidung unterstützt hätte, wenn der Artikel gefunden worden oder vorrätig gewesen wäre.

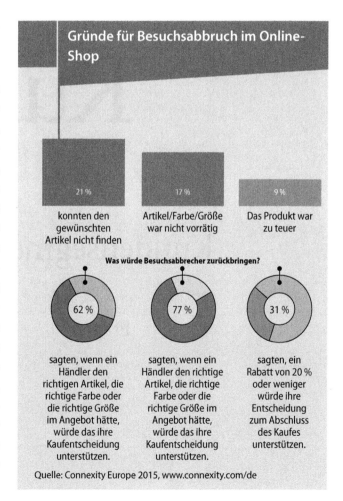

Gründe für Besuchsabbruch im Online-Shop

| 21 % | 17 % | 9 % |
| konnten den gewünschten Artikel nicht finden | Artikel/Farbe/Größe war nicht vorrätig | Das Produkt war zu teuer |

Was würde Besuchsabbrecher zurückbringen?

62 % sagten, wenn ein Händler den richtigen Artikel, die richtige Farbe oder die richtige Größe im Angebot hätte, würde das ihre Kaufentscheidung unterstützen.

77 % sagten, wenn ein Händler den richtigen Artikel, die richtige Farbe oder die richtige Größe im Angebot hätte, würde das ihre Kaufentscheidung unterstützen.

31 % sagten, ein Rabatt von 20 % oder weniger würde ihre Entscheidung zum Abschluss des Kaufes unterstützen.

Quelle: Connexity Europe 2015, www.connexity.com/de

Kundensegmentierung

Die Größe eines Wortes stellt die relative Häufigkeit in den Beiträgen des Heft-Schwerpunktes dar.

Schwerpunkt
Kundensegmentierung

Jedem Kunden das, was er verdient

Ist wirklich jeder Kunde ein König? Wohl kaum! Vertriebsverantwortliche scheinen gut beraten, sich ihre Kunden sehr genau anzuschauen und ihre Vertriebsaktivitäten zu differenzieren. Mittlerweile unterscheiden bereits einige Unternehmen zwischen wertvollen und weniger wertvollen Kunden. Sie wollen so ihre Marketing- und Vertriebsressourcen effektiver einsetzen. Nach einer Studie der Hochschule Koblenz dürfte sich ein solches Kundenwert-Management tatsächlich lohnen. Eine Case Study zeigt, wie sich das in der Praxis umsetzen lässt.

Andreas Mengen

Kunden sind eine wichtige Ressource und besitzen einen Wert für Unternehmen – wenn auch nicht im bilanziellen Sinn. Der „Kundenwert" drückt aus, welchen Beitrag ein Kunde zum Erreichen der monetären und nichtmonetären Ziele eines Unternehmens leistet. Aufgabe des Kundenwert-Managements ist es, diesen Wert mit einer für das Unternehmen geeigneten Methode in einer oder mehreren Kennzahlen zu messen. Es hat das Ziel, die Effektivität in Marketing und Vertrieb und letztlich den Wert der Ressource Kunde zu steigern.

Doch sind Unternehmen mit Kundenwert-Management in diesem Sinn tatsächlich erfolgreicher? Eine Studie der Hochschule Koblenz von 2014, an der sich 267 Unternehmen beteiligt haben, erhärtet diese Annahme. Es sieht in der Tat so aus, dass Unternehmen, die Kundenwert-Management umgesetzt haben, Marketing und Vertrieb effektiver betreiben.

Kundenwert-Management lässt sich vereinfacht in die beiden Schritte „Messen" und „Machen" unterteilen. Aufgabe des Controllers ist es, für das „Messen" des Kundenwertes ein für sein Unternehmen geeignetes Verfahren auszuwählen. Zur Disposition stehen unter anderem eine einfache ABC-Analyse nach Umsatz, die Kundendeckungsbeitragsrechnung, das Scoring-Verfahren (Punktbewertungsverfahren) oder auch das Customer Lifetime Value. Dabei hängt die Häufigkeit der Messung von der gewählten Methode und den verfügbaren Daten ab. Sie reicht von der jährlichen bis hin zu einer permanenten Kundenwertmessung. Letztere ist beispielsweise in der Luftfahrtbranche möglich, da dienstleistungstypisch immer aktuelle Daten über das Kundenverhalten vorliegen und automatisiert ausgewertet werden können.

Marketing und Vertrieb sind für das „Machen" verantwortlich. Sie müssen auf Grundlage der gemessenen Kundenwerte differenzierte Entschei-

Prof. Dr. Andreas Mengen
lehrt Controlling und Management im
Fachbereich Wirtschaftswissenschaften
der Hochschule Koblenz – University of
Applied Sciences und ist Partner von Böcker
Ziemen Management Consultants, Bonn.

> *„Kundenwert-Management lässt sich vereinfacht*
> *in Messen und Machen unterteilen."*

dungen darüber treffen, wie sich die Effektivität steigern lässt. Wertvolle Kunden werden dabei anders behandelt als weniger wertvolle. Unterschiede können beispielsweise in der Produktindividualisierung, der persönlichen Betreuung, bei der Preisgestaltung sowie im Bereich von Kundenschulungen und Kundenbindungsmaßnahmen umgesetzt werden. So wird sichergestellt, dass kostenintensive Maßnahmen oder Services möglichst nur auf diejenigen Kunden ausgerichtet werden, die auch letztlich dafür bezahlen – zwar nicht direkt, aber indirekt durch ihr Verhalten. Bei dieser Vorgehensweise werden im Sinne des Controllings Kosten und Umsätze aufeinander abgestimmt.

Das Beispiel eines Unternehmens aus der Bauzulieferindustrie zeigt exemplarisch, wie Kundenwert-Management in der Praxis umgesetzt werden kann, was beachtet werden muss und welche Rolle das Controlling dabei übernehmen kann.

Andreas Mengen
Hochschule Koblenz, Koblenz, Deutschland
E-Mail: mengen@hs-koblenz.de

Kerngedanke 1

Kundenwert-Management ermöglicht eine objektive und transparente Kundenbewertung.

Case Study:
Kundenwert-Management einführen

Ein Unternehmen der Bauzulieferindustrie vertreibt seine Produkte in Deutschland über den Baustofffachhandel. Es beliefert über 500 Händler. Der Großteil des Jahresumsatzes (circa 50 Millionen Euro) wird jedoch mit einer Gruppe von etwa 200 Händlerkunden erzielt. Im Tagesgeschäft werden alle Händlerkunden mehr oder weniger gleich behandelt, obwohl bekannt ist, dass die einzelnen Händler einen durchaus unterschiedlichen Beitrag zum Herstellererfolg leisten. Auch bei der Preisfindung wird die durchaus ungleiche Leistung der Händler für den Hersteller in der Regel nicht berücksichtigt.

„Aufgabe des Controllings ist es, das Unternehmen davon zu überzeugen, ein Kundenwert-Management einzuführen."

Diesen undifferenzierten Blick auf seine Kunden möchte das Unternehmen ändern, um in Marketing und Vertrieb systematischer, transparenter und dadurch erfolgreicher arbeiten zu können. Es setzt sich dazu folgende Ziele:

- Im Unternehmen soll ein einheitliches Verständnis davon, was einen Händlerkunden aus Herstellersicht wertvoll macht, etabliert werden. Eine Umsatzbetrachtung allein reicht dazu nicht aus.
- Um das bisherige „Gießkannenprinzip" abzulösen und die Effektivität von Marketing und Vertrieb zu erhöhen, sollen die Kunden differenziert betrachtet und bearbeitet werden.
- Die Preisfindung soll transparent gestaltet werden. An die Stelle der bisherigen willkürlichen Nettopreise sollen Preise mit System treten, die nach klaren Vorgaben ermittelt werden. Das verhindert Preispoker und macht die Preise berechenbarer. Es verbessert die Preisdisziplin und hat letztlich auch eine positive Wirkung auf das Preisniveau.

Herausforderungen für Controller
Der passende Kundenwertansatz

Kundenwert-Management ist noch nicht weitverbreitet. Auf jedes heute bereits Kundenwert-Management betreibende Unternehmen kommen in etwa ein bis zwei weitere Unternehmen, die diesen Ansatz noch nicht oder nur in sehr begrenztem Umfang, zum Beispiel nur ABC-Analyse nach Umsatz, verfolgen. Aufgabe des Controllings ist es, das Unternehmen davon zu überzeugen, ein Kundenwert-Management einzuführen, um die formulierten Ziele umsetzen sowie den Wert jedes einzelnen Kunden für das Unternehmen ermitteln und steigern zu können. Dabei braucht der Controller das Wissen um kleine und große Lösungen und die verschiedenen Methoden für die Ermittlung des Kundenwerts. Er muss eine Vorstellung darüber haben, was am besten zum Unternehmen passt und welcher Aufwand leistbar ist. Und er muss dem Unternehmen den Nutzen und die Vorteile aufzeigen können.

Die Wahl des für das Unternehmen passenden Ansatzes richtet sich zudem nach der beabsichtigten Ergebnisverwendung. Sie kann von einer minimalen Version, bei welcher der Kundenwert lediglich nur eine weitere Kundeninformation, beispielsweise für die Selektion von Weihnachtspräsenten, darstellt, reichen bis hin zu einer maximalen Version, an der sich die gesamte Steuerung des Vertriebs mit den Ziel der Effektivitätssteigerung ausrichtet, die Preisgestaltung mit dem Kundenwert erfolgt und Serviceniveaudifferenzierungen auf Grundlage des ermittelten Kundenwertes festgelegt werden. Im maximalen Fall ist es offensichtlich, dass mehr Aufwand getrieben werden darf und muss.

Im vorliegenden Fall wählt das Controlling die Scoring-Methode, um einen differenzierten Blick auf die Händlerkunden im Unternehmen zu erhalten (vergleiche **Abbildung 1**). Mit ihr lässt sich mit vertretbarem Konzeptions- und Umsetzungsaufwand eine händlerindividuelle Kennzahl, der

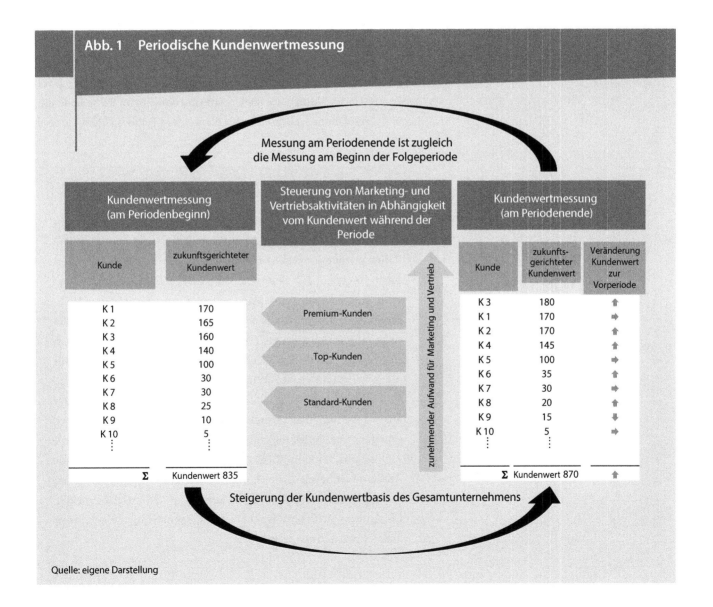

Abb. 1   Periodische Kundenwertmessung

Quelle: eigene Darstellung

Kundenwert, ermitteln. Diese setzt sich sowohl aus harten als auch aus weichen Faktoren zusammen und definiert, was einen leistungsstarken und somit wertvollen Händler auszeichnet.

Planung und Kontrolle

Die Kennzahl Kundenwert muss letztlich immer den zukünftigen Wert eines Kunden ausdrücken. Ein Vergangenheitswert kann nicht der Maßstab sein, an dem sich Marketing und Vertrieb ausrichten. Der Kundenwert bezieht sich daher stets auf die Folgeperiode und ist somit immer ein Planwert.

Kundenwert-Planung und -Kontrolle bedeutet, den Planwerten am Periodenende die Ist-Werte gegenüberzustellen. Eine solche Gegenüberstellung ist beispielsweise beim Kriterium „Umsatz" mithilfe des Rechnungswesens gut machbar, hingegen muss bei weichen Faktoren im Vertrieb eine Ist-Bewertung am Periodenende durchgeführt werden. Auf dieser Basis ist für alle Kundenwertkriterien ein Plan-Ist-Vergleich möglich. Diese Kontrolle unterzieht den für die zurückliegende Periode geplanten Kundenwert einer kritischen Überprüfung und deckt gegebenenfalls Abweichungen zwischen Plan und Ist auf. Festgestellte Abweichungen sind mit dem Vertrieb zu analysieren mit dem Ziel, diese über die Zeit zu minimieren.

Die Kontrolle des Kundenwertes am Periodenende ist zugleich Basis für die unmittelbar anschließende Planung des neuen Kundenwertes für die Folgeperiode. Harte Faktoren wie der Umsatz sind ohnehin im Rahmen der üblichen Jahresplanung zu beziffern, für die weichen Faktoren kann die oben

Kerngedanke 2
Auf dieser Grundlage können mit den Mitarbeitern Entwicklungsziele formuliert und umgesetzt werden.

Methodik

Ob Kundenwert-Management tatsächlich sein Versprechen für mehr Effektivität in Marketing und Vertrieb einlösen kann, wurde 2014 im Rahmen einer empirischen Studie der Hochschule Koblenz untersucht. Insgesamt 267 Unternehmen (B2B) gaben Auskunft, ob, und wenn ja, wie Kundenwert-Management durchgeführt wird. Gleichzeitig wurde überprüft, wie erfolgreich die Unternehmen in Marketing und Vertrieb arbeiten. Dazu wurde unter anderem eine Selbsteinschätzung des Erfolgs über Statement-Abfragen erhoben. Für Aussagen wie zum Beispiel „Wir schaffen es, unsere Marketing- und Vertriebsmaßnahmen gezielt an den Kunden auszurichten, die für uns wichtig sind" oder „Durch unsere Kundenbindungsmaßnahmen gelingt es uns, gezielt diejenigen Kunden an uns zu binden, die wir auch an uns binden wollen" waren zustimmende oder ablehnende Antworten möglich. Gaben Unternehmen „trifft bei uns eher zu" an, wurden diese als erfolgreicher in Marketing und Vertrieb betrachtet. Die Antwort „trifft bei uns eher nicht zu" kennzeichnet hingegen weniger erfolgreiche Unternehmen.

beschriebene Ist-Bewertung herangezogen und als Ausgangsbasis für die Planung der Folgeperiode genutzt werden.

Im betrachteten Fall führt das Unternehmen die Kundenwertmessung kalenderjährlich für die rund 200 größten Händlerkunden ein. Die Vertriebsmitarbeiter sind für die Bewertung ihrer Kunden zuständig. Sie stellen ihre Ergebnisse der Vertriebsleitung vor und stimmen diese mit ihr ab.

Vom Rechnungswesen werden harte Faktoren wie zum Beispiel Umsatz, Logistikaufwand, Deckungsbeitrag et cetera als Ist-Werte bereitgestellt, müssen dann allerdings von den Mitarbeitern als Planwerte auf das folgende Kalenderjahr bezogen werden. Bei den weichen Faktoren wie zum Beispiel aktiver Vertrieb, kommunikative Unterstützung, Präsenz vor Ort et cetera ist der Vertrieb gefordert, unterjährig die Händlerleistung zu erfassen und im Kundeninformationssystem zu dokumentieren. Anschließend erfolgt die Planung für das folgende Kalenderjahr. Die gewichtete Addition der erreich-

Tab. 1 Kundenwertkriterien der Scoring-Methode		
Kundenwertfaktor	Gewichtung	Messung
Umsatz Welchen Jahresumsatz erreicht der Händler?	5	Punktwert nach Euro-Jahresumsatz
Verursachter Logistikaufwand Bestellt der Händler häufig kleine Mengen oder bündelt er seine Lieferungen?	1	Punktwert nach durchschnittlicher Tonnage je Lieferung
Lagerhaltung Wie ist die Lagerhaltung des Händlers mit den Produkten des Herstellers?	3	produktabhängiger Punktwert nach durchschnittlicher Lagermenge in Paletten
Aktiver Vertrieb Betreibt der Händler aktiven Vertrieb für die Herstellerprodukte durch eigene Außendienstmitarbeiter?	1	Punktwert nach Anzahl Außendienstmitarbeiter
Kommunikative Unterstützung Existieren auf der Händlerwebsite das Hersteller-Logo und ein Link zur Hersteller-Website?	1	Punktwert nach Erfüllung ja / nein
Deckungsbeitrag Wie hoch wird der durchschnittliche Deckungsbeitrag (in Prozent) bei diesem Händler nach Fracht sein?	3	Punktwert nach Prozent Deckungsbeitrag
Umsatzpotenzial Wie hoch ist das noch nicht erschlossene Umsatzpotenzial des Händlers (z. B. aus Wettbewerbslieferungen, Kundenwachstum?)	2	Punktwert nach Euro-Jahresumsatzpotenzial
Versorgungsfunktion Ist der Händler besonders wichtig, weil er eine wesentliche Versorgungsfunktion für eine ganze Region übernimmt?	1	Punktwert nach Einschätzung
Präsenz vor Ort Sind Herstellerfahnen und Präsentationsmaterial / aktuelle Fachinformationen sichtbar und gepflegt vorhanden?	1	Punktwert nach Erfüllung ja / nein
Kompetenz vor Ort Wie ist die Teilnahme von Händlerfachpersonal an Hersteller-Produktschulungen?	1	Punktwert nach Teilnehmeranzahl
Quelle: eigene Darstellung		

ten Punktwerte führt zu einem Gesamtpunktwert, dem sogenannten Score, für jeden Händler.

Kundenwertentwicklung transparent machen

Bei einer zum Beispiel mit dem Umsatz über mehrere Perioden mitwachsenden absoluten Kundenwertkennzahl kann die Entwicklung eines Kunden transparent gemacht werden (vergleiche **Abbildung 1**: Kundenwert im Vergleich zur Vorperiode gesunken, konstant oder gestiegen). Aber nicht nur der Vergleich mit sich selbst, sondern auch mit anderen Kunden ist aufschlussreich und kann über eine Rangreihe nach Kundenwert erfolgen. Der Tabellenplatz zeigt an, wo ein Kunde im Umfeld steht und welchem Kundenwertsegment, also zum Beispiel Premium, Top, Standard, er zuzurechnen ist. Dabei muss ein zunehmender Kundenwert nicht zwangsläufig zum Aufstieg in der Tabelle führen. Wachsen die Werte der anderen Kunden eventuell stärker, wird trotz Wachstum der Tabellenplatz schlechter. Stillstand kann Rückschritt bedeuten.

Den Wert der gesamten Kundenbasis des Unternehmens zeigt eine Addition aller Kundenwerte. So kann das Unternehmen ermitteln, ob der Wert der Kundenbasis gesteigert werden konnte und welche Kunden als Werttreiber – oder auch nicht – dazu beigetragen haben.

Zur Bestimmung des Kundenwerts müssen zunächst Kundenwertfaktoren festgelegt werden. Der Hersteller entscheidet sich nach einem ausführlichen internen Diskussionsprozess, in den auch die Mitarbeiter aus Marketing und Vertrieb frühzeitig mit einbezogen wurden, für die in **Tabelle 1** aufgeführten Kundenwertfaktoren. Diese werden gewichtet und mit einer Messskala versehen, mit der die Händlerleistung in einen Punktwert überführt wird.

Kerngedanke 3

Kundenwert-Management eignet sich sowohl für die Vertriebssteuerung als auch für die Preisgestaltung.

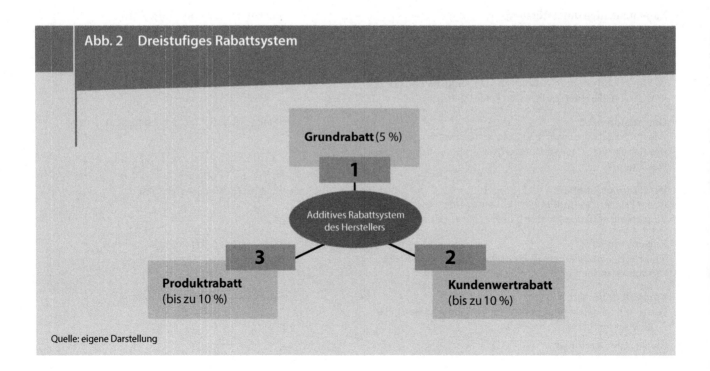

Abb. 2 Dreistufiges Rabattsystem

Grundrabatt (5 %)

1

Additives Rabattsystem des Herstellers

3

2

Produktrabatt
(bis zu 10 %)

Kundenwertrabatt
(bis zu 10 %)

Quelle: eigene Darstellung

Effektivität im Vertrieb steigern

Die Ergebnisse eines jetzt möglichen Händler-Rankings nach Scores sind für das Unternehmen zum Teil verblüffend: Vermeintlich gute Kunden landen nicht wie erwartet auf den Spitzenplätzen, weil sie sich beispielsweise ihre hohen Umsätze durch schmale Margen „erkauft" haben und auch bei anderen Faktoren nur im Mittelfeld liegen. Eine Stärken-Schwächen-Analyse über einzelne Kundenwertfaktoren zeigt händlerindividuell Verbesserungspotenziale auf, wie zum Beispiel die Bündelung von Bestellungen oder auch die Erhöhung der Lagerbestände zur Verbesserung der Lieferbereitschaft.

Das Unternehmen setzt den Kundenwert auch als Führungskennzahl ein. Das ermöglicht der Vertriebsleitung, mit den Mitarbeitern Entwicklungsziele zu vereinbaren und diese zu kontrollieren, beispielsweise bezogen auf die einzelnen Kundenwertfaktoren oder auf den Kundenwert insgesamt. Auch unterschiedliche Kundenverantwortungen der einzelnen Mitarbeiter im Vertrieb werden transparent, da je Mitarbeiter die Scores der betreuten Kunden addiert und verglichen werden können. Dies wird von der Vertriebsleitung zum Beispiel für die Aufgabenzuordnung oder auch bei der Leistungsentlohnung genutzt.

Preise mit Kundenwert-System

Das bisherige Nettopreisvorgehen des Unternehmens ist für eine systematische Preisbildung denkbar schlecht geeignet, enthält es doch außer dem vereinbarten Preis keine weiteren preisbestimmenden Komponenten, die nach festen Regeln abgeleitet werden können. Zukünftig beabsichtigt der Hersteller, mit Listenpreisen und Rabatten zu arbeiten. Führten die Listenpreise bisher lediglich ein Schattendasein, so stehen sie nun im Fokus und müssen daher einer Glaubhaftigkeitsüberprüfung unterzogen werden. Der Hersteller entscheidet sich für einen gesunden Rabatt von maximal 25 Prozent. Da die alten Nettopreise einem Rabatt bis zu 50 Prozent entsprechen, gibt es nur einen Lösungsweg: Die Listenpreise werden pauschal um über 20 Prozent gesenkt. Nach sehr umfangreichen Simulationsrechnungen, mit denen die Händlerpreise nach altem und neuem System verglichen wurden, entscheidet sich das Unternehmen für ein neues dreistufiges Rabattsystem (vergleiche **Abbildung 2**). Jeder Händlerkunde erhält in der ersten Stufe einen Grundrabatt von fünf Prozent auf alle Produkte der neuen Preisliste, um so eine Mindestmarge zu gewährleisten.

In der zweiten Rabattstufe kommt der Kundenwert ins Spiel: In direkter linearer Abhängigkeit vom Kundenwert, das heißt seines Scores, kann ein Händlerkunde zwischen ein und zehn Prozent zusätzlichen Rabatt auf alle Produkte erhalten.

Dazu wird die Gesamtpunktwertermittlung allerdings modifiziert, indem nur eine Auswahl der oben genannten Kundenwertfaktoren mit einbezogen und nur daraus der gewährte Prozentsatz abgeleitet wird. Dies ist notwendig, da den Händlern ihr individueller Kundenwert im Preisgespräch erläutert und die Auswirkung auf seinen Rabatt dargelegt wird. Dazu kann nur

Zusammenfassung

- Kundenwert-Management kann dazu beitragen, Unternehmen in Marketing und Vertrieb erfolgreicher zu machen. Es legt fest, was aus Unternehmenssicht einen guten Kunden ausmacht.
- Controller wählen in Abstimmung mit Marketing und Vertrieb eine für das Unternehmen geeignete Kundenwertermittlungsmethode, die sowohl harte als auch weiche Faktoren berücksichtigt.
- Der so ermittelte Kundenwert wird zur Richtschnur für das Handeln in Marketing und Vertrieb, die ihre Maßnahmen gezielter auf die Kunden abstimmen und ein angemessenes Preisbildungssystem entwickeln können.

ein Punktwert genutzt werden, der ausschließlich auf weitgehend objektiv bestimmbaren Kundenwertfaktoren wie zum Beispiel Umsatz, Bestellverhalten, Lagerbestände et cetera basiert. Bei weichen Faktoren käme es aufgrund des preisspezifischen natürlichen Interessengegensatzes sehr schnell zu Bewertungsdifferenzen zwischen Hersteller und Händler. Verhandlungspoker und Streit über Kundenwert und Rabatt wären vorprogrammiert.

An dieser Stelle offenbaren sich die wesentlichen Vorteile der zweiten kundenwertorientierten Rabattstufe:

Händler, die nachweislich eine hohe Leistung für den Hersteller erbringen, können mit günstigeren Preisen rechnen. Die richtigen Händler werden belohnt – und nicht diejenigen, die ohne Gegenleistung nur mittels Verhandlungsgeschick ihren Vorteil suchen. Die Preisbildung wird transparenter und gerechter. Das System ist den Händlern bekannt und wird einheitlich angewendet. Willkürliche Preise haben so kaum mehr eine Chance. Auch die Preisverhandlungen werden sachlicher. Der Hersteller kann durchaus mehr Rabatt in Aussicht stellen, der allerdings an eine definierte Mehrleistung des Händlers gekoppelt ist. Nimmt der Händler zum Beispiel mehr Produkte an Lager, wird es günstiger. Schließlich beinhaltet das neue Preissystem eine dritte Rabattstufe. Der Produktrabatt bezieht sich nicht auf das gesamte Sortiment, sondern nur auf einzelne Produkte. Um im Einzelfall unzumutbare Abweichungen zwischen alten und neuen Preisen zu vermeiden, wird dieser zeitlich begrenzt als Einführungs- und Übergangsrabatt eingesetzt. Weiterhin nutzt der Hersteller den Produktrabatt, um Händler, die sich in ihrem Umfeld besonders intensiv für den Absatz einzelner Produkte einsetzen, zu unterstützen. Die Vergabe erfolgt wiederum systematisch, das heißt nach festen Kriterien und so sparsam wie möglich, um die Bedeutung des Kundenwertrabattes nicht zu unterlaufen.

Learnings

Dem Unternehmen ist die Umsetzung des neuen Kundenwert-Managements im Markt gelungen. Die positiven Wirkungen auf Kunden und Preise überwiegen den Aufwand der fundamentalen Umstellung. Dazu beigetragen hat die überlegte und richtige Vorgehensweise des Unternehmens. Es hat die Mitarbeiter aus Marketing und Vertrieb frühzeitig bei Konzeption und Umsetzung der Kundenwertmessung mit einbezogen. Das Controlling hat einen Ansatz der Kundenwertmessung gewählt, der mit vertretbarem Aufwand dauerhaft fortgeführt werden kann. Die Kundenwertidee wird vom Unternehmen sowohl für die Vertriebsarbeit als auch für die Preisgestaltung genutzt und schlägt so zwei Fliegen mit einer Klappe. Sorgfältige Simulationsrechnungen der Preise alt und neu helfen dabei, Härtefälle sowohl für das Unternehmen als auch für die Händler zu erkennen und zu vermeiden. Auch die Händler werden frühzeitig über das neue Preissystem informiert, sodass das Unternehmen rechtzeitig einen möglichen Korrekturbedarf erkennen und von Beginn an die Akzeptanz des neuen Systems sicherstellen kann. Es gelingt nun besser, ganz bewusst die richtigen Kunden in den Fokus zu nehmen und erfolgreich zu umwerben. In der Folge kommt es zu mehr Kundenreaktionen auf marktgerichtete Aktivitäten, mehr Erfolg bei den Anstrengungen zur Kundenbindung sowie gesteigerter Kundenzufriedenheit. Sorgfältig geplant, konnte der Kundenwert seine Aufgabe als Richtschnur des Handelns von Marketing und Vertrieb übernehmen und sein effektivitätssteigerndes Potenzial ausspielen.

Literatur

Anlanger, R./Barrantes, L./Karner, G. (2012): Vertriebscontrolling: Wissenschaftliche Studie der University of Applied Sciences bfi, Vienna.

🔲* Helm, S./Günter, B. (2006): Kundenwert – eine Einführung in die theoretischen und praktischen Herausforderungen der Bewertung von Kundenbeziehungen, in: Günter, B./Helm, S. (Hrsg.): Kundenwert: Grundlagen – Innovative Konzepte – Praktische Umsetzungen, 3. Auflage, Wiesbaden. (ID: 1853094)

Krafft, M. (2007): Kundenbindung und Kundenwert, 2. Auflage, Heidelberg.

Mengen, A. (2009): Verfahren der Kundenwertermittlung: Darstellung und Bewertung der Kundenwertmessung als Bestandteil des Marketing-Controlling, in: Wissenschaftliche Schriften des Fachbereichs Betriebswirtschaft, Hochschule Koblenz, Nr. 1.

Mengen, A. (2012): Kundenmanagement mit dem Kundenwert: Wie Unternehmen mit Marketing- und Vertriebscontrolling kundenbezogenen Aufwand und Nutzen in Einklang bringen, in: ControllerMagazin, November/Dezember, S. 20-26.

Mengen, A. (2016): Erfolgsfaktor Kundenwertmanagement: Empirische Ergebnisse – Herausforderungen für das Controlling – Umsetzung in der Praxis, Wissenschaftliche Schriften des Fachbereichs Wirtschaftswissenschaften Hochschule Koblenz – University of Applied Sciences, Koblenz (im Erscheinen).

*Abonnenten des Portals Springer für Professionals erhalten diesen Beitrag im Volltext unter www.springerprofessional.de/ID.

Dieser Beitrag ist in der Zeitschrift „Controlling & Management Review" Nr. 3/2015, Springer Gabler, unter dem Titel „Welcher Kunde ist König?" erstmals erschienen.

Kundensegmentierung im Wandel

Durch das fortgesetzte Wachstum des Internet-Handels steigt der Wettbewerbs-druck in vielen Branchen. Eine Kundensegmentierung kann helfen, die eigene Marktposition erfolgreich zu verteidigen. Ein Überblick über Segmentierungs-ansätze und Praxis-Lösungen für den Vertrieb.

Kai Alexander Saldsieder, Nina Saldsieder

Deutschland verändert sich: Die demografische Entwicklung beginnt auf den Arbeitsmarkt negativ einzuwirken; die Arbeitslosigkeit sinkt. Gleichzeitig ist eine erhebliche Landflucht erkennbar, die ihrerseits steigende Immobilienpreise in den Ballungsräumen mit bedingt und umgekehrt die wachsenden Infrastruktur-Defizite in ländlichen Regionen offenlegt: Wer auf dem Lande lebt, hat zunehmend Platz, profitiert von sinkenden Häuserpreisen – zugleich wird es immer schwieriger, Güter des täglichen Bedarfs vor Ort zu erhalten und darüber hinaus persönliche Konsumbedürfnisse in der ländlichen Region befriedigen zu können. Aus Sicht der Landbevölkerung kann man folgern: „Wie gut, dass es das Internet gibt."

Was für den Haushalt auf dem Land ein Segen ist, ist zugleich für den stationären Handel insgesamt ein Fluch, denn Anbieter im Internet werden zunehmend ernsthafte Wettbewerber. Der Handelsverband Deutschland (HDE) erwartet für das laufende Jahr rund 44 Milliarden Euro Umsatz für

Prof. Dr. Kai Alexander Saldsieder lehrt Allgemeine und Internationale BWL an der Hochschule Pforzheim. Zuvor arbeitete er als Manager in den Bereichen Vertrieb und Kundenentwicklung für Procter & Gamble, MGM und Hasbro.

„Eine klare Fokussierung des Leistungsangebotes auf Nischenbereiche kann helfen, die Wettbewerbsposition dauerhaft zu festigen."

Nina Saldsieder ist externe Doktorandin an der Westfälischen Wilhelms-Universität Münster. Sie ist Lehrbeauftragte und war zuvor Managerin in den Bereichen Category Management/Einkauf sowie Trade-Marketing-Managerin bei Plus Discount und Red Bull.

den Bereich des Online-Handels – zwölf Prozent Steigerung zum Vorjahr 2014. Allein in den letzten fünf Jahren konnte der virtuelle Handel 82 Prozent gewinnen – Tendenz steigend.

Aktuell beträgt der gesamte Anteil des Online-Handels rund acht Prozent vom deutschen Einzelhandelsvolumen. Innerhalb der kommenden zehn Jahre werden weiterhin signifikante Steigerungen erwartet. Beispielhaft geht die Deutsche Post davon aus, dass die elektronischen Anbieter in einer langfristigen Perspektive insgesamt bis zu 40 Prozent vom Gesamthandelsvolumens abdecken könnten – so eine Kernaussage der jüngst erschienenen Studie „Global E-Tailing 2025".

Differenzierung als Überlebensstrategie

Die Basis für den Siegeszug des Online-Handels ist Technologie. Durch die Anbindung der Computertechnologie an Zuliefernetzwerke konnten Geschäftsmodelle mit disruptiver Energie gestaltet werden, die seit ihrer Realisierung traditionell gestaltete Märkte zu ihren Gunsten revolutionieren. Der Schlüssel zum Erfolg der Online-Händler liegt in der Bereitstellung einer bislang noch nicht dagewesenen Einfachheit und Bequemlichkeit für den Kunden während des Einkaufsvorganges. Breit gefächerte Long-Tail-Sortimente, zielgerichtete Kundenansprache sowie eine effiziente und zugleich effektive Logistik lassen kaum einen Kundenwunsch unberücksichtigt und die aufkommenden Händler des virtuellen Raums in ihrem Streben nach Marktanteilen deutlich überlegen erscheinen.

Kai Alexander Saldsieder
Hochschule Pforzheim, Pforzheim, Deutschland
E-Mail: kai.saldsieder@hs-pforzheim.de

Nina Saldsieder
Wesfälische Wilhelms-Universität Münster,
Münster, Deutschland
E-Mail: n.saldsieder@web.de

Kerngedanke 1

Kundenbedürfnisse erkennen und erfüllen ist die Kür. Kundensegmentierung hierfür die Basis.

In der Folge dieses Wettbewerbes verengt sich somit vielerorts der Kaufabschluss auf eine Dimension: den Verkaufspreis. Für die breite Masse der Marktteilnehmer bedeutet das Erstarken des Online-Marktes nicht nur einen massiven Verlust von Markt- und Gestaltungsmacht. Marion Halfmann, Wissenschaftsexpertin für die zielgerichtete Vermarktung von Produkten und Diensten, beschreibt diese Entwicklung zugleich als Zeugnis für ein sich nachhaltig veränderndes Konsumentenverhalten. Durch die breite Verfügbarkeit von Informationen über das Internet veränderten sich die Möglichkeiten für den persönlichen Konsum und damit einhergehend entstünden andere Präferenzstrukturen auf Seiten der Konsumenten, die das bisherige, angebotsorientierte „Push"-Prinzip der Marktteilnehmer zunehmend aushebelten und wirkungslos machten. Massenmarktstrategien verlören somit an Bedeutung, während differenzierte Marktansätze schrittweise Verbreitung gewönnen. In dieser Entwicklung „ersetzt [der Kunde] immer öfter das Produkt als zentralen Ankerpunkt der Marketingplanung. Im Zeitalter zunehmender Angebotsvielfalt und einer wahrgenommenen Austauschbarkeit von Produkten sehen [deshalb] viele Anbieter zu Recht keine Perspektive in

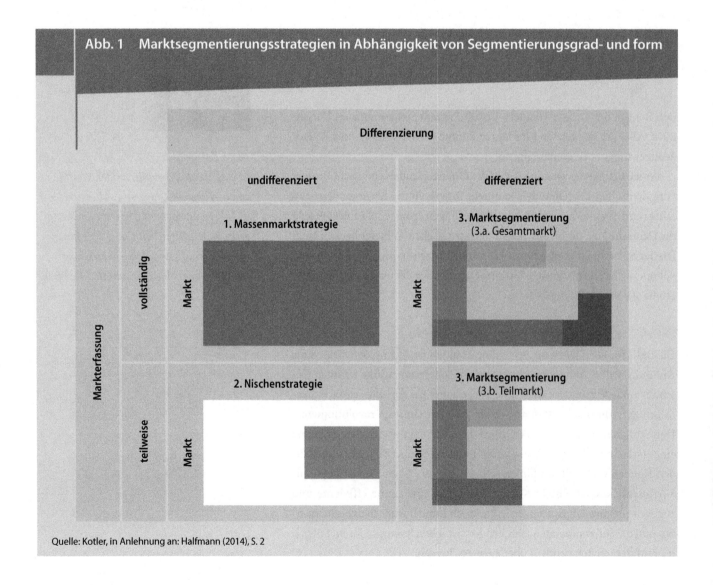

Abb. 1   Marktsegmentierungsstrategien in Abhängigkeit von Segmentierungsgrad- und form

Quelle: Kotler, in Anlehnung an: Halfmann (2014), S. 2

einer undifferenzierten Massenmarktstrategie und richten ihr Angebot immer stärker auf Nischen oder Marktsegmente aus […]", so Halfmann weiter.

Kundenrelevanz und -mehrwert braucht Fokus

Für die einzelnen Retailer bedeutet dies eine Transformation ihres Geschäftsmodells in Richtung einer Fokusstrategie mit einer Differenzierung durch Services und Mehrwert für einen selektierten Nachfragerkreis. Eine exakte Bestimmung dieses Kundenkreises und die Entwicklung eines tiefgehenden Verständnisses über die Charakteristika und Bedürfnisse bestehender und potenzieller Nachfrager werden somit zu erfolgskritischen Komponenten zur Erreichung einer mittelfristig stabileren Marktstellung. Vor diesem Hintergrund erhält die Markt- und Kundensegmentierung eine zentrale Stellung in der Re-Positionierung der eingangs dargestellten Unternehmen im stationären Handel, denn nur durch die Entwicklung eines klaren Kundenprofils und das Gewinnen einer kritischen Nachfragermasse kann ein derartiges Vorgehen in ökonomischer Hinsicht tragfähig werden. Die Hauptfrage, die somit entsteht, ist: Wie kann eine effektive Kundensegmentierung erfolgen?

Für die Beantwortung dieser Frage gibt es verschiedenartige Ansätze, die an dieser Stelle als „klassische Kriterien einer Markt- und Kundensegmentierung" bezeichnet werden sollen. Ines Daniel, Expertin für internetbasierte Zielgruppenanalyse mittels Bilddaten, definiert eine solche Segmentierung in Anlehnung an Smith als „[…] bewusste Aufteilung eines heterogenen Gesamtmarktes (zum Beispiel von Konsumenten) in homogene Teilmärkte". Der Prozess der Segmentierung umfasst hierbei vier Hauptschritte: 1. Bestimmung der Segmentierungskriterien, 2. Bildung und Beschreibung von Segmenten, 3. Identifikation von Zielsegmenten für die Marktbearbeitung und 4. die segmentspezifische Ausgestaltung des Marketing-Mixes in den Bereichen, Produktgestaltung, Preisfestsetzung, Distribution mittels Kanäle und Partner, Werbekommunikation sowie der Bestimmung und Ausbildung geeigneter Personen, Prozesse sowie der Festlegung von Produktivitäts- und Qualitätsmanagement-Kontrollen. Der zentrale Aspekt einer Segmentierung ist in jedem Fall die Zusammenfassung von bestehenden oder potenziellen Kunden nach gemeinschaftlichen Kriterien, so dass „[…] eine segmentbezogene, einheitliche – und damit konsumentengerechte und dennoch kostengünstige – Marktbearbeitung erfolgen kann".

Das Konzept der Markt- und Kundensegmentierung besteht seit den frühen 1930er-Jahren. Die Verbreitung und Etablierung des Ansatzes als integrativem Bestandteil des Marketingmanagements basierte auf dem 1956 durch die American Marketing Association publiziertem Aufsatz des US-Wirtschaftswissenschaftlers Wendell R. Smith mit dem Titel „Product Differentiation and Market Segmentation as Alternative Marketing Strategies."

Der zentrale Gedanke der Markt- und Kundensegmentierung als Unternehmensstrategie ist es, das Leistungsangebot eines Unternehmens konsequent nach der Nachfrage und damit nach den Nachfragern selbst, auszurichten. Somit ist es die Verschiedenheit der Nachfrager, die Art, Umfang und Struk-

Zusammenfassung

• Wer ein klares Profil von seinen Kunden hat, kann bessere und profitablere Angebote machen.

• Kundengruppen und Kundenbedürfnisse unterliegen einem stetigen Wandel. Aktuelle Segmentierungsverfahren verbinden allgemeine Profildaten zu geodemografischen Daten. Hierfür gibt es eine Vielzahl von Anbietern, die passgenaue Lösungen zu variablen Kosten anbieten.

• Big Data vereinfacht den Zugang zu Kundeninformationen und senkt die Kosten der Segmentierungserstellung.

tur der am Markt angebotenen Waren und Dienstleistungen determiniert, und nicht die Innovations- und Gestaltungsidee des Unternehmens selbst. Entsprechend formuliert Smith: „In some Cases, however, the marketer may determine, that it is better to accept divergent demand as a market characteristic and to adjust product lines and marketing strategy accordingly."

Kerngedanke 2

Kundensegmentierungen, aus denen sich keine konkreten Maßnahmen zur Marktbearbeitung ableiten lassen, sind nutzlos.

Bestimmung von Auswahlkriterien

Segmentierung ist ein Schlüsselkonzept zur Fokussierung des Leistungsangebotes auf eine oder mehrere Zielgruppen zur Absicherung und Penetration eines hinreichenden Zielmarktes. Die zentrale Darstellung von Marktsegmenten innerhalb des Modells zur Systematisierung von Marktbearbeitungsstrategien des Marketingexperten Philip Kotler verhalf dem Ansatz zu einer festen Stellung innerhalb des Managementinstrumentariums des Marketings (siehe **Abbildung 1**). Für die differenzierte Marktbearbeitung, so postuliert es das Modell, ist die Kenntnis von Marktsegmenten im Allgemeinen und deren Charakteristika im Speziellen, notwendig. Angesichts der Marktentwicklung durch das Erstarken des breiten Online-Wettbewerbs erlebt das Modell eine Renaissance; damit verbunden, rückt die Segmentierung von Märkten und Kunden an sich wieder verstärkt in den Mittelpunkt der vertrieblichen Arbeit.

Zur Bestimmung und nachfolgenden Auswahl verschiedener Marktsegmente haben sich eine Reihe unterschiedlicher Kriterienfelder etabliert. Unter Berücksichtigung einer Vielzahl von Grundlagenwerken für den Bereich des Marketingmanagements im Allgemeinen, wie der Marktsegmentierung

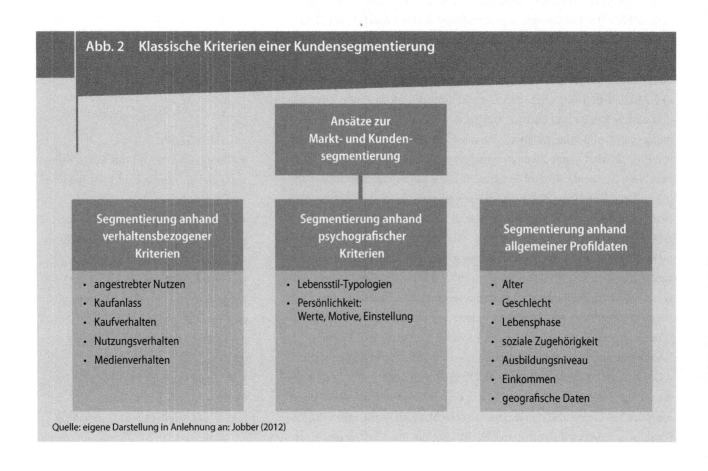

Abb. 2   Klassische Kriterien einer Kundensegmentierung

Ansätze zur Markt- und Kundensegmentierung

Segmentierung anhand verhaltensbezogener Kriterien

- angestrebter Nutzen
- Kaufanlass
- Kaufverhalten
- Nutzungsverhalten
- Medienverhalten

Segmentierung anhand psychografischer Kriterien

- Lebensstil-Typologien
- Persönlichkeit: Werte, Motive, Einstellung

Segmentierung anhand allgemeiner Profildaten

- Alter
- Geschlecht
- Lebensphase
- soziale Zugehörigkeit
- Ausbildungsniveau
- Einkommen
- geografische Daten

Quelle: eigene Darstellung in Anlehnung an: Jobber (2012)

im Besonderen, können die folgenden Aspekte genannt werden (siehe auch
Abbildung 2):

- verhaltensbezogene Aspekte,
- psychografische Aspekte sowie schlussendlich
- allgemeine Profildaten

Insgesamt kann im Hinblick auf die Anzahl und Beziehung der für eine Segmentierung verwendeten Aspekte zwischen ein- und multidimensionalen Betrachtungen unterschieden werden.

Der Einfachheit halber werden in der betrieblichen Praxis häufig eindimensionale Segmentierungsansätze gewählt, deren Auswahlkriterien zuweilen durch ausgewählte weitere Kriterien ergänzt werden. Diese Vorgehensweise hat einerseits den Vorteil, dass mit dem Blick auf die Unternehmenspraxis die Komplexität der Analyse reduziert werden kann; andererseits kann diese Arbeitsweise zur Schaffung von Idealtypen führen, die es in der marktlichen Realität schlichtweg nicht gibt.

Tabelle 1 zeigt Beispiele für eine einfache Operationalisierung der zuvor dargestellten Segmentierungskriterien.

Im Hinblick auf die Auswahl und Zusammensetzung von konkreten Aspekte zur Segmentierung von Märkten und Kunden haben sich die folgenden Aspekte als Grundbedingungen herauskristallisiert, die Daniel wie folgt benennt: Wirtschaftlichkeit, Messbarkeit/Identifizierbarkeit, Kaufverhaltensrelevanz, Zugänglichkeit/Erreichbarkeit, Dauerhaftigkeit/zeitliche Stabilität, Instrumentenrelevanz/Machbarkeit, Trennschärfe sowie insgesamt die Strategierelevanz der Selektionskriterien.

Kundensegmentierung einst und jetzt

Die Qualität einer Zielgruppenbestimmung steht und fällt mit der Auswahl der Segmentierungskriterien. Über lange Zeit dominierten einfache Kategorisierungen von Kundengruppen nach angestrebtem Nutzen, Kaufverhalten und Mediennutzung in Verbindung mit allgemeinen Profildaten wie beispielsweise Alter, Einkommen und Wohnort. Hier oblag es Marktforschungsinstituten, durch Anwendung statistischer Verfahren aus selbst oder fremderhobenen Daten durch eine Analyse, Informationen und nachfolgend Wissen für eine entsprechende Ausgestaltung des Marketingmix ziehen zu können.

Neben den beobachtbaren, allgemeinen Profildaten, haben diejenigen Filterkomponenten für eine Markt- und Kundenanalyse an Bedeutung gewonnen, die nicht-beobachtbare Charakteristika beschreiben; insbesondere psychografische Aspekte: Der Lebensstil sowie weitere, die Persönlichkeit eines Kunden beschreibende Faktoren, wie der Lebensstil oder dessen Motive und Werte.

Derartige Analysemodelle wurden gehäuft seit den 1960er-Jahren in den Fächern Psychologie und Soziologie entwickelt, um anschließend Eingang in die wirtschaftswissenschaftliche Anwendung zu finden. Mit der Auflösung traditioneller sozialer Schichten im Zuge des wachsenden Wohlstandes, verbreiteten sich seit den 1980ern MilieuAnsätze zur Segmentierung von Kundengruppen. Ein prominentes Beispiel aus wissenschaftlicher Perspektive ist

Handlungsempfehlungen

- Erstellen Sie eine Segmentierung aus Sicht der Kunden und nutzen Sie Instrumente und Dienstleister, die Sie auf der Basis von Internetdaten unterstützen können.
- Analysieren und gruppieren Sie Ihre Kunden zuerst nach Bedürfnissen. Stellen Sie diesen konkrete Leistungen gegenüber, die sich aus den Eigenschaften ihres Angebotes ergeben.
- Gruppieren Sie Kunden mit gleichen Charakteristika und gleichen Sie diese mit Ihrem Leistungsprogramm ab. Hinterfragen Sie interne Kapazitätsgrenzen und Mindestauslastungen.
- Nutzen Sie allgemeine Profildaten und verbinden Sie diese mit ausgewählten, wenigen psychografischen Merkmalen.
- Machen Sie alternativ/ergänzend Gebrauch von Internetservices zur Generierung von Kundenprofilen. Das geht einfach, ist mittlerweile vergleichsweise günstig und effektiv.
- Erstellen Sie eine Rangreihung nach eigenen Kriterien zur Fokussierung der Marktbearbeitung: Welcher Kundengruppe bieten Sie den größten Nutzen, welcher den nächst größeren Nutzen?

Kerngedanke 3

Viele Anbieter haben ähnliche Kunden. Nur derjenige, der seine Kunden von anderen im Detail unterscheiden kann, kann mehr anbieten, die Zufriedenheit erhöhen und Kosten senken.

das AIO (Activity-Interest-Opinion)-Modell von Wells/Tigert. Für den Bereich der Unternehmenspraxis war und ist die Arbeit des SINUS-Instituts Stilbildend für diese Form der Segmentierung, das seit 1978 mit den gleichnamigen Sinus-Milieu-Studien das Konzept der Lebensweltforschung im deutschsprachigen Raum etabliert hat. Eine gleichermaßen weite Verbreitung und Anwendung der verfügbaren Segmentierungsmethoden ist für die Bereiche der Wissenschaft, wie der Unternehmenspraxis nicht feststellbar: Insgesamt erscheinen Umfang und Tiefe der Segmentierungsarbeit deutlich verschieden. Hierzu bemerkt Halfmann: „Die Kluft zwischen Theorie und Praxis ist groß. Trotz der Vielfalt an komplexen Segmentierungskonzepten und -informationen dominieren in der Praxis oft einfache Ansätze. Ein Grund dafür mag darin liegen, dass die in der Marketingwissenschaft entwickelten Zielgruppenmodelle oftmals ein Niveau an Informationen und Aufwand voraussetzen, das gerade kleine und mittelständische Unternehmen überfordert."

Kundensegmentierung im Internetzeitalter

Mit der Verbreitung des Internets in der breiten Masse der Bevölkerung hat sich nicht nur der Markt und Wettbewerb, sondern auch das Verhalten der Kunden tiefgreifend verändert. Auf der einen Seite stehen Unternehmen vor der Herausforderung, nicht mehr wenige Produkte für wenige Zielgruppen, sondern nahezu unendlich viele Varianten hoch-individualisierter Produkte für eine zunehmende Anzahl individueller Kunden und Kundenwünsche

Tab. 1	Klassische Kriterien einer Kundensegmentierung	
Variablen	**Beispiele**	
Verhaltensbezogene Aspekte		
Angestrebter Nutzen	Bequemer Konsum, Status, Leistung	
Kaufanlass	Selbstnutzung, Geschenk, besonderer Anlass	
Kaufverhalten	Markenloyal, Markenwechsler, Innovator	
Nutzungsverhalten	intensiv, gering	
Medienverhalten	überwiegend Online, überwiegend Offline	
Psychografische Aspekte		
Lebensstil	Trendsetter, Konservative, anspruchsvoll/intellektuell	
Persönlichkeit/Motive	harmoniesuchend – Zugehörigkeit, Leistung – Kontrolle, Macht – Dominanz	
Allgemeine Profildaten		
Alter	unter 12, 12-18, 19-25, 26-35, 36-49, 50-64, 65 und älter	
Geschlecht	weiblich, männlich	
Lebensphase	jugendl. Single, junges Paar, junge Eltern, Eltern, deren Kinder ausgezogen sind/Empty Nesters, Rentner	
soziale Zugehörigkeit	Oberklasse, obere Mittelklasse, mittlere Mittelklasse, untere Mittelklasse, Unterklasse/Arbeiterschicht	
Ausbildungs-Niveau	Haupt-, Realschule, Gymnasium, Studium (Hochschule/Universität), B. A., M. A., Dr.	
Einkommen	Einkommensgruppen nach Arbeitsfeldern, Berufserfahrung und Ausbildung	
geografische Daten	Norddeutschland vs. Süddeutschland, ländlicher vs. städtischer Raum, Bundesland	
geodemografische Daten	sozial mobile junge Familien, die in Einfamilienhäusern zur Miete wohnen, ältere Menschen in kleineren Wohneinheiten, Stadtteileinwohner nach Einkommen, Ausbildung und Beschäftigung etc.	

Quelle: eigene Darstellung in Anlehnung an: Jobber (2012)

bedienen zu müssen. Um in dieser Marktsituation einen Überblick behalten zu können, bedarf es einer enormen Datenvielfalt.

Die hohen Distributionsraten von Informations- und Kommunikationstechnologie, vor allem aber ein fundamental anderer Umgang mit persönlichen Daten führt dazu, dass erstmals ein Datenpool entstanden ist, der nun für Unternehmen unabhängig von Marktforschungsinstituten zugänglich und für die Zwecke einer Kundensegmentierung nutzbar ist.

Hierdurch können interessierte Praktiker heute sehr viel einfacher selbst in einem Ausmaß und in einer Qualität an Daten gelangen, wie es vor wenigen Jahren nur bedingt vorstellbar erschien.

Meilensteine für die Gewinnung digitaler Daten war die Einführung von Kundenloyalitätsprogrammen auf Basis von Händlerkooperationen und der Verknüpfung von Warenwirtschaftssystemen. Beispielhaft kann die seit 15 Jahren bestehende PayBack-Initiative ihren mittlerweile über 620 angeschlossenen Handelskunden breit angelegte Nutzerprofile bieten, die Auskunft über das Konsumverhalten in Bezug auf Warenkorb, Warenbon, Kaufort und -zeit geben können.

Mit der Verbreitung mobiler Informations- und Kommunikationstechnologie haben die Möglichkeiten zur Analyse von Konsumentenverhalten ein neues Qualitätsniveau erreicht. Der Begriff Big Data spiegelt in diesem Kontext die Zusammenführung von Daten aus dem Bereich des Internets (Handelsplattformen, Blogs, soziale Netzwerke), weiterer digitaler Dienstleistungsindustrien (Finanzen, Verkehr, Energie, Gesundheit) sowie der Verbindung von Standortdaten (GPS) mit audiovisueller Technologie (Mobiltelefonie, Kameras) in mobilen Kommunikationsgeräten sowie Transportmitteln. wider

Vor diesem Hintergrund gewinnen neue Verfahren an Bedeutung, die die im Internet verfügbaren Informationen mittels moderner Softwareanalyse umfassend auslesen und bedarfsgerecht kategorisieren. „Big Data bietet vor allem vertriebsorientierten Unternehmen enorme Geschäftsvorteile", sagt Thorsten Frerk, Diplom Geograf und Experte für Geomarketing und Geomatik. Beispielhaft ist das Angebot von infas 360 GmbH und der PTV AG zu nennen, die auf einer Plattform Software und Geomarketing Informationen für die Marktbearbeitung verknüpft haben. Hierdurch können Unternehmen ihr Direktmarketing und ihre Vertriebsarbeit im Hinblick auf eine gewünschte Zielgruppe auf der Ebene einzelner Wohnorte, Straßenzüge und sogar Haushalte genau steuern. Dabei greifen die Systeme der Software-Ingenieure auf umfangreiche Datenquellen zu, die sie von professionellen privaten Datenlieferanten, öffentlichen Institutionen, aber auch dem Internet selbst, erhalten. „Im Ergebnis ist eine derartige Marktbearbeitung extrem präzise – umgangssprachlich kann man dies mit einer achtstelligen Postleitzahl vergleichen, von der man genau weiß, welcher Kunde am Ende erreichbar ist: Alter, Wohnort, Einkaufsverhalten und Vorlieben", so Frerk weiter.

Zielgruppen kaufen, statt erstellen

Einen weiteren innovativen Ansatz zur Segmentierung von Kundengruppen bietet das Hamburger Start-up Semasio.

Kerngedanke 4
Kunden ändern sich stetig. Deshalb reichen allgemeine Profildaten nicht mehr aus.

Kerngedanke 5

Big Data bietet gerade kleinen und mittleren Unternehmen Chancen, die Kundensegmente neu zu definieren.

_____

„Wir helfen Ihnen nicht bei der Segmentierung, sondern wir erstellen Ihnen eine Segmentierung. Die Kunden liefern wir dabei gleich mit", sagt Gründer und Inhaber Kasper Skou. Im Gegensatz zu anderen Anbietern basiert die Segmentierung des Software-Unternehmens nicht auf Datenkatalogen und Attributen von Fremdfirmen, sondern es nutzt das Internet als Ganzes selbst. Hierfür hat Semasio einen Algorithmus für semantisches Targeting entwickelt, das die Nutzerdaten quantitativ ermittelt. Die online zugängliche Semasio Private Data Management Plattform analysiert für die eingeschriebenen Nachfrager die Kundendaten ihrer Webseiten und -kampagnen, um diese in Nutzerprofile umzuwandeln. Als Basis hierfür dient ein semantisches Analyseverfahren, das auf Basis von 50 Millionen Nutzerprofile in Semasios deutscher Profildatenbank, die Nutzerdaten hochdynamisch analysiert und die Gesamtheit der Kunden aufgrund statistisch signifikanter Gemeinsamkeiten kategorisiert. Gerade für kleine und mittlere Unternehmen, für deren Märkte wenig bis keine Daten im Markt verfügbar sind, können Ansätze wie der von Semasio interessant sein, weil es sich um eine „Software as a Service" handelt, deren Anschaffung über eine Subskriptionsgebühr läuft und das Erstellen von Zielgruppenverfahren über Auktionsverfahren, wodurch keine Fixkostenbelastung entsteht.

Fazit

Die Segmentierung von Kundengruppen ist bedeutsamer denn je. Der Wettbewerb zwischen Online-Vertrieb und stationärem Leistungsangebot ist intensiv und eine weitere Zuspitzung ist zu erwarten. Herkömmliche Verfahren zur Segmentierung der Nachfrageseite liefern zunehmend ungenaue Ergebnisse. Der hohe Verbreitungsgrad von Informations- und Kommunikationstechnologie verändert das Konsumentenverhalten; gleichzeitig eröffnen sich neue Möglichkeiten, Informationen über die Bedürfnisse von aktuellen und potenziellen Kunden zu gewinnen. In diesem Zusammenhang erscheint die Zusammenführung von allgemeinen Profildaten mit verhaltensbezogenen und psychografischen Erkenntnissen geeignet, verlässliche und statistisch valide Beschreibungen von Zielgruppensegmenten zu erstellen. Durch die Verbindung von soziodemografischen Daten mit geografischen Daten lassen sich für den Vertrieb gänzlich neue Marktbearbeitungsmöglichkeiten erschließen. Wohnumfeldanalysen liefern passgenaue Zielgruppenprofile, die zugleich der interessierten werbetreibenden Industrie durch die Bereitstellung von Kartenmaterial konkrete Auskunft über eine zielgenaue, örtliche Vertriebsarbeit geben, die bis auf wenige hundert Meter detailliert ist. Somit ist eine Kundensegmentierung möglich, die vor wenigen Jahren noch undenkbar war.

Dies gilt auch für den Bereich der Bearbeitung von Online-Märkten , in denen heutzutage eine Verarbeitung großer Datenmengen aufgrund fallender Hardware-Preise mittlerweile auch für kleine und mittlere Unternehmen zugänglich und leistbar ist. Überdies sind Softwarelösungen im Markt verfügbar, die pragmatisch nutzbare und auch leistbare Optionen zur Unterstützung der eigenen Kundensegmentierung darstellen.

Literatur

Bundesverband E-Commerce und Versandhandel (2014): Interaktiver Handel in Deutschland. Ergebnisse 2014, bevh-Studie, Berlin

[SfP]* Daniel, I. (2014): Lebensstilsegmentierung aufgrund einer inhaltsbasierten Auswertung digitaler Bilder, Wiesbaden (ID: 4777858)

Deutsches Institut für Vertrauen und Sicherheit im Internet (2014): DIVSI U9-Studie: Kinder in der digitalen Welt, Hamburg

Deutsche Post DHL: Global E-Tailing 2025, Bonn

[SfP]* Halfmann, M. (Hrsg.) (2014): Zielgruppen im Konsumentenmarketing, Segmentierungsansätze – Trends – Umsetzung, Wiesbaden (ID: 4893426)

Homburg, C. (2012): Marketingmanagement. Strategie – Umsetzung – Unternehmensführung, 4. Aufl., Wiesbaden

Freter, H. (2008): Markt- und Kundensegmentierung: Kundenorientierte Markterfassung und -bearbeitung, Kohlhammer-Edition Marketing, Stuttgart, 2. Auflage

Jobber, D. (2012): Principles and Pracitces of Marketing, 6. Aufl., London

Kotler, P./Keller, K. L. (2015): Marketing Management, 14. Aufl., Harlow und andere

[SfP]* Meffert, H./Burmann, C./Kirchgeorg, M. (2015): Marketing – Grundlagen marktorientierter Unternehmensführung, Konzepte – Instrumente – Praxisbeispiele, 12. Aufl., Wiesbaden (ID: 5422856)

Smith, W. R. (1956): Product Differentiation and Market Segmentation as Alternative Marketing

Strategies, in: Journal of Marketing, 21 (1), 3–8

Weinstein, A: (2004): Handbook of Market Segmentation: Strategic Targeting for Business and Technology Firms, 3. Aufl., New York

[SfP]* Abonnenten des Portals Springer für Professionals erhalten diesen Beitrag im Volltext unter www.springerprofessional.de/ID

[SfP] Zusätzlicher Verlagsservice für Abonnenten von „Springer für Professionals | Vertrieb"

Zum Thema | Kunde 2.0 | 🔍 Suche

finden Sie unter www.springerprofessional.de 4 Beiträge　　　　Stand: Juli 2015

Medium
☐ Buchkapitel (4)

Sprache
☐ Deutsch (4)

Von der Verlagsredaktion empfohlen

Meffert, H./Burmann, C./Kirchgeorg, M.: Zukunftsperspektiven des Marketing, in: Meffert, H./Burmann, C./Kirchgeorg, M.: Marketing – Grundlagen marktorientierter Unternehmensführung, Konzepte – Instrumente – Praxisbeispiele, Wiesbaden 2015, S. 847-865, www.springerprofessional.de/5422874

Auf einer Wellenlänge mit dem Kunden

Die Definition der richtigen Zielgruppen ist ein ausschlaggebender Faktor für den Unternehmenserfolg – vor allem wenn es darum geht, dem Wettbewerb eine Nasenlänge voraus zu sein. Außerdem spart die Kenntnis über die wichtigsten Kundensegmente und -bedürfnisse Kosten, da die gesamte Kundenkommunikation effizienter gestaltet werden kann.

Claudia Knod

„Wer auf andere Leute wirken will, der muss erst einmal in ihrer Sprache mit ihnen reden." Dieses Zitat des Schriftstellers Kurt Tucholsky könnte durchaus auch von einem Vertriebler oder Marketingexperten stammen, gibt es doch exakt wieder, worauf alle in diesem Bereich aus sind: Wie lässt sich die relevante Zielgruppe am effizientesten ansprechen und binden? Dass die individuellen Wünsche und Anforderungen des Kunden hierbei im Fokus stehen sollten, steht eigentlich außer Frage. Dennoch ist B2B International in einer Befragung unter B2B-Marketingverantwortlichen in Deutschland, Großbritannien und den USA zu dem Ergebnis gekommen, dass hierzulande eine geringere Bereitschaft bei B2B-Unternehmen besteht, Kundenbedürfnisse systematisch zu erforschen.

Nur 19 Prozent der deutschen Befragten erklärten, dass eine Kundensegmentierung Teil ihrer Marketingstrategie sei. In den USA und in Großbritannien sagten 54 Prozent (USA) beziehungsweise 48 Prozent (UK) der B2B-Marketingentscheider, dass sie zur Vorbereitung ihres Marketingplans eine

Claudia Knod

ist als General Manager Germany bei B2B International, einem auf B2B-Marktforschung und -Beratung spezialisierten Institut mit Hauptsitz in Manchester, verantwortlich für internationale Projekte in den Bereichen Market Assessment, Kundenzufriedenheit, Mitarbeiterengagement, B2B-Segmentierung und B2B-Branding.

> *„Eine auf Bedürfnisse ausgerichtete Segmentierung erhöht die Chance, deutlich mehr die Kunden und deren Bedürfnisse zu verstehen und dadurch richtig anzusprechen und zu betreuen."*

differenzierte Segmentierung der Kunden vornähmen (siehe **Abbildung 1**). Wenn aber die strategische Ausrichtung des Vertriebs und der Kommunikation auf individuelle Kundensegmente zum Dreh- und Angelpunkt der Unternehmensstrategie wird, kann dies positive Effekte auf zahlreiche Bereiche haben. Die folgenden Ausführungen verdeutlichen die Potenziale, die in einer solchen Strategie liegen können.

Marktanteile wichtiger als Kundenloyalität

Hierbei lohnt sich zunächst ein Blick auf die Herausforderungen und Pläne, mit denen sich Marketing und Vertrieb in B2B-Unternehmen aktuell beschäftigen. B2B International hat herausgefunden, dass mehr als die Hälfte der Entscheider (58 Prozent) die Entwicklung innovativer Produkte als wichtigste Aufgabe sehen. Den Ausbau des Marktanteils gaben 57 Prozent als strategische Herausforderung an, mit dem Wettbewerb Schritt halten 48 Prozent und das Erreichen von Kundenloyalität 44 Prozent (siehe **Abbildung 2**).

Eine Kunden- oder Marktsegmentierung ist lediglich bei jedem fünften B2B-Unternehmen in Deutschland Teil der Marketingstrategie. Dabei wäre eine Segmentierung der Kunden zur Vorbereitung des Marketingplans und zur Steuerung des Vertriebs durchaus sinnvoll, denn so ließen sich deutlich zielgerichteter Strategien und Maßnahmen planen, um die Kunden richtig anzusprechen und zu binden.

Claudia Knod
B2B International, Düsseldorf, Deutschland
E-Mail: claudiak@b2binternational.com

Kerngedanke 1

Deutsche B2B-Unternehmen zeigen geringe Bereitschaft, Kundenbedürfnisse systematisch zu erforschen.

Die Befragung ergab zudem, dass die B2B-Entscheider sagen, dass die meisten Unternehmen ein ähnlich großes Budget sowohl in Vertriebsmaßnahmen als auch in Marketingkampagnen investieren. Die Segmentierung hilft beiden Abteilungen, denn in einer engen Zusammenarbeit können sie eine ideale Kundenansprache evaluieren und letztlich gemeinsam den Erfolg des Unternehmens steigern.

Die Angaben der deutschen Teilnehmer zeigen auch, dass in B2B-Unternehmen das Thema Marktforschung noch nicht tief verankert ist. Nur acht Prozent hierzulande, im Vergleich zu 33 Prozent in den USA und 39 Prozent in Großbritannien, beabsichtigen, die Einstellungen und Meinungen ihrer Kunden genauer zu analysieren. Mangelndes Verständnis der Kundenbedürfnisse und Märkte bedeutet, dass Unternehmensziele wie Wachstum, Innovationen oder Kundenloyalität umso schwieriger zu erreichen sind. Denn auch im Business-to-Business-Vertrieb und -Marketing ist eben dieses Verständnis die Voraussetzung für die Entwicklung von Kundenbindungsprogrammen, von attraktiveren Produkten und den Ausbau des Marktanteils. Daher sollten Firmen verstärkt auf eine sorgfältige und strategisch durchdachte Kundensegmentierung setzen, die ihnen hilft, die nächs-

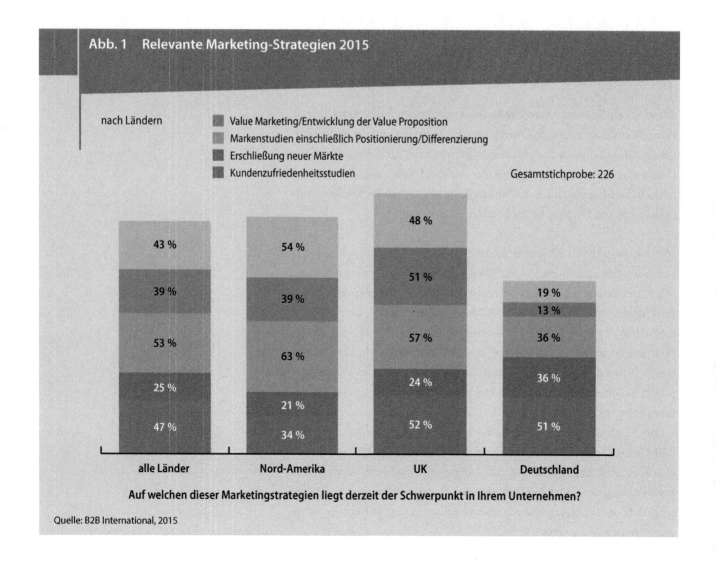

Abb. 1   Relevante Marketing-Strategien 2015

nach Ländern

- Value Marketing/Entwicklung der Value Proposition
- Markenstudien einschließlich Positionierung/Differenzierung
- Erschließung neuer Märkte
- Kundenzufriedenheitsstudien

Gesamtstichprobe: 226

alle Länder: 43 %, 39 %, 53 %, 25 %, 47 %
Nord-Amerika: 54 %, 39 %, 63 %, 21 %, 34 %
UK: 48 %, 51 %, 57 %, 24 %, 52 %
Deutschland: 19 %, 13 %, 36 %, 36 %, 51 %

Auf welchen dieser Marketingstrategien liegt derzeit der Schwerpunkt in Ihrem Unternehmen?

Quelle: B2B International, 2015

ten Schritte und den effizienten Einsatz der zur Verfügung stehenden Mittel besser zu planen und zu steuern. Doch was bedeutet Kundensegmentierung eigentlich genau?

Segmentierung unterstützt die zielgerichtete Kundenansprache

B2B-Kunden wollen nicht als Teil einer breiten Masse, sondern als Individuen behandelt werden. Standardtexte in Verkaufsbroschüren, die so allgemein gehalten sind, dass sie wirklich jeden irgendwie erreichen und ansprechen, sorgen eher für Unmut, als dass sie verkaufsfördernd wirken. Eine solche Kommunikation und Kundenansprache „mit der Gießkanne" ist viel zu allgemein und wirkungslos, wenn der Wettbewerber im Internet nur einen Klick entfernt ist. Jedoch ist es für Unternehmen sehr schwierig, eine individuelle Betreuung und Behandlung jedes einzelnen Kunden zu organisieren. Eine One-to-One-Bearbeitung ist aufgrund der hierfür erforderlichen Ressourcen

Kerngedanke 2
Eine Segmentierung der B2B-Kunden zur Vorbereitung von Marketingplänen ist sehr sinnvoll.

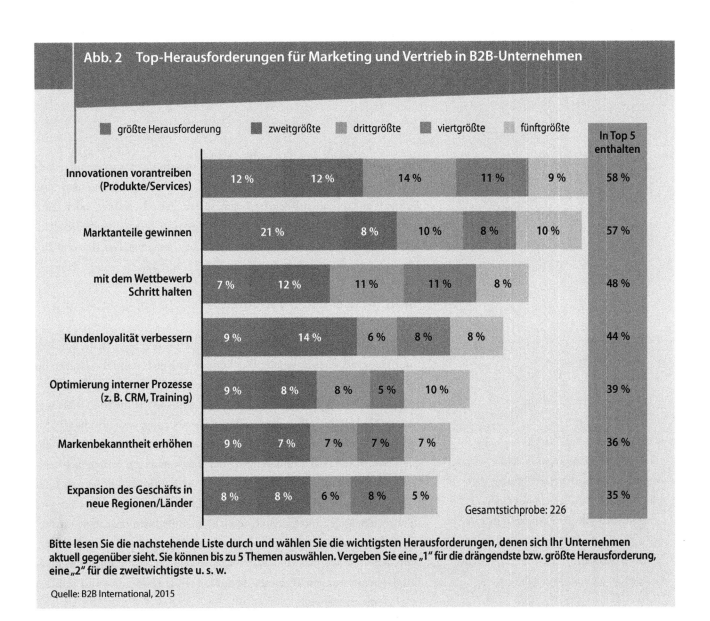

Abb. 2 Top-Herausforderungen für Marketing und Vertrieb in B2B-Unternehmen

	größte Herausforderung	zweitgrößte	drittgrößte	viertgrößte	fünftgrößte	In Top 5 enthalten
Innovationen vorantreiben (Produkte/Services)	12 %	12 %	14 %	11 %	9 %	58 %
Marktanteile gewinnen	21 %	8 %	10 %	8 %	10 %	57 %
mit dem Wettbewerb Schritt halten	7 %	12 %	11 %	11 %	8 %	48 %
Kundenloyalität verbessern	9 %	14 %	6 %	8 %	8 %	44 %
Optimierung interner Prozesse (z. B. CRM, Training)	9 %	8 %	8 %	5 %	10 %	39 %
Markenbekanntheit erhöhen	9 %	7 %	7 %	7 %	7 %	36 %
Expansion des Geschäfts in neue Regionen/Länder	8 %	8 %	6 %	8 %	5 %	35 %

Gesamtstichprobe: 226

Bitte lesen Sie die nachstehende Liste durch und wählen Sie die wichtigsten Herausforderungen, denen sich Ihr Unternehmen aktuell gegenüber sieht. Sie können bis zu 5 Themen auswählen. Vergeben Sie eine „1" für die drängendste bzw. größte Herausforderung, eine „2" für die zweitwichtigste u. s. w.

Quelle: B2B International, 2015

Kerngedanke 3

Auch im B2B-Marketing ist gutes Kundenverständnis Voraussetzung für die Entwicklung von Kundenbindungsprogrammen und attraktiveren, auf die Kundenbedürfnisse zugeschnittenen Produkten.

Zusammenfassung

Der Beitrag erläutert, weshalb die systematische, bedürfnisorientierte Segmentierung von B2B-Zielgruppen Dreh- und Angelpunkt von B2B-Marketingstrategien sein sollte: Sie sind ein wesentlicher Baustein auf dem Weg zu mehr Kundenzufriedenheit und -loyalität.

in Marketing und Vertrieb unmöglich. Der Königsweg in der Mitte zwischen „Gießkanne" und One-to-One-Marketing ist die Segmentierung. Wenn wesentliche Gemeinsamkeiten oder kollektive Bedürfnisse unterschiedlicher Kundengruppen identifiziert sind, kann die Kundenansprache gebündelt werden. Sie wird dann innerhalb der Segmente als nahezu individuell wahrgenommen, da sie die zentralen Bedürfnisse adressiert. Segmentierung ist daher der Schlüssel für eine erfolgreiche Marketingstrategie.

Die verschiedenen Arten der Segmentierung

Konkret bedeutet dies: Es gibt verschiedene Herangehensweisen an eine Kundensegmentierung. Privatpersonen lassen sich beispielsweise aufgrund von demografischen Merkmalen zusammenfassen. Hierzu gehören Geschlecht, Alter, Einkommen, Wohnort oder die Zahl der Kinder im Haushalt. In Marketing und Marktforschung ist es darüber hinaus schon lange

„In Deutschland gibt es bislang eine geringe Bereitschaft im B2B-Umfeld, Kundenbedürfnisse systematisch zu erforschen."

Usus, Kunden auch nach Einstellungen, Motiven, Verfassungen oder Verhalten zu gruppieren. „Schnäppchenjäger" oder „Premium Shopper" sind Beispiele aus verhaltensbasierten Segmentierungen. „Bewahrer" oder „Aufbrecher" deuten auf individuelle Einstellungen hin. So möchte die Sekttrinkerin beispielsweise „aufbrechen", etwas Neues beginnen. Der Rotweintrinker hingegen möchte „bewahren", zur Ruhe kommen.

Firmografische und verhaltensbasierte Segmentierung für B2B-Kunden

Bei B2B-Unternehmen handelt es sich nicht um demografische, sondern um firmografischeMerkmale. Das können beispielsweise die Unternehmensgröße, die Branche, der Standort oder die Unternehmensform sein. Eine solche firmografische Einordnung ist sinnvoll, da die Merkmale und Unterschiede leicht erkennbar sind und bereits einen ersten Indikator für individuelle Bedürfnisse darstellen. Einen weiteren Hinweis auf die möglichen Bedürfnisse der Kunden liefert darüber hinaus die verhaltensbasierte Segmentierung. Ein Beispiel: Kunden, die häufig ihre Zulieferer oder Dienstleister wechseln oder mit mehreren Lieferanten parallel arbeiten und in unregelmäßigen Intervallen kaufen, können Bedürfnisse haben, die dieses Verhalten auslösen. Ziel aller Segmentierungsansätze ist immer, die verschiedenen Bedürfnisse der Kunden zu erkennen und folglich Produkte und Dienstleistungen an diesen Bedürfnissen auszurichten und Kunden zufriedener zu stellen.

Bedürfnisorientierte Segmentierung

In der „Königsdisziplin" der Segmentierung, der Gruppierung der Kunden nach ihren wirklichen Bedürfnissen, spielt die Marktforschung eine wichtige Rolle. Denn diese Bedürfnisse können nur im Rahmen von strukturierten Kundenbefragungen und systematischer Insight-Generierung identifiziert werden. Hierbei stehen sowohl qualitative, als auch quantitative

„Um die wirklichen Bedürfnisse der Kunden zu erkennen, spielt die Marktforschung eine wichtige Rolle."

Kerngedanke 4

Kundensegmentierung kann nach firmografischen, verhaltensbasierten und bedürfnisorientierten Kriterien aufgebaut sein..

Methoden zur Verfügung. Für eine quantitative, bedürfnisorientierte Segmentierung wird zum Beispiel die Zustimmung zu verschiedenen Statements abgefragt. Mithilfe der Faktorenanalyse lassen sich dann die miteinander korrelierenden Merkmale verschiedener Kunden gruppieren.

Typische Segmente, die in der Analyse sichtbar werden können, sind zum Beispiel Kunden, für die günstige Preise bei akzeptablem Servicelevel wichtig sind, oder Kunden mit ausgeprägtem Servicewunsch und damit einhergehender höherer Zahlungsbereitschaft. Die Gruppen werden dann, je nach ihrer Ausprägung, entsprechend zugeordnet, zum Beispiel in: „Preissensitive", „Anspruchsvolle" oder „Partnerschaft". Das Hinzufügen weiterer Dimensionen in der Analyse kann das Verständnis für die Einstellungen und das Interesse der Kunden weiter vertiefen. Werden dann die Segmente in einer Matrix beispielsweise nach der Attraktivität für das Unternehmen und der Wettbewerbsstellung positioniert, die das jeweilige Unternehmen gegenüber diesem Kunden hält, so ergeben sich interessante Hinweise für die Kundenbearbeitungsstrategie und die mögliche Zuordnung von Ressourcen.

Unternehmen können ihre Kunden zusätzlich aufgrund von zuvor gesammeltem Wissen segmentieren. Auch dabei ordnen sie Kunden bezüglich ihrer Bedürfnisse ein, diese Einordnung beruht jedoch eher auf unternehmensinternen Meinungen. Idealerweise sollten jedoch auch solche Segmentierungen mit Ergebnissen aus einer Marktforschungsstudie validiert werden. Welche Methode auch eingesetzt wird: Die identifizierten Segmente sollten immer entsprechend der folgenden Kriterien beurteilt werden:

1. **Jedes Segment muss von aussagekräftiger Größe sein:** Ein Segment muss so groß sein, dass es „eine Rolle spielt" und wert ist, individuell bearbeitet zu werden. Im B2B gilt eine Zahl von maximal fünf bis sechs Segmenten als sinnvoll. Hierbei ist zu bedenken, dass jedes Kundensegment neben einem eigenen Marketingplan auch ein separates Budget benötigt.

2. **Segmente müssen unverwechselbar und wiedererkennbar sein:** Je klarer das Profil der Kunden eines Segmentes umrissen und beschrieben wird, desto besser und zielgerichteter wird die Ansprache sein.

Handlungsempfehlungen

• Jedes Kundensegment muss von aussagekräftiger Größe, unverwechselbar und wiedererkennbar, belastbar sowie praxisnah und umsetzbar sein.

• Unternehmen sollten über Firmografien hinaus schauen, qualitative und quantitative Kundenbefragungen miteinbeziehen, eine verhaltensbasierte Segmentierung anstreben und viel Sorgfalt auf die Implementierung der Strategie unter Einbeziehung des Vertriebs legen.

Kerngedanke 5

Die bedürfnisorientierte Segmentierung ist nur mit Hilfe der B2B-Marktforschung möglich, da sie eine systematische Kundenbefragung erfordert.

3. **Segmente müssen belastbar und von Dauer sein:** Segmentierungsstrategien benötigen einige Jahre, um nachhaltige Wirkung zu erzielen. Kurzfristige „Modeerscheinungen" sollten erkannt und nicht in eine nachhaltige Segmentierungsstrategie Eingang finden.

4. **Die Segmentierung muss praxisnah und umsetzbar sein:** Die wohl wichtigste Anforderung an jede Segmentierung ist die Umsetzbarkeit in der täglichen Praxis. Nicht nur das Marketing muss in der Lage sein, für die identifizierten Segmente Vermarktungspläne zu erstellen. Auch der Vertrieb muss den Nutzen erkennen und in der Verkaufspraxis anwenden können.

Tipps für eine erfolgreiche Segmentierungsstrategie

Neben diesen Empfehlungen gibt es weitere Tipps, die B2B-Unternehmen im Auge behalten sollten, wenn sie die Bedürfnisse ihrer Kunden besser und individueller adressieren möchten. So sollten sie beispielsweise nicht nur auf die offensichtlichen Firmeninformationen wie Größe, Standort oder Mitarbeiterzahl achten. Diese wichtigen Fakten sind zwar essenziell hinsichtlich der Vertriebsstrategie eines Unternehmens. Die Bedürfnisse der Kunden sind jedoch vielschichtiger. Daher reicht es nicht aus, sie oberflächlich einzugruppieren. Des Weiteren besteht die Gefahr, dass die Konkurrenz den-

„Das Verständnis des Kundenverhaltens ist der Schlüssel zu einer effizienten und erfolgsversprechenden Strategie."

selben Ansatz nutzt. Hierdurch wird es schwieriger, einen Wettbewerbsvorteil zu realisieren. Stattdessen ist es ratsam, im Zusammenspiel mit den eigenen Daten vermehrt auf maßgeschneiderte Marktforschung zu setzen.

Zu Beginn einer Segmentierungsstudie kann eine qualitative Phase mit persönlichen Einzelinterviews mit einigen Schlüsselkunden hilfreich sein. So lassen sich bereits erste Tendenzen herauslesen. Zudem erhalten Kunden die Möglichkeit, aktuelle und künftige Erwartungen und Bedürfnisse zu artikulieren. Konzentrieren sich Firmen auf derartige Faktoren, kann dies die Kundenloyalität und den Anstieg der Marktanteile signifikant verbessern, denn: Vollauf zufriedene Kunden schauen sich weniger bei der Konkurrenz um.

Nachdem die Kundenbefragung und die Datenanalyse durchgeführt wurde, folgt der wichtigste Teil: Jetzt geht es um die gelungene Umsetzung der Erkenntnisse und Empfehlungen. Die Implementierung gehört sicherlich zu den schwierigsten Aufgaben. Jede Gruppierung muss eindeutig, individuell und nachweisbar sein. Das Vertriebsteam muss in diesen Segmentierungsprozess involviert sein und seine Vorteile verstehen. Denn nur so sind die Vertriebsmitarbeiter in der Lage, die notwendigen Fragen zu stellen, um die

Segmente zu bestimmen, denen die Kunden zugeordnet werden können. Erst dann lassen sich geeignete Lösungen und Botschaften entwerfen und Kundengruppen anbieten, um individuelle Anforderungen zu erfüllen und dementsprechend Kundenbindung und Umsätze zu stärken. Denn „One-

„Nicht nur das Marketing muss in der Lage sein, für die identifizierten Segmente Vermarktungspläne zu erstellen. Auch der Vertrieb muss den Nutzen erkennen und in der Verkaufspraxis anwenden können."

Size-Fits-All" gibt es im B2B genauso wenig wie in der Konsumgüterbranche. Eine auf Bedürfnisse ausgerichtete Segmentierung erhöht die Chance, deutlich mehr Kunden und ihre Bedürfnisse zu verstehen und dadurch richtig anzusprechen und zu betreuen.

Kerngedanke 6
Ziel aller Segmentierungsansätze ist immer, die verschiedenen Bedürfnisse der Kunden zu erkennen, folglich Produkte und Dienstleistungen sowie die Kommunikation an diesen Bedürfnissen auszurichten und damit die Kunden zufriedener zu stellen.

Literatur
B2B International: A Practical Guide to Market Segmentation

https://www.b2binternational.com/publications/market-segmentation-research/?__hstc=240000412.c6fffa2751dac8c31c486a2f3dd991d2.1428933012766.1435567216297.1435580091708.70&__hssc=240000412.16.1435580091708&__hsfp=3321711135, Abruf: 29.06.2015.

B2B International: Market Segmentation in B2B Markets, https://www.b2binternational.com/publications/b2b-segmentation-research/?__hstc=240000412.c6fffa2751dac8c31c486a2f3dd991d2.1428933012766.1435567216297.1435580091708.70&__hssc=240000412.16.1435580091708&__hsfp=3321711135, Abruf: 29.06.2015.

Freter, H. (2008): Markt- und Kundensegmentierung. Kundenorientierte Markterfassung und -bearbeitung, Stuttgart.

Kundenprozesse gemeinsam gestalten

Segmentierungen und Lösungen für Kunden stoßen an Grenzen. Es gilt, diese verbreiteten Ansätze kritisch zu durchleuchten. Auch spielen Marketing und Verkauf oft nicht wirksam zusammen.

Christian Belz

Mit Segmentierung teilen Unternehmen ihre Kunden in homogene Gruppen ein, die sich besser und wirtschaftlicher bearbeiten lassen. Dabei selektieren die Anbieter besonders attraktive Segmente und bestimmen jene Kundengruppen, für die es sich lohnt ‚mehr aufzuwenden. Differenziertes Marketing ist näher beim Kunden.

Segmentierung ist ein klassisches Thema des Marketings und fehlt in keinem Lehrbuch. Kernfragen zu Segmenten sind beispielsweise: Wie lassen sich Märkte segmentieren? Mit welchen Kriterien werden attraktive Segmente gewählt? Wie lassen sich die Marketinginstrumente für alle Kunden, Segmente, Zielgruppen sowie einzelne Kunden anpassen? **Abbildung 1** zeigt das Vorgehen für eine Segmentierung.

Zwei Entwicklungslinien haben sich für eine Segmentierung etabliert, wobei in der aktuellen Diskussion die zweite dominiert:

1. „Top down" strukturieren Unternehmen ihre Kunden immer tiefer. Bei den Jugendlichen werden Szenen, Lehrlinge oder Studierende als Teilsegmente identifiziert. Der gesamte Markt wird zunehmend stärker aufgeteilt.

2. „Bottom up" stützen sich Unternehmen (besonders von Anbietern mit vielen Kundendaten) auf konkrete Kundentransaktionen. Mit Datamining werden attraktive Kundengruppen selektiert. So lassen sich gefährdete Kunden identifizieren oder auch nächste, beste Produkte für Kunden bestimmen (wie das beispielsweise Amazon mit seinen Buchempfehlungen beherrscht). Unter dem Schlagwort Big Data erhoffen sich viele Unternehmen eine umfassende Transparenz. Begleitet wird dieser Ansatz durch die konkreten Analysen von Kundenprozessen, weil diese

Prof. Dr. Christian Belz
ist Ordinarius für Marketing an der Universität St. Gallen und Direktor am Institut für Marketing, www.ifm.unisg.ch.

Christian Belz
Universität St. Gallen, St. Gallen, Schweiz
E-Mail: christian.belz@unisg.ch

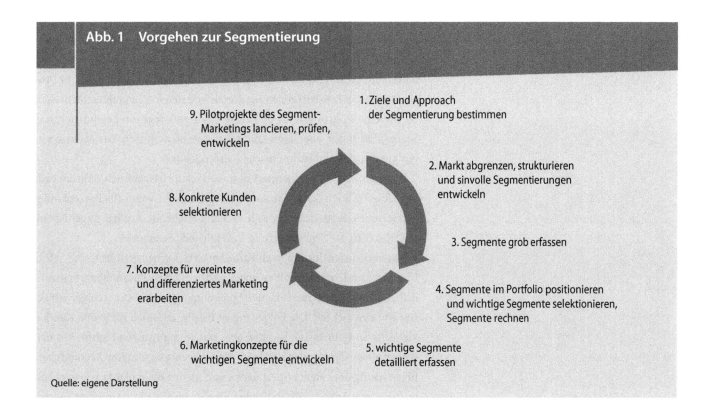

Abb. 1   Vorgehen zur Segmentierung

9. Pilotprojekte des Segment-Marketings lancieren, prüfen, entwickeln

8. Konkrete Kunden selektionieren

7. Konzepte für vereintes und differenziertes Marketing erarbeiten

6. Marketingkonzepte für die wichtigen Segmente entwickeln

1. Ziele und Approach der Segmentierung bestimmen

2. Markt abgrenzen, strukturieren und sinvolle Segmentierungen entwickeln

3. Segmente grob erfassen

4. Segmente im Portfolio positionieren und wichtige Segmente selektionieren, Segmente rechnen

5. wichtige Segmente detailliert erfassen

Quelle: eigene Darstellung

Kerngedanke 1

Ziel der Segmentierung ist es, die attraktiven Kunden zu bestimmen und erfolgreich zu gewinnen. Im Marketing lautet das Thema Segmentierung und im Verkauf Kundenselektion.

für den Kauf oft 50 bis 60 Schritte durchlaufen und überall abbrechen können. Es gilt die drei bis vier Stellhebel zu bestimmen, um die Kunden zu Handlungen anzustoßen, welche den Weg zum Kauf weiterführen.

In einem großen Tummelfeld wurden und werden laufend neue Segmente vorgeschlagen. Bereits in den 80er-Jahren entstanden verschiedene Lebensstil-Segmentierungen. Sie berücksichtigen Werte, Konsumschwerpunkte bis zu typischen Wohnwelten. Sie beanspruchen weit wirksamer zu sein als Kategorien nach Kundengröße oder demografischen Unterscheidungen. Laufend werden auch neue Teilsegmente gelobt, etwa die Jugendlichen, die „Generation silver", die Singles, die Doppelverdiener (sogenannte DINKS – double income, no kids), die bürgerlichen Familien, die Guys, die türkischen Staatsangehörigen in Deutschland oder weitere ethnische Gruppen. Geomarketing berücksichtigt die Gemeinsamkeiten der typischen Bewohner von Stadtteilen bis zu Einfamilienhaus-Quartieren oder Straßenzügen. Zunehmend wird auch versucht, besondere Ereignisse zu berücksichtigen. So verändert sich beispielsweise der Bedarf des Kunden nach einer Erbschaft, nach einer Scheidung oder nach der Geburt eines Kindes. Die Liste ließe sich rasch erweitern. Schmunzelnd werden auch unsinnige Gruppen (wie etwa die SIMPS – sexually inactive male professionals) bezeichnet, um die Spielereien und Übertreibungen zu entlarven.

Spezifisch sind die Vorschläge für Industriegüter, beispielsweise mit Leistungs-, Branchen- und Ländersegmenten, Unternehmern und Managern als Entscheider bis zu den Beteiligten der Kundenunternehmen im Kaufprozess (sogenannte Buying Centers).

Herausforderung 1: Segmentierungen bewirken zu wenig

Die kritische Situation zeigte bereits eine Untersuchung in 2004 von The Economist & Marakon Associates (bei 200 Topmanagern großer US-Unternehmen): 59 Prozent der befragten Unternehmen führten in den letzten zwei Jahren ein großes Segmentierungsprojekt mit Studien durch. Nur 14 Prozent (dieser 59 Prozent) zogen aus diesen Initiativen einen echten Mehrwert. So wie eine Führungskraft bemerkte: „Wir entwickelten beeindruckende Segmentierungen, aber dann konnten wir sie nicht nutzen. Die Ansätze waren kreativ, aber der ökonomische Nutzen fehlte."

Warum sind viele Segmentierungsprojekte unwirtschaftlich? Warum bleiben Unternehmen bei 30-Prozent-Lösungen stehen, wenn 100 Prozent möglich wären? Offensichtlich bewähren sich bestehende Ansätze ungenügend.

Kritisch an der Segmentierung sind folgende Szenarien:

● **Angebotsorientierung nach Kundenwert:** Segmentierungen und Selektion von Kunden führen oft zu angebotsorientierten Zusammenarbeitsmodellen, die sich nach dem eigenen Spielraum für mehr oder weniger attraktive Kunden richten. Die Folgerung ist häufig, dass sich für große Kunden viel Aufwand, für kleine Kunden aber nur wenig Aufwand lohnt. Mit den Bedürfnissen der Kunden hat das meist nur wenig zu tun. Key Accounts verfügen häufig über eigene Spezialisten und suchen die schlanke sowie gezielte Zusammenarbeit, während kleine Kunden an einer umfassenden Zusammenarbeit interessiert sind. Daran kranken manche Konzepte für Groß- und Kleinkundenmanagement systematisch. Kurz: Auch mit Segmentierungen nach Kundengröße lässt sich die Leistung für das Einkaufsportfolio des Kunden nicht optimieren.

„Manche Kunden wechseln in Beschaffungsprozessen mehrfach ihre Anforderungen, schaffen selbst die Voraussetzungen für eine gute Zusammenarbeit nicht und die Prozesse werden langsam."

● **Wachsendes Verhaltensrepertoire der Kunden:** Auch attraktive Kunden kaufen situativ ein. Multioptionskunden heißt das klassische Stichwort. Kundenprozesse und Einkaufspreise unterscheiden sich je nach Situation maßgeblich. Einmal kauft der Kunde schlank und schnell. Ein zweites Mal schreibt der Kunde seine Aufträge aus, er nutzt dabei seine Einkaufsmacht und steigert die Intensität des Wettbewerbs, um Leistungs- und Preisvorteile zu erreichen. Ein drittes Mal kauft der gleiche Kunde intensiv und aufwendig und nutzt das Know-how der Lieferanten umfassend oder er vertieft die Zusammenarbeit sehr gezielt nach eigenem Bedarf. Flankiert wird diese Entwicklung durch eine wachsende Vielfalt von Ansprüchen des Kunden, welche ihrerseits die Vielfalt von Produkten und Services bewirkt. Wohl deshalb verästeln Unternehmen ihre Segmente und Kundengruppen immer feiner.

● **Einfache und umständliche Kunden:** Zwar kaufen Kunden nicht konsequent gleichförmig ein, es gibt jedoch Extreme, weil manche Kunden nahezu immer schlank beschaffen und andere laufend Zusatzaufwendungen von Lieferanten verlangen. Manche Kunden wechseln in Beschaffungsprozessen mehrfach ihre Anforderungen, schaffen selbst die Voraussetzungen für eine gute Zusammenarbeit nicht und die Prozesse werden langsam bis endlos. Damit werden manche Kunden systematisch unrentabel. Unternehmen bemerken diese Verzerrungen zu wenig, wenn sie ihren Aufwand nicht kunden- und auftragsbezogen erfassen. Ohne Kundenrentabilität lässt sich beispielsweise das Lösungsgeschäft nicht sinnvoll steuern. Zudem neigen Anbieter bei großen Vorinvestitionen für Kunden dazu, noch größere Anstrengungen nachzuschieben; entweder durch Zusatzleistungen oder Zugeständnisse. Wohl deshalb werden die Gewinner von Kundenaufträgen, letztlich oft zum Verlierer.

Schließlich schöpfen Unternehmen die Möglichkeiten einer Segmentierung oft nicht aus und scheitern beispielsweise daran, dass Marketingansätze vom Vertrieb nicht akzeptiert und weitergeführt werden (siehe Herausforderung 3). Die Anbieter konzentrieren sich auch auf die gleichen, besonders attraktiven Segmente und liefern sich hier einen intensiven Wettbewerb, damit büßen sie einen Teil ihrer Attraktivität wieder ein.

Zusammenfassung
● Herkömmliche Segmentierungen sind kritisch.
● Herkömmliche Lösungsansätze für Kunden sind kritisch.
● Differenzierte Interaktionsmodelle mit Kunden und Kundenprozessorientierung sind relevante Ansätze, um die Grenzen zu durchbrechen.

Kerngedanke 2

Segmentierungen bewirken meist zu wenig. Sie entsprechen dem wachsenden Verhaltensrepertoire der Kunden selten. Nutzensegmentierung ist deshalb ein wirksamer Ansatz.

Herausforderung 2: Lösungen für Kunden stoßen an Grenzen

Besonders im B2B-Bereich konzentrieren sich viele Anbieter mit Lösungen darauf, den Mehrwert für Kunden zu steigern und umfassend zu ihrem Erfolg beizutragen. Die Produkte werden mit Know-how und Services begleitet. Die Industrie wird zum Dienstleister. Damit lässt sich das Unternehmen im Vergleich zu kostengünstigen Wettberbern profilieren und die Wertschöpfung steigern und die Margen der erfolgreichen Services sind oft weit höher als im Produktgeschäft. Typisch sind Ansätze, die den ganzen Lebenszyklus der Leistungen bei Kunden optimieren und sich von den Einkaufspreisen auf die Gesamtwirtschaftlichkeit der Kunden verlagern.

Strategien zum Solution-Provider sind verbreitet. Kritisch ist dabei aber häufig:

• **Omnipräsentes Lösungsgeschäft:** Sehr viele Anbieter in einem Markt reden und schreiben über Lösungen. Für Kunden lassen sich die Unterschiede zwischen Schein und Sein oder zwischen leeren Behauptungen und Professionalität schwierig beurteilen. Manche Lösungen bestehen nur in Konzepten und schönen Prospekten oder Websites. Zudem lässt sich das Lösungsgeschäft schlecht abgrenzen. Gibt es beispielsweise ein Nichtlösungsgeschäft? Bieten nicht gerade Billiganbieter besonders einfache und klare Lösungen für Kunden?

„Auch mit Segmentierungen nach Kundengröße lässt sich die Leistung für das Einkaufsportfolio des Kunden nicht optimieren."

• **Wachsende Komplexität:** Durch umfassende Leistungen steigt die Zahl der Produkte und Services und damit die Komplexität der anbietenden Unternehmen. Diese Komplexität steigert den Aufwand und zersplittert das Engagement für Kunden. Wichtige und unwichtige Leistungen werden im Gleichschritt mit Wettbewerbern durchschnittlich verbessert und die Unternehmen verlieren den Fokus auf die entscheidenden Wettbewerbsvorteile. Ein erster Schritt kann mindestens darin bestehen, neue Services ähnlich kritisch aufzunehmen wie neue Produkte und bestehende Servicesortimente zu bereinigen. Auch eine Industrialisierung der Services mit Standardisierung und Kostensenkung entschärft diese Problematik.

• **Selektive Nutzung von Lösungsbausteinen:** Zwar strukturieren Unternehmen ihre umfassenden Leistungen für Kunden, aber viele ihrer Services werden nur vereinzelt oder mindestens ungenügend durch Kunden genutzt. Die breite Leistungsfähigkeit des Unternehmens wird kommuniziert, entspricht aber nicht der konkreten Zusammenarbeit mit einzelnen Kunden bei spezifischen Aufträgen. Viele Services werden benannt, aber sie lassen sich in Unternehmen nicht effizient erbringen. Kurz: Aus der möglichen Maximal-Zusammenarbeit wählt der Kunde sehr selektiv, gleichzeitig wuchern aber die Servicesortimente der Anbieter.

● **Mangelnde Zahlungsbereitschaft:** Zusätzliche Leistungen werden durch Kunden häufig gefordert und gerne beansprucht, aber durch einen steigenden Preisdruck kaum mehr vergütet.

● **Verzerrungen durch Mischrechnungen:** Manche Unternehmen bieten ein breites Spektrum von Leistungen in der Zusammenarbeit mit Kunden an. Sie arbeiten mit einer Mischrechnung zwischen Kunden, die viel und wenig Aufwand erfordern und mit einer Mischrechnung bei einzelnen Kunden, die manche Aufträge schlank und andere aufwendig abwickeln.

Die Mischrechnungen werden dann gefährlich, wenn Unternehmen die Preise nicht entsprechend differenzieren können. Damit subventionieren schlanke Kunden oder Aufträge die aufwendigen. Manche Unternehmen kaprizieren sich mehr und mehr auf besonders aufwendige Kunden und Sonderfälle, bei welchen der Aufwand und der Ertrag nicht mehr im vernünftigen Verhältnis stehen. Die Anbieter verlieren damit schrittweise ihre Wettbewerbsfähigkeit für ein schlankes Geschäft. Überleistungen machen den Anbieter auch in Preisverhandlungen verletzlich, weil Kunden für ungenutzte Leistungen gezielte und hohe Preisermäßigungen durchsetzen.

Lösungen sollen sich nicht am Bedarf der Durchschnittskunden ausrichten und optimieren. Es ist wichtig, die aufgezeigten Verzerrungen quantitativ abzuschätzen, um das Optimierungspotenzial mindestens grob zu bestimmen. Lösungen lassen sich zudem oft erst konzipieren und realisieren, wenn sie auf eine besondere Kundengruppe zielen. Damit schließt sich der Kreis zur Segmentierung. Gefährlich ist es übrigens für Anbieter, angestrebte Kunden und Leistungen gleichzeitig zu erweitern.

Wie lässt sich feststellen, ob ein Unternehmen in diesem Bereich Handlungsbedarf hat? Grundlage sind fundierte Analysen über das Verhaltensrepertoire oder differenzierte Beschaffungsstrategien des Kunden; die Geschäftsmodelle im Markt, die besonders wachsen; den Verlust der Wettbewerbsfähigkeit in Angeboten, die das Unternehmen aktiv verfolgt; Mischrechnungen sowie den Aufwand und Ertrag nach Kunden.

Herausforderung 3: Marketing und Vertrieb spielen nicht zusammen

Das Marketing stößt schrittweise vom generellen Marketing zu Segmenten und Zielgruppen vor. Der Vertrieb startet demgegenüber mit dem individuellen Kundenkontakt, für ihn bedeutet die Segmentierung eine Standardisierung. Dieser unterschiedliche Ausgangspunkt begründet manche Konflikte. Während Marketing mit einem Segmentansatz versucht, ganze Gruppen von Kunden anzuziehen, legt der Verkauf auch konkret fest, welche Kunden er wann und mit welchen Inhalten besucht. Dabei spielen Kundenzahl und Verkaufsressourcen eine prägende Rolle.

Typisch zeigt sich der Konflikt etwa im Lead Management. Das Marketing erfasst mit akribischen Methoden des analytischen Customer Relationship Managements die attraktiven Kunden und lanciert dazu flächendecken-

Kerngedanke 3

Mit Solution Strategien positionieren sich manche Anbieter zu einseitig und überlassen große Teile dem Wettbewerb. Unternehmen müssen lernen, gleichzeitig schlank und extensiv mit Kunden zusammenzuarbeiten.

Kerngedanke 4

Die aktuelle Diskussion konzentriert sich auf das konkrete Kundenverhalten und Kundenprozesse.

de Aktionen. Sie sind überzeugt, dem Verkauf die attraktiven Kundenkontakte, ja Rosinen der Marktbearbeitung zu liefern. Sie erkennen nur die Schwierigkeit, dass sich der Verkauf nur in seiner Komfortzone mit eingespielten Kundenkontakten bewegt. Die gleichen Kontakte bewertet der Verkauf nicht selten als Schrott, weil diese potenziellen Kunden noch nicht zum Kauf bereit oder nur mit viel Aufwand zum Kauf geführt werden können. Wenn sie selbst mehr Ressourcen hätten, wüssten sie besser, bei welchen Kunden sie rasch zu neuen Abschlüssen kämen. Wenn das Marketing zudem die vernachlässigten und kleinen Kunden direkt und online bearbeiten wollen, wehren sie sich dagegen, diese Kunden abzugeben.

Diese Analyse der Herausforderungen weist bereits auf mögliche Lösungen. Zusammenfassend sind mindestens drei Ansätze zu prüfen.

Lösung 1: Pragmatische Segmentierung

Zwischen den differenzierten Vorschlägen der Forschung für ein Segmentmarketing und den Lösungen in Unternehmen klafft eine große Lücke. In der Praxis bewähren sich nur pragmatische, robuste und einfache Segmentierungen. So wird ein Schreiner kaum zum Anwalt oder umgekehrt und eine Segmentierung nach Branche kann beispielsweise für den Informatikanbieter ergiebig sein. Bewährt sind einfache Segmentierungen, etwa nach Groß-, Mittel- und Kleinkunden oder nach neuen und bestehenden Kunden. Ganze Branchen, etwa im Bereich der Financial Services, scheinen sich auf einfache Lebenszyklus-Modelle von Familien zu orientieren.

Erfolgreiche Segmentierungen sind selektiv. Besonders Marktführer oder breite Anbieter versuchen oft, den Gesamtmarkt aufzuteilen. Es geht jedoch darum, die Ressourcen auf attraktive Segmente zu konzentrieren und den Rest wie gehabt fortzuführen. Angestrebt ist ein Wachstum in ausgewählten Segmenten. Es genügt nicht, wenn gewisse Segmente (etwa der Senioren), einfach groß sind. Das erreichbare Delta zwischen generellem und segmentiertem Vorgehen steht im Fokus.

In der Praxis bewähren sich nur Segmentierungen, bei denen sich relevante und spezifische Vorteile für den Kunden entwickeln und umsetzen lassen. Es nützt nichts, das Marketing laufend mehr zu verästeln (und Kunden aus verschiedenen Segmenten abzubilden), wenn die Leistung nicht stimmt.

Lösung 2: Nutzensegmentierung und differenzierte Zusammenarbeit mit Kunden

Seit jeher gibt es Anbieter, die einen klaren Kundennutzen bieten und ihre Spielregeln der Zusammenarbeit mit Kunden eng definieren. Beispiele finden sich oft bei spezialisierten Internetanbietern. Der Kunde weiß damit, in welchen Situationen diese Lieferanten für ihn passen. Aus dem Bereich der Konsumgüter ist etwa „McDonald's for Everyone" bekannt. Das profilierte Essangebot passt für Kinder, Jugendliche bis Senioren oder für Geschäftsleute und Geburtstagsfeste. Während sich früher das Unternehmen auf Jugendliche konzentrierte, kommt inzwischen die Verzehrsituation im

McDonald's für nahezu alle Konsumenten in Frage. Ebenso ist die Uhr Swatch für alle Bevölkerungsgruppen attraktiv. Solche Beispiele zeigen, dass ein innovativer und klarer Nutzen eines Unternehmens mehrheitsfähig und damit besonders erfolgreich werden kann. Swatch versuchte, nicht in einem Segment vorzudringen, sondern erweiterte durch den Accessoire-Ansatz sogar den Markt. Um erfolgreich zu wachsen, ist es möglich, die Zahl der Kundensituationen für klare Nutzenangebote zu steigern. Mit aller Konsequenz wird der definierte Nutzen des Angebotes vermarktet. Im vorstehenden Beispiel von McDonald's bewegt sich auch McCoffee im definierten Nutzenbereich für Kunden, erweitert aber das Geschäft.

„Zwar strukturieren Unternehmen ihre umfassenden Leistungen für Kunden, aber viele ihrer Services werden nur vereinzelt oder mindestens ungenügend durch Kunden genutzt."

Dieses Wachstum ist jedoch begrenzt und durch die Menge der angebotenen Situation für Kunden und Konkurrenzangebote bestimmt. Bedrängt sind beispielsweise häufig Unternehmen mit einer innovativen und hochwertigen Positionierung. Sie stehen in Konkurrenz mit einer wachsende Zahl von Wettbewerbern in ihrem angestammten Bereich, während gleichzeitig die erfahrenen Kunden die hochwertige Unterstützung immer weniger beanspruchen. Beispiel war Hewlett Packard, welcher sich von einer hochwertigen Position auch in ein schlankes Volumengeschäft entwickeln musste.

Attraktiv kann es sein, die Aktivität des Unternehmens vom bestehenden auf weitere Nutzenangebote auszudehnen, die Zusammenarbeit mit Kunden zu ergänzen und zu differenzieren. Der Box Mover erweitert das Geschäft durch Mehrwertangebote oder der Lösungsanbieter erschließt parallel auch das Volumengeschäft.

Dabei wird es aber anspruchsvoller, mit ganz verschiedenen Nutzenkonzepten wirksam umzugehen, kompetent und glaubwürdig zu sein. Unterschiedliche Zusammenarbeitsmodelle werden auch verschieden vermarktet, beispielsweise vom Verkauf der Geräte bis zum Fleetmanagement bei Hilti (FL-Schaan) oder von klassischen Gebäudesanierungen bis zum Performance Contracting von Siemens Building Technologies (CH-Zug und DE). Bucher Emhart Glas (CH-Cham), ein führender Produzent von Glasverpackungsmaschinen, definierte das Vorgehen, um mit Großkunden schlank oder extensiv zusammenzuarbeiten. Typisch auch das Beispiel des Schraubenhändlers Bossard (CH-Zug). Als Lieferant für verschiedenste Industrien bietet das Unternehmen drei Zusammenarbeitsmodelle. Erstens kann Bossard der schlanke Lieferant für Verbindungsteile weltweit und in durchgängiger Qualität sein. Zweitens ist Bossard möglicher Partner für innovative sowie rationellere Verbindungslösungen der Kunden und senkt damit deren Produktionskosten. Drittens optimiert Bossard die Kleinteile-Beschaffung und -Logistik der Kunden ganzheitlich, steigert damit die Pro-

Handlungsempfehlungen
- Stellen Sie Ihre Segmentierung auf den Prüfstand.
- Stellen Sie Ihre Premium- und Lösungsstrategie auf den Prüfstand.
- Entwickeln Sie verschiedene Stufen der Zusammenarbeitsintensität mit Kunden, die auch wirtschaftlich Sinn ergeben.
- Richten Sie Marketing und Vertrieb gemeinsam auf reale Kundenprozesse.

duktivität und senkt die Lagerbestände des Kunden. Die Modelle werden auch bei den gleichen Kunden in unterschiedlicher Abfolge eingesetzt. BASF lancierte weltweit und spartenübergreifend sechs verschiedene Interaktionsmodelle. Die Zusammenarbeit reicht vom ersten Modell des Transactional Suppliers bis zum sechsten Modell eines Value Chain Integrators. Ziel ist es dabei, in jeder Zusammenarbeitsform ähnlich rentabel vorzugehen. Oder man stelle sich nochmals McDonald's vor, welcher versuchen würde, jeweils im ersten Stock der Restaurants kleine Gourmet-Tempel einzurichten und eine Kette mit gutbürgerlicher Landesküche zu lancieren. Das deutet die großen Herausforderungen an.

Trotz hoher Ansprüche und Risiken bleibt die Tatsache bestehen, dass manche Unternehmen mit ihren bestehenden Positionen oder Nutzenangeboten an ihre Grenzen stoßen und erweitern müssen oder wollen. Sowohl Hersteller und Distributoren als auch Kunden erweitern ihre Verkaufs- und Einkaufsformen. Wer sich nur auf ein Modell der Zusammenarbeit stützt, überlässt den Rest der Konkurrenz.

„Im Extremfall wird das gleiche Produkt mit verschiedenen Zusammenarbeitsmodellen und Preisen verkauft."

Differenzierte Zusammenarbeitsmodelle sind ein wirksames Mittel, um die aufgezeigten Grenzen in Segmentierungen und Lösungsgeschäft zu überwinden. Im Extremfall wird das gleiche Produkt mit verschiedenen Zusammenarbeitsmodellen und Preisen verkauft. In diese Richtung weisen bereits zahlreiche Lösungen der Praxis mit Servicelevels oder mit modularen Angeboten für Kunden im Service- und Know-how-Bereich. Generell ist Modularisierung von Produkten und Services der Ansatz, um wirtschaftlich mit einer wachsenden Vielfalt umzugehen.

Dabei kann der Außendienst (unterstützt durch die Kommunikation) die passenden Zusammenarbeitsmodelle verkaufen oder der Kunde wählt selbst aus und segmentiert sich damit auch situativ selbst. Die Modelle gilt es auch konsequent umzusetzen, denn viele Anbieter nutzen ihr Serviceportfolio für Kunden sehr opportunistisch. Erfahrungen zeigen auch, dass Kunden bei einer Wahl aus verschiedenen Modellen rasch überfordert sind, sich nicht genügend auf differenzierte Modelle einlassen oder ihre Möglichkeiten ausnutzen, indem sie sich opportunistisch zwischen den schlanken und intensiven Modellen hin- und her bewegen, um mehr Leistung für schlanke Preise zu erhalten. Das Wahl- und Einkaufsverhalten der Kunden ist für den Erfolg kritisch.

Lösung 3: Leads und Verkaufsressourcen abstimmen

Die Segmentierungen werden vom Verkauf umgesetzt oder auch nicht. Eine enge Zusammenarbeit von Marketing und Vertrieb für neue Segmentierungen entscheidet über den Erfolg. Erleichtert wird der Ansatz, wenn mindes-

tens der Verkauf auf Segmente spezialisiert wird oder Unternehmen schrittweise eine Kundenorganisation aufbauen und damit mehr Wertschöpfung
im Unternehmen nach Kundensegmenten spezialisieren. Profitiert der Verkauf vom Umsatz online oder von weiteren Kanälen, stützen seine Incentives, dass er Kunden abgibt oder sogar dem Kunden neue Kanäle verkauft.

Entscheidend ist es gleichzeitig, dass die Leads des Marketings sorgfältig
mit den Ressourcen des Verkaufs abgestimmt werden. Greifen Verkäufer die
eingeleiteten Aktionen bei Kunden erst mit einer Verzögerung von 14 Tagen auf, so verpufft die Wirkung.

Grundsätzlich werden Kundenprozesse in Marketing und Vertrieb immer wichtiger. Beide haben die Aufgabe, den Kunden auf seinem langen Weg
mit vielen Alternativen oder Abbrüchen zum Kauf zu führen. Dabei geht es
nicht um die oberflächlichen Diskussionen um Touch Points, Sales Funnel,
Customer Journey oder Customer Experience. Es gilt, die konkreten Schritte der Kunden zum Kauf sorgfältig zu analysieren, um die Stellhebel zu bestimmen, bei welchen sich der Kunde zu weiteren Handlungen anregen lässt.
Es geht nicht darum den Kunden zu gefallen, sondern ihm immer wieder
einen Schubs in Richtung Kauf zu geben. Dem Kunden gefällt nämlich vieles, nur tut er nichts.

Fazit

Klassische Ansätze für Segmentierungen und Kundenlösungen sind vieldis-
kutiert und plausibel. Sie haben aber auch eine dunkle oder kritische Seite.
Lösungen erkennen wir im Bereich einer pragmatischen und selektiven Segmentierung, differenzierter Zusammenarbeit (von schlank bis extensiv) mit
Kunden. Marketing und Verkauf müssen die Ansätze gemeinsam entwickeln
und umsetzen. Reale Kundenprozesse zu gestalten, ist die gemeinsame Aufgabe.

SfP Zusätzlicher Verlagsservice für Abonnenten von „Springer für Professionals | Vertrieb"

Zum Thema | Segmentierungsansätze | 🔍 Suche

finden Sie unter www.springerprofessional.de **124 Beiträge, davon 5 im Fachgebiet Vertrieb**   Stand: Juni 2015

Medium

☐ Online-Artikel (1)
☐ Zeitschriftenartikel (11)
☐ Buch (1)
☐ Buchkapitel (111)

Sprache

☐ Deutsch (123)
☐ Englisch (1)

Von der Verlagsredaktion empfohlen

Skibicki, K., Mühlenbeck, F.: Digital Immigrants und Digital Natives – Neue Evolutions-
formen der Spezies „Kunde", in: Halfmann, M. (Hrsg.): Zielgruppen im Konsumentenmarketing, Wiesbaden 2014, S. 163-176, www.springerprofessional.de/4893458

Bongaerts, R., Krämer, A.: Value-to-Value-Segmentierung im Vertrieb, in: Sales Management Review Nr. 6/2014, Wiesbaden 2014, S. 46-56, www.springerprofessional.de/
5537560

Kundenpräferenzen nutzen!

Der Einbezug von Feedbackdaten zu den Kundenpräferenzen und dem wahrgenommenen Nutzen schließt einen Teil der Lücke zwischen den zugänglichen, verfügbaren Eigenschaften der Kunden und den „echten" Kundenbedürfnissen. Ein empirisches Verfahren kann dabei helfen, die entsprechenden Daten zu ermitteln. Durch sein Design verbindet es Erhebungseffizienz und -effektivität miteinander und soll sowohl vom Kunden als auch vom einsetzenden Unternehmen mittel- und langfristig akzeptiert werden.

Holger Haedrich, Christoph A. Müller

Von der richtigen Marktsegmentierung hängt es ab, dass Unternehmen in der Lage sind, sich richtig zu fokussieren und zu positionieren. Dabei ist es Ziel der Segmentierung, näher an die Bedürfnisse der Kunden zu rücken. Je besser die Segmentierung, desto besser werden die vorhandenen und latenten Bedürfnisse erfasst und in die eine marktbezogene Strategie integriert – so die Theorie.

Ziel dieses Artikels ist es, einen neuen Segmentierungsansatz vorzustellen, der weder auf deskriptiven Kundenmerkmalen noch auf Transaktionsdaten aufbaut, sondern auf der direkten Befragung der Kunden in Bezug auf ihren Erwartungen an das Leistungsangebot. Er trägt dazu bei, dass das Marketing näher an die Kunden rückt und in der Lage ist, seine Programme besser zu differenzieren, um den Nutzen eines jeden einzelnen Kunden gezielt zu erhöhen und die vorhandenen Kundenpotenziale auszuschöpfen.

Darüber hinaus kommt der dargestellten empirischen Vorgehensweise eine wichtige Rolle zu, um eine aktive Positionierung im Markt durchzusetzen, bei der jederzeit die enge Verbindung zwischen Unternehmensleistung und den bestehenden sowie latenten Kundenbedürfnissen gegeben sein muss.

Evolution der Marktsegmentierung

Seit die Marktsegmentierung als zentrales Konzept vorgestellt wurde, ist sie getrieben von den vorhandenen Informationen über die potenziellen und bestehenden Kunden. Nicht zuletzt ist eine erfolgreiche Marktsegmentierung ein Optimum aus den Kosten, um Kunden detaillierter zu beschreiben und zu bearbeiten und dem Nutzen, der aus einer tieferen Segmentierung

> *„Unternehmen stehen vor einer Reihe von Herausforderungen, bei denen eine nutzenbasierte Segmentierung helfen kann, sie zu meistern."*

resultiert, insbesondere dann, wenn es um die Bearbeitung bestehender Kunden geht, über die entsprechend viele Detaildaten (unter anderem Besuchsdaten, Transaktionsdaten) vorliegen (Retention Marketing).

Katalysatoren der Segmentierung sind, wie in vielen Gebieten des Marketings, die Informationstechnologie (CRM) sowie verbesserte statistische Möglichkeiten (unter anderem Predictive Analytics). War 1984 der überschneidende Bereich zwischen den zugänglichen Segmentierungsmerkmalen und den wünschbaren Merkmalen noch relativ klein – und damit die Streuverluste der Marktsegmentierung hoch, so hat sich die Schnittmenge in den Folgejahren deutlich vergrößert und damit auch die Präzision der Marketingkonzepte (siehe **Abbildung 1**). Die Frage ist: Können Befragungsdaten (Feedbackdaten) dazu beitragen, noch näher an den Kunden zu kommen und die Lücke weiter zu füllen?

Dr. Holger Haedrich
ist Geschäftsführer der Memo St.Gallen AG, St. Gallen/Berlin mit den Schwerpunkten mobile Feedbacksysteme und internetbasiertes Business Development.

Prof. Dr. Christoph Müller
ist Titularprofessor für Betriebswirtschaftslehre, insbesondere Unternehmensgründungen und KMU an der Universität St. Gallen sowie Co-Direktor der Henri B. Meier Unternehmerschule (Executive School der Universität St.Gallen).

Holger Haedrich
Memo St. Gallen AG, St. Gallen, Schweiz
E-Mail: hhaedrich@memo-sg.com

Christoph Müller
Universität St. Gallen, St. Gallen, Schweiz
E-Mail: christoph.mueller@unisg.ch

Kerngedanke 1

Modernes Kundenstamm-Marketing setzt an den Präferenzen der Kunden an.

_____

Treiber einer nutzenbasierten Segmentierung

Unternehmen stehen vor einer Reihe von Herausforderungen, bei denen eine nutzenbasierte Segmentierung helfen kann, sie zu meistern. Vier davon sind:

1. Service-Transformation der Investitionsgüterindustrie

   Die Gestaltung der Leistungssysteme hat im Investitionsgütermarketing mit der Zeit größere Bedeutung bekommen. Services werden dabei immer wichtiger, um sich am Markt zu profilieren.

   Unternehmen suchen dabei Serviceleistungen, die

   a. ihre Kernleistung aufwerten – also zusätzlichen Kundennutzen stiften,

   b. von den Kunden honoriert werden, entweder durch Geld oder als Tauschmittel für Treue (Bonus-Systeme) und

   c. modular zusammengestellt werden können, um einen maßgeschneiderten Nutzen zu erzielen.

   Dabei ist es wichtig, sowohl Kundennutzen als auch die Zahlungsbereitschaft zu ermitteln, um neue Kundensegmente zu definieren und diese gezielt mit den Serviceleistungen zu bearbeiten.

2. Retention-Marketing-Initiativen

   Nicht nur in der Konsumgüterindustrie auch im Investitionsgütermarketing finden Systeme und Programme, die die Kundenbindung fördern, zunehmend Verbreitung. So ist das Flottenmanagement-Programm von Hilti ein erfolgreiches Beispiel, wie der Kundennutzen durch Serviceleistungen gezielt gesteigert werden kann.

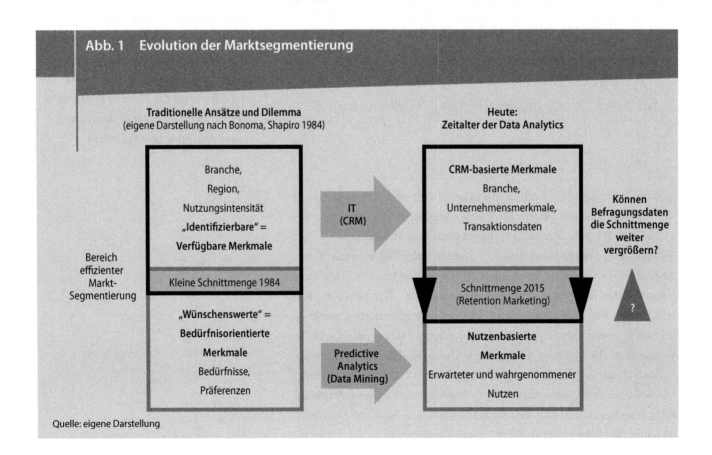

Abb. 1   Evolution der Marktsegmentierung

Quelle: eigene Darstellung

Auch bei klassischen Partner-Programmen, wie z.B. dem Xerox Premier Partner Global Network oder Kundenclubs im Investitionsgütermarketing, wie dem Spies Hecker Profi-Club stellt sich immer wieder die Frage, welche Kunden damit erreicht werden können und wie sich das Programm auf ihren wahrgenommenen Nutzen auswirkt.

3. IT-Integration von Kunden

Kunden werden zunehmend mit den Unternehmen vernetzt. Typisch – auch für „gewöhnliche" Unternehmen – sind

- mobile Kunden-Apps als Servicekomponente und
- Kundenportale zur Verwaltung der Transaktionen.

4. Account-Management

Im Account Management geht es darum, Kunden entsprechend ihrer Potenziale zu entwickeln bzw. zu kommerzialisieren. Eine nutzenbasierte Segmentierung kann dabei helfen,

- Kunden mit geringem wahrgenommenen Nutzen gezielt zu entwickeln und
- Kunden mit hohem wahrgenommenen Nutzen in den Leistungsentwicklungs- und -erstellungsprozess zu integrieren (Lead User).

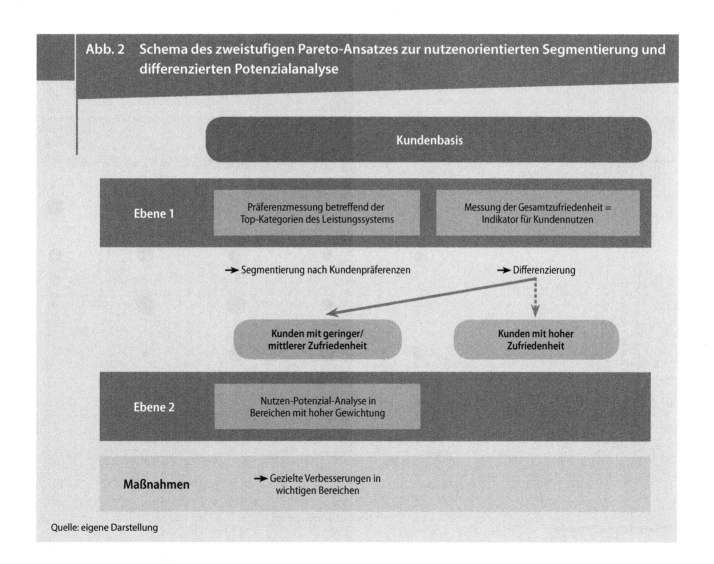

Abb. 2 **Schema des zweistufigen Pareto-Ansatzes zur nutzenorientierten Segmentierung und differenzierten Potenzialanalyse**

Kundenbasis

Ebene 1

Präferenzmessung betreffend der Top-Kategorien des Leistungssystems

Messung der Gesamtzufriedenheit = Indikator für Kundennutzen

→ Segmentierung nach Kundenpräferenzen

→ Differenzierung

Kunden mit geringer/ mittlerer Zufriedenheit

Kunden mit hoher Zufriedenheit

Ebene 2

Nutzen-Potenzial-Analyse in Bereichen mit hoher Gewichtung

Maßnahmen

→ Gezielte Verbesserungen in wichtigen Bereichen

Quelle: eigene Darstellung

Kerngedanke 2

Das Leistungssystem ist ein wichtiger Leitfaden für die nutzenorientierte Segmentierung der Kunden.

Pareto-Ansatz für die Erhebung der nutzenorientierten Segmentierung

Nutzenbasierte Segmentierung basiert auf dem wahrgenommenen Nutzen der Kunden, das heißt auf einer gewichteten Bewertung des Leistungssystems des Anbieters. Fragen, die sich in diesem Zusammenhang stellen sind:

● Kann das Kundenfeedback betreffend der Unternehmenspositionierung und dem Leistungssystem die Schnittmenge aus zugänglichen Daten und wünschbaren Daten gemäß **Abbildung 1** nachhaltig erhöhen?

● Welcher Ansatz der Messung von Kundennutzen über Feedbackdaten wird gleichsam von den Kunden bzw. dem Buying Center als auch von den Unternehmen akzeptiert?

Eine Segmentierung, die laufend genutzt und weiterentwickelt wird, setzt voraus, dass Unternehmen damit laufend neue Erkenntnisse über ihre Kundenbasis gewinnen, die sie entsprechend für sich auswerten können. Die Messung des Kundennutzens und die nutzenbasierte Segmentierung müssen zu Erkenntnissen und Maßnahmen führen, die die Ertragskraft nachhaltig verbessern.

Abbildung 2 stellt einen Erhebungsansatz vor, der stark effizienzgetrieben ist. Er setzt voraus, dass man den wahrgenommenen Nutzen mit einem einfachen Indikator schätzen kann. Dadurch ist es möglich, vor allem diejenigen Kunden differenziert zu bearbeiten, die entsprechende Nutzen-Potenziale aufweisen, die man gezielt verbessern kann.

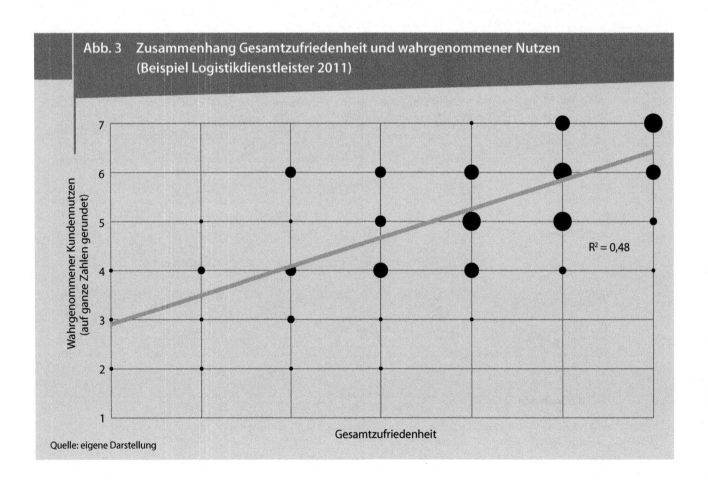

Abb. 3 Zusammenhang Gesamtzufriedenheit und wahrgenommener Nutzen (Beispiel Logistikdienstleister 2011)

$R^2 = 0,48$

Wahrgenommener Kundennutzen (auf ganze Zahlen gerundet)

Gesamtzufriedenheit

Quelle: eigene Darstellung

An mehreren Beispielen wurde der Zusammenhang von Gesamtzufriedenheit und wahrgenommenem Nutzen untersucht. An der Kundennutzenanalyse für ein weltweites Logistikunternehmen im Jahr 2011 soll der Zusammenhang und die Grenzen der ex-ante Schätzung des wahrgenommenen Nutzens durch die Gesamtzufriedenheit verdeutlicht werden.

Abbildung 3 zeigt die Auswertung von 1.154 Kunden-Datensätzen: Die Gegenüberstellung der Gesamtzufriedenheit und dem wahrgenommenen Kundennutzen. Die Gesamtzufriedenheit wurde auf einer Skala von 1 bis 7 gemessen (1: überhaupt nicht zufrieden – 7: extrem zufrieden), der Kundennutzen über ein gewichtetes Messmodell mit insgesamt 24 Kriterien, die das

> *„Mit Hilfe der nutzenorientierten Segmentierung gelingt es, Kunden gemäß ihrer individuellen Präferenzen differenziert zu bearbeiten."*

gesamte Leistungssystem des Logistikanbieters beschreiben. Im letzteren Fall wurde wie auch für die Gesamtzufriedenheit dieselbe Skala von 1 bis 7 zur Bewertung der Einzelkriterien verwendet.

Das Bestimmtheitsmaß 0,48 ist in diesem Fall relativ gering, dennoch lässt sich ein Zusammenhang gut erkennen. Andere getestete Konstrukte, wie die Weiterempfehlungsbereitschaft oder die Wiederkaufsabsicht wiesen etwas geringere Korrelationen mit dem wahrgenommenen Nutzen auf, so dass die Gesamtzufriedenheit als „bester" Indikator für den wahrgenommenen Nutzen angesehen werden kann.

Zusammenfassung

- Die Möglichkeiten der Marktsegmentierung haben in den vergangenen Jahren durch die Informationstechnologie eine rasante Entwicklung erfahren.
- Um noch näher an den Kunden zu kommen, ist es sinnvoll, die Kundenpräferenzen direkt zu ermitteln und dabei einen neuen, empirisch basierten Ansatz zu versuchen.
- Verschiedene Projekte mit Dienstleistern und der Zulieferindustrie haben zu ermutigenden Ergebnissen geführt, diesen Weg weiter zu gehen.
- Das hier dargestellte, Pareto-orientierte Verfahren muss laufend weiterentwickelt und auf die jeweiligen Unternehmen abgestimmt werden, um mittel- und langfristig eine Bedeutung zu haben.
- Mit der nutzenorientierten Segmentierung gelingt es, sich neben dem allgemeinen Marketing auf wirksame Maßnahmen zu konzentrieren und damit die Kosten-Nutzen-Relation aus Sicht Unternehmen und Kunden zu erhöhen.

Tab. 1 Zuordnung von Befragungsebene 1 (Beispiel Logistikdienstleister 2011)		
Anzahl aller Kunden:	1.198	
Profilierte Kunden gemäß Nutzenmodell[1]	1.154	
Kunden mit hoher Gesamtzufriedenheit (6 oder 7 auf Skala von 1-7)	705	61 %
Kunden mit mittlerer/geringer Gesamtzufriedenheit (1, 2,3,4 oder 5 auf Skala von 1-7)	449	39 %
Falsch zugeordnete Kunden (Kunden mit hoher Zufriedenheit und hohem Nutzen-Potenzial)[2]	123	11 %

[1] 44 Befragungen konnten aus Qualitätsgründen nicht für eine Profilierung herangezogen werden (3,6 %)
[2] Kundennutzen der zufriedenen Kunden wurde zur Kontrolle im Anschluss erhoben

Quelle: eigene Darstellung

Legt man den Ablauf nach **Abbildung 2** zugrunde, zeigt **Tabelle 1** die Mengenverteilung nach Befragungsebene 1.

Das Pareto-Prinzip von **Abbildung 2** beschränkt in diesem Fall die vertiefte Befragung auf 39 Prozent der Kunden, das heißt, 61 Prozent der Kunden werden von einer Detailbefragung (Ebene 2) ausgenommen.

Kerngedanke 3

Neben dem allgemeinen Marketing steigern nach Nutzensegmenten differenzierte Maßnahmen die Effektivität der Marktbearbeitung.

Nutzenorientierte Segmentierung am Fallbeispiel

Die nutzenorientierte Segmentierung wird am Beispiel eines Unternehmens aus der Zulieferindustrie erläutert. Befragt wurden 207 Anwender in der verarbeitenden Industrie im Jahr 2010.

Das Nutzenmodell wurde auf Basis früherer Kundenzufriedenheitsanalysen aufgestellt; eine Faktoranalyse lieferte fünf Hauptkomponenten für die Kundenzufriedenheit (typische Komponenten in der Zulieferindustrie):

- Produktqualität
- Service
- Verfügbarkeit
- Persönliche Beziehung
- Markenimage

Um die Gewichtung aus Sicht der Kunden zu ermitteln, wurde das Paarvergleichsverfahren eingesetzt (zehn Paarvergleiche in Analogie zum von T. Saaty vorgeschlagenen AHP). Die Auswertung ergab folgende Segmentierungen (**Abbildung 4**):

Zur Profilierung muss dabei zwischen der absoluten und der relativen Gewichtung der Hauptkomponenten unterschieden werden. Da es für Anbieter in der Praxis vor allem relevant ist, welche Unterschiede die Kunden zueinander haben, um sie differenziert zu bearbeiten, sind relative Profile entscheidend, bei denen die Kunden unabhängig von einem allgemeinen Durchschnitt untereinander differenziert werden.

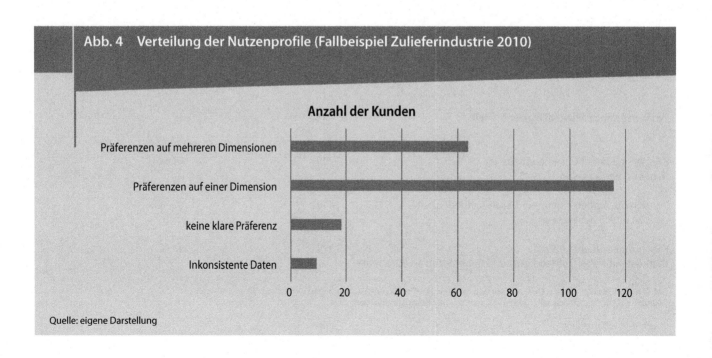

Abb. 4   Verteilung der Nutzenprofile (Fallbeispiel Zulieferindustrie 2010)

Quelle: eigene Darstellung

Während der allgemeine Durchschnitt zeigt, dass die Komponente Produktqualität alle anderen Komponenten dominiert, gleichen sich bei der Profilierung auf Basis der relativen Gewichtung die Hauptkomponenten stärker an (**Abbildung 5**).

Im Fallbespiel wurden folgende Kriterien eingesetzt, um die Hauptkomponenten zu einer profilierenden Eigenschaft zu machen: Mindestgröße = 15 % Anteil an der Gesamtgewichtung sowie Wert größer als Mittelwert + Standardabweichung/2.

Maßnahmenplanung

Mit Hilfe der nutzenorientierten Segmentierung gelingt es, Kunden gemäß ihrer individuellen Präferenzen differenziert zu bearbeiten. Zusätzlich zum allgemeinen Marketing können etwa Kunden mit Präferenz auf der Produktqualität anders bearbeitet werden als Kunden, deren Präferenz die persönliche Beziehung ist. Während die ersten zum Beispiel laufend mit Ergebnissen zu Produkttests versorgt werden, ist es bei den zweiten nutzenstiftender, sie zu Events und persönlichen Gesprächen einzuladen.

Darüber hinaus ermöglicht das Verfahren, den Kundennutzen derjenigen Kunden gezielt zu verbessern, die mittlere bis hohe Nutzenpotenziale aufweisen und sie auf ein hohes Nutzenniveau anzuheben.

Offene Fragen

Das dargestellte Verfahren ist ein heuristisch entwickeltes und empirisch belegtes Verfahren, was sich laufend weiterentwickelt und auf das jeweilige Un-

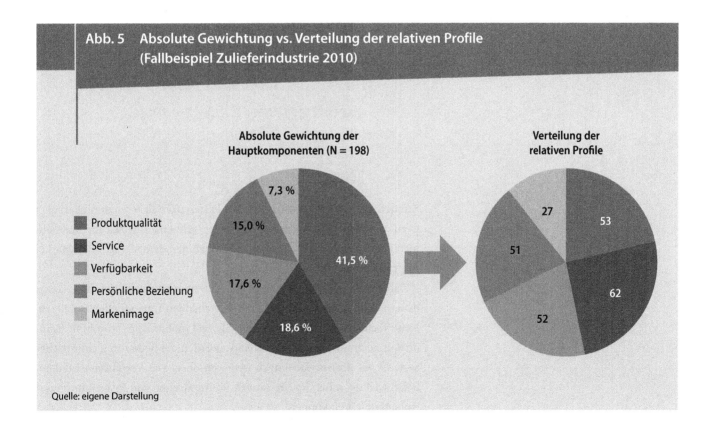

Abb. 5   Absolute Gewichtung vs. Verteilung der relativen Profile (Fallbeispiel Zulieferindustrie 2010)

Absolute Gewichtung der Hauptkomponenten (N = 198)

Verteilung der relativen Profile

- Produktqualität
- Service
- Verfügbarkeit
- Persönliche Beziehung
- Markenimage

7,3 %
15,0 %
41,5 %
17,6 %
18,6 %

27
53
51
62
52

Quelle: eigene Darstellung

Kerngedanke 4

Empirische Systeme zur Segmentierung gewinnen durch neue Technologien wie Kundenportale und mobile Apps an Bedeutung.

ternehmen abgestimmt werden muss. Eine Reihe von Fragen müssen auf Basis weiterer Daten beantwortet werden. Wichtige Fragen sind unter anderem:

1. Wie stabil sind die relativen Profile auf Basis der Hauptkomponenten? Verändern Kunden ihre Präferenzen?

2. Wie können die nutzenorientierte Segmentierung und die daraus resultierende Maßnahmenplanung im Kontext eines Buying Center eingesetzt werden?

3. Welche Stärken hat der Paarvergleich gegenüber anderen Verfahren, wie zum Beispiel der direkten Verteilung von 100 Punkten auf die Hauptkomponenten?

4. Welche Indikatoren (Konstrukte) können noch erhoben werden, um die falsche Zuordnung der Kunden laut **Tabelle 1** zu minimieren?

5. Was sind die mittel- und langfristigen Wirkungen der nutzenorientierten Segmentierung und der mit ihr verbundenen differenzierten Kundenbearbeitung? Für die Kunden? Für das Unternehmen?

6. Können Regeln definiert werden, um aus den Kunden- und Transaktionsdaten sicher auf die dahinterliegenden Präferenzen zu schließen? Gibt es einen Zusammenhang zwischen Empirie und Transaktion?

Fazit

Das hier dargestellte Verfahren der nutzenorientierten Segmentierung führt zu ermutigenden Ergebnissen. Das Modell setzt direkt am individualisierbaren Leistungssystem des Unternehmens an und weist damit eine hohe Relevanz im Marketing mit bestehenden Kunden auf. Einerseits können

> *„Die Nutzenprofilierung ist ein heuristisch entwickeltes und empirisch belegtes Verfahren, was laufend weiterentwickelt und auf das jeweilige Unternehmen abgestimmt werden muss."*

Kunden auf Basis ihrer individuellen Präferenzen differenziert bearbeitet werden, andererseits kann sich das Unternehmen auf wirksame Maßnahmen konzentrieren bzw. wirksame Maßnahmen dem allgemeinen Marketing hinzufügen.

Dabei muss sich das Verfahren laufend weiterentwickeln und sich als eine dauerhafte Komponente neben den bestehenden Datenquellen etablieren. Neue Technologien wie Kundenportale und mobile Apps sowohl für Kunden als auch für Vertriebsmitarbeiter werden die Bedeutung empirischer Systeme wie diesem dabei noch weiter erhöhen. Das Verfahren wird dann einen wichtigen Beitrag zur aktiven Positionierung von Investitionsgüter-Anbietern leisten können.

Literatur

Abratt, R.: (1993): Market Segmentation Practices of Industrial Marketers, Industrial Marketing Management 22, 79-84

Belz, C. (1991): Erfolgreiche Leistungssysteme, Stuttgart

Bonoma, T./ Shapiro, B. (1984): Evaluation Market Segmentation Approaches, Industrial Marketing Management 13, 257-268

Haedrich, H. (2007): Zielorientierte Marktsegmentierung, für Wikipedia (Stichwort „Marktsegmentierung")

SfP* Haedrich, H./ Fiechter, O. (2009): Mit den Augen des Kunden sehen – Den Kundennutzen im Visier, Marketing Review St. Gallen, 26, Vol. 4, 16-21 (ID: 2730454)

Paul, Arndt (2011): Hilti Flottenmanagement – Serviceinnovationen am Beispiel von Elektrowerkzeugen. In Schweiger et al.: Serviceinnovationen in Industrieunternehmen erfolgreich umsetzen, S. 103-120

Saaty, Thomas L. (2000) Fundamentals of Decision Making and Priority Theory with the Analytic Hierarchy Process (Analytic Hierarchy ProcessSeries Vol.6), 2. Auflage, Pittsburg

SfP* Abonnenten des Portals Springer für Professionals erhalten diesen Beitrag im Volltext unter www.springerprofessional.de/ID

Handlungsempfehlungen

• Nutzen Sie die Chancen des direkten Kundenfeedbacks, insbesondere wenn Sie heute schon über ein Kundenportal und/oder eine mobile Kunden-App verfügen

• Setzen Sie bei der differenzierten Marktbearbeitung direkt an Ihrem Leistungssystem an. Differenzieren Sie Ihre Kunden. Das was für den einen Kunden gut ist, kann bei dem anderen „des Guten zu viel" sein. Dort wäre es sinnvoller gewesen, auf seine Präferenzen einzugehen.

• Integrieren Sie das Kundenfeedback in ihr CRM-System. Nutzen Sie Feedbackdaten zusammen mit den Transaktionsdaten.

SfP Zusätzlicher Verlagsservice für Abonnenten von „Springer für Professionals | Vertrieb"

Zum Thema Marktsegmentierung   🔍 Suche

finden Sie unter www.springerprofessional.de 113 Beiträge im Fachgebiet Vertrieb   Stand: Juli 2015

Medium
☐ Online-Artikel (2)
☐ Zeitschriftenartikel (8)
☐ Buchkapitel (103)

Sprache
☐ Deutsch (113)

Von der Verlagsredaktion empfohlen

Kuntkes, J.: Internationale Marktsegmentierung, in: Binckebanck, L, Belz, Ch. (Hrsg.): Internationaler Vertrieb, Wiesbaden 2013, S. 345-366 , www.springerprofessional.de/3492748

Herrmann, A., Huber, F.: Produktstrategie generieren, in: Herrmann, A., Huber, F.: Produktmanagement, Wiesbaden 2013, S. 85-121, www.springerprofessional.de/4971636

Kunden- und Ländersegmente im internationalen Kontext identifizieren

Zunehmende internationale Aktivitäten von Unternehmen bedingen eine immer stärkere Auseinandersetzung mit Ansätzen der länderübergreifenden, im Extremfall globalen Kundensegmentierung. In Erweiterung klassischer Ansätze der sukzessiven internationalen Länder- oder Kundensegmentierung behandelt der vorliegende Beitrag einen Ansatz zur integralen Kundensegmentierung empirisch mit Hilfe von Kundendaten eines global tätigen Unternehmens aus 43 Ländern.

Cathrin Puchert, Saskia Mirgeler, Bernhard Swoboda

In Lehrbüchern zum internationalen Marketing oder Management werden im Wesentlichen zwei konträre Herangehensweisen der internationalen Segmentierung behandelt, da beide eine praktische Relevanz haben, nämlich
- die internationale Ländersegmentierung und
- die integrale Kundensegmentierung.

Die internationale Ländersegmentierung dient beispielsweise der Identifikation attraktiver Ländermärkte für einen denkbaren Markteintritt (zum Beispiel mehrstufige Auswahlverfahren mittels makroökonomischer oder branchenspezifischer Bewertungsgrößen) oder auch der Gegenüberstellung bereits bearbeiteter Länder (mit Prognose ihrer Attraktivität und Barrieren in Länderportfolios). In beiden Fällen kommt aus verschiedenen Gründen den Kunden eine nachgeordnete Bedeutung zu, das heißt deren Präferenzen und Urteile sind nur ein Teil – meistens nicht der dominante Teil – der Länderbewertung. Gleichwohl führen Unternehmen auf dieser Basis und nachgelagert eine klassische Segmentierung von Kunden in den einzelnen Ländern durch, sei es in den attraktivsten Ländern oder in allen bearbeiteten Ländern. Diese jeweils nationale Kundensegmentierung, freilich in diversen Ländern, die in der Regel nicht dem Heimatmarkt entsprechen, kann auf Basis diverser Kriterien erfolgen, zum Beispiel nutzenbasiert oder kundenwertbasiert. Insofern ist diese zweistufige Vorgehensweise hinsichtlich der Kundensegmentierung methodisch nicht wesentlich unterschiedlich zur bekannten, nationalen Marktsegmentierung. Aufgabe eines internationalen Managements in Unternehmen ist es dann etwa Kriterien zur Kundenbewertung vorzugeben, um eine Vergleichbarkeit der bearbeiteten Kundensegmente zu gewährleisten oder um Prozesskosten zu reduzieren, die dann hoch sind, wenn jede Tochtergesellschaft eigene Segmentierungsansätze neu festlegt oder „erfindet".

„Ziel der integralen Segmentierungsansätze ist es, möglichst homogene Kundengruppen über Ländergrenzen hinweg zu identifizieren."

Die integrale Kundensegmentierung dagegen dient der Identifikation von Kundengruppen über Ländergrenzen hinweg, im Extremfall global, also weltweit. Bekannt sind Ansätze von Unternehmen wie der Gesellschaft für Konsumforschung oder des Stanford Research Institute, die auf unterschiedlichen konzeptionellen Grundlagen (meistens auf Basis von Normen und Werten) originäre Kundensegmente in bis zu 30 oftmals westlichen Ländern identifizieren, wobei die Existenz und Bedeutung der Kundensegmente in den Ländern im Vordergrund steht. Diese Daten können für Unternehmen eine potenzielle Basis für an diese „standardisiert festgelegten" Kundensegmente adaptieren Aktivitäten über Ländergrenzen hinweg bilden.

Natürlich haben beide kursorisch angesprochenen Herangehensweisen zur internationalen Segmentierung ihre Berechtigung. Für Unternehmen mit ei-

Cathrin Puchert
ist Doktorandin an der Professur für Marketing und Handel der Universität Trier.

Saskia Mirgeler
ist Masterabsolventin der Universität Trier.

Prof. Dr. Bernhard Swoboda
ist Inhaber der Professur für Marketing und Handel der Universität Trier.

Cathrin Puchert
Universität Trier, Trier, Deutschland
E-Mail: c.puchert@uni-trier.de

Saskia Mirgeler
Universität Trier, Trier, Deutschland
E-Mail: saskia.mirgeler@googlemail.com

Bernhard Swoboda
Universität Trier, Trier, Deutschland
E-Mail: b.swoboda@uni-trier.de

ner sogenannten globalen Strategie, das heißt, standardisierte und zentral koordinierte Aktivitäten über Ländergrenzen hinweg, ist eher eine integrale Segmentierung relevanter als für solche mit einer sogenannten multinationalen Strategie, das heißt, adaptierte und dezentrale Aktivitäten in diversen Ländern. Entscheidend ist, dass beide Herangehensweisen kombinierbar sind und – dies ist der Ansatzpunkt in diesem Beitrag – die integrale Segmentierung durch Unternehmen heute einfacher selbst durchführbar ist als dies in der Vergangenheit der Fall war. Zwei Gründe sprechen hierfür:

Kerngedanke 1
Internationale Segmentierung ist zunehmend wichtig.

• vereinfachte Erhebungsoptionen für Kundendaten über Ländergrenzen hinweg und

• neue, valide Methoden um die Daten mit geringem Aufwand für die eigenen Zwecke der Segmentierung zu nutzen.

Beide Gründe sind Gegenstand dieses Beitrages, wobei wir argumentieren könnten, dass eine integrale Segmentierung generell an Bedeutung gewinnt, weil in einer globalen Wirtschaft „globale Kundengruppen" entstehen. Auch könnten wir argumentieren, dass Global Brands zunehmend oder per se konvergente Kundengruppen über Ländergrenzen hinweg anzusprechen in der Lage sind, was nicht nur Marketing- und Koordinationskosten reduziert, sondern ein beachtliches Marktvolumen – im Vergleich zu Regional Brands – anspricht. In diesen Fällen ist nämlich eine zweistufige Seg-

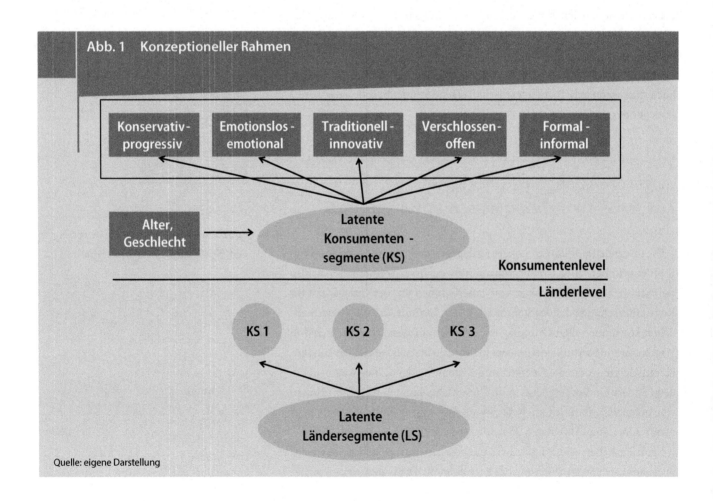

Abb. 1   Konzeptioneller Rahmen

Quelle: eigene Darstellung

mentierung, im Sinne von Länder- und anschließender Konsumentensegmentierung in jedem Land suboptimal.

Ähnliche Kundensegmente und länderspezifische Varianten

Ziel der integralen Segmentierungsansätze ist es, möglichst homogene Konsumentengruppen über Ländergrenzen hinweg zu identifizieren. Die identifizierten Segmente sollen möglichst heterogen zueinander sein und zugleich intrahomogene – das heißt homogene Kundengruppen – enthalten, die möglichst standardisierte Bedürfnisse haben.

Zwar wird die integrale Kundensegmentierung bereits seit den 1990er-Jahren diskutiert, aber erst in jüngerer Vergangenheit wird sie häufiger wissenschaftlich behandelt. Vor diesem Hintergrund stellen wir eine neue Herangehensweise vor, die auf der sogenannten und bisher kaum genutzten Mehrebenen-latenten Klassenanalyse basiert. Konstitutives Merkmal dieser Methodik ist die simultane Segmentierung auf Konsumenten- und Länderebene. Dieser Ansatz kann auch als Weiterentwicklung der erwähnten zweistufigen Herangehensweise verstanden werden, da ähnliche Kundensegmente über Ländergrenzen hinweg wahrscheinlich sind und zugleich deren Bedeutung ländergruppenspezifisch variieren dürfte.

Ein weiterer Vorteil insbesondere für Unternehmen ist, dass die Bedeutung von Makrounterschieden zwischen den Ländern, wie kulturelle und normative Differenzen, zugunsten der direkten Erfassung von für das Kaufverhalten direkt bedeutender Größen in den Hintergrund rücken. Angewandt auf ein Unternehmen können mit Hilfe dieses Ansatzes folgende Fragen beantworten werden:
* Sind die Wahrnehmungen eines Unternehmens länderübergreifend identisch oder wie viele unterschiedliche Kundensegmente können auf dieser Basis identifiziert werden?
* Wie viele Ländersegmente resultieren hieraus und wie groß sind die Kundensegmente in den Ländergruppen?

Basis der Mehrebenen-latenten Klassenanalyse sind Kundenurteile, in unserem Fall die Wahrnehmungen bzw. Einstellungen von Konsumenten gegenüber einem Unternehmen in 43 Ländern. Alternativ sind beispielsweise auch Konsumnormen und -werte in einer Branche nutzbar, das heißt, andere Größen, die unmittelbar das Kaufverhalten beeinflussen, so die Markenwahl, die Intentionen bestimmte Angebote zu kaufen oder deren Weiterempfehlung. In unserem Beispiel basieren die Wahrnehmungen auf Erfahrungen oder auch Empfindungen zum Unternehmen und dessen Angeboten, wobei bekanntlich Unternehmen dann ein USP haben, wenn sie eine einzigartige Kombination von derartigen Attributen in den Köpfen der Konsumenten verankern können.

Wie in **Abbildung 1** dargestellt, werden zunächst Konsumenten auf Basis der Kombinationen von Wahrnehmungen des Unternehmens verschienen latenten Segmenten zugeordnet, die sich in den Wahrnehmungen der Attribute unterscheiden und mittels Größen wie Einkommensniveau oder Me-

Zusammenfassung
* Eine integrale Kundensegmentierung führt zur Identifikation derselben Kundengruppen über Ländergrenzen hinweg.
* Sie offenbart neue Einblicke über Kunden- und Ländersegmente für Manager.
* Die Bedeutung der einzelnen Kundensegmente variiert in verschiedenen Ländergruppen.
* Bei regelmäßiger Erfassung von Kundenwahrnehmungen bietet sie eine adäquate Kontrolle für die länderübergreifende Kundenansprache.

Kerngedanke 2
Die Mehrebenen-latente Klassenanalyse ist ein bisher selten genutzter Ansatz.

diennutzung weiterer charakterisiert werden können. Gleichzeitig werden unter Berücksichtigung der Verteilungen der Kundensegmente innerhalb der einzelnen Länder Ländersegmente gebildet. Es werden also jene Länder gruppiert, die eine ähnliche Verteilung an Konsumentensegmenten aufweisen, das heißt intrahomogene Ländergruppen bezüglich der Konsumentenurteile, die interheterogen zu anderen Ländergruppen sind. Somit umfasst der Begriff latente Klassen sowohl Kunden- als auch Ländersegmente.

Mit Konsumentenassoziationen Unternehmen bewerten
Basis der Studie bildet eine Befragung von ausgewählten Konsumenten in 43 Ländern zu einem multinationaltätigen Unternehmen, wobei wir eine Stichprobe von 14.964 Konsumenten nutzen. Die Studie erfolgt jedes Jahr mittels Panelbefragungen, die wissenschaftlichen Standards entsprechen. Die Länderauswahl folgt der Relevanzeinschätzung des Unternehmens.

Inhaltlicher Ausgangspunkt unseres exemplarischen Segmentierungsansatzes sind Konsumentenassoziationen, die mit dem Unternehmen verbunden werden, so semantische Differenziale mit den Endpunkten

- konservativ – fortschrittlich,
- emotionslos – emotional,
- traditionell – innovativ,
- verschlossen – offen und
- formal – informal.

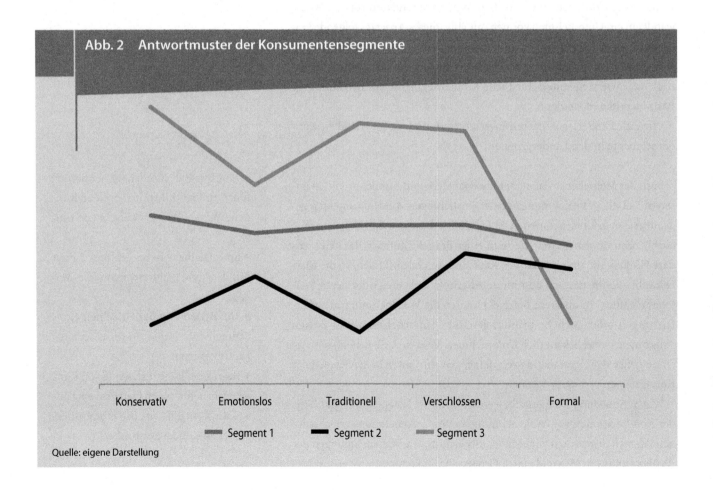

Abb. 2   Antwortmuster der Konsumentensegmente

Konservativ   Emotionslos   Traditionell   Verschlossen   Formal

Segment 1   Segment 2   Segment 3

Quelle: eigene Darstellung

Die Befragten kreuzten an, welcher Begriff das Unternehmen aus ihrer Sicht eher beschreibt, so ob sie das Unternehmen eher traditionell oder innovativ einschätzen. Um die Robustheit zu erhöhen, wurden Unterschiede im Alter und im Geschlecht kontrolliert. Zur späteren Beschreibung der Konsumentensegmente wurden unter anderem folgende Konstrukte genutzt:

- Brand Image, das heißt, die Wahrnehmung des Markenimages,
- Brand Familiarity, das heißt, die Vertrautheit der Konsumenten mit dem Unternehmen und
- Brand Globalness, das heißt, wie global das Unternehmen wahrgenommen wird.

„Ausgangspunkt unseres exemplarischen Segmentierungsansatzes sind Kundenassoziationen, die mit dem Unternehmen verbunden werden."

Die Mehrebenen-latente Klassenmethode bietet statistische Gütekriterien zur Bewertung der Lösung und zur Bestimmung der optimalen Anzahl latenter Klassen, die nicht vorher theoretisch bestimmt werden. Theoretisch zu bestimmen ist die Messung, da die Variablen – wie bei allen Ansätzen der Konsumentensegmentierung – beispielsweise stabil über die Zeit und relevant für das Kaufverhalten sein sollten. Nachfolgend wird ein kurzer Überblick über die Ergebnisse gegeben, ohne Effektivitätskriterien oder Alternativmodelle zu diskutieren.

Identifizierung von drei länderübergreifenden Konsumentensegmenten

Drei länderübergreifende Konsumentensegmente wurden identifiziert, wobei diese Zahl durch die geringe Anzahl der zugrundeliegenden Fragen bedingt ist und bei breiteren Fragebatterien anders aussehen würde. **Abbildung 2** zeigt die durchschnittlichen Antworten in den drei Kundensegmenten.

Die blaue Linie repräsentiert das Antwortmuster der ersten Konsumentengruppe (Konsumentensegment 1). Der Wert für jede Unternehmenswahrnehmung ist neutral. Diese Konsumenten tendieren in keine Richtung, sie sehen also das Unternehmen nicht als konservativ und nicht als fortschrittlich an oder auch nicht als emotional oder emotionslos. Zwei Gründe für die Existenz der Gruppe sind naheliegend: diese Personen hatten bisher wenig Kontakt mit dem Unternehmen und haben kein Assoziationsbild im Gedächtnis oder sie nehmen inkonsistente Signale wahr und sind daher unschlüssig. Dieses Segment beschrieben wir mit „Ohne ausgeprägtes Bild".

Die schwarze Linie repräsentiert das typische Antwortmuster des zweiten Konsumentensegments. Diese Gruppe sieht das Unternehmen als konservativ, traditionell und eher emotionslos und verschlossen an. Dieses Segment kann bezeichnet werden als „die Negativen".

Kerngedanke 3

Panelstudien in diversen
Ländern sind heute weniger
aufwendig.

Die Urteile der dritten Konsumentengruppe werden durch die graue Linie repräsentiert. Konsumenten dieses Segments nehmen das Unternehmen als fortschrittlich, innovativ, offen und eher emotional wahr. Überraschenderweise sehen sie das Unternehmen gleichzeitig als besonders formal an. Dieses Segment kann zusammengefasst werden als „die Positiven".

Alle drei Konsumentensegmente haben eine achtbare Größe. 40 Prozent der Konsumenten beschreiben das Unternehmen positiv (Segment 3). Jeder dritte Konsument hat keine konkrete Meinung (Segment 1). Hingegen nimmt rund jeder fünfte Konsument das Unternehmen negativ war (Segment 2). Die Charakterisierung der Segmente kann wie folgt erfolgen, wobei keine geschlechtsspezifischen Unterschiede vorliegen, wohl aber solche hinsichtlich des Durchschnittsalters und der Bewertung von Brand Image, Familiarity und Globalness:

• Segment 1 ist durch das höchste Durchschnittsalter gekennzeichnet. Mitglieder dieser Gruppe sind nicht besonders vertraut mit dem Unternehmen. Außerdem schätzen sie es weniger eindeutig als global ein und die Bewertung des Markenimages ist am niedrigsten.

• Segment 2 ist charakterisiert durch das jüngste Durchschnittsalter. Konsumenten dieses Segments bewerten ihre Vertrautheit mit dem Unternehmen tendenziell höher als Segment 1, aber geringer als Segment 3. Die gleiche Tendenz gilt für Brand Image und Globalness.

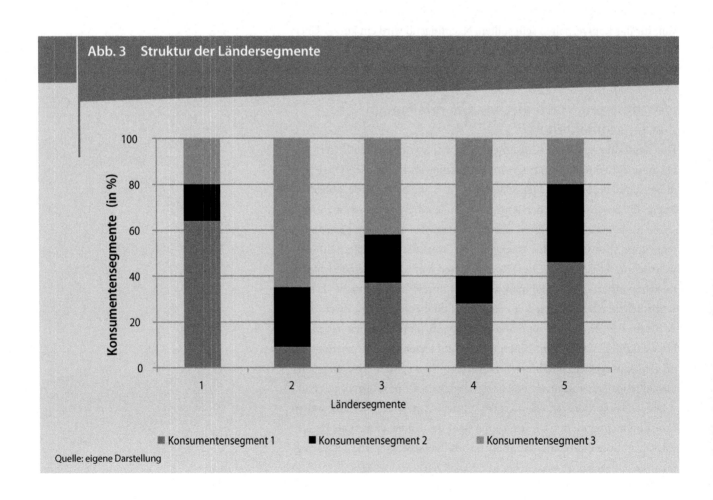

Abb. 3   Struktur der Ländersegmente

Konsumentensegmente (in %)

Ländersegmente

■ Konsumentensegment 1   ■ Konsumentensegment 2   ■ Konsumentensegment 3

Quelle: eigene Darstellung

- Segment 3 besteht tendenziell aus älteren Konsumenten, die sehr familiär mit dem Unternehmen sind. Sie nehmen das Unternehmen als global wahr und bewerten das Markenimage relativ am positivsten.

Fünf Ländersegmente mit unterschiedlichen Charakteristika

Die drei Konsumentensegmente spiegeln sich in fünf identifizierten Ländersegmenten wider (siehe **Abbildung 3**):

Ländersegment 1 umfasst die Länder Japan, Singapur, Schweden und Großbritannien (entspricht ca. 10 Prozent aller Konsumenten). Diese Gruppe ist charakterisiert durch einen hohen Anteil (ca. 60 Prozent) an Mitgliedern des ersten Konsumentensegments ("Ohne ausgeprägtes Bild".)

Ländersegment 2 besteht hauptsächlich aus mittel- und südamerikanischen Ländern (ca. 17 Prozent aller Konsumenten). Über 60 Prozent dieser Konsumenten nehmen das Unternehmen positiv war (Konsumentensegment 3). Hier ist der Anteil an Personen ohne spezifische Meinung sehr gering (9 Prozent).

Ländersegment 3 ist die zweitgrößte Gruppe (24 Prozent aller Konsumenten) und umfasst neben sechs europäischen und drei arabischen Ländern auch Brasilien und Malaysia. Fast 40 Prozent dieser Konsumenten sind ohne Bild zum Unternehmen. Allerdings gehört ein bedeutsamer Teil dem Konsumentensegment 3 an (42 Prozent) und sieht das Unternehmen positiv.

Ländersegment 4 setzt sich zusammen aus Südafrika, Polen, Russland, der Türkei und fünf asiatischen Ländern (21 Prozent aller Konsumenten). Diese Gruppe von Ländern ist charakterisiert durch einen hohen Anteil an Mitgliedern des Konsumentensegments 3 (60 Prozent).

Ländersegment 5 ist am größten und umfasst Australien, Neuseeland, Nordamerika, Kanada, sieben europäische sowie ein asiatisches Land (ca. 28 Prozent aller Konsumenten). Dieses Segment hat einen besonders geringen Anteil an Konsumenten, die das Unternehmen negativ oder indifferent sehen.

„Basis der Mehrebenen-latenten Klassenanalyse sind Kundenurteile."

Keine einheitliche Konsumentenwahrnehmung über Ländergrenzen hinweg

Die Ländersegmente erscheinen nicht einfach interpretierbar. Bei genauer Betrachtung aber bieten sie interessante Implikationen, die Manager beachten sollten. Die Analyse gibt Aufschluss über die länderübergreifende und ländergruppenspezifische Konsumentenstruktur.

So könnten zum Beispiel in einem nächsten Schritt die identifizierten Konsumentengruppen mit den angestrebten Differenzierungsvorstellungen des Unternehmens verglichen werden. Darauf basierend können strategische und operative Maßnahmen abgeleitet werden. Nimmt man beispiels-

Kerngedanke 4
Kundensegmente ähneln sich länderübergreifend.

_____

weise an, dass das untersuchte Unternehmen danach strebt, als besonders fortschrittlich, emotional, innovativ, offen und informal wahrgenommen zu werden, wären die folgenden Schlussfolgerungen denkbar: Segment 3 passt bereits gut zur angestrebten Wahrnehmung (41 Prozent der Konsumenten). Rund 36 Prozent der Konsumenten haben aber keine spezifische Meinung über das Unternehmen. Aus Marketingsicht könnte dieses Segment durch zukünftige Marketingmaßnahmen effizienter bearbeitet werden als Segment 2, dessen Konsumentenmeinung konträr zu der angestrebten Wahrnehmung ist. Dieses zweite Segment kann mit einer Größe von 23 Prozent jedoch nicht ignoriert werden. Hier müssen Manager beispielsweise herausfinden, warum sich die tatsächliche Wahrnehmung so von der angestrebten unterscheidet. Die Kundengruppen unterscheiden sich unter anderem hinsichtlich ihres Durchschnittsalters und diverser Sichtweisen der Marke des Unternehmens, was als Ansatzpunkt für weitere Aktivitäten genutzt werden kann – neben weiteren notwendigen demografischen Beschreibungen, um die Gruppen besser charakterisieren und ansprechen zu können.

„Die Analyse gibt Aufschluss über die länderübergreifende und ländergruppenspezifische Kundenstruktur."

Bezüglich unserer zweiten Frage ist zusammenfassend festzuhalten, dass es keine einheitliche Konsumentenwahrnehmung über Ländergrenzen hinweg gibt. Das Unternehmen wird innerhalb einzelner Ländergruppen unterschiedlich wahrgenommen und die drei Konsumentensegmente sind von unterschiedlicher Bedeutung in den fünf Ländergruppen. Letztere weisen kaum einen geografischen oder kulturellen Zusammenhang auf, aber erlauben die Ableitung länderspezifischer Maßnahmen. Nahe liegt eine Profilschärfung im Ländersegment 1, da hier besonders viele Konsumenten kein ausgeprägtes Bild des Unternehmens haben. Ein angepasstes Maßnahmenbündel wäre angebracht, so eine profilschärfende Kampagne in dieser Ländergruppe. Demgegenüber sind die positive Wahrnehmung erhaltende Maßnahmen in der Ländergruppe 2 angebracht. Die Ländersegmente bergen über die Segmentierung hinaus allerdings gegebenenfalls unterschiedlich große Absatz- und Umsatzpotenziale für das Unternehmen und auch die Wettbewerbssituation wäre zusätzlich zu berücksichtigen, bevor konkrete Maßnahmen ergriffen werden.

Fazit

Insgesamt sollten Manager im Rahmen der integralen Segmentierung beachten, dass eine Gruppierung auf Basis der Konsumentenwahrnehmung über Ländergrenzen hinweg interessante Erkenntnisse hervorbringen kann. Der behandelte Segmentierungsansatz kann von jedem internationalen Unternehmen genutzt werden, sei es in 40 Ländern oder in Länder-

Handlungsempfehlungen

• Der Ansatz der Mehrebenen-latenten Klassenanalyse sollte in der Praxis etabliert werden, um eine adäquate Kontrolle von Kundenwahrnehmungen zu gewährleisten.

• Kunden- und Ländersegmente simultan zu identifizieren, ist zweckmäßig.

• Das Verfahren ist relativ einfach für international tätige Unternehmen umsetzbar.

• Unternehmen erhalten einen Überblick über die Kundenbedeutung in ihrem Länderportfolio.

gruppen (so in Westeuropa). Eine Anpassung der Segmentierungskriterien ist zudem unternehmensspezifisch einfach durchsetzbar. Wie gezeigt, ist es nicht unbedingt notwendig, kulturelle Unterschiede zwischen einzelnen Ländern en Detail zu beachten. Unternehmen können sich vielmehr direkt an Konsumentenbedürfnissen orientieren. Allerdings kann es durchaus sein, dass dieselben Fragen in unterschiedlichen Ländern genutzt zu einem kulturspezifischen Antwortverhalten führen, das berücksichtigt werden sollte.

Literatur

Swoboda, B, Schwarz, S., Hälsig, F (2007), „Towards a Conceptual Model of Country Market Selection: Selection Processes of Retailer and C&C Wholesaler," The International Review of Retail, Distribution and Consumer Research, 17 (3), 253-282

Swoboda, B. et al. (2009), „Exploring how garment firms choose international sourcing- and sales-country markets," Journal of Fashion Marketing and Management, 13 (3), 406-430.

Zentes, J., Swoboda, B., Schramm-Klein, H. (2013), „Internationales Marketing," 3. Aufl., München

Kerngedanke 5

Kunden- und Ländersegmente ermöglichen interessante Implikationen.

„Versuche allen zu gefallen und Du gefällst niemandem wirklich!"

Mit diesem Satz leite ich gerne Gespräche und Vorträge zum Thema Markt- und Kundensegmentierung ein. Er beschreibt die treibende Kraft hinter der Segmentierung, nämlich als Anbieter nicht jedermanns Darling zu sein, sondern spezifische Kunden und ihre Bedürfnisse zu adressieren. Diese Mühe macht man sich als Unternehmen nicht aus reinem Selbstzweck, sondern weil der zunehmende Wettbewerbsdruck die Anbieter dazu zwingt. Marketiers betonen dann gerne auch, wie wichtig es ist, Kunden mit individuellen Lösungen zu bedienen und richten die Aufmerksamkeit auf das wünschenswerte, aber häufig unmögliche One-to-One-Marketing.

Damit ist die eine Seite eines Kontinuums beschrieben: kundenindividuelle Sonderlösungen. Am anderen Ende finden wir das Extrem, das Unternehmen in aller Regel viel mehr Freude macht: Alle Kunden bekommen die gleichen Leistungen. Das reduziert Komplexität und Konflikte. Zugleich ermöglicht es Synergie- und Skaleneffekte.

Damit liegt das Spannungsfeld der Segmentierung auf dem Tisch: Aus wirtschaftlichen Gründen kann nicht jeder Kunde einzeln bearbeitet werden. Aus Gründen des Wettbewerbs lässt sich der ganze Markt nicht mit Standardleistungen bearbeiten. Daher suchen wir nach geeigneten Verfahren, um Märkte und Kunden sinnvoll zu strukturieren. Das ist aber gar nicht so einfach, wie es zunächst klingt.

Die Anforderungen an eine erfolgreiche Markt- und Kundensegmentierung sind hoch: Auf welchem (relevanten) Markt bewegen wir uns überhaupt? Welche Marktsegmente befinden sich in diesem Markt? Welche Eigenschaften beschreiben sie? Mit welchen Kriterien kann ich sie identifizieren? Mit welchen Medien oder über welche Kanäle erreichen? Sind die möglichen Segmente überhaupt ergiebig genug?

Fragen über Fragen. Diese lassen sich in Zeiten von „Big Data" bei guter Datenlage und vielen Kunden recht gut technisch beantworten. Die Voraussetzung dazu ist, dass die Systeme gut gepflegt sind und die richtigen Daten erfasst sind. Wo möglich, müssen diese Chancen genutzt werden. Dies ist nicht immer der Fall. Viele Unternehmenssituationen, zum

Dirk Zupancic

ist Professor für Industriegütermarketing und Vertrieb sowie Präsident der German Graduate School of Management and Law in Heilbronn. Er stammt aus der Schule der Universität St. Gallen. Er berät, lehrt und forscht zu verschiedenen Vertriebsthemen. Sein Motto: Vertrieb ist der Wettbewerbsfaktor der Zukunft! +49 (0)7131-64563674, E-Mail: dirk.zupancic@ggs.de, www.ggs.de

Beispiel in anspruchsvollen B2B-Märkten, bei relativ jungen Unternehmen, in dynamischen Märkten oder bei heterogenen Kundenstrukturen, machen den IT-Einsatz bei der Segmentierung fast unmöglich.

Dennoch bleiben die Herausforderungen die gleichen. Hier sind in erster Linie Expertenwissen und Unternehmertum für eine erfolgreiche Segmentierung gefragt. Man tut gut daran, seine Märkte durch Marktforschung richtig zu verstehen. Auf dieser Basis müssen aber dann unternehmerische Entscheidungen getroffen werden: Welche Kunden wollen wir wie bedienen? Am Ende entscheidet der Markt beziehungsweise die Kunden, wie gut die Segmentierung ist.

Das macht das Thema so anspruchsvoll und letztlich auch spannend.

Spektrum

„Wir wollten, dass der Vertrieb viel mehr gehört wird"

Für die Gestaltung und Veränderung von Prozessen im Vertrieb gibt es kein Patentrezept. Für fast alle Unternehmen gilt jedoch, dass Veränderungen unbeliebt sind, sowohl bei Mitarbeitern als auch bei Führungskräften. Die Zahoransky AG hat im Jahr 2009 im Vertrieb und Marketing einen Change-Management-Prozess gestartet, der bis heute andauert. Robert Dous, Director Sales & Marketing und Mitglied der Geschäftsleitung von Zahoransky, erläutert die besonderen Herausforderungen und Effekte der Maßnahme.

Das Interview führte Gabi Böttcher.

Fotos: Zahoransky AG

Robert Dous

Dipl.-Ing (FH), hat Maschinenbau studiert und ist seit 2008 als DirectorSales/Marketing auch Mitglied der Geschäftsleitung und Prokurist bei der Zahoransky AG in Todtnau/Geschwend. Er trägt weltweit die Verantwortung für die Bereiche Vertrieb, Marketing, Produktmanagement und After Sales. Davor war er bei verschiedenen Unternehmen als Leiter Vertrieb/ Marketing in den Branchen Automotive, Kunststofftechnik und Nahrungsmittelverarbeitung tätig. E-Mail: robert.dous@ zahoransky.com

Herr Dous, was veranlasst ein typisch mittelständisches Unternehmen, solch ein aufwendiges Projekt wie den von Ihnen initiierten Change-Management-Prozess anzugehen?

Zahoransky ist ein natürlich gewachsenes Unternehmen mit einer sehr innovativen Unternehmenslenkung und war viele Jahre erfolgreich. Prozesse waren nur schwach ausgelegt oder gar nicht existent. Es war sehr personenabhängig, das heißt, wie etwas angegangen wurde, wie man zu Entscheidungen gekommen ist, war nicht wirklich festgelegt. Andererseits haben wir große Kunden, also Konzerne, die sehr strukturiert arbeiten. Viele Kunden sind zudem über die ganze Welt verteilt. All das hat es – zusammen mit verschärfter Wettbewerbssituation und dem internationalen Geschäft – notwendig gemacht, darüber nachzudenken, wie man effizienter, produktiver vorgehen kann.Und auch reproduzierbar, so dass man nicht mehr abhängig ist von einzelnen Köpfen.Wir kamen zu dem Schluss, alles mal auf den Prüfstand zu stellen.

Das eine ist der Prüfstand, das andere ist der Change-Management-Prozess. Wann kam Ihnen denn der Impuls, dass Sie etwas Grundlegendes verändern müssten?

Wir haben das erstmal in Vertriebsleitung und Geschäftsleitung grob analysiert und dann recht schnell festgestellt, dass man mit einzelnen kleineren Maßnahmen den Tanker nicht gedreht bekommt. Es ging ja um tiefgreifende Veränderungen in der Aufbau- und Ablauforganisation. Deshalb sind wir schnell zu dem Entschluss gekommen, dass wir das nur mit einem strategischen Ansatz regeln können und nicht mal eben so zwischendurch im Tagesgeschäft.

Gabi Böttcher
Springer Fachmedien, Wiesbaden, Deutschland
E-Mail: gabi.boettcher@springer.com

Die Veränderungen sollten lediglich im Bereich Vertrieb und Marketing angegangen werden?

Nein, einiges lief und läuft parallel in Technik und Produktion. Aber der ganz große erste Wurf lief in Vertrieb und Marketing. Das war dann auch die Benchmark für weitere Veränderungen.

Bleiben wir im Bereich Vertrieb. Welche Ziele haben Sie mit dem Projekt angestrebt?

Produktiver zu werden. Wir wollen wachsen, wir wollen mehr Aufträge erhalten, bessere Bedingungen haben, sprich: mehr Geld verdienen – aber dabei nicht gleich Ressourcen, Kapazitäten und Personal ausbauen müssen. Das war ein Punkt. Zum zweiten wollen wir unsere Marktposition stärken und ausbauen. Das ist ganz klar eine strategische Vorgabe: Gegenüber unserem Wettbewerb wollen wir punkten. Ein weiterer Ansatzpunkt war auch damals schon, den Vertrieb neu auszurichten. Wir nennen es intern die „Hub-Strategie". Damit ist eine dezentrale Vertriebsstrategie gemeint, mit der wir mehr in die Regionen, in die Kontinente gehen und den Vertrieb nicht zentral vom Headquarter aus steuern wollen. Ein weiteres Ziel ist, prozessorientierter zu werden, damit wir nicht mehr abhängig sind von einzelnen Personen, sondern auch die Chance haben, uns auszutauschen und schnell zu reagieren, wenn sich Vakanzen ergeben oder jemand das Unternehmen verlässt.

Wie kann man sich ungefähr den Ablauf von der Analyse der Ausgangssituation bis zur Prozessplanung vorstellen?

Zuerst gab es eine vorgeschaltete Grobanalysephase, die knapp zwei Jahre lief. In dieser Zeit haben wir uns angeschaut, wie es funktioniert, wo es möglicherweise hakt, wo es Probleme gibt … Im nächsten Schritt ging es darum, die Stakeholder zu gewinnen: Die Geschäftsführung, der Aufsichtsrat und die Eigentümer müssen schließlich dahinterstehen, sie galt es folglich zu überzeugen. Anschließend wurden die strategischen Ziele in der Geschäftsleitung definiert. Für die interne Überzeugungsarbeit wurde ein Change-Management-Team in Vertrieb und Marketing gegründet. Die Analysephase haben wir also noch einmal wiederholt, damit die Menschen, die es betrifft, auch wirklich von Beginn an dabei sind. Danach wurde ein Maßnahmenplan ausgearbeitet, es folgte ein Kick-off, bis wir schließlich mit der Umsetzung begannen. Der gesamte Prozess wurde die folgenden Jahre über Kontroll- und Korrekturschleifen begleitet.

Haben Sie sich außer den geschilderten Zielen noch weitere Effekte von der Maßnahme versprochen?

Einige Effekte haben wir uns erhofft, manches hat sich natürlich auch erst im Nachhinein herausgestellt. Was wir uns erhofft haben, war, dass die Position des Vertriebs im Unternehmen gestärkt wird. Weil Zahoransky schon immer ein sehr techniklastiges Maschinenbau-Unternehmen war, hat Marketing nie eine große Rolle gespielt. Marketing – das war eben die Werbeabteilung. Auch der Vertrieb war nicht wirklich stark. Wir wollten, dass der Vertrieb viel mehr gehört wird im Unternehmen, weil er eigentlich das Sprachrohr des Marktes und des Kunden ist.

Sie wollten also den Vertrieb stärken in seiner Position?

Genau. Im Unternehmen sollte man merken, dass dort wirklich was passiert, dass die Mitarbeiter einiges bewegen können. Und dass sich das auf den Auftragseingang und auf den Deckungsbeitrag auswirkt. Das war so ein Punkt, an dem wir ansetzen, über den wir eine grundsätzliche Veränderungsbereitschaft im Unternehmen schaffen wollten. Nicht nur im Vertrieb und im Marketing, sondern auch in anderen Abteilungen, in der Technik, in der Konstruktion, in der Produktion, sollten alle erkennen, dass Veränderungen zwar schwierig umzusetzen und arbeitsintensiv sind, aber auch belohnt werden, wenn man es anpackt. Diese Effekte sind dann auch eingetreten, das hatten wir uns am Anfang erhofft.

Trotzdem ist ein Change-Management-Prozess immer mit Ängsten und Unsicherheiten verbunden. Es ist immer etwas Bedrohliches, woraus meist ja auch Widerstände der beteiligten Mitarbeiter herkommen. Welcher Art waren denn die Widerstände bei Zahoransky?

Wesentliche Widerstände gab es eigentlich nur in der Phase, in der intern bekannt gegeben wurde, dass es Veränderungen geben wird, dass man eigentlich noch gar nicht darüber gesprochen hat und worum es im Detail geht. In dieser ganz frühen Phase gab es das ganze Potpourri von Seilschaften, die sich gebildet hatten, die aktiv Widerstand und Politik betrieben haben.

Welche Arten von Seilschaften waren das?

Daran waren vor allem diejenigen beteiligt, die keine Veränderung wollten oder Angst hatten. Da gibt es verschiedene Gruppen, die Bedenkenträger zum Beispiel, oder diejenigen, die das einfach aus Eigeninteresse nicht wollen. Diese Gruppen haben sich zu einer Koalition zusammengetan und massiv Druck ausgeübt, zum Beispiel in Form von Meldungen an den Aufsichtsrat. Das war in der Anfangsphase aber sehr wichtig für uns,

man sich auch die Zeit nehmen, und dafür haben wir diese fast zwei Jahre gebraucht.

denn durch diese Ablehnungsphase muss man sowieso durch. Das kann man einfach nicht vermeiden. Aber wenn es in einer frühen Phase ist, ist die Munition auch schnell verschossen. Wenn man dann in die Analyse-, Planungs- und Umsetzungsphase kommt, sind die Ängste bereits ein Stück weit abgebaut. Und so war es dann auch. Später gab es keinen nennenswerten Widerstand mehr. Heute kann man sagen, dass im Verlauf des Projektes die Veränderungsbereitschaft zugenommen hat. Die Mitarbeiter wollen die Veränderung angehen.

Welche Rolle hat denn dabei der Betriebsrat gespielt?

Der Betriebsrat war von Anfang an dabei. Und von Anfang an ein Befürworter des Projekts, weil er auch schon sehr früh erkannt hat, dass im Vertrieb Veränderungen erforderlich sind. Außerdem hat er gesehen, dass sich durch Veränderungen ein positiver Effekt auf das komplette Unternehmen durchschlagen wird. Das heißt: Verkauft der Vertrieb besser, ist in der Konstruktion, in der Produktion mehr zu tun. Das sichert Arbeitsplätze oder bessere Tarifkonditionen. Deshalb war die Unterstützung durch den Betriebsrat wirklich kein Thema, erstaunlicherweise.

Es ist sicher sehr positiv, wenn man den Betriebsrat auf seiner Seite hat.

Ja, aber entscheidend ist die frühe Einbindung. Zuerst gilt es, die Stakeholder zu gewinnen, dass man wirklich alle, die wichtige Managementfunktionen im Unternehmen haben, auf seiner Seite hat. Und sei es, um zu verhindern, dass zum Beispiel der Technikleiter querschießt oder der Inhaber sagt, das sei ja alles Unsinn, was sich der Vertrieb da überlegt. Dafür muss

Wie ist es Ihnen denn Ihrer Meinung nach gelungen, die Widerstände bei den Mitarbeitern zu überwinden, die am Anfang auftraten?

Durch zuhören, zuhören, zuhören, immer wieder reden und den Ängsten und Bedenken lauschen. Es geht darum, die Leute ernst zu nehmen. Zum Beispiel, indem man auch die Bedenkenträger einbindet. Das heißt: In unserem Veränderungsteam waren auch die Gegner wirklich beteiligt. Und erstaunlicherweise haben sie sich zum Teil zu richtigen Befürwortern gewandelt, die heute zu mir ins Büro kommen und sagen: Wir müssen das anpacken, das ist zwar unangenehm, aber wir müssen es machen.

Wie kam das?

Durch die eigene Mitarbeit. Sie haben selber Maßnahmen erarbeitet, diese Maßnahmen auch umgesetzt und dadurch erfahren, dass Veränderungen manchmal sinnvoll sind. Sie haben erkannt, dass der Prozess zwar schmerzhaft sein kann, weil man ein Tal durchschreitet, aber dass man hinterher auch viel besser dasteht – auch was die eigene Arbeit betrifft.

Sie müssen ja eine sehr überzeugende Überzeugungsarbeit geleistet haben. Worauf haben Sie bei der Kommunikation besonders geachtet?

Ich glaube, es war eine ganz gesunde Mischung aus Diskussion und Zuhören, aber hin und wieder auch die klare Ansage: Das, was sich hier jetzt verändert, das brauchen wir nicht zu diskutieren. Ein Punkt war sicherlich, dass wir relativ schnell kleine Gewinne oder positive Effekte, also „Quick Wins", geschaffen haben. Die Mitarbeiter haben dadurch gesehen, dass sich etwas tut und dass es auch zum Vorteil für den eigenen Arbeitsplatz, für den eigenen Erfolg ist.

Gab es weitere Probleme?

Ja, das Zeitproblem: Es hat alles viel länger gedauert als geplant. Ich schätze, etwa 50 Prozent mehr Zeitbedarf als gedacht. Nicht insgesamt, aber bei vielen Projekten.

Weil Sie dabei viel ausprobiert haben?

Weil die Diskussionsphasen teilweise lang waren oder weil das Problem letztlich doch komplexer war, als es am Anfang schien. Wir haben auch Fehlentscheidungen getroffen. Da kam es vor, dass man eine bestimmte Richtung eingeschlagen und

plötzlich gemerkt hat, dass man nicht auf dem richtigen Weg ist und von vorn beginnen muss. Das kostet natürlich auch Zeit. Auch eine Personalfehlentscheidung ist einmal getroffen worden, da mussten wir ebenfalls korrigierend eingreifen.

Wann haben Sie denn die ersten Erfolge beobachten können?
Erste Erfolge haben sich unmittelbar eingestellt. Wir sind von Anfang an angegangen, was wir sofort erledigen können und uns sofort einen Nutzen bringt. Das waren Marketingaktionen. Wir haben zum Beispiel Produktmarken eingeführt für unsere Maschinen, was sehr selten ist im Investitionsgüterbereich, aber dem Verkauf viel gebracht hat. Wir haben Produktmanagement eingeführt, was einem Verkäufer als Beispiel in der Verkaufsunterstützung sehr entgegenkommt. Wir haben die Komplexität runtergefahren. Früher war ein Verkäufer für den kompletten Zahoransky-„Bauchladen" zuständig, also für alle Produkte. Wir haben das relativ schnell dahingehend geändert, dass sich die Verkäufer auf bestimmte Produkte spezialisieren, damit der Verkauf technisch einfacher wird. Das Ergebnis dieser Maßnahmen waren unmittelbare Erfolge plus Aufgabenteilung. Wir haben daraufhin beschlossen, dass nicht jeder alles machen muss, sondern dass jeder eine klare Verantwortung übernimmt.

Wie sieht das in der Praxis aus?
Früher gab es Vertriebsgruppen nach Regionen, mit zwei, drei Mitarbeitern, die alles gemacht haben – vom Marketing und der Akquise über Auftragsabwicklung und Rechnungsstellung bis zum Ersatzteilverkauf. Heute haben wir einen aktiven Produktverkauf, ein Backoffice, das im Hintergrund das Kommer-

zielle erledigt, es gibt ein Projektmanagement für die Projektabwicklung, Produktmanager als Unterstützer und einen separaten Ersatzteilverkauf. Das System ist also klar strukturiert.

Gab es denn auch Rückschläge, die Sie vielleicht zweifeln ließen an dem eingeschlagenen Weg?
Was manchmal ein bisschen zweifeln lässt, ist die Zeitverzögerung bei den langfristigen Erfolgen. Es lässt einen manchmal regelrecht verzweifeln, dass man mehr Auftragseingang hat, besseren Gewinn, weniger Kosten bei Lieferung und Leistung etc. – aber sich das erst nach zwei, drei Jahren niederschlägt. Und an jedem Jahresende steht man da und man merkt, dass man sich noch nicht so weiterentwickelt hat, wie es vielleicht die Aktionäre wünschen. Das kommt später, dann allerdings auch nachhaltig und mit großen Schritten. Aber das lässt einen manchmal zögern und auch zweifeln, ob man den richtigen Weg gegangen ist.

Was stellte sich denn im Laufe des Prozesses als das größte Problem heraus?
Ich glaube, das hing mit der Größe des Projektes zusammen. Wir hatten zehn Hauptbaustellen mit jeweils zehn bis 20 Unterpunkten, wir sprechen über ungefähr 200 Maßnahmen, über die wir den Überblick behalten und die wir auch durchhalten mussten, weil das Ganze über viele Jahre lief. Da musste man sehr strukturiert an der Sache dranbleiben und auch alle im Umfeld immer wieder motivieren, dass sie sich ab und zu etwas Zeit vom Tagesgeschäft freischaufeln, um an diesen wesentlichen Zielen zu arbeiten. Diese ewige Kollision Tages-

geschäft – strategische Veränderung, das war, glaube ich, das Hauptproblem.

Bleiben wir beim Thema Motivation. Wie ist es Ihnen gelungen, die Beteiligten während dieses gesamten Sechs-Jahres-Zeitraums, den das Projekt bis jetzt gedauert hat, bei der Stange zu halten? Gab es eine Incentivierung?

Nein, gar nicht. Monetär ist gar nichts gelaufen. Eigentlich sind alle dabei und man muss sie gar nicht motivieren. Man muss sie eigentlich nur mal wieder erinnern, weil sie aufgrund der vielfältigen Aufgaben im Tagesgeschäft ja manchmal den Blick dafür verlieren und die Priorität nicht mehr ganz gesetzt ist. Ansonsten ist das Team, sind auch die Führungskräfte im Vertrieb heute so besetzt, dass sie alle dieses Hauptziel vorantreiben. Und ein Großteil der Maßnahmen, die wir jetzt beschließen, kommen auch nicht mehr top-down von mir, sondern wirklich aus der Belegschaft und aus dem Führungsteam.

Woran scheitern Ihrer Meinung nach die meisten Change-Management-Projekte?

Ich glaube daran, dass die meisten keine Change-Management-Projekte sind. Man macht sich nicht wirklich Gedanken, sondern nimmt sich vor, irgendwas zu verändern, drückt es von oben nach unten durch – und das scheitert sehr häufig. Ein häufiger Grund ist auch, dass man das Umfeld nicht mit einbezieht, sondern dass der Vertriebsleiter, der Geschäftsführer, Inhaber oder wer auch immer seine Vorstellung durchdrücken will und damit permanent Überzeugungsarbeit leisten muss, anstelle Mitarbeiter selber Lösungen erarbeiten zu lassen. Das ist meines Erachtens auch ein häufiger Hinderungsgrund. Das Dritte ist, dass man zu wenig zuhört. Aber das Wesentliche ist: Die meisten haben keine Veränderungsprojekte, die machen sich nicht mal Gedanken darüber. Das war bei uns auch so, bis wir uns mit dem Thema ein paar Monate auseinandergesetzt haben. Es gab dann auch Überlegungen, Berater hinzuzuziehen. Aber letztendlich waren wir überzeugt, das selber zu schaffen.

Und das hat ja funktioniert. Wie entwickeln sich inzwischen bei Zahoransky die Veränderungsmaßnahmen im Vertrieb?

All das, was wir uns gewünscht haben, ist mittlerweile eingetreten. Wir haben eine massive Steigerung unseres Auftragseinganges und Umsatzes. Wir hatten jetzt zwei Jahre in Folge Rekordzahlen in der Unternehmensgeschichte erzielt, das heißt, mit starkem Wachstum um 15 Prozent. Eigentlich sind alle Kennzahlen nach oben gegangen, also sowohl Auftrags-

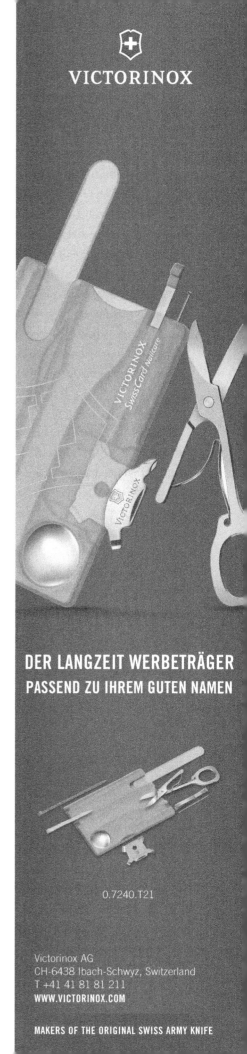

eingang, Umsatz und Gewinn. Die Reklamationsquote und die Lieferzeiten sind kürzer geworden. Es fängt jetzt wirklich an zu greifen. Jetzt müssen wir nur schauen, dass wir das so weitertreiben.

Ist auch die erhoffte Aufwertung des Vertriebes nach außen eingetreten?

Auf jeden Fall. Insbesondere das Marketing hat im Unternehmen einen ganz anderen Stellenwert bekommen. Da hat jeder erkannt, wie wichtig es ist und dass es ein aktiver Baustein ist, um Verkäufe zu unterstützen. Und der Vertrieb ist gestärkt, wird viel mehr gehört. Es wird auch viel mehr akzeptiert, wenn Informationen aus dem Markt kommen, die vielleicht dem technikverliebten Konstrukteur nicht so passen. Man akzeptiert, dass wir vom Markt, vom Kunden leben – und dafür Produkte entwickeln müssen.

Wie geht es jetzt weiter?

Wir haben im letzten Jahr eine neue Vertriebsstrategie verabschiedet, die bis 2017/18 laufen wird. Die neuen Maßnahmen wurden bereits definiert. Zurzeit gründen wir zum Beispiel Tochterfirmen, wir haben in Japan, Asien, in den USA Niederlassungen gegründet – jetzt gehen wir auch Brasilien an –, um den Vertrieb von Deutschland in die Region zu transferieren. Und wir haben eine After-Sales-Strategie aufgesetzt. Das heißt, wir werden jetzt eigentlich vom Vertrieb auf die Service-Seite wechseln und den ganzen Bereich auf die Anforderungen der Märkte und Kunden anpassen.

Bedeutet das auch eine Aufstockung des Personals?

Nicht unbedingt, weil es ja unser Hauptziel ist, produktiver zu werden. Es kann sein, dass es mehr Personal gibt, aber insgesamt soll das Verhältnis Umsatz oder Leistung pro Mitarbeiter steigen.

Sind Sie zuversichtlich, dass Sie die angestrebten Ziele erreichen werden?

Sicherlich. Es dauert allerdings, und es dauert länger, als man eingeplant hat. Das habe ich gelernt. Aber mittlerweile ist eine extreme Veränderungsbereitschaft im Unternehmen. Es wollen alle und es gibt auch den Konsens zu sagen: Wir gehen es an!

Liegt da bereits ein Automatismus darin, Veränderungen als das Normale anzusehen?

Ja. Bei uns gibt es ein Großprojekt, das sogenannte Zahoransky-Lean-Projekt. Damit gehen wir momentan durch alle Unternehmensbereiche, auch im administrativen Bereich, zum Beispiel um zu schauen, wo Bremser sind, wo man Sachen besser machen kann. Das ist ein Selbstläufer. Auch im Kleinen, etwa im Verwaltungsbereich, haben die Sachbearbeiter jetzt eigene Projekte, um sich selber besser zu organisieren. Wir greifen dabei gar nicht mehr ein. Die Mitarbeiter kommen von selbst auf uns zu und sagen, dass drei Büros in ein Großraumbüro umfunktioniert werden müssen oder Abläufe angepasst werden sollen. Da ist eine ungeheure Dynamik drin. Das läuft aber vor allem deshalb so gut, weil viele gesehen haben, was Veränderungen bringen können, auch an Erleichterung und einem besseren Arbeitsumfeld.

Würden Sie das Projekt noch mal so angehen oder würden Sie heute mehr Zeit einplanen?

Mehr Zeit, klar. Und ich habe natürlich auch eine Lernphase durchgemacht. Ich würde mit mehr Geduld rangehen. Aber das ist dann auch eine Charaktersache.

Geduld mit den Mitarbeitern?

Geduld mit den Mitarbeitern, Geduld mit den Inhabern, Geduld mit dem ganzen Umfeld, weil man manchmal einfach schneller denkt, als die anderen folgen konnten. Das vergisst man manchmal, weil ein Bild häufig für einen selber sehr klar ist. Man muss der anderen Seite genug Zeit lassen, um sich damit zu arrangieren, um es zu verstehen. Das habe ich über die Jahre gelernt. Und heute lasse ich die Dinge auch mal eine Zeit lang schleifen, weil ich weiß: Das muss sich jetzt einfach ein Jahr setzen, so viel Zeit ist nötig, dass es alle verstehen. Und dann kommt es irgendwann wieder auf den Tisch, aber man hat es eben nicht vergessen, sondern auf Wiedervorlage gesetzt.

Unternehmen

Die Zahoransky AG wurde 1902 als inhabergeführtes Familienunternehmen in Todtnau-Geschwend gegründet. Der Komplettanbieter von Spritzgießformen, Maschinen und Automatisierungslösungen für Anwendungen in Personal Care, Packaging, Medizintechnik ist mit ca. 700 Mitarbeiter an zehn Standorten, davon sechs Produktionsstandorte, weltweit vertreten.
www.zahoransky.com

Wie der „Challenger" Vertriebsstrategien revolutioniert

Was suchen, brauchen, kaufen Menschen? Lange wurde davon ausgegangen, dass einen herausragenden Vertriebler seine Fähigkeit zum Zuhören auszeichnet. Doch inzwischen ist ein Paradigmenwechsel zu beobachten. An die Stelle des Solution Selling tritt der „Challenger": Er zeigt Haltung, ist dem Kunden immer einen Schritt voraus und weist ihm aktiv den Nutzen von Produkten für sein Leben auf.

Heike Baur-Wagner

„Verkäufer, Langweiler, Schwätzer, Klinkenputzer." Vorurteile über Vertriebsmitarbeiter, Anfeindungen ihrer Strategien und unverfrorene Witze über ihr persönliches Auftreten gibt es viele. Und es gibt sie wohl schon so lange, wie Menschen mit anderen Handel betreiben. Dabei ist der Vertrieb ein bedeutender Business-Treiber im Unternehmen. Als Schlüsselfaktor für den unternehmerischen Erfolg verdient er eine genaue Betrachtung frei von Stereotypen, eine detaillierte Analyse und faktenbasierte Erfolgsoptimierung durch das Management. Die gezielte Förderung bestimmter Eigenschaften und Gesprächskompetenzen weist jetzt neue Perspektiven auf.

Lange galt Solution Selling als das Maß aller Dinge. Dieses Modell geht davon aus, dass erfolgreiche Vertriebsarbeit darin besteht, die Bedürfnisse von Kunden zu erfragen, zu verstehen und mit passenden Lösungen auf ihre Wünsche und Vorstellungen zu antworten. Ein guter Vertriebler war demnach derjenige, der gut zuhört und als Verkäufer die Bedürfnisse erfüllt, die der Kunde artikuliert. Dementsprechend fokussierten sich Unternehmen lange darauf, ihren Mitarbeitern beizubringen, wie sie Kunden die richtigen Fragen stellen und passende Lösungen verkaufen.

Jüngere Veröffentlichungen legen nahe, dass ein erfolgsorientierter Vertrieb einen Paradigmenwechsel vollziehen sollte. Matthew Dixon und Brent Adamson haben mehrere tausend Interviews mit Vertriebsmitarbeitern in mehr als 100 Unternehmen geführt und ausgewertet. Ihre Ergebnisse, die jetzt auch auf Deutsch veröffentlicht sind, legen nahe, dass das Credo des Solution Selling heute von einer einfachen Frage abgelöst wird: Wissen die Kunden überhaupt, was sie eigentlich brauchen?

Heike Baur-Wagner
ist als Director Strategic Partnerships bei
American Express für die Entwicklung und
den Ausbau strategischer Partnerschaften
im Privatkarten- und Firmenkunden-
geschäft in Deutschland verantwortlich.

„Die Dynamik des Challengers überträgt sich
auf den Kunden und die Geschäftsbeziehung."

Fünf Vertriebstypen charakterisieren die Interaktion mit dem Kunden

Dixon und Adamson identifizieren fünf Vertriebstypen, die die Interaktion eines Vertriebsmitarbeiters mit dem Kunden näher charakterisieren (in das Studiensample flossen Einstellung, Verhalten, Aktivitäten und Wissen mit ein). Die Profile beschreiben sie wie folgt:

● **Hard Worker:** Er ist sich nie zu schade, die Extra-Meile zu gehen. Er gibt nicht so schnell auf und ist sehr motiviert. Er kann im Gegenzug aber nicht verstehen, warum harte Arbeit nicht zwangsläufig mit großem Erfolg gleichzusetzen ist.

● **Relationship Builder:** Ist Everybody's Darling und legt besonders viel Wert auf Harmonie. Er lässt sich reichlich Zeit, um anderen zu helfen. Das birgt die Gefahr, dass andere Geschäfte abschließen, während er noch redet.

● **Lone Wolf:** Dieser Typus folgt nur seinen eigenen Instinkten und handelt absolut unabhängig. Der Typ Einsamer Wolf ist sehr schwer zu kontrollieren.

Heike Baur-Wagner
American Express Services Europe Ltd.,
Frankfurt am Main, Deutschland
E-Mail: Heike.B.Wagner@aexp.com

• **Problem Solver:** Der Problemlöser ist sehr detailverliebt und stets darauf bedacht, dass alle Probleme gelöst sind.

• **Challenger:** Er betrachtet die Welt immer wieder neu von einem anderen Blickwinkel aus. Er versteht das Business des Kunden und liebt Diskussionen. Mit seiner Art treibt er den Kunden voran. Er hat Haltung – er ist ein „Herausforderer". Wie die frühere US-Raumfähre Challenger stößt er in neue Welten vor. Dabei geht er zielgerichtet und effizient vor.

Das Fazit von Dixon und Adamson lautet: Die erfolgreichsten Verkäufer bauen nicht nur gute Beziehungen zu ihren Kunden auf – sie fordern sie heraus. Um es mit der Bildwelt des Handlungsreisenden auszudrücken: Sie machen nicht nur den Musterkoffer auf – sie gehen mehrere Schritte weiter. Solution Selling basiert auf zwei T's – Teach (dem Kunden eine Lösung erklären) und Taylor (ihm eine maßgeschneiderte Lösung anbieten). Der Challenger ergänzt eine dritte Dimension: Er übernimmt im Verkaufsgespräch zusätzlich die Kontrolle (Take Control) und weist dem Kunden durch Fachwissen neue Perspektiven auf.

Veranschaulichen lässt sich das an einem alltäglichen Beispiel aus dem Versicherungsvertrieb. Ein Vertreter wird bei einer Familie vorstellig. Der Beruf des Ehemanns und Vaters hat sie in ein anderes Bundesland geführt, das Paar mit zwei Kindern ist neu in der Gegend. Die gebraucht erworbene Im-

---

Zusammenfassung

• Kundenbindung funktioniert heute nicht mit luftleeren Phrasen, sondern mit inhaltlicher Beratung auf Augenhöhe.

• Solution Selling galt lange als Maß aller Dinge – heute kommt es schnell an seine Grenzen.

• Aus Zeitmangel werden persönliche Vertriebsanlässe seltener, die Anforderungen an Effizienz im Vertrieb steigen.

• Der Vertriebsmitarbeiter neuen Typs ist ein „Challenger" – er fordert den Kunden heraus.

• Challenger haben Haltung, betrachten die Welt und den Kunden immer wieder aus einer neuen Perspektive. Sie verstehen das Business des Kunden und gehen zielgerichtet und effizient vor.

• Challenger-Potenzial im Unternehmen zu fördern, sollte eine zentrale Rolle in der Bewerberauswahl und in der Weiterbildung spielen.

---

mobilie soll gemäß ihren Schutzerfordernissen abgesichert werden und auch über die üblichen Policen für Familien ist das Gespräch schnell erledigt. Wohngebäude, Hausrat, Haft-

„Der Challenger erzielt mehr Aufträge durch Aufklärung."

pflicht, Kinderunfallversicherung – all das kennt die Familie bereits. Passende Lösungen hält der Versicherungsvertreter bereit – doch die Familie winkt ab. Sie sei gut versorgt.

Weshalb der Challenger die besten Ergebnisse erzielt

Hieran lässt sich gut ablesen, wie schnell Solution Selling an seine Grenzen stoßen kann. Es fokussiert allein auf die „admitted pain" von Kunden – also auf Bedürfnisse, die Menschen selbst erkennen und im Gespräch äußern. Ein erfolgreicher Vertrieb nimmt daher auch latent vorhandene Bedürfnisse bei Kunden in den Blick. Diese kennt der Kunde möglicherweise noch gar nicht und doch ist er bereit, für ihre Erfüllung Geld auszugeben. Wie gelingt es dem Challenger, an die latenten Bedürfnisse heranzukommen? Er bringt wertvolle Erkenntnisse mit zum Kunden und akquiriert durch Aufklärung mehr Aufträge. Er weiß etwa, dass in der Region mit Hochwasser zu rechnen und eine Elementarschadenversicherung sinnvoll ist. Diese Kenntnis der Gegend, der Schadensereignisse der vergangenen Jahre und Jahrzehnte und seine Branchenexpertise verhelfen ihm zu neuen Verkaufsmöglichkeiten.

Dixon und Adamson kommen also zu dem Schluss, dass der Challenger auf lange Sicht die besten Ergebnisse erzielt. Nach ihrer Analyse hat jeder einzelne der übrigen vier Typen zumindest ein Defizit: Es bringt zum Beispiel wenig, wenn man als Vertriebsmitarbeiter eifrig Beziehungspflege betreibt und ein harmonisches Verhältnis zu seinem Kunden aufbauen will – nicht selten vergisst der Relationship Builder über der emotionalen Nähe zum Kunden den Abschluss. Ebenso macht es keinen Sinn, als individueller Einzelkämpfer nur seine eigenen Regeln zu befolgen – der einsame Wolf arbeitet nicht effizient, weil er zum Beispiel Best Practice nicht teilt oder sich zu eigen macht.

Hier kommt eine zentrale Rahmenbedingung für den heutigen Vertrieb ins Spiel, die die aktive Herangehensweise des

Challengers so unabdingbar macht: Vertrieb und Kunden haben zunehmend weniger Zeit. Persönliche Vertriebsgelegenheiten werden seltener. Und weil das Zeitfenster für die Kundenansprache kleiner wird, muss der Vertrieb effizienter werden. Deshalb ist es so wichtig, dass Vertriebsmitarbeiter Spezialisten für die Branche des Kunden sind und ihm neue Perspektiven aufweisen können – in kurzer Zeit, das Ziel stets vor Augen. Stichwort ,Take Control': Was den Challenger auszeichnet, ist, dass er ohne Scham oder Zögern auch über Geld redet. Während der Relationship Builder das Thema meidet,

Kerngedanken

1. Bekannte Vertriebsmodelle fokussieren auf Probleme des Kunden – der Challenger fasst das Potenzial ins Auge.

2. Der Challenger ist effizient in der Gesprächsführung – er lässt sich auf seinem Weg nicht von Emotionen leiten.

3. Offenheit für Fakten und Diskussionen ersetzen im Vertrieb Verbissenheit und Einzelkämpfertum.

um die emotionale Bindung zum Kunden nicht zu beschädigen, weiß der Challenger um den Wert seines Angebots für den Kunden und bringt das zweifelsohne bedeutsame Thema gleich offensiv und neutral zur Sprache. Und bei einem erfolgreichen Challenger empfindet der Kunde das nicht als aufdringlich, sondern als strukturiert und positiv.

Die Funktion des Vertriebsmitarbeiters bei der Kundenbindung

Weniger Zeit, großer Druck auf einzelne Vertriebsgelegenheiten: Wie können Unternehmen auf diese Herausforderung reagieren und den richtigen Vertriebstypus fördern? Um diese Fragen zu beantworten, lohnt sich ein Blick auf das Entstehen von Kundenbindung. Wie genau entwickelt sie sich? Der Vertriebsmitarbeiter nimmt dabei eine wichtige Schlüsselfunktion ein. Die Studie, die Dixon und Adamson im Auftrag des Sales Executive Council erstellten, zeigt, dass Kundenbindung auf unterschiedliche Art und Weise entsteht.

Viele Faktoren spielen eine entscheidende Rolle: Zum einen hilft es der Kundenbindung, dem Kunden einzigartige und wertvolle Perspektiven auf den Markt sowie Hilfestellungen bei der Bewertung von möglichen Alternativen zu geben. Für

53 Prozent der Kunden leistet das Verkaufserlebnis (Sales Experience) den größten Beitrag zur Kundenbindung – noch vor dem Markeneinfluss (19 Prozent), der Produkt- und Serviceleistung (19 Prozent) und dem Preis-Leistungsverhältnis (9 Prozent). Anders formuliert: Die Loyalität des Kunden hängt davon ab, wie Sie verkaufen, nicht was Sie verkaufen – Marke, Produkt und Preis geraten gegenüber dem Verkaufserlebnis ins Hintertreffen.

Des Weiteren spielen die Vermeidung von Stolperfallen sowie der Hinweis und die Belehrung beim Aufkommen neuer Probleme und deren Auswirkungen eine wichtige Rolle. Konkret bedeutet dies für den Vertriebsmitarbeiter, dass er sowohl

> *„Der Challenger macht nicht nur den Musterkoffer auf – er geht viel weiter."*

ein gewisses Maß an Persönlichkeit als auch Fachkenntnisse mitbringen muss, um feinfühlig auf den Kunden einzugehen und den zu Beginn genannten Vorurteilen zu entgehen. Dies zeichnet den Challenger aus. Challenger sind begabt, leistungsstark und erfolgreich, weil sie ihren Kunden Probleme und deren Lösungen aufzeigen, von deren Existenz diese vorher gar nichts wussten. Das unterscheidet sich deutlich vom üblichen Verkaufsansatz von Lösungen, der hauptsächlich auf der offenen Diagnose von Bedürfnissen beruht. Statt zu versuchen, Informationen vom Kunden zu bekommen, bringt ein Challenger selbst wertvolle Erkenntnisse mit – und ist so auch geeigneter für den Vertrieb von erklärungsbedürftigen Produkten.

Bei American Express haben wir es vermehrt mit eben solchen aufklärungsbedürftigen Produkten zu tun. Daher konzentrieren wir uns in den Vertriebsgesprächen vollständig auf eine Reihe von Erkenntnissen, die wir über unsere Kunden gewonnen haben und können so auch besser auf die Bedürfnisse unserer Kunden eingehen. Wir überraschen sie beispielsweise mit einer aktuellen Zahl oder einer Einschätzung des Markts. Dadurch bringen wir unsere Kunden letztendlich dazu, völlig anders über ihren Umgang mit den Ausgaben für dieses Produkt zu denken – so sehen sie die Vorteile und das Einsparpotenzial. Es geht darum, den Kunden durch Aufklärung selbst erkennen zu lassen, was die besonderen Stärken des ihm angebotenen Produkts sind, statt sie ihm direkt aufzuzählen. Dies führt dazu, dass Verkaufsgespräche nicht langweilig und despektierlich verlaufen, sondern auf einem höheren Niveau. Diese Beratung auf Augenhöhe führt letztlich zu mehr und größeren Aufträgen.

Für alle Unternehmen, deren Wertschöpfung stark vom Vertrieb abhängt, ist es von großer Bedeutung, Vertreter des neuen Vertriebstyps Challenger in den eigenen Reihen zu haben und zu binden. Die Suche nach Challenger-Typen beginnt schon bei der Auswahl der Bewerber, die wir gezielt nach den Eigenschaften des Challenger-Typus screenen. Durch Techniken der Selbst- und Fremdbildanalyse, unter anderem in simulierten Verkaufsgesprächen, arbeiten wir Stärken der Bewerber heraus. Erkennen wir Challenger-Potenzial und der Kandidat entscheidet sich ebenfalls für uns, wird ihm eine erfahrene Führungskraft als Coach begleitend zur Seite gestellt. Auch in der Weiterbildung spielt die Entwicklung hin zum Challenger eine Rolle. Ein Relationship Builder kann ebenfalls lernen, mit festen Zielvorgaben und über Feedbackschleifen die Vorteile des Challenger-Ansatzes in seiner Arbeit zu nutzen und sich Schritt für Schritt in das Arbeitsmodell hineinzubewegen.

Ich bevorzuge bei der Personalentwicklung den Führungsansatz des Growth Mindset, dem dynamischen Selbstbild. Geprägt hat das Modell die US- amerikanische Motivationspsychologin Carol Dweck. Sie unterscheidet danach, ob die Menschen ein statisches oder dynamisches Selbstbild haben. Und sie sagt, dass wir unser Selbstbild verändern können. Ein statisches Selbstbild (Fixed Mindset) zeichnet sich dadurch aus, dass Eigenschaften, Talente, Fähigkeiten im Mittelpunkt des Selbstbilds stehen. Zuerst muss man für sich selbst erkennen: Denkt man statisch: „Ich bin ein klasse Chef" oder „Ich bin eben doch kein so toller Chef?" Oder dynamisch: „Wie kann ich lernen, ein besserer Chef zu sein?" oder „Was kann ich tun, um es das nächste Mal besser zu machen?"

Handlungsempfehlungen

- Erkennen Sie das Potenzial des Challenger-Ansatzes und steigern Sie Effizienz und Erfolg Ihres Vertriebs.
- Fördern Sie gezielt Challenger-Typen in den eigenen Reihen und unter Bewerbern. Legen Sie künftig mehr Wert auf Informationen und Inhalte.
- Implementieren Sie ein dynamisches Selbstbild in der Vertriebsorganisation.

Dies wird noch wichtiger, wenn es um das Verhältnis zu Mitarbeitern geht: „Frau Schmidt ist ein Verkaufsgenie" oder „Herr Meier ist der dümmste Programmierer unter der Sonne". Das ist statisch. Ein solches Denken ist bei der Auswahl von Mitarbeitern sinnvoll, denn in dieser Situation geht es um die Motivation, Einstellung und Kompetenz zu einem konkreten Zeitpunkt. Wenn sich diese Zuschreibungen aber nicht ändern, töten Führungskräfte jede Motivation und Aktivität zur Änderung und Verbesserung. Im dynamischen Selbstbild wird alles, also auch die eigene Intelligenz, jede Fähigkeit und Eigenschaft als veränderbar angesehen. Jemand mit einem dynamischen Selbstbild sagt: „Da habe ich mich angestrengt" oder „Dabei habe ich etwas gelernt". Ein Rückschlag wird kommentiert mit Worten wie „Da hätte ich wohl noch mehr tun müssen" oder „Wie kann ich es das nächste Mal besser machen?"

Die Rolle von Führungskräften bei der Unterstützung des Challengers

Führungskräfte haben großen Einfluss darauf, wie sich das Selbstbild von Mitarbeitern entwickelt. Eines der wichtigsten Instrumente hierfür ist Lob und Kritik. Nun steht in fast jedem modernen Führungsbuch, möglichst viel zu loben und möglichst wenig zu kritisieren. Es kommt jedoch auf die Art des Lobs an. Ein Lob der Art „Du bist genial" oder ähnliches hebt zwar kurzfristig das Selbstwertgefühl des Gelobten, führt aber langfristig zu einem statischen Selbstbild und in die Demotivation. Stattdessen geht es um Lob von Aktivitäten und Lernerfolgen: „Bei dem Angebot hast Du Dich ja richtig reingehängt. Das sieht man am Ergebnis". Gleiches gilt für Kritik.

Voraussetzung für die erfolgreiche Personalentwicklung mit Blick auf den Challenger-Typus ist, dass Führungskräfte den Fokus auf das permanente Coaching ihrer Mitarbeiter legen und auf die Bedürfnisse des Challengers eingehen. Doch der Einsatz lohnt sich. Denn langfristig überträgt sich die Dynamik, die der Challenger mitbringt, auch auf den Kunden und die Geschäftsbeziehung insgesamt.

Literatur

Dixon, M., und Adamson, B. (2015): The Challenger Sale: Kunden herausfordern und erfolgreich überzeugen, München

Dweck, C.(2009): Selbstbild: Wie unser Denken Erfolge oder Niederlagen bewirkt, München

Adamson, B, Dixon, M, Toman, N. (2013): Mehr Freiheit für Verkäufer. Harvard Business Manager, Dezember 2013, Hamburg

Dixon, M., Adamson, B. (2012): On Small Business: 3 Tips to Increase your Chances of Closing the Deal. Washington Post, February 15, 2012

Dixon, M., Adamson, B. (2011): Selling Is Not About Relationships. Harvard Business Review, September 30, 2011

Dixon, M., Adamson, B. (2011): The Worst Question a Salesperson Can Ask. Harvard Business Review, October 7, 2011

Dixon, M., Adamson, B. (2011): Why Your Salespeople Are Pushovers. Harvard Business Review, October 14, 2011

Dixon, M., Adamson, B. (2011): How the Rift Between Sales and Marketing Undermines Reps. Harvard Business Review, November 7, 2011

Die Reise des Kunden gezielt steuern

Wann arbeitet ein Vertrieb „exzellent"? Wenn es gelingt, die komplexen Aufgaben der modernen Vertriebssteuerung zu bewältigen. Das kann zum Beispiel mit einem Sales-Performance-Management-Ansatz gelingen. Diese Methodik kann nicht nur strategisch, sondern auch operativ genutzt werden, um die Kunden auf ihrer Customer Journey zu steuern.

Mario Pufahl, Sabine Kirchem

Die Beziehung eines Unternehmens zu seinen Kunden ist entscheidend für den Geschäftserfolg und damit für die Zukunft des Unternehmens. Generell werden Beziehungen durch Interaktionen geprägt und dies trifft auch und vor allem im geschäftlichen Bereich zu. Besonders die Qualität dieser Kundeninteraktion spielt eine herausragende Rolle – so werden Zuverlässigkeit, Kompetenz, Qualität, Antwortverhalten und Freundlichkeit des oder der Interaktionspartner mit dem Markenversprechen kombiniert und ergeben zusammen mit dem wahrgenommenen Produktnutzen das so genannte Markenerlebnis. Und hier trennt sich auch schon die Spreu vom Weizen beziehungsweise der exzellente vom schlechten Vertrieb.

Denn vor dieser Frage steht jeder Vertrieb: Was nutzt das beste Produkt, wenn man das Ziel nicht erreicht, dem Kunden beim Kauf dieses Produktes und beim Kontakt beziehungsweise der Interaktion mit dem Unternehmen ein bestmögliches Erlebnis zu bieten. Moderne Unternehmen binden Kunden, wenn sie es verstehen, deren „Reise", die so genannte Customer Journey, als ein konsistentes Kundenerlebnis zu gestalten.

Ein volatiles Marktumfeld, steigender Wettbewerbsdruck und immer höhere Ansprüche an die Befriedigung der Kundenbedürfnisse können gegenwärtig als besondere Herausforderungen für Marketing und Vertrieb identifiziert werden. Ein Experten-Barometer der Managementberatung Horvath & Partners aus Stuttgart hat im September 2013 bei Vertriebsentscheidern die größten Herausforderungen im Vertrieb für die Potenzialausschöpfung, Kundendurchdringung sowie mögliche Maßnahmen in der Vertriebssteuerung ermittelt.

Ergänzend dazu sieht IDC in der Studie „Digitale Transformation 2015" 62 Prozent von 250 befragten Unternehmen mit sich stark wandelnden Kundenbedürfnissen konfrontiert. Eine hohe Kundenorientierung muss demnach auch in die strategische Ausrichtung von Unternehmen einfließen, sodass diese ihre Kernkompetenzen auf die Befriedigung von Kundenwünschen weiterentwickeln. Aus diesem Grund wird auch ein integriertes Kundenmanagement (CRM) in Marketing, Vertrieb und Service immer relevanter. Soziale Medien sind zudem insbesondere im B2C-Vertrieb ein zentraler Erfolgsfaktor mit steigender Bedeutung im B2B-Vertrieb.

Doch wie kann man in Anbetracht dieser Veränderungen den Vertrieb in einer Leitungsfunktion verbessern und steuern und mithilfe eines gezielten Sales Performance Managements den Herausforderungen für die Mitarbeiter und die gesamte Organisation auf dem Weg zu einem „exzellenten Vertrieb" gerecht werden?

Sales Performance Management – Vertrieb mit Methodik

An dieser Stelle ist es zuerst notwendig zu betrachten, was Sales Performance Management eigentlich leistet, welches Vorgehen dahinter steckt (siehe **Abbildung 1**). Anschließend wird am Beispiel der Customer-Journey-Analyse erläutert, wie mittels der einzelnen Bausteine in einer bestimmten Dimension die relevanten Handlungsfelder identifiziert werden können.

Mario Pufahl
ist Buchautor, Dozent und Vorstand bei
ec4u Expert Consulting AG und seit mehr
als 15 Jahren anerkannter Experte für Per-
formancesteigerung im Vertrieb, Vertriebs-
controlling und CRM; www.pufahl.net

Sabine Kirchem
ist Senior Manager Market Research &
Corporate Communication bei ec4u
Expert Consulting AG.

Mario Pufahl
ec4u Expert Consulting AG, Karlsruhe,
Deutschland
E-Mail: mario.pufahl@ec4u.de

Sabine Kirchem
ec4u Expert Consulting AG, Karlsruhe,
Deutschland
E-Mail: sabine.kirchem@ec4u.de

Generell ist die Methodik des Sales Performance Management sdie konsequente und nachhaltige Ausrichtung eines Unternehmens auf die Kundenbedürfnisse entlang des Kundenlebenszyklus. Anhand dieser Methodik kann der Vorstand, die Geschäftsführung oder die Vertriebsleitung die Geschäftsentwicklung systematisch anhand von vier Dimensionen überwachen und steuern:

1. **Strategie:** Sind alle wesentlichen Elemente einer Vertriebsstrategie ausreichend definiert, dokumentiert und werden diese ausreichend gestaltet, regelmäßig überwacht und ggfs. neu ausgerichtet? Gibt es Frühwarnsysteme für Marktveränderungen?

2. **Organisation:** Ist die Aufbauorganisation zentral und in den lokalen Märkten ausreichend gestaltet, untereinander vergleichbar und mit ausreichenden Ressourcen ausgestattet? Sind Prozesse definiert, dokumentiert und adäquat durch moderne IT-Systeme unterstützt?

3. **Controlling:** Existiert ein ausgereiftes Steuerungskonzept für den Vertrieb? Sind die Steuerungsgrößen ((Key) Performance Indicators) ausreichend klar definiert und durch Cockpits und Berichte einfach und verständlich operationalisiert? Existiert eine konsistente Planung mit ausreichender Detailtiefe? Wird die Planerreichung überwacht?

4. **Personal:** Haben die Vertriebsmitarbeiter eine ausreichende Qualifikation, um die angestrebten Marktziele zu erreichen? Werden Deltas von Mitarbeitern zu geforderten und angestrebten Kompetenzen regelmäßig identifiziert und

Maßnahmen zu deren Beseitigung abgeleitet? Werden Leistungsträger gefördert und Schwächen bei Mitarbeitern systematisch beseitigt?

Eine hohe Kundenorientierung ist ein zentraler Erfolgsfaktor in jeder dieser vier Dimensionen und spielt in der Realisierung von Vertriebsexzellenz eine tragende Rolle.

Der wichtigste Einstiegspunkt ist natürlich auch im Vertrieb die Strategie. Hier sollte der Fokus zuerst auf den Markt, dessen Potenzial, die Teilnehmer und die Entwicklung liegen. Im nächsten Schritt wandert der Blick auf den Kunden. Er sollte analysiert, segmentiert und strukturiert werden, denn Wert, Potenzial und Profitabilität sind eine wichtige Grundlage für jede Vertriebsstrategie.

Betrachtet man im Kundenzusammenhang gleichzeitig die von SiriusDecisions und Gartner getroffene Annahme, dass im Jahr 2020 in 85 Prozent der Kundenerfahrung keine menschliche Interaktion stattfindet, muss sich jeder Vertriebsverantwortliche klar werden, dass es längst nicht mehr nur um die Kenntnisse des Marktes oder der Potenziale geht. Es geht vor allem um die Kenntnisse über den Kunden, dessen Verhalten und Erwartungen und auch darüber, an welchen Kontaktpunkten man mit ihm interagiert – bewusst oder unbewusst. Es gilt, die Customer Journey im Sinne des Kunden nachhaltig zu optimieren.

Um jedoch ein tiefes Verständnis für den Kunden und sein Verhalten zu erhalten, sollte man jeden Interaktionspunkt mit ihm methodisch analysieren und die Customer Journey ganz-

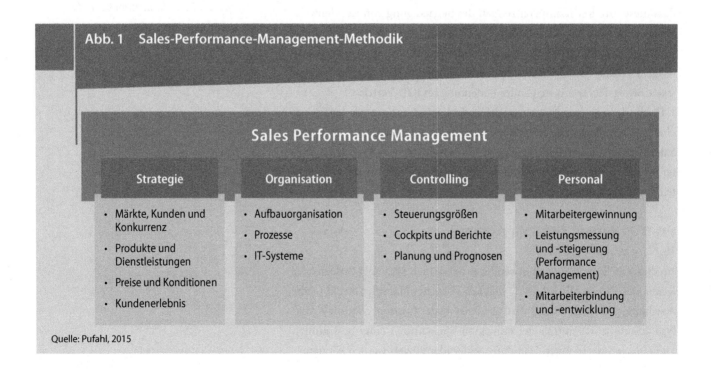

Abb. 1   Sales-Performance-Management-Methodik

Sales Performance Management

Strategie	Organisation	Controlling	Personal
• Märkte, Kunden und Konkurrenz • Produkte und Dienstleistungen • Preise und Konditionen • Kundenerlebnis	• Aufbauorganisation • Prozesse • IT-Systeme	• Steuerungsgrößen • Cockpits und Berichte • Planung und Prognosen	• Mitarbeitergewinnung • Leistungsmessung und -steigerung (Performance Management) • Mitarbeiterbindung und -entwicklung

Quelle: Pufahl, 2015

heitlich betrachten, diese planen und immer weiter perfektionieren. Erst dann sind konsistente und kanalübergreifende Prozesse aus Kundensicht und ein realisiertes Differenzierungspotenzial an entscheidenden Kundenkontaktpunkten gegenüber der Konkurrenz realisierbar.

Immer wieder kann man in der unternehmerischen Praxis feststellen, dass unterschiedliche Kundeninformationen in den Kanälen vorliegen, die Kundenansprache in Bezug auf das Leistungsversprechen unterschiedlich ist bzw. der Prozess entlang der Customer Journey kaum bis gar nicht durchgängig ist.

Die Kombination von Kaufphase, Kommunikationskanal und Touch Point ergibt eine für jeden Kunden einzigartige „Customer DNA" entlang der „Customer Journey". Dabei spielen seine expliziten Kriterien (Profilinformationen) und die impliziten Kriterien (Das Verhalten im Kaufprozess, welche Kanäle wann genutzt werden) die entscheidende Rolle. Durch vordefinierte „Programme" wird dann eine Regelkommunikation definiert und zur Laufzeit dynamisch über Marketing Automation Tools auf dem gewählten Kanal ausgespielt.

Beispielsweise macht es einen großen Unterschied in der Kundeninteraktion über den Kanal Internet, ob es sich bei einem Besuch des Internetauftritts um einen Erstbesucher, wiederkehrenden Besucher oder einen Bestandskunden handelt. Gleiches gilt bei der Durchführung von E-Mail-Kampagnen. Bestandskunden erwarten eine Berücksichtigung ihrer im CRM aufgrund der Kontakthistorie hinterlegten oder mühevoll im Self-Service gepflegten Präferenzen.

Optimierung der Customer Journey in fünf Schritten

Die Ausgestaltung der Customer Journey erfordert eine systematische Herangehensweise und erfolgt idealerweise in fünf Schritten:

1. Kundenerlebnisprinzipien festlegen

Dieser erste Schritt umfasst die Erfassung und Systematisierung aller relevanten Markenattribute und der bestehenden Kundenprinzipien sowie die Definition der übergeordneten Customer-Journey-Ziele. Entscheider müssen sich fragen, wie sie zu ihren Kunden aktuell stehen und wie sie es zukünftig wollen. In diese Fragestellung fließen vor allem auch Leitbild und Vision eines Unternehmens mit ein. Zudem sollte der Fokus auf die Marke gelegt werden, denn der Einfluss der eigenen Marke auf den Kunden und der Einfluss des Kunden auf die Marke ist ein wesentlicher Bestandteil der Kundenerfahrung (Customer Experience) entlang der Customer Journey.

Zusammenfassung

- Die Relevanz der ganzheitlichen Customer Journey und Vorstellung des Sales-Performance-Management-Ansatzes
- Wie im Rahmen des Sales Performance Managements vorgegangen wird
- Wie mittels einzelner Bausteine einer bestimmten Dimension relevante Handlungsfelder identifiziert werden können
- Fünf Schritte zur systematischen Optimierung der Customer Journey

---

2. Kontaktpunkte analysieren und „Momente der Wahrheit" identifizieren

Als nächstes sollten sämtliche Kundenkontaktpunkte über den gesamten Kaufzyklus hinweg erfasst und die „Momente der Wahrheit" (Moments of Truth) systematisch identifiziert werden.

Betrachtet man den Sechs-Phasen-Kaufzyklus, den sogenannten Buying Cycle (siehe **Abbildung 2**), erkennt man schnell, in welcher Kaufphase die entscheidenden Momente, die Moments of Truth, stattfinden (hier im Inneren des Buying Circle). Eine besondere Rolle kommt hier dem ZMOT, dem Zero Moment of Truth zu. Der erste „Moment der Wahrheit" ist bei den Phasen „Information" und „Evaluation" ein-

---

Kerngedanken

1. Die Beziehung eines Unternehmens zu seinen Kunden ist entscheidend für den Geschäftserfolg und damit für die Zukunft des Unternehmens.
2. Eine hohe Kundenorientierung spielt in der Realisierung von Vertriebsexzellenz eine tragende Rolle und kann als zentraler Erfolgsfaktor gesehen werden.
3. Die Methodik des Sales Performance Managements ermöglicht die konsequente und nachhaltige Ausrichtung eines Unternehmens auf die Kundenbedürfnisse entlang des Kundenlebenszyklus.
4. Eine systematische Herangehensweise anhand fünf idealtypischer Schritte ermöglicht die Ausgestaltung und gleichzeitig auch die Optimierung der Customer Journey.

zuordnen. Er wurde von Google entwickelt und bezieht sich auf den Moment, wenn zukünftige Kunden, von denen das Unternehmen meistens noch nichts weiß, Informationen über das Unternehmen und seine Produkte sammeln und evaluieren, ob sich der Kauf lohnt. Im digitalen Zeitalter kann sich fast jeder via Internet über das Unternehmen oder das Produkt informieren, Tests lesen, Produktvideos anschauen und Erfahrungsberichte lesen. Auf diesen Schritt im Kaufprozess haben die Unternehmen am wenigsten Einfluss. Daher ist es extrem wichtig, dass Unternehmen darauf strategisch vorbereitet sind. In der Phase „Kauf" befindet sich dann der zweite „Moment der Wahrheit". Dies ist der Moment, in dem die

Kaufentscheidung gefällt wird. Daher muss dieser Moment vom Unternehmen so perfekt wie möglich geplant werden. In der Phase „After Sales" entscheidet er darüber, wie ein Kunde das gekaufte Produkt bewertet, wie er anderen davon erzählt und, ob er wieder beim selben Unternehmen kaufen wird. Alle diese Momente müssen geplant, bearbeitet und unter einer Gesamtstrategie gestaltet und verwaltet werden.

3. Kundenerwartungen erheben und Differenzierungspotenziale identifizieren

Im nächsten Schritt gilt es, die Kundenerwartungen und Informationsbedürfnisse an den einzelnen Kontaktpunkten dif-

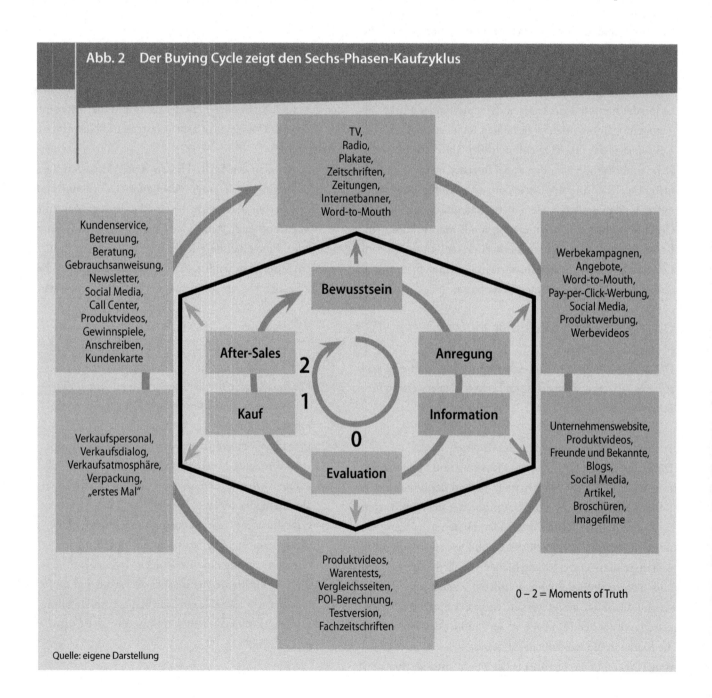

Abb. 2   Der Buying Cycle zeigt den Sechs-Phasen-Kaufzyklus

Quelle: eigene Darstellung

ferenziert zu erheben (Mindest-, Zusatzleistungen) und anschließend Differenzierungspotenziale zu identifizieren. Dazu sollte die Vertriebsleitung die zu adressierenden Idealkunden (die so genannten Persona) sowie deren Erwartungen und Bedürfnisse entlang der Customer Journey analysieren. Im Idealfall werden Kunden ebenfalls befragt. Das Ergebnis sind die Antworten auf die Fragen nach den Erwartungen der Kunden an den einzelnen Kontaktpunkten, also zum Beispiel der Webseite, dem Verkaufsraum (Point-of-Sale) oder der Hotline, über den gesamten Lebenszyklus hinweg. Es empfiehlt sich darüber hinaus, auch eine Konkurrenzanalyse in Form eines Mystery Shoppings anzuschließen, um eine Differenzierung zum Wettbewerb im Kundenerlebnis einbinden zu können.

4. Kunden- und Vertriebsversprechen formulieren sowie Kontaktstrategien entwickeln und umsetzen

Nun gilt es, mit Hinblick auf die eigenen Stärken und in der in Schritt drei vorgenommenen Differenzierung zum Wettbewerb ein realistisches und umsetzbares Kunden- und Vertriebsversprechen zu formulieren (siehe **Tabelle 1**).

Handlungsempfehlungen

- Den Kunden und dessen Bedürfnisse in das Zentrum der strategischen Ausrichtung stellen und Kundenmanagement in Marketing, Vertrieb und Service integrieren.
- Konsequente und nachhaltige Ausrichtung des Unternehmens auf die Kundenbedürfnisse entlang des Kundenlebenszyklus anhand der Orientierung an den vier Dimensionen des Sales Performance Managements.
- Steuerung der Kunden durch systematische Optimierung der Customer Journey anhand der vorgestellten fünf Schritte.

Stehen die in Schritt 3 geprüften Kundenerwartungen an jedem Punkt fest, sollten diese mit den bisherigen Leistungen an den Kontaktpunkten abgeglichen werden. Unternehmen sollten sich hier nicht nur darauf beschränken, die Erwartungen der Kunden zu erfüllen, sondern diese zu übertreffen. Kunden belohnen oder bestrafen Unternehmen aufgrund einer einzigen Erfahrung. Doch wie kann man die Kundener-

wartung übertreffen? Eine Möglichkeit ist die Differenzierung von der Konkurrenz an den einzelnen Kontaktpunkten. Bringt ein Unternehmen eine unerwartete Extraleistung, die sonst keiner bietet, erzeugt es ein starkes Kundenerlebnis. In Customer-Journey-Mapping-Workshops wird die Reise von Kundentypen durch die Kontaktkanäle eines Unternehmens simuliert, analysiert und hierdurch Stärken und Schwächen aufgedeckt.

Ein Unternehmen sollte dedizierte Kontaktpunktstrategien entwickeln, die auch Lücken und Fähigkeiten der Mitarbeiter beinhalten sollten. Danach werden diese Fähigkeiten und Lücken priorisiert, um daraus einen Maßnahmenplan zu erarbeiten, der zum Beispiel beschreibt, ob Mitarbeiter geschult, Werbung verbessert oder die Website angepasst werden müssen.

5. Steuerungsinstrumentarien einrichten

Auch für die Optimierung einer Customer Journey gilt: messen, messen, messen. Ohne Kennzahlen und einer entsprechenden Kontrollfrequenz kann ein langfristiger Erfolg nicht

sichergestellt werden. Das Experten-Barometer „Sales Performance Management 2014" der ec4u Expert Consulting AG hat hierzu die relevantesten Vertriebskennzahlen unter 150 deutschen Vertriebsexperten ermittelt. Demnach sind Nettoumsatz, Auftragseingang und Kundenzufriedenheit die drei wichtigsten Performance-Indikatoren. Aus Sicht der befragten Vertriebsentscheider nehmen außerdem Deckungsbeitrag, Absatzmengen, Bruttoumsatz und Kundenwertigkeit zentrale Rollen im Vertriebscontrolling ein.

Eine zentrale Steuergröße, die immer mehr an Bedeutung zur Messung der Customer Journey gewinnt, ist der Net Promoter Score. Er sollte regelmäßig mit gleichbleibender Messmethodik erhoben werden, um Veränderungen in der Kundenzufriedenheit und -loyalität ersichtlich zu machen. Kunden können auf einer Skala von eins bis zehn die Wahrscheinlichkeit bewerten, mit welcher Sie einem Freund ein Produkt, ein Unternehmen oder eine Dienstleistung weiterempfehlen würden. Bewerten die Kunden diese Wahrscheinlichkeit mit einer neun oder zehn, können sie als Promotoren

Tab. 1 Beispiel für Kunden- und Vertriebsversprechen einer deutschen Versicherung

Kundenversprechen	Vertriebsversprechen
„Als eine der weltweit finanz- und leistungsstärksten Versicherungsmarken bieten wir unseren Kunden zeitnah intelligente und bedarfsgerechte Versicherungsprodukte und Serviceleistungen."	„Als eine der weltweit finanz- und leistungsstärksten Versicherungsmarken unterstützen wir mit Leidenschaft unsere Vertriebspartner dabei, unseren Kunden zeitnah, intelligente und bedarfsgerechte Produkte und Serviceleistungen zu vermitteln."
Differenzierende Elemente	**Differenzierende Elemente**
• Hohes Verständnis der Kundenbedürfnisse • Moderne, innovative Gesellschaft • Intelligente Produkte und Services • Sicherheit des Kapitals • Hohe Renditen	• Moderne, innovative Gesellschaft • Wettbewerbsfähiges Produktportfolio • Breites Produktangebot • Kompetente Betreuung vor Ort
Mindeststandards	**Mindeststandards**
• Zuverlässigkeit • Optimaler Schutz und Sicherheit • Erfahrener Anbieter • Breites Produktangebot	• Unternehmen mit Tradition • Verständliche Produktinformationen • Erfahrener Anbieter • Optimaler Schutz und Sicherheit

Quelle: eigene Darstellung

klassifiziert werden. Bei einer sieben oder acht gelten sie als indifferent, wohingegen sie bei einer Bewertung von null bis sechs als Detraktoren, also als Kritiker, eingestuft werden. Um den NPS zu berechnen, wird dann der Prozentsatz der Detraktoren von dem prozentualen Anteil der Promotoren subtrahiert. Der NPS kann also zwischen +100 Prozent und -100 Prozent schwanken. Er ist ein guter Indikator für Kundenzufriedenheit und -loyalität und sollte daher auch in die Unternehmensstrategie integriert werden. Allerdings ist es für seine Funktionalität grundlegend, dass er statistisch signifikant ist und über einen längeren Zeitraum angewandt wird.

Zur Schaffung eines offiziellen Rahmens empfiehlt sich übrigens die Aufnahme der Kennzahlen und der allgemeinen Customer-Journey-Ziele in die Balanced Scorecard des Unternehmens. Zudem empfiehlt sich die Feststellung eines NPS in einzelnen Kundenkontaktpunkten, um ein möglichst reelles Bild der erlebten Customer Journey darzustellen.

Fazit

Die Exzellenz und Performance eines Vertriebs stellt sich durch den richtigen Mix aus den Dimensionen „Strategie", „Organisation", „Controlling" und „Personal" dar. Dieses Sales Performance Management ist eine praxisbewährte Methodik, um eine möglichst hohe Leistungsfähigkeit im Vertrieb zu erreichen. Diese Methodik wurde und wird erfolgreich in Unternehmen eingesetzt, um einen systematischen Blick auf Vertriebseinheiten zu werfen und diese zielgerichtet und systematisch an den richtigen Stellen mit den passenden Maßnahmen zu optimieren.

Eine konsequente und nachhaltige Ausrichtung des Unternehmens auf die Kundenbedürfnisse entlang des Kundenlebenszyklus, anhand der Orientierung an den vier Dimensionen des Sales Performance Managements ermöglicht eine nachhaltige Steuerung der Kunden durch eine systematische Optimierung der Customer Journey anhand der vorgestellten fünf Schritte. Durch die intelligente Integration sämtlicher Kanäle über den gesamten Kundenlebenszyklus wird ein optimales Kundenerlebnis und somit eine messbare Steigerung der gesamten Verkaufsleistung erreicht.

Literatur

Accenture (2013): Kundenerlebnis im Business-to-Business. Differenzierte Betreuung lohnt sich für den Vertrieb – gerade im Geschäftskundenbereich

Eades, K. M./Sullivan, T. T. (2014): The Collaborative Sale. Solution Selling in a Buyer-Driven World. Hoboken, NJ

ec4u Expert Consulting AG (2014): CRM 2.0-Barometer, Karlsruhe

Gartner (2011): Customer 360 Summit

Google Inc. (2012): The ZMOT Handbook. Ways to win Shoppers at the Zero Moment of Truth

[SfP]* Homburg,C./Schäfer,H./Schneider, J. (2012): Sales Excellence. Vertriebsmanagement mit System. (7. Ausgabe), Wiesbaden (ID: 3528312)

Horváth & Partners (2013): Experten Barometer Sales Performance Excellence, Frankfurt am Main

[SfP]* Pufahl, M. (2015): Sales Performance Management. Exzellenz im Vertrieb mit ganzheitlichen Steuerungskonzepten. (1. Aufl.), Wiesbaden (ID: 5723470)

Pufahl, M./Sörgel,P. (2014): Experten-Barometer „Sales Performance Management 2014", Karlsruhe

IDC (2015): Digitale Transformation

[SfP]* Abonnenten des Portals Springer für Professionals erhalten diesen Beitrag im Volltext unter www.springerprofessional.de/ID

Service

Buchrezensionen

Bernhard Keller, Hans-Werner Klein,
Stefan Tuschl (Hrsg.)
Zukunft der Marktforschung
Entwicklungschancen in Zeiten
von Social Media und Big Data
SpringerGabler, 1. Auflage
Wiesbaden 2015
333 Seiten, 49,99 Euro
ISBN: 978-3-658-05400-7

Fabian Lehnert
Kundenbindungsmanagement
Ein länder- und branchenübergreifendes
metaanalytisches Strukturgleichungs-
modell (MASEM) zur Analyse der
Determinanten von Kundenbindung
Verlag Dr. Kovač, 1. Auflage
Hamburg 2014
528 Seiten, 138,80 Euro
ISBN: 978-3-8300-7701-5

Manfred Bruhn
Kundenorientierung
Bausteine für ein exzellentes Customer
Relationship Management (CRM)
Verlag C. H. Beck, 4.,
vollständig überarbeitete Auflage
München 2015
369 Seiten, 16,90 Euro
ISBN 978-3-406-62646-3

Kernthese
„Marktforschung dient oft der Lösung
strategischer Fragestellungen. Diese
benötigen eine angemessene Wahl von
Methoden und Menschen."

Nutzen für die Praxis
Renommierte Experten zeigen den zukünftigen Stellenwert der Marktforschung zwischen Big Data, Social
Media, kurzlebigen Data-Hypes und
realem Geschäft auf.

Abstract
In diesem Buch werden die kurz- und
mittelfristig möglichen Entwicklungen
in der wie auch immer definierten Welt
der Marktforschung aufgezeigt.

Kernthese
„Die Bindung von Kunden an einen Anbieter sowie das Management von Geschäftsbeziehungen gelten als funda-
mentale Ressourcen für nachhaltige
Wettbewerbsvorteile."

Nutzen für die Praxis
Auf der Grundlage der Forschungser-
gebnisse werden Implikationen für die
Unternehmenspraxis abgeleitet.

Abstract
Gezeigt wird, wie die Bindung von Kunden zu Unternehmen erreicht werden
kann und wie sich Kundenbindung auf
den Unternehmenserfolg auswirkt.

Kernthese
„Die Kundenorientierung nimmt als
Ziel vieler Unternehmen einen domi-
nanten Stellenwert ein."

Nutzen für die Praxis
In der 4. Auflage wurde besonders die
Enwicklung der Social-Media-Kommu-
nikation und ihre Bedeutung für die
Kundenorienterung herausgearbeitet.

Abstract
Dieses Buch stellt in systematischer und
kompakter Form die Zusammenhänge
und die Elemente der Kundenorientierung dar – vom Qualitätsmanagement
über das Beschwerdemanagement bis
zum Kundenwertmanagement.

Veranstaltungen

Veranstaltungen zum Thema Vertrieb				
Datum	Event	Thema	Ort	Veranstalter/Website
30.09.2015	10. wissenschaftlicher interdisziplinärer Kongress für Dialogmarketing	Der wissenschaftliche interdisziplinäre Kongress des Deutschen Dialogmarketing Verbands schlägt eine Brücke zwischen Theorie und Praxis. Schwerpunktthemen des ganztätigen Symposiums sind Forschungsprojekte zu den Themenkomplexen Social Media, Big Data, Bild- bzw. Gesichtserkennung sowie Werbemittel-Optimierung. Bestandteil der Veranstaltung ist die Verleihung des wissenschaftlichen DDV-Nachwuchspreises Alfred Gerardi Gedächtnispreis.	Fulda	Deutscher Dialogmarketing Verband (DDV) www.kongressfuerdialog marketing.de
03.11.2015	14. Sales Congress	„Was Macht macht": Um den wahren Charakter eines Menschen kennenzulernen, sollte man ihm Macht geben. Das wusste bereits Abraham Lincoln. Doch wie groß ist der Einfluss auf die Wahrnehmung und Entscheidungsfähigkeit von Führungskräften? Und inwieweit verändert Macht sogar die Persönlichkeit? Antworten auf diese spannenden Fragen geben namhafte Referenten auf diesem Congress.	Hamburg	Pawlik Consultants GmbH www.pawlik.de
02.11.2015	Suchmaschinenwerbung	In diesem Suchmaschinenwerbung (SEA)-Kurs lernen Sie die Grundlagen und die wichtigsten Voraussetzungen für eine erfolgreiche Suchmaschinenwerbung kennen. Sie erfahren, wie Sie effektive Google AdWords Kampagnen planen, budgetieren und umsetzen und wie Sie die idealen Keywords für Ihre Websites und Anzeigentexte ermitteln. Sie lernen, wie Sie Ihre Website, Ihre Textanzeigen im Internet und Landing Pages auf bestmögliche Weise gestalten und lernen effektive Methoden der Kosten- und Erfolgskontrolle für Ihre Suchmaschinenwerbung kennen.	München	Manager Institut Bildung für die Wirtschaft e.K. www.manager-institut.de
07.04.2016-08.04.2016	Neosales 39. Vertriebsleiter Kongress	Gerade der Vertrieb steht ständig vor neuen Herausforderungen, muss sich deshalb permanent neu definieren und auf komplexer werdende neue Marktanforderungen reagieren. 2016 steht der Vertriebsleiter Kongress deshalb auch ganz im Zeichen top-aktueller und zukunftsweisender Themen sowie hochkarätiger Speaker.	München	Haufe Akademie GmbH & Co. KG · DVS www.neosales.de

Rückzahlung von Provisionsvorschüssen

Das Bundesarbeitsgericht hat sich aktuell mit einem Anspruch auf Rückzahlung diskontiert ausgezahlter Provisionen im Falle der Stornierung von Versicherungsverträgen befasst.

Das Bundesarbeitsgericht hat sich in einer aktuellen Entscheidung vom 21. Januar 2015 (10 AZR 84/14) mit einem Provisionsvorschuss-Rückzahlungsanspruch des Arbeitgebers gegenüber einem angestellten Mitarbeiter eines Versicherungsmaklers auseinandergesetzt. Dabei konnte das Gericht zum Teil auf die im Handelsvertreterbereich ausgeformte Rechtsprechung der Zivilgerichte zurückgreifen. Teilweise waren aber auch Besonderheiten des Arbeitsrechts zu beachten. Die Leitlinien der Entscheidung des BAG seien daher nachstehend wiedergegeben:

Fordert der Arbeitgeber die Rückzahlung von geleisteten Provisionsvorschüssen, so verlangt er diese regelmäßig in Höhe eines Bruttobetrages, das heißt einschließlich der darauf einbehaltenen und abgeführten Arbeitnehmeranteile zur Sozialversicherung. Grundsätzlich ist das auch möglich, denn der Arbeitnehmer erhält auch hinsichtlich dieser Anteile eine Leistung des Arbeitgebers. Allerdings steht der Erstattungsanspruch gemäß § 26 Abs. 3 SGB IV grundsätzlich nur dem Arbeitnehmer zu, so dass der Arbeitgeber seinerseits vom Arbeitnehmer nur die Abtretung dieses Erstattungsanspruchs, nicht aber eine Zahlung verlangen kann.

Diese Systematik hat Folgen für den Klageantrag des Arbeitgebers: Er kann nicht hinsichtlich des vollen Brutto-Rückbelastungsbetrages Zahlung beanspruchen, sondern muss zwischen dem Netto-Betrag und den Arbeitnehmeranteilen differenzieren. Beide Teile müssen eindeutig beziffert werden, hinsichtlich letzterer kann der Arbeitgeber grundsätzlich nur die Abtretung des Erstattungsanspruchs verlangen.

Provisionsvorschussregelung entspricht Rechtsgrundsätzen

Nach Ansicht des BAG können die Parteien im Bereich der Versicherungsvermittlung grundsätzlich vereinbaren, dass Provisionen vorschüssig ausgezahlt werden.

Dr. Michael Wurdack
ist Rechtsanwalt und Partner der seit 40 Jahren auf Vertriebsrecht spezialisierten Kanzlei Küstner, v. Manteuffel & Wurdack in Göttingen. Telefon. +49 (0)551/49 99 60 E-Mail: kanzlei@vertriebsrecht.de Weitere Informationen, aktuelle Urteile und Seminarangebote rund ums Vertriebsrecht finden Sie auf der Kanzlei-Homepage: www.vertriebsrecht.de

Wichtig: Sind die Vertragspartner sich über die Zahlung eines Vorschusses einig, ergibt sich daraus regelmäßig zugleich die Verpflichtung des Vorschussnehmers, den Vorschuss wieder zurückzuzahlen, wenn und soweit die bevorschusste Forderung nicht entsteht. Anspruchsgrundlage für die Rückforderung ist dann die Vorschussvereinbarung selbst.

Die vertragliche Bestimmung sah nicht ausdrücklich vor, wann die bevorschusste Provision ins Verdienen gebracht werden konnte. Das ergab sich nach Ansicht des BAG allerdings aus der gesetzlichen Regelung in § 92 Abs. 4 HGB. Die Norm finde auch auf Arbeitnehmer Anwendung, die gegen Provision Versicherungsverträge vermitteln oder abschließen. Für ihren Provisionsanspruch könne nichts anderes gelten als für den des Versicherungsvertreters.

Die Vorschussvereinbarung sei auch nach dem Recht der Allgemeinen Geschäftsbedingungen wirksam. Sie entspreche allgemeinen Rechtsgrundsätzen. Der Arbeitnehmer erhalte durch den Vorschuss eine Geldleistung, die ihm zu diesem Zeitpunkt noch nicht zustehe. Damit scheide eine Inhaltskontrolle aus. Die Vorschussregelung sei auch transparent. Anhaltspunkte für Sittenwidrigkeit gebe es nicht. Letzteres sei auch deshalb fernliegend, weil typischerweise nur ein kleinerer Teil der vermittelten Verträge ins Storno gehe.

Anforderungen an die Darlegung

Um einen Rückforderungsanspruch schlüssig zu begründen, ist es nach Ansicht des BAG zunächst erforderlich, etwaige Sicherheitseinbehalte, die einem Stornoreservekonto ohne Verfügungsmacht des Arbeitnehmers zugebucht wurden, aus dem Rückforderungsbetrag herauszurechnen: Hinsichtlich solcher Umbuchungen ins Stornoreservekonto habe der Arbeitnehmer noch keine Leistung erhalten, die zurückverlangt werden könnte.

Weiter sei es erforderlich, dass dargelegt wird, für welchen Vertrag Provision in welcher Höhe als Vorschuss gezahlt wurde, für welche Prämie der Provisionsanspruch entsteht, inwieweit es nicht zur Prämienzahlung durch den Versicherungsnehmer gekommen ist und welche Auswirkungen dies nach welchen vertraglichen Vereinbarungen der Parteien auf den Provisionsanspruch des Vermittlers hat.

Wichtig: Diese Angaben seien für Rückforderungen in jeder Höhe erforderlich. Auch hinsichtlich kleiner Rückforderungsbeträge seien an die Schlüssigkeit einer Klage keine geringeren Anforderungen zu stellen.

Zur schlüssigen Darlegung eines Rückforderungsanspruchs gehöre weiter die Darlegung der ordnungsgemäßen Nachbearbeitung des einzelnen notleidenden Versicherungsvertrags. Die Grundsätze, die die zivilgerichtliche Rechtsprechung hierzu anhand des § 87 a Abs. 3 HGB entwickelt habe, gälten über § 65 HGB in vollem Umfang auch für Angestellte eines Versicherungsmaklers.

Notwendig sei danach zwar nicht, dass eine Stornogefahrmitteilung übersandt werde. Das Maklerunternehmen sei aber in der Pflicht, eigene bestandserhaltende Maßnahmen vorzunehmen und/oder ggf. auf das Versicherungsunternehmen entsprechend einzuwirken. Das gelte – unter Ablehnung entgegenstehender Entscheidungen – grundsätzlich auch für so genannte Kleinstorni. Zwar könnten in diesem Fall gegebenenfalls geringere Anforderungen an die Nachbearbeitung gestellt werden. Es bedürfe aber einer Begründung, warum keine oder nur geringere, konkret benannte Stornoabwehrmaßnahmen geschuldet seien. Auch das müsse vorgetragen werden.

Im konkreten Fall ergab sich eines der Probleme, die zur Annahme der Unschlüssigkeit der Klage führten, auch daraus, dass das BAG einen pauschalen Verweis auf die Provisions- und Stornohaftungsbedingungen der Versicherungsgesellschaften als intransparent ansah. Bei einer solchen Verweisung handele es sich zwar um eine im Arbeitsleben übliche Regelungstechnik. Für die Wirksamkeit einer arbeitsvertraglichen Bezugnahmeklausel sei aber auch notwendig, dass die in Bezug genommenen Regelungen bestimmbar seien. Davon könne nicht ausgegangen werden, wenn die Bedingungen – wie im zu entscheidenden Fall – dem Arbeitsvertrag weder beigefügt noch in diesem näher bezeichnet seien, etwa auch durch Bezugnahme auf eine Fundstelle im Intranet.

Darüber hinaus legte die Klausel schon nach ihrem Wortlaut nahe, dass der Arbeitnehmer vorab ohne nähere Kenntnis des Bezugnahmeobjekts auf jegliche Einwendungen gegen dessen Inhalt verzichten müsse, wenn er Provisionsansprüche erwerben wolle. Damit wurde nach Ansicht des BAG unzulässig suggeriert, die Bedingungen könnten vom Arbeitnehmer generell keiner rechtlichen Kontrolle unterzogen werden.

Schließlich wies das BAG im Anschluss an eine entsprechende Entscheidung des OLG Düsseldorf noch darauf hin, dass eine vertragliche Bestimmung, nach der der Arbeitnehmer erst dann über die auf das Stornokonto gebuchten Provisionsanteile verfügen können sollte, wenn sich kein Vertrag mehr in der Stornohaftungszeit befindet und auch sonst keine Rückforderungsansprüche bestehen oder entstehen können, AGB-rechtlich unwirksam ist.

Zusammenfassung

• Bei der Rückforderung von Arbeitsentgelt in Form von Brutto-Provisionsvorschüssen muss zwischen dem Auszahlungsanteil und den Arbeitnehmeranteilen zur Sozialversicherung unterschieden werden.

• Vereinbarungen zur Zahlung eines Provisionsvorschusses im Bereich der Versicherungsvermittlung können mit Angestellten wirksam getroffen werden. Verweise auf Provisionsbestimmungen und Stornohaftungsbedingungen sollten transparent gestaltet werden.

• Die Anforderungen an die schlüssige Darlegung von Rückbelastungsforderungen sind hoch. Sie müssen für jeden Einzelfall aufbereitet werden, auch im Falle so genannter Kleinstorni.

SfP www.springer für Professionals

Beitrag des Monats

Zehn Umsatzkiller beim Vertrieb von Industriegütern

Die meisten komplexen (technischen) Industriegüter lassen sich heute ohne ein hohes Maß an Service vor und nach dem Verkauf nicht mehr verkaufen – das beachten die Hersteller von Investitionsgütern oft nicht ausreichend beim Entwickeln ihrer Geschäfts- und Vertriebsstrategien. Außerdem ist ihren Vertriebsmitarbeitern häufig nicht ausreichend bewusst, dass Industriekunden, wenn sie zum Beispiel eine Computeranlage oder Metallpresse kaufen, mit deren Lieferanten meist eine Partnerschaft für die Lebensdauer des Systems eingehen und folglich Wert auf einen guten Service legen. Deshalb begehen sie im Kundenkontakt immer wieder Fehler, die letztlich Umsatzkiller sind. Lesen Sie mehr unter

SfP *www.springerprofessional.de/5738264*

Weitere meistgeklickte Beiträge

2. Flexibilität als Schlüsselqualifikation
SfP *www.springerprofessional.de/5766696*

3. Besser führen für mehr Vertriebsleistung
SfP *www.springerprofessional.de/5743860*

4. Funktionierende Bonussysteme einführen
SfP *www.springerprofessional.de/5008910*

5. Online-Handel birgt sowohl Chancen als auch Risiken
SfP *www.springerprofessional.de/5012456*

Vertriebspower durch Key Account Management

Ein zeitgemäßes Key Account Management lässt die eindimensionale Produktsicht hinter sich. Der Vertrieb verdient folglich nicht mehr (nur) am Verkauf seiner Produkte, sondern an Serviceleistungen. Doch eine Servicestrategie ist mit Aufwand verbunden. Vertriebserfolg stellt sich nur ein, wenn die wertigen Schlüsselkunden passgenau bedient werden. Das heißt, dass sich ein Unternehmen vor allem durch Service- und Zusatzleistungen von seinen Wettbewerbern unterscheiden kann. Schon deshalb muss es das Ziel im Vertrieb sein, eine maximale Bindung der Schlüsselkunden zu erreichen. Mehr unter

SfP *www.springerprofessional.de/5832604*

Die Kontaktwege der Kunden kennen

Wie wichtig das Verständnis der Customer Journey, also des Kontakt- und Informationsprozesses der Kunden bis zum eigentlichen Kauf ist, zeigt eine aktuelle Studie. 83 Prozent der Befragten meinen, dass ein besseres Verständnis der Kundenwege dazu beiträgt, die Customer Experience zu verbessern. Doch nur eine Minderheit der Unternehmen nutzt laut der Studie zum Beispiel Call-Center-Daten, um die Kontaktwege der Kunden zu verstehen. Viele Unternehmen verlassen sich zudem hauptsächlich auf gewohnte Instrumentarien wie Suchmaschinenergebnisse. Fortschrittlichere Unternehmen bilden dagegen eigene Customer-Journey-Teams und nutzen beispielsweise Informationen von Stakeholdern. Mehr unter

SfP *www.springerprofessional.de/5818142*

Das Wissensportal Springer für Professionals

Alle Beiträge und Literaturtipps im Heft, die mit SfP gekennzeichnet sind, sind für Abonnenten des Portals Springer für Professionals im Volltext unter www.springerprofessional.de frei zugänglich. Abonnenten dieser Zeitschrift können das Portal drei Monate kostenfrei unter Angabe des Aktionscodes C0006818 testen und danach zum Vorzugspreis beziehen.

 www.springerprofessional.de/fachzeitschriften/

Dienstleisterverzeichnis

**Präsentieren Sie Ihr
Unternehmen.**

Thema der nächsten Ausgabe:

Key Account Management

Die Bedeutung der Top-Kunden für das Unternehmen und damit auch für den Vertrieb nimmt rasant zu. Um die Betreuung dieser ebenso anspruchsvollen wie lukrativen Kundengruppe zu gewährleisten, ist es unverzichtbar, ein effizientes Key Account Management zu installieren bzw. zu optimieren. Doch was macht erfolgreiches Key Account Management aus? Wie sollten strukturierte Key-Account-Prozesse in der Vertriebspraxis ablaufen? Und welche Unterstützung kann das Top-Management dem Key Account Manager bieten, um einen Mehrwert für die Schlüsselkunden zu schaffen? Das Schwerpunktthema in der nächsten Ausgabe von Sales Management Review befasst sich mit der komplexen Rolle des Key Account Managements.

Impressum

Sales Management Review
Zeitschrift für Vertriebsmanagement
www.salesmanagementreview.de
Ausgabe 4/2015| 24. Jahrgang
ISSN 1865-6544

Verlag
Springer Gabler
Springer Fachmedien Wiesbaden GmbH
Abraham-Lincoln-Straße 46
65189 Wiesbaden
www.springer-gabler.de
Amtsgericht Wiesbaden | HRB 9754
USt-IdNr. DE811148419

Geschäftsführer
Armin Gross | Joachim Krieger |
Dr. Niels Peter Thomas

Gesamtleitung Magazine
Stefanie Burgmaier

Redaktion
Verantwortliche Redakteurin
Gabi Böttcher
Tel.: +49 (0)611 7878-220
gabi.boettcher@springer.com

Anzeigen und Produktion
Gesamtleitung Anzeigen und Märkte
Armin Gross
Gesamtleitung Produktion
Dr. Olga Chiarcos
Verkaufsleitung Anzeigen
Eva Hanenberg
(verantwortlich für den Anzeigenteil)
Tel.: +49 (0)611 7878-226
Fax: +49 (0)611 7878-783226
eva.hanenberg@best-ad-media.de

Anzeigendisposition
Susanne Bretschneider
Tel.: +49 (0)611 7878-153
Fax: +49 (0)611 7878-443
susanne.bretschneider@best-ad-media.de
Anzeigenpreise: Es gelten die Mediainformationen vom 01.10.2014

Produktmanagement
Melanie Engelhard-Gökalp
Tel.: +49 (0)611 7878-315
melanie.engelhard-goekalp@springer.com

Alle angegebenen Personen sind, soweit nicht ausdrücklich angegeben, postalisch unter der Adresse des Verlags erreichbar.

Titelbild
Malte Knaack
mknaack@malteknaack.com

Sonderdrucke
Martin Leopold
leopold@medien-kontor.de
Tel.: +49 (0)2642 9075-96
Fax: +49 (0)2642 9075-97

Satz
K&M, Wiesbaden

Leserservice
Springer Customer Service GmbH
Springer Gabler-Service
Haberstr. 7 | D-69126 Heidelberg
Telefon: +49 (0)6221 345-4303
Fax: +49 (0)6221 345-4229
Montag – Freitag 8.00 Uhr – 18.00 Uhr
springergabler-service@springer.com

Druck
Phoenix Print GmbH
Alfred-Nobel-Straße 33
97080 Würzburg

Wissenschaftlicher Beirat
Prof. Dr. Ove Jensen
WHU – Otto Beisheim School of Management, Vallendar
Prof. Dr. Manfred Klarmann
Karlsruhe Institute of Technology (KIT)
Prof. Dr. Manfred Krafft
Wilhelms-Universität Münster
Prof. Dr. Dirk Zupancic
German Graduate School of Management
& Law (GGS), Heilbronn

Bezugsmöglichkeit
Das Heft erscheint sechsmal jährlich. Bestellmöglichkeiten und Details zu den Abonnementbedingungen finden Sie unter http://www.mein-fachwissen.de/SMR
Alle Rechte vorbehalten.

Nachdruck
Die Zeitschrift sowie alle in ihr enthaltenen einzelnen Beiträge einschließlich sämtlicher Abbildungen, Grafiken und Fotos sind urheberrechtlich geschützt. Sofern eine Verwertung nicht ausnahmsweise ausdrücklich vom Urheberrechtsgesetz zugelassen ist, bedarf jedwede Verwertung eines Teils der

Pflicht oder Kür

Sicher – es geht auch ohne Key Account Management. Längst nicht in allen Unternehmen gehört die spezielle Betreuung der Schlüsselkunden zur Vertriebsstrategie. Das gilt vor allem für viele mittelständische Unternehmen. KAM ist für Mittelständler häufig keine Pflicht, eher eine Kür unter den Strategien: Man kann, aber man muss nicht.

Auch bei der organisatorischen Gestaltung und der inhaltlichen Ausrichtung eines KAMs gibt es noch Nachholbedarf. So gelten in einigen Unternehmen diejenigen Kunden als Key Accounts, die den meisten Umsatz bringen – ihre Umsatzhöhe bestimmt die Einstufung und die Zuwendung(en). Dirk Zupancic von der GGS Heilbronn hält diese KAM-Interpretation für „suboptimal", wie er im Dialog mit Alexander Arnold, General Manager Industries bei SAP, deutlich macht (Seite 46): „Sie vernachlässigt das zukünftige Potenzial und qualitative Aspekte, die man eben nicht messen kann, sondern beurteilen muss. Die aber den Erfolg der Zusammenarbeit maßgeblich bestimmen."

Natürlich will man Umsatz machen, wenn man im Vertrieb tätig ist. Dazu bekennt sich auch Sascha D. Niederhagen, beim Sensorenhersteller Sick AG verantwortlich für den Bereich International Management Board Sales & Service, im SMR-Interview (Seite 22). Allerdings gehen die Ziele des Key Account Managements bei Sick deutlich darüber hinaus: „Es geht uns nicht darum, kurzfristig Umsatz zu steigern, sondern darum, langfristige Partnerschaften und vor allen Dingen eine Art Win-Win-Situation für beide Seiten zu schaffen." Für Niederhagen geht es vor allem darum, zu verstehen, was die Anforderungen der Marktführer für übermorgen sind. Darauf könne man dann das Produktportfolio ausrichten.

Auf den Konsens „verstehen" könnte man vielleicht die Bedeutung des Key Account Managements herunterbrechen. KAM ist wichtig, weil es in gesättigten Märkten, angesichts immer austauschbarer werdender Produkte und Dienstleistungen, immer anspruchsvoller werdender Kunden, fortschreitender Internationalisierung und schwindelerregender technologischer Entwicklung notwendig ist zu wissen – und zu verstehen –, was der Kunden braucht und will. Springer-Autor Hartmut H. Biesel definiert in seinem Buch „Key Account Management erfolgreich planen und umsetzen" KAM als „individuelles Partnerschaftsmarketing". In seinem Beitrag

Gabi Böttcher
Verantwortliche Redakteurin von
Sales Management Review und
Portalmanagerin Vertrieb der Wissens-
plattform Springer für Professionals
E-Mail: gabi.boettcher@springer.com

auf Seite 38 nennt er deshalb „die grundsätzliche Bereitschaft zur Partnerschaft auf beiden Seiten" als Voraussetzung für ein erfolgreiches Key Account Management. Langfristig und partnerschaftlich gepflegte Kundenbeziehungen mit Key Accounts sind für Biesel auch wirtschaftlich eine Notwendigkeit, „da die Kosten der Kundenbeziehung sinken und zufriedene Key Accounts eine geringere Preissensibilität zeigen".

So gesehen sollte Key Account Management wohl doch zum Pflichtprogramm erfolgsorientierter Unternehmen gehören, aber nicht nur von großen Unternehmen. Denn die Implementierung eines KAMs ist weit mehr als eine imagefördernde Marketingmaßnahme, mehr als eine Bereicherung für die Unternehmenskultur, sondern ein unverzichtbarer Wirtschaftsfaktor, der letztlich zur Erhaltung des eigenen Marktanteils beiträgt, indem er die Voraussetzungen schafft, um die wertigen Kunden von morgen zu verstehen – und sie damit zu gewinnen und zu binden. Das liegt schließlich auch im Interesse des Mittelstands.

Gabi Böttcher

Schwerpunkt

www.springerprofessional.de

Beilagenhinweis

Dieser Ausgabe liegen Beilagen der Haufe Akademie GmbH & Co.KG, Freiburg, und der CDH e.V., Berlin, bei. Wir bitten unsere Leserinnen und Leser um Beachtung.

Personalien

Neues Sales Team für Otto Group Media

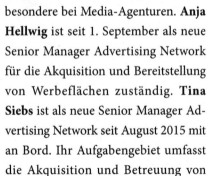

Die im Mai 2015 gegründete Otto Group Media hat im September ihr neues Sales Team präsentiert: **Philipp Laudien** hat am 1. August die neu geschaffene Position des Head of Advertiser Sales übernommen und ist für die Akquisition und Betreuung der Top Direkt-Advertiser aus diversen Branchen verantwortlich. **Markus Rehle** startete zum 1. September als Head of Programmatic Sales des neuen Teams. Seine Aufgabe ist unter anderen die programmatische Vermarktung der Otto Group Media insbesondere bei Media-Agenturen. **Anja Hellwig** ist seit 1. September als neue Senior Manager Advertising Network für die Akquisition und Bereitstellung von Werbeflächen zuständig. **Tina Siebs** ist als neue Senior Manager Advertising Network seit August 2015 mit an Bord. Ihr Aufgabengebiet umfasst die Akquisition und Betreuung von Network-Partnern mit Werbeflächen.

Christian Körner (36) verstärkt als neuer Senior Account Manager, **Stephanie Rahmede** (38) als Account Manager die Bereiche Vertrieb und Kundenbetreuung bei Readbox. Körner ist unter anderem für die weitere Entwicklung der Vertriebs- und Geschäftsstrategie sowie für die Unterstützung der Vertriebspartner verantwortlich. Die Aufgaben von Rahmede umfassen den Aufbau, die Weiterentwicklung und die ergebnisverantwortliche Durchführung der Kundenakquise sowie die Betreuung von Bestandskunden auf Verlags- und Distributionsseite.

Dr. Philipp Müller ist neuer Public Sector Industry General Manager für Zentral- und Osteuropa bei CSC in Wiesbaden. Er hat die Aufgabe, das Marktprofil von CSC im öffentlichen Sektor zu schärfen sowie das Geschäft mit den regionalen und internationalen Kunden auszubauen.

Karl Soderlund wurde zum stellvertretenden Vorsitzenden für die weltweiten Vertriebskanäle und Allianzen bei Imperva, Anbieter von Cybersicherheitslösungen, ernannt. Er ist für das weitere Wachstum der expandierenden Channel- und Allianz-Programme verantwortlich.

Philipp Schröder hat am 1. Oktober die Geschäftsführung Vertrieb und Marketing bei der Sonnenbatterie GmbH übernommen. In dieser Funktion leitet er den weltweiten Vertrieb und die Marketingaktivitäten des Unternehmens.

Jan Sperber ist neuer Director Strategic Sales bei der Heidelberger Payment GmbH. Der E-Commerce- und Payment-Experte ist für den strategischen Vertrieb sowie die Erweiterung des nationalen und internationalen Partnermanagements verantwortlich.

Mike Weiler hat den Posten des Acting Country Managers für Deutschland und Österreich bei Tradedoubler, Anbieter für Performance Marketing, übernommen.

Eva Singer verstärkt seit 1. Oktober das Vertriebsteam von HarperCollins Germany. Sie betreut als Key Account Managerin die Großkunden und wird sich zudem auf die enge Vernetzung mit dem Buchhandel konzentrieren.

Lutz Rosenkranz und Matthias Reckzeh sind neu als Gebietsleiter beim Sportartikelhersteller Erima tätig. Rosenkranz ist für die Gebietsleitung der Region Deutschland Ost zuständig, Reckzeh für die Region Deutschland West. Neu im Emira-Außendienst ist außerdem Franziska Edelmann. Sie verstärkt das Team von Gorden Brockmann, Regionalleiter für Marketing und Vertrieb.

Gehaltsbarometer für Key Account Manager

Laut einer aktuellen Gehaltsanalyse der Vergütungsberatung Compensation Partner verdient ein Key Account Manager mit drei bis sechs Jahren Berufserfahrung über 55.000 Euro. Je nach Unternehmensgröße kann sich das Gehalt nochmal steigern. So erhalten Key Account Manager in Unternehmen mit über 1.001 Mitarbeitern über 80.000 Euro. „Die Verdienstmöglichkeiten sind sehr gut", sagt Tim Böger, Geschäftsführer von Compensation Partner. Doch je nach Branche können die Gehälter stark variieren. Zu den starken Segmenten zählen unter anderem die Automobilindustrie, die Chemie- oder die Pharmabranche. Key Account Manager müssen für die intensive Betreuung der Schlüsselkunden und Besuche vor Ort mobil sein, weshalb auch ein Firmenwagen in einigen Betrieben zur Position gehört. Dieser kostet im Durchschnitt rund 41.200 Euro. „Die Fähigkeit zum Netzwerken ist eine Grundvoraussetzung für diesen Job", erklärt Böger. Damit ist nicht nur ein Abschluss in Wirtschaftswissenschaften gefordert, sondern Soft Skills, Empathie und Begeisterung.

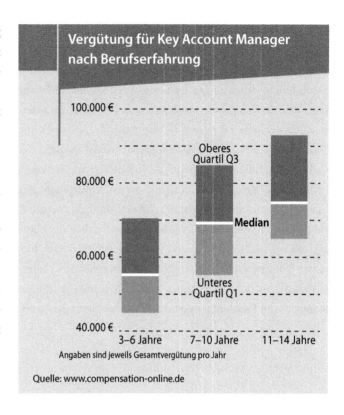

Gute Chancen für Fachkräfte

Für Fachkräfte im Vertrieb stehen die Chancen auf eine neue berufliche Herausforderung weiterhin gut. Auch im zweiten Quartal 2015 verzeichnet der Salesjob-Index mehr ausgeschriebene Positionen im Vertrieb. Im Vergleich zum zweiten Quartal des Vorjahres gibt es mit 69.351 Vertriebsjobs einen Anstieg von 8,7 Prozent. Auffällig zurückgegangen ist der Bedarf an Führungskräften sowie an Young Professionals, während Vertriebsmitarbeiter mit Berufserfahrung weiterhin stark gefragt sind. Weitere Informationen zum Salesjob-Index im zweiten Quartal 2015 unter

[SfP]* www.springerprofessional.de/5863186

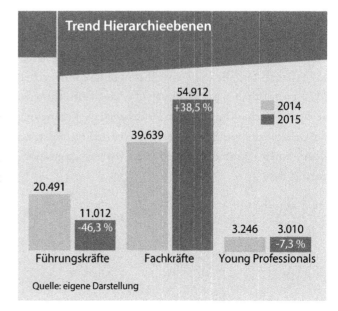

Steuerung von Vertriebssystemen mit Stabilität und Flexibilität

Vertriebssysteme sind heute vielfältigem und kontinuierlichem Veränderungsdruck ausgesetzt. So erwarten Kunden nicht nur innovative Kernangebote, sondern ebensolche Vertriebsansätze. Zudem erfordert der durch die zunehmende Digitalisierung bedingte Vertrieb über mobile Endgeräte, soziale Medien oder Online-Marktplätze Veränderungen in den Vertriebssystemen von Unternehmen. Die 32. Ausgabe der Forschungsreihe des Mannheimer Instituts für Marktorientierte Unternehmensführung (IMU) hat beleuchtet, wie stabil oder flexibel Vertriebssysteme sein sollten und wie deren Steuerung unter verschiedenen Umständen optimal ausgestaltet sein sollte. Die zentrale Erkenntnis der Studie lautet, dass eine Kombination aus Stabilität und Flexibilität in einem Vertriebssystem den größten positiven Effekt auf Umsatz, Wachstum, und Gewinn ausübt. Dabei meint Stabilität den Verzicht auf strukturelle Veränderungen in einem Vertriebssystem, also beispielsweise die Einführung oder Eliminierung eines Vertriebskanals. Flexibilität hingegen beschreibt die Fähigkeit eines Vertriebssystems, sich schnell an veränderte Rahmenbedingungen anzupassen, beispielsweise durch eine Änderung der Steuerungsmechanismen für Vertriebspartner. Die gesamte Ergebnispräsentation der Studie „Der Einfluss von Stabilität und Flexibilität auf den Vertriebserfolg?" sowie Antworten auf die Frage, wie Unternehmen gleichzeitig Stabilität und Flexibilität in ihren Vertriebssystemen erreichen können, steht kostenlos zum Download bereit unter: http://imu2.bwl.uni-mannheim.de

Jeder vierte Vertriebler fährt Firmenwagen

Firmenwagen gehören zu den begehrtesten Zusatzleistungen seitens des Arbeitgebers. Besonders für Fachkräfte im Vertrieb stellt der Dienstwagen ein übliches Arbeitsmittel dar: Mit 23 Prozent fährt knapp jeder vierte Vertriebsmitarbeiter oder -manager einen eigenen Firmenwagen. Führungsfunktionen weisen dabei den höchsten Anteil an Firmenwagen auf: Vertriebsleiter (knapp 77 Prozent), Niederlassungsleiter (67 Prozent) und die weiteren Führungskräfte im Vertrieb (65 Prozent) können am häufigsten über einen Firmenwagen verfügen. Hoch ist mit fast zwei Drittel auch die Verbreitung bei Geschäftsführern mit 65 Prozent. Weitere Ergebnisse aus dem Firmenwagenmonitor 2015 unter www.compensation-partner.de

Anteil an Firmenwagen im Vertrieb

	Verbreitung	Bruttolistenpreis
Vertriebsleiter	75,5 %	50.965 €
Niederlassungsleiter	66,8 %	44.656 €
Vertrieb*	65,3 %	47.788 €
Geschäftsführung (GGF)**	65,0 %	57.481 €
Geschäftsführer	64,8 %	56.154 €
Kaufmännische Leitung	59,3 %	49.633 €
Betriebsleitung	57,8 %	47.019 €
Technische Leitung	51,8 %	45.474 €
Marketingleitung	46,7 %	47.859 €

■ Verbreitung
■ Bruttolistenpreis

* Alle Führungsfunktionen dieses Bereiches
** Als Gesellschafter-Geschäftsführer gilt in dieser Auswertung wer über 5 % der Anteile hält
Skala %: 0 – 80
Skala €: 0 – 65.000

Quelle: Compensation Partner

Vertriebsklima zum dritten Mal in Folge verbessert

Das deutsche Vertriebsklima zeigt sich in der ersten Jahreshälfte 2015 robust gegenüber negativen Konjunktureinflüssen. So steigt der Sales-Indikator, den die auf Verkaufspositionen spezialisierte Personalberatung Xenagos seit 2006 erhebt, zum dritten Mal in Folge und erreicht im zweiten Quartal mit einem Plus von 3,92 einen Wert von 32,89 Punkten. Besonders deutlich erhöht hat sich dabei die Höhe der abgegebenen Angebote.

Griechenland-Krise, Russland-Sanktionen und Börsenabsturz in China können dem Vertriebsklima im deutschen Geschäftskundenvertrieb bislang nichts anhaben. Robust steigt der Indikatorwert seit dem Herbst 2014 und verbessert sich seitdem insgesamt um 17 Prozent (Q3 2014: 15,90) auf nun 32,89 (Q2 2015). Im Kern bedeutet dies, dass fast 33 Prozent der befragten Vertriebsspezialisten ihre Angebotslage besser bewerten als im Vorquartal.

Treiber der Steigerung im abgelaufenen Quartal war vor allem die gestiegene Höhe der Angebote im Vertrieb. Dieser Teilindikator legte um 6,88 Punkte zu, während die Neukundenquote lediglich ein Plus von 0,96 verzeichnen konnte. Damit liegt der Wert für die Angebotshöhe bei 35,09, der für die Neukundenentwicklung bei 30,70.

Betrachtet man die einzelnen Funktionen im Vertrieb, so sehen Führungskräfte die Lage oft anders als Verkäufer im Feld. Letztere haben in der Regel den direkten Kontakt zum Kunden und lassen sich tendenziell weniger von der allgemeinen Stimmung beeinflussen als ihre Vorgesetzten. Im zweiten Quartal 2015 kommen die positiven Impulse des Indikators aber aus beiden Lagern, wobei die Verkäufer ohne Führungsverantwortung die Lage insgesamt verhaltener beurteilen als ihre Vertriebsleiter. Bei den Vertriebsführungskräften legt der Indikator um 4,53 Prozent auf 35,71 zu. Bei den Verkäufern im Feld führt eine Steigerung von 6,49 Prozent zu einem Wert von 30,30.

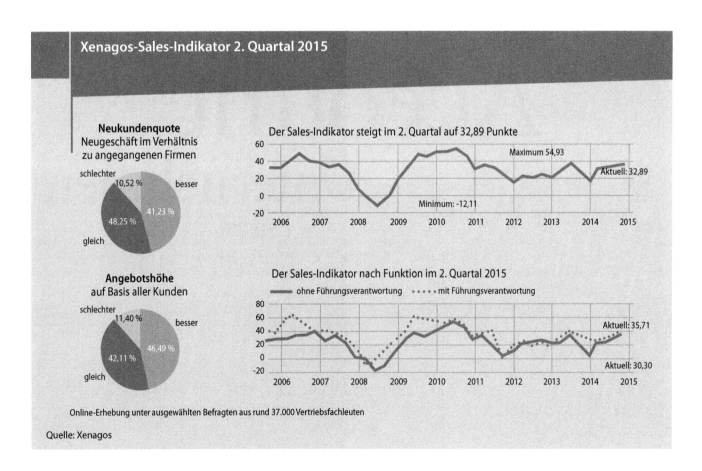

Xenagos-Sales-Indikator 2. Quartal 2015

Neukundenquote
Neugeschäft im Verhältnis zu angegangenen Firmen
schlechter 10,52 %
besser 41,23 %
gleich 48,25 %

Angebotshöhe
auf Basis aller Kunden
schlechter 11,40 %
besser 46,49 %
gleich 42,11 %

Der Sales-Indikator steigt im 2. Quartal auf 32,89 Punkte
Maximum 54,93
Aktuell: 32,89
Minimum: -12,11

Der Sales-Indikator nach Funktion im 2. Quartal 2015
ohne Führungsverantwortung ••••• mit Führungsverantwortung
Aktuell: 35,71
Aktuell: 30,30

Online-Erhebung unter ausgewählten Befragten aus rund 37.000 Vertriebsfachleuten

Quelle: Xenagos

Key Account Management

Die Größe eines Wortes stellt die relative Häufigkeit in den Beiträgen des Heft-Schwerpunktes dar.

Schwerpunkt
Key Account Management

Key Account Management im Wandel

Ein Job als Key Account Manager galt über lange Jahre als Karriereziel für Nachwuchstalente im Vertrieb – das scheint sich zu ändern. Wie sich das Berufsbild des Key Account Managers und seine Stellung im Unternehmen verändern, zeigen Expertengespräche mit Managern aus Industrie, Personalberatung und Wissenschaft.

Kai Alexander Saldsieder, Nina Saldsieder

„Wenn man Jahresgespräche nicht versteht, wird's teuer, denn der Mensch, der das meiste Geld aus dem Unternehmen trägt, ist der Vertriebler", sagt Werner Gerntrup. Der Unternehmensberater und Coach kennt die Vertriebsbranche aus dem Effeff, denn Gerntrup ist selber Vertriebler und sein Werdegang beispielhaft für eine Karriere im Vertrieb: Angefangen hatte er als Mitarbeiter im Vertrieb bei Melitta und wurde nach seinem Wechsel zu Mars Effem dort Group Key Account Manager (KAM).

„Die Aufgabe als Key Account Manager war für mich seinerzeit eine Riesenchance, denn nicht nur die Verantwortung, sondern vor allem die Breite an Aufgaben reizte mich." Der Wechsel vom Unternehmensvertreter zum Unternehmensmanager hat sich für Werner Gerntrup bezahlt gemacht, denn durch seine Rolle als KAM qualifizierte er sich für den späteren Aufstieg in die Geschäftsleitung des Hamburger Lebensmittelherstellers Carl Kühne, wo er dann über zehn Jahre die Geschicke des Vertriebs als Vertriebsdirektor leitete.

Es sind Typen wie Werner Gerntrup, die jungen Nachwuchskräften als Vorbild für das eigene Streben nach Erfolg dienen. Doch ist ein solcher Karriereweg heute noch so möglich? Gerntrup selbst zeigt sich kritisch: „…das ist heute anders, denn die Entwicklung ist schon seit zirka vier bis fünf Jahren so, dass Sie im Vertrieb ,Rundum-Dienstleister' sein müssen."

Die Evolution des Vertriebs

Der Wandel der Karrierepfade im Vertrieb ist ein Spiegelbild der Entwicklung im Markt. Während bis in die 1970er-Jahre die Arbeit im Vertrieb durch den persönlichen Verkauf dominiert wurde, so konnte sich die Rolle des Key Account Managers über die letzten Jahrzehnte in vielen Branchen fest etablieren. Die Einführung von Großkundenbetreuern war die Antwort der In-

> *„Wenn man Jahresgespräche nicht versteht, wird's teuer, denn der Mensch, der das meiste Geld aus dem Unternehmen trägt, ist der Vertriebler."*

dustrie auf die allgemeine Marktentwicklung: Steigende Produktivität und ein damit einhergehender wachsender Wettbewerbsdruck führten in vielen Bereichen zu Konzentrationen auf der Hersteller- und Handelsseite.

Auch heute noch beschäftigen Entwicklungen, wie die fortschreitende Etablierung von Lead-Buyer-Konzepten, die systematische Verringerung der Anzahl von Lieferanten sowie die Nachfrageverlagerung von Produktkomponenten hin zu Produktsystemen, viele Vertriebsorganisationen. Beispielhaft für die Branche der Personaldienstleistungen erläutert dies Christoph Niewerth, Vorstand der Hays AG: „Wo weltweit Alternativlieferanten zur Verfügung stehen, Unternehmen ihren Einkauf zentralisieren und Preis-, Produkt- oder Leistungsvergleiche eine Frage weniger Mausklicks sind, lassen sich Kunden nicht mehr über einzelne Produkte oder Dienstleistungen

Prof. Dr. Kai Alexander Saldsieder lehrt Allgemeine und Internationale BWL an der Hochschule Pforzheim. Zuvor arbeitete er als Manager in den Bereichen Vertrieb und Kundenentwicklung für Procter & Gamble, MGM und Hasbro.

Nina Saldsieder ist externe Doktorandin an der Westfälischen Wilhelms-Universität Münster. Sie ist Lehrbeauftragte und war zuvor Managerin in den Bereichen Category Management/Einkauf sowie Trade-Marketing-Managerin bei Plus Discount und Red Bull.

Kai Alexander Saldsieder
Hochschule Pforzheim, Pforzheim, Deutschland
E-Mail: kai.saldsieder@hs-pforzheim.de

Nina Saldsieder
Westfälische Wilhelms-Universität, Münster, Deutschland
E-Mail: n.saldsieder@web.de

Kerngedanke 1

Der Vertrieb ist im Wandel – Vertriebsorganisationen, die nicht in ihr Personal investieren, werden langfristig vor gewaltigen Herausforderungen stehen.

allein binden. Vielmehr erwarten sie Beratung und maßgeschneiderte Komplettlösungen aus einer Hand – eine Zusammenarbeit, die nicht mehr punktuell erfolgt, sondern auf Kontinuität und Partnerschaft ausgelegt ist und die Grenzen zwischen den Unternehmen mehr und mehr verschwimmen lässt."

Arbeiten im Vertrieb ist also bereits heute mehr als Verkauf; als Preisverhandlung und Argumentationsführung. Und die Rolle eines Key Account Managers erfordet all das: Peoplemanagement, Projektmanagement, Prozessmanagement und Produktmanagement in einem. „Um solche komplexen Dienstleistungen zu verkaufen, verfügen Key Account Manager schon heute über mehr als reine Vertriebsexpertise. Sie vereinen strategische

„Um komplexen Dienstleistungen zu verkaufen, verfügen Key Account Manager schon heute über mehr als reine Vertriebsexpertise. "

Fähigkeiten mit betriebswirtschaftlichem Know-how und einer hohen Beratungskompetenz. Zunehmend benötigen sie darüber hinaus eine weitere Qualifikation: Je komplexer die Lösung, desto größer die Zahl der involvierten Mitarbeiter, deren Aufgaben es zu steuern und koordinieren gilt. Der Key Account Manager wird damit immer mehr auch zum Projekt- oder Programmmanager", so Niewerth weiter.

Key Account Manager als Karriereschritt

Die Rolle eines Key Account Managers ist heute für junge Arbeitnehmer deutlich attraktiver als vor wenigen Jahren. Dies gilt für Berufseinsteiger, aber auch für Berufswechsler. Die Veränderung gesellschaftlicher Werte, dem Wunsch nach mehr Freiheit, Selbstständigkeit, Ungebundenheit und Abwechslung lassen für viele einen Job im Vertrieb attraktiver erscheinen, als dies für die Vertreter anderer Generationen noch der Fall war.

Reisetätigkeiten im In- und Ausland, wechselnde Projekte mit Personen aus unterschiedlichen Tätigkeitsfeldern sowie ein hohes Ausmaß an gestalterischer Freiheit in der Umsetzung der Aufgabeninhalte sind Grundcharakteristika der Großkundenbetreuung, die heute attraktiver denn je erscheinen. Wer im Vertrieb arbeitet, ist freier als seine Kollegen im Innendienst; gleichzeitig ist sein Einkommen höher – eine attraktive Mischung.

Überdies gewinnt der Vertrieb an Bedeutung, denn angesichts der wachsenden Informationsflut durch Smartphone & Co. erlebt das klassische Marketing einen Bedeutungsverlust sondergleichen. Gerade kleine und mittlere Unternehmen reallokieren ihre Werbebudgets angesichts zunehmender Streuverluste in der Marken- und Produkt-Kommunikation an den Bereich des Trade-Marketings und damit in den Bereich des Vertriebs.

„Der Vertrieb hat in den letzten Jahren deutlich an Bedeutung gewonnen und das Marketing verloren. Wenn Sie früher Karriere machen wollten, gingen Sie ins Marketing. Durch die Marktentwicklung erkennen wir jedoch eine klare Verschiebung unternehmerischer Gestaltungsmacht zu Gunsten des Vertriebs. Marketing wird zunehmend international entschieden, gleichzeitig steigt der Absatzdruck vor Ort, deshalb gewinnt Sales an Bedeutung. Dementsprechend kommen viele der zukünftigen Geschäftsführer heute aus dem Bereich Sales – und das ist neu", sagt die Personalberaterin Ulrike Wieduwilt. Die ehemalige Deutschlandgeschäftsführerin von Russell Reynolds Associates betreut seit Jahren die führenden Unternehmen der Konsumgüterindustrie; derzeit ist sie mit der Unterstützung des China- und Asien-Geschäftes von Shanghai aus beschäftigt.

Vor diesem Hintergrund gilt ein Job im Sales und eine Stelle als Key Account Manager zunehmend als „Karriere-Turbo" und die Nachfrage nach einer entsprechenden Ausbildung steigt.

Von der Praxis in den Hörsaal

Angesichts dieser Entwicklung, wie der zunehmenden Anzahl von Voll- und Teilzeitstudierenden insgesamt, hat sich das Angebot an Aus- und Weiterbildungsmöglichkeiten für den Bereich Vertrieb deutlich erweitert. Während gerade die staatlichen Universitäten das Fach Vertrieb über viele Jahre in ihren Lehrplänen stiefmütterlich behandelt haben, erweitert sich das Studienangebot zunehmend. Vielerorts ist festzustellen, dass Hochschulen

„Wenn Sie früher Karriere machen wollten, gingen Sie ins Marketing – heute kommen die zukünftigen Geschäftsführer aus dem Bereich Sales – und das ist neu."

ihr bestehendes Lehrangebot im Bereich Marketing durch Inhalte des Vertriebs ergänzen; überdies gibt es eine zunehmende Anzahl von Bildungsinstitutionen die eine spezifische Sales-Ausbildung anbieten.

Vorreiter dieser Entwicklung sind privatwirtschaftlich organisierte Anbieter, die häufig in Kooperation mit der regionalen Wirtschaft agieren sowie Fachhochschulen, die sich traditionell ohnehin stärker an den Bedürfnissen der Unternehmen und des Arbeitsmarktes orientieren. Beispielhaft zu nennen sind HSBA Hamburg, die WHU in Vallendar sowie die Fachhochschulen Heilbronn, Münster und Reutlingen, die jeweils eigene Studienangebote mit Schwerpunkt Vertrieb konzipiert haben. Im Bereich der berufsbegleitenden Ausbildung haben sich unter anderem die Anbieter FOM, Steinbeis Hochschule oder Euro FH etabliert.

Die Zurückhaltung der staatlichen Universitäten im Bereich der vertrieblichen Ausbildung ist nachvollziehbar, denn anders als im Bereich des theoriebeladenen Marketings fehlen für eine fundierte Vermittlung des Lehrstoffes im Themenfeld Sales an vielen Stellen Personen, die die praxisorien-

Kerngedanke 2

KAMs sind nicht mehr nur Vertriebler, sondern zunehmend Projekt- und Programm-Manager.

tierten Inhalte des Faches glaubhaft und kompetent vermitteln können. Bislang gibt es nur sehr wenige Anbieter für ein Studium der Betriebswirtschaftslehre mit der Vertiefung Vertrieb. Verkaufen – so die herrschende Meinung, erlernt man am besten in der Unternehmenspraxis. Nicht ohne Grund ist das Studium der Betriebswirtschaftslehre eines der wenigen Fächer, dessen Bezeichnung den Begriff „Lehre" enthält und damit den Praxisbezug der Inhalte unterstreicht. Gerade für die „Front-End"-Funktion des Key Account Managements gilt dies im Besonderen.

Angesichts der Marktumwälzungen durch Internationalisierung, Konzentration und dem daraus resultierenden Verdrängungswettbewerb erscheint eine reine Praxislehre allein jedoch nicht genug, um die Key Account Manager von heute für die Aufgaben von morgen hinreichend vorzubereiten. Die Betreuung und Entwicklung von Großkunden hat sich mittlerweile zu einer vollumfänglichen Managementaufgabe entwickelt, für die neben persönlich-zwischenmenschlichen Kompetenzen vor allem Analytik und konzeptionelles Methodenwissen notwendig sind.

Vielerorts fehlen derzeit jedoch noch die geeigneten Menschen und Materialien, um eine flächendeckende Ausbildung zukünftiger Key Account Manager sicherzustellen: „Wir sehen ganz klar eine steigende Nachfrage nach Sales-Themen. Seit Jahren auf Seite der Unternehmen; in den letzten Jahren auch immer stärker auf Seite der Studierenden. Unsere Herausforderung ist es jedoch, geeignete Lehrinhalte und Dozenten zu finden, denn die verfügbare Literatur ist bislang eher überwiegend praktischer, als kon-

„Angesichts der Marktumwälzungen erscheint eine reine Praxislehre allein jedoch nicht genug, um die Key Account Manager von heute für die Aufgaben von morgen hinreichend vorzubereiten."

zeptioneller Natur und viele der Referenten am Markt haben wenig bis keine nachgewiesene Umsetzungserfahrung in den Themenfeldern, die vermittelt werden sollen", sagt Stefan Busch, Professor für Marketing an der ESB Business School Reutlingen.

Vor seiner Tätigkeit als Hochschullehrer war Busch Marketing-Direktor bei Melitta. Alles, was er lehrt, hat er neben seiner akademischen Ausbildung im Unternehmen gelernt, selber erlebt und angewendet. „Unsere Studierenden kommen häufig aus der Berufspraxis. Denen brauche ich kein Lehrbuch vorzulesen, sondern die wollen eine Verbindung von aktueller Forschung und Anwendungshinweisen für den täglichen Job, um besser zu werden. Insofern sehe ich mich eher als „Prakademiker" – und genau das ist auch die Stärke einer Hochschule als Vermittler zwischen Wissenschaft und Praxis", so Busch weiter. Angesichts der noch wenig verbreiteten Ausbildungsmöglichkeiten für den Bereich des Vertriebs vollzieht sich der Großteil systematischer Key-Account-Ausbildung nach wie vor in Unternehmen, überwiegend multinationalen Großunternehmen der Konsumgüterbranche. „Alles was Sie heute im KAM benötigen, bekommen Sie bei den Großunternehmen der FMCG-Industrie, denn dort bündelt sich bislang das Exper-

„Die Komplexität hat durch die Internationalisierung ganz klar massiv zugenommen."

tenwissen: Problemlösung und Systemverkauf, Value Added Selling, Kundenentwicklungs- und -bindungsmanagement, CRM sowie die dazu notwendigen Daten-Analyse-Fähigkeiten. Und alles aus Sicht und mit dem ständigen Fokus auf Endverbraucher und Kunden – Marktorientierung pur", sagt Alexander Kracklauer. Der Professor für Handels- und Vertriebsforschung begleitet die Branche seit Jahren.

KAM-Labor Konsumgüterbranche – Arbeiten zwischen Industrie und Handel

Eine nahezu oligopolistische B2B-Struktur und hoher, andauernder Wettbewerbsdruck bestimmen den Markt für schnelldrehende Konsumgüter – die so genannten Fast Moving Consumer Goods, kurz: FMCG. Geringe Margen, hohe Volumina und ein stetiger Verdrängungswettbewerb charakterisieren das Tagesgeschäft. In der Konsumgüterindustrie überleben nur diejenigen, die ihr Geschäftsmodell konsequent marktorientiert weiterentwickeln. Der Markt wird durch Preismarketing bestimmt und wer hier überleben will, braucht Gestaltungsmacht oder Ideen – am besten beides. Alexander Kracklauer erläutert die Branche: „Geld können Sie dort nur dann verdienen, wenn Sie hocheffizient und stetig innovativ arbeiten, denn der Verdrängungswettbewerb ist brachial. CRM, ECR, CPFR, RFID – all das sind Erfindungen der Konsumgüterindustrie – auch KAM gehört dazu."

Somit gilt die FMCG-Branche als das Operationslabor für Key Account Management schlechthin. Keine andere Industrie hat das Berufsbild des KAM so maßgeblich geprägt wie die Großunternehmen der Konsumgüterindustrie. Vor diesem Hintergrund erfreuen sich insbesondere die Großunternehmen der Konsumgüterindustrie, unter anderem Henkel, Nestlé, P&G sowie Unilever, bislang ungebrochen hoher Beliebtheit unter den Hochschulabsolventen, die sich für eine Karriere im Vertrieb interessieren – aber der Trend scheint sich umzukehren.

Hierzu äußert sich Ulrike Wieduwilt: „Die Entwicklung des Key Account Managements hat sich gerade im FMCG-Markt in den letzten Jahren enorm verändert. Während früher vor allem die Industrieanbieter auf eine systematische Ausbildung von Hochschulabsolventen gesetzt hat und damit auch große Erfolge erzielen konnte, hat der Handel bis heute nachgezogen. Die

Zusammenfassung
- Die Rolle des Key Account Managers verändert sich: Die Aufgabenvielfalt nimmt zu; gleichzeitig nimmt die Bedeutung der Aufgabe für die inhaltliche Gestaltung der Hersteller-Händler-Beziehung in einigen Industrien ab.
- Insbesondere in der Konsumgüterindustrie ist der KAM zunehmend mit dem operativen Tagesgeschäft befasst.
- Das Berufsbild des KAMs gewinnt als Entwicklungspfad für Quereinsteiger oder Karrierestart für Berufsanfänger aus dem akademischem Umfeld.
- Vertriebsarbeit erlernt man in erster Linie in der Unternehmenspraxis. Für das Key Account Management von heute und morgen bedarf es zunehmend weitergehender Kompetenzen im Bereich des General Managements sowie in verschiedenen Fachthemen rund um Einkauf, Warenwirtschaft und Produktmanagement.
- Key Account Management wird zunehmend komplex. Die Internationalisierung von Marktaktivitäten und die Erweiterung von Absatzkanälen erfordern das Bearbeiten verschiedenartiger Themen, parallel und zunehmend schnell. Gleichzeitig beschränkt sich die Rolle in erster Linie auf einzelne Ländermärkte – KAM bleibt lokal.
- Wer Karriere machen will, ist mit einem Start im Key Account Management beraten. In einigen Märkten ist eine zunehmende Zentralisierung und Bündelung des Marketings auf einer länderübergreifenden Ebene festzustellen. Hierdurch wird das lokale Marketing entmachtet und der Vertrieb gewinnt.

Kerngedanke 3

Ein Job als KAM ist für viele ein Karriere-Turbo – gleichzeitig aber nur Durchgangsstation.

Ausbildung ist heute auf beiden Seiten auf höchstem Niveau – tendenziell ist zu erkennen, dass die Handelsseite mittlerweile in Teilen sogar besser ausgebildete Mitarbeiter hat: Junge Leute mit Studium, die eine Menge können – das ganze Repertoire des Handelsmanagements, vor allem aber über ein enormes Wissen im Bereich Consumer und Shopper Insight verfügen."

Daneben ist zu erkennen, dass durch die fortgesetzte Konzentration auf Seiten von Handel und Industrie eine Verlagerung der Entscheidungsfindung vom Key Account Management auf die Direktorenebene stattgefunden hat:

„Wir sehen überdies, dass Jahresgespräche nicht mehr auf der Ebene des KAMs, sondern zunehmend auf der Geschäftsleitungsebene ablaufen. Durch die Einführung von Top-to-Top-Gesprächen wurde ein Zwang zu mehr Entscheidungskraft auf den oberen Managementebenen entwickelt, der dazu führt, dass die Arbeit des KAMs mehr und mehr aufs operative Geschäft begrenzt wird. Durch diese Entwicklung wird das Key Account Management

„Key Account Management erfordert mehr Tool-Kompetenz als früher – man könnte auch sagen: Multitasking durch Multichannel."

schrittweise entmachtet. So gibt es mehr „to do's" im operativen Geschäft, aber weniger ganzheitliches Arbeiten – was sich für talentierte Nachwuchskräfte auf den Reiz der KAM-Positionen negativ auswirken kann. In Summe dieser Entwicklung finden wir im Handel zusehends bessere Leute, in der Industrie vergleichsweise weniger", so Wieduwilt weiter.

Trends und Konsequenzen

Am Beispiel der FMCG-Branche lassen sich grundlegende Trends im Vertrieb erkennen, die ihrerseits das Key Account Management mit seinen Aufgabeninhalten, aber auch mit der Attraktivität des Berufsbildes insgesamt, beeinflussen. Es ist festzustellen, dass sich gerade in den letzten Jahren innerhalb der FMCG-Industrie eine Erweiterung von Aufgabeninhalten bei einer gleichzeitigen Abwertung der KAM-Rolle innerhalb der Organisation vollzieht. Was sind die Gründe hierfür?

Ein erster Aspekt ist die internationale Integration von Ländermärkten. Viele Unternehmen operieren im grenzüberschreitenden Warenverkehr; gleichzeitig werden zur Erhöhung der Kosteneffizienz Einkaufsprozesse und Logistikflüsse in einzelnen Ländern gebündelt, aus denen wiederum verschiedene Märkte bedient werden. Die Bearbeitung verschiedener Ländermärkte macht das Key Account Management aber nicht per se internationaler, denn häufig dient die Internationalisierung auf der Einkaufsseite in erster Linie zur Mengenbündelung und damit schlichtweg zur Konditionenverhandlung. Gerade in Märkten, in denen Produkte austauschbar sind, ersetzt Wissen somit Rabatte.

Diese Entwicklung beeinflusst deshalb das Aufgabengebiet eines KAMs fundamental: Rohstoffeinkauf und Warenlogistik – und damit verbunden Grundzüge des Vertragsrechts im Sourcing von Marke und Eigenmarke, sind Themen, die das Arbeitsspektrum vieler KAMs erweitern. Gerade in margenschwachen Märkten erwarten viele Kunden, dass der Betreuer stets den „Share of Goods" und damit verbunden, die Kostenseite im Blick hat. Bei international verbundenen Absatz- und Beschaffungsmärkten bedeutet das für den zuständigen KAM, dass er genauestens die Herkunft und Warenflüsse von Gütern und Dienstleistungen kennen muss; denn in diesen Märkten dient das Thema Logistikkompetenz oftmals als Startpunkt für einen Warentausch mit Kunden. Überdies muss ein Key Account Manager somit auch auf der Beschaffungsseite Rohstoffpreise kennen, um gegebenenfalls von einem Markt auf den anderen ausweichen zu können und dabei klar benennen können, welche Rohstoffalternativen bei steigenden Kursen möglich sind und inwiefern noch Einsparpotenziale im Bereich der Logistik realisiert werden können.

Werner Gerntrup erläutert: „Ein jetziger und künftiger KAM muss Rundumsorglos-Dienstleister sein: Das ist ganz anders als früher, wo man als Verkäufer zum Kunden ein Sales-Blatt mitbrachte, um ihm dann mit flammenden Worten seine Vorteile aufzuzeigen. Das ist heute komplett anders, denn auf der anderen Seite sitzt ein hervorragend ausgebildeter Spezialist – das ist eine Diskussion auf Augenhöhe. Deshalb ist ein KAM von heute eher eine Art „Wetterfrosch im Vertrieb". Sie müssen klar prognostizieren, was im Markt passiert; wo sind Konzentrationsbewegungen; welche Maßnahmen ergreifen wir für den Kunden. Hierbei dient das Thema Logistikkosten häufig als Austauschinitiator. Ein KAM muss sich dann Fragen stellen, ob für den Kunden FOB Preise das Beste sind oder ob er eine andere, mehrere Länder

Kerngedanke 4
Das Berufsbild des KAMs verändert sich: Das Aufgabenspektrum verlagert sich ins operative Geschäft.

„Der Druck auf den Vertrieb erhöht sich, vor allem seine qualitativ-intellektuelle Kompetenz zu schärfen."

umfassende Distributionsstrategie wählt. Hierbei kann man das Logistiksystem eines Kunden nutzen. Dazu müssen Sie dann Wartezeiten und Leerfahrten kennen, um ein attraktives Angebot schnüren zu können. Die Komplexität hat durch die Internationalisierung ganz klar massiv zugenommen."

Ein weiterer Aspekt, der das Aufgabenfeld des KAMs beeinflusst, ist die fortschreitende technologische Vernetzung und Digitalisierung des Vertriebs. Die Masse des Warenverkehrs im B2C-Bereich vollzieht sich in Deutschland über den stationären Handel – doch der Marktanteil des E-Commerce steigt stetig. Neben einer Verschiebung von Umsatzanteilen bedeutet dies besonders für den Konsumgütervertrieb langfristig einen Verlust eines mühevoll aufgebauten Wissensvorsprungs der Industrie gegen-

Kerngedanke 5

Die Komplexität im Key Account steigt durch die Veränderungen im Markt: Multitasking durch Multichannel.

über den Handelsunternehmen. Somit ist die Digitalisierung des Vertriebs für die Händler eine riesige Chance. Durch die Errichtung von E-Shops, Kundenportalen und die Einbindung von Endverbrauchern in soziale Netzwerke haben Händler heutzutage Einblicke in das Verhalten ihrer Konsumenten, das sie so niemals hatten. Anders als früher, wo Industrieunternehmen mittels großer Marktforschungsunternehmen dem Handel seine Verbraucher erklären konnten, brauchen sie die Industrie nicht mehr so sehr, denn Dank der Vernetzung von Warenwirtschaftssystem und Metadaten haben sie nun Kundeninformationen in einem Detaillierungsgrad, der die Datenqualität der Industrie oftmals deutlich übertrifft.

In Folge dieser Entwicklung agiert der Handel zunehmend häufiger als Direktvertrieb – unter Gestaltung kundenbezogener Eigenmarken und Außenvorlassung der Industrie.

Ein Paradebeispiel für die Weiterentwicklung des Handels auf Basis der Digitalisierung ist die Drogeriemarktkette DM. Seit diesem Jahr bietet der Filialist seinen Kunden in allen seiner knapp 3.000 Niederlassungen kostenloses W-LAN zur Nutzung von Smartphones oder Tablet PCs an. Wie viele andere Unternehmen sammelt auch DM selbst Kundendaten, wodurch zu erwarten ist, dass das Unternehmen seine Endverbraucherwerbung weiter optimieren wird. Durch diese Entwicklung wächst die Komplexität des Key Account Managements erheblich. Key Account Management erfordert deshalb mehr Tool-Kompetenz als früher – man könnte auch sagen: Multitasking durch Multichannel.

Fazit

Insgesamt, so zeigen es die Gespräche mit den Branchenexperten, verändert sich das Berufsbild des KAMs deutlich. Am Beispiel der Konsumgüterindustrie ist zu erleben, wie die fortgesetzte Internationalisierung, Konzentration und zuletzt Digitalisierung auch die interne Organisation im Vertrieb anhaltend verändert.

Aufgrund der zunehmend geringen Margen gewinnen neben klassischen Vertriebsthemen wie Verhandlungs- und Argumentationsführung Aufgaben in der Optimierung und Umgestaltung im Sourcing und der Logistik in der Zulieferer-Kunden-Beziehung anhaltend an Bedeutung. Vor diesem Hintergrund erhöht sich der Druck auf den Vertrieb, vor allem seine qualitativ-intellektuelle Kompetenz zu schärfen. Insbesondere der Handel forciert in den letzten Jahren eine systematische Aufwertung der Einkaufsfunktion. Hierbei kommt es auf Seiten von Kompetenzträgern im Bereich der betrieblichen Aus- und Weiterbildung, beispielsweise dem Category Management Experten GS1 Germany aus Köln, zu einer Verlagerung der Trainingskunden von der Industrie in den Handelsbereich. Hierbei wird in erster Linie nicht unbedingt eine inhaltliche Verbesserung der Mitarbeiter, sondern vor allem eine höhere Durchdringung in der Breite des Wissens im Hinblick auf die Qualität sichergestellt.

Durch die gestiegene Verhandlungsmacht auf Seiten von Einkaufsorganisationen und der Einführung von Spitzengesprächen zwischen Industrie und Handel wird die Bedeutung und Gestaltungsmacht des Key Account Managements zusehends unterminiert. Während in anderen Industriebereichen das Key Account noch eine zentrale Rolle spielt, verliert der Management-Mittelbau im Konsumgüterbereich schon an Bedeutung.

In einer langfristigen Perspektive ist zu vermuten, dass sich somit das Anforderungsprofil im KAM-Bereich verändern wird. Weg vom konzeptionell-strategischen Arbeiten hin zu einer Verbreitung operativer Tätigkeitsinhalte mit hohem Detailgrad: Genaueres Rechnen auf Netto-netto-Preisbasis, Management von Rohstoffkosten, Optimierung des Lieferkettenmanagements. Kurzum: mehr Verwaltung, weniger Gestaltung. Inwiefern dies Auswirkungen auf die Nachwuchsgewinnung haben wird, ist zu diesem Zeitpunkt nicht zu sagen. Angesichts der wachsenden Nachfrage nach Aus- und Weiterbildungsangeboten im Bereich des Vertriebs ist damit zu rechnen, dass sich auch das Berufsfeld des Key Accounts weiterhin hoher Beliebtheit bei jungen Absolventen oder Berufsumsteigern erfreuen wird. Hierbei ist zu erwarten, dass Großunternehmen mindestens als Ausbildungsstätte für systematisches Key Account für die ersten zwei, drei Berufsjahre für die Masse der Absolventen interessant sein wird. Wer allerdings auf eine Vertriebskarriere setzt, ist wohlmöglich gut beraten, mittelfristig auf der Ebene internationaler Ländergesellschaften Erfahrungen zu sammeln.

Literatur

Jensen, O. (2004): Key-Account-Management. Gestaltung – Determinanten – Erfolgsauswirkungen, 2. Aufl., Wiesbaden.

SfP* Homburg, C.; Schäfer, H.; Schneider, J. (2014): Sales Excellence. Systematic Sales Management, 2012. (ID: 3528312)

SfP* Sidow, H.: Key Account Marketing & Key Account Selling, Wiesbaden (ID: 5526158)

Siek, H.: Key Account Management (2011), 2. Aufl., Norderstedt

SfP* Abonnenten des Portals Springer für Professionals erhalten diesen Beitrag im Volltext unter www.springerprofessional.de/ID

SfP **Zusätzlicher Verlagsservice für Abonnenten von „Springer für Professionals | Vertrieb"**

Zum Thema   Berufsbild Key Account Manager   🔍 Suche

finden Sie unter www.springerprofessional.de 10 Beiträge im Fachgebiet Vertrieb   Stand: September 2015

Medium
☐ Online-Artikel (1)
☐ Zeitschriftenartikel (1)
☐ Buchkapitel (8)

Sprache
☐ Deutsch (10)

Von der Verlagsredaktion empfohlen

Sidow, H.: Key Account Selling: Gewinnung und Sicherung von Schlüsselkunden, in: Sidow, H.: Key Account Marketing & Key Account Selling, Wiesbaden 2014, S. 113-149, www. Springerprofessional.de/5526166

Strzygowski, S.: Probleme des Vertriebs, in: Strzygowski, S.: Personalauswahl im Vertrieb, Wiesbaden 2014, S. 5-10 , www.springerprofessional.de/5375286

„Key Account Management muss in eine Gesamtstrategie eingebettet sein"

Für ein international agierendes Unternehmen wie die Sick AG ist ein Key Account Management unverzichtbar, um die wachsenden Anforderungen der Schlüsselkunden an weltweiten Support, Service und Kompetenz erfüllen zu können. Sascha D. Niederhagen, in der Geschäftsleitung von Sick zuständig für Sales & Service, sagt im SMR-Interview, worauf es bei einem globalen KAM ankommt.

Das Interview führte Gabi Böttcher.

Quelle: © Johann Frick

Sascha D. Niederhagen
ist Mitglied der Geschäftsleitung und des
internationalen Management Boards Sales
& Service der Sick AG und Leiter des Cor-
porate Department Corporate Customer
Fulfillment. Er begann seinen Werdegang
im Unternehmen Anfang 2009 als Ver-
triebsleiter Deutschland für die Sick Ver-
triebs-GmbH und war von 2013 bis 2014
als Head of Corporate Solution Center
Factory Automation bereits für das inter-
nationale Key Account Management zu-
ständig, bis er 2014 in die Geschäftsleitung
berufen wurde.

Was war der Auslöser für die Einführung von Key Account Management
bei Sick?

Sick ist ein hoch innovatives Unternehmen mit globaler Ausrichtung. Das
internationale Key Account Management ist daher seit Jahren Teil der ganzheitlichen Vertriebsstrategie von Sick und damit auch Teil eines ganzheitlichen Multi-Channel-Ansatzes, mit dem wir versuchen, Mehrwerte für
unsere Kunden zu schaffen, die über das traditionelle Verkaufen hinausgehen. Unsere Key-Account-Kunden sind international agierende Unternehmen und Konzerne, diese muss man auch international agierend und mit
dem richtigen Ansatz abholen. Deshalb haben wir als Teil der gesamten
Vertriebsstrategie das Key Account Management aufgesetzt.

Welche Ziele verfolgten Sie in erster Linie damit?

Wenn man im Vertrieb tätig ist, will man natürlich Umsatz machen. Das ist
langfristig gesehen mit Sicherheit auch eines der Themen. Allerdings gehen
unsere Ziele deutlich darüber hinaus. Es geht uns nicht darum, kurzfristig
Umsatz zu steigern, sondern darum, langfristige Partnerschaften und vor
allen Dingen eine Art Win-Win-Situation für beide Seiten zu schaffen.
Darunter verstehen wir, dass wir mit den Trendsettern der jeweiligen Key-
Account-Branche zusammenarbeiten. Uns geht es darum, zu verstehen, was
die Anforderungen der Marktführer für übermorgen sind. Darauf können
wir dann unser Produktportfolio ausrichten.

Warum ist für Sie dabei der jeweilige Trendsetter wichtig?

Sick ist branchen- oder industriefokussiert aufgestellt. Wir haben mehr als
40.000 Produkte und Artikel und müssen uns natürlich strategisch auf
verschiedene Märkte ausrichten. Dementsprechend haben wir Industrien
auserkoren, auf die wir uns besonders fokussieren und die wir besonders gut
verstehen möchten. Innerhalb dieser branchenfokussierten Ausrichtung ver-

Gabi Böttcher
Springer Fachmedien GmbH, Wiesbaden,
Deutschland
E-Mail. gabi.boettcher@springer.com

Quelle: © Sick

suchen wir natürlich, Key-Account-Beziehungen aufzubauen, um zu erfahren, wie die einzelne Branche tickt. Und wenn man mit den Trendsettern zusammenarbeitet, dann bekommt man natürlich auch besonders viel Innovation und Kundenanforderung mit von deren Seite.

Wie lange dauerte die Einführung des Systems?

Ein Key Account Management auf einem Blatt Papier einzuführen oder eine Power-Point dazu zu zeigen, ist schön und gut – und man kann auch einfach hingehen und sagen: „Das sind unsere größten zehn Kunden. Ihr seid jetzt Key Accounts." So haben wir es nicht gemacht. Weil es letztendlich darum geht, die Strategie des Konzerns einzubeziehen und daran ausgerichtet die richtigen Key Accounts auszuwählen, die langfristig den Erfolg von Sick sichern. Weil sich die Anforderungen der Kunden im globalen Umfeld immer ändern, müssen wir uns mit dem Key Account Management auch weiterhin anpassen. Das wird wahrscheinlich auch nie abgeschlossen sein.

Heißt das auch, dass sich die Key Accounts auch ändern können oder einer aussortiert wird?

Ja, das wird sogar sehr genauen Reviews unterzogen. Und wir haben auch klare Auswahlkriterien geschaffen. Was ist denn ein Key Account? Das ist für uns eben nicht nur unser größter Kunde weltweit, es kann auch ein potenzieller Kunde sein,

den wir noch gewinnen wollen. Denn wenn wir ihn nicht von vornherein wie einen Key Account behandeln, werden wir wahrscheinlich auch nie reinkommen.

Wo stehen Sie heute mit Ihrem Key Account Management? Sind da noch Stellschrauben, an denen noch ordentlich zu drehen ist – oder sind Sie davon überzeugt, ein System zu haben, mit dem Sie gut arbeiten können?

Wir sind gut, aber noch nicht überragend gut. Wir sind auf dem Weg, uns stetig zu verbessern. Im Moment steht bei uns wie bei vielen anderen Unternehmen auch, die aus dem Mittelstand in eine Konzernstruktur wachsen, das Thema Globalisierung im Mittelpunkt, also nicht nur Internationalisierung, sondern wirkliche Globalisierung. Was für uns bedeutet, dass wir einen Kunden einheitlich weltweit gleich gut betreuen, mit den gleichen Qualitätsstandards. Wir erfüllen die Anforderungen des Kunden weltweit gleich zufriedenstellend – das muss unser Ziel sein. Dafür haben wir auch ein klares Konzept und eine klare Strategie formuliert und hinterlegt. Wir sind dabei, diese umzusetzen.

Wie viele Key Accounts sind bei dieser globalen Ausrichtung noch so zu bedienen, dass es im Sinne eines echten Key Account Managements ist?

Das ist eine Frage, die jedes Unternehmen nur für sich selbst beantworten kann. Sick hat deutlich über 100.000 Kunden weltweit. Da können wir natürlich nicht sagen, dass wir jeden Kunden als Key Account betrachten. Auf der anderen Seite wären zwei oder drei Key Accounts deutlich zu wenig. Da wir branchenfokussiert aufgestellt sind, haben wir pro Branche eine gewisse Anzahl von Key Accounts. Dabei spielt auch eine Rolle, wie groß die Branche und das Potenzial sind und was wir gewinnen können innerhalb dieses Segmentes. Es hängt auch von unseren Ressourcen ab, die wir zur Verfügung haben, um einem solchen Key Account auch die entsprechende Betreuung angedeihen zu lassen.

Können Sie eine ungefähre Größenordnung nennen, unabhängig von der Branche?

Key Account Management kann ja auch national sein. Wir betreiben ein internationales Key Account Management und nennen das Ganze dann Lead Account Management. Dadurch schränken wir weiter ein. Da wir dezentral organisiert sind mit vielen weltweit agierenden Tochtergesellschaften, die auch dezentral ihre Märkte bearbeiten, haben wir aus Headquarter-Sicht natürlich auch den Key-Account-Ansatz sehr

fokussiert im Blick. Sie können nationale Key Accounts haben und diese bearbeiten, sie sind dann für ihr Land relevant, aber auf internationaler oder auf Konzern-Level betrachten wir Key Account Management als internationales Key Account Management. Es sind die Top Player der Branchen, mit denen wir dort zusammenarbeiten.

Was sind die wesentlichen Anforderungen an die Qualifikation der Key Account Manager?

Unsere Key Account Manager müssen zuerst einmal Sick und alles, wofür Sick steht, kennen und auch verinnerlichen: von der Unternehmenskultur über das Vertriebskonzept bis hin zu all den technisch relevanten und produktspezifischen Themen, die bei uns eine Rolle spielen. Wir bezeichnen uns als Sensorspezialist, sind einer der Weltmarktführer. Dieses Spezialistentum ist unser Faustpfand. Unser Mehrwert liegt in der Beratung der Kunden und darin, dass wir den Kunden etwas mitgeben, was sie vielleicht in Bezug auf Sensorapplikationslösungen selber im Haus an Kompetenz nicht zur Verfügung haben. Das heißt, unsere Mitarbeiter müssen den Kunden verstehen, müssen die Applikationen der Branche des Kunden verstehen, müssen auch, da wir im technischen Vertrieb sind, deren Produktionsprozesse kennen. Sie müssen kurzum verstehen, wo dem Kunden der Schuh drückt, aber auch, wo es um Effizienzsteigerung geht oder wo wir einen Mehrwert für die Kunden herleiten können. Darüber hinaus

benötigen sie auch noch die betriebswirtschaftliche Kompetenz, um bis hin zu Geschäftsführungs- oder Vorstandsebenen mit den Kunden verhandeln zu können.

Kann das eine Person überhaupt leisten?

Natürlich meistens nicht. Deshalb haben wir Key-Account-Teams, die sich um diese Kunden kümmern. Im Endeffekt gilt der Key Account Manager bei uns intern auch als Anwalt des Kunden, er ist das Sprachrohr des Kunden für Innovationen, die wir gegebenenfalls auch mit dem Kunden zusammen entwickeln können. Er ist aber auch der Wegbereiter für neue Produkteinführungen. Der Mitarbeiter muss letzten Endes über die Kompetenz verfügen, dass er versteht, worum es dem Kunden exakt geht, um dann zum Beispiel auch mit unseren internen Sensorspezialisten die Applikationslösung zu schaffen.

Das hört sich toll an, aber wie erreichen Sie es, alle in Ihren KAM-Teams auf ein Level zu bringen?

Sie werden keine Roboter schaffen, die rausgehen und das Gleiche immer und überall abliefern. Wir sorgen für ein vernünftiges Ausbildungsprogramm. Das heißt, ein komplettes Vertriebsschulungskonzept, das modular aufgebaut ist, also bei den Grundlagen des Verkaufs beginnt und bis zu Modulen wie Winning Complex Sales oder Value Selling im internationalen Key Account geht. Wir qualifizieren unsere Mitarbeiter jedes Jahr in mehreren Workshops nicht nur vertrieblich, sondern auch technisch. Ziel ist es, dass wir mit unseren Produkt-, System- und Servicelösungen den Transfer in Kundenapplikationen schaffen. Darum geht es bei uns immer. Das ist Sensor Intelligence.

Wurden auch Fehler gemacht bei der KAM-Einführung?

Fehler gibt es in jedem Unternehmen. Wir sprechen immer von einem Zielbild. Keiner würde hier behaupten, dass wir das alles perfekt machen. Wir haben uns überlegt, wie wir es machen und wie wir es möglichst gut hinbekommen. Und wir arbeiten tagtäglich daran, in der Umsetzung immer besser zu werden. Einführungsfehler wurden natürlich gemacht: von der falschen Definition der Key Accounts bis zur Auswahl des „richtigen Key Account Managers" für den „richtigen Kunden". Aber das gehört dazu und dient der Weiterentwicklung.

Lassen sich Fehler überhaupt vermeiden?

Ich glaube, man würde nie richtig gut werden, wenn man nicht auch Fehler machte. Weil man aus den Fehlern lernt. Es

Quelle: © Sick

werden unsere Key Accounter hier nicht nur als Vertriebler angesehen, sondern vielmehr als Sprachrohr des Kunden oder auch als Wegbereiter für Innovationen. Weil sie bei den großen Kunden die Trends mitbekommen und auch die neuen Applikationsanforderungen sehen.

Beziehen Sie denn Ihre Schlüsselkunden zum Beispiel bei Innovationen oder bei der Produktentwicklung ein?

Ja. Das hängt natürlich davon ab, was das für ein Produkt oder Lösung ist. Wenn es eine Weiterentwicklung von einem Produkt ist, geben wir zum Beispiel speziellen Key Accounts dieses Produkt zum Testen, in Beta-Tests oder in Vorabversionen, und holen dann das Feedback ein. Es gibt natürlich auch kundenspezifische Entwicklungen. Damit können wir dem Kunden teilweise einen absoluten Mehrwert und Wettbewerbsvorteil in seinem Markt bieten. Meistens sind diese Produkte oder Lösungen maßgeschneidert und nur für diesen Kunden entwickelt. Wir nutzen irgendwann natürlich die Kompetenz auch für andere Entwicklungen bei uns – immer abhängig vom Thema.

Profitieren davon auch andere Kunden?

Es kommt auf die vertragliche Regelung an. Wenn wir ein spezielles Produkt oder eine spezielle Lösung entwickeln für eine kundenspezifische Applikation eines auf Exklusivität bestehenden Kunden, dann machen wir das. Es kann aber auch sein, dass ein Kunde gemeinsam mit uns ein Problem lösen möchte, es ihm aber egal ist, ob die Lösung auch an andere verkauft wird. Dann machen wir das auch. So oder so, wir richten uns nach dem Kundenwunsch.

kann ja schon ein Fehler sein, wenn man nur Zweitbester war. Man hat eigentlich etwas gut gemacht, aber jemand anderes hat es noch besser gemacht. Das heißt: Es geht auch immer darum, den Abgleich zum Wettbewerb und den Benchmark zum Wettbewerb zu suchen. Letzten Endes sind wir in einem schnell wachsenden Markt, der viel Wettbewerb bietet und in dem recht gute Firmen unterwegs sind. Und da müssen wir uns tagtäglich die Frage stellen: Sind wir noch vorne mit dabei und wie können wir uns weiterentwickeln?

Nun findet aber Key Account Management nicht nur im Vertrieb statt, sondern umfasst das ganze Unternehmen. Wie ist die Zusammenarbeit zwischen anderen Bereichen und anderen Abteilungen im Unternehmen?

Key Account Management auf dem Papier einzuführen, ist das eine, aber die Strukturen und Prozesse zu schaffen, wie man Key Account Management auch lebt, ist das, worauf es wirklich ankommt. In der richtigen Umsetzung des Key Account Managements liegt der Mehrwert. Wie gesagt, Key Account Management muss aus meiner Sicht eingebettet sein in eine Gesamtstrategie, welche es einfach und verständlich macht „die richtige Kompetenz mit dem richtigen Ansatz für den richtigen Kunden" bereitzustellen. Das vertriebliche Gesamtkonzept muss im Unternehmen so verankert sein, dass im Key Account Management die Prozesse abgebildet werden, um bspw. auch technische Innovationen zu schaffen. Deshalb

Mit welchen Tools steuern Sie das Key Account Management in Ihrem Haus?

Wichtig ist, dass sich unser Key-Account-Team auf das internationale Geschäft konzentriert und die Fäden zusammenführt, um international die Koordination von Key Accounts und Key-Account-Projekten steuern zu können. Und wir haben ein CRM-System ...

Welche Rolle spielt CRM bei Sick?

Wir haben eine Strategie und diese Strategie definieren wir möglichst zielgerichtet. Dann liefern und definieren wir gemeinsam die nötigen Prozesse, Tools und die passende Organisation. Für die Einführung und Definition des CRM-Systems sind wir gemeinsam mit unseren Töchtern verantwortlich. Wir bilden die Key-Account-Prozesse auch in diesen Tools ab, sodass wir eine globale Transparenz darüber haben, was in unseren Projekten und Opportunities passiert. So können wir besser miteinander arbeiten und eine Vernetzung herbeiführen. Kurz: Mit dem CRM-Tool schaffen wir es, teamorientiert und kundenorientiert Projekte und Opportunities zu bearbeiten.

Glauben Sie, dass ein effizientes Key-Account-Management-System ohne CRM überhaupt möglich ist?

Ich glaube, dass das abhängig ist von der Größe des Unternehmens. Wenn Sie ein Fünf-Mann-Start-up-Unternehmen sind, schaffen Sie das, indem Sie einen Fünf-Mann-Mail-Verteiler haben. Wenn Sie international, durch verschiedene Organisationen im Vertrieb über Ländergrenzen hinweg mit verschiedenen Niederlassungen auf Kundenseite, mit großen Buying-Centern, mit Headquartern auf Kundenseite und auf Lieferantenseite Geschäfte koordinieren wollen, dann brauchen Sie gute Prozesse, eine definierte Vertriebssprache und ein Tool, in dem alle Informationen parat sind. Das ist bei uns das CRM, quasi als Bindeglied sowohl für Opportunity Management und Lead Management als auch für den internen Informationsaustausch. Damit können wir zum Beispiel bei technischen Problemen auch unsere Techniker einbeziehen, um eine Lösung zu entwickeln.

Hat sich Ihre Key-Account-Management-Strategie auch auf das Wachstum und die Profitabilität ausgewirkt?

Wir schauen uns das natürlich an und vergleichen das mit dem, was wir ansonsten machen. Key Account ist ein Teil der Vertriebsstrategie. Wir haben bspw. auch einen sehr starken Regionalvertrieb und arbeiten auch sehr gerne mit unseren Distributionspartnern zusammen. Uns kommt es darauf an, das Richtige für den Kunden auszuwählen. Wir bieten dem Kunden nicht Schema F, sondern die für ihn richtige Art und Weise der Betreuung an. Natürlich vergleichen wir deshalb das Key Account Management mit den anderen Vertriebskanälen. Wir sehen, dass wir dort großen Mehrwert erzeugen, was aber nicht ausschließlich auf den Umsatz oder die Profitabilität reduziert wird. Viel wichtiger ist für uns, nah am Kunden zu sein und zu verstehen, was in Zukunft in der Branche vorgeht. Und das kann man nur, indem man partnerschaftlich mit dem Kunden umgeht, langfristig und vertrauensvoll miteinander arbeitet.

Aber Profitabilität ist ja nicht unwesentlich.

Nicht unwesentlich, aber nicht ausschließlich das alleinige Allheilmerkmal, um Key Account Management zu betreiben.

Key Account Management also als Investition in die Zukunft?

Auch. Es wäre meines Erachtens schlichtweg falsch, Key Account Management nur auszurufen, um profitabler zu werden.

Aber Sie haben durch das Key Account Management mehr Profitabilität erreicht?

Es ist natürlich immer das Ziel, profitabel zu wachsen. Aber langfristig heißt profitabel wachsen, als Sick profitabel zu wachsen und nicht durch das Key Account Management. Das ist nur ein Teil der Vertriebsstrategie. Allerdings ein wichtiger. Wichtig, weil wir dadurch am Puls der Zeit arbeiten, weil wir dadurch mit Marktführern zusammenarbeiten in den jeweiligen Branchen und weil wir dadurch unsere Kompetenz auch einfach beweisen können, jeden Tag aufs Neue.

Wie messen Sie den Erfolg Ihrer KAM-Strategie?

Wir haben spezielle KPIs zu Umsatz, Wachstum und kundenspezifischen Themen. Wir machen das auch auswertbar über das CRM und über unser Business Intelligence Tool. Aber letzten Endes sind wir erfolgreich, weil wir ein Gesamt-Vertriebskonzept haben, das auf die Unternehmensphilosophie und -strategie abgestimmt ist und maßgeschneidert die richtige Kompetenz zum richtigen Kunden bringt. Unser Mehrwert liegt also darin, mit dem Kunden zusammen über seine Anforderungen nachzudenken und dann eine Mehrwert bringende Lösung für ihn zu schaffen. Und dafür braucht man eine Menge Kompetenz. Je größer und je innovativer der Kunde, desto innovativer und auch kompetenter muss unser Mitarbeiter sein. Deshalb braucht man auch Key Account Management.

Wie flexibel muss Ihrer Meinung nach ein Key Account Management sein?

Wenn man Key Account Management betreibt, lässt man sich auch ein Stück weit auf den Kunden und dessen Anforderungen ein. Wenn man das nicht macht und nicht bereit ist, sich flexibel auf den Kunden einzustellen, dann kann man es sein lassen. Auch dem Kunden geht es normalerweise darum, eine vernünftige Lieferantenbeziehung aufzubauen. Wir müssen flexibel auf den Kunden reagieren, das verlangen wir dann aber auch partnerschaftlich von ihm, es ist immer ein Geben und Nehmen. Gerade bei großen Kunden, die in der Betreuung und im Portfolio von Sick einen Mehrwert sehen. Wir bieten Services, wir bieten Gesamtlösungen, alles aus einer Hand. Wir bieten ihm flexibel das an, was er braucht. Und

Unternehmen

Von der Fabrik- über die Logistikautomation bis zur Prozessautomation zählt Sick zu den führenden Herstellern von Sensoren. Das Unternehmen schafft mit seinen Sensoren und Applikationslösungen für industrielle Anwendungen die Basis für sicheres und effizientes Steuern von Prozessen, für den Schutz von Menschen vor Unfällen und für die Vermeidung von Umweltschäden. Das 1946 von Dr.-Ing. e. h. Erwin Sick gegründete Unternehmen mit Stammsitz in Waldkirch im Breisgau nahe Freiburg ist mit mehr als 50 Tochtergesellschaften und Beteiligungen sowie zahlreichen Vertretungen rund um den Globus präsent. Im Geschäftsjahr 2014 beschäftigte Sick rund 7.000 Mitarbeiter weltweit und erzielte einen Konzernumsatz von 1.099,8 Millionen Euro. www.SICK.com

wenn es mal von uns einen Wunsch gibt, zum Beispiel beim Vertrag oder auch beim Preis, ist ein Kunde eher bereit, für diesen Mehrwert auch zu zahlen, weil er diese Flexibilität schätzt. Das ist auch Teil des Key Account Managements.

Können Sie das Besondere Ihres Key-Account-Management-Systems beschreiben?

Das Besondere bei uns ist, dass wir versuchen, Branchenexperten auszubilden. Unsere Mitarbeiter sind technisch hoch kompetent, sie kennen möglichst viel der typischen Applikationen in den Produktionsprozessen, die Anlagen und Applikationen des Kunden und sie haben bereits Erfahrungen mit besonderen Problemstellungen der Kunden einer Branche. Dieses Wissen und diese Erfahrungen können sie auch in die Beratung mit einbringen. Darüber hinaus ist es tatsächlich so, dass Sick von der Unternehmenskultur her so aufgestellt ist, dass wir auch mal einen langen Weg mit einem Kunden gehen. Das gilt gerade dann, wenn wir gemeinsam etwas entwickeln oder wenn eine Produktneueinführung nicht so läuft, weil etwas nicht so funktioniert, wie es sollte. Die Langfristigkeit wird, glaube ich, sehr geschätzt. Und man muss da sein, auch wenn es mal Probleme gibt. Key Account Management ist deshalb auch für Kunden ein Erfolg. Bei sensorischen Aufgabenstellungen sind wir nach meiner Überzeugung wirklich richtig gut. Ich glaube, was das angeht, sind wir wirklich so etwas wie ein Hidden Champion.

Ihre Kunden haben demnach bei Ihnen das Gefühl, etwas Besonderes zu sein?

Wir versuchen, unseren Kunden und deren Anforderungen immer zu verstehen. Das vermitteln wir auch in unseren Vertriebstrainings. Wir wollen nicht auf Biegen und Brechen oder zu Dumpingpreisen verkaufen – das ist nicht „ Sick-like". Wir sind Win-Win-fokussiert, wir sind überzeugt: Wenn wir einen Mehrwert für einen Kunden schaffen, dann bleibt der bei uns. Das ist letzten Endes auch so, wie die Erfahrung gezeigt hat.

Wie wollen Sie das, was Sie erreicht haben, für die Zukunft absichern?

Absichern wäre ja quasi Stillstand und damit fast schon ein Schritt zurück. Uns reicht das nicht. Wir müssen uns technologisch weiterentwickeln und innovativ bleiben, so innovativ, wie Sick in den vergangenen fast 70 Jahren immer war. Wir müssen uns aber auch vertrieblich weiterentwickeln, indem wir unsere Mitarbeiter weiter qualifizieren. Und wir haben ein großes Thema, das ja derzeit in aller Munde ist: Industrie 4.0. Das wird noch einmal einen Riesenschritt für Sick bedeuten. Denken Sie nur an Smart Factories oder Big Data. Wir bieten Sensor Intelligence an, die für Industrie 4.0 die Grundlage liefert. Deshalb sehen wir der Zukunft sehr freudig entgegen. Wir glauben, dass die Entwicklung am Markt sehr positiv ist, dass wir uns vertrieblich noch weiter steigern und verbessern können und dass wir mit unserer Innovationskraft und unserem qualitativ hochwertigen Portfolio auch den Erfolg der Vergangenheit immer wiederholen können und nicht nur halten.

Digitalisierung trifft Kundenkommunikation

Die Cross-Channel-Kommunikation mit den Kunden ist für viele Unternehmen eine große Herausforderung. DIALOG hilft, die neuen Kontaktkanäle als Chance für die Gewinnung neuer Märkte zu nutzen.

Die Digitalisierung verändert sukzessive das Kaufverhalten der Kunden. Alte Wege und Kommunikationsarten verblassen im Angesicht der Möglichkeiten der digitalen Welten. Der Kunde erwartet von seiner Marke Kommunikation auf Augenhöhe. Er entscheidet selbst, wie, wann und auf welchem Kanal er interagieren möchte. Händler und Hersteller geraten unter Druck und müssen sich auf diese Veränderungen einstellen.

Neue Märkte gewinnen

DIALOG stellt sich schon seit mehreren Jahren den Herausforderungen der Digitalisierung und holt jeden Kunden auf seinem favorisierten Weg ab. Ob klassisch am Telefon oder auf neuen Kanälen wie Social Media, Video Chats und anderen Angeboten. Von der Interessenten- über die Cross- und Up-Selling-Phase bis hin zur Kundenreaktivierung. Es gilt, offener, mutiger und vor allem schneller zu agieren. Smartphones, Apps, Social Media und die Informationsmöglichkeiten des Internets bieten dabei eine Chance, neue Märkte zu gewinnen.

Ganzheitliche Kundenansprache

Kunden erwarten qualitativ hochwertigen und schnellen Service über alle Kanäle hinweg. Umso mehr, als dass der Personenkreis, der die Kaufentscheidung des Verbrauchers beeinflusst, mit

der Digitalisierung immer größer wird. Waren früher nur Familie und Freunde involviert, werden heute Facebook-Kontakte, Blogs, Twitter oder Youtube als Ratgeber genutzt. Mit einer ganzheitlichen Kundenansprache wird dies gleichzeitig zur Chance: Vertriebs-, Werbe- und After-Sales-Kanäle können so aufeinander abgestimmt und mit einer Social-Media-Strategie verwoben werden, dass durch den engeren Kundenkontakt neue Käufer gewonnen und Stammkunden gebunden werden können. Hierfür bedarf es Experten, die Ihre Kunden in der digitalen Welt begeistern. DIALOG berät Sie hierzu gerne.

Die Wertschöpfung in Netzwerken optimieren

Durch KAM wollen Unternehmen strategisch besonders bedeutsame Kunden effizienter und effektiver bearbeiten, um ihre Wertschöpfung zu optimieren. Dazu müssen Key Account Manager sowohl intern im eigenen Unternehmen als auch bei ihren Kunden Beziehungsnetzwerke aufbauen, verstehen und koordinieren.

Björn Ivens

Vertriebserfolg erfordert systematisches Kundenmanagement. Dabei können sehr unterschiedliche Konzepte zum Einsatz kommen, zum Beispiel klassische Außendienstorganisationen, Call Center, Online-Vertrieb oder auch Key Account Management (KAM).

Großunternehmen haben heute im Normalfall ein KAM etabliert. Mittelständler sind oft noch in der Implementierungsphase oder sie versuchen, die erste eingeführte KAM-Struktur zu optimieren. In jedem Fall stellt KAM dann einen zentralen Baustein des Kundenmanagements dar, der sich deutlich von anderen Konzepten unterscheidet. Doch: Woraus ergibt sich dieser Unterschied? Worin besteht der besondere Kern des KAMs?

Viele Unternehmen haben in ihren Kundenportfolios ein paar wenige Kunden, die für den langfristigen Erfolg von herausragender Bedeutung sind, zum Beispiel wegen ihrer hohen Profitabilität, ihrer Innovationskraft oder weil sie rasch wachsen. Diese Kunden sind aus Anbietersicht strategische Kunden oder Key Accounts (KAs).

Im Key Account Management ist es das Ziel, die mit einem KA realisierbare Wertschöpfung langfristig zu optimieren, indem eine zu dem individuellen KA passende, kundenspezifische Strategie definiert wird. Das Geschäft mit den strategisch wichtigsten Kunden muss dabei so organisiert werden, dass es möglichst effektiv und effizient ist.

Hierzu wird von der Standardbetreuung durchschnittlicher oder unbedeutender Kunden (zum Beispiel über Call Center, Webpages oder den Außendienst) abgewichen. Stattdessen werden kundenspezifische Prozesse und Leistungen entwickelt. Vor allem aber wird in konsequent am strategischen Charakter der Beziehung orientierten Systemen der dominante Sales-Fokus des klassischen Breitenvertriebs aufgelöst. Anstatt einer großen Zahl von Kunden bestehende Standardprodukte in routinemäßigen Verkaufspräsentationen zu zeigen, geht es darum, die Beziehungen zu einigen wenigen strategisch wichtigen Kunden langfristig und holistisch zu managen.

Das Wort „Management" bedeutet im KAM, einen Zyklus aus intensiver und detaillierter Kundenanalyse, Planung der kundenspezifischen Strategie, Implementierung der Kundenstrategie und Controlling der Kundenbeziehung durch Spezialisten – genauer: die Key Account Manager und ihre Teams – systematisch umzusetzen. Der relative Anteil der Zeit, in der ein Key Account Manager Verkaufsverhandlungen führt, ist bei konsequenter Umsetzung des KAM-Gedankens im Vergleich zum Außendienstler deutlich geringer (siehe **Abbildung 1**). Stattdessen gewinnen Koordinations- und Kommunikationsaufgaben an Bedeutung.

Die Kernaufgabe für Außendienstler ist der Verkauf. Dabei können erfahrenere Vertriebsmitarbeiter als Senior Sales Reps größere Umsätze verantworten und höheren Status genießen. Der Verkauf bildet aber weiter ihr Kerngeschäft. Der größte Teil der wöchentlichen Arbeitszeit steht damit in Verbindung.

Der Key Account Manager hat im Vergleich ein umfassenderes Aufgabenfeld. Er verantwortet die Geschäftsbeziehung zwischen seinem Unternehmen, das er gegenüber dem Kunden vertritt, und seinem Key Account, des-

Prof. Dr. Björn Ivens
ist Inhaber des Lehrstuhls für BWL,
insbesondere Marketing, an der
Otto-Friedrich-Universität Bamberg.

Björn Ivens
Otto-Friedrich-Universität Bamberg, Bamberg, Deutschland
E-Mail: bjoern.ivens@uni-bamberg.de

Kerngedanke 1

KAM umfasst ein sehr viel breiteres Aufgabenfeld als den Verkauf.

sen Interessen er im eigenen Unternehmen vertritt. Im intensivsten Fall betreut ein Key Account Manager einen Kunden das gesamte Jahr über, unterstützt von einem Team fachlicher Spezialisten (zum Beispiel aus Logistik oder Kundenservice), über alle Produktsparten und alle Vertriebsregionen hinweg. Seine Aufgabe ist es nicht nur, an dem aktuellen Beschaffungsvolumen des Kunden einen möglichst großen Anteil durch Aufträge zu sichern. Vielmehr geht es darum, das langfristige Potenzial des Kunden zu erschließen, in dem künftige Projektmöglichkeiten frühzeitig erkannt werden, dafür Lösungen identifiziert und vorbereitet werden, das Kooperationspotenzial des Kunden in F&E-Projekten erschlossen wird, die Vernetzung mit dem Kunden in IT und Logistik optimiert wird, Kostensenkungspotenziale identifiziert werden und vieles mehr.

Anstatt als Verkäufer muss der Key Account Manager also als Beziehungs- und Wertschöpfungsmanager fungieren. Der Anteil von direkten Verkaufssituationen beim Kunden am Zeitbudget des Key Account Managers ist nicht dominant. Stattdessen fügt er sich in einen Zyklus aus Analyse, Planung, Verkauf, Koordination und Beziehungsentwicklung ein. Auch hier können Abstufungen in der Verantwortung existieren, zum Beispiel zwischen nati-

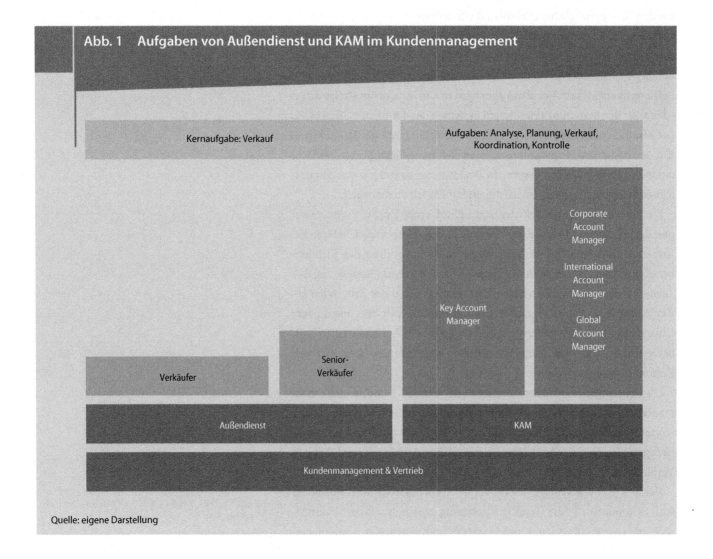

Abb. 1 Aufgaben von Außendienst und KAM im Kundenmanagement

Kernaufgabe: Verkauf

Aufgaben: Analyse, Planung, Verkauf, Koordination, Kontrolle

Corporate Account Manager

International Account Manager

Global Account Manager

Key Account Manager

Senior-Verkäufer

Verkäufer

Außendienst

KAM

Kundenmanagement & Vertrieb

Quelle: eigene Darstellung

onalen Key Account Managern und Global Account Managern. Aber alle Formen des KAM unterscheiden sich grundlegend vom klassischen Verkauf, weil sie breitere und komplexere Anforderungen an die Mitarbeiter stellen.

KAM als Management von Netzwerken

Bei der Erfüllung seiner Mission agiert der Key Account Manager als Beziehungs- und Wertschöpfungsoptimierer an der Schnittstelle zwischen seinem eigenen Unternehmen und dem Kundenunternehmen. Um seine Aufgaben zu erfüllen und seine Ziele erreichen zu können, benötigt der Key Account Manager ein Netzwerk an Beziehungen. Dieses Netzwerk umfasst mindestens zwei Teile, ein internes und ein kundenseitiges Netzwerk. Diese Teil-Netzwerke muss der Key Account Manager in mehreren Schritten zunächst 1. in Form eigener Beziehungen zu Netzwerk-Mitgliedern entwickeln, 2. Verknüpfungen innerhalb des jeweiligen Netzwerks verstehen und 3. Verknüpfungen zwischen internem und externem Netzwerk herstellen und koordinieren (siehe **Abbildung 2**).

1. Der grundlegendste Schritt betrifft die Beziehungsentwicklung. Auf der einen Seite muss der Key Account Manager Beziehungen in die für sei-

Kerngedanke 2

Key Account Manager analysieren ihre Kunden, planen die Geschäftsbeziehung, koordinieren Aktivitäten und steuern nach, wo erforderlich.

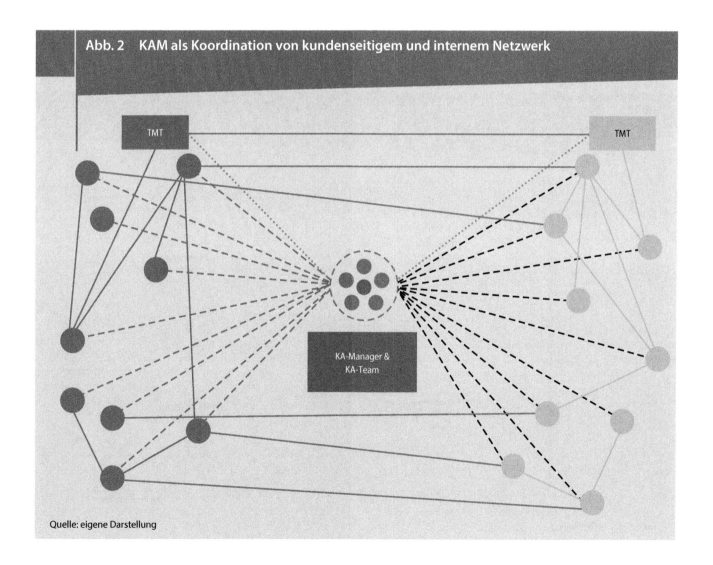

Abb. 2   KAM als Koordination von kundenseitigem und internem Netzwerk

Quelle: eigene Darstellung

Kerngedanke 3

Key Account Manager müssen ein breites internes und externes Beziehungsnetzwerk unterhalten.

ne Kundenstrategie relevanten Bereiche des Kundenunternehmens hinein entwickeln. Je nach Kundenbranche und -typ können dies zum Beispiel Beschaffung, Logistik, Qualitätsmanagement, Marketing und Produktion, aber auch Controlling oder Finance und in bestimmten Situationen das Top-Management sein. In großen internationalen Konzernstrukturen umfasst dies auch Kontakte zu den einzelnen Business Units, Marken oder Landesgesellschaften. Die Entwicklung der Beziehungen im kundenseitigen Netzwerk kann viel Zeit in Anspruch nehmen, unter anderem, weil zahlreiche Reisen erforderlich sein können und zum Aufbau einzelner persönlicher Beziehungen in der Regel mehr als ein Kontakt pro Ansprechpartner erforderlich ist. Sie kann bei komplexen, transnationalen und multi-divisionalen Kundenstrukturen hunderte von Ansprechpartnern umfassen. Sie ist aber essenziell, um umfassend Informationen sammeln und Aktivitäten vorantreiben zu können.

Auf der anderen Seite erfordert das KAM auch im eigenen Unternehmen ein solides Beziehungsnetzwerk. Dies ist nicht zuletzt deshalb notwendig, weil Key Account Manager oftmals keine hierarchische Macht über andere Organisationseinheiten haben. Um geplante Aktivitäten umzusetzen, müssen sie sich mit den Einheiten abstimmen und sie überzeugen, für den Key Account bestimmte Projekte umzusetzen. Die Entwick-

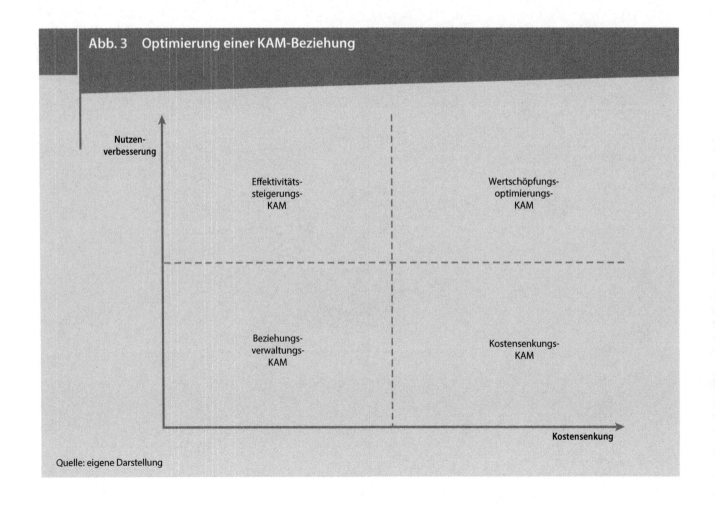

Abb. 3   Optimierung einer KAM-Beziehung

Quelle: eigene Darstellung

lung des internen Beziehungsnetzwerkes kann ähnlich zeitintensiv sein, wie auf der Kundenseite.

2. Der nächste Schritt umfasst sowohl im kundenseitigen Netzwerk als auch im firmeninternen Netzwerk die Analyse, welche Einheiten und welche Personen in welchen Beziehungen mit welchen anderen Einheiten oder Personen stehen. Dies ist wichtig für das KAM, weil in vielen Unternehmen politische Konstellationen herrschen, bei denen manche Akteure gut miteinander zusammenarbeiten, während andere sich gegenseitig blockieren oder auch bekämpfen. Will der Key Account Manager seine Ziele erreichen, muss er in der Umsetzung sehr genau einschätzen können, wen er in welche Aktivitäten einbinden kann bzw. muss und wen er darüber zumindest informieren muss, damit er Erfolg hat. Ebenso muss er verstehen, welche Akteure er meiden sollte oder bei welchen Akteuren er Unterstützung benötigt, um in seinen Aktivitäten nicht behindert zu werden.

3. Im letzten Schritt muss der Key Account Manager das kundenseitige Netzwerk mit dem firmeninternen Netzwerk verknüpfen. Der Key Account Manager ist typischerweise nicht der „single point of contact" für den Kunden. Vielmehr ist er derjenige, der die Beziehung zwischen dem Key Account und seinem eigenen Unternehmen gestalten muss. Dabei sind zahlreiche Akteure auf beiden Seiten eingebunden, die operativ oder auch in strategischen Projekten miteinander arbeiten (z.B. Logistik und Logistik oder F&E und Beschaffung). Dies kann immer wieder auch implizieren, dass der Key Account Manager Kontakte und Treffen zwischen den Top-Management-Teams (TMT) beider Firmen initiiert und vorbereitet. Der Key Account Manager koordiniert alle diese Beziehungen oder ist doch zumindest über sie im Bilde. Wo sie noch nicht existieren, versucht er, sie herzustellen. Unter Umständen bestimmt er, wie häufig und zu welchen Themen sich Vertreter der beiden Netzwerke treffen. In jedem Fall sollte er den Überblick über das Beziehungsgeflecht zwischen beiden Unternehmen haben und über Probleme stets informiert sein.

Wertschöpfung durch KAM in Netzwerken

Das kundenseitige und das interne Netzwerk bilden den Kontext, in dem das KAM an der Optimierung der Wertschöpfung für den strategisch wichtigen Kunden und zugleich auch für das eigene Unternehmen arbeiten kann. Der Key Account Manager und sein Team entwickeln dabei Aktivitäten, die für beide Seiten die Wertschöpfung integral optimieren sollen.

Die Optimierung von Wertschöpfung hat grundsätzlich zwei Hebel. Entweder gelingt es, Kostenstrukturen zu reduzieren und somit Effizienzreserven aus Geschäftsprozessen zu heben. Oder aber es gelingt, durch Projekte höheren Nutzen für den Kunden und/oder den Anbieter zu generieren. Beide Dimensionen sind grundsätzlich unabhängig voneinander und die Optimierung einer KAM-Beziehung kann folglich an beiden parallel ansetzen (siehe **Abbildung 3**). Die konkreten Ansatzpunkte für Kostensenkungs- und Nutzensteigerungsprojekte werden Teil der kundenspezifischen Strate-

Kerngedanke 4

Key Account Manager müssen Zugang zu Entscheidungsträgern haben und projektbezogen Kontakte herstellen können.

Zusammenfassung

• KAM erfordert das Management teils komplexer sozialer Netzwerke.

• Der Key Account Manager muss sowohl im eigenen Unternehmen als auch beim Kunden viele Beziehungen aufbauen und managen.

• Er koordiniert die Kontakte zwischen internen und kundenseitigen Funktionen und Regionen.

gie (des Account-Plans) und ergeben sich aus der Analyse des Key Accounts sowie der Zielsetzung des eigenen Unternehmens.

Wertschöpfung durch Kostensenkung kann der Key Account Manager sowohl für den Kunden als auch für sein eigenes Unternehmen in Bezug auf den Key Account betreiben. Dabei wird er – gemeinsam mit Funktionsspezialisten – zum Kostenanalysten. Zum Beispiel kann der Key Account Manager die kundenspezifischen Bestellprozesse, Produktionsprozesse oder Logistikströme analysieren, um dort Kostensenkungspotenziale zu identifizieren. Realisierte Kosteneinsparungen können dann – je nach strategischer Ausrichtung des KAMs für den entsprechenden Kunden – entweder an den Kunden weitergegeben werden, einbehalten werden oder zwischen den beiden Seiten zur Aufteilung kommen.

Um die identifizierten Kostensenkungspotenziale realisieren zu können, benötigt der Key Account Manager je nach Ausrichtung die Mitarbeit interner Einheiten, Zugang zu kundenseitigen Einheiten oder ein Team mit Vertretern beider Unternehmen. Zum Beispiel müssen im Rahmen der Optimierung von Logistikprozessen, wie etwa verschiedenen Initiativen zwischen Konsumgüterherstellern und Einzelhandelsketten in Efficient-Consumer-Response-Projekten, Vertreter beider Seiten aus Produktmanagement, Supply Chain Management und gegebenenfalls IT zusammen Potenziale erschließen.

Wertschöpfung durch erhöhte Nutzen setzt ebenfalls zunächst eine Phase voraus, in der Key Account Manager und Partner bestehende Ansätze analysieren, um Ansatzpunkte für Verbesserungen zu identifizieren. Der Raum vorstellbarer Projekte entlang der Wertschöpfungskette ist kaum begrenzt und reicht von Value Added Services für den Key Account über gemeinsame Innovationsprojekte bis hin zu eventuellen Co-Branding-Projekten, Catgeory-Captain-Mandaten in der Konsumgüterbranche oder Internationalisierungsprojekten.

Je nachdem, ob ein KAM-Programm den Fokus der Aktivitäten eines Key Account Managers und seines Teams eher auf Kostenaufgaben (Kostensenkungs-KAM) oder Nutzensteigerungsaufgaben (Effektivitätssteigerungs-KAM) liegt, lässt sich die KAM-Beziehung in eines von vier Feldern einordnen. Werden beide Dimensionen intensiv verfolgt, handelt es sich um ein umfassendes Programm zur Wertschöpfungsoptimierung. Sind hingegen Initiativen auf beiden Dimensionen nur schwach ausgeprägt, verwaltet der Key Account Manager die Beziehung im Wesentlichen, ohne die Suche nach Optimierungspotenzialen für die gemeinsame Wertschöpfung voranzutreiben.

In den drei erstgenannten Fällen stellt das KAM ein ambitioniertes Konzept des strategischen Managements dar. Unabhängig von der Ausprägung wird der Key Account Manager dort neben einer hoch entwickelten Analysefähigkeit immer auch starke Leadership-Skills sowie eine gute Kommunikationsfähigkeit benötigen. Nur im Fall, dass KAM im Kern Beziehungsverwaltung betreibt, wird der Key Account Manager mit eher klassischen Qualifikationen aus dem Feldvertrieb bis zu einem gewissen Punkt zurechtkommen.

Handlungsempfehlungen

- Das Aufgabenprofil des Key Account Managers deutlich von jenem des Außendienstlers trennen.
- Verkaufsaufgaben im KAM nicht dominieren lassen – sondern sie als eine von mehreren Aufgaben zur Optimierung der Wertschöpfung ansehen.
- Key Account Managern zeitliche Freiräume lassen, um in ihren Beziehungsnetzwerken neue Chancen zu identifizieren und zu erschließen
- Regelmäßige Netzwerk-Reviews mit den Key Account Managern durchführen, um zu prüfen, welche Beziehungen existieren und welche noch entwickelt werden müssen.

Schlussbetrachtung

In diesem Artikel sollte aufgezeigt werden, welche Komplexität ein richtig verstandenes KAM-Programm entwickeln kann und welche differenzierten Aufgaben ein Key Account Manager zu erfüllen hat.

Die Portfolio-Darstellung möglicher Aufgabenschwerpunkte des Key Account Managers zeigt, dass es „das Key Account Management" im eigentlichen Sinne nicht gibt. Stattdessen ist KAM ein Oberbegriff für eine Art des Kundenmanagements, die für einen ganz bestimmten Kundenkreis sinnvoll ist, nämlich für die Sicherung und Optimierung von Geschäftsbeziehungen zu denjenigen Kunden, die für das Unternehmen die höchste strategische Bedeutung haben. Unter diesem gemeinsamen Dach des Titels „KAM" finden sich in Unternehmen sehr unterschiedlich implementierte und ausgestaltete Ansätze.

Ebenso unterschiedlich ist im Übrigen der Umgang mit der Funktionsbezeichnung „Key Account Manager". Betrachtet man das hier vorgestellte Aufgabenbild, so wird rasch klar, dass sich die Arbeit eines Key Account Managers deutlich von der eines klassischen Außendienstmitarbeiters abhebt. Konsequenterweise rekrutieren zahlreiche Unternehmen ihre Key Account Manager daher auch nicht unbedingt aus dem Vertriebsaußendienst. Betrachtet man hingegen Job-Anzeigen für Key Account Manager, dann wird rasch klar: Nicht jede Position, die den Titel ‚Key Account Manager' führt, beinhaltet auch die Aufgaben eines echten Key Account Managers – und nicht jeder, der KAM in seinem täglichen Job betreibt, trägt auch den Job-Titel. Besonders deutlich wird dies, wenn laut Job-Titel Key Account Manager gesucht werden, in der Aufgabenbeschreibung aber die Gewinnung von Neukunden in einer Vertriebsregion, die Betreuung eines größeren Kundenportfolios oder ähnliche Dinge zu finden sind. In vielen Fällen wird dann inflationär mit einer Job-Bezeichnung umgegangen, was viele Gründe haben kann, letztlich aber das Potenzial eines systematischen KAMs mit Fokus auf die Optimierung von Wertschöpfungspartnerschaften in komplexen Beziehungsnetzwerken unberührt lässt.

SfP Zusätzlicher Verlagsservice für Abonnenten von „Springer für Professionals | Vertrieb"

Zum Thema | Beziehungsnetzwerke | 🔍 Suche

finden Sie unter www.springerprofessional.de 63 Beiträge im Fachgebiet Vertrieb   Stand: August 2015

Medium
☐ Online-Artikel (1)
☐ Zeitschriftenartikel (11)
☐ Buchkapitel (51)

Sprache
☐ Deutsch (63)

Von der Verlagsredaktion empfohlen

Biesel, H. H.: Die Entscheidungskriterien für die Einführung eines Key Account Managements, in: Biesel, H. H.: Key Account Management erfolgreich planen und umsetzen, Wiesbaden 2013, S. 37-59 , www.springerprofessional.de/4134282

Liebermeister, B.: Networking mit System, in: Sales Business, Nr. 3/2013, Wiesbaden 2013, S. 36-37, www.springerprofessional.de/4099018

Key Accounts strukturiert gewinnen und binden

Viele Key Account Manager bearbeiten in der Praxis ihre Key Accounts Tagesgeschäft-orientiert. Einerseits fehlt ihnen das erforderliche Handwerkszeug, andererseits wird der langfristige und methodische Ansatz des Key Account Managements von vielen Unternehmen immer noch nicht ausreichend verstanden. Ohne den gezielten Einsatz von Kundenentwicklungsplänen wird es immer schwieriger, Key Accounts langfristig an sein Unternehmen zu binden.

Hartmut H. Biesel

Der Umsatz steht bei der Beurteilung des Kundenwerts oftmals immer noch im Vordergrund. In vielen Unternehmen werden jedoch die Kundenbeziehungskosten, die für den Auf- und Ausbau und Erhalt der Kundenbeziehung aufgewendet werden müssen – Kosten der Angebotserstellung, Beratungs- und Besuchskosten, Servicekosten, Schulungskosten oder kundenindividuelle Produktentwicklungskosten – nicht erfasst. Dies wirkt sich besonders im Key Account Management negativ aus, da traditionell den Key Accounts besondere Leistungen zur Verfügung gestellt werden. Im Vertrieb steht aber nicht der Gewinn im Vordergrund, sondern die Rentabilität einer Kundenbeziehung (Erzielter Gewinn im Verhältnis zum erbrachten Aufwand).

Wenn die Strukturen des Key Account Managements und die Vernetzung der internen Bereiche nicht optimal ausgerichtet sind, „leidet" die Performance des Key Account Managements. Leider sind in Vertriebsorganisationen nicht selten die Key-Account-Management-Prozesse ausreichend verankert. Es gibt keine klaren Spielregeln und Handlungsanweisungen in der Zusammenarbeit mit Key Accounts und internen kundennahen Bereichen.

Um diese „Fallen" zu vermeiden, empfiehlt sich die Festlegung einer klaren Vertriebsstrategie und Kriterien für eine Kundenbewertung, um eine kennzahlengesteuerte Auswahl von Key Accounts zu ermöglichen. Außerdem ist die Zusammenarbeit der internen Bereiche im Key Account Management nicht immer ausreichend.

Erfolgreiche Unternehmen streben ein quantitatives und qualitatives Wachstum an und trennen sich von nicht zielführenden Aktivitäten. Dies erfordert die Standardisierung / Automatisierung von Kundenmanagementprozessen aus Kostengründen, Entwicklung unterschiedlicher Leistungspakete unter Berücksichtigung des Kundenwerts zur Senkung der Prozesskosten und differenzierte Kundenbearbeitung, um die begrenzte Ressource „Zeit" besser dem Kundenwert anzupassen.

Der Einkauf wird immer stärker bilanzrelevant, er beeinflusst bis zu 65 Prozent der Gesamtkosten eines Unternehmens. Wer dem Einkauf als Anbieter keine Mehrwertideen anbieten kann, riskiert eine hohe Dominanz des Preises. Deshalb sind Produkt- und Leistungskompetenz, Bereitschaft zu einem offenen Informationsaustausch, die Vernetzung der Wertschöpfungskette über elektronische Systeme wichtige Bausteine einer Leistungsbeurteilung bei der Preisbewertung durch die Key Accounts. Gute Einkäufer verlangen mehr als Tiefstpreise. Qualität und Termintreue werden vorausgesetzt. Entscheidend für die Zusammenarbeit sind aus Einkäufersicht kundenmehrwertorientierte Ideen und Integrationsfähigkeit der Lieferantenleistungen in das eigene Unternehmen.

Key Accounts gezielt gewinnen und binden

Voraussetzung für ein erfolgreiches Key Account Management ist die grundsätzliche Bereitschaft zur Partnerschaft auf beiden Seiten. Es ist wichtig herauszufinden, welche Punkte dem Key Account bei der Auswahl potenzieller Lieferanten besonders wichtig sind, beispielsweise Gewinnsteigerungspotenziale, individuelle Leistungsgestaltung und Beratungs- und

Hartmut H. Biesel
ist Partner der Penta Apricot GmbH und beschäftigt sich mit den Themen Neuausrichtung von Vertriebsorganisationen, Entwicklung und Umsetzung von Vertriebsstrategien und Optimierung des Markt- und Kundenmanagements. Er ist unter anderem Vorstand des „EF-KAM European Foundation for Key Account Management" und Autor mehrerer Bücher bei SpringerGabler.

Hartmut H. Biesel
Penta Apricot GmbH, Dortmund, Deutschland
E-Mail: H.biesel@apricot-partner.de

Kerngedanke 1

Die Erschließung neuer Kunden und Märkte ist genauso intensiv zu betreiben wie die Betreuung der Schlüsselkunden, denn Key Account Management ist nicht alles.

Servicelösungen oder passgenaue Partnerschaftskonzepte. Je nach Einkaufsstrategie sind unterschiedliche Ansätze notwendig, die eigenen Leistungen und Ressourcen auf die Key Accounts auszurichten.

Bei der Auswahl von Key Accounts spielen sowohl qualitative als auch quantitative Gesichtspunkte eine wichtige Rolle. Die folgenden Schritte helfen bei der Auswahl von potenziellen Key Accounts (siehe auch **Abbildung 1**):

1. Festlegung der eigenen Vertriebsstrategie
2. Identifikation der Key Accounts
3. Festlegung der eigenen Unternehmensressourcen für das Key Account Management
4. Entwicklung von Leistungen, um Key Accounts dauerhaft zu begeistern und zu verblüffen
5. Durchführung eines Sicherheitschecks bezüglich der Erfolgswahrscheinlichkeit
6. Erarbeitung eines Key-Account-Durchdringungsplans

Informationen zur Analyse eines Key Accounts kommen aus den verschiedensten Bereichen, zum Beispiel über Primärinformationen (direkte Befragung der Key Accounts, Vertriebsdaten etc.) oder Sekundärinformationen (amtliche Statistiken, Forschungsinstitute etc.)

Der systematische Aufbau von Kundenentwicklungsplänen ist mit Aufwand verbunden, deshalb ist zu hinterfragen: Welches Maß an Planung ist

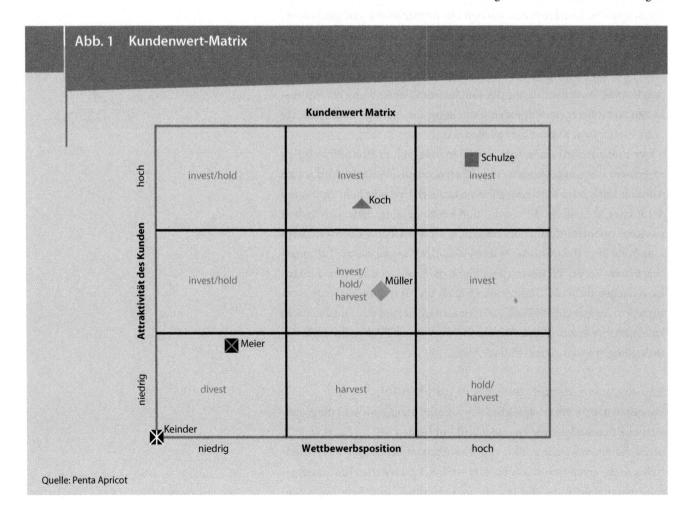

Abb. 1   Kundenwert-Matrix

Quelle: Penta Apricot

im Verhältnis zum erwarteten Ergebnis angebracht? Welches Ziel soll mit dem Kundenentwicklungsplan erreicht werden?

Ein systematisch entwickelter und kommunizierter Entwicklungsplan dient als zentrale Informationsquelle für alle die Key Accounts betreffenden Entscheidungen. Um alle Aktivitäten erfassen und zeitnah auswerten zu können, empfiehlt sich der Einsatz von Kundenportalen, einer zentralen Kommunikationsplattform im Intranet, zu dem alle am Vertriebsprozess beteiligten Mitarbeiter je nach ihrer Aufgabe einen Zugang mit klar abgegrenzten Nutzungsrechten haben.

In harten Verdrängungsmärkten werden drei Faktoren – Produkt-, Beratungs- und Serviceleistungen – zu entscheidenden Erfolgskriterien. Wer keine vom Key Account akzeptierte Alleinstellungsmerkmale anzubieten hat, sieht sich sehr oft gezwungen, seine Leistungen stetig zu erhöhen, um im Wettbewerb bestehen zu können. Und tappt nicht selten dabei in eine Kostenfalle. Die zu erfüllenden Key-Account-Anforderungen sollten allerdings mit den eigenen Unternehmenszielen übereinstimmen. Wenn Sie nicht sicher sind, dass die strategische Entscheidungen zwar erfolgreich für den Kunden sind, aber nicht für das eigenen Unternehmen, sagen Sie nein! Die Beendigung einer „schwachen" Key-Account-Beziehung hilft, Ressourcen anderweitig besser einzusetzen.

Langfristige und partnerschaftlich gepflegte Kundenbeziehungen mit Key Accounts sind wirtschaftlicher, da die Kosten der Kundenbeziehung sinken und zufriedene Key Accounts eine geringere Preissensibilität zeigen. Starten Sie einen Kundendurchdringungsplan immer mit einer Informationserhebung über die Kundensituation. Wenn Sie bestimmte Daten und Fakten aus Ihrer Datenbank nicht abrufen können, notieren Sie diese und machen es sich zur Aufgabe, diese offenen Punkte durch Gespräche mit Ihren Key Accounts zu klären. Aber auch die Machtstrukturen innerhalb des Key-Account-Unternehmens sind für den Entwicklungsplan entscheidend.

Ziel für das Key Account Management ist es herauszufinden, was die größten gemeinsamen Nenner sind. Analysieren Sie, welche positive Kosten-Nutzen-Rechnung Sie für den Kunden mit einem eigenen Mehrwertkonzept erreichen können.

Um ein strukturiertes Arbeiten und Vorgehen zu erleichtern, ist die schrittweise Erarbeitung eines Kundendurchdringungsplans sinnvoll (siehe **Abbildung 2**).

- Schritt 1: Informationsbeschaffung (Daten, Fakten und Informationen zur KeyAccount-Analyse)
- Schritt 2: Ist-Beurteilung (Verdichtung der Daten)
- Schritt 3: strategische Einzelziele (Festlegung der qualitativen / quantitativen Kundenziele)
- Schritt 4: Projekt- und Kundenscreening (Aufwand im Verhältnis zur Erfolgschance / Projektattraktivität)
- Schritt 5: Entwicklung kundenindividueller Lösungen (Entwicklung kundenindividueller Mehrwertkonzepte)
- Schritt 6: Vernetzung der Eigen- und Key-Account-Ziele

Kerngedanke 2

Die Funktion des Einkaufs ändert sich aber kontinuierlich zu einer Netzwerk- und Querschnittsfunktion. Er wird zu einem operativen Partner beispielsweise von Produktentwicklung, Marketing und Vertrieb oder Produktion

Zusammenfassung

● Das Key Account Management wird zum wichtigsten Baustein innerhalb eines Multi-Channel-Vertriebs, da hier die wertigen Kunden von heute und morgen gewonnen und gebunden werden. Ohne Ausrichtung der Unternehmensstrategien auf die Bedürfnisse der Key Accounts wird die Erhaltung des eigenen Marktanteils schwieriger. Das Key Account Management wird zum Treiber und Trendsetter in Marketing, Vertrieb und anderen kundennahen Bereichen.

Kerngedanke 3

Supply Chain Management wird zum absoluten Muss, um die immer komplexeren Einkaufs-, Produktions- und Logistiksysteme sicher und kostengünstig zu managen.

Wettbewerbs- und Stärken-Schwächen-Analysen

Die Wettbewerbsanalyse ist ein unverzichtbares Früherkennungsinstrument, um Chancen und Risiken im Key Account Management rechtzeitig zu erkennen und liefert wesentliche Orientierungspunkte für die eigene Positionierung und Wettbewerbsstrategie.

Nicht alle Leistungen sind aus Key-Account-Sicht gleich wichtig und wertig. Finden Sie deshalb gemeinsam mit dem Team heraus, in welchen Punkten Ihr Unternehmen unbedingt eine Alleinstellung erreichen muss und welche Bereiche eventuell vernachlässigt werden können. Konzentrieren Sie sich dabei auf das Wesentliche.

Jedes Unternehmen hat Stärken und Schwächen. Es ist daher wichtig herauszufinden, welche Stärken und Schwächen das Key Account Manage-

Abb. 2   Kundenentwicklungsplan: Übersicht und Navigation

Übersicht und Navigation

Diese Übersicht hilft Ihnen, unter den Arbeitsblättern des Kundenentwicklugsplans leichter zu navigieren.
Ein Klick auf das Schaltfeld mit dem Namen des gewünschten Arbeitsblatts bringt Sie direkt dorthin!

Übersicht	Vertriebs-strategie	Ziesetzung	Kundenanalyse	Mehrwert-konzept	Nutzen- u. Wert-aussagen	Beziehungs-management	Umsetzung
Arbeitsblatt-übersicht	strategische Vertriebsziele	Finanzziele & Kennzahlen	Stammdaten	Stärken-Schwäch. Analyse	Alleinstellungs-merkmale	Betreuungs-team	Projekte
Startseite	Positionierung	Zielsetzung	Kunden-situation	Leistungs-analyse	Wert-aussagen	Kontakte	Umsetzungs-maßnahmen
	Leistungs-beschreibung	Blatt 1	Aspekte & Treiber	Gegenleistung	Blatt 1	Kontakt-personen	Blatt 1
Sonstiges	Blatt 1	Blatt 2	Produkte, Leistungen	Blatt 1	Blatt 2	Qualität der Kont. zu uns	Blatt 2
Produkt-information	Blatt 2		Märkte & Kunden	Blatt 2		Qualität der Kont. zum WB	
Druckvorschau			Chancen, Ziele			Macht-situation	
aktuelles Blatt drucken			Beschaffung			Kontaktmatrix	
gesamte Mappe drucken			unsere Wett-bewerbssituation			Sponsoring	
speichern			Blatt 1			Beziehungs-strategie	
speichern unter…			Blatt 2			Kontakt-historie	
Passwort ändern						Blatt 1	

Quelle: Penta Apricot

ment aus Eigensicht und Key-Account-Sicht besitzt und welche Chancen und Risiken sich daraus ergeben. Stärken wirken dann besonders nachhaltig, wenn sie gezielt Vorteil und Nutzen den Key Accounts bieten und mit Kundenchancen vernetzt werden können. Stärken-Schwächen-Analysen lassen sich gut in Workshops mit Teams durchführen. Dies bietet den Vorteil, dass die Teammitglieder nachvollziehen können, welche Stärken vorhanden sind, ausgebaut oder gehalten werden sollten und welche Schwächen entweder behoben oder akzeptiert werden müssen.

Kundenerwartungen zu erfüllen und dabei zielgerichtet unter Kosten- und Leistungsgesichtspunkten besser als der Wettbewerb zu sein, erhöht die Marktchancen deutlich. Kundenzufriedenheit ist allerdings kein Selbstzweck. Verlieren Sie nie aus den Augen: Kundenzufriedenheit muss sich für Ihr Unternehmen rechnen. Die Investition in die Erfüllung von Kundenzufriedenheit hat zum Ziel, die Kundenbindung zu erhöhen. Wenn Sie keinen nachhaltigen Nutzen mit einem Mehrangebot für die Key Accounts und Ihr Unternehmen bieten können, zögern Sie nicht, das „Mehrwertangebot" vom Markt zu nehmen. Leistungen ohne Gegenleistungen werden gerne mitgenommen nach dem Motto „nice to have".

Es ist auffallend, dass die häufigsten Wechselgründe in der Performance der Lieferanten liegen und weniger in der Mehrleistung des Wettbewerbs. Erwartungen entstehen aus vielen Quellen: Erfahrungen, Einstellungen, Vorlieben, Marketingaktivitäten et cetera. Es ist betriebswirtschaftlich allerdings unsinnig, durch Übererfüllung Kosten zu produzieren, die der Kunde dann hinterher beim Kaufpreis nicht honoriert.

Voraussetzung für die lernende Key-Account-Management-Organisation ist eine konstruktive Fehlerkultur. Je früher Unzufriedenheitspotenziale erkannt werden, desto eher können Folgeschäden vermieden werden. Installieren Sie Service- und Qualitätschecks und werten die Daten regelmäßig aus. Beschwerdehandbücher, Software und der Aufbau interner Kommunikationskanäle helfen beim Aufspüren und bei der Analyse problematischer Prozesse.

Jede Reklamation ist eine Chance zur Verbesserung. Beschwerden, die im Sinne des Key Accounts fair und unbürokratisch gelöst werden, bergen ein Begeisterungspotenzial und machen Key Accounts zu potenziellen Empfehlungsträgern. Schnelle, flexible und individuelle Lösungen signalisieren deutlich den Wert, den Sie der Key Account-Beziehung beimessen.

Zusatznutzen und Serviceleistungen kundenzentriert anbieten

Die Erfüllung von Basisfaktoren reicht nicht mehr aus, Kunden zu begeistern. Sie werden als selbstverständlich angesehen und erwartet. Mit Leistungsfaktoren können Sie sich heute gegenüber dem Wettbewerb aus Kundensicht absetzen. Entscheidend für den zukünftigen Erfolg sind allerdings Begeisterungsfaktoren. Sie bieten Chancen, sich in Zukunft aus Kundensicht gegenüber dem Wettbewerb abzusetzen.

Mehrwert entsteht dann, wenn die Key Accounts Leistungen und Produkte als emotional oder faktisch wertvoll betrachten und bereit sind, dieses

Handlungsempfehlungen

• Bauen Sie auf Teamarbeit im Key Account Management und richten alle Unternehmensbereiche auf die wertigen Kunden aus.

• Werden Sie ein Netzwerk-Unternehmen, das partnerschaftlich die Key Accounts bei ihren Erfolgswegen unterstützt, und dies weltweit, klein, schnell, flexibel und lernfähig.

• Alle Leistungen für Key Accounts müssen zu möglichst unverwechselbaren Produkten / Leistungen werden, damit man als strategischer Partner wahrgenommen und geschätzt wird.

• Das Wissen um den Wettbewerb und die Key Accounts sind wichtige Voraussetzungen für einen dauerhaften Key-Account-Management-Erfolg. Der Aufbau von Wissensdatenbanken ist deshalb ein unverzichtbares MUSS.

• Entwickeln Sie Ideen, wie Sie die Key Accounts besser machen können. Wer als Key Account Management keine Mehrideen den Key Accounts anbietet, ist Commodity, und wer Commodity ist, hängt am „Fliegenfänger" Preis.

Kerngedanke 4

Nur die schnelle Einführung von Innovationen sichert den Unternehmensbestand. Es bietet sich deshalb geradezu an, die Stärken von Lieferanten und Key Accounts miteinander zu vernetzen.

Mehr an Leistungen zu honorieren. Finden Sie heraus, welche Faktoren „Kostentreiber" und welche „Kundenzufriedenheitstreiber" sind. Mit einem Argument wie „beste Qualität" können Sie einen informierten Key Account nicht mehr überraschen. Die eigentlichen „Produkte" der Zukunft sind die Qualität des Key-Account-Managementteams, der Service, die Beratung, Dienstleistungen und Coachingangebote.

Bilden Sie im Rahmen eines Servicemanagements einen flexiblen und zeitnahen Leitfaden für ein Serviceprofil. Der Leitfaden verdeutlicht den Key Accounts die Serviceleistungen und deren besonderen Nutzen. Er hält alle Informationen fest, um die gewünschte Key Account-Zufriedenheit zu erhöhen. Servicequalität und Einzelleistungen sind darin klar beschrieben und für die Betroffenen nachvollziehbar. Der Leitfaden vermittelt Kundennut-

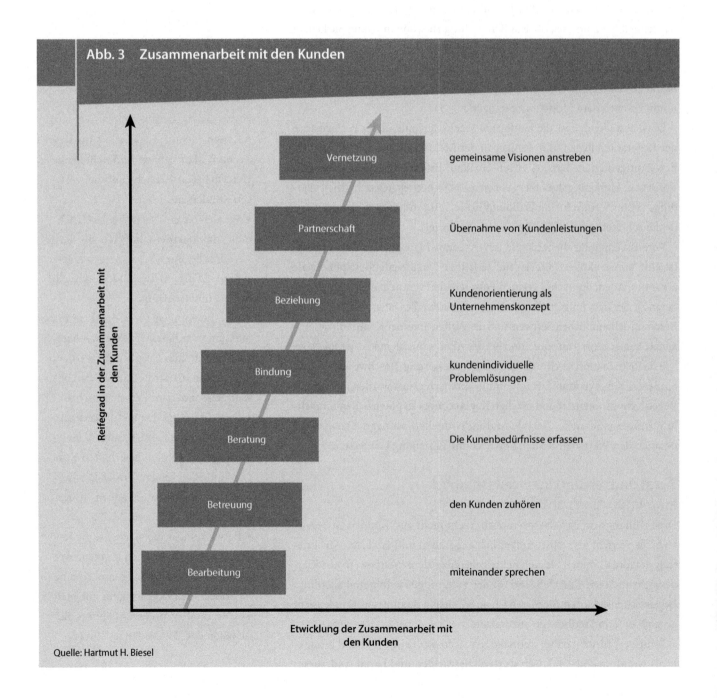

Abb. 3   Zusammenarbeit mit den Kunden

Reifegrad in der Zusammenarbeit mit den Kunden

- Vernetzung — gemeinsame Visionen anstreben
- Partnerschaft — Übernahme von Kundenleistungen
- Beziehung — Kundenorientierung als Unternehmenskonzept
- Bindung — kundenindividuelle Problemlösungen
- Beratung — Die Kunenbedürfnisse erfassen
- Betreuung — den Kunden zuhören
- Bearbeitung — miteinander sprechen

Etwicklung der Zusammenarbeit mit den Kunden

Quelle: Hartmut H. Biesel

zen und den geschaffenen Mehrwert und hilft dadurch, das Vertrauen bei den Key Accounts zu erhöhen, Berechenbarkeit zu schaffen und das Image auszubauen (siehe **Abbildung 3**).

Das Servicemanagement hilft dem Key Account Management besonders dann, sich gegenüber dem Wettbewerb abzugrenzen, wenn sich das Key Account Management in preisdominierten Märkten bewegt oder geringe Margen dazu zwingt, den Service zielgerichtet und unter Beachtung der Kosten anzubieten. Alle Serviceleistungen sollten für den Key Account eine hohe Attraktivität und ein positives Image besitzen, die Kundenloyalität steigern und die Kosten- und Leistungsführerschaft beider Partner erhöhen.

Literatur

Ackerschott, H. (2000): Strategische Vertriebssteuerung, Wiesbaden

Belz, Ch./Bussmann, W. (2000): Vertriebsszenarien 2005, St. Gallen

[SfP]* Biesel, H. H. (2014): Vertriebspower in turbulenten Zeiten, Wiesbaden (ID: 5000504)

[SfP]* Biesel, H.H. (2013): Vertriebsarbeit leicht gemacht, Wiesbaden, 2. Auflage (ID: 4698212)

Czichos, R. (2000): Creatives Account Management, München, 2. Auflage

Pufahl, M./Happe, G. (2004): Innovatives Vertriebsmanagement, Wiesbaden

[SfP]* Abonnenten des Portals Springer für Professionals erhalten diesen Beitrag im Volltext unter www.springerprofessional.de/ID

Zusammenfassung

- Die Ist-Situation: Der Vertrieb ist in vielen Unternehmen immer noch kein gezielt aufgebauter Multi-Channel-Vertrieb.
- Die Auswahl von Key Accounts: Die strukturierte und analytische Auswahl ersetzt zunehmend die eindimensionale Umsatzbewertung.
- Bausteine eines Kundenentwicklungsplans: Die Steuerung der Key-Account-Entwicklungspläne wird heute nur bedingt vorgenommen, ist aber ein MUSS für die Zukunft.
- Durchführung von Wettbewerbs- und Stärken-Schwächen-Analysen: Ziel des Key Account Managementy ist es nicht, den Wettbewerb zu attackieren, sondern ihm auszuweichen.
- Zusatznutzen und Serviceleistungen: Die Key Accounts verlangen von wichtigen Lieferanten mehr als die üblichen Basisleistungen.

[SfP] **Zusätzlicher Verlagsservice für Abonnenten von „Springer für Professionals | Vertrieb"**

Zum Thema | Kundenentwicklungspläne | Suche

finden Sie unter www.springerprofessional.de 7 Beiträge im Fachgebiet Vertrieb Stand: August 2015

Medium
☐ Zeitschriftenartikel (2)
☐ Buchkapitel (5)

Sprache
☐ Deutsch (7)

Von der Verlagsredaktion empfohlen

Biesel, H. H.: Der Markt im Wandel – Der Multi-Channel-Vertrieb der Zukunft, in: Biesel, H. H.: Key Account Management erfolgreich planen und umsetzen, Wiesbaden 2013, S. 3-25 , www.springerprofessional.de/4134288

Biesel, H. H.: Kunden gezielt gewinnen und binden, in: Biesel, H. H.: Vertriebsarbeit leicht gemacht, Wiesbaden 2013, S. 91-113, www.springerprofessional.de/4698218

Mit „Challenger Sales" Kunden herausfordern und bereichern

Den Wissenschaftler Prof. Dr. Dirk Zupancic und den SAP-Vertriebsmanager Dr. Alexander Arnold verbindet ihre gemeinsame Zeit an der Universität St. Gallen sowie die Zusammenarbeit an der GGS und in verschiedenen Seminaren, unter anderem zum Key Account Management. Der Dialog zwischen den beiden KAM-Experten wurde am 15. September in der GGS German Graduate School of Management & Law in Heilbronn geführt.

Dirk Zupancic, Alexander Arnold

Dr. Alexander Arnold
(links) ist General Manager Industries bei SAP und verantwortlich für die Region Middle & Eastern Europe. Nach Studium und Promotion an der Universität St. Gallen sowie Stationen bei Hilti und Capgemini arbeitet er seit zwölf Jahren bei SAP. In der Region Mittel- und Osteuropa ist er verantwortlich für den Branchenvertrieb, inklusive der Key Accounts, die bei SAP im Rahmen des Strategic Customer Programs betreut werden.

Prof. Dr. Dirk Zupancic
(rechts) ist Präsident und Professor an der German Graduate School of Management & Law in Heilbronn. Zuvor promovierte und habilitierte er an der Universität St. Gallen. Seit über 15 Jahren beschäftigt er sich intensiv mit dem Thema Key Account Management (KAM) in Forschung und Praxis. Er ist Autor von drei Fachbüchern sowie Forschungsberichten und Artikeln. Das Buch „Spitzenleistungen im Key Account Management: Das St. Galler KAM Konzept" (Vahlen 2014) ist in der dritten Auflage erschienen und wurde mehrfach übersetzt. Seine Seminare sind seit vielen Jahren erfolgreich auf dem Markt und er unterstützt Unternehmen als Berater bei der Implementierung und Optimierung des KAMs.

Zupancic: In Forschung und Praxis ist das Thema KAM seit mehr als 30 Jahren bekannt. Man sollte annehmen, dass die Unternehmen mittlerweile sehr professionell sind. Meine Erfahrung in der Beratung und in meinen Seminaren ist eine andere. Viele Unternehmen fangen mit dem KAM gerade erst an oder stellen fest, dass sie deutliche Optimierungspotenziale haben. Wie ist der Status bei SAP?

Arnold: In meinen zwölf Jahren bei SAP gab es immer schon ein Key Account Management. Aber ein solches Konzept durchläuft verschiedene Wellen, es ist ständig im Fluss. Am Anfang brauchten wir vor allem spezielle Personen als Key Account Manager, die im weiteren Verlauf ein virtuelles Team aus verschiedenen Fachbereichen von SAP führten. Circa 50 Kunden betreuen wir in der Region Mittel- und Osteuropa heute im Rahmen des Strategic Customer Programs auf einer internationalen Basis, weltweit sind es knapp 300 Kunden. Das ist eine hochkomplexe Zusammenarbeit mit den Kunden. Hier geht es um eine sehr enge strategische Kooperation. Im Rahmen dieser Zusammenarbeit erhalten die Key Accounts lösungsseitige Unterstützung bei der Umsetzung strategisch wichtiger Projekte. Die Kunden üben großen Einfluss auf die zukünftige Entwicklung unseres Lösungs- und Serviceportfolios aus, gemeinsame Innovationen entstehen. In dieser Konstellation sind die Teams auch nicht mehr virtuell, sondern ein Teil der Mitarbeitenden sind exklusiv nur noch für diese Kunden da.

Zupancic: Für viele Unternehmen sind die strategisch wichtigen Kunden, also ihre Key Accounts, einfach die umsatzstärksten Kunden. Ich halte diese einfache, aber praktische Lösung für suboptimal. Sie vernachlässigt das zukünftige Potenzial und qualitative Aspekte, die man eben nicht messen kann, sondern beurteilen muss. Die aber den Erfolg der Zusammenarbeit maßgeblich bestimmen. Wie ist es bei Euch?

Alexander Arnold
SAP, Walldorf, Deutschland
E-Mail: al.arnold@sap.com

Dirk Zupancic
GGS German Graduate School of Management & Law, Heilbronn, Deutschland
E-Mail: dirk.zupancic@ggs.de

Arnold: Wir unterscheiden zunächst einmal zwischen General Business, also das Geschäft mit Kunden, die von unseren Partnern betreut werden wollen. Daneben gibt es das Key Segment, für das die lokale Landesgesellschaft die Kun-

„Die Kunden üben großen Einfluss auf die zukünftige Entwicklung unseres Lösungs- und Serviceportfolios aus, gemeinsame Innovationen entstehen."

denverantwortung trägt. Unsere rund 300 strategischen Kunden sind im sogenannten Strategic Customer Program (SCP) zusammengefasst. Davon wiederum sind circa 50 Kunden Global SCP. Diese Kunden werden sehr gewissenhaft ausgewählt. Neben den Businesszahlen zählen qualitative Faktoren. So muss der Kunde sich zum Beispiel bei uns auf unser Betreuungsmodell (SCP) einlassen. Das erfordert beiderseitige Ressourcen, Investments und Offenheit. Wir haben große Kunden, da werden wir nur als Lieferant gesehen. Die sind eben nicht bereit zu einer intensiven Zusammenarbeit. Das sind aber keine Kunden für unser SCP.

Zupancic: Ich bezeichne KAM gerne als das „einzige echte One-to-One-Marketing", weil man sich auf den einzelnen Kunden einlässt und auch bezüglich der vorhandenen Res-

sourcen einlassen kann. Wenn Ihr Euch die Mühe gemacht habt, die wichtigsten Kunden systematisch zu identifizieren, wie geht Ihr bei SAP dann konkret vor, damit diese Kunden auch wirklich einen Mehrwert von dem Konzept haben?

Arnold: SCP-Kunden erhalten ein ganzes Bündel an exklusiven Leistungen. Sie erhalten zum Beispiel eine sehr hohe Sichtbarkeit des Vorstands, wir investieren viele und die besten Ressourcen und bieten spezielle Veranstaltungen. Das wird von Kunden sehr geschätzt. Das Wichtigste ist aber, dass sie ihre Lösungen sehr früh mitbestimmen. Für diese Kunden sind unsere Leistungen strategisch relevant. Da haben sie – zu Recht – die Erwartungen, dabei intensiv mitzuarbeiten. Damit bestimmen nicht nur unsere Lösungen das Kundengeschäft, sondern auch die Kunden unsere eigenen Entwicklungen. Was sagt die Wissenschaft dazu?

Zupancic: Wir bieten mit dem sogenannten Leistungssystem für Key Accounts einen Orientierungsrahmen. Dabei handelt es sich um ein Schalenmodell, um Produkte, Dienst- und Zusatzleistungen zu strukturieren und für Kunden Lösungen zu konzipieren. Es geht darum, das Kerngeschäft intelligent zu ergänzen und zu bereichern, so dass eine echte und individuelle Kundenlösung entsteht. Dieses Leistungssystem sieht dann bei jedem Key Account anders aus. Wichtig ist es, in allen Bereichen mindestens so gut zu sein wie die Mitbewerber, das heißt, keine signifikanten Nachteile zu haben. Außerdem sollte man einige substanzielle Wettbewerbsvorteile haben, in den man wirklich besser ist als die

Experten-Dialog | Schwerpunkt

anderen Anbieter. Nur so lassen sich auch höhere Preise durchsetzen. Da viele Teile des eigenen Geschäftsmodells heute vergleichbar mit Mitbewerbern sind, sind hier auch Kreativität und Mut gefragt. Und natürlich empfehlen wir eine enge Zusammenarbeit und gemeinsame Entwicklungen, wenn immer möglich.

In früheren Studien entdeckten wir, dass gerade die internationale oder interkulturelle Zusammenarbeit die KAM-Verantwortlichen vor besondere Herausforderungen stellt. Obwohl auch heute noch Global Account Manager viele Anekdoten über Konflikte und Missverständnisse kennen, scheint dieses Thema heute keine große Bedeutung mehr zu haben. Bei Euren Key Accounts, also den Kunden aus dem SCP, handelt es sich teilweise um internationale Kunden. Wie sind Deine Erfahrungen?

Arnold: Globale Kompetenz ist heute bei großen Unternehmen eine Selbstverständlichkeit. Natürlich kommt es im Tagesgeschäft auch immer mal wieder zu Missverständnissen. Aber alle arrangieren sich selbstverständlich damit. Deutlich anspruchsvoller sind die Themen, bei denen organisatorische Durchgriffe nötig sind zum Beispiel länderübergreifendes Staffing, Incentivierung, Verträge ... Für diese Themen und für weitere muss man über Bereiche und Länder Entscheidungen treffen und Regeln aufstellen. Das ist global in zwei komplexen Organisationen, Kunden und SAP, wirklich nicht einfach. Aber hier haben beide Seiten die gleichen Herausforderungen.

Zupancic: Wie viele Leute mit welchen Funktionen sind heute in die Bearbeitung von SCP-Kunden involviert? Wie funktioniert die Zusammenarbeit?

Arnold: In der Regel gibt es Kernteams zwischen drei und zehn Leuten. Das sind die Teammitglieder aus Vertrieb und Service. Dazu kommen Experten aus verschiedenen Bereichen wie zum Beispiel der Entwicklung mit bestimmten Kompetenzen, die für wichtige Kundenbedürfnisse nötig sind. Das

„Globale Kompetenz ist heute bei großen Unternehmen eine Selbstverständlichkeit."

können schnell mal bis zu 50 Personen werden, natürlich in unterschiedlichen Intensitäten. Sie werden dann von einem Key Account Manager, bei uns Global Account Director (GAD) oder bei den globalen SCP Managing Partner (MP) genannt, geführt. Teilweise in direkter Verantwortung, teilweise in einer Art Matrix.

Zupancic: Diese virtuellen Strukturen sind ja nicht einfach zu führen. Wir empfehlen unter anderem, klare Prozesse zu definieren ...

Arnold: Darin sind wir nach meiner Einschätzung ziemlich gut. Wir haben für neue Aufträge bei SCP-Kunden klare

Sales Management Review   5|2015   49

Prozessphasen von Bedarfsgenerierung und -klärung, Validierung, Verhandlung, Umsetzung definiert. Unsere GAD oder MP führen alle Mitarbeitenden durch alle Phasen und schließen auch jede Phase sauber ab ...

Zupancic: ... und bei aller Kompetenz für die Phasen und das professionelle Management derselben kommt es am Ende immer noch auf den Abschluss an. Daher spreche ich beim Key Account Manager auch gerne vom „Berater mit Abschlussmission". In allen unseren Projekten kristallisierte sich immer wieder die besondere Rolle des Top Managements heraus.

Arnold: Für ein effektives Strategic Customer Program benötigt man das Top-Management. Das ist auch bei uns so. Für die Global SCPs gibt es einen Executive Sponsor aus dem

> *„Wichtig ist es, in allen Bereichen mindestens so gut zu sein wie die Mitbewerber."*

Vorstand. Kundenseitig gibt es auch ein Pendant auf Vorstandslevel. Im Idealfall gibt es ein Jahresmeeting und quartalsweise Reviews. Der Executive Sponsor hat eine Art Steering-Funktion. Bei den globalen SCPs geht es gar nicht

ohne Vorstandssupport, weil diese Kunden auch die Entwicklung von SAP mitgestalten. Das ist von hoher strategischer Bedeutung für uns.

Zupancic: Bleiben wir bei den Herausforderungen. Welche Herausforderungen würdest Du derzeit in Deinem Verantwortungsbereich als die wichtigsten ansehen?

Arnold: Das Hauptthema ist die hohe Erwartungshaltung. SCP-Kunden haben viel investiert, die Kunden kennen uns lange. Jedes Meeting muss für diese Kunden heute einen Mehrwert bieten. Wir müssen die Themen bringen, die den Kunden interessieren, die ihn weiterbringen. Unser Motto heißt „Challenger Sales". Wir müssen im Vertrieb rausgehen und den Kunden mit Themen herausfordern und zugleich bereichern. Danach arbeiten wir gemeinsam an Lösungen. Wir müssen immer relevant bleiben und Ideen bringen, sonst sinken wir auf einen normalen Lieferantenstatus ab. Dazu fahren wir proaktiv Analysen, Benchmarks ...

Zupancic: Machen das Wettbewerber nicht auch?

Arnold: Ich denke, wir sind in der Softwarebranche ziemlich gut aufgestellt. In diesen Themen messen wir uns mit Strategieberatungen und Systemintegratoren. Dazu haben wir ein globales Team aus Business Consultants und sogenannten Value Engineers, die wir aus Unternehmensberatungen rekrutieren. Mit denen analysieren wir Markt- und Kundensituationen, identifizieren Trends und entwickeln neue Lösungen und Konzepte. Da haben wir in den letzten Jahren

schon eine beeindruckende Kompetenz aufgebaut, die man auch nicht so leicht kopieren kann.

Zupancic: Wenn ein Thema schon 30 Jahre oder länger bekannt ist, kommt unwillkürlich die Frage nach Innovationen auf. Gibt es in Deinem Bereich Innovationen im KAM?

Arnold: Der Anspruch an das KAM oder SCP ist sehr gestiegen. Natürlich ist Umsatz wichtig, aber vor allem müssen wir uns in drei Jahren substanziell entwickeln. Ich denke, dieser Wandel auf eine langfristige Perspektive ist schon neu. Daneben haben wir auch die Zusammenarbeit mit Kunden weiterentwickelt. Zum Beispiel arbeiten wir mit dem Prozess des „Value Engineering" daran, systematisch echte Mehrwerte für den Kunden zu identifizieren und zu realisieren. Dieser Ansatz orientiert sich stark am Konzept des „Design Thinking", das ursprünglich aus der kundenzentrierten Softwareentwicklung kommt. Ähnlich gehen wir jetzt beim Value Engineering vor. Nicht zu vergessen sind auch unsere Innovation Centers zum Beispiel in Paolo Alto und Potsdam. Hier schaffen wir eine vibrierende Atmosphäre für unsere neuen Ideen und Strategien. Davon profitieren auch und vor allem unsere wichtigsten Kunden, die wir regelmäßig an diese Standorte einladen. Es macht einen Unterschied, ob man einen Workshop zu Strategie und Innovationen in einem normalen Business-Hotel durchführt oder wirklich an einem solchen dynamischen und jungen Ort ist. Das muss man erlebt haben. Und wir haben diese Standorte dazu bewusst geschaffen.

Zupancic: Auf einer Skala von 1 bis 10: Wie professionell seid Ihr bei SAP im KAM?

Arnold: Bis vor einem Jahr hätte ich 8 oder 9 gesagt. Derzeit werden unsere Kunden mit den Folgen der Digitalen Transformation auf ihre Prozesse und ihr Kerngeschäft konfrontiert. Wir sind prädestiniert, hier als „Trusted Advisor" mit unserer Kompetenz die Kunden zu begleiten. Dies stellt uns wieder vor

„Ich spreche beim Key Account Manager auch gerne vom ‚Berater mit Abschlussmission'."

neue Herausforderung hinsichtlich der richtigen Betreuung und der richtigen Lösungskompetenz. Dadurch sind wir wieder etwas zurückgefallen auf der Lernkurve und damit auf deiner Skala. Aber wir wissen, wie wir dir Herausforderung meistern können und sind bereits an der Umsetzung. Ich denke, wir sind im Software-Umfeld im Vergleich zu den Mitbewerbern sehr gut aufgestellt und darauf kommt es an.

Zupancic: Deine Antwort zeigt aber auch, dass ein KAM-Programm niemals fertig ist und nach Schema F läuft. Es muss sich ständig neu bewähren und zum Teil auch immer wieder neu erfinden. Es bleibt also auch nach 30 Jahren spannend.

Organisieren und umsetzen als Change-Projekt

Die Einführung eines Key Account Managements greift tief in die Machtstrukturen eines Unternehmens ein. Ob es zu einem Erfolg wird, hängt nicht nur vom zugrundeliegenden Konzept ab. Mitentscheidend ist der Einführungsprozess, der Risiken rechtzeitig erkennt und gegensteuert. Dabei ist es sinnvoll, das KAM-Konzept als Change-Projekt zu organisieren und umzusetzen.

Peter Klesse

Bevor man sich Gedanken über die Umsetzung eines Key Account Managements macht, sollte man sich bewusst werden, was bei einer KAM-Einführung überhaupt geändert wird.

- **Prozesse:** Planungsprozesse, interne Abstimmungen, Reporting, Entscheidungen über Angebote und Preisfindung, die Art und Weise, wie Kunden besucht und betreut werden
- **Organisationsstrukturen, Zuständigkeiten und Verantwortlichkeiten:** Verantwortlichkeiten für Kunden, Konditionen, Angebote, Reports, der eigene Arbeitsplatz
- **Instrumente, Methoden und IT-Anwendungen:** neue Berichtsinstrumente, CRM- und Analyse-Anwendungen
- **Kompetenzen und Fähigkeiten:** Teamführung, Workshop-Arbeit mit Kunden, Wettbewerbsanalysen, Präsentationsfähigkeit, Akzeptanz und Umgang mit fremden Einstellungen und Kulturen
- **Steuerungs- und Bewertungssysteme:** Provisions- und Bonussysteme, Reporting.

Viele Änderungen greifen in Organisations- und Machtstrukturen, Regelungen und Privilegien ein. Sie betreffen nicht nur den Vertrieb, sondern auch andere Bereiche des Unternehmens, wie Beschaffung, Entwicklung, Qualitätsmanagement und Controlling. Es geht an den Kern, es kann wehtun.

Change-Projekt als Erfolgsvoraussetzung

Ein komplexes KAM als Routineaufgabe des Linienmanagements einzuführen, wird nicht erfolgreich sein. Die Aufgabe muss als umfassendes Change-Projekt verstanden werden, wie Beispiele vieler Unternehmen zeigen. Dazu gibt es Erfolgsfaktoren und Erfahrungswerte, die für das Key Account Management gelten. Sie geben dem oder den Verantwortlichen für die KAM-Einführung Hilfen und Anregungen. Ein komplexes Key Account Management nicht als professionelles Change-Projekt einführen zu wollen, ist aus unserer Sicht ein Managementfehler.

Vier Erfolgselemente eines Change-Projekts stehen für uns im Vordergrund:
- klare Definition und Vereinbarung der **Aufgabenstellung** für Auftraggeber und KAM-Verantwortliche
- „saubere" **Strukturierung** des Projekts
- professionelles **Projektmanagement**
- Berücksichtigung der **„weichen Faktoren"**

Klare Definition der Aufgabenstellung für Auftraggeber und KAM-Verantwortliche

Die Aufgabe „Einführung eines Key Account Managements" muss gleich zu Beginn eindeutig definiert werden. Es muss klar sein, was am Ende „fertig" sein soll und was „fertig" überhaupt bedeutet. Bedeutet es, dass am Ende ein KAM für alle potenziellen Key Accounts eingeführt und über ein Jahr erprobt wurde? Oder bedeutet es lediglich, dass Organisationsänderungen begonnen, Prozesse festgelegt und ein Probelauf mit zwei Key Accounts ge-

Peter Klesse
ist Diplom-Ökonom und Geschäftsführer der Best Practice Sales Consultants Ltd, Düsseldorf. Seine Schwerpunkte als Berater und Interimsmanager sind Vertrieb und Organisationsänderungen.

Peter Klesse
Best Practice Sales Consultants Ltd, Düsseldorf, Deutschland
E-Mail: klesse@bpsales.de

Kerngedanke 1

Das Risiko einer KAM-Einführung auf die Organisation darf nicht unterschätzt werden. Ein komplexes Key Account Management kann und darf nicht als reine Linienaufgabe eingeführt werden.

startet wurde? Darüber hinaus ist zu definieren, was im Scope ist, was zur Aufgabe dazugehört und was nicht. Beispielsweise könnte für die Einführungsphase die Anzahl der Sparten oder Regionen begrenzt werden.

Zudem sollte klar definiert werden, ob es bereits eine Strategie- und Konzeptentscheidung für das KAM gibt oder ob diese erst noch im Projekt erarbeitet werden muss. Lässt sich der zukünftige KAM-Verantwortliche auf die Einführungsaufgabe ein, sollte er gleich zu Beginn folgende Fragen mit seinem Auftraggeber klären:

● Warum soll überhaupt ein Key Account Management eingeführt werden? Wer hat diesbezüglich welche Erwartungen?

● Was muss genau bis wann – und warum – fertig sein?

● Wer ist der formelle Auftraggeber („Kunde") des Projekts, wer trifft Entscheidungen und wer muss sonst noch einbezogen werden?

● Was sind die Rahmenbedingungen der Aufgabe, was darf geändert werden und was nicht?

● Welche Strategie- und Konzeptentscheidungen wurden bereits getroffen, welche müssen erst noch im Projekt erarbeitet werden?

● Welches Budget steht zur Verfügung?

Die eindeutige Definition und Klärung der Arbeitsaufgabe „KAM-Einführung" nutzt dem Auftraggeber ebenso wie demjenigen, der die Aufgabe übernimmt. Ein KAM-Verantwortlicher der ein KAM-Einführungsprojekt ohne diese Klärungen beginnt, handelt fahrlässig und unprofessionell.

Struktur- und Zeitplanung als erster Schritt

Wie und womit ein Projekt beginnen und wie es gegliedert werden sollte, ist keine triviale Frage. Der zweite Schritt in einem Change-Projekt – nach der Aufgabenklärung – ist daher die Strukturierung nach Themen, Aufgaben

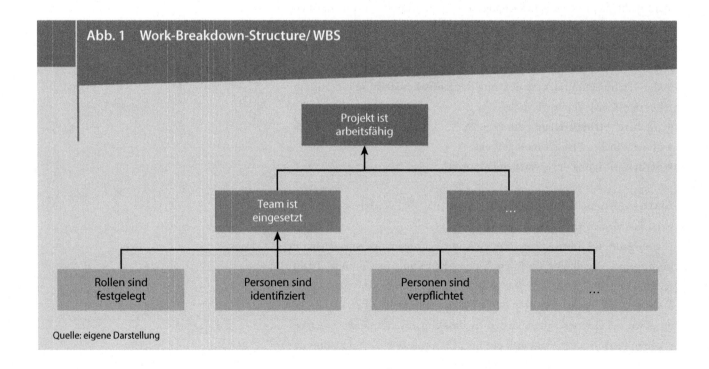

Abb. 1 Work-Breakdown-Structure/ WBS

Quelle: eigene Darstellung

und Zusammenhängen. Ein probates Instrument dazu ist die Methode „Work-Breakdown-Structure" („WBS" – siehe **Abbildung 1**).

Eine WBS sieht typischerweise aus wie ein Organigramm mit zunehmender Detaillierung von oben nach unten. Wenn man eine WBS aufbaut, stellt man sich wiederholt die Frage „Welches Arbeitsergebnis (work) muss abgeliefert werden, damit das Ergebnis der höheren Stufe fertig wird?" Das Gesamtziel auf oberster Hierarchiestufe ist genau das, was Auftraggeber und KAM-Verantwortlicher zu Beginn vereinbart haben. Arbeitsergebnisse werden simpel formuliert, zum Beispiel „Rollen im Team sind festgelegt". Eine WBS beinhaltet ausdrücklich nicht, wer das Ergebnis erarbeitet, wann, wie oder wo es erstellt wird. Eine typische WBS umfasst rund 150 Arbeitsergebnisse auf fünf bis sechs Hierarchiestufen. Eine weitere Verfeinerung bereits in diesem Stadium ist unnötig und kann getrost der späteren Feinplanung überlassen werden.

Auf Basis der WBS können dann die Projekt-Arbeitspakete und die Detailstruktur entwickelt werden. Es folgt die Umsetzung der Arbeitspakete in eine vorerst grobe Zeitplanung, die Road Map. Dabei werden typischerweise Meilensteine und Gateways als Entscheidungspunkte festgelegt, die zu Eckpfeilern der im Folgenden erstellten Feinplanung werden.

Projekt-Feinplanung und Projekt-Start

Auf Basis der inhaltlichen und zeitlichen Grobstruktur erfolgt dann die Feinplanung des Change-Projekts. Dazu benötigt der KAM-Verantwortliche ein Planungsteam, dessen Mitglieder später Mitglieder des Umsetzungsteams werden können, aber nicht müssen. Das Planungsteam sollte sich für die Feinplanung einige Tage zurückziehen und die Planung gemeinsam durchführen. Wir nennen dies Planungswoche oder „Week Zero".

Die Hauptaufgaben der Feinplanung sind:
- Entwickeln von Struktur und Unterstrukturen des Umsetzungsteams
- Festlegen der benötigten personellen Kompetenzen, Kapazitäten und Rollen
- Identifizieren und Verpflichten der Teammitglieder und weiterer für die Projektarbeit wichtiger Personen
- Vereinbaren der konkreten Projektaufgaben und Verantwortlichkeiten, zum Beispiel mit Hilfe des „RACI-Instruments" (siehe **Tabelle 1**)
- Klären der Frage, ob Externe eingebunden werden sollen und gegebenenfalls Identifizieren und Beschaffen externer Unterstützung, was sehr zeitaufwändig sein kann
- Festlegen, wie gearbeitet werden soll: Arbeitsaufträge, Teamarbeit, Art der Berichte, Abstimmungen, Präsentationen, Zeitverbuchung, Projekt-Controlling
- Vereinbaren der Verbindungen zum Management, zur Linienorganisation und zu Gremien/Sozialpartnern. Dazu gehört auch die Frage, wie Entscheidungen getroffen und wie bei Problemen eskaliert werden soll.

Das Ergebnis dieser Arbeit sollte zwischen dem KAM-Verantwortlichen und seinem Auftraggeber verbindlich vereinbart werden, da es Auswirkungen auf Zeitplanung, Einbindung des Managements, Kosten und letztlich die Erfolgsbewertung hat. Idealerweise wird aus dem Ergebnis der Vereinbarung

Zusammenfassung
- Eine KAM- Einführung greift tief in die Organisations- und Machtstrukturen eines Unternehmens ein und birgt viele interne und externe Risiken.
- Um diese Risiken zu managen, sollte eine KAM-Einführung als professionelles Change-Projekt durchgeführt werden.
- Dabei kann es sich an den Erfolgsfaktoren anderer, komplexer Organisationsprojekte orientieren.
- Wichtig ist zu Beginn die Auftragsklärung mit dem internen Auftraggeber und die „saubere" Strukturierung.
- Erlernbare Modelle, Methoden und Instrumente können helfen, die Einführung eines KAMs abzusichern.
- Professionelles Projektmanagement ist Voraussetzung für den Erfolg der KAM-Einführung.
- Das sechsstufige BPSales-Umsetzungsmodell kann Richtschnur für eine erfolgreiche KAM-Einführung sein.
- Externe Begleitung kann den Erfolg des Change-Projekts absichern, ein Externer kann aber nicht die Verantwortung für ein KAM-Projekt übernehmen.

Kerngedanke 2

Der KAM-Verantwortliche muss vor Projektstart mit seinem internen Auftraggeber einen präzisen Auftrag vereinbaren.

ein Projektauftrags-Dokument („Projekt-Charter") entwickelt, das formell präsentiert, entschieden und dann zur Leitlinie des Change-Projekts wird.

Der KAM-Verantwortliche kann neben der Gesamtverantwortung auch operativer Projektleiter sein, muss es aber nicht. Gerade bei großen Change-Projekten hat es sich bewährt, neben dem Gesamt-Verantwortlichen einen operativ zuständigen „Macher" für die Projekt-Tagesarbeit einzusetzen. Dies kann durchaus ein Externer sein.

Typische Probleme in der Feinplanung und beim Projektstart sind die mangelnde Verfügbarkeit geeigneter Teammitglieder, die lange Vorlaufzeit für die Einbindung Externer und die fehlende Berücksichtigung wichtiger Beteiligter ("Stakeholder"). Der KAM-Verantwortliche sollte lieber den Projektstart verzögern, als unter unzureichenden Voraussetzungen zu starten.

Professionelle Projektarbeit: Methoden, Instrumente und Regeln

Die eigentliche Projektarbeit – Analysen, Konzeptentwicklung, Entscheidungsvorlagen, Kommunikation, Controlling – kann auf unterschiedliche Weise erfolgen. Standardisierte Projektmanagement-Methoden, wie PRINCE2 („Projects in Controlled Environments"), können genutzt und Methoden der Prozessoptimierung, wie Six Sigma oder OPEX („Operational Excellence") eingesetzt werden. Es kann nach klassischer „Wasserfall-

Tab. 1 RACI-Verantwortlichkeiten

	Bezeichnung	Bedeutung	Anzahl
R	Responsible	Macher, Ausführender	Mindestens 1, kann auch der Verantwortliche sein
A	Accountable	Verantwortlicher	Genau 1 Verantwortlicher
C	to be Consulted	vorher zu fragen	(nach Bedarf)
I	to be Informed	hinterher zu informieren	(nach Bedarf)
S	Signatory	muss unterschreiben	(nur falls vorhanden)
V	Right to Veto	kann Einspruch erheben	(nur falls vorhanden)

Quelle: eigene Darstellung

Logik" mit Lastenheft und Pflichtenheft oder „agil" mittels SCRUM in kurzen „Sprints" gearbeitet werden. Als Arbeitsinstrumente können diverse elektronische Hilfsmittel und Instrumente eingesetzt werden.

Oftmals ist die einfachste Methode zugleich die beste. Selbst in umfangreichen Projekten kann vieles mit Excel und PowerPoint geleistet werden, ohne spezialisierte Instrumente wie Visio®, ARIS® oder MS Project® zu verwenden. Der Grund: Mit Excel und PowerPoint sollte jeder arbeiten können, es kann von allen problemlos eingesetzt werden. Komplizierte Spezial-

> *„Ein komplexes KAM als Routineaufgabe des Linienmanagements einzuführen, kann und wird nicht erfolgreich sein."*

anwendungen werden hingegen oftmals nicht hinreichend beherrscht und schaffen dadurch mehr Probleme, als sie Nutzen bringen. Meist sind umfassende Methoden wie PRINCE2 oder SCRUM eher für regelmäßig wiederkehrende Projekte in der Produktentwicklung geeignet, als für einmalige Aufgaben mit einem methodisch unerfahrenen Team.

Falls neue Methoden, Instrumente oder Regeln verwendet werden, müssen sie trainiert werden. Gerade am Anfang kann es hilfreich sein, interne „Methoden-Paten" als Coaches für weniger erfahrene Teammitglieder zu nutzen. Darüber hinaus können Externe die Teammitglieder befähigen, trainieren und coachen. Es existieren darüber hinaus zahlreiche Methoden und Instrumente zur Teambildung und -bewertung, zur Lösung von Teamproblemen sowie für andere Aspekte der Teamarbeit. Beispiele hierfür sind die Instrumente „Problem-Solving-Team-Building" zur Optimierung der laufenden Teamarbeit oder der „Organizational Roller Coaster" zur Beschreibung der emotionalen Entwicklung in einem laufenden Change-Projekt.

Bei der Bestimmung des Veränderungsreifegrads einer Organisation wird mit dem Instrument „Readyness-to-change" Veränderungskönnen und -wollen der Führungskräfte bewertet (siehe **Abbildung 2**). Mit einem Fragebogen werden speziell benötigte Fähigkeiten, Kenntnisse (zum Beispiel zum Projektmanagement), die grundsätzliche Veränderungsbereitschaft sowie der Mut zu Veränderungen abgefragt und auf einer Skala von eins bis zehn bewertet.

Berücksichtigung der weichen Faktoren: Erfolgselement Kommunikation

Projektarbeit bedeutet letztlich, Entscheidungen herbeizuführen und Menschen zu überzeugen, zu begeistern. Dies hat einen sachlich-inhaltlichen und einen personenbezogenen Aspekt. Für den personenbezogenen Teil ist angemessene Kommunikation ausschlaggebend. Der KAM-Verantwortliche muss festlegen, wie und was kommuniziert werden soll – und zwar pro-

Handlungsempfehlungen
• Beginnen Sie eine KAM-Einführung nur mit einer klaren Definition und Vereinbarung von Aufgabenstellung und Erwartungen seitens des Auftraggebers.
• Schießen Sie nicht mit Kanonen auf Spatzen, verwenden Sie nur Instrumente, die Sie und Ihr Team beherrschen.
• Setzen Sie erprobte Methoden zur Vorbereitung und Durchführung der Projektarbeit ein, wie z.B. die „Work-Breakdown-Structure" zur Strukturierung der Projektarbeit.
• Wenn Kapazitäten oder Kompetenzen fehlen oder Neutralität wichtig ist, holen Sie sich externe Unterstützung.
• Vernachlässigen Sie keinesfalls die „weichen Faktoren" der Projektarbeit, kommunizieren Sie und nehmen Sie Sorgen und Hemmnisse ernst.

Kerngedanke 3

Ein erfolgreiches Change-Projekt muss die „weichen Faktoren" berücksichtigen.

jektintern, unternehmensintern, zu Betriebsräten oder Aufsichtsgremien und nach außerhalb des Unternehmens. Er muss dazu festlegen, wann, an wen, durch wen, über welche Kommunikationsplattformen und mit welchen Mitteln kommuniziert wird und wer dazu ggfs. eingebunden werden sollte oder muss.

Es wird grundsätzliche Vereinbarungen und Regeln für spontane Kommunikationsaufgaben im Verlauf der Projektarbeit geben müssen. Verbindliche Sprachregelungen („Sprech") und Zuständigkeiten sind festzulegen. Hier hilft ein Kommunikations-RACI. Oberster Kommunikator sollte der KAM-Verantwortliche sein, der das nötige "Fingerspitzengefühl" haben muss. Im Zweifelsfall kann ein externer Kommunikationsprofi zu Rate gezogen werden. Zugleich muss sichergestellt werden, dass keine Projektgeheimnisse ungeplant veröffentlicht werden. Daher ist sorgfältig zu entscheiden, wer über was innerhalb des Projektteams informiert wird und wo sensible Daten abgelegt werden. Manch kritischer Zwischenstand wurde schon am Drucker vergessen oder auf offen zugänglichen Ordnern abgelegt – mit fatalen Folgen.

An einen Lenkungsausschuss und an den Auftraggeber muss per se regelmäßig berichtet werden. Oft sind es aber die Beeinflusser ‚hinter' der eigentlichen Organisationsstruktur, die wesentlich zum Erfolg oder Misserfolg eines Change-Projektes beitragen. Es ist daher wesentliche Aufgabe des KAM-Verantwortlichen, diese zu identifizieren und auf geeignete Weise einzubinden. Informelle Hintergrundgespräche und das Festlegen von Projektpaten gehören dazu.

Viele Projektteams laufen Gefahr, sich zu sehr auf Sachthemen zu konzentrieren. Dabei übersehen sie Fragen, Sorgen und Ängste derjenigen, die später von den vorgeschlagenen Prozess- und Organisationsänderungen be-

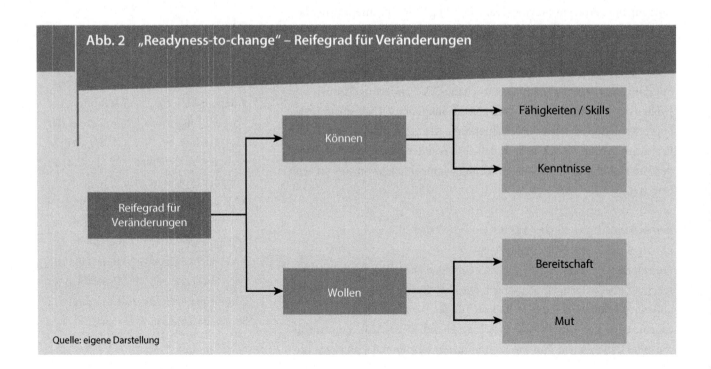

Abb. 2 „Readyness-to-change" – Reifegrad für Veränderungen

Reifegrad für Veränderungen

Können

Fähigkeiten / Skills

Kenntnisse

Wollen

Bereitschaft

Mut

Quelle: eigene Darstellung

troffen sein werden. Drei Gruppen von Fragen und Sorgen sollten berücksichtigt werden:

- **Existenzängste:** Verlust des eigenen Jobs
- **Veränderungsängste:** Einschränkung des eigenen Verantwortungsbereichs, Verlust von Macht und Privilegien, Zerstörung informeller Strukturen, Einführung unbekannter Methoden, Regeln und (IT-) Instrumente, Änderung von Verdienstmöglichkeiten, Bonus- und Provisionsregeln, Verschlechtern von Arbeitsumständen und Wechsel des Arbeitsorts
- **Zweifel am KAM-Konzept:** Für das eigene Unternehmen und die Kunden könnte möglicherweise eine schlechte Lösung realisiert werden.

Diese Sorgen müssen berücksichtigt werden, um den Erfolg der KAM-Einführung sicherzustellen. Selbst wenn sie unbegründet sein sollten, müssen sie von einem professionellen Projektteam ernst genommen und berück-

> *„Ein KAM-Verantwortlicher, der ein KAM-Einführungsprojekt ohne Auftragsklärung beginnt, handelt fahrlässig und unprofessionell.“*

sichtigt werden. Oft wird man adhoc keine zufriedenstellende Antwort auf alle Fragen und Sorgen finden können; dennoch muss man mit ihnen transparent und fair umgehen. Viel zu oft werden Kommunikationsaufwand und Bedeutung der „weichen Faktoren" unterschätzt. Die Folgen können Resignation oder massiver Widerstand sein.

Neben einem professionellen Projektmanagement muss die gesamte Organisation in der Lage sein, den Aufbau eines Key Account Managements zu verkraften. Es gibt Unternehmen, die sich vehement gegen Änderungen zur Wehr setzen und in denen die Mitarbeiter nicht gelernt haben, mit Veränderungen umzugehen. Wenn in einer überforderten Organisation Führung, Kapazitäten, Kompetenzen und die entsprechende Veränderungskultur nicht vorhanden sind, kann selbst ein perfektes Projektmanagement die Erwartungen und vereinbarten Ziele nicht erreichen. Dann müssen möglicherweise Zielniveau und Erwartungen gesenkt, der Aufwand muss erhöht oder die Zeitachse gestreckt werden. Auch in einer überforderten, wenig reifen Organisation können Veränderungen herbeigeführt werden – allerdings mit großem Aufwand und bei hohem Risiko. Die bereits vorgestellte Methode „Readyness-to-change" kann vorab als Analyseinstrument zur Risikobewertung verwendet werden.

Nicht mit Kanonen auf Spatzen schießen

Mit welchem Aufwand soll ein Key Account Management eingeführt oder angepasst werden? Verbindliche Aussagen dazu sind ohne Kenntnis einer konkreten Change-Aufgabe nicht möglich. Der Aufwand hängt von drei Faktoren ab:

Kerngedanke 4

Professionelles Projektmanagement ist Handwerk, das man beherrschen muss, um erfolgreich zu sein.

• Größe und Komplexität der Organisation und des einzuführenden Key-Account-Management-Systems, Komplexität der Markt-, Kunden- und Wettbewerbssituation, branchenspezifische Besonderheiten
• Veränderungsbereitschaft und -fähigkeit der eigenen Organisation
• Vorhandensein eines erfahrenen Projektmanagements

Es wäre unpassend und riskant, eine komplexe Aufgabe zu unterschätzen und mit mangelhafter Kompetenz, zu geringer Kapazität, zu kleinem Budget und gegebenenfalls ohne externe Unterstützung bearbeiten zu wollen. Auf der anderen Seite ist es unnötig und sogar falsch, ein eigentlich einfaches Change-Projekt mit übergroßem Aufwand durchzuführen und „mit Kanonen auf Spatzen schießen" zu wollen. Oft ist es besser, den Aufwand zu begrenzen. Bei der Klärung und beim Skalieren des Projektaufwands sollten am Anfang die Phasen Auftragsklärung und Strukturplanung genutzt werden.

Das sechsstufige Modell eines Change-Projekts dient der grundsätzlichen Vorgehensbeschreibung und Strukturierung von Change-Projekten (siehe **Abbildung 3**). Im Modell beginnt der erste Schritt (1) mit der Aufnahme der Ist-Situation, des Status quo. Zu klären sind die Fragen: Wo steht der Vertrieb heute? Wie werden wichtige Kunden heute bearbeitet? Welche Stärken, Schwächen, Chancen und Risiken haben wir in der Kundenbearbeitung?

Für diese Bestandsaufnahme gibt es zahlreiche Methoden und Ansätze: qualitativ und quantitativ-analytisch, intern und extern, auf Basis vorhandener Informationen und durch neue Analysen. Oft kann auf bestehende

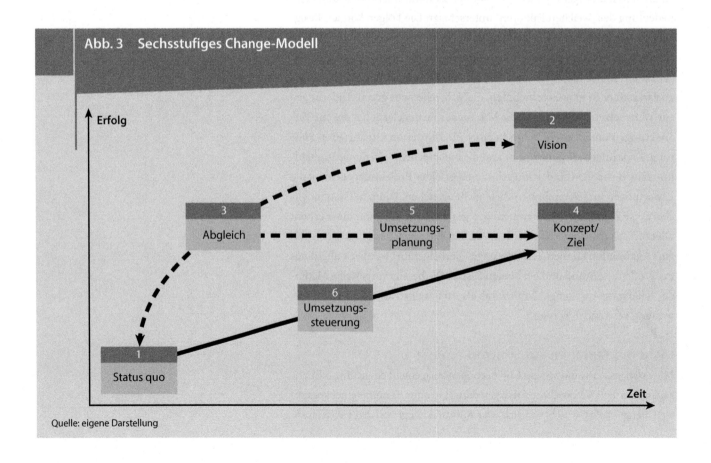

Abb. 3   Sechsstufiges Change-Modell

Quelle: eigene Darstellung

Untersuchungen zurückgegriffen werden, die zuvor die Entscheidung zur Einführung eines Key Account Managements ausgelöst hatten.

In zweiten Schritt (2) wird das Bild einer als besonders attraktiv bewerteten Zukunft entwickelt. Diese Zukunft sollte fern genug sein, damit wirklich etwas geändert werden kann und zugleich nah genug, damit sie im Strategie-Planungshorizont von drei bis fünf Jahren liegt. Dieses Fernbild sollte

> *„Oft sind es die Beeinflusser ‚hinter' der eigentlichen Organisationsstruktur, die wesentlich zum Erfolg oder Misserfolg eines Change-Projektes beitragen."*

ohne Scheuklappen entwickelt werden („das ging bei uns noch nie…") und aufzeigen, wie sich die Beteiligten – auch unter Einbezug von Kunden oder Lieferanten – das Idealbild der eigenen Zukunft vorstellen, noch bevor die Realisierbarkeit geprüft wurde.

Im dritten Schritt (3) werden Status quo und Fernbild abgeglichen und dabei typischerweise etliche Elemente des Fernbilds als nicht realisierbar oder zu aufwändig bewertet und zurückgestellt. Jede Zurückstellung sollte gut begründet und hinterfragt werden.

Aus den verbleibenden Elementen und auf Basis eines übergreifenden Geschäftsplans wird im vierten Schritt (4) ein konkretes Konzept/Ziel definiert, das angesteuert und erreicht werden soll. In der Regel enthält es Elemente konkreter, wissenschaftlich untermauerter KAM-Modelle, wie sie zum Beispiel von der HSG in Zusammenarbeit mit Mercuri International entwickelt wurden.

Der fünfte Schritt (5) beinhaltet die Umsetzungsplanung mit allen Mitteln, Wegen, Meilensteinen, der Umsetzungsorganisation, den geeigneten Methoden und Instrumenten. Es wird aufgezeigt und geplant, wie das zuvor festgelegte Konzept und Ziel tatsächlich realisiert werden könnte.

Die eigentliche Umsetzung im sechsten Schritt (6) wird sich an dieser Umsetzungsplanung orientieren. Sie wird aber nie genau so verlaufen, wie es der Plan vorgesehen hatte. Ein erfahrener KAM-Verantwortlicher und eine erfahrene Projektleitung können hier zeigen, dass sie ihr Change-Projekt wirklich im Griff haben, notfalls korrigierend eingreifen und Pläne nicht nur mechanisch abarbeiten.

Auch bei kleineren Projekten wird es sinnvoll sein, dieses Modell „im Hinterkopf" zu haben, selbst wenn die einzelnen Schritte nicht ausdrücklich so verfolgt werden.

Negative Fallbeispiele

Negative Beispiele misslungener KAM-Einführungen und -Umsetzungen gibt es viele, hier einige typische Beispiele:

Kerngedanke 5

Externe können eine wichtige Hilfe sein, die Einführung eines Key Account Managements kann aber nicht an Externe delegiert werden.

- **Unklare Aufgabenstellung:** Die Beteiligten sind sich nicht einig über die Ziele und das Vorgehen bei der KAM-Einführung, sie haben die Aufgabe vor Projektstart nicht ausreichend durchdacht, geklärt und vereinbart.
- **Zu schneller, unvorbereiteter Start:** Aufgrund von Zeitdruck wird ein Projekt gestartet, obwohl die benötigten Personen und/oder externe Unterstützung nicht an Bord sind, die Projektstruktur nicht richtig geplant ist und Methoden nicht trainiert wurden.
- **Falsche Umsetzungsziele:** Eine zu große Anzahl Key Accounts soll aufgebaut werden, die Umsetzung soll zu schnell erfolgen, Budget- und Kostenvorstellungen sind falsch, das KAM-Konzept passt nicht zur eigenen Industrie und Marktsituation; es wird etwas angestrebt, was nicht umgesetzt werden kann, selbst wenn das zugrunde liegende KAM-Konzept sinnvoll und tragfähig ist.
- **Falsches Change-Verständnis:** Keine hinreichende Berücksichtigung der Bedürfnisse der Betroffenen, Übersehen informeller Zusammenhänge und der Tatsache, dass gegen oder ohne die Betroffenen kein Erfolg möglich ist; mit mechanischem Change-Verständnis („was im Excel steht, lässt sich auch realisieren") lassen sich große Veränderungen nicht erfolgreich realisieren.
- **Falsche Einschätzung** der Veränderungsfähigkeit der eigenen Organisation: Den Reifegrad, die Veränderungsbereitschaft und -fähigkeit einer Or-

> *„Wenn in einer überforderten Organisation Führung, Kapazitäten, Kompetenzen und die entsprechende Veränderungskultur nicht vorhanden sind, kann selbst ein perfektes Projektmanagement die gesetzten Ziele und Erwartungen nicht erreichen."*

ganisation zu unterschätzen ist gerade in großen Organisationen ein erhebliches Risiko; unter Umständen misslingt nicht nur die KAM-Einführung, sondern das gesamte Gefüge des Vertriebs gerät durcheinander.
- **Unfähiges Projektmanagement:** Wenn das Projektmanagement fachlich, organisatorisch und menschlich unfähig, wenn es parteiisch ist oder nicht genügend Kapazität hat, wird ein Change-Projekt scheitern. Projektmitarbeiter, Vertriebsorganisation und Kunden werden verärgert und am Ende wird das Gegenteil der Wachstumsziele und Erwartungen erreicht.
- **Mangelhaftes Engagement des Auftraggebers:** Wenn dem Auftraggeber das Thema nicht wichtig genug ist, er das nötige eigene Engagement nicht aufbringen will, nicht durchsetzungsstark genug ist, im Laufe der Projektarbeit willkürlich die Ziele verändert oder Prioritäten bei einem Führungswechsel geändert werden, kann ein KAM-Projekt auf halbem Wege steckenbleiben und mit Frustration aller Beteiligten „versanden".

Externe Unterstützung

Ein externer Berater kann viel zum Erfolg einer KAM-Einführung beitragen. Er kann die Projektleitung unterstützen, die operative Projektleitung übernehmen, Sachaufgaben erledigen, wie zum Beispiel das Projektoffice führen oder Kommunikationsunterstützung leisten, Teams trainieren, begleiten und coachen. Er kann einem Unternehmen aber nicht die Verantwortung für das Gelingen der KAM-Einführung und das Erzielen des geplanten Nutzens abnehmen. Wir empfehlen daher, dass Externe ein Unternehmen dazu befähigen, die KAM-Einführung selbst zu bewältigen. Das ist in den meisten Fällen besser, als die gesamte Aufgabe der KAM-Einführung in die Hände eines Externen zu legen und ihn zum KAM-Verantwortlichen zu machen. So leistet der Externe, über die eigentliche Sachaufgabe hinaus, seinen Beitrag zur Kompetenz- und Weiterentwicklung des Unternehmens. Durch seine Erfahrung, Fachkenntnis, Seniorität und durch seine Neutralität kann er den Erfolg des Change-Projekts zur KAM-Einführung absichern oder überhaupt erst ermöglich.

Literatur

Belz, Ch./Müller, M./Zupancic, D (2008): Spitzenleistungen im Key-Account-Management. Das St. Galler KAM-Konzept, München

Belz, Ch./Bussmann, W./Zupancic, D (2005): Best Practice im Key-Account-Management, Frankfurt

Berner, W. (2015): 20 Fallstudien zu Sanierung, Turnaround, Prozessoptimierung, Reorganisation und Kulturveränderung (Systemisches Management) Stuttgart

Berner, W (2012): Culture Change, Stuttgart

Doppler, K/Lauterburg Ch. (2002): Change Management: Den Unternehmenswandel gestalten, Frankfurt

Duck, J.D. (2001): The Change Monster, New York

Kotter, J.P. (2014): Accelerate: Building Strategic Agility for a Faster-Moving World, Boston

Kotter, J.P. (2012): Leading Change, Boston

SfP Zusätzlicher Verlagsservice für Abonnenten von „Springer für Professionals | Vertrieb"

Zum Thema | Change-Projekt | 🔍 Suche

finden Sie unter www.springerprofessional.de 111 Beiträge   Stand: September 2015

Medium
- ☐ Online-Artikel (1)
- ☐ Zeitschriftenartikel (4)
- ☐ Buchkapitel (106)

Sprache
- ☐ Deutsch (111)

Von der Verlagsredaktion empfohlen

S., Lies, J., Schoop, S.: Mine: Entkopplung von Change-Management und Change Communications?, in: Lies, J. (Hrsg.), Mörbe, S., Volejnik, U., Schoop, S., Schoop, S.: Erfolgsfaktor Change Communications, Wiesbaden 2011, S. 17-25 , www.springer-professional.de/1816590

Lauer, T.: Ursachen gescheiterten Unternehmenswandels, in: Lauer, T.: Change Management, Berlin/Heidelberg 2014, S. 47-63, www.springerprofessional.de/5254152

Unterschätzte Kompetenzfelder im Key Account Management

Key Account Management wird gerne als die Königsklasse des Verkaufens gesehen. Dabei wird vergessen, dass Key Account Management zwar auf verkäuferischer Kompetenz aufsetzt, doch ein viel breiteres Kompetenzgerüst benötigt, um seine voll Kraft zu entfalten.

Marcus Redemann

Peter Christensen leitet das neu installierte Team von Key Account Managern. Voller Energie und nahezu lehrbuchhaft hat er mit seinen Kollegen aus dem Vertriebscontrolling im Vorfeld Kriterien für die Auswahl der relevanten Key Accounts definiert. Auf dieser Basis konnten die entsprechenden Key Account Manager dann den Kunden zugeordnet werden. Gemeinsam mit seinem neuen Team von Key Account Managern wurde auch ein Template für den Kundenentwicklungsplan erstellt. Zudem hat Peter Christen-

Marcus Redemann
ist Management Partner bei Mercuri
International, einem auf Vertrieb speziali-
sierten, internationalen Trainings- und
Beratungshaus.

> *„Insbesondere das ‚Wirken' nach Innen ist eine neue und vor allem wichtige Dimension bei den Aktivitäten eines Key Account Managers.“*

sen mit der Vertriebsleitung und Geschäftsführung die Provisionsregelung für die Key Account Manager und den Flächenvertrieb modifiziert. Nun findet im Zweifel eher eine doppelte Provisionierung bei Aufträgen von Key Accounts statt. Dafür schafft das Entlohnungssystem kein Frustpotenzial, da sich keine Gruppe benachteiligt fühlen muss.

Auch die Frage nach Kompetenzen und Qualifizierungsmaßnahmen hat er mit dem Team diskutiert. Einhelliger Tenor: „Wir sind doch erfahrene Verkäufer und haben schon viele Trainings hinter uns!“ Die Leute sind hoch motiviert und wollen endlich in den Kundenkontakt, so Christensens Fazit dazu. Genau hier liegt die Herausforderung für das Key Account Management: Titel und Kundenzuordnungen werden geändert, neue Werkzeuge bereitgestellt, doch das verkäuferische Verhalten bei der Kundenbearbeitung ändert sich nicht. Sicher gibt es bei den Kompetenzen und Fähigkeiten beim Verkaufen und Account Management eine hohe Schnittmenge, allerdings bedeutet Account Management viel stärker der Manager des Projektes „Kunde“ zu sein. **Abbildung 1** zeigt das Aufgabenspektrum des Key Account Managers.

Insbesondere das „Wirken“ nach Innen ist eine neue und vor allem wichtige Dimension bei den Aktivitäten eines Key Account Managers. Dieser Aspekt wird oft unterschätzt. Das Führen von (virtuellen) cross-funktionalen Teams ohne Vorgesetztenfunktionen verlangt spezielle Kompetenzen, die in der Regel im Rahmen einer „klassischen“ Verkäuferkarriere nicht geschult werden. Dazu kommt der Paradigmenwechseln im Verkaufsansatz: Weg vom reinen transaktionalen Geschäft hin zu einer strategischen Partnerschaft mit dem Kunden. Konkret heißt das für das Managen der Key Accounts, dass neben den kurzfristigen Geschäftsmöglichkeiten auch mittel- und langfristige Ansätze entwickelt werden, ohne dass konkrete Anfragen vom Kunden vorliegen. Damit diese Ansätze Gehör beim Kunden finden, sollten die Key Account Manager aufzeigen können, wie die generierten Ansätze helfen, zum Geschäftserfolg des Accounts beizutragen.

Marcus Redemann
Mercuri International, Meerbusch, Deutschland
E-Mail: marcus.redemann@mercuri.com

Kerngedanke 1

Das Management der internen Ressourcen für den Key Account wird unterschätzt.

_____

Gefragt sind Fähigkeiten im Beziehungsmanagement

Das bedeutet zweierlei: Zum einen benötigt der Key Account Manager das nötige betriebswirtschaftliche Wissen, um (gegebenenfalls gemeinsam mit seinem Account Team) diese Ansätze zu entwickeln. Dazu gehört eine Analyse der Wertschöpfungskette ebenso wie eine Wertbotschaft, die den finanziellen Mehrwert darstellt und so den Nutzen für den Kunden greifbar macht. Zum anderen müssen gegebenenfalls neue Kontaktpersonen beim Kunden identifiziert und für diese Ansätze begeistert werden. Oftmals gilt es dabei, höhere Hierarchieebenen bei Kunden zu erreichen. Somit sind dann Fähigkeiten im Beziehungsmanagement ebenso gefragt wie die Kompetenz, auf dieser Ebene eine Lösung eindrucksvoll zu präsentieren, sodass die Chance besteht, diese Initiative weiterzutreiben. **Abbildung 2** zeigt das Kompetenzprofil eines Key Account Managers im Vergleich zum „klassischen" Verkäufer.

Nur wenn der Key Account Manager diese Kompetenzen in Summe anwenden kann, entwickelt Key Account Management seine volle Wirkungskraft. Diese Herausforderung hat auch Peter Christensen mit seinem Team gespürt. Obwohl die Account-Pläne ordentlich bearbeitet und die Besuchsfrequenzen bei den Key Accounts gesteigert wurden, blieb das erhoffte Umsatzwachstum aus. Fazit nach der ersten Periode: Mehr Besuche und mehr Rabatt-Gespräche. Enttäuscht, doch weiterhin an die KAM-Idee glaubend, macht sich Peter Christensen an die Ursachenforschung. Ergebnis seiner Bestandsaufnahme:

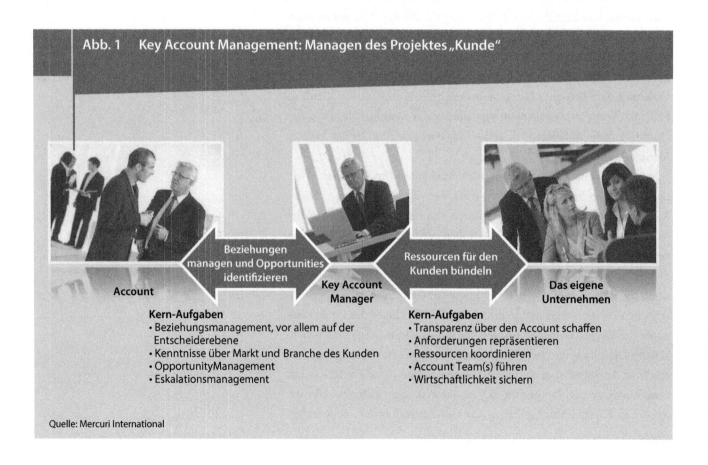

Abb. 1   Key Account Management: Managen des Projektes „Kunde"

Account

Beziehungen managen und Opportunities identifizieren

Key Account Manager

Ressourcen für den Kunden bündeln

Das eigene Unternehmen

Kern-Aufgaben
- Beziehungsmanagement, vor allem auf der Entscheiderebene
- Kenntnisse über Markt und Branche des Kunden
- OpportunityManagement
- Eskalationsmanagement

Kern-Aufgaben
- Transparenz über den Account schaffen
- Anforderungen repräsentieren
- Ressourcen koordinieren
- Account Team(s) führen
- Wirtschaftlichkeit sichern

Quelle: Mercuri International

● Die KAM arbeiten wie bisher und besuchen hauptsächlich den Einkauf und sind nun stärker in die Probleme aller Kundenstandorte involviert.

● Die KAM-Pläne werden weitestgehend alleine ausgefüllt, eine Abstimmung mit den Kollegen aus dem Flächenvertrieb oder anderen Abteilungen findet eher selten statt.

● Die Anzahl der Anfragen, Ausschreibungen ist gestiegen, doch die Erfolgsquoten sind zurückgegangen.

● Ein Beziehungsmanagement zu neuen Ansprechpartnern beim Kunden ist nicht wahrnehmbar.

● Die Arbeitsbelastung bei den KAM ist enorm hoch und die Motivation leider nicht.

● Die Akzeptanz der KAM innerhalb des Unternehmens ist nicht sehr hoch („wirbeln viel herum").

Kompetenzen kritisch hinterfragen

Peter Christensen diskutiert die Ergebnisse mit seinem Team. Auch wenn es ernüchternd ist, so stimmen alle der Bestandsaufnahme zu. Einer der Key Account Manager bringt es auf den Punkt: „Vielleicht sollten wir noch einmal das Thema Qualifizierungsmaßnahmen diskutieren?" „Wie soll uns denn ein Verkaufstraining helfen?", schallt es ihm entgegen. „Viel besser wäre

Zusammenfassung
● Key Account Managen ist nicht „1st Class"-Verkaufen.
● Key Account Management heißt, das Projekt „Kunde" zu managen und weiterzuentwickeln.
● Qualifizierungsprogramme für Key Account Manager müssen diesem Gedanken Rechnung tragen.
● Neben der Entwicklung des Kunden müssen die Kompetenzen zum Führen und Steuern von (virtuellen) Teams sichergestellt werden.
● Umsetzungsbegleitung ist wichtig, um die Nachhaltigkeit zu gewährleisten.

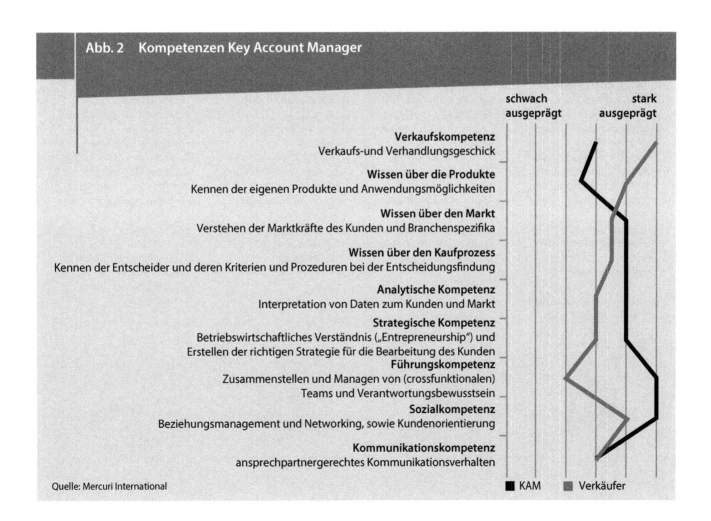

Abb. 2 Kompetenzen Key Account Manager

schwach ausgeprägt — stark ausgeprägt

Verkaufskompetenz
Verkaufs-und Verhandlungsgeschick

Wissen über die Produkte
Kennen der eigenen Produkte und Anwendungsmöglichkeiten

Wissen über den Markt
Verstehen der Marktkräfte des Kunden und Branchenspezifika

Wissen über den Kaufprozess
Kennen der Entscheider und deren Kriterien und Prozeduren bei der Entscheidungsfindung

Analytische Kompetenz
Interpretation von Daten zum Kunden und Markt

Strategische Kompetenz
Betriebswirtschaftliches Verständnis („Entrepreneurship") und Erstellen der richtigen Strategie für die Bearbeitung des Kunden

Führungskompetenz
Zusammenstellen und Managen von (crossfunktionalen) Teams und Verantwortungsbewusstsein

Sozialkompetenz
Beziehungsmanagement und Networking, sowie Kundenorientierung

Kommunikationskompetenz
ansprechpartnergerechtes Kommunikationsverhalten

Quelle: Mercuri International

■ KAM ■ Verkäufer

Kerngedanke 2

Key Account Management heißt nicht: „Mehr Besuche und mehr Rabatte!"

es doch, wenn wir besseren disziplinarischen Durchgriff auf andere Kollegen hätten und so Probleme und Reklamationen schneller gelöst bekommen. Das Marketing könnte uns zudem mit Themen versorgen, sodass wir unsere neue Ansätze beim Kunden haben und gegebenenfalls unsere Kontakte beim Kunden erweitern können!"

Peter Christensen wird es schlagartig bewusst: „Liebe Kollegen, wir verlassen uns zu sehr auf andere. Gerade unser Job als Key Account Manager ist es doch, die entsprechenden Fäden zu ziehen und dafür zu sorgen, dass wir die internen Ressourcen für den Kunden gewinnen, weitere Geschäftsmöglichkeiten entwickeln und unsere Kontaktbasis erweitern. Genau das unterscheidet uns doch im Key Account Management von unserem bisherigen Vorgehen als Verkäufer. Key Account Manager zu sein heißt insbesondere, unsere interne Komplexität managen, aber auch mittel- und langfris-

---

Abb. 3   Trainingsprogramm für Key Account Manager

Beziehungsmanagement gestalten und Opportunities identifizieren	Opportunities zum Auftrag führen	finanziellen Mehrwert darstellen	crossfunktionale Teams managen
Inhalte:	**Inhalte:**	**Inhalte:**	**Inhalte:**
• Analyse der externen Markfaktoren des Kunden • Verstehen der strategischen Initiativen des Kunden • Welche Hürden muss der Kunde überwinden, um mit seinen strategischen Initiativen erfolgreich zu sein? • Wie können unsere Lösungen dabei helfen? • Identifikation der relevanten Ansprechpartner • vertiefende Bedarfsanalyse • Erstellung von Kunden- und ansprechpartner-spezifischen Wertbotschaften	• Auswahl und Selektion von Opportunities • Bewertung der eigenen Position im Wettbewerb • Unterscheidung Need oder Solution Selling • Definition der richtigen Verkaufsstrategie • Analyse und Beziehungsmanagement zum BuyingCenter • Präsentation des kundenspezifischen Angebots	• Grundlagen Finanzierung • Grundlagen Kosten-rechnung • Grundlagen Bilanzierung und GuV • Analyse der Kunden KPIs • Analyse Wertschöpfungskette des Kunden • EconomicValue Add • Wirtschaftlichkeitsberechnung • kundenspezifische Wertbotschaft	• Verstehen meines Verhaltensstils • Erkennen des Verhaltensstils anderer • optimale Zusammenstellung des Teams • Was macht eine High Performance Team aus? • Führen ohne Vorgesetztenfunktion • Management von Teamdynamiken • Motivation eines Teams • Konflikte beherrschen • Ergebnisse des Teams sicherstellen

Quelle: Mercuri International

---

tig den Kunden auszubauen. Wir müssen da umdenken und auch unsere Kompetenzen kritisch hinterfragen. Sicher sind wir verkäuferisch gut, doch uns fehlen ein paar wichtige Fähigkeiten, um die Wertschöpfung des Kunden im Detail zu verstehen bzw. ein Team zu managen."

Die Diskussion geht noch weiter und am Ende formt sich eine Gruppe, welche die relevanten Qualifizierungsthemen sammelt und entsprechend strukturiert. Am Ende stehen die folgenden vier Trainingsmodule:

- Beziehungsmanagement gestalten und Opportunities identifizieren
- Opportunities zum Auftrag führen
- finanziellen Mehrwert darstellen
- cross-funktionale Teams managen

Abbildung 3 zeigt die detaillierten Inhalte der einzelnen Bausteine für ein effektives Training von Key Account Managern:

Damit diese Trainings erfolgreich sind, sprich den nötigen „Return on Training" bringen, setzt sich Peter Christensen mit seinem Team zusammen und definiert weitere Kriterien für die Trainings. Wichtig sind unter anderem folgende Punkte:

- Werkzeuge und Templates, die sich im Unternehmen bewährt haben, sollen integriert werden.
- Das „Was" und „Wie" soll vermittelt werden.
- Die Erkenntnisse sollen direkt beim Kunden angewandt werden.
- Der Trainer soll konkrete Hinweise geben, nicht nur morderieren.
- Anstelle einer Reihe von Zwei-Tages-Trainings soll ein Lernpfad mit Vor- und Nachbereitung der Workshops das Gelernte vertiefen.

Zusammen mit dem ausgewählten Trainings- und Beratungshaus entschließt sich Peter Christensen Gamification-Ansätze in das Trainingsprogramm zu integrieren. Die meisten der Key Account Manager haben schon viele Trainings und Workshops erlebt und Peter Christensen will auch durch das Format bewusst ein Signal für etwas Neues setzen. So wird zum Beispiel das gesamte Programm mit einer Quiz-Duell-App begleitet. Im Zug, bei Pausen oder in Wartezeiten fordern sich die Key Account Manager nun gegenseitig heraus und verfestigen so ihr Wissen und erledigen damit auf spielerische Art und Weise die Nachbereitung des Workshops. Gerade bei den ambi-

„Key Account Manager zu sein heißt insbesondere unsere interne Komplexität managen."

tionierten Zeit- und Aktionsplänen von Key Account Managern ein nicht zu unterschätzender Vorteil. Vor allem, da ihre Aufgaben entsprechende Reisetätigkeiten mit sich bringen, die für das Quiz-Duell sehr gut genutzt werden können. Der charmante Nebeneffekt für Peter Christensen ist, dass er bei der Auswertung sehen kann, welche Wissens- bzw. Themenkategorien „Nachholbedarf" aufweisen. So kann er gezielt das Wissen seines Teams weiterentwickeln.

Kerngedanke 3
Die Entwicklung von mittel- und langfristigen Geschäftsmöglichkeiten ist eine der Hauptaufgaben im Key Account Management.

Handlungsempfehlungen
- Trainingsinhalte sollten einerseits das Identifizieren und Gewinnen von Opportunities sowie andererseits das Mobilisieren der internen Ressourcen berücksichtigen.
- Stellen Sie sicher, dass der Transfer der Lerninhalte auf die eigenen Kundenfälle bereits im Workshop erfolgt.
- Definieren Sie eine entsprechende Vor- und Nachbereitung der Workshops, die in einem persönlichen Aktionsplan bearbeitet werden.
- Stellen Sie die Integration von bewährten Templates und Werkzeugen sicher.

Kerngedanke 4

Das Nutzen von internen Best Practices (Vorgehensweisen, Werkzeuge und Templates) garantiert eine bessere Umsetzung im Rahmen der Qualifizierungsprogramme.

Auch bei den Workshops hat er auf einen Gamification-Ansatz vertraut. Insbesondere bei den eher „trockenen" Themen, wie Opportunity Management und finanziellen Mehrwert. Um die nötigen betriebswirtschaftlichen Grundlagen zur Darstellung eines finanziellen Mehrwerts zu erlangen, sind die Key Account Manager in die Rolle eines CFO geschlüpft. In einer Business Simulation haben sie diverse Geschäftjahre und Jahresabschlüsse durchlaufen und so die verschiedenen Kennzahlen und Ursache-Wirkungsketten dazu spielerisch erlebt.

Opportunity Management ist normalerweise geprägt von „Checklisten", um die bestmögliche Strategie für den Verkaufsabschluss zu entwickeln. Diese Checkliste haben die Key Account Manager allerdings eher „en passant"

„Titel und Kundenzuordnungen werden geändert, neue Werkzeuge bereitgestellt, doch das verkäuferische Verhalten bei der Kundenbearbeitung ändert sich nicht."

Kerngedanke 5

Gamification hilft insbesondere „vieltrainierten" Teams, weitere Motivation für Trainings und Umsetzung zu entwickeln.

gelernt und für sich nutzbar gemacht. In einem Teamwettbewerb haben sie Opportunities zum Erfolg gebracht und ihre Erkenntnisse direkt auf die eigenen Geschäftsmöglichkeiten für ihre Kunden angewendet.

Gut sechs Monate sind vergangen und Peter Christensen blickt positiv in die Zukunft. Durch das Programm hat sich sein Team deutlich weiter entwickelt und agiert nicht mehr als einsamer Wolf. Stattdessen arbeitet es nun strategischer und mit anderen Kollegen im Team, um die besten Lösungen für den Kunden zu generieren. „Der entscheidende Punkt war, dass wir als Team begriffen haben, dass Key Account Management nicht ‚Verkaufen' auf einem anderen Niveau ist, sondern neue Kompetenzen von uns verlangt."

STP Zusätzlicher Verlagsservice für Abonnenten von „Springer für Professionals | Vertrieb"

Zum Thema | Qualifizierung im Vertrieb | 🔍 Suche

finden Sie unter www.springerprofessional.de 161 Beiträge im Fachgebiet Vertrieb   Stand: September 2015

Medium
☐ Online-Artikel (9)
☐ Interview (2)
☐ Zeitschriftenartikel (234)
☐ Buchkapitel (1.382)
☐ Nachrichten (2)

Sprache
☐ Deutsch (1.625)
☐ Englisch (4)

Von der Verlagsredaktion empfohlen

Kaschek, B.: Grundlagen und Besonderheiten des erfolgreichen Verkaufs im Geschäftskundenbereich (B2B) bei Großkunden, Key Accounts und Global Accounts, in: Kaschek, B.: True Value Selling, Wiesbaden 2014, S.9–43, www.springerprofessional.de/5275560

Lang, E.: Strategie 2: Vertriebs-Offensive zur Potenzialausschöpfung bei bestehenden Kunden, in: Lang, E.: Die Vertriebs-Offensive, Wiesbaden 2012, S. 153–241, www.springerprofessional.de/ 3421240

Spektrum

Raus aus der engen Schublade beim Kunden!

In der falschen Schublade versorgt zu sein, ist meistens das Problem des Anbieters und weniger des Kunden. Der Kunde bezieht nur wenige Leistungen, auch wenn er grundsätzlich weitere Produkte und Services von diesem Lieferanten bestellen könnte. Dieser Beitrag orientiert sich am B2B-Marketing und -Vertrieb und thematisiert ein unterschätztes Problem.

Christian Belz

Der Kunde hat so viele Möglichkeiten, um seine Produkte und Dienstleistungen zu beschaffen, dass er die Leistungsfähigkeit der Lieferanten weder erkunden noch berücksichtigen muss. Die Sortimente der Lieferanten überschneiden sich stark. Recht willkürlich bedient sich der Kunde beim einen Lieferanten mit einigen Produkten und beim anderen mit weiteren Leistungen. Obschon er eigentlich alles bei einem beziehen könnte. Manchmal wechselt er ohne wirklichen Anlass oder ein zufälliger Bedarf führt zu Zusatzbestellungen.

Es gibt eher rationale Gründe des Kunden, den Lieferanten in einer kleinen Schublade zu belassen. Gewohnheiten erleichtern sein Leben und vermindern neue Recherchen, interne Überzeugung, Verhandlungen und Abläufe. Zudem werden mehr drängende Lieferanten berücksichtigt. Das Risiko ist gestreut. Zwar gibt es auch die gegenläufige Tendenz, die Lieferanten zu konzentrieren und den Bedarf zu bündeln. Oft bezieht sich das aber nur auf bestimmte Warengruppen und Treiber ist die Kostensenkung.

Dazu kommen mentale Schranken. Der Lieferant steht einfach für seine bisherigen Lieferungen, dass er mehr tun könnte, steht einfach nicht im „Mindset" des Kunden. Dabei kann er mit dem Lieferanten hoch zufrieden sein, es kommt ihm aber gar nicht in den Sinn, die Geschäftsbeziehung zu erweitern.

Bisherige Leistungen bewirken auch, ob ein Lieferant vom Kunden als schlank und günstig beurteilt wird oder für eine Know-how- und serviceintensive Zusammenarbeit taugt. Oft berücksichtigt er dabei nicht, wenn Anbieter parallel für eine schlanke bis extensive Zusammenarbeit kompetent sind. Jeder Kunde hat eine eigene explizite oder implizite Liste, für welche Leistungen er welche Lieferanten berücksichtigt.

Aus der Sicht des Kunden bedeutet das: Die Rolle des Lieferanten ist für ihn oft sehr eng interpretiert. Was er einmal bezogen hat, prägt die Geschäftsbeziehung stark.

Die Sicht des Anbieters

Besorgt analysiert der Lieferant seinen geringen „Share of wallet" beim Kunden. Anbieter sind auch oft nach Sparten aufgeteilt und stellen fest, dass nur eine Sparte mit dem Kunden zusammenarbeitet, obschon auch die übrigen Bereiche bei ihm Potenzial erkennen. Damit verlagert sich die Diskussion darauf, wie sich das Cross Selling steigern lässt: Eine Sparte soll auch für die weiteren (vor)verkaufen.

Generalisten im Verkauf für mehrere Sparten können zwar Synergien in der Kundenbearbeitung ausschöpfen, nur sind sie auch weniger kompetent und rasch auf Spartenunterstützung angewiesen oder sie blitzen dadurch beim Kunden ab. Die Spartenorganisation hat also auch Vorteile. So werden die Lieferungen getrennt verhandelt und die Preiszugeständnisse sind geringer. Es mag auch ergiebig sein, mit mehreren und kleinen Lieferungen nicht in den Fokus des strategischen Einkaufs beim Kunden zu geraten. Ein strategischer Lieferant zu sein, bringt nicht nur Vorteile. Zudem verankern Mehrspartenbeziehungen den Lieferanten besser beim Kunden und Prob-

Prof. Dr. Christian Belz
ist Ordinarius für Marketing an der Universität St. Gallen und Direktor am Institut für Marketing; www.ifm.unisg.ch.

Christian Belz
Universität St. Gallen, Schweiz
E-Mail: christian.belz@unisg.ch

leme in einem Bereich übertragen sich nicht automatisch auf alle. Die Risiken und Chancen sind gestreut. Zudem ist es einfacher, Sparten zu führen und das Know-how für Kunden zu bündeln. Auch entscheiden Kunden oft sehr dezentral, so dass es für den Lieferanten viele Ansprechpersonen gibt, die ohnehin separat bearbeitet werden müssen.

Besonders bei neuen Kunden versuchen Anbieter oft, erst einmal ins Geschäft zu kommen. Sie hoffen, später von der Einzellieferung, in eine breite Zusammenarbeit vorzustoßen. Beginnt jedoch der Lieferant klein, so bleibt er oft auch klein. Es ist deshalb gefährlich, nur 20 Prozent eines möglichen Geschäfts mit neuen Kunden abzuholen. Deshalb argumentiere ich auch, dass bei neuen Kunden mehr gesät werden müsste, es geht nicht nur um die Jagd und den Einstieg.

Jede Sparte nutzt die enge Zeit mit dem Kunden möglichst verkaufswirksam. Das heisst, sie konzentriert sich auf wenige und eigene Leistungen, die sie selbst beherrscht. Dort fühlt sich auch der Verkauf kompetent. Würden noch weitere Möglichkeiten in der eigenen Unternehmensgruppe eingebracht, könnte der Kunde zurückschrecken oder es wird ihm zu aufwendig und er kauft gar nichts mehr. Die Sicht des Lieferanten ist also durchaus widersprüchlich.

Die Lösungen

Lösungen bewegen sich in den aufgezeigten Spannungen und sind deshalb oft nicht eindeutig:

Unternehmensportfolio kommunizieren: Marketing und Vertrieb müssen das Leistungsportfolio beim Kunden aktiv kommunizieren. Dazu gehören Produkte ebenso wie Services, schlanke Formen der Zusammenarbeit mit Kunden ebenso wie eine intensive Kooperation. Die Herausforderung ist dabei groß, weil Kunden naturgemäß zu engen Beurteilungen neigen. Im vielfältigen B2B-Marketing bewährt es sich beispielsweise, geschickt mit Kunden-Cases umzugehen. Auch der Internetauftritt ist dafür wichtig.

Zusammenfassung

- Oft gelingt es dem Anbieter nicht, seine Leistungsfähigkeit genügend breit für den Kunden einzubringen. Die Zusammenarbeit bleibt zu schmal.
- Verschiedene Lösungen reichen von Positionierung, Erweiterungsprozessen für bestehende Kunden, Cross Selling bis Kundenorganisation.

Kundenpotenziale abschätzen: Mit welchen Kunden gelingt es, die Geschäfte maßgeblich auszuweiten? Welche Kunden entscheiden zentral? Welche Kunden halbieren ihre Lieferantenzahl? Wie wirken sich größere Geschäfte auf die Margen aus? Flächendeckende Ansätze sind meistens unmöglich. Bei einem geringen Share of wallet und einem hohen Cross-Selling-Potenzial sind immer viele Wettbewerber im Spiel, die es vorerst auszuschalten gilt. Die Möglichkeiten realistisch abzuschätzen bleibt schwierig, oft führen entsprechende Analysen zu einer zu positiven, ja illusionären Einschätzung.

Kundenvorteile entwickeln: Der Lieferantenvorteil genügt nicht. Was sind die Vorteile des Kunden, wenn er mehr vom Lieferanten bezieht und mit mehreren seiner Sparten zusammenarbeitet? Reine Preisvorteile des Kunden möchte der Lieferant ja vermeiden. Deshalb gilt es, andere und relevante Kundenvorteile zu erfassen und Lösungen zu entwickeln.

Positionierung bei neuen Kunden: Marketing und Verkauf sollen das eigene Unternehmen bei neuen Kunden eher breiter positionieren, ohne gezielte Geschäfte zu verhindern. Es genügt nicht, den Fuß in der Türe zu haben.

Kundenbeziehung erweitern: Für aktuelle Kunden braucht es klare Prozesse, um bestehende Geschäfte zu erweitern. Dazu gilt es, erfolgreiche Erweiterungen zu analysieren und Vorgehensvarianten zu bestimmen, das Unternehmen mit der Kundenorganisation zu vernetzen und neue Projekte mit Kunden anzustoßen.

Cross Selling: Manche Appelle zu mehr Cross Selling versanden rasch und bleiben unrealistisch. Es ergeben sich Querbezüge zu den vorstehenden Hinweisen: Realistisch abgeschätzte Potenziale des Cross Selling, Kundenselektion, flankierendes Marketing, verkaufswirksame Nutzung der Customer Face Time. Zudem gilt es, Verkaufsführung und Incentives anzupassen und das Zusammenspiel des Verkaufs mit internen Abteilungen und Spezialisten zu erleichtern.

Cross Selling und Key Account Management sind eine Vorstufe zur Kundenorganisation, dabei versucht das Unternehmen, die Bereiche für den Kunden zu koordinieren, weil es nicht nach dem Kundenbedarf aufgestellt ist.

Kundenorganisation: Plausibel ist es, ein Unternehmen nach Kunden aufzustellen, also sich beispielsweise für Branchen und Segmente zu spezialisieren. Zwar optimieren Unternehmen dabei immer noch nach Produkten und Services, Ländern, Kanälen und Funktionen. Die Kundenorientierung äußert sich aber darin, dass mehr Wertschöpfung im Unternehmen nach Kundengruppen spezialisiert ist. One

Handlungsempfehlungen

• Erfassen Sie bestehendes und mögliches Geschäft bei Ihren Kunden.
• Analysieren Sie mit den Kunden, welche Ursachen für die schmale Zusammenarbeit wichtig sind.
• Thematisieren Sie die Problematik der „engen Schublade" mit Ihrem Verkaufsteam und entwickeln Sie neue Lösungen.

stop shopping für den Kunden ist das Schlagwort. Voraussetzung für den Erfolg ist dabei, dass diese Spezialisierung dort genutzt wird, wo auch der Kunde eher zentral entscheidet und Einkaufssynergien aktiv nutzt. Der steigende Preisdruck muss sich durch das Wachstum mit Kunden auffangen lassen.

Manchmal wird nur der Verkauf nach Kundengruppen organisiert. Generalisten im Verkauf orchestrieren die Leistung des Unternehmens für Kunden. Kritische Faktoren sind die Kompetenz bei Kundenspezialisten und das Zusammenspiel zwischen Verkauf und übrigen Unternehmenseinheiten für Kunden. Kritisch ist auch, was der Verkauf bei Kunden einfädelt, weil inkompetente Verkäufer leicht mehr versprechen, als ein Unternehmen halten will oder kann. Falsche Offerten kippen nämlich leicht in unattraktive Geschäfte um.

Fazit

Raus aus der engen Schublade bei Kunden! Diese Herausforderung ist verbreitet, aber bisher zu wenig thematisiert. Unternehmen können für Kunden meist weit mehr leisten, als diese beanspruchen.

Fakt ist: Es gibt keine einfachen Hebel, um aus der engen Schublade bei Kunden rauszukommen. Auch dieser Beitrag zeigt keine klare Lösung, die Probleme sind zu vielschichtig. Es lohnt sich aber für Unternehmen, diese Problematik spezifisch anzugehen. Zuerst braucht es dazu Fakten und nicht nur Meinungen und Hoffnungen.

STP Zusätzlicher Verlagsservice für Abonnenten von „Springer für Professionals | Vertrieb"

Zum Thema Kundenpotenziale   Suche

finden Sie unter www.springerprofessional.de 67 Beiträge im Fachgebiet Vertrieb   Stand: August 2015

Medium
☐ Online-Artikel (7)
☐ Kompakt-Dossier (1)
☐ Zeitschriftenartikel (31)
☐ Buchkapitel (28)

Sprache
☐ Deutsch (67)

Von der Verlagsredaktion empfohlen

Biesel, H. H.: Werkzeuge der Vertriebssteuerung, in: Biesel, H. H.: Vertriebspower in turbulenten Zeiten, Wiesbaden 2014, S. 159-242, www.springerprofessional.de/5000510

Birgelen, D.: Produktivität maximieren, in: Birgelen, D.: Ich und der Kunde, Wiesbaden 2013, S. 245-254 www.springerprofessional.de/4937416

Nachhaltiger Wettbewerbserfolg durch Vernetzung

Das Geschäftsmodell eines Unternehmens wird über einen End-to-end-Business-prozess umgesetzt, in dem eine ganze Anzahl von Kernprozessen wie Vertriebs-, Einkaufs- oder Produktionsprozesse miteinander verknüpft sind. Erst die Vernetzung über die neuen Informationstechnologien ermöglicht den nachhaltigen Wettbewerbserfolg.

Hartmut F. Binner

Die Vertriebsfunktionen, also die Gewinnung von Kunden und der Verkauf der hergestellten Produkte und Dienstleistungen, werden sich durch den elektronischen Geschäftsverkehr (E-Commerce) noch weiter verändern. Es bilden sich immer mehr Online-Marktplätze oder unterschiedliche Shopsysteme, bei denen die Kunden selbstständig ihre Produkte aussuchen, vergleichen und bestellen können. Dies orts- und zeitunabhängig. Um eine schnelle Kundenauftragsbearbeitung zu ermöglichen, sind diese Marktplätze und Onlineshops in der Regel direkt mit einem Warenwirtschaftssystem verbunden, das das Kundenmanagement, die Lagerhaltung, die Abrechnung und den Einkauf dieses Produktes bei Lieferanten beinhaltet.

Diese Entwicklung verstärkt sich durch den Einsatz von mobilen Applikationsgeräten. Unter dem Stichwort „Mobile Shopping" verwendet der Kunde sein Smartphone oder seinen Tablet-PC für seine Käufe. In gleicher Weise wie sich der Vertriebsprozess verändert, werden durch die technologische Entwicklung mit den neuen Informationstechnologien, wie Enterprise Mobility, Cloud-Computing, Social Media oder Big Data ganz neue Geschäftsmodelle generiert, wobei im Unternehmen auf eine durchgängige

Prof. Dr.- Ing. Hartmut F. Binner ist Geschäftsführer der Prof. Binner Akademie für Management Qualifikation in Hannover. Er leitet zudem an der Hochschule Hannover im Fachbereich Maschinenbau und Bioverfahrenstechnik das Prozessmanagement-II-Labor und ist geschäftsführender Vorsitzender der Gesellschaft für Organisation (gfo).

> *„Im Unternehmen muss auf eine durchgängige Durchführung des übergeordneten Businessprozesses geachtet werden."*

Durchführung des übergeordneten Businessprozesses geachtet werden muss. Dieser durchgängige Auftragsbearbeitungsprozess lässt sich auch als unternehmensspezifischer End-to-end-Businessprozess bezeichnen, der alle notwendigen Kernprozesse von der Kundenbestellung bis zur Auslieferung beinhaltet.

Jetzt kommt es darauf an, alle diese Kernprozesse untereinander zu vernetzen und anforderungsgerecht die Informationen bereitzustellen, die es erlauben, den Kunden schnell und fehlerfrei zu beliefern. Das wird also nur gelingen, wenn auch in den anderen Kernprozessen, wie in **Abbildung 1** gezeigt, die neuen Informationstechnologien mit Anwendung finden, um diese Vernetzung zu erreichen. Hierbei ist der Mensch selbst auch über die Mensch-Maschine-Schnittstelle in vielen Prozessschritten zur Prozessplanung, -steuerung und -kontrolle direkt in die Auftragsabwicklung mit eingebunden.

Systematische Verbesserung der Geschäftsprozesse anhand des MITO-Modells

Für die ganzheitliche Prozessgestaltung eines End-to-end-Businessprozesses findet das MITO-Modell als Bezugspunkt und Ordnungsrahmen Anwendung. Das MITO-Modell basiert auf der Prozessdefinition der QM-Norm DIN EN ISO 9001 mit Prozessinput, -transformation und -output.

Hartmut F. Binner
Prof. Binner Akademie, Hannover, Deutschland
E-Mail: binner@pbaka.de

Dabei beinhaltet das Dach des MITO-Modells, also die beiden oberen Modell-Segmente, die strategische BPM-Komponente mit Vorgabe von Visionen, Strukturen und Zielen (Führung) sowie die Rückkopplung mit Management-Review, Zielüberprüfung und Verbesserungsanstößen (Leitung).

Die unteren drei MITO-Modell-Segmente umfassen die operative BPM-Durchführung mit Prozessinput, -transformation und -output. Diese sind auch in der Prozessdefinition der DIN EN ISO 9001 mit Bereitstellung der Ressourcen bzw. Produktionsfaktoren (Input), der Durchführung mit Kombination dieser drei Produktionsfaktoren bei der Produktherstellung (Transformation) und dem Prozessergebnis in Form der nach Kundenspezifikation hergestellten fehlerfreien Produkte (Output) vorgegeben.

Aus übergeordneter Führungssicht übernimmt dabei das Management personenbezogen die Zielableitung und Vorgabe im Konsens mit den Mitarbeitern. Aus Leitungssicht, das

„Das MITO-Modell basiert auf der Prozessdefinition der QM-Norm DIN EN ISO 9001 mit Prozessinput, -transformation und -output."

heißt sachbezogen, findet die Zielüberprüfung anhand der vorher vereinbarten Ziel-Sollgrößen statt. Bei Nichterreichen der Ziele ergeben sich Anstöße zur Verbesserung.

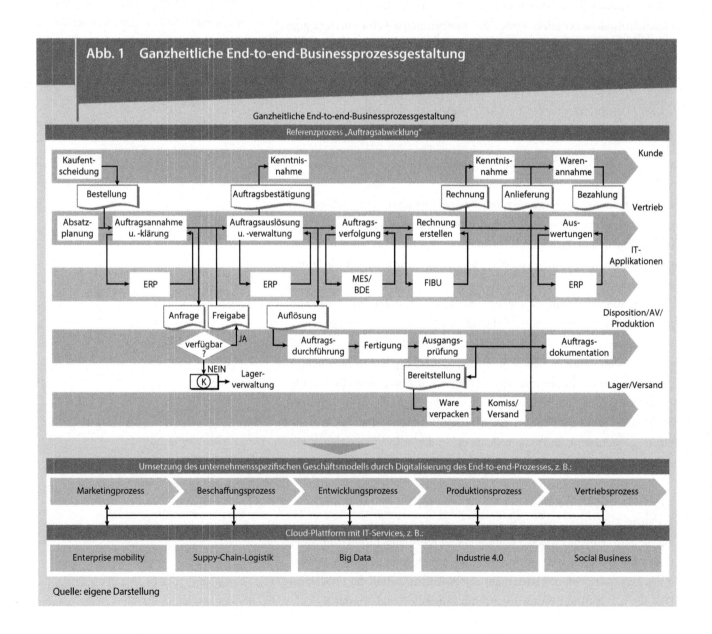

Abb. 1   Ganzheitliche End-to-end-Businessprozessgestaltung

Quelle: eigene Darstellung

Das MITO-Modell zeigt auch den in den vielen Normen und Regelwerken prozessorientierten Ansatz mit fünf Schritten innerhalb der in **Abbildung 2** gezeigten fünf MITO-Modellsegmente.

- Managementsegment (Führung) mit Schritt 1: identifizieren
- Inputsegment mit Schritt 2: planen
- Transformationssegment mit Schritt 3: durchführen
- Output mit Schritt 4: kontrollieren
- Managementsegment (Leitung) mit Schritt 5: verbessern

Entsprechend dieser einzelnen Schritte des MITO-Modells müssen dann die notwendigen Gestaltungs- bzw. Verbesserungsaktivitäten für jeden Geschäftsprozess, zum Beispiel auch für den hier betrachteten Vertriebsprozess, durchgeführt werden. In Schritt 1 geht es um die Entwicklung der Prozesse, um anschließend Ziel und Zweck dieses Prozesses mit den dazugehörenden Rollen und Arbeitsschritten zu beschreiben. Zugeordnet werden muss der verantwortliche Prozesseigner und auch die Prozessbeteiligten des betrachteten Prozesses. Die genaue Planung dieses Prozesses erfolgt dann in Schritt 2 mit der Prozessanalyse und -modellierung mit Unterstützung eines BPM-Tools als Grundlage der Beschreibung der Auf-

gabeninhalte und den vorgegebenen Messkriterien sowie der Vorgabe der Messstellen im Prozess. Wichtig ist hier die Balance zwischen Hard- und Softfacts bei der Ausübung der Führungs- und Leitungsfunktion durch das Management,

„Das MITO-Modell zeigt auch den in den vielen Normen und Regelwerken prozessorientierten Ansatz mit fünf Schritten."

zum einen um die Mitarbeiter zu motivieren, zum anderen aber auch um die Zielerfüllung zu kontrollieren. Weiter müssen die Schnittstellen und Wechselwirkungen zu den anderen Geschäftsprozessen optimiert werden.

Nach diesen Vorgaben wird von den Mitarbeitern in Schritt 3 dieser Prozess durchgeführt und beobachtet. In Schritt 4 wird anschließend aus den Ergebnissen dieser Beobachtungen und der Bewertung der Prozessergebnisse ein Soll-Ist-Abgleich durchgeführt. Hierbei werden beispielsweise auch die Kunden-

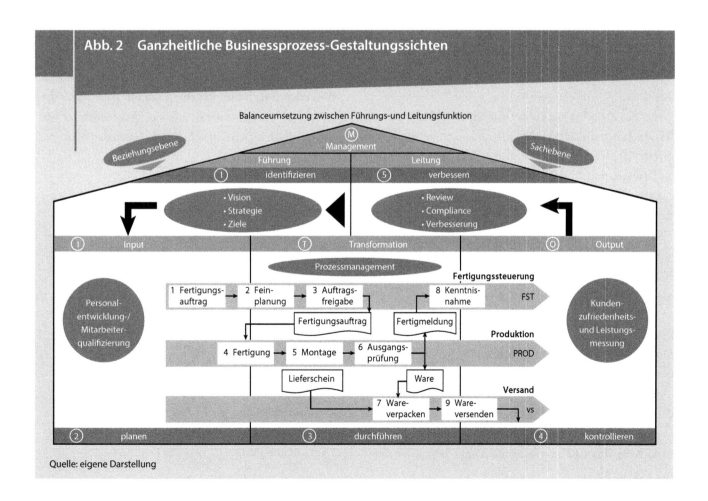

Abb. 2   Ganzheitliche Businessprozess-Gestaltungssichten

Quelle: eigene Darstellung

zufriedenheit und die Reklamationsquote dieses Prozesses gemessen. Aus den festgestellten Abweichungen in Schritt 4 ergeben sich die Ansatzpunkte zur Verbesserung.

Aus übergeordneter Sicht kann in Schritt 5 auch noch ein Management-Review erfolgen, um festzustellen, ob die Zielvorgaben realistisch waren und ob alle Anforderungen, die sich beispielsweise auch aus den Normen- und Regelwerken ergeben, bei der Prozessdurchführung erfüllt waren. Bei den Verbesserungsvorschlägen sollten die Prozessbeteiligten auf der operativen Ebene durch Vorgabe von Handlungsspielrahmen und der Methodenqualifizierung immer eine wichtige Rolle spielen, um diese Verbesserungen in Eigenverantwortung durchzuführen. Hierfür sollte das Methodenkompetenz-Management im Unternehmen gefördert werden. Das Methodenkompetenz-Management als Führungsinstrument

> *„Das Methodenkompetenz-Management als Führungsinstrument besitzt das Ziel, dass alle Führungskräfte und Mitarbeiter im Unternehmen die notwendige Methodenkompetenz neben ihrem Fachwissen besitzen.“*

besitzt das Ziel, dass alle Führungskräfte und Mitarbeiter im Unternehmen die notwendige Methodenkompetenz neben ihrem Fachwissen besitzen, um bei neuen Kundenanforderungen und Produkt- bzw. Prozessveränderungen in der Lage zu sein, über richtige Methoden auch die richtige Lösung zu finden.

Sinnvoll ist es, über am Markt angebotenen Methoden-Software die benötigten Methoden in digitalisierter Form bereitstellen, um auf diese Weise das Methodenkompetenz-Management zielführend zu unterstützen.

Fazit

Eine wichtige Voraussetzung für eine erfolgreiche Vertriebstätigkeit ist die Integration bzw. Vernetzung von E-Commerce mit weiteren IT-Applikationen wie zum Beispiel ERP-, CRM-, Content- oder Produktinformationssystemen über die oben beschriebenen neuen Informationstechnologien. Dies ist auch die Voraussetzung für Multi-, Omni- oder Crosschannel-Commerce.

Zusammenfassung

● Der Beitrag zeigt eine systematische Vorgehensweise für ein ganzheitliches Business Process Management (BPM), bei dem alle Geschäftsprozesse übergreifend als End-to-end-Businessprozess miteinander vernetzt und optimiert werden.

● Als Bezugs- und Ordnungsrahmen für die notwendigen Gestaltungsaktivitäten findet das MITO-Modell Anwendung.

● Dieses Modell bildet den prozessorientierten Ansatz in fünf Schritten als kybernetischen Regelkreis ab.

● Die Prozessbeteiligten benötigen dabei eine hohe Methodenkompetenz, die ihnen über geeignete BPM- und Methoden-Tools bereitgestellt werden.

Ein weiteres großes Problem bei einer durchgängigen Umsetzung des ganzheitlichen Prozessmanagements liegt heute noch – nach den aktuellen Ergebnissen der gfo-Studie 2014 zum Stand der Durchdringung der Prozessorganisation in Deutschland – darin, dass in den oberen Führungsebenen die Fokussierung auf Funktionen und nicht auf Prozessen dominiert. Deshalb fehlt die Unterstützung, Praktizierung und das Vorleben durch die oberste Leitung. Weiter fehlen abgestimmte verständliche Prozessbeschreibungen mit den dazugehörenden Rollen und Regeln. Auch die Wechselwirkung der Prozesse untereinander ist unklar. Um diese Schwachstellen auszugleichen, werden üblicherweise von den Führungs-

Handlungsempfehlungen

● Das Management muss die Führungs- und Leitungsfunktion, das heißt die Softfacts auf der Beziehungsebene und die Hardfacts auf der Sachebene, in eine Balance bringen.

● Den Mitarbeitern sind die Handlungsspielräume für eine selbstbestimmte Arbeitsausführung mit Selbstcontrolling zu übertragen.

● Die Mitarbeiter müssen für die neuen Arbeitsmodelle umfassend qualifiziert und motiviert werden.

● Kontinuierliche methodengestützte Prozess-Leistungsmessungen zeigen die Kunden- und Mitarbeiterzufriedenheit auf.

kräften detaillierte Anweisungen vorgegeben, anstatt den Mitarbeitern in ihren Arbeitsabläufen Freiräume für kreative Lösungen innerhalb transparenter Prozesse zu schaffen, um die Eigeninitiative und die Eigenmotivation zu stärken.

„In den oberen Führungsebenen dominiert die Fokussierung auf Funktionen und nicht auf Prozesse. "

Eine Veränderung dieser Situation wird aber nur dann möglich werden, wenn die Führungskräfte nicht nur die notwendige Fachkompetenz, sondern entscheidend auch die notwendige Methodenkompetenz besitzen, um situativ die richtigen Entscheidungen und Handlungen methodisch vorzunehmen. In diesem Fall wäre es auch nicht nötig, auf externe Beraterkonzepte zurückzugreifen, wenn das Management in der Lage ist, Lösungen methodisch selbst zu entwickeln. Diese Lösungen werden auch intern eine sehr viel höhere Akzeptanz besitzen und können auf diese Weise zum Bestandteil der Unternehmenskultur werden. Die Methodenkompetenz für die Führungskräfte, aber auch für die Mitarbeiter, stärkt die Selbstorganisation und verstärkt die Lerneffekte im Sinne von Wissensmanagement. Wirkungszusammenhänge werden deutlich.

Literatur

Binner, Hartmut F. (2004); Handbuch der prozessorientierten Arbeitsorganisation. REFA-Fachbuchreihe „Unternehmensentwicklung", München/Wien

Binner, Hartmut F. (2007); Pragmatisches Wissensmanagement – Systematische Steigerung des intellektuellen Kapitals. REFA-Fachbuchreihe „Unternehmensentwicklung", München/Wien

Binner, Hartmut F. (2005); Managementleitfaden „Auf dem Weg zur Spitzenleistung", München/Wien

Binner, Hartmut F. (2010); Prozessmanagement von A bis Z, München

Binner, Hartmut F. (2013); e-BookMITO®-Praxisbuch „Prozessorientierte Organisationsentwicklung und Prozessgestaltung mit dem MITO-Methoden-Tool", Hannover

Kerngedanken

1. Über die Swimlane-Prozessdarstellung werden rollenbasiert die Schnittstellen und Wechselwirkungen der Prozesse transparent gezeigt.
2. Erst durch das Zusammenspiel der neuen Informationstechnologien innerhalb des End-to-end-Prozesses wird das Gesamtoptimum erreicht.
3. Management und Mitarbeiter müssen in Konsens den End-to-end-Prozess gestalten und die Kernprozesse kundenorientiert ausrichten.

[SfP] Zusätzlicher Verlagsservice für Abonnenten von „Springer für Professionals | Vertrieb"

Zum Thema | Business Process Management | 🔍 Suche

finden Sie unter www.springerprofessional.de **2.885 Beiträge im Fachgebiet Vertrieb**   Stand: August 2015

Medium
- ☐ Online-Artikel (4)
- ☐ Zeitschriftenartikel (75)
- ☐ Buch (1)
- ☐ Buchkapitel (2805)

Sprache
- ☐ Deutsch (229)
- ☐ Englisch (2656)

Von der Verlagsredaktion empfohlen

Lichka, C., Guschlbauer, E.: Integration strategisches Management und Prozessmanagement, in: Bayer, F, Kühn, H. (Hrsg.): Prozessmanagement für Experten, Wiesbaden 2013, S. 295-311 , www.springerprofessional.de/4638720

Minguela-Rata, B., Arias-Aranda, D., Opazo-Basáez, M.: Processes Integration and e-Business in Supply Chain Management, in: Martínez-López, F. J. (Hrsg.): Handbook of Strategic e-Business Management, Berlin/Heidelberg 2014, S.217-236, www.springerprofessional.de/4819932

Service

Buchrezensionen

Björn Bloching, Lars Luck, Thomas Ramge

Smart Data

Datenstrategien, die Kunden wirklich wollen und Unternehmen wirklich nützen

Redline Verlag, 1. Auflage

München 2015

256 Seiten, 25 Euro

ISBN: 978-3-86881-583-2

Marc Knoppe (Hrsg.)

CSR und Retail Management

Gesellschaftliche Verantwortung als zukünftiger Erfolgsfaktor im Handel

SpringerGabler, 1. Auflage

Wiesbaden 2015

308 Seiten, 29,99 Euro

ISBN: 978-3-662-44684-3

Guido Quelle

Wachstumsintelligenz

So gelingt Wachstum im Mittelstand

Books on Demand, 1. Auflage

Norderstedt 2015

188 Seiten, 19,90 Euro

ISBN: 978-3-73863-180-7

Kernthese

„Big-Data-Ansätze versprechen mehr
als sie halten – weniger Daten bringen
mehr, wenn es die richtigen sind."

Nutzen für die Praxis

Smart Data hilft Unternehmen, mit den
richtigen Daten ihre Geschäftsmodelle
schrittweise zu verbessern, ohne in die
Falle der Daten-Überflutung zu tappen.

Abstract

Das Buch zeigt auf, wie es mit Smart-
Data-Ansätzen gelingt, den Kundenwert langfristig zu erhöhen. Denn nur
wenn Daten zu sammeln und auszuwerten einen Mehrwert für den Kunden
darstellt, ist der Verbraucher bereit, seine Daten zur Verfügung zu stellen.

Kernthese

„Der Kunde erwartet unbedenkliche
und einwandfreie Produkte und Dienstleistungen – er möchte bei Unternehmen kaufen, denen er vertrauen kann."

Nutzen für die Praxis

Wie aus dem Zusammenspiel von Kunde, Handel und Lieferant ein Wertesys-
tem entsteht, das im globalen Netzwerk
des Einzelhandels funktioniert.

Abstract

Die Beiträge in diesem Buch zeigen, warum der Handel Corporate Social Res-
ponsibility (CSR) als Treiber für Innovationen und damit als eine neue
Wachstums- und Wettbewerbsperspek-
tive begreifen sollte.

Kernthese

„Mit Wachstumsintelligenz werden die
richtigen Kunden und auch die richtigen Mitarbeiter angezogen."

Nutzen für die Praxis

Das Buch bietet mittelständischen Un-
ternehmenslenkern und Unternehmern, die ihr unternehmerisches
Wachstum gezielt in die Hand nehmen
wollen, praxisnahe Impulse und eine
starke Meinung.

Abstract

Der Autor beschreibt die für den Unternehmenserfolg wichtigen Wachstums-
faktoren und verknüpft theoretische
und praktische Notwendigkeiten, ohne
den Anspruch auf Nutzwertigkeit aus
den Augen zu verlieren.

Veranstaltungen

Veranstaltungen zum Thema Vertrieb				
Datum	Event	Thema	Ort	Veranstalter/Website
03.11.2015	14. Sales Congress	„Was Macht macht": Um den wahren Charakter eines Menschen kennenzulernen, sollte man ihm Macht geben. Das wusste bereits Abraham Lincoln. Doch wie groß ist der Einfluss auf die Wahrnehmung und Entscheidungsfähigkeit von Führungskräften? Und inwieweit verändert Macht sogar die Persönlichkeit? Antworten auf diese Fragen geben namhafte Referenten auf diesem Congress.	Hamburg	Pawlik Consultants GmbH www.pawlik.de
01.02.2016	Balanced Selling	Balanced Selling ist das neue Verkaufstrainingssystem, in dem alle wichtigen Bausteine der ganzheitlichen Verkaufsausbildung berücksichtigt werden. Das System besteht aus drei Modulen, die am kostenlosen Info-Abend vorgestellt werden.	München	Michael Künzl Verkaufstrainings www.michaelkuenzl-verkaufstrainings.de
01.03.2016 - 02.03.2016	Internet World 2016: Die E-Commerce Messe	Die Messe Internet World München ist die E-Commerce Messe und das Event für Internet-Professionals und Treffpunkt für Entscheider auf Anbieter- und Anwenderseite.	München	Neue Mediengesellschaft Ulm mbH 2015 www.internetworld-messe.de
07.04.2016- 08.04.2016	Neosales 39. Vertriebsleiter Kongress	Gerade der Vertrieb steht ständig vor neuen Herausforderungen, muss sich deshalb permanent neu definieren und auf komplexer werdende neue Marktanforderungen reagieren. 2016 steht der Vertriebsleiter Kongress deshalb auch ganz im Zeichen top-aktueller und zukunftsweisender Themen sowie hochkarätiger Speaker.	München	Haufe Akademie GmbH & Co. KG – DVS www.neosales.de

Die schlüssige Vereinbarung von Sonderzahlungen

Eine regelmäßig am Jahresende erfolgende Sonderzahlung kann einen Rechtsanspruch auch auf künftige Zahlung begründen.

Nicht selten erhalten Arbeitnehmer zum Jahresende eine Sonderzahlung, über deren Grund und Höhe jedenfalls nichts schriftlich vereinbart wird. Wird die Sonderzahlung mehrfach gewährt, dann aber eingestellt – gerade auch im Zusammenhang mit der Beendigung des Arbeitsverhältnisses –, entsteht hierüber oftmals Streit. Ein solcher Streit wurde in einem aktuellen Fall bis zum Bundesarbeitsgericht ausgefochten (Urteil vom 13. Mai 2015 – 10 AZR 266/14):

Mit der am 10. Januar des Folgejahres ausgezahlten Vergütung für Dezember erhielt der klagende Arbeitnehmer einen als „Sonderzahlung" in den Abrechnungen ausgewiesenen Betrag, der sich im Jahr 2007 auf 10.000 Euro brutto, in den Jahren 2008 und 2099 auf 12.500 Euro brutto belief. Schriftliche Vereinbarungen hierüber lagen nicht vor. Das Arbeitsverhältnis endete zum 19. November 2010. Für dieses Jahr erhielt der Arbeitnehmer keine Sonderzahlung mehr, so dass er 12.500 Euro auch für dieses Jahr einklagte. Arbeitsgericht und Landesarbeitsgericht wiesen die Klage ab. Das Bundesarbeitsgericht hob diese Entscheidungen auf und verwies den Rechtsstreit an das Landesarbeitsgericht zurück.

Zunächst ist nach Ansicht des BAG durch Auslegung zu ermitteln, ob sich der Arbeitgeber nur zu der konkreten Leistung oder darüber hinaus auch für die Zukunft verpflichtet hat. Auch wenn keine betriebliche Übung bestehe, könne durch die Leistungsgewährung ein Anspruch entstanden sein. Die vom Arbeitgeber mit einer Sonderzahlung verfolgten Zwecke seien dabei zu ermitteln:

• Der Vergütungscharakter sei eindeutig, wenn die Sonderzahlung an das Erreichen quantitativer oder qualitativer Ziele geknüpft sei.

• Mache die Zahlung einen wesentlichen Anteil der Gesamtvergütung des Arbeitnehmers aus, handele es sich gleichfalls regelmäßig um Arbeitsentgelt.

• Werde die Zahlung erbracht, ohne dass weitere Anspruchsvoraussetzungen vereinbart sind, spreche dies ebenfalls dafür,

Dr. Michael Wurdack
ist Rechtsanwalt und Partner der seit 40 Jahren auf Vertriebsrecht spezialisierten Kanzlei Küstner, v. Manteuffel & Wurdack in Göttingen. Telefon: +49 (0)551/49 99 60 E-Mail: kanzlei@vertriebsrecht.de Weitere Informationen, aktuelle Urteile und Seminarangebote rund ums Vertriebsrecht finden Sie auf der Kanzlei-Homepage: www.vertriebsrecht.de

dass die Sonderzahlung als Gegenleistung für die Arbeitsleistung geschuldet werde.

• Gleiches gelte, wenn die Höhe der Leistung nach der vom Arbeitgeber getroffenen Zweckbestimmung vom Betriebsergebnis abhänge.

Wolle der Arbeitgeber andere Zwecke als die Vergütung der Arbeitsleistung verfolgen (etwa Treueprämie oder Halteprämie), müsse sich dies deutlich aus der zugrunde liegenden Vereinbarung ergeben.

Anwendung im Einzelfall

Nach diesen Grundsätzen erwiesen sich die Entscheidungen der Vorinstanzen aus Sicht des BAG als unzutreffend. Die Arbeitgeberin habe selbst vorgetragen, dass die Sonderzahlung vom Betriebsergebnis abhänge. Weitere Anspruchsvoraussetzungen habe es nach Klägervortrag nicht gegeben. Allein aus der Auszahlung der Sonderzuwendung mit dem Dezembergehalt könne nicht der Schluss gezogen werden, weitere Anspruchsvoraussetzung sei das Bestehen des Arbeitsverhältnisses am Jahresende gewesen. Es sei naheliegender, diesen Auszahlungszeitpunkt als bloßen Fälligkeitstermin zu verstehen. Die Steigerung der Sonderzahlung sei auch nicht proportional zur Entwicklung der Monatsvergütung gewesen.

Aus der Bezeichnung der Leistung als „Sonderzahlung" in den jeweiligen Abrechnungen, ihrer dreimaligen vorbehaltlosen Auszahlung jeweils zum Jahresende und ihrer unterschiedlichen Höhe habe der Arbeitnehmer mithin verständlicher Weise auf ein verbindliches Angebot der Beklagten des Inhalts schließen können, in jedem Kalenderjahr eine Sonderzahlung als Vergütungskomponente zu leisten.

Umstände, die dafür gesprochen hätten, dass die Arbeitgeberin keine weitere Bindung eingehen wollte, seien nicht ersichtlich. Aus der nicht gleichförmigen Höhe der Sonderzahlung in den Jahren 2007 bis 2009 habe nicht der Schluss gezogen werden müssen, die Arbeitgeberin habe sich nicht dem Grunde nach auf Dauer binden wollen. Es sei gerade typisch für eine vom Betriebsergebnis abhängige Sonderzahlung, dass deren Höhe schwanken könne.

Wichtig: Das BAG erklärt in diesem Zusammenhang, dass es an seiner früheren Rechtsprechung im Rahmen einer betrieblichen Übung, nach der es bei der Leistung einer Zuwendung in jährlich individuell unterschiedlicher Höhe bereits an einer regelmäßigen gleichförmigen Wiederholung bestimmter Verhaltensweisen fehle, nicht mehr festhalte.

Der Einwand, bei der Sonderzahlung habe es sich um eine freiwillige, jederzeit widerrufliche Leistung gehandelt, stehe der rechtlichen Bewertung nicht entgegen. Der Begriff „freiwillig" bringe lediglich zum Ausdruck, dass der Arbeitgeber nicht bereits durch Gesetz, Tarifvertrag oder Betriebsvereinbarung zur Zahlung verpflichtet sei. Hinzu komme, dass eine Leistung nach der Rechtsprechung des BAG nicht zugleich freiwillig und widerruflich sein könne. Dem Anspruch stehe auch nicht entgegen, dass das Arbeitsverhältnis bereits am 19. November 2010 beendet worden sei. Die Arbeitgeberin habe die Sonderzahlung vielmehr als zusätzliche Vergütung für die vom Kläger im Kalenderjahr geleistete Arbeit erbracht. Diese synallagmatische Verbindung werde durch deren Anknüpfung an das Betriebsergebnis nicht in Frage gestellt.

Allein aus dem Umstand, dass die Sonderzahlung jeweils zum Ende des Kalenderjahres ausgezahlt wurde, lasse sich nicht entnehmen, dass mit ihr ausschließlich die Betriebstreue honoriert werden sollte. Gegen ein solches Verständnis spreche im konkreten Fall auch, dass die Sonderzahlung mit rund 15 Prozent einen nicht unwesentlichen Teil der Gesamtvergütung ausgemacht habe und zusätzlich zu einem Weihnachtsgeld gezahlt worden sei. Da die Sonderzahlung somit Gegenleistung für die im laufenden Jahr erbrachte Arbeitsleistung des Klägers war, habe sie nicht vom Bestand des Arbeitsverhältnisses am 31. Dezember des Jahres abhängig gemacht werden können.

Das aus Sicht des BAG gegebene Angebot auf Leistung habe der Arbeitnehmer durch Entgegennahme der drei aufeinanderfolgenden Zahlungen angenommen. Eine Vereinbarung war somit dem Grunde nach zustande gekommen.

Anspruch der Höhe nach

Der Arbeitnehmer durfte allerdings nicht den Schluss ziehen, die Sonderzahlung betrage ohne Weiteres 12.500 Euro brutto. Dagegen sprach bereits die unterschiedliche Höhe in den Vorjahren. Der Arbeitnehmer musste vielmehr das Verhalten der Arbeitgeberin so verstehen, dass diese Jahr für Jahr über die Höhe der Sonderzahlung neu entscheidet.

Der Rechtsstreit war deshalb für das BAG nicht entscheidungsreif. Das Gericht verwies den Streit zur näheren Aufklärung an das LAG zurück. Der Arbeitgeberin sollte auch Gelegenheit gegeben werden, vorzutragen, weshalb eine für das Kalenderjahr 2010 vorgenommene Leistungsbestimmung „auf Null" gegebenenfalls billigem Ermessen entsprochen haben könnte. Sollte dies nicht anzunehmen sein, habe das LAG die Leistungsbestimmung selbst vorzunehmen.

Zusammenfassung

● Das Verhalten des Arbeitgebers bei Gewährung einer Sonderzahlung muss ausgelegt werden. Dabei ist der Charakter der Sonderzahlung zu bestimmen.

● In der dreimaligen vorbehaltlosen Gewährung einer so bezeichneten „Sonderzahlung" kann ein Angebot liegen, eine solche Sonderzahlung dem Grunde nach auch in Zukunft zu leisten. Der Arbeitnehmer nimmt ein solches Angebot regelmäßig durch Entgegennahme der Zahlungen an.

● Dieser Auslegung steht eine unterschiedliche Höhe der bislang gewährten Sonderzahlungen nicht entgegen. Es muss dann allerdings aufgeklärt werden, wie die Höhe der Sonderzahlung bestimmt werden sollte. Notfalls muss das Gericht die Höhe selbst festlegen.

SfP www.springer für Professionals

Beitrag des Monats
Funktionierende Bonussysteme einführen

Leistungsorientierte Vergütungssysteme können Mitarbeiter stark motivieren und zu besseren Ergebnissen führen – wenn der richtige Ansatz gewählt wird. Ein variables Entlohnungsmodell lässt sich besser durchsetzen, wenn die Leistung eines Mitarbeiters an verschiedenen „harten" sowie „weichen" Kenngrößen gemessen wird, deren Ergebnis er selbst beeinflussen und steuern kann. Idealerweise gründet sich daher die Einführung einer leistungsorientierten Vergütung auf (mindestens) zwei Säulen. Die erste Säule beurteilt die Arbeitsqualität des Mitarbeiters als „weiche" Kenngröße unabhängig vom messbaren Output, die zweite Säule stellt eine „harte" quantifizierbare Erfolgsmessung dar. Je nach Aufgabenfeld und Branche kann die Gewichtung zwischen beiden Säulen stark schwanken.

SfP *www.springerprofessional.de/5008910*

Weitere meistgeklickte Beiträge

Zehn Umsatzkiller beim Vertrieb von Industriegütern
SfP *www.springerprofessional.de/5738264*

Ausschlaggebende Faktoren für die Kundenbindung
SfP *www.springerprofessional.de/5887336*

Online-Handel birgt sowohl Chancen als auch Risiken
SfP *www.springerprofessional.de/5012456*

Qualifizierung im Vertrieb stockt
SfP *www.springerprofessional.de/5901494*

Das Wissensportal Springer für Professionals

Alle Beiträge und Literaturtipps im Heft, die mit SfP gekennzeichnet sind, sind für Abonnenten des Portals Springer für Professionals im Volltext unter www.springerprofessional.de frei zugänglich. Abonnenten dieser Zeitschrift können das Portal drei Monate kostenfrei unter Angabe des Aktionscodes C0006818 testen und danach zum Vorzugspreis beziehen.

 www.springerprofessional.de/fachzeitschriften/

Empfehlung des Monats

Vertriebsentscheider müssen Innovationstreiber sein

Innovationen entscheiden mit über den Vertriebserfolg von Unternehmen und ihre Performance in den Kundenmärkten. Vertriebsentscheider müssen nicht nur frühzeitig neue Produktideen und deren Marktchancen ausloten, sondern auch Innovationsprojekte auf den Weg bringen. Welche Aspekte speziell für Vertriebsinnovationen entscheidend sind und was Kunden und Vertriebsteams zur Umsetzung von Innovationen beitragen können, wurde in einem Themenschwerpunkt zusammengefasst.

SfP *www.springerprofessional.de/5918604*

Erfolgreich verhandeln durch interkulturelle Kommunikation

Die Argumentationsweise westeuropäischer Verhandlungspartner unterscheidet sich oft erheblich von den Gepflogenheiten beispielsweise bei Verkaufsgesprächen in Asien. Kulturelle Besonderheiten müssen deshalb bei Geschäftsverhandlungen beachtet werden, um Verständnisprobleme zu vermeiden. Generell sollten sich deutsche und europäische Vertriebsmanager mit Verhandlungstechniken, Verhaltensweisen und sprachlichen Besonderheiten befassen, bevor sie in ein Verkaufsgespräch mit einem internationalen Kunden gehen.

SfP *www.springerprofessional.de/5887430*

Dienstleisterverzeichnis

**Präsentieren Sie Ihr
Unternehmen.**

Thema der nächsten Ausgabe:

Kundenzufriedenheitsmessung

Nichts ist für ein Unternehmen, für eine Marke fataler als unzufriedene Kunden. Vor allem im Social-Media-Zeitalter verbreiten sich Klagen und Beschwerden über Leistungen und Produkte in enormer Geschwindigkeit. Zufriedene Kunden sind deshalb das erklärte Ziel erfolgsorientierter Unternehmen. Die gute Nachricht: Kundenzufriedenheit lässt sich messen – und dadurch auch optimieren. Outbound, Anreizsysteme, Mystery Shopping sind nur einige der Tools und Methoden, mit deren Hilfe sich der Zufriedenheitsgrad bestimmen lässt. Das Schwerpunktthema im nächsten Heft stellt die Wirkung verschiedener Messverfahren sowie die Herausforderungen und Tücken der Kundenzufriedenheitsmessung zur Diskussion.

Impressum

Sales Management Review
Zeitschrift für Vertriebsmanagement
www.salesmanagementreview.de
Ausgabe 5/2015| 24. Jahrgang
ISSN 1865-6544

Verlag
Springer Gabler
Springer Fachmedien Wiesbaden GmbH
Abraham-Lincoln-Straße 46
65189 Wiesbaden
www.springer-gabler.de
Amtsgericht Wiesbaden | HRB 9754
USt-IdNr. DE811148419
Geschäftsführer
Armin Gross | Joachim Krieger |
Dr. Niels Peter Thomas

Gesamtleitung Magazine
Stefanie Burgmaier

Redaktion
Verantwortliche Redakteurin
Gabi Böttcher
Tel.: +49 (0)611 7878-220
gabi.boettcher@springer.com

Anzeigen und Produktion
Gesamtleitung Anzeigen und Märkte
Armin Gross
Gesamtleitung Produktion
Dr. Olga Chiarcos
Verkaufsleitung Anzeigen
Eva Hanenberg
(verantwortlich für den Anzeigenteil)
Tel.: +49 (0)611 7878-226
Fax: +49 (0)611 7878-783226
eva.hanenberg@best-ad-media.de
Anzeigendisposition
Susanne Bretschneider
Tel.: +49 (0)611 7878-153
Fax: +49 (0)611 7878-443
susanne.bretschneider@best-ad-media.de
Anzeigenpreise: Es gelten die Mediainfor-
mationen vom 01.10.2014
Produktmanagement
Melanie Engelhard-Gökalp
Tel.: +49 (0)611 7878-315
melanie.engelhard-goekalp@springer.com

Alle angegebenen Personen sind, soweit
nicht ausdrücklich angegeben, postalisch
unter der Adresse des Verlags erreichbar.

Titelbild
Malte Knaack
mknaack@malteknaack.com

Sonderdrucke
Martin Leopold
leopold@medien-kontor.de
Tel.: +49 (0)2642 9075-96
Fax: +49 (0)2642 9075-97

Satz
K&M, Wiesbaden

Leserservice
Springer Customer Service Center GmbH
(SCSC) | Springer Gabler-Service
Haberstr. 7 | D-69126 Heidelberg
Telefon: +49 (0)6221 345-4303
Fax: +49 (0)6221 345-4229
Montag – Freitag 8.00 Uhr – 18.00 Uhr
springergabler-service@springer.com

Druck
Phoenix Print GmbH
Alfred-Nobel-Straße 33
97080 Würzburg

Wissenschaftlicher Beirat
Prof. Dr. Ove Jensen
WHU – Otto Beisheim School of Manage-
ment, Vallendar
Prof. Dr. Manfred Klarmann
Karlsruhe Institute of Technology (KIT)
Prof. Dr. Manfred Krafft
Wilhelms-Universität Münster
Prof. Dr. Dirk Zupancic
German Graduate School of Management
& Law (GGS), Heilbronn

Bezugsmöglichkeit
Das Heft erscheint sechsmal jährlich. Bestellmöglichkeiten und Details zu den Abonnementbedingungen finden Sie unter
http://www.mein-fachwissen.de/SMR
Alle Rechte vorbehalten.

Nachdruck
Die Zeitschrift sowie alle in ihr enthaltenen
einzelnen Beiträge einschließlich sämtlicher
Abbildungen, Grafiken und Fotos sind urheberrechtlich geschützt. Sofern eine Verwertung nicht ausnahmsweise ausdrücklich
vom Urheberrechtsgesetz zugelassen ist,
bedarf jedwede Verwertung eines Teils der

Stillstand ist Rückschritt

Zufriedene Kunden sind das Ziel jedes erfolgsorientierten Unternehmens. Die Möglichkeiten, festzustellen, ob die Kunden wirklich zufrieden sind, um welche Kunden es sich handelt und ob es auch unzufriedene Kunden gibt, sind heute dank ausgereifter Messverfahren und innovativer Technologien vielfältig. Doch liefern die verschiedenen Verfahren auch richtige und brauchbare Ergebnisse? Lässt sich Kundenfeedback so messen, dass es auch in Zukunft als Gradmesser für Zufriedenheit dienen kann? Und schließlich: Verleitet allein das Vorhandensein eines solchen Instruments womöglich zur Sorglosigkeit – in der Einstellung zum Kunden, dessen Zufriedenheit man ja schwarz auf weiß nachgewiesen glaubt, aber auch im Umgang mit dem System selbst, dem man blind vertraut, weil es sich ja auch bisher bewährt hat?

Für Martin Klarmann beginnt die Herausforderung beim Thema Kundenzufriedenheit bereits beim „Wie". Er hat beobachtet, dass in vielen Unternehmen die falschen Themen diskutiert werden – viel zu oft gehe es um methodische Details. Die wirklich wichtigen Fragen im Zusammenhang mit der Messung von Kundendaten gehen seiner Ansicht nach häufig unter (Seite 14). Mario Fuchs weist in seinem Beitrag darauf hin, dass noch immer viele Fehler bei der Ermittlung der Kundenzufriedenheit begangen werden. Sie erfolge in der Praxis häufig sehr standardisiert und bewege sich damit limitiert innerhalb eines vordefinierten Rahmens (Seite 28). Dabei seien die richtigen Informationen essenziell, um den Kunden zu verstehen und daraus die richtigen Maßnahmen im Vertrieb abzuleiten.

Auch nach Ansicht von Wulf Stulle und Martin Handschuh bergen die Antworten der Kunden bei Befragungen zur Zufriedenheit ein erhebliches Fehlerpotenzial (S. 44). Die Angaben der Käufer müssten vielmehr einer weitergehenden Analyse unterzogen werden, um ihre Aussagekraft zu erhöhen. Die Autoren warnen davor, allein die Antworten als solide und aussagekräftige Grundlage für effektive Maßnahmen zur Steigerung der Kundenzufriedenheit heranzuziehen. Unternehmen müssten vielmehr hinter die Fassade ihrer Kunden blicken, um gezielt die Stellschrauben zu identifizieren und

Gabi Böttcher
Verantwortliche Redakteurin von
Sales Management Review und
Portalmanagerin Vertrieb der Wissens-
plattform Springer für Professionals
E-Mail: gabi.boettcher@springer.com

zu quantifizieren, die eine nachhaltig positive Differenzierung vom Wettbewerb ermöglichen.

Als weiteren kritischen Faktor nennt Jan Van Riet, Geschäftsführer Melitta Europa, im SMR-Interview die Mitarbeiter an der Hotline, die durch ihre Erwartungshaltung die Ergebnisse von telefonischen Befragungen in ihrem Sinne beeinflussen könnten (Seite 22). Hier müssten klare Vorgaben, deren Umsetzung auch nachverfolgt wird, die Gefahr von Verfälschungen und vor allem Beschönigungen reduzieren.

Stillstand bedeutet auch bei der Kundenzufriedenheitsmessung Rückschritt. Dars macht auch Dirk Zupancic in seiner Kolumne deutlich (Seite 56), wenn er dringend empfiehlt, das Messinstrument immer wieder auf den Prüfstand zu stellen, zu pflegen und weiterzuentwickeln. Nur dann blieben Unternehmen aufmerksam bezüglich der eigenen Profilierungsleistungen – der Grundlage für Wettbewerbsvorteile.

Gabi Böttcher

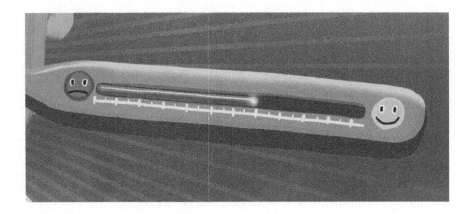

6|2015

Schwerpunkt

www.springerprofessional.de

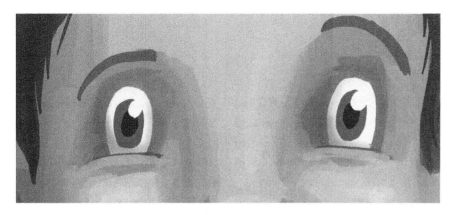

Beilagenhinweis
Dieser Ausgabe liegt eine Beilage der Horváth Akademie GmbH, Stuttgart bei. Wir bitten unsere Leserinnen und Leser um Beachtung.

Personalien

Vertriebsvorstand für Audi

Dietmar Voggenreiter hat zum 1. November die Position als Vorstand für Vertrieb und Marketing der Audi AG übernommen. Er folgt damit auf Luca de Meo (48), der als Vorstandsvorsitzender zu Seat wechselt. Voggenreiter kam 2002 von der Managementberatung Horváth & Partners zur Audi AG. Zunächst war er dort in leitender Funktion im Controlling verantwortlich, um danach die Leitung der strategischen Unternehmensplanung zu übernehmen. Seit 2007 verantwortete er das China-Geschäft. Als Geschäftsführer leitete er ab 2009 Audi China.

Christoph Kauff (Foto) und **Volker Zens** sind neue Vertriebsdirektoren bei Euromaster. Kauff ist für alle Servicecenter im Norden und Westen Deutschlands verantwortlich, Zens für alle Filialen im Süden, Osten und in Österreich. Damit hat der Autoservice- und Reifenspezialist nach dem Wechsel von Andreas Berents an die Unternehmensspitze im Juni 2015 jetzt eine neue Vertriebsstruktur geschaffen. Zens ist seit mehr als elf Jahren bei Euromaster und verantwortet bereits seit Juni 2015 das Geschäft in Österreich. Kauff hat die Aufgabe des Vertriebsdirektors bei Euromaster zum 1. Oktober 2015 übernommen. Er war zuvor als Vertriebsleiter und Prokurist beim Discounter Lidl tätig.

Frank Thomaschewski verantwortet als neuer Regional Director bei Qlik, Anbieter im Bereich Visual Analytics, das Enterprise-Kundengeschäft in Deutschland. Gemeinsam mit den Vertriebs- und Implementierungspartnern soll er das weitere Wachstum von Qlik in Deutschland vorantreiben und den Erfolg der Qlik Visual Analytics Plattform ausbauen.

Sharuka Wickrama Adittiya wurde im September 2015 zum neuen Deutschland-Manager von SriLankan Airlines ernannt. Er folgt auf Kaushal Seneviratne, der seine Position als Regional Manager UK/Europe & North America ab sofort vom Hauptsitz in Colombo (Sri Lanka) ausüben wird.

Selligent, Software-Experte für Dialogmarketing und Kampagnenmanagement, verstärkt sein Münchner Büro mit vier neuen Mitarbeitern: **Boris Kannowski**, **Katrin Schmeling**, **Vasil Ivanov** und **Christopher Barr** werden das Team künftig unterstützen. Kannowski leitet das Kampagnenmanagement-Team, Katrin Schmeling fungiert als Account Managerin DACH. Ivanov hat als Project Managers die Kommunikation und Steuerung zwischen Kunden, internen Entwicklern und externen Zulieferern übernommen und Barr ist als Web & Campaign Developer bei Selligent angetreten.

Jan Poschlod unterstützt im Hamburger Büro die Verkaufsberatung der OMS als Senior Sales Consultant. Der Fokus seiner Arbeit liegt auf der ganzheitlichen Beratung sowie auf der Betreuung der OMS Agentur- und Direktkunden bei allen Digital-Kampagnen.

Mit zwei neuen Mitarbeitern hat Readbox, Spezialist für digitales Publizieren, sein Vertriebsteam erweitert: **Christian Körner** verstärkt seit September 2015 als Senior Account Manager, **Stephanie Rahmede** als Account Manager die Bereiche Vertrieb und Kundenbetreuung bei dem Dortmunder Unternehmen.

Gehaltsbarometer für Business Development Manager

Laut einer aktuellen Analyse der Vergütungsberatung Compensation Partner verdient ein Business Development Manager bereits in jungen Jahren ein ansehnliches Gehalt. So liegen die Löhne für Business Developer mit nur drei bis sechs Jahren Erfahrung bei etwa 57.000 Euro. Erfahrene Arbeitnehmer in diesem Bereich kommen in oberen Gehaltssegmenten auf über 100.000 Euro im Jahr. Die Firmengröße übt ebenfalls eine entscheidende Rolle auf das Gehalt aus. Hier reicht die Gehaltsspanne von knapp über 41.000 Euro in kleinen Unternehmen bis über 95.000 Euro in Großbetrieben. Business Developer verfügen in der Regel über einen akademischen Abschluss in Wirtschaftswissenschaftlichen (BWL, MBA). Sie sind verantwortlich für die Entwicklung eines bestimmten Geschäftsfeldes eines Unternehmens. Dabei analysieren sie den Wettbewerb, optimieren interne Prozesse, haben Einfluss auf die Entscheidung des Marketings und stehen der Geschäftsführung auch als Berater zur Seite. Bei der Vergrößerung der Marktreichweite sind sie außerdem nicht selten international tätig.

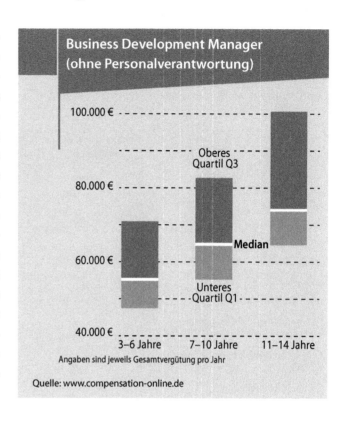

Bedarf an Führungskräften weiter rückläufig

Unternehmen haben im dritten Quartal 2015 insgesamt 5,7 Prozent mehr Vertriebspositionen ausgeschrieben als im gleichen Quartal des Vorjahres. Damit bleibt der Bedarf an Fach- und Führungskräften im Vergleich zum ersten und zweiten Quartal dieses Jahres stabil. Das ergibt der Salesjob-Index für das dritte Quartal 2015. Einen Zuwachs um 37,9 Prozent gegenüber dem Vorjahresquartal gab es bei den ausgeschriebenen Stellen für Fachkräfte mit Berufserfahrung. Im Vergleich dazu ist der Bedarf an Führungskräften drastisch gesunken. Hier wurde ein Rückgang von 51,6 Prozent verzeichnet. Weiterhin rückläufig entwickelt sich auch die Nachfrage nach Young Professionals im Vertrieb. Mit einem Rückgang von 9,4 Prozent im Vergleich zum Vorjahresquartal bleibt die Nachfrage jedoch vergleichsweise stabil. Weitere Ergebnisse aus dem aktuellen Salesjob-Index unter www.salesjob.de

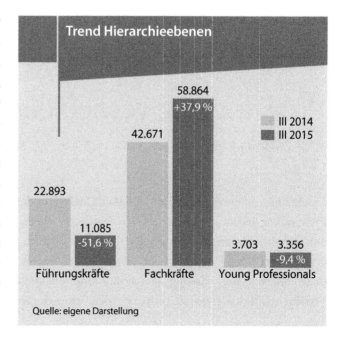

Vergleich von Methoden zur Messung von Kundenzufriedenheit

Es gibt eine ganze Palette an Möglichkeiten der Kundenzufriedenheitsmessung mit Vor- und Nachteilen. Die gängigsten Methoden wurden von Ecowert in Berlin, Anbieter des Kundenzufriedenheitsmesssystems HappyOrNot, in der Tabelle in einer Gegenüberstellung zusammengefasst. Die meisten Vorteile bringen laut Ecowert Systeme, die einfach und schnell zu bedienen sind.

	Online-Kundenbefragung	Öffentliche Online-Bewertungsplattform	Face-to-Face-Interview am PoS	Tabletgestützte Datenerhebung am PoS	Terminalgestützte Datenerhebung am PoS
geringer Personalaufwand	+	+	-	+	+
kostengünstig	-	+	-	+	+
stromunabhängig	+	+	+	-	+
Abstimmung aus Eigenmotivation	+	+	-	+	+
suggestionsfrei	+	+	-	+	+
anonym	+	+	-	+	+
repräsentative Datenmenge	-	-	+/-	+	+
repräsentatives Verhältnis positiver und negativer Meinungen	-	-	+	+	+
Einbeziehung nicht online-affiner Kunden	-	-	+	+	+
ausführliche Befragung	+	+/-	+	+	-
geringe Abbrecherquote	-		+	-	+
geringer Zeitaufwand	-		-	-	+
Verhinderung von Betrug		-		+	+
Filialvergleich möglich	-	-	+	+	+
zeitlicher Vergleich möglich	-	-	+/-	+	+
gute Erkennbarkeit	-	-	+	-	+

Quelle: Ecowert Distribution GmbH

Preisfindung vernachlässigt kundenorientierte Verfahren

Kosten und Wettbewerb sind die wichtigsten Quellen für die Preisfindung in deutschen Unternehmen. Die Ergebnisse der bundesweiten empirischen Studie „Pricing-Prozesse in der unternehmerischen Praxis" der PFH Private Hochschule Göttingen zeigen aber gleichzeitig, dass die kundenorientierten Verfahren des Pricing-Research in den meisten Unternehmen noch ein Schattendasein führen. Gerade Kundenbefragungen und auch Preistests könnten jedoch methodische Ansatzpunkte liefern, um wichtige Insights zu erhalten, lautet ein Fazit. Weitere Informationen und eine Zusammenfassung der Studie zum Download gibt es auf der PFH-Webseite unter www.pfh.de/pricingstudie

Vertriebsklima verzeichnet Dämpfer im 3. Quartal 2015

Nach drei Quartalen mit positiver Entwicklung im deutschen Geschäftskundenvertrieb zeigt das abgelaufene dritte Quartal 2015 nach unten: Der Xenagos-Sales-Indikator verliert 1,75 Punkte und liegt nun bei 31,14. Entscheidend für den aktuellen Rückgang ist ein Dämpfer im Neukundengeschäft. Hier fällt der Wert von 30,70 auf 26,32 Punkte. Das Ergebnis für die Angebotshöhe kann dagegen leicht zulegen (+0,88) und steigt auf 35,96.

Betrachtet man die einzelnen Funktionen im Vertrieb, so sehen Führungskräfte die Lage oft anders als Verkäufer im

Feld. Letztere haben in der Regel den direkten Kontakt zum Kunden und lassen sich tendenziell weniger von der allgemeinen Stimmung beeinflussen als ihre Vorgesetzten. Im dritten Quartal 2015 kommen die negativen Impulse des Indikators von den Führungskräften: Hier fällt der Wert deutlich um 10,29 Punkte. Verkäufer ohne Führungsverantwortung beurteilen die Lage dagegen besser als im Vorquartal – hier steigt der Wert um 5,04 auf 35,34 Punkte. www.xenagos.de

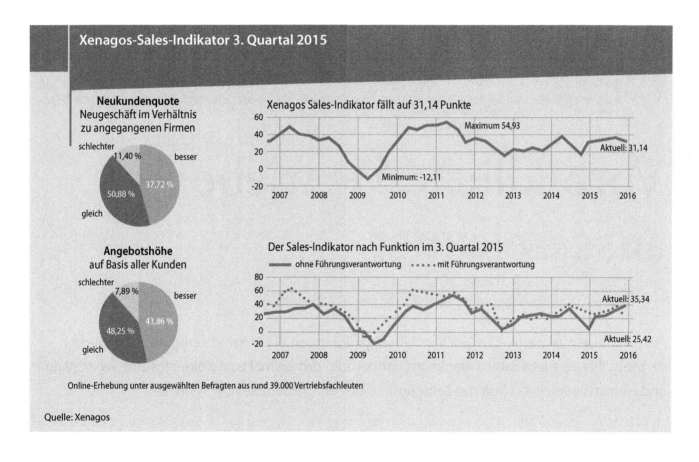

Online-Erhebung unter ausgewählten Befragten aus rund 39.000 Vertriebsfachleuten

Quelle: Xenagos

Ausgezeichnete Vertriebsorganisationen: Preisträger und Initiatoren des Awards „Vorbildlicher Vertrieb 2015/2016"

Quelle: Dirk Uebele

Vorbildliche Vertriebe ausgezeichnet

Auch in diesem Jahr erhielten fünf Vertriebsorganisationen die Auszeichnung als „Vorbildlicher Vertrieb". Der Vertriebs-Award wurde im Oktober zum dritten Mal vom Kölner Institut ServiceValue und erstmals gemeinsam mit der Zeitschrift Sales Management Review verliehen.

Gabi Böttcher

„Können Vertriebe vorbildlich sein?" Die bewusst provozierende Frage, mit der Professor Dr. Rolf Tilmes von der EBS European Business School seinen Eröffnungsvortrag zur Preisverleihung der Vertriebs-Awards in Frankfurt einleitete, beantwortete er gleich selbst: Sie können – sofern es ihnen gelingt, das Vertrauen des Kunden zu gewinnen. Denn, so Tilmes: „Vertrauen ist der Anfang von allem." Dabei komme es nicht darauf an, „Everybody's Darling" zu sein. Vielmehr sei Zuspitzen durchaus hilfreich, um erfolgreich im Markt zu

agieren. „Zeigen Sie Profil!", forderte der Finanzvertriebsexperte die anwesenden Preisträger auf, fügte jedoch hinzu, dass diejenigen, die die Kriterien für eine Auszeichnung als „Vorbildlicher Vertrieb" sowie „Vorbildlicher Finanzvertrieb" – neun Finanzvertriebe konnten die Preise entgegennehmen – erfüllt haben, „mit Sicherheit sehr viel richtig gemacht haben".

Aus den Händen von Stefanie Burgmaier, Gesamtleitung Magazine bei Springer Fachmedien in Wiesbaden, Dr. Claus Dethloff, ServiceValue, und Gabi Böttcher, Verantwortliche

Redakteurin Sales Management Review, empfingen die Vertriebsverantwortlichen der folgenden Unternehmen die Urkunde, die sie als vorbildlichen Vertrieb auszeichnete:

///
Apolo MEA Befestigungssysteme GmbH, Aichach

Das Mittelstandsunternehmen ist Teil der internationalen Celo Gruppe. Das Unternehmen ist in über 50 Ländern mit den Marken Apolo Mea, Apolo und Celo in der Baubranche vertreten. Die Tochtergesellschaft sieht ihre größte Stärke in der Flexibilität durch flache Hierarchien und kurze Entscheidungswege. Im monatlichen Abteilungsleitermeeting werden Schnittstellen zum Marketing und Personalwesen eruiert. Eine besondere Herausforderung ist aktuell der wachsende Onlinehandel und Direktvertrieb. Mit einem strategischen Vertriebskonzept, das sich auf Premium-Partner konzentriert, reagiert das Unternehmen. Regionale Vertriebseinheiten in Deutschland gewähren kurze Reaktionszeiten und feste Ansprechpartner für die Kunden des Herstellers. Damit will das Unternehmen weiter wachsen und baut dabei auf gezieltes Produktmanagement und Ideenmanagement. Für die Apolo Mea Befestigungssysteme GmbH nahm Helen Ileka den Preis entgegen.

///
Die Gefährten GmbH, Köln

Die Kölner Agentur Die Gefährten GmbH arbeitet konsequent an der Optimierung und Steuerung des Vertriebs. Mindestens einmal im Jahr wird die Vertriebsstrategie überdacht und gegebenenfalls neu ausgerichtet, wenn die Entwicklungen es erforderlich machen. Das ist nur mit großer geistiger Flexibilität, ständiger Lernbereitschaft und einer Leidenschaft für neue Erkenntnisse zu leisten. Dass Schnelligkeit dazu gehört, um lösungsorientiert und effizient zu arbeiten, ist für die beiden Gefährten-Geschäftsführer Thomas Hahn und Alexander Kopp selbstverständlich.

///
Davero Dialog GmbH, Erlangen

Das fränkische Unternehmen versteht sich als Qualitätsanbieter im Bereich Wertschätzungsmanagement und Kundendialog und beschäftigt 700 Mitarbeiter an den Standorten Erlangen, Nürnberg, Amberg und Istanbul. Vertriebsleiter Johan Fröhberg und Marketing- und Kommunikationsmanager Michael Gihr setzen auf einen systematischen Ansatz mit langen Verkaufszyklen. 30 Projektmanager kümmern sich um 50 Geschäftskunden. Das Unternehmen sieht sich selbst als Vorreiter im Bereich Kundenkommunikation. Dafür gibt es Forschungskooperationen mit verschiedenen Universitäten. Bei der Personalauswahl setzt das Unternehmen auf qualifizierte Mitarbeiter. Ein höherer Bildungsabschluss ist für die Projektmanager Pflicht, ihnen bietet das Unternehmen ein strukturiertes Fort- und Weiterbildungsprogramm. Damit wird die Mitarbeiterfluktuation gering.

///
Jäger + Schmitter Dialog GmbH, Köln

Vertrieb ist die Gesamtaufgabe jeder Person des Unternehmens, so lautet das oberste Credo der Kölner Vertriebs- und Kommunikationsagentur. Zugleich wird Vertrieb bei der Jäger + Schmitter Dialog GmbH als „sich kümmern" verstanden. Zunächst war die Agentur vor allem in der Automobilbranche vertreten, inzwischen auch stark im Verlagsbereich. Langfristige und nachhaltige Kundenbeziehungen sichert die Gesellschaft durch die Verbindung von Vertrieb, Kundenservice und Marketing. Bei der Jäger + Schmitter Dialog GmbH dreht sich alles um die erfolgreiche Kommunikation, wie Guido Cuypers-Koslowski, Leiter Sales & Marketing, betont.

///
VEGA Grieshaber KG, Schiltach

Das Motto der KG aus dem Schwarzwald lautet „Auf lange Sicht". Dieses Motto erfüllt das weltweit führende Unternehmen für die Messung von Füllstand, Grenzstand und Druck nach innen und außen. Bei der Personalauswahl ist die Serviceorientierung des Mitarbeiters ein wesentliches Kriterium. Eine lange Einarbeitung neuer Mitarbeiter garantiert für Vertriebsleiter Frank Piotrowski hohe Branchenkenntnisse. Das Unternehmen setzt auf flache Hierarchien und Selbstständigkeit der Mitarbeiter. Langfristige Kundenbeziehungen werden durch hohe Produktqualität und individuelle Lösungen gepflegt. Die Vertriebseinheiten arbeiten ohne Provision- und Bonussystem. Auch vorab formulierte Zielvereinbarungen und Quartalszahlen existieren nicht. Damit stellt das Unternehmen faire Kundenbeziehungen vor den Verkaufserfolg.

Kundenzufriedenheitsmessung

Die Größe eines Wortes stellt die relative Häufigkeit in den Beiträgen des Heft-Schwerpunktes dar.

Schwerpunkt
Kundenzufriedenheitsmessung

Die neue Weitsichtigkeit

Dass Unternehmen Kundenfeedback brauchen, ist inzwischen unumstritten. Intern diskutiert wird dafür das „Wie" der Messung. Dieser Beitrag argumentiert, dass dabei oft nicht die richtigen Themen diskutiert werden. Er schließt mit vier Fragen, deren Beantwortung die Messung von Kundenfeedback weitsichtiger machen würde.

Martin Klarmann

Die regelmäßige Erhebung von Kundenfeedback gehört mittlerweile für die meisten Unternehmen zum Standardrepertoire. Viele Firmen setzen dabei auf die Messung der Kundenzufriedenheit. Andere interessieren sich für alternative Metriken wie „Customer Engagement"-Indizes oder den „Net Promoter Score". Es geht in der Regel also nicht mehr um die Frage, ob Kundenfeedback erhoben werden soll. Stattdessen wird diskutiert wie Kundenfeedback gemessen werden soll.

Um solche „Wie"-Fragen soll es in diesem Beitrag gehen. In vielen Unternehmen werden die falschen Fragen diskutiert. Nicht selten geht es um methodische Details, deren Auswirkungen ebenso unprognostizierbar wie klein sind. Trotzdem überrascht die Vehemenz einiger dieser Diskussionen. Die Folge: Die methodische Unsicherheit steigt, womit die wahrgenommene Belastbarkeit der Ergebnisse sinkt. Wichtiger aber noch: Die wirklich wichtigen Fragen im Zusammenhang mit der Messung von Kundenfeedback gehen unter.

Prof. Dr. Martin Klarmann
ist kollegialer Institutsleiter des Instituts
für Informationswirtschaft und Marketing
am Karlsruher Institut für Technologie
(KIT). Er leitet die dortige Forschergruppe
Marketing & Vertrieb.

Die alte Kurzsichtigkeit

Vier Fragen zur Messung von Kundenfeedback bekommen derzeit zu viel Aufmerksamkeit:

1. Welche Feedbackmetrik ist überlegen? Wie erwähnt werden in der Praxis derzeit eine Vielzahl von Instrumenten zur Messung von Kundenfeedback eingesetzt. Populär sind mindestens die folgenden vier:

• *Kundenzufriedenheit oder „Wie zufrieden sind Sie mit unseren Produkten?"* Lange war diese Form der Feedbackmessung der Quasi-Standard. Die Idee: Kunden vergleichen ihre Leistungserwartungen mit der tatsächlich erhaltenen Leistung und bilden daraus ein Zufriedenheitsurteil. In der Regel wird die Messung einer Gesamtzufriedenheit verknüpft mit der Bestimmung der relativen Wichtigkeit einzelner Leistungskomponenten.

„Nicht selten geht es um methodische Details, deren Auswirkungen ebenso unprognostizierbar wie klein sind."

• *„Net Promoter Score" oder „Wie wahrscheinlich ist es, dass Sie unsere Produkte weiterempfehlen?"* In seinem 2003 veröffentlichten Bestseller „The Ultimate Question" argumentiert Fred Reichheld dafür, sich nicht länger auf die aus seiner Sicht vergangenheitsbezogene Zufriedenheit der Kunden zu fokussieren. Stattdessen empfiehlt er Wachstumspotenzial mit der „ultimativen Frage" nach dem Weiterempfehlungsverhalten zu messen. Die für ihn entscheidende Größe ist die Zahl der aktiven Empfehler, formal um die Zahl der bewussten Empfehlungsverweigerer korrigiert.

• *„Customer Engagement" oder „Wie begeistert sind Sie von unseren Produkten?"* Gerade auf digitalen Märkten hat sich in jüngerer Zeit die Idee der Messung des „Customer Engagement" entwickelt. Das Phänomen ist eini-

Martin Klarmann
Karlsruher Institut für Technologie (KIT), Karlsruhe, Deutschland
E-Mail: martin.klarmann@kit.edu

Kerngedanke 1

Im Hinblick auf die Messung von Kundenfeedback diskutieren Unternehmen intern oft nicht die richtigen Fragen.

germaßen vage, aber es geht im Grunde um die Intensität des Verhältnisses zum Unternehmen. Das US-Meinungsforschungsinstitut Gallup erfragt zum Beispiel unter anderem die Zustimmung zum Statement „Ich bin stolz, ein Kunde von ABC zu sein". Man erwartet, dass begeisterte Kunden eine Vielzahl von Vermarktungsaufgaben aus Spaß mitübernehmen und so Wachstum erzeugen.

• *„Customer Effort" oder „Wie einfach ist es für Sie, Ihre Produkte bei uns zu beziehen?"* In einem Beitrag im Harvard Business Review 2010 fordern Dixon, Freeman und Toman, dass Unternehmen endlich aufhören sollen, ihre Kunden zu begeistern. Stattdessen möchten Kunden einfach nur ein Problem lösen. Entsprechend empfehlen die drei Autoren, als entscheidendes Feedback die Kunden nach ihrem Beschaffungs- und Nutzungsaufwand zu befragen.

„Es ist vor allem wichtig, dass man regelmäßig Kundenfeedback misst. Mit welcher Frage ist nachrangig."

Natürlich kann hier trefflich streiten, welche Frage für die eigenen Leistungen und Kunden am besten geeignet ist. Natürlich ergeben in bestimmten Branchen bestimmte Fragen gar keinen Sinn. Wann hat man schon die Gelegenheit, Klopapier weiterzuempfehlen? Faktisch lohnt sich das Streiten aber nicht. Die verschiedenen Größen stehen nämlich empirisch in einem starken Zusammenhang. Zum Beispiel erklärt die Zufriedenheit häufig mehr als 50 Prozent vom Weiterempfehlungsverhalten. Benchmarking-Studien zeigen, dass die Vorhersagekraft der Indizes ähnlich ist. Sie glauben, dass das für Ihr Unternehmen nicht zutrifft? Probieren Sie es mit einer kleinen Kundenstichprobe einfach einmal aus. Die Übereinstimmung ist häufig verblüffend. Es ist vor allem wichtig, dass man regelmäßig Kundenfeedback misst. Mit welcher Frage ist nachrangig.

2. Wie können wir Kundenfeedback häufiger messen? Sucht man nach Verbesserungspotenzialen für die Messung von Kundenfeedback, steht oft ein Vorschlag ganz vorne: Wir müssen die Kunden noch öfter befragen. Und ihnen dabei noch mehr Fragen stellen. Managern schweben oft visionäre Dashboards vor, bei denen quasi sekundengenau der Stand der Kundenzufriedenheit angezeigt wird. Wird dann in der Tat die Frequenz der Feedbackmessung erhöht, so sind Unternehmen oft enttäuscht. Zum einen reagieren Kunden genervt. Zum anderen tut sich nichts. Egal, was man an Serviceverbesserungen initiiert, die ermittelte Kundenzufriedenheit verändert sich nicht.

Es ist in der Tat so, dass – über Branchen und Unternehmen hinweg – Kundenzufriedenheit ein träges Phänomen ist. Kunden aktualisieren ihre Zufriedenheitsurteile nur selten, zum Beispiel nach einschneidenden Service-Erlebnissen wie einer Störung oder nach Kauf einer neuen Produktge-

Zusammenfassung

• Die Messung von Kundenfeedback ist mittlerweile ein Standard-Element der Marktforschung.

• Unternehmen verschwenden dabei viel Energie auf kleine methodische Detailfragen, obwohl die empirischen Unterschiede am Ende sehr klein sind.

• Stattdessen sollten sich Unternehmen mehr mit der Feedbacknutzung, der Auswertung qualitativer Statements, den Nichtkunden und dem Erwartungsmanagement beschäftigen.

neration. Entsprechend reicht es in vielen Unternehmen aus, wenn die Zufriedenheit (oder vergleichbare Metriken) alle zwei bis drei Jahre erhoben wird. Die Trägheit sollte gleichzeitig aber nicht als Ausrede genutzt werden, um gar nicht mehr zu befragen. Ein Effekt von Kundenfeedbacksystemen liegt in der Motivation der Mitarbeiter im Kundenkontakt. Dieser Effekt sollte nicht aufgegeben werden.

3. Wie viele Kategorien sollten unsere Skalen umfassen? Eine regelrechte „frequently asked question", die man als methodisch interessierter Vertriebsforscher immer wieder gestellt bekommt, ist die Frage nach der idealen Skala zur Messung von Kundenzufriedenheit. Sie taucht zum Beispiel mit großer Regelmäßigkeit in meinen Executive-Education-Kursen auf. Konkret geht es um eine Reihe von Detailfragen:

● *Wie viele Antwortoptionen sollen den Kunden zur Verfügung stehen?* Vier? Fünf? Sechs? Gar zehn? Die Frage ist im Grunde berechtigt. Kunden werden bei der Frage nach Feedback gebeten werden, vage Eindrücke von einer Leistungssituation in eine Zahl zu fassen. Das ist nicht einfach. Es zeigt sich, dass aus statistischen Gründen Skalen mit vier oder weniger Optionen nicht genug Information liefern. Skalen mit mehr als sieben Skalenpunkten sind für viele Befragte zu komplex. Tatsächlich zeigen empirische Studien immer wieder, dass Menschen nur mit einer relativ kleinen Kategorienzahl klarkommen. Zwischen fünf und sieben Skalenpunkten gibt es aber kaum Unterschiede.

Kerngedanke 2

Die verschiedenen Kundenfeedback-Metriken unterscheiden sich empirisch oft kaum.

„Kunden aktualisieren ihre Zufriedenheitsurteile nur selten, zum Beispiel nach einschneidenden Service-Erlebnissen wie einer Störung oder nach Kauf einer neuen Produktgeneration."

● *Ist eine gerade Zahl an Antwortoptionen überlegen?* Streit gibt es immer wieder um die „neutrale" Mitte. Soll man Kunden die Option zu einer neutralen Antwort in der Mitte der Antwortskala geben? Oder soll man den oder die Kundin mit einer geraden Optionenzahl zur Abgabe einer positiven oder negativ eingefärbten Bewertung motivieren? Bei dieser Diskussion geht es nur um eine sehr kleine Zahl an Kunden. Die meisten Kunden sind prinzipiell zufrieden. Deshalb geht es bei dieser Diskussion oft um sehr wenig.

● *Wie sollte man die Antwortoptionen benennen?* Gerade bei Skalen mit fünf oder sechs Optionen liegt es nahe, die Antwortoptionen wie Schulnoten zu gestalten. Eine „1" entspricht dann einer „sehr guten" Leistung. Diese Skalengestaltung ist angenehm intuitiv. Allerdings ist in der Schule der Abstand zwischen einer 1 und einer 2 oft größer als der zwischen einer 2 und 3. Und eine 5 wird wirklich nur in Extremsituationen vergeben. In der Folge lässt sich aber auch ein Durchschnitt nicht mehr zuverlässig berechnen. Ich würde deshalb vorschlagen, lieber Optionen zum Grad der Zufriedenheit vor-

Kerngedanke 3

Die Messung von Kunden-
feedback verpufft in vielen
Unternehmen ungenutzt.

Handlungsempfehlungen

● Verlieren Sie sich im Zusammenhang
mit der Messung von Kundenfeedback
nicht in methodischen Details.
● Setzen Sie bei der Messung von Kundenfeedback nicht auf eine hohe Frequenz. Vergrößern Sie die Zeitinterval-
le, fragen Sie dann aber mehr.
● Kommunizieren Sie klar, welche Formen von Feedback Ihnen vom Kunden
besonders nutzen.
● Befragen Sie Ihre Nichtkunden ähnlich systematisch wie die eigenen Kunden.
● Unternehmen sollten Nichtkunden
ähnlich systematisch befragen wie die
eigenen Kunden.

zugeben, zum Beispiel: „7 = sehr zufrieden". Letztlich geht es aber auch hier nur um Nuancen.

Diese Überlegungen aus dem Zufriedenheitskontext lassen sich auch auf andere Verfahren der Feedbackmessung übertragen. Beim Net-Promoter-Score sollen Kunden zum Beispiel auf zehn Prozent genau ihre Weiterempfehlungsbereitschaft angeben. Ich würde hier auch empfehlen, die Anzahl der Kategorien zu reduzieren.

4. Sollen wir die Befragungsinstrumente bottom-up oder top-down gestalten? Eine letzte gerne besprochene Frage ist, ob der Gesamteindruck zum Leistungsangebot zu Beginn oder zu Ende der Feedbackmessung erhoben werden soll. Befürchtet wird, dass sich je nach Position im Fragebogen unterschiedliche Ergebnisse ergeben. Konkret wird erwartet, dass die Beantwortung eines längeren Fragebogens Kunden zufriedener macht. Ihnen soll durch den Fragebogen klarwerden, was sie eigentlich geboten bekommen. Entsprechend würde eine Frage zur Gesamtzufriedenheit am Ende zu leicht besseren Zufriedenheitswerten führen. Ein solcher Effekt lässt sich aber nicht systematisch replizieren. Wichtig ist vor allem eine konsistente Handhabung über die Zeit. Ohne groß zu diskutieren.

Die neue Weitsichtigkeit

Vielleicht ist ein Zeichen der inhaltlichen Reife des Themas, dass selbst Führungskräfte im Hinblick auf die Messung von Kundenfeedback Methodendiskussionen führen. Die tatsächlichen „Baustellen" liegen aber aus meiner Sicht woanders. Im Folgenden gehe ich auf vier Fragen zur Messung von Kundenfeedback ein, die mehr Aufmerksamkeit verdienen.

1. Wie kann man Kundenfeedback nutzen? In vielen Unternehmen wird zwar regelmäßig Kundenfeedback erhoben, mit den Ergebnissen wird aber nur sehr wenig gemacht. Auch seit einer vielbeachteten Studie von Morgan, Anderson und Mittal aus dem Jahr 2005 in den USA hat sich diesbezüglich nicht viel geändert. In dieser Studie nutzten weniger als die Hälfte der analysierten knapp 40 Unternehmen Kundenfeedback, um sich als Organisation weiterzuentwickeln. In sechs Unternehmen passierte faktisch so gut wie gar nichts mit den Daten. Die Mechanismen, die zur Nicht-Nutzung führen, sind oft hausgemacht. Zum einen werden die Feedbackstudien nicht zusammen mit den späteren Nutzern konzipiert. Dadurch fehlen oft wichtige Informationen für die Nutzung. Zudem wirkt die Feedbackbefragung so wie eine Black Box. Entsprechend ist es leicht, mit kleinen kritischen Sticheleien die Glaubwürdigkeit der Ergebnisse nachhaltig infrage zu stellen. Schließlich sind viele Studien so angelegt, dass tatsächlich wenige Handlungsimplikationen generiert werden. Auch das schränkt die Nutzung ein. Hierauf möchte ich im folgenden Punkt noch eingehen.

Zuvor aber noch eine Randbemerkung. Manche Unternehmen versuchen zur Erhöhung der Nutzung des Kundenfeedbacks eine Kopplung mit Vergütungssystemen. Solche Versuche sind nach meiner Überzeugung immer zum Scheitern verurteilt. Wir wissen, dass Ziele nur dann eine motivationssteigernde Wirkung haben, wenn die Zielerreichung auch tatsächlich durch das Individuum beeinflussbar ist. Viele Mitarbeiter haben aber kaum Einfluss auf die Kundenzufriedenheit. Dem kann man durchaus entgegenwirken, wenn zum Beispiel pro Verkaufsteam Zufriedenheitswerte ausgewiesen werden. Selbst dann dürfte die bereits angesprochene Trägheit der Zufriedenheitsurteile aber vor allem eine frustrierende Wirkung haben.

Zudem erhöht die Vergütungswirksamkeit von Kundenzufriedenheit das Risiko von Manipulationen. An Universitäten kursieren immer wieder Geschichten von Dozenten, die die Vorlesungsevaluation (nichts anderes als eine Kundenzufriedenheitsstudie) mit Hilfe plötzlich anwesender studentischer Hilfskräfte „frisieren". Ich kann mir eigentlich nicht vorstellen, dass dies tatsächlich vorkommt. Aber es illustriert die Kreativität im Hinblick auf Manipulationspotenziale treffend.

„Ein Hinderungsgrund für die Nutzung von Ergebnissen aus Kundenfeedbackmessungen ist häufig, dass man am Ende zu wenig Konkretes lernt."

2. Wie kann man die Aussagekraft von Feedbackstudien verbessern? Ein Hinderungsgrund für die Nutzung von Ergebnissen aus Kundenfeedbackmessungen ist häufig, dass man am Ende zu wenig Konkretes lernt. Man erfährt in der Regel allenfalls, wo potenzielle Probleme liegen. Hier müsste aus meiner Sicht der Fokus von Weiterentwicklungen liegen. Zwei mögliche Ansatzpunkte möchte ich darstellen:

• *Verstärkte Nutzung von qualitativem Feedback:* Viele Zufriedenheitsstudien enthalten offene Elemente. Kunden können zum Beispiel abschließend Verbesserungsvorschläge machen. In der Vergangenheit konnte man aus diesen Daten vergleichsweise wenig machen. Häufig wurden die Statements einfach aneinander gepappt und auf die letzten Slides der Ergebnispräsentation gepackt. Im besten Fall wurden ein paar Auszählungen vorgenommen. In den letzten Jahren hat sich hier aber auf der methodischen Ebene sehr viel getan. Auch Textdaten lassen sich jetzt immer besser automatisiert auswerten. Hierauf sollten Feedbackstudien aufbauen.

• *Kunden zum Feedbackgeben befähigen.* Ingenieure sind von vielen Marktforschungsstudien frustriert, weil die Ergebnisse zu allgemein sind. „Bedienbarkeit verbessern" könnte so ein Ergebnis sein. Ein Entwickler weiß auf dieser Grundlage nicht, wo anzusetzen ist. Mich erinnert diese Situation mitunter an die Aromaboxen, die es für Wein gibt. Mithilfe dieser Aromaboxen können Weintrinker Gerüche lernen und später im Wein wiederentdecken. So wird aus banalem Feedback „Schmeckt mir nicht" schnell ein „Für mich zu viele Melonenaromen". Ich denke, es wird an der Zeit, dass wir auch lernen, unsere Kunden zu aussagekräftigem Feedback zu befähigen. Wir stehen diesbezüglich sicher noch am Anfang, aber es dürfte den Nutzwert der Feedbackstudien mittelfristig deutlich erhöhen.

Kerngedanke 4
Für Entwickler sind Ergebnisse aus Kundenfeedbackuntersuchungen oft zu vage.

Kerngedanke 5

Unternehmen sollten Nichtkunden ähnlich systematisch befragen wie die eigenen Kunden.

3. Was ist mit den Nichtkunden? Es ist das ganz klassische Problem der Messung von Kundenfeedback: Man erhebt das Feedback von Kunden. Nichtkunden haben sich offenbar gar nicht zum Kauf entschlossen. Über ihre – ggf. sehr wichtigen – Beweggründe wissen wir aber nichts. Natürlich kennen wir alle dieses Problem. Es ist die Hauptursache, weshalb nur sehr hohe Zufriedenheitswerte als akzeptabel gelten. Dennoch sollten wir endlich einmal systematisch über Nichtkundenbefragungen sprechen. Welche Nichtkunden sollte man befragen? Woher die Kontaktdaten (inklusive Einwilligung) bekommen? Was fragen? Ich denke, dass hier eine wichtige Weiterentwicklung unseres Feedback-Instrumentariums liegen muss.

4. Wie kann man Erwartungen systematisch managen? Ich beobachte regelmäßig, dass bei der Nutzung von Kundenfeedback vor allem auf Maßnahmen zur Leistungsverbesserung abgezielt wird. Es wird dabei oft vergessen, dass Zufriedenheitsurteile aus dem Abgleich von Leistungen und Erwartungen bestehen. Gerade beim Erwartungsmanagement passieren im Vertrieb häufig noch viele Fehler. Wie leicht fällt das Versprechen im Verkaufsgespräch… Ein solches „Overpromising" ist aber natürlich ein effektiver Hebel zur Senkung der Kundenzufriedenheit. Wie sich realistische Erwartungen mit einer gewissen Abschlussorientierung kombinieren lassen, das müssen Verkäufer in der Regel ganz allein herausfinden. Die organisationale Verankerung des Erwartungsmanagements ist deshalb auch eine Zukunftsaufgabe.

Literatur

Dixon, Matthew, Freeman, Karen, Toman, Nicholas (2010): Stop trying to delight your customers, Harvard Business Review, 88 (7/8), 116-122.

Homburg, Christian (Hrsg., 2015): Kundenzufriedenheit: Konzepte – Methoden – Erwartungen, 9. Auflage, Wiesbaden.

Reichheld, Fred, Markey, Rob (2012): Die ultimative Frage 2.0: Wie Unternehmen mit dem Net Promoter System kundenorientierter und erfolgreicher sind, Frankfurt.

Morgan, Neil A., Anderson, Eugene W., & Mittal, Vikas (2005): Understanding firms' customer satisfaction information usage, Journal of Marketing, 69(3), 131-151.

SfP Zusätzlicher Verlagsservice für Abonnenten von „Springer für Professionals | Vertrieb"

Zum Thema | Kundenfeedback | 🔍 Suche

finden Sie unter www.springerprofessional.de **29 Beiträge im Fachgebiet Vertrieb**   Stand: November 2015

Medium
☐ Online-Artikel (1)
☐ Zeitschriftenartikel (12)
☐ Buchkapitel (16)

Sprache
☐ Deutsch (29)

Von der Verlagsredaktion empfohlen

Haedrich, H., Müller, Ch.: Kundenpräferenzen nutzen!, in: Sales Management Review 4/2015, Wiesbaden 2015, S. 50-59, www.springerprofessional.de/5871592

Haas, A., Stübinger, N.: Acht Erfolgsfaktoren der Vertriebsführung, in: Haas, A., Stübinger, N.: Erfolgreiche Vertriebsführung, Wiesbaden 2014, S. 3-32, www.springerprofessional.de/5267146

„Viele Kunden sind positiv überrascht, dass wir anrufen"

Bei der Melitta Europa GmbH & Co. KG – Geschäftsbereich Haushaltsprodukte – spielt die Messung der Kundenzufriedenheit eine große Rolle, vor allem im Zusammenhang mit Qualitätskontrolle und Produktoptimierung. Geschäftsführer Jan Van Riet sagt im SMR-Interview, was das Kundenzufriedenheitsmanagement des Unternehmens auszeichnet.

Das Interview führte Gabi Böttcher.

Jan Van Riet

Dipl.-Ing., ist seit 2011 Geschäftsführer der Melitta Europa GmbH & Co. KG, einem Tochterunternehmen der Melitta-Gruppe mit Sitz in Minden. Vor seinem Einstieg bei Melitta war er als Managing Partner bei der Unternehmensberatung Benning & Company sowie in verschiedenen leitenden Positionen tätig, unter anderem als Vorsitzender des Vorstandes der Herlitz AG und als Mitglied der Geschäftsleitung der Tesa AG.

Haben Sie das Gefühl, dass Ihre Kunden mit Ihren Produkten und Ihrem Service zufrieden sind?

Das kann ich uneingeschränkt bejahen. Die Zufriedenheit unserer Kunden messen wir mit dem Net Promoter Score. Dabei erzielen wir für unseren Service einen durchschnittlichen Wert von 61. Das ist im Vergleich sehr hoch. Bei unseren Kaffeevollautomaten verzeichnen wir einen Wert von 53, was ebenfalls hervorragend ist.

Können Sie uns das Verfahren etwas näher erklären?

Der Net Promoter Score ermittelt die Weiterempfehlungsrate. Dabei wird der Kunde danach gefragt, ob er – gemessen an seiner Erfahrung zum Beispiel mit unserem Kundenservice oder unseren Kaffeevollautomaten – Kollegen, Freunden oder Familienmitgliedern die Marke Melitta weiterempfehlen würde. Die Fragen beantwortet er auf einer Skala von 0 bis 10 – wobei 0 für „sehr unwahrscheinlich" steht, 10 für „sehr wahrscheinlich". Die positiven Bewertungsergebnisse 9 und 10 bilden die so genannten Promotoren, die eher negativen Einschätzungen von 0 bis 6 die Detraktoren. Aus der Differenz der Prozentanteile dieser beiden Werte ermittelt sich der Net Promoter Score.

Kann man sich das als eine Art Kundenbefragung vorstellen?

Das ist eine webbasierte Kundenbefragung. Bei einem Servicefall wird der Kunde zum Beispiel gefragt, ob wir ihm eine E-Mail mit der Frage senden können. Oder wenn sich ein Kunde nach dem Kauf eines Vollautomaten registriert, erhält er ein bis zwei Monate später eine entsprechende E-Mail mit dieser Befragung.

Es gibt ja nun auch andere Tools zur Kundenzufriedenheitsmessung, Customer Contact Center oder Mystery Shopping zum Beispiel. Sind

Gabi Böttcher
Springer Fachmedien GmbH, Wiesbaden
E-Mail: gabi.boettcher@springer.com

solche Verfahren zur Zufriedenheitsmessung für Sie denkbar oder nutzen Sie ausschließlich den Net Promoter Score?
Grundsätzlich haben auch andere Instrumente durchaus eine Bedeutung, aber wir konzentrieren uns auf den Net Promoter Score. Wir haben festgestellt, dass es eine enge Korrelation gibt zwischen Themen, die die Zufriedenheit beeinflussen – zum Beispiel im Kundenservice die Schnelligkeit der Reparatur und der Rücklieferung, und der Geschäftsentwicklung. Insofern ist das für uns das zentrale Instrument. Vor allem, da es uns auch qualitative Kommentare gibt, die wir zusätzlich nutzen können.

Zur Produktoptimierung?

Zur Produktoptimierung und zur Qualitätskontrolle. Und wir können bei den Kunden, die uns schlechter bewerten, auch so genannte Feedback Calls durchführen. Das heißt, dass wir bei den unzufriedenen Kunden anrufen und nachfragen, was zu ihrer negativen Bewertung geführt hat, um so konkret ermitteln zu können, was wir tun können, um die Zufriedenheit wiederherzustellen.

Erstellen Sie auch eine Art Benchmarking der Kundenzufriedenheit?

Wir messen uns tatsächlich in erster Linie an uns selbst und im Zeitverlauf. Natürlich gibt es auch öffentlich kommunizierte Werte für die NPS-Raten, damit vergleichen wir uns durchaus. Die Computer von Apple zum Beispiel, das ist bekannt, erzielen einen Wert um die 60. Und immerhin handelt es sich bei Apple um eine sicherlich sehr positiv empfundene Marke mit hoher Kundenzufriedenheit. Insofern sind unsere Werte auch sehr hoch einzuschätzen. Für verschiedene Branchen gibt es entsprechende Benchmark-Werte, an denen wir uns ebenfalls orientieren können.

Können Sie uns den Ablauf der Kundenzufriedenheitsmessung vorstellen? Ein Beispiel: Der Kunde – also der Endverbraucher – kauft eine Kaffeemaschine von Melitta ...

Mit dem Kauf eines Vollautomaten erhält der Kunde ein Welcome-Pack. Damit kann er sich bei uns registrieren und gibt uns so die Möglichkeit, ihn dann nach einigen Wochen der Nutzung des Vollautomaten per E-Mail zu kontaktieren und ihn zu dieser Umfrage einzuladen – vorausgesetzt, er hat der Befragung grundsätzlich bei der Registrierung zugestimmt.

Und wie ist der Ablauf der Zufriedenheitsmessung im Kundenservice?

Genauso verhält es sich in unserem Kundenservice. Wenn sich zum Beispiel ein Kunde mit einem Problem bei der Hotline gemeldet hat, dann fragen wir ihn, ob er bereit ist, an der Befragung teilzunehmen. Mit seinem Einverständnis schicken wir ihm die Fragen zu. Dabei beantwortet er im Grunde zwei Dinge: zum einen die Weiterempfehlungsfrage auf der erwähnten Skala von 0 bis 10 und zum anderen die Frage, was wir in Zukunft besser machen können. Darüber hinaus bieten wir in einem offenen Feld die Möglichkeit zu Anregungen und Kommentaren. Das Interessante ist, dass im Schnitt 50 Prozent der Kunden, die wir zu der Befragung einladen, auch die Fragen beantworten. Und wiederum davon ca. 50 Prozent kommentieren ihre Bewertung auch, sodass man über die Zeit eine recht gute Grundlage zur Bewertung der Kundenzufriedenheit erhält.

Messen Sie mit einem ähnlichen Instrument, wie Ihre Produkte bei Ihren Handelspartnern ankommen oder ist für Sie ausschließlich das Feedback des Endkunden von Belang?

Die Handelszufriedenheit bewerten wir letztendlich über unseren Außendienst, aber nicht durch eine solche Befragung.

Worin sehen Sie die Stärke des Net Promoter Score?

Er ist nachgewiesenermaßen ein sehr gutes Instrument nicht nur zur Messung der Kundenzufriedenheit, sondern auch vor allen Dingen der Kundenloyalität. Mehrere Studien haben nachgewiesen, dass die Weiterempfehlungsrate eine direkte Korrelation zur Geschäftsentwicklung hat. Für uns heißt das, dass die Promotoren, die sehr zufrieden sind, uns auch weiterempfehlen würden und positiv über ihre Erfahrungen sprechen – was sich letztlich auch positiv auf die Geschäftsentwicklung auswirkt.

Gibt es auch Schwächen im System?

Die Schwierigkeit insbesondere an der Hotline liegt in der gezielten Ansprache. Der Servicemitarbeiter muss die Kunden auch ansprechen, was er naturgemäß bei den Kunden bevorzugt macht, die zufrieden sind. Und damit besteht immer die Gefahr, dass es hier eine gewisse Verzerrung der Ergebnisse gibt – zum Beispiel, weil der Servicemitarbeiter seine eigenen Ergebnisse positiv beeinflusst. Wir versuchen das zu kompensieren, indem wir Vorgaben machen, wie viele Kunden zur Befragung eingeladen werden sollen. Das wird auch nachverfolgt.

Welchen Stellenwert hat der Konkurrenz-Vergleich bei der Feststellung der Kundenzufriedenheit?

Darüber haben wir keine Zahlen. Insofern können wir uns über die Werte nicht mit unserer Konkurrenz vergleichen.

Woran erkennen Sie, dass Kunden unzufrieden sind?

Das erkennen wir sehr gut anhand der erwähnten Detraktoren. Das sind die Bewertungen von 0 bis 6. Je niedriger der Wert auf der Skala ist, desto unzufriedener ist der Kunde. Deshalb rufen wir dann die unzufriedenen Kunden an, um genauer zu ermitteln, woran es liegt und was wir besser machen können.

Welche Instrumente nutzen Sie, um die Kunden eventuell zurückzugewinnen?

Das ist sehr individuell. Wichtig ist: Viele Kunden sind sehr positiv überrascht, dass wir bei ihnen anrufen, dass man also auf ihre Unzufriedenheit reagiert. Das ist wohl immer noch nicht selbstverständlich. Vor allem versuchen wir zu ermitteln, was das Problem des Kunden ist und was wir zu einer Lösung beitragen können. Das bezieht sich dann in einem Servicefall auf das konkrete Thema. Wenn sie mit einem Produkt unzufrieden sind, suchen wir nach einer individuellen Lösung.

Wann geben Sie einen Kunden verloren?

Das kann man eigentlich so generell nicht beantworten. Wir geben selten einen Kunden verloren, weil es uns eigentlich in fast allen Fällen gelingt, die Kunden zufriedenzustellen und ihr Problem tatsächlich zu lösen.

Wie oft können Sie schätzungsweise das Problem lösen und die Kunden letztlich zufriedenstellen?

Sicherlich in über 80 Prozent der Fälle – wobei der Anteil derjenigen, die uns schlecht beurteilen, wirklich sehr niedrig ist. Das sieht man ja an dem hohen NPS-Wert.

Spielen dabei auch Anreizsysteme eine Rolle für den Kunden?

Das Instrument nutzen wir letztlich gar nicht. Ganz einfach deshalb, weil wir durch unser Produkt überzeugen wollen oder durch unsere Serviceleistung, aber nicht durch andere Anreize.

Könnte sich durch Anreize die Kundenzufriedenheit nicht steigern lassen?

Der Kunde kauft das Produkt, zum Beispiel unseren Vollautomaten – und dafür erwartet er ein entsprechendes Kaffee-Ergebnis. Nicht mehr und nicht weniger. Anreizsysteme würden seine Zufriedenheit nicht steigern. Natürlich – wenn ein bestimmter Problemfall aufgetreten ist und wir das Problem gelöst haben, geben wir manchmal noch Kaffee als Zugabe. Etwa in dem Sinne: Das ist unser Beitrag für Ihre Zufriedenheit. Aber das hat keinen maßgeblichen Einfluss auf die Kundenzufriedenheit.

Wo liegen für Sie denn die größten Herausforderungen von Kundenzufriedenheitsmessungen?

Die größte Herausforderung ist, dass sich möglichst viele Kunden an der Befragung beteiligen. Denn je mehr Kunden uns Feedback geben, desto repräsentativer ist das Ergebnis. Die zweite Herausforderung liegt darin, diese Ergebnisse dann auch tatsächlich zu nutzen – insbesondere die qualitativen Rückmeldungen –, etwa indem wir sie in unsere gesamten unternehmensinternen Prozesse einfließen lassen.

Wie hoch ist in etwa die Rate der unzufriedenen Kunden im Vergleich zu den zufriedenen Kunden?

Das können Sie am Wert des NPS ablesen. Der Anteil der tatsächlichen Promotoren liegt bei uns bei ca. 70 Prozent. Das sind die zufriedenen Kunden, die mit 9 oder 10 in der Skalierung bewerten, dass sie das Produkt oder den Service weiterempfehlen würden. Der Anteil der Detraktoren liegt bei etwa zehn bis 15 Prozent.

Gibt es dabei Unterschiede in den Märkten?

Ja, die Ergebnisse unterscheiden sich durchaus in den Ländern, in denen wir tätig sind, es gibt aber auch Unterschiede bei der Involvierung in die Marke: Wie bekannt ist die Marke? Wie wichtig ist dem Kunden dieses Produktfeld und die Auseinandersetzung damit? Diese Fragen spielen durchaus eine Rolle. Und es gibt auch regionale Unterschiede, je nachdem, wie wir im jeweiligen Markt verankert oder positioniert sind.

Wie würden Sie zusammenfassend Ihr Kundenzufriedenheitsmanagement beurteilen?

Wir nutzen den NPS jetzt seit drei Jahren und sehen darin wirklich eine sehr gute Hilfestellung, um unseren Service und auch unsere Produkte kontinuierlich zu verbessern. Und wir haben eine sehr zeitnahe Rückkopplung, wenn wir Probleme haben, die wir lösen müssen. Insofern sind wir mit dem Instrument – auch international – sehr zufrieden und werden das auch konsequent weiter nutzen. Denn damit haben wir unser Unternehmen und alle Mitarbeiter deutlich stärker auf das Thema Kundenzufriedenheit und Kundenloyalität ausgerichtet.

Unternehmen

Im Jahr 1908 entwickelte Melitta Bentz mit einer Messingdose und einem Blatt Löschpapier den weltweit ersten Kaffeefilter. Mit dieser Erfindung revolutionierte sie den Kaffeegenuss auf der ganzen Welt und legte den Grundstein für eine erfolgreiche Markengeschichte. Mittlerweile ist das Familienunternehmen ein international operierender Hersteller von Markenprodukten für Kaffee- und Teegenuss, für die Aufbewahrung und Zubereitung von Lebensmitteln sowie für die Sauberkeit im Haushalt. Der Geschäftsbereich Haushaltsprodukte ist neben der Vermarktung von Kaffeemaschinen, Kaffee- und Teefiltern und anderen Haushaltsprodukten auch für deren Kunden- und Reparaturservice zuständig.

Die „5 Ps" der Kundenzufriedenheit

Die Messung der Zufriedenheit und Loyalität der Kunden hat einen großen Einfluss auf den Geschäftserfolg von Unternehmen, denn nur zufriedene und loyale Kunden kaufen erneut, empfehlen das Unternehmen weiter und haben eine höhere Preistoleranz. Dies haben viele Unternehmen erkannt und haben sich die Steigerung von Kundenzufriedenheit zum Ziel gesetzt, etwa durch eine Definition von Zufriedenheitswerten für die Vertriebs- und Serviceleitung.

Mario Fuchs

Die „5 Ps" der Kundenzufriedenheit helfen Unternehmen dabei, einen Mehrwert aus einer Kundenzufriedenheitsmessung zu erhalten, aktuelle Herausforderungen zu bewältigen, Chancen/Kundenpotenziale zu maximieren sowie langfristige Markt- und Wettbewerbsvorteile zu erzielen. Diese fünf Ps sind:

- **Perspective:** Qualitative interne (Sales & Marketing) und externe (Key Accounts) Gespräche bilden das Fundament.
- **Performance:** Messung der Zufriedenheit erfolgt auf mehreren Ebenen im Pre- und After-Sales-Bereich.
- **Price Sensitivity:** Zahlungsbereitschaft der zufriedenen und loyalen Kunden wird berücksichtigt.
- **Potentials:** Verbesserungs-, Differenzierungs- und Wachstumspotenziale werden identifiziert und Maßnahmen abgeleitet.
- **Persistence:** Kontinuität in einer regelmäßigen Kundenzufriedenheitsmessung gewährleistet das Monitoring von Maßnahmen.

Mario Fuchs
ist Research Manager bei der Managementberatung Homburg & Partner, Mannheim. Er verfügt über Beratungserfahrungen in den Bereichen Medizintechnik, OTC und Pharma mit dem Schwerpunkt Market & Customer Insights.

Kundenzufriedenheit bleibt der wichtigste Einflussfaktor für den Unternehmenserfolg

Wenn Sie darüber nachdenken, was erfolgreiche Unternehmen, wie z. B. Apple, im Vergleich zu anderen Unternehmen auszeichnet, dann sind dies in erster Linie die Zufriedenheit der Kunden und die daraus gewachsene Loyalität. Die Zufriedenheit und Loyalität der Kunden haben einen bedeutenden Einfluss auf den Geschäftserfolg von Unternehmen. Aus diesem Grund ist es stets wichtig, wenn nicht gar unerlässlich, den „Kunden" und seine Bedürfnisse näher zu beleuchten. Kundenzufriedenheit ist der elementare Einflussfaktor für Unternehmenserfolg, denn nur zufriedene und loyale

> *„In der Praxis erfolgt die Ermittlung der Kundenzufriedenheit häufig sehr standardisiert und bewegt sich damit limitiert innerhalb eines vordefinierten Rahmens."*

Kunden kaufen erneut, empfehlen das Unternehmen weiter und haben eine höhere Preistoleranz. Viele Unternehmen haben dies bereits erkannt und sich die Steigerung von Kundenzufriedenheit zum Ziel gesetzt – z. B. werden vermehrt im variablen Jahresbonus neben Umsatzzahlen auch Zufriedenheitswerte für den Außendienst, die Vertriebs- und Serviceleitung und gegebenenfalls auch für die Geschäftsführung definiert.

In der Praxis erfolgt die Ermittlung der Kundenzufriedenheit häufig sehr standardisiert und bewegt sich damit limitiert innerhalb eines vordefinierten Rahmens („inside the box"). Informationen werden nicht selten ausschließlich durch quantitative und einmalige ad hoc-Erhebungen generiert. Letztendlich liegen dann standardisierte Daten vor, die bestehende strategi-

Mario Fuchs
Homburg & Partner, Mannheim, Deutschland
E-Mail: mario.fuchs@homburg-partner.com

Kerngedanke 1

Das Einbeziehen externer Stakeholder stiftet einen Mehrwert in der konzeptionellen Phase einer Zufriedenheitsmessung.

sche Fragestellungen und Herausforderungen nur unzureichend beantworten – insbesondere zukünftige Kundenbedürfnisse werden nur marginal in Betracht gezogen.

Die richtigen Informationen zu erhalten ist essenziell, um den Kunden zu verstehen und daraus wiederum die richtigen Maßnahmen für das Unternehmen abzuleiten. Dabei sind mehrere Perspektiven zu betrachten: Qualitative Tiefeninterviews kombiniert mit einer quantitativen Marktstudie und anschließender Ableitung von operativen und strategischen Empfehlungen unter Einbindung des Top Managements mit entsprechendem Rückhalt und Commitment. Um die richtigen Informationen zu erhalten, sollten Unternehmen also eine Kundenzufriedenheitsstudie „out of the box" anstreben. Konkret heißt das, basierend auf einer klassischen Kundenzufriedenheitsmessung die fünf Elemente Perspective, Performance, Price Sensitivity, Potentials und Persistence zu berücksichtigen (siehe **Abbildung 1**).

Diese „5 Ps der Kundenzufriedenheit" stiften einen strategischen Mehrwert, um marktseitige Veränderungen frühzeitig zu identifizieren, Chancen und Kundenpotenziale zu maximieren sowie langfristige Markt- und Wettbewerbsvorteile zu erzielen.

Perspective: Die interne und externe Perspektive bildet das Fundament

Die Berücksichtigung der jeweiligen Perspektive von internen und externen Stakeholdern ist im Vorfeld einer quantitativen Kundenzufriedenheitsstudie von entscheidender Bedeutung. Auf der einen Seite müssen die richtigen Leistungskennzahlen (KPIs) für den Fragenkatalog durch interne Gespräche mit Bereichsleitern aus Marketing, Sales und Service definiert werden. Denn an der Kundenzufriedenheit sind alle Mitarbeiter eines Unternehmens

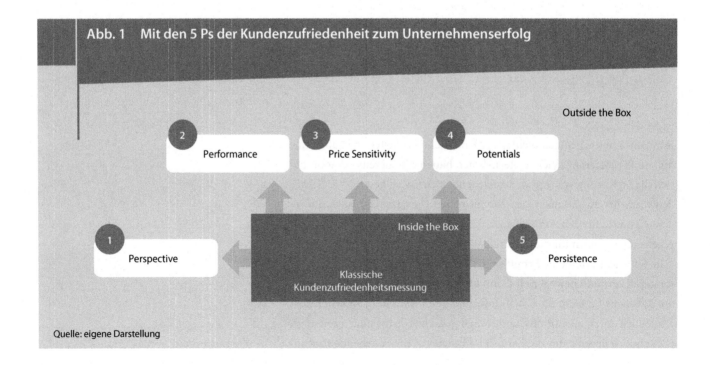

Abb. 1   Mit den 5 Ps der Kundenzufriedenheit zum Unternehmenserfolg

Outside the Box

2 Performance

3 Price Sensitivity

4 Potentials

Inside the Box

1 Perspective

Klassische Kundenzufriedenheitsmessung

5 Persistence

Quelle: eigene Darstellung

beteiligt – unabhängig davon, ob direkter oder indirekter Kundenkontakt besteht. Auf der anderen Seite ist eine qualitative Vorstudie mit Key-Account-Kunden (definiert anhand der Dimensionen Umsatz und Potenzial des Kunden) empfehlenswert. Es empfiehlt sich hierbei die Durchführung von ausführlichen und tiefgreifenden persönlichen Interviews mit Top-Kunden in deren gewohnter Umgebung (beispielsweise am „Point of Sales") zur Identifikation von individuellen Kundenanforderungen und „versteckten" Kundenbedürfnissen, um ungenutzte Dienstleistungspotenziale und Differenzierungspotenziale zu ermitteln. Diese qualitative Vorstudie dient zudem der Überprüfung der Vollständigkeit der definierten Themen und der Platzierung von strategischen Fragestellungen im Fragenkatalog.

Performance: Die Leistungsfähigkeit wird auf mehreren Ebenen erfasst

Um die Leistungsfähigkeit des Unternehmens im Markt zu messen, sollte die Kundenzufriedenheit auf drei Ebenen erfasst werden. Neben der Zufriedenheit mit dem Unternehmen insgesamt wird ebenfalls die Zufriedenheit

> *„An der Kundenzufriedenheit sind alle Mitarbeiter eines Unternehmens beteiligt – unabhängig davon, ob direkter oder indirekter Kundenkontakt besteht."*

mit einzelnen Leistungsbereichen respektive Kundenkontaktpunkten (z. B. Außendienstbetreuung) sowie untergeordneten Teilaspekten (z. B. Besuchsfrequenz) bestimmt. Die relevanten Kundenkontaktpunkte werden dabei entlang der gesamten Wertschöpfungskette unter Berücksichtigung der Erkenntnisse aus den im Vorfeld geführten qualitativen Tiefeninterviews unternehmensspezifisch festgelegt.

Es hat sich bewährt, die Zufriedenheit über eine Sechspunkt-Skala mit einer Beschriftung der Ankerpunkte (1 = "sehr zufrieden" bis 6 = "sehr unzufrieden") zu messen. Diese „Schulnoten-Skala" wird im Anschluss an die Datenerhebung in eine 0-100-Punktwert-Skala transformiert, um Unterschiede zwischen verschiedenen Kundengruppen deutlicher zu veranschaulichen. Anhand einer „Ampelskala" (< 70 Punkte = roter Bereich | 70 bis 79 Punkte = gelber Bereich | ≥ 80 Punkte = grüner Bereich) kann die Leistungsfähigkeit des Unternehmens bei einzelnen Leistungsbereichen (z. B. Außendienstbetreuung oder Kundenservice) bewertet werden.

Die Zufriedenheitswerte sollten auf Basis der Ampelskala bei wichtigen Leistungsbereichen und -kriterien über einem Wert von 80 Punkten, also bei einer „überdurchschnittlichen Zufriedenheit" liegen – deren Interpretation allerdings unter Berücksichtigung von branchenspezifischen Benchmarks erfolgen muss.

Zusammenfassung
- Steigende Bedeutung von Kundenzufriedenheitsmessungen für Unternehmen in den letzten Jahren als Frühwarnsystem auf marktseitige Veränderungen
- Eine praxisnahe Umsetzung ermöglicht die Identifikation von Verbesserungs-, Differenzierungs- und Wachstumspotenzialen.
- Um die „Hebelwirkung" einzelner Maßnahmenpakete auf Basis von Handlungsfeldern im Markt zu messen, empfiehlt sich eine regelmäßige Messung der Kundenzufriedenheit.

Kerngedanke 2

Die Messung der Zufriedenheit sollte alle Kundenkontaktpunkte beleuchten.

Um zusätzlich herauszufinden, welche Leistungsbereiche die Gesamtzufriedenheit der Kunden hauptsächlich beeinflussen, werden die einzelnen Leistungsbereiche mittels einer Wichtigkeitsanalyse mit der Gesamtzufriedenheit in Verbindung gesetzt. Als Ergebnis lassen sich die Leistungsbereiche anschließend in drei Kategorien einteilen:

- Basisfaktoren („Must haves"),
- Leistungsfaktoren („Satisfaction-Drivers") und
- Begeisterungsfaktoren („Benefits").

Während die Basisfaktoren als notwendig erachtet werden und die Leistungsfaktoren die Gesamtzufriedenheit der Kunden treiben, sind die „Benefits" die Leistungsbereiche, die für den Kunden einen hohen emotionalen wie funktionalen Nutzen stiften und Begeisterung hervorrufen – ein Leistungsbereich, über dessen Ausgestaltung sich ein Unternehmen vom Wettbewerb differenzieren kann.

Neben der Kundenzufriedenheit sollte zudem ein Kundenloyalitäts-Index ermittelt werden, gebildet aus den drei Loyalitäts-Statements „Wiederkauf", „Weiterempfehlung" und „Cross-Selling". Zur Verdeutlichung der Kundenstruktur können Kundenzufriedenheit und Kundenloyalitätsindex anschließend in einem Portfolio zusammengeführt werden, um den Anteil an stark gebundenen („Convinced") und abwanderungsgefährdeten („At Risk") Kunden zu bestimmen (siehe **Abbildung 2**). Je nach Position im Portfolio ergeben sich dabei unterschiedliche Handlungsfelder für das Unter-

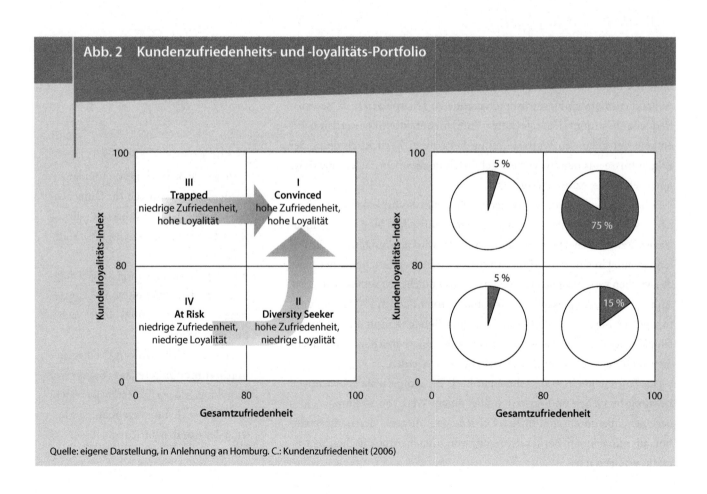

Abb. 2   Kundenzufriedenheits- und -loyalitäts-Portfolio

Quelle: eigene Darstellung, in Anlehnung an Homburg. C.: Kundenzufriedenheit (2006)

nehmen – diese können operativer oder strategischer Natur sein, kurzfristig oder langfristig.

Ein weiterer wesentlicher Bestandteil ist die Positionierung im Wettbewerbsumfeld durch eine Benchmarking-Analyse, um sowohl direkte Vor- und Nachteile als auch Erwartungen gegenüber den Top-Wettbewerbern zu erhalten. Auch werden anhand von relevanten Kaufkriterien so genannte Differenzierungsmerkmale identifiziert. Des Weiteren erfolgt eine statistisch belastbare Einschätzung über die im Vorfeld aufgenommenen Kundenbedürfnisse und -anforderungen von Top-Kunden.

Price Sensitivity: Die Zahlungsbereitschaft der Kunden wird berücksichtigt

In Anlehnung an das zuvor beschriebene Kundenzufriedenheits- und -loyalitäts-Portfolio sollten auf Basis von branchenspezifischen Erfahrungswerten bei Unternehmen etwa 75 Prozent der Kunden stark gebunden sein (Idealverteilung), das heißt, die Kunden zeichnen sich durch eine hohe Zufriedenheit und hohe Loyalität aus. Genau diese Kunden weisen eine höhere Up- und Cross-Selling-Bereitschaft auf und sind (meist) weniger preissensibel. Anhand von unternehmensinternen Umsatz- und Potenzialkennzahlen können diese loyalen Kunden segmentiert und mit identifizierten Kundenbedürfnissen aus der Kundenbefragung verknüpft werden. Folglich

> **Kerngedanke 3**
> Die Identifikation von loyalen Kunden ist ein wichtiger Umsatzhebel.

erlaubt diese Erkenntnis eine einfache Bedürfnisbefriedigung durch bereits bestehende Produkte oder die Einführung neuer Produkte bzw. Produktvarianten (z.B. spezielle Betreuungspakete oder Serviceverträge „Gold", „Silber" oder „Bronze"), deren Preisgestaltung ein wesentlicher Ertragshebel ist. Die Erfahrungen zeigen, dass insbesondere bei loyalen Kunden die Zahlungsbereitschaft in der Regel nicht vollständig ausgeschöpft wird.

Kerngedanke 4

Die Handlungsfelder sollten in bereichsübergreifenden Arbeitspaketen definiert werden.

Potentials: Die Potenziale werden identifiziert und Maßnahmen abgeleitet

Aus der Kundenzufriedenheitsmessung lassen sich die Ergebnisse unter anderem in drei Potenzialbereiche gliedern: Verbesserungspotenziale (z. B. geringe Zufriedenheitswerte bei wichtigen Leistungsbereichen), Differenzierungspotenziale (unbefriedigte Kundenbedürfnisse im Wettbewerbsvergleich) und Wachstumspotenziale (z. B. Cross- und Upselling-Potenziale bei loyalen Kunden).

In allen drei Bereichen sollten Handlungsfelder identifiziert und operative sowie strategische Maßnahmenpakete für das Management abgeleitet werden. Wichtig ist dabei, dass durch die Integration verschiedener Abtei-

„Um eine gewisse Beständigkeit in der Kundenorientierung zu erreichen, nutzen mittlerweile viele Unternehmen das Instrument ‚Kundenzufriedenheit' als vertriebliche Steuerungsgröße."

lungen und Hierarchieebenen der Einfluss der Ergebnisse auf das ganze Unternehmen sichergestellt sowie durch eine höhere Akzeptanz die Umsetzung der Maßnahmen erleichtert wird. Zudem empfiehlt sich ein kontinuierliches Monitoring, um Fortschritte hinsichtlich der Umsetzung der Maßnahmen sichtbar zu machen und das Verständnis von Kundenzufriedenheit als kritischen Faktor des Unternehmenserfolgs im gesamten Unternehmen zu fördern und fest zu verankern.

Persistence: Die Kontinuität gewährleistet das Monitoring von Maßnahmen

Um die „Hebelwirkung" der einzelnen Maßnahmenpakete im Markt zu messen, sollte eine regelmäßige Messung der Kundenzufriedenheit und eine damit einhergehende Kundenbefragung stattfinden – ein angemessenes Zeitintervall sind etwa alle zwei Jahre. Zeitreihenanalysen vergangener Studien zeigen dabei jährlich, ob die durchgeführten Verbesserungsmaßnahmen in den Jahren zu einer Steigerung der Zufriedenheitswerte führen konnten. Um eine gewisse Beständigkeit in der Kundenorientierung zu erreichen, nutzen mittlerweile viele Unternehmen das Instrument „Kundenzufriedenheit" als vertriebliche Steuerungsgröße, das heißt monetäre Vergütungskomponenten abhängig von der Kundenzufriedenheit ihrer Kunden. Auch bieten sich unterjährig so genannte ergebnisbasierte Kundenbefragungen zur operativen Prozess- und Serviceoptimierung besonders erfolgskritischer Kundenkontaktpunkte in der Kundenbearbeitung an (beispielsweise Beschwerdemanagement). Dabei werden ausschließlich die Kunden miteinbezogen, bei welchen ein Vorfall (beispielsweise Mitteilung einer Beschwerde) an einem spezifischen Kundenkontaktpunkt vorliegt. Diese Art der Befragung liefert zwar keine repräsentativen Ergebnisse, jedoch wichtige Insights, um die untersuchten Prozesse optimal an den Anforderungen der Kunden auszurichten und darüber hinaus unerfüllte Kundenbedürfnisse zu erkennen.

Fazit

Die Bedeutung von Kundenzufriedenheitsmessungen für Unternehmen hat in den letzten Jahren wieder an Fahrt aufgenommen. Dennoch existiert immer noch eine erhebliche Abweichung zwischen der theoretischen Bedeutung dieses Themas und der praktischen Umsetzung in den einzelnen Unternehmen. Um aktuelle Maßnahmen und deren Effekte auf die Marktbearbeitung zu messen und sich durch die Erfüllung von Kundenbedürfnissen und -anforderungen ein Differenzierungs- und Wachstumspotenzial zu sichern, müssen Unternehmen bei der Konzeption einer Kundenzufriedenheitsmessung mehrere Perspektiven einnehmen. Zudem sollten sich Unternehmen umfassend mit den Ergebnissen auseinandersetzen und die Arbeitspakete unternehmensweit konsequent umsetzen. Durch dieses Frühwarnsystem kann letztlich schnell auf marktseitige Veränderungen in einem hochkompetitiven Markt reagiert werden.

Literatur

Homburg, C. (2006): Kundenzufriedenheit; Konzepte – Methoden – Erfahrungen, 6. Aufl., Wiesbaden.

Handlungsempfehlungen

• Führen Sie qualitative Kundengespräche im Vorfeld der quantitativen Kundenzufriedenheitsmessung.

• Erfassen Sie die Kundenzufriedenheit entlang der Kundenkontaktpunkte auf mehreren Ebenen.

• Lernen Sie Ihre zufriedenen und loyalen Kunden kennen und ermitteln Sie deren Bedürfnisse und Anforderungen.

• Identifizieren Sie Handlungsfelder zur Ableitung von operativen und strategischen Maßnahmen für das Management.

• Schaffen Sie eine Kontinuität in der Kundenbefragung als Monitoring Ihrer Maßnahmen.

SfP Zusätzlicher Verlagsservice für Abonnenten von „Springer für Professionals | Vertrieb"

Zum Thema | Kundenzufriedenheit | 🔍 Suche

finden Sie unter www.springerprofessional.de 620 Beiträge im Fachgebiet Vertrieb Stand: November 2015

Medium
☐ Online-Artikel (48)
☐ Kompakt-Dossier (2)
☐ Interview (2)
☐ Zeitschriftenartikel (147)
☐ Buchkapitel (421)

Sprache
☐ Deutsch (617)
☐ Englisch (3)

Von der Verlagsredaktion empfohlen

Berndt, K.: Der Weg zum Kundenversteher, Mit emotionaler Intelligenz zu mehr Kundenorientierung im Service, in: Berndt, K.: Kundenorientierung und Kundenservice in der Touristik, Wiesbaden 2016, S.149-160 , www.springerprofessional.de/ 5912446

Neu, M., Günter J.: Die optimale Gestaltung der Kundenbeziehung, in: Neu, M., Günter, J.: Erfolgreiche Kundenrückgewinnung, Wiesbaden 2015, S. 5-12 , www.springerprofessional.de/5529296

Der unterschätzte Schlüssel zur Kundenzufriedenheit

Einerseits beeinflusst die Logistik die Kundenzufriedenheit massiv – zum anderen liefert sie aus Firmensicht zentrale Erkenntnisse zur Messung der Kundenzufriedenheit. In der Praxis zeigt sich, dass hier große Potenziale zur Messung und Steuerung der Kundenzufriedenheit verschenkt werden. Die Unterschiede zwischen „Best in class"-Firmen und dem Rest sind sehr groß.

Christian Wurst

„Amateure reden über Taktik, Profis studieren die Logistik." Dieses Zitat von General Omar Breadley aus dem 2. Weltkrieg ist gelebte Praxis in der Militärwelt, in der Wirtschaft allerdings wird der Einfluss der Logistik vielfach unterschätzt. Logistik wird vor allem häufig unterschätzt in der massiven Auswirkung auf die Kundenzufriedenheit.

Die Qualität der Logistik wird häufig auf englisch ausgedrückt in den „6 R's" – right product in the right quality & quantity at the right location at the right time for the right cost. Hinter diesem vermeintlich einfachen „Endergebnis" verbergen sich allerdings komplexe Leistungsbeziehungen zwischen dem Kunden, seinem Lieferanten und dessen (internen oder externen) Logistikdienstleistern. Die Kundenzufriedenheit leidet, wenn mindestens eine von vier Lücken zwischen der Kundenerwartung und der erlebten Qualität in der Supply Chain auftaucht (siehe **Abbildung 1**):

• Erwartungslücke zwischen der Kundenerwartung und dem, was die Firma, ihre Logistikabteilung bzw. ihr Spediteur darunter versteht

• Spezifikationslücke zwischen dem, was gewollt ist und dem was an Leistung festgelegt wird

• Leistungslücke zwischen der Spezifikation und der tatsächlichen Leistung

• Kommunikationslücke zwischen der erlebten Qualität und dem, was die Firma, ihre Logistikabteilung bzw. ihr Spediteur dazu kommunizieren

Dr. Christian Wurst
ist Deutschlandchef der CEVA Logistics
mit Sitz in Frankfurt am Main. Zu seinen
früheren Stationen gehören Positionen als
CEO von Wincanton Deutschland und als
CEO des RW-TÜV.

„Logistik wird häufig unterschätzt in der massiven
Auswirkung auf die Kundenzufriedenheit."

Erwartungslücke: zwischen Kundenwünschen und Qualitätsverständnis

In der Praxis bestehen häufig bereits in der grundsätzlichen Erwartungshaltung Diskrepanzen zwischen dem Kunden und den verschiedenen Akteuren der Logistik. Meistens geht es dabei um die Priorisierung verschiedener Logistikanforderungen, weniger um deren grundsätzliches Verständnis.

Passt die Supply Chain zum Produkt? Dass Kunden eines Fashion-Retailers mit zweimal die Woche wechselndem Sortiment andere Anforderungen haben als Kunden eines Schraubenherstellers, leuchtet ein. Dennoch passiert es häufig, dass ein „Fashion"- oder „Innovation"-Produkt mit einer „Commodity" Supply Chain bedient wird oder umgekehrt „Commodity"-Produkte zum Beispiel mit unnötig kurzen Lieferzeitfenstern.

Auch wird der Wunsch des Kunden nach Pünktlichkeit sehr häufig verwechselt mit dem Kundenbedürfnis nach vorheriger Information über Abweichung. Die meisten Kunden haben realistische Erwartungen an die Pünktlichkeit, aber sehr hohe Erwartung bezüglich der Information. Das gleiche geschieht mit der Anforderung an die Lieferzeit gegenüber der Anforderung an die Pünktlichkeit. Den meisten Kunden ist wichtiger, dass ein

Christian Wurst
CEVA Logistics, Frankfurt am Main, Deutschland
E-Mail: christian.wurst@cevalogistics.com

Produkt verlässlich geliefert wird, als dass es schnell eintrifft. Dies ist gerade in der Luftfracht immer wieder ein unterschätztes Thema.

Häufig definieren Firmen und deren interne/externe Logistikdienstleister als Kundenqualität nur das, was im eigenen Einflussbereich geschieht. Für den Kunden ist jedoch völlig irrelevant, ob Verpackungsschäden vom Lieferanten, OEM oder Logistiker auftreten. Alle Schritte entlang der Lieferkette zu 100 Prozent nach den Kundenanforderungen zu durchdenken, ist immer noch nicht weit verbreitet. Firmen wie Amazon tun dies routinemäßig bei allem, was sie tun, andere Firmen fallen weit von diesem Standard ab.

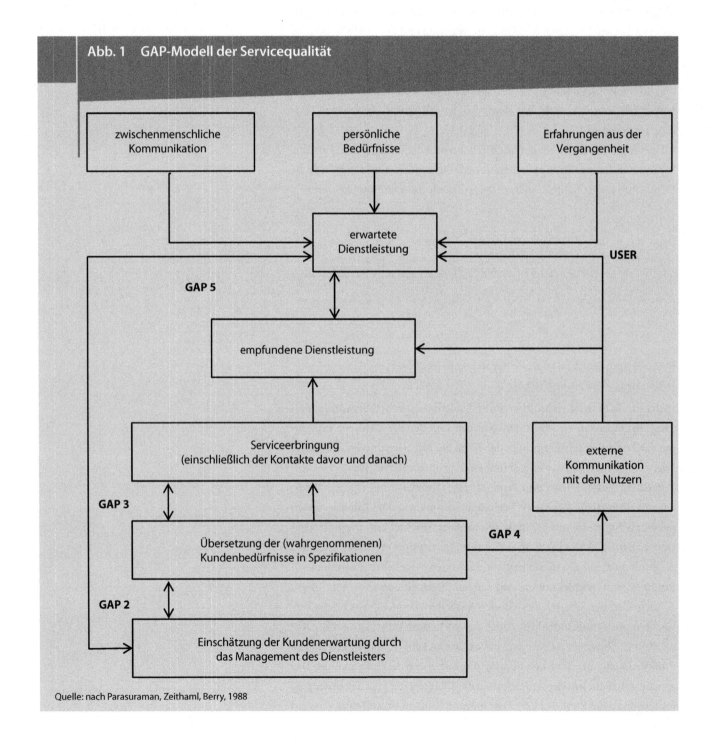

Abb. 1   GAP-Modell der Servicequalität

Quelle: nach Parasuraman, Zeithaml, Berry, 1988

Ein ebenfalls weit verbreiteter Fehler liegt darin, dass lediglich die Erfüllung des Standardprozesses in die Qualitätsdefinition einfließt. Wesentlich ist jedoch, was passiert, wenn die Lieferkette nicht funktioniert. Was dann geschieht, ist dem Kunden genauso wichtig wie das, was im Regelfall passiert.

Die besten Firmen überdenken regelmäßig ihre Supply-Chain-Strategie mit Blick auf veränderte Kundenbedürfnisse und Marktveränderungen. Nur wenn die Anforderungen an alle Schritte in der Lieferkette klar und verständlich sind, kann diese erfolgreich vermessen und gesteuert werden.

Spezifikationslücke: zwischen gewollter Qualität und Produkt-/Leistungsspezifikation

Selbst wenn die Wahrnehmung der Kundenanforderung zu 100 Prozent richtig ist, wird diese häufig nur unvollständig oder gar nicht in den Produkt-/Leistungsspezifikationen abgebildet. Je nach Art der Logistikdienstleistung ist eine große Dokumentationstiefe erforderlich – damit besteht auch ein großer Bereich, in dem Kundenanforderungen falsch oder unvollständig in technische Spezifikationen übersetzt werden.

„Für den Kunden ist völlig irrelevant, ob Verpackungsschäden vom Lieferanten, OEM oder Logistiker auftreten."

Die „klassische" Lagerleistung selber benötigt Spezifikationen in Sachen Temperatur/Feuchtigkeit/Sicherheit etc., die oft durch branchenbezogene Standards – z. B. für Nahrungsmittel oder Medizinprodukte – vorliegen. Die Kommissionierung (Zusammenstellung zu einem Gesamtauftrag) sowie Zusatzdienstleistungen sind demgegenüber individuell festgelegte Prozessschritte, die einzeln und sehr detailliert dokumentiert werden müssen, um Fehler zu vermeiden.

Im Landtransport auf der Straße gibt es den Bedarf, die konkrete Transportdurchführung zu spezifizieren. Die Ware mag durch einen ganzen Lkw, eine Sammelgutpalette oder ein ausgeliefertes Paket jeweils zur gleichen Zeit beim Kunden angeliefert werden. Aber die Empfangspunkte, die weiteren Verarbeitungsprozesse und deren Aufwand sind meist sehr unterschiedlich. Noch größere Spezifikationen müssen im Bereich der Spezialtransporte gemacht werden (z. B. Zwei-Mann-Handling), bei dem meist spezialisiertes Personal auf der Kundenseite disponiert werden muss.

In der Luftfracht und Seefracht bestehen zwar Dienstleistungsstandards, welche durch Branchenorganisationen wie die IATA, die Carrier (Fluglinien und Containerlinien) und Spediteure reguliert werden. Dennoch besteht entlang der gesamten Lieferkette eine große Menge an Einzelentscheidungen, welche in sogenannten „Standard Operating Procedures" für einzelne Geschäft festgehalten werden müssen. Zuletzt gibt es auch produktübergrei-

Kerngedanke 1
Die Logistik hat einen zentralen Einfluss auf die vom Kunden wahrgenommene Qualität.

Zusammenfassung
• Die Logistik hat einen zentralen Einfluss auf die vom Kunden wahrgenommene Qualität.
• Zwischen der erwarteten und der wahrgenommenen Qualität entstehen Lücken durch mangelndes Verständnis der Kundenbedürfnisse, deren Spezifikation, Umsetzung sowie der Kommunikation darüber.
• Die besten Firmen betrachten die Logistik als Hebel zur Verbesserung des Kunden-Nutzens und damit ihrer Preis- und Marktposition.

Kerngedanke 2

Endkunden unterscheiden nicht zwischen den verschiedenen Akteuren entlang der Lieferkette. Wenn ein Glied bricht, steht die gesamte Lieferkette im schlechten Licht.

Handlungsempfehlungen

• Überdenken Sie regelmäßig Ihre Logistikstrategie mit Blick auf das Kundenbedürfnis.
• Führen Sie einen engen Erfahrungsaustausch mit Ihren Partnern entlang der Wertschöpfungskette. Keine Partei alleine hat all das Wissen, um die Supply Chain optimal aufzustellen.
• Überprüfen Sie, aus welchem Blickwinkel die Logistikspezifikation festgelegt wird. Der Endkunde muss hier stets im Fokus stehen.
• Unterschätzen Sie nicht den Abstimmungsbedarf zur Überwachung der tatsächlich erbrachten Leistung.
• Kontrollieren Sie die Kommunikation der Lieferkettenpartner mit Ihrem Kunden. Die Kommunikation NACH der verpatzten Leistungserstellung ist mindestens so wichtig wie die Kommunikation vorher.
• Die besten Wertschöpfungspartner betreiben einen gemeinsamen kontinuierlichen Lernprozess.

fende Standards wie z. B. Verpackungsrichtlinien sowie Testings und Inspektionsleistungen, die häufig entlang der Lieferkette durchgeführt werden.

Angesichts der fast unbegrenzten Möglichkeiten, die einzelnen Schritte entlang der Wertschöpfungskette zu dokumentieren, besteht ein Zwang zur Abwägung von Kosten und Nutzen dieser Spezifikation. Eine zu umfangreiche Spezifikation erhöht die Transaktionskosten entlang der Wertschöpfungskette. Eine zu geringe Spezifikationen hat einerseits zur Folge, dass Kundenbedürfnisse außer Acht gelassen werden. Sie führt aber auch dazu, die Bewertung des Aufwands entlang der Wertschöpfungskette erschwert wird. Ob beim Einkauf oder beim Controlling – man vergleicht dann Äpfeln mit Birnen und kann den gewonnenen Kundennutzen nicht mit dem erhöhten Aufwand abwägen.

Angesichts des hohen Bedarfs an Spezifikation liegt auf der Hand, dass große Unterschiede zwischen der Dokumentation „langlaufender/eingespielter" Geschäfte bestehen und der von Ad-hoc-Leistungen bzw. Leistungen, die erstmals und mit kurzem Vorlauf erbracht werden. Mangelnde Dokumentation der „soft factors" oder der notwendigen Kooperation des Endkunden im Lieferprozess hat häufig zur Folge, dass die erwünschte Leistung nicht erbracht wird, obwohl der Wille und auch die Möglichkeit dazu besteht.

Die besten Firmen investieren viel Zeit, die Leistungsspezifikationen entlang der gesamten Wertschöpfungskette gemeinsam mit dem internen/externen Logistikpartner nicht nur im Hinblick auf die Kosten, sondern gerade auch im Hinblick auf die Anforderungen des Endkunden zu durchdenken.

Leistungslücke: zwischen Spezifikation und tatsächlicher Leistung

Dies ist der Bereich, dem meist die größte Aufmerksamkeit geschenkt wird. Eine Lücke zwischen Kundenerwartung und erlebter Qualität entsteht, wenn die vereinbarte Spezifikation nicht umgesetzt wird. Hier handelt es sich einerseits um Einzelabweichungen vom vereinbarten Standard wie ein falsch verpackter Karton, andererseits um Abweichungen innerhalb von spezifizierten Toleranzschwellen.

Die Basis für ein Verständnis ist die möglichst vollständige und zeitnahe Dokumentation der Abweichungen von der Spezifikation. Dies alleine ist ein Prozess der häufig parallel in den Organisationen des Kunden, des Herstellers sowie bei dessen internen/externen Logistikdienstleistern erfolgt. Entsprechend hoch ist der Abstimmungsbedarf, um zum gleichen Ergebnis zu kommen. Dieser Prozess sollte idealerweise vor der Leistungserstellung zwischen den Parteien vereinbart werden, da sonst unterschiedliche Interpretationen des gleichen Sachverhalts vorprogrammiert sind.

Bei der Bewertung der Leistungslücke ist es sinnvoll, „Hygienefaktoren" und „Motivationsfaktoren" nach Herzberg zu unterscheiden. Hygienefaktoren wie eine korrekte Verpackung oder die zuverlässige Einhaltung von Sicherheits- und Branchenstandards sind Leistungsaspekte, die von jedem professionellen Marktteilnehmer erwartet werden. Ein vollständiges Tracking & Tracing der Sendungen wird z. B. heute von jedem Logistikakteur erwartet. Eine Erfüllung dieser Leistungskriterien kann zwar die Entstehung von Unzufriedenheit verhindern, aber nicht zur Zufriedenheit beitragen. „Motivationsfaktoren" hingegen verändern die Zufriedenheit, ihr Fehlen führt aber nicht zwangsläufig zur Unzufriedenheit des Kunden.

Die Spezifikation der Lieferkette sollte so ausgelegt sein, dass Hygienefaktoren vollständig definiert sind und im Tagesgeschäft zeitnah gemessen werden. Bei den Motivationsfaktoren sollte dies erfolgen soweit es möglich ist. Motivationsfaktoren sind oft Leistungsaspekte, die sich einer hundertprozen-

> *„Wie eng ein Hersteller und sein Logistiker das Ohr an der Lieferkette haben, wie schnell Leistungsprobleme eskalieren und welche Priorität diese genießen – das sind Aspekte, die zwar absolut entscheidend sind für die Kundenzufriedenheit, aber sehr schwer messbar."*

tigen Spezifikation entziehen, und die in Kultur und Erfahrungswissen der Logistikakteure verankert sind. Wie eng ein Hersteller und sein Logistiker das Ohr an der Lieferkette haben, wie schnell Leistungsprobleme eskalieren und welche Priorität diese genießen – das sind Aspekte, die zwar absolut entscheidend sind für die Kundenzufriedenheit, aber sehr schwer messbar. Gerade hier unterscheiden sich die besten Firmen vom Rest des Marktes.

Kommunikationslücke: zwischen Firmenkommunikation und erlebter Qualität

Hier geht es darum, ob die vom Kunden erlebte Qualität auch dem entspricht, was der Hersteller und seine Lieferkettenpartner zur Qualität kommunizieren. Nichts wirkt nachhaltiger auf das Kundengemüt als eine empfundene Lücke zwischen dem, was dem Kunden versprochen wurde und dem, was der Kunde in den Händen hält.

Zwei Aspekte sind hier entscheidend:

Erstens das Verständnis, ob und in welchem Umfang eine Abweichung von der vom Kunden erwarteten Qualität besteht. Dies setzt voraus, dass die Erwartungs-/Spezifikations-/Leistungslücken rechtzeitig erkannt werden, um die Kommunikation zum Kunden entsprechend anzupassen. Die Kommunikation VOR der Leistungserstellung setzt ein robustes Verständnis der Leistungsfähigkeit voraus und steht meist im Vordergrund, wenn Kundenqualität diskutiert wird. Die Kommunikation NACH der verpatzten Leistungserstellung ist jedoch etwas, bei dem sich Top Performer in Sachen Logistikqualität entscheidend vom Durchschnitt unterscheiden. Hier spielen einerseits vordefinierte Kommunikationsprozesse eine entscheidende Rolle. Andererseits kommen hier Firmenkultur, Erfahrungswissen der Logistikak-

Kerngedanke 3

Jede Ebene der Lieferkette, von Logistikstrategie, der Leistungsspezifikation, deren Überwachung sowie der Kommunikation darüber, muss mit Blick auf den Endkunden durchdacht werden.

teure und deren Leistungsbeziehung untereinander zum Tragen. Dieser Aspekt wird immer wieder unterschätzt, da er schwer zu spezifizieren ist.

Zweitens ist wichtig, wo die Ursache in der Leistungslücke liegt. Wie in jedem Dienstleistungsprozess ist auch bei der Logistik der Kunde gleichzeitig auch ein Akteur, der die Qualität massiv beeinflusst. Häufig passiert es, dass ein Bereich (z. B. die Produktion) in der Kundenfirma die Lieferkette negativ beeinträchtigt, während ein anderer Bereich (z. B. der Einkauf oder die Vertriebsabteilung) dies nicht wissen. Im schlimmsten Fall zeigen innerhalb und zwischen der Kundenorganisation, dem Hersteller und seinen Logistikdienstleistern alle mit ausgestrecktem Zeigefinger aufeinander. Im besten Fall beseht eine Kultur und ein Prozess kontinuierlichen Lernens zwischen den Organisationen entlang der Wertschöpfungskette. Auch hier spielen Kultur und Selbstverständnis in der Zusammenarbeit mit Kunden und Lieferanten eine entscheidende Rolle.

Fazit

Die Logistik ist eine der am meisten unterschätzten Unternehmensfunktionen. Gerade im Vertrieb wird häufig übersehen, welchen entscheidenden Einfluss die Logistik auf die Kundenzufriedenheit hat. Um die Kundenzufriedenheit zu verbessern, muss von der Definition der Logistikstrategie über die Leistungsspezifikation, Leistungsmessung bis hin zur Kommunikation über die Lieferkette jeder Aspekt mit Blick auf den Endkunden durchdacht werden. Es bestehen große Unterschiede zwischen den besten Supply Chain Firmen und dem Marktdurchschnitt. Die besten Firmen betrachten ihre Logistik nicht nur als eine zu optimierende Kostengröße, sondern als einen zentralen Einfluss auf den Kundennutzen und damit den Preis und die Marktstellung.

Literatur

Parasuraman, Zeithaml and Berry (1988): „A Conceptual Model of Service Quality and Its ... Delivery of Service Quality," Journal of Marketing, April 1988, pp. 35-48

Herzberg, Frederick (1968): One more time: how do you motivate employees? Harvard Business Review 46, 1, S. 53 – 62

SfP Zusätzlicher Verlagsservice für Abonnenten von „Springer für Professionals | Vertrieb"

Zum Thema | Kundenzufriedenheitsmessung | 🔍 Suche

finden Sie unter www.springerprofessional.de 102 Beiträge, davon 6 im Fachgebiet Vertrieb   Stand: November 2015

Medium
☐ Zeitschriftenartikel (7)
☐ Buch (1)
☐ Buchkapitel (94)

Sprache
☐ Deutsch (101)
☐ Englisch (1)t

Von der Verlagsredaktion empfohlen

Egle, U, Keimer, I., Hafner, N.: KPIs zur Steuerung von Customer Contact Centern, in: Egle, U, Keimer, I., Hafner, N.: Produktivität von Dienstleistungen, Wiesbaden 2014, S. 505-543, www.springerprofessional.de/5247274

Biesel, H.: Die Einbeziehung der key Accounts in die Produkt- und Leistungsentwicklung, in: Biesel, H.: Key Account Management erfolgreich planen und umsetzen, Wiesbaden 2013, S. 199-233, www.springerprofessional.de/ 4134310

Was Kunden sagen, was sie nicht sagen – und was uns das sagt

Wie kann Kundenzufriedenheit gemessen werden? Auf die Aussagen der Kunden allein sollte sich der Vertrieb dabei jedenfalls nicht verlassen. In diesem Beitrag wird am Beispiel der Automobilindustrie aufgezeigt, wie die relevanten Kriterien und Ausprägungen der Kundenzufriedenheit bestimmt und wie zielgerichtet Maßnahmen entwickelt werden können, um sie positiv zu beeinflussen.

Wulf Stolle, Martin Handschuh

Zufriedene Kunden bleiben ihrem Unternehmen treu, kaufen mehr und akzeptieren höhere Preise. Vielfach fungieren sie zudem als Multiplikatoren und sorgen für zusätzliche Umsätze mit neuen Kunden. Sinkt ihre Zufriedenheit, schwinden oftmals Umsatz und Gewinn. Dass Unternehmen, die im Wettbewerb stehen, die Zufriedenheit ihrer Kunden erhalten oder verbessern wollen, ist eine Binsenweisheit. Dies umzusetzen ist dafür umso schwieriger.

Getreu dem Motto: Nur was ich messen kann, kann ich auch verbessern, widmen sich insbesondere Marketing- und Vertriebsabteilungen der Aufgabe, die Zufriedenheit ihrer Kunden quantitativ zu erfassen. Auf den ersten Blick ist dies ein einfaches Vorhaben, für das bewährte Methoden vorliegen: In Anlehnung an den sogenannten Net Promotor Score, also Promotorenüberhang, können sie anhand der Frage, ob Kunden das Unternehmen weiterempfehlen würden, eine quantitative Einschätzung darüber gewinnen, wie hoch die Kundenzufriedenheit ist. Was sie damit aber nicht erfahren, sind die eigentlichen Gründe für die Zufriedenheit bzw. die Unzufriedenheit der Kunden. Aus der so erfolgten Messung lassen sich noch keine spezifischen Handlungsempfehlungen ableiten. Wer Kundenzufriedenheit managen will, muss natürlich auch verstehen, was genau die Kunden zufrieden macht, was sie wirklich begeistert bzw. was sie enttäuscht. Und wer mit seinem Unternehmen höchste Kundenzufriedenheit anstrebt, sollte Kundenerlebnisse schaffen, die jene der Konkurrenz spürbar überragen. Es reicht nicht nur zu wissen, was die Kunden grundsätzlich wollen, sondern auch welche Faktoren den entscheidenden Unterschied ausmachen.

Die verborgenen Treiber der Kundenzufriedenheit

Um herauszufinden, was die Kunden in ihren Entscheidungen bewegt, welche Präferenzen sie wirklich haben, nehmen die meisten Unternehmen Kundenbefragungen vor. In Form von Interviews, Umfragen oder Fokusgruppen befragen sie die Kunden direkt und stützen sich auf ihre expliziten Aussagen. Mit Hilfe zumeist einfacher und primär deskriptiver Analysen erforschen sie Motivationsmomente und Entscheidungsmuster.

Mit der direkten Befragung der Kunden beschreitet man den kürzesten und vermeintlich einfachsten Weg. Dass die vom Kunden direkt geäußerten Einschätzungen bezüglich der Relevanz einzelner Faktoren aber erhebliches Fehlerpotenzial bergen, wird oft übersehen. Unternehmerische Entscheidungen, die sich ausschließlich auf das explizite Wort der Kunden verlassen, führen oft in die Sackgasse. Die Angaben der Kunden müssen vielmehr einer weitergehenden Analyse unterzogen werden, um ihre Aussagekraft entscheidend zu erhöhen.

Auf welche falsche Fährte die Aussagen der Kunden führen können, zeigt ein Beispiel aus der Automobilindustrie: Fragt man Probanden nach den Faktoren, die ihnen beim Kauf eines Autos und der Wahl der Automarke als besonders wichtig erscheinen, werden regelmäßig Aspekte wie „Sicherheit", „Zuverlässigkeit", „Preis-Leistungs-Verhältnis" oder „Umweltfreundlichkeit" genannt. Die von den Probanden angegeben Kriterien können aber den Er-

Dr. Martin Handschuh
ist Mitglied der Geschäftsleitung von
A.T. Kearney. Er leitet das globale Kompetenzteam für Vertrieb und Wachstum.

Dr. Wulf Stolle
ist Principal bei A.T. Kearney. Seine Beratungsschwerpunkte umfassen insbesondere Strategie, Marketing und Vertrieb mit einem besonderen Fokus auf Marken- und Kundenzufriedenheitsmanagement.

Martin Handschuh
A.T. Kearney, Düsseldorf, Deutschland
E-Mail: martin.handschuh@atkearney.com

Wulf Stolle
A.T. Kearney, Düsseldorf, Deutschland
E-Mail: wulf.stolle@atkearney.com

folg einzelner Marken und deren Absätze nicht erklären. Würden sie der Marktrealität entsprechen, müssten viele der heute nur mäßig erfolgreichen Automobilmarken im Volumenbereich wirtschaftlich erheblich erfolgreicher sein. Wendet man hingegen weitergehende analytische Verfahren zur Analyse der Kundenangaben an, zeigt sich ein anderes Bild: weniger rational erscheinende Aspekte treten in den Vordergrund, zum Beispiel die Marke, der Wunsch mit dem Auto andere zu beeindrucken oder aber als Person durch die gewählte und gefahrene Marke als attraktiver wahrgenommen zu werden (siehe **Abbildung 1**).

Verschweigen die Kunden uns wissentlich wesentliche ihrer Beweggründe? Einiges spricht dafür. Für diese Diskrepanz zwischen angegebenen Kriterien und dem tagtäglichen Handeln gibt es im Wesentlichen drei Gründe:

● **Hygienefaktor:** In der Tat sind die im zuvor angeführten Automobilbeispiel genannten Aspekte wie Sicherheit oder Zuverlässigkeit für die Kaufentscheidungen der befragten Kunden relevant. Allerdings erfüllen die meisten Angebote diese Kriterien (in den Augen der Kunden) bereits ausreichend gut. Anders gesagt: ein Auto, das diese Kriterien nicht erfüllt, käme überhaupt nicht in Betracht, da aber viele Angebote diesen Kriterien gehorchen,

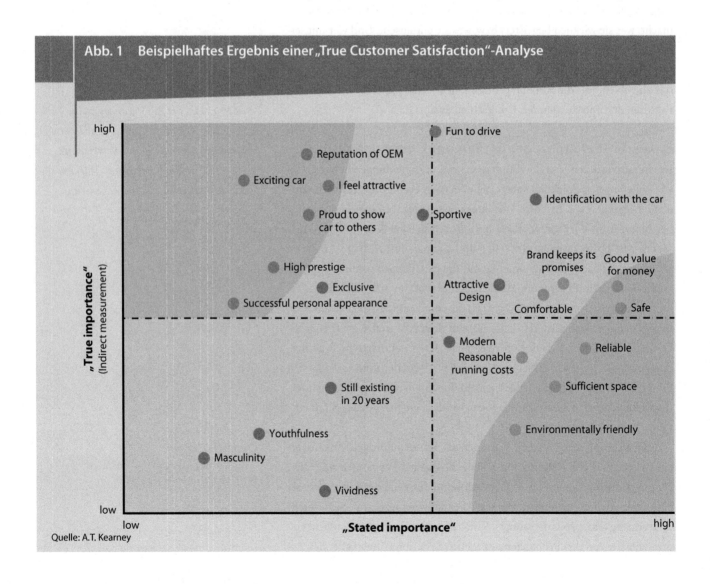

Abb. 1   Beispielhaftes Ergebnis einer „True Customer Satisfaction"-Analyse

Quelle: A.T. Kearney

schwindet ihre Differenzierungskraft. Kunden nennen uns die notwendigen Bedingungen für eine Kaufentscheidung, also die „Hygienefaktoren", die tatsächlich aber nur von untergeordneter Relevanz sind. Werden diese Standards hingegen nicht erfüllt, gewinnen diese Faktoren wieder unmittelbar an Relevanz.

„Dass Kundendirektbefragung erhebliches Fehlerpotenzial birgt, wird oft übersehen. Die Aussagen der Kunden müssen vielmehr selbst noch einmal hinterfragt werden und in einem übergreifenden Kontext interpretiert werden."

• **Soziale Akzeptanz und „gewollte Rationalisierung":** Kunden achten darauf, welche Kriterien sie preisgeben – und welche Kriterien sie sich selbst bewusst machen. Sie wollen nicht „oberflächlich" erscheinen und in ihren Entscheidungen sozial akzeptiert sein. Dementsprechend bescheinigen sie Umweltfreundlichkeit eine hohe Relevanz, der Marke aber sprechen sie geringe Bedeutung zu. Würden sie anders aussagen, müssten sie sich selbst und anderen gegenüber eingestehen, dass sie zum Beispiel für die glamourösen Verheißungen und identitätsstiftenden Versprechen der Marke durchaus empfänglich sind, ihnen der Umweltschutz, obgleich generell bedeutsam, hinsichtlich der Auswahl der Automarke vielfach doch eher von untergeordneter Bedeutung ist.

• **Kognitive Begrenzung:** Und schließlich fällt es vielen Kunden einfach schwer, ihre Präferenzstrukturen zu erkennen und ihre Beweggründe klar zu durchleuchten. Befragt nach der Gewichtung bestimmter Faktoren, erscheinen ihnen plötzlich alle gleich oder sehr bedeutsam. Eine Differenzierung findet nicht oder nur unzureichend statt.

Hygienefaktoren, soziale Akzeptanz, gewollte Rationalisierung wie auch eine gewisse kognitive Begrenzung führen dazu, dass direkte Kundenbefragungen ein Bild ergeben, das mit den tatsächlichen Beweggründen und Empfindungslagen der Kunden nicht immer deckungsgleich ist. Propagierte und tatsächliche Relevanz divergieren, was dazu führt, dass die simple Frage nach der Bedeutsamkeit einzelner Kriterien nicht zielführend ist und durch eine intelligentere Logik und Methodik ersetzt werden muss.

Nun könnte man einwenden: Was für den B2B- bzw. Endkundenbereich plausibel ist, muss nicht unbedingt im B2B- bzw. Geschäftskundenbereich gelten. Denn dort treffen die Käufer im Namen ihres Unternehmens vermeintlich rationale Beschaffungsentscheidungen und stützen sich auf systematisch entwickelte Kriterien. Doch weil es sich bei den professionellen Einkäufern auf Unternehmensseite nicht um Maschinen, sondern um Menschen, um soziale Wesen handelt, die Einschätzungen vornehmen und Entscidun-

Kerngedanke 1

Kunden verbergen vielfach ihre wahren Motive. Sie tun dies bewusst und unbewusst.

—————

gen treffen und dabei kognitiv-rationale und emotional-affektive Momente mit einfließen lassen, findet man auch im Industriekundenbereich eine strukturgleiche Diskrepanz. Vielfache Beispiele aus unserer Beratertätigkeit für Projekte des effektiven Managements von Kundenzufriedenheit haben uns den oben beschriebenen Widerspruch auch im Industriekundenbereich vor Augen geführt. Bei Baumaschinen zum Beispiel kann die Bedeutung, eine bestimmte, emotional besetzte Marke im Fuhrpark zu haben, kaum überschätzt werden. Sowohl im B2B- als auch im B2C-Geschäft zeigt sich darüber hinaus, dass zwischenmenschliche Beziehungen von herausragender Bedeutung für zufriedene und loyale Kunden sind, was, nebenbei bemerkt, weitreichende Konsequenzen für Ausbildung, Weiterbildung und Recruiting der Mitarbeiter mit sich bringen sollte. Es bleibt festzuhalten: Unabhängig von der Art des Kunden, sei es im B2B- oder im B2C-Umfeld, besteht die Diskrepanz zwischen dem explizit Genannten und dem tatsächlich Relevanten.

Die „wahren" Treiber der Kundenzufriedenheit ermitteln

Wenn eine direkte Befragung der Kunden zur Ermittlung der Faktoren für höchste Kundenzufriedenheit nur bedingt aussagekräftig ist, ja bei blindem Glauben an deren Ergebnisse sogar in die Irre und unternehmerische Fehlentwicklung führen kann, stellt sich die Frage, wie die „wahren" Treiber auf Kundenseite identifiziert und quantifiziert werden können.

A.T. Kearney hat unter Zuhilfenahme wissenschaftlicher Erkenntnisse und Methoden ein Instrument entwickelt, mit dem sich herausfinden lässt, welche Faktoren für das Zufriedenheitsgefühl der Kunden maßgeblich verantwortlich sind. „True Customer Satisfaction" nutzt die Kombination verschiedener multivarianter Analyseverfahren, insbesondere der Strukturgleichungsmodellierung und basiert auf der Kombination des Partial Least Squares (PLS) Ansatzes mit weiteren multivariaten Methoden. Die Kunden werden dabei nicht mehr direkt nach der Relevanz eines bestimmten Attributs gefragt, sondern lediglich, wie zufrieden sie mit diesem Attribut bei ihrem Anbieter sind. Diese Attribute werden dann formativ zu Kundenzufriedenheitstreibern gebündelt. Das bedeutet, dass eine Gruppe an Attributen sach-logisch zu einem Konstrukt, das heißt, einem ganz bestimmten Zufriedenheitstreiber, entwickelt wird. Mit Hilfe der Strukturgleichungsmodellierung wird es nun möglich, die Relevanz der einzelnen Treiber der Kundenzufriedenheit sowie auch der ihnen zugrundeliegenden Attribute zu quantifizieren und den Erklärungsgehalt des Untersuchungsmodells zu beurteilen. Dabei werden die wahrgenommenen Ausprägungen der verschiedenen Treiber bei einem jeden Kunden ins Verhältnis gesetzt zu seiner jeweiligen Gesamtzufriedenheit. Die Messung, das heißt die Quantifizierung der Relevanz der einzelnen Treiber und Attribute erfolgt im Rahmen unseres Ansatzes aber eben nicht direkt, sondern indirekt über den Einsatz des PLS-Algorithmus und damit unter Vermeidung jeglicher Verzerrungen, die bei einer direkten Befragung nach der Relevanz einzelner Asttribute unweigerlich auftritt. Der Ansatz deckt gewissermaßen die „wahren" motivationalen Strukturen der Kunden auf.

Kerngedanke 2

Die von den Kunden geäußerte Einschätzung bezüglich der Relevanz einzelner Faktoren entspricht vielfach nicht der Realität.

Je nachdem, ob die Unternehmen bereits Kundenbefragungen durchgeführt haben oder nicht, kann anders vorgegangen werden:

● **Existierende Datenschätze heben durch die Analyse vorhandener Kundenbefragungen:** Vielfach haben die Unternehmen Kundenbefragungen durchgeführt, deren Rohdaten in den meisten Fällen für unseren Ansatz genutzt werden können. „True Customer Satisfaction" verwertet die so gewonnenen Daten, geht in ihrer Analyse aber weit über die häufig rein deskriptiven Auswertungen hinaus, indem auf Grundlage der existierenden

„Eine Kundenzufriedenheitsanalyse durchzuführen, macht nur dann Sinn, wenn sie Ansätze für wirkungsvolle Maßnahmen liefert, um Kundenzufriedenheit zu erhalten oder zu steigern."

Kundendaten ein PLS-Analysemodell aufgebaut wird, um die wahren motivationalen Strukturen der Kunden aufzudecken.

● **Datenschätze kreieren durch die originäre Erhebung von Kundendaten:** In den Fällen, in denen das Unternehmen keine Kundenbefragungen durchgeführt hat bzw. ihre Befragungen nicht die Anforderungen für eine weitergehende Analyse erfüllen, erheben wir die Daten neu. Dabei entwickeln wir zusammen mit den Unternehmen den Fragebogen, um sicherzustellen, dass auch alle potenziell relevanten Treiber der Kundenzufriedenheit in das Befragungsdesign integriert werden, und nutzen in den allermeisten Fällen eine Online-Befragung, um die Daten schnell, kostengünstig, in ausreichender Zahl und frei von in persönlichen Befragungen möglichen Verzerrungen zu generieren.

Beide Wege führen zu sehr überzeugender Ergebnisqualität. Dadurch, dass die originäre Datenerhebung für den geplanten Erkenntnisgewinn zugeschnitten werden kann, generiert sie üblicherweise noch etwas bessere Ergebnisse, als wenn bereits vorhandene Kundenbefragungen herangezogen werden. Bestimmen wir den Erklärungsgehalt mit dem Bestimmtheitsmaß R^2, also anhand der Frage, wie viel Prozent der Varianz der von uns untersuchten Zielgröße (in diesem Fall also der Kundenzufriedenheit) wir mit dem Modell erklären können, so liegt er bei der Heranziehung bereits vorhandener Daten regelmäßig zwischen 70 und 80 Prozent. Im Rahmen des originären Ansatzes erreichen wir sogar Werte von 80 bis über 90 Prozent. Diese Zahlen besagen, dass wir mit unserem Modell sehr gut erklären können, welche Faktoren für die Steigerung der Zufriedenheit der Kunden maßgeblich sind.

Abbildung 2 verdeutlicht die geschilderten Zusammenhänge. Das Beispiel bezieht sich auf die Kundenzufriedenheitsmessung und -steigerung bei einem Klienten aus der Automobilindustrie. Bei diesem Projekt war das Ziel,

Zusammenfassung

● Kundenbefragungen, die sich allein auf die direkt geäußerten Statements hinsichtlich der Bedeutsamkeit einzelner Faktoren verlassen, gehen an der Realität vorbei und schaden den Unternehmen.

● Kunden geben bewusst und unbewusst nur einen Teil ihrer tatsächlichen Präferenzen preis.

● Erst unter Verwendung miteinander kombinierter Analysemethoden, wie sie bei dem Instrument „True Customer Satisfaction" zum Einsatz kommen, können die „wahren" Treiber der Kundenzufriedenheit aufgedeckt werden, die die Unternehmen in die Lage versetzen, passgenaue Maßnahmen zur gezielten Steigerung der Kundenzufriedenheit zu entwickeln.

die Kundenzufriedenheit im Aftersales-, das heißt Service-Geschäft des Kunden, zu erhöhen. Unsere Analysen basieren in diesem konkreten Fall auf bereits beim Klienten vorhandenen Kundenrohdaten. Die Analyse der Zufriedenheitstreiber auf Basis der Strukturgleichungsmodellierung bündelte insgesamt 25 Attribute formativ zu acht Treibern. Die Zufriedenheit als solche wurde reflektiv gemessen. Hierzu wurden die Indikatoren Weiterempfehlung, Loyalität und Totalzufriedenheit gemessen, die den Zufriedenheitsgrad des Kunden widerspiegeln („reflektieren") und damit messen. Die Erklärungsgüte unseres Modells liegt mit 81 Prozent sehr hoch. Als wesentlicher Treiber der Kundenzufriedenheit kann der Kundendienstmitarbeiter identifiziert werden. Er ist für 34 Prozent der gemessenen Zufriedenheit verantwortlich.

Die Analysen erlauben es darüber hinaus, noch eine Stufe tiefer zu bohren. Wie notwendig dies ist, zeigt sich anhand des oben stehenden Beispiels unmittelbar. Wenn wie in diesem Beispiel der Kundendienstmitarbeiter von überragender Bedeutung für die Zufriedenheit des Kunden ist, stellt sich sogleich die Frage, welche Facette des Kundendienstmitarbeiters es denn ge-

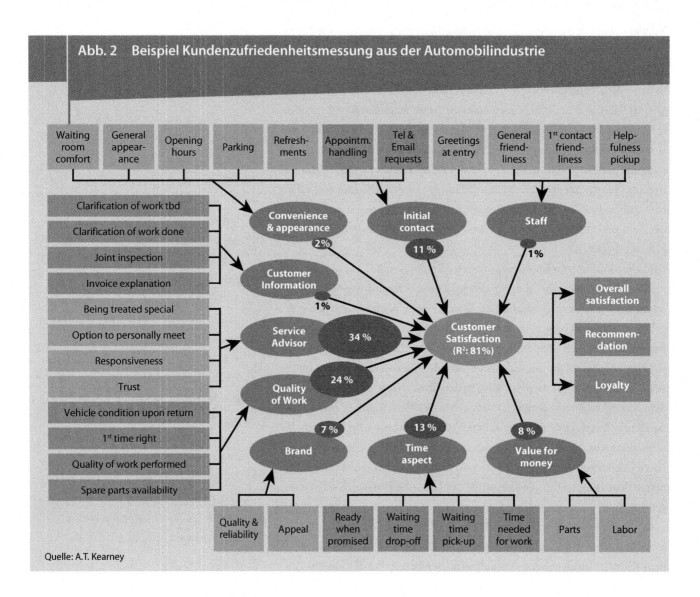

Abb. 2   Beispiel Kundenzufriedenheitsmessung aus der Automobilindustrie

Quelle: A.T. Kearney

nau ist. Ist es beispielsweise dessen Kompetenz oder seine Erreichbarkeit? Je nach Beantwortung ließen sich unterschiedliche Maßnahmen ableiten. Im vorliegenden Fall ergaben die Analysen, dass es insbesondere die Vertrauenswürdigkeit sowie das Eingehen auf den Kunden sind und weniger Kompetenz oder Erreichbarkeit, die den Unterschied bei den Kunden machen. Entsprechend sollten zum Beispiel zukünftige Trainings oder Einstellungskriterien die interpersonelle Seite der Kundendienstmitarbeiter betonen und nicht einseitig auf die technischen Fähigkeiten abstellen.

Relevanz ermitteln und Gipfelerlebnisse schaffen

Die Kundenzufriedenheit zu messen und die „wirklichen" Treiber zu identifizieren und zu quantifizieren, kann nur der erste notwendige Schritt sein. Der zweite, gewissermaßen hinreichende Schritt stellt sich der Frage, wie das Unternehmen seine Kundenzufriedenheit nun auf Basis dieser identifizierten Treiber bestmöglich steigern kann. Denn eine Kundenzufriedenheitsanalyse durchzuführen, macht nur dann Sinn, wenn sie Ansätze für wirkungsvolle Maßnahmen liefert. Ziel muss es dabei sein, genau diejenigen Treiber zu adressieren, die die höchste Kundenrelevanz aufweisen und bei denen die eigene Performance (noch) nicht den Erwartungen entspricht oder aber weiter gesteigert werden kann, um den Kunden tatsächlich zu begeistern. Hier sollte die Relevanz der ermittelten Ansatzpunkte differenziert betrachtet werden. Wie oben bereits angeklungen, lassen sich grundsätzlich zwei Typen von Relevanz unterscheiden:

• **Relevanz durch Underperformance – Grundbedürfnisse erfüllen:** Einerseits können bestimmte Aspekte eine hohe Relevanz gewinnen, weil das Unternehmen oder die Branche in diesen Bereichen schlicht unter dem Standard bleibt oder die wahrgenommene Leistung als unzureichend wahrgenommen wird. Themen wie Zuverlässigkeit oder Sicherheit beim Auto können (siehe Hygienekriterien) zu entscheidenden Kriterien werden, wenn begründete Zweifel bestehen, dass die Angebote ihnen auch gerecht werden. Oberste Priorität bei der Maßnahmenentwicklung gilt dann natürlich der Standarderfüllung. Ihnen darüber hinaus aber Bedeutung zu schenken, verspricht keine weitere Steigerung der Kundenzufriedenheit, da sie keine genuine Relevanz haben, sich ihre Bedeutung gewissermaßen „lediglich" aus der momentan unzureichenden Performance der Anbieter speist.

• **Genuine Relevanz – Begeisterung kreieren:** Andererseits gibt es Faktoren, die ganz unabhängig von der jeweiligen Performance immer relevant sind. Bei ihnen gilt, dass „mehr Performance immer besser ist" und in entscheidendem Maße die Kundenzufriedenheit steigern kann. Klassische Faktoren im Rahmen der Kundenzufriedenheit, denen genuine Relevanz zukommt, sind beispielsweise menschliche Beziehungen. Menschen als soziale Wesen schätzen ein gutes Verhältnis zu den Verkäufern oder Servicemitarbeitern immer als hoch und wertvoll ein. Entsprechend zeigen unsere Projekterfahrungen mit Klienten aus den unterschiedlichsten Industrien und Branchen durchgehend die nicht zu unterschätzende Relevanz des Faktors Mensch im Rahmen der Kundenzufriedenheit. Will ein Unterneh-

Kerngedanke 3
Erst ein kritischer, analytischer Umgang mit Kundendaten erlaubt Einblicke in die wahre Motivationslage der Kunden.

Handlungsempfehlungen
• Hinterfragen Sie die expliziten Aussagen der Kunden über ihre Zufriedenheit und ihre Kriterien!
• Ziehen Sie in Betracht, dass einige der genannten Faktoren nur sozial gewünschte oder gewollt rational erscheinende Aspekte widerspiegeln bzw. reine Hygienefaktoren sind, die nur sicherstellen, dass Ihre Kunden nicht unzufrieden sind, aber noch keine gesteigerte Kundenzufriedenheit ermöglichen.
• Suchen Sie nach genuinen Zufriedenheitsfaktoren, mit denen sie einmalige Kundenerlebnisse schaffen können, die Sie deutlich vom Wettbewerb abheben.

men seine Kunden wirklich begeistern, so reicht es nicht, nur die Grundbedürfnisse zu befriedigen. Der Schlüssel zur Begeisterung liegt in denjenigen Faktoren mit genuiner Relevanz.

Bei der Interpretation der relevanten Faktoren und der Ableitung von Maßnahmen sind deshalb die folgenden Fragen leitend:

- Werden grundsätzliche Erwartungen nicht erfüllt (Hygienefaktoren)?
- Welche Elemente besitzen die höchste genuine Relevanz?
- Welche eigenen Stärken können bzw. müssen weiterentwickelt werden, insbesondere im Hinblick auf die Faktoren mit hoher genuiner Relevanz?

Dass Unternehmen um die Hygienefaktoren nicht umhin kommen und ihnen, wenn sie nicht erfüllt sind, eine hohe Priorität zukommt, liegt auf der Hand. Nur damit können sie ihr Überleben am Markt sichern. Den höchsten Zugewinn bei der Kundenzufriedenheit verspricht allerdings erst die Weiterentwicklung relevanter Stärken, die zielgerichtet die Faktoren mit hoher genuiner Relevanz für den Kunden adressieren. Wie bei der Maslowschen Bedürfnispyramide müssen die Unternehmen sich von den elementaren Bedürfnissen zu jenen hocharbeiten, die den entscheidenden Unterschied schaffen und echte „Gipfelerlebnisse" ermöglichen: Kunden nicht nur zu nicht unzufriedenen, sondern zu begeisterten Kunden machen.

Neurobiologische Erkenntnisse können genutzt werden, um Kundenerlebnisse zu schaffen, die den entscheidenden Unterschied machen: Wir nennen sie in Anlehnung an die Maslowsche Bedürfnispyramide „Gipfelerlebnisse" (im Englischen „Peak Experience") und versuchen, diese gezielt im Rahmen spezieller für den Kunden entscheidender Events, sogenannten „Pivotal Customer Events", zu kreieren. Als besonders geeignet erscheinen dabei solche Events, die das Gewohnte überschreiten und das zu Erwartende hinter sich lassen. Die gewissermaßen über die „reine Geschäftsabwicklung" hinausgehen.

Das Konzept der Gipfelerlebnisse sowie der „Pivotal Customer Events" lässt sich anhand des folgenden Szenarios erläutern: Zwei Anbieter erbringen aus Sicht eines Kunden innerhalb eines bestimmten Zeitabschnitts Leistungen, die als durchschnittlich gleich gut bewertet werden. Der eine Anbieter erreicht bei allen Kundenkontaktpunkten vielleicht sieben von zehn Punkten. Folgerichtig erhält er in der durchschnittlichen Kundenzufriedenheitsmessung sieben Punkte. Der andere Anbieter erreicht bei allen Kundenkontaktpunkten lediglich fünf Punkte – mit einer Ausnahme, die den Kunden besonders wichtig ist. Hier gelingt ihm die Maximalzahl von zehn Punkten. Obwohl der durchschnittliche Wert dieses Anbieters also nicht über dem des Konkurrenten liegt, hat er es geschafft, seinem Kunden an einer für diesen besonders wichtigen Kontaktstelle ein herausragendes Service- oder Produkterlebnis zu verschaffen. Aufgrund dieser Erfahrung, einem „Gipfelerlebnis", werden die Kunden diesen Anbieter in aller Regel vorziehen.

Das Grundkonzept der „Peak Experience" besagt demnach, dass Unternehmen durch singuläre, aber herausragende Leistungen bei für den Kunden besonders kritischen Sachverhalten oder Kontaktpunkten, die Kundenzufriedenheit gezielt steigern können, selbst dann, wenn sie in zahlreichen

Kerngedanke 4

Wer an die Spitze der Kundenzufriedenheit will, muss über Messungen innovativ analysieren und Neues ausprobieren, um den Kunden gezielt zu begeistern.

anderen Dimensionen gleichauf mit dem Wettbewerb liegen oder sogar schwächer sind. Hier sei das Beispiel eines Kreditkartenanbieters angeführt: Ein Kunde hat während eines Aufenthalts in Paris seine Kreditkarte verloren und bittet um eine Sperrung derselben. Fünf bis sieben Punkte dürfte der Anbieter erhalten, wenn er diese Anfrage unkompliziert und unverzüglich erwidert. 10 dagegen, wenn er dem Kunden anbietet, in seinem Hotel

„Wer höchste Kundenzufriedenheit erzielen will, darf sich nicht nur auf Kundenzufriedenheitsmessungen verlassen, sondern muss immer wieder neu herausfinden, mit welchen Zusatzleistungen er Wünsche erfüllen kann, die seinen Kunden selbst noch nicht bewusst sind."

oder Restaurant anzurufen und die Bezahlung der Leistung garantiert. Denn damit hat er seinem Kunden wahrscheinlich ein Bedürfnis erfüllt, dass dieser sich nicht auszusprechen wagt, weil es in dem Leistungskatalog des Instituts nicht auftaucht. Dieser Kunde aber wird seinem Institut höchstwahrscheinlich treu bleiben, höhere Kosten in Kauf nehmen und es dringend weiterempfehlen.

Fazit

Kundenzufriedenheitsmessungen sind ein unabdingbares Instrument, um bestehende Kunden zu halten und neue zu gewinnen und somit den Unternehmensertrag nachhaltig zu steigern. Doch sie sind ein zweischneidiges Schwert: Grob angewendet und interpretiert, ganz den Aussagen der Kunden folgend, können sie das Gegenteil von dem bewirken, was sie bezwecken sollen.

Als solide und aussagekräftige Grundlage für effektive Maßnahmen zur Steigerung der Kundenzufriedenheit dürfen sie nicht allein auf den expliziten Aussagen der Kunden ruhen. Vielmehr müssen die Unternehmen hinter die Fassade ihrer Kunden blicken können, vielfach tiefer als es dieser selbst vermag, um gezielt die Stellschrauben zu identifizieren und zu quantifizieren, die eine nachhaltig positive Differenzierung vom Wettbewerb ermöglichen und den Kunden begeistern. Eine rein deskriptive Auswertung der Kundenbefragung bleibt gefährlich nah an der Oberfläche und weit entfernt von der Realität des Kundenempfindens. Wer seine Kunden wirklich begeistern und an sich binden will, der muss immer wieder neu herausfinden, mit welchen Zusatzleistungen er Wünsche erfüllen kann, die seinen Kunden selbst zum Teil nicht bewusst sind. Kunden glücklich zu machen heißt, das Nicht-Ausgesprochene zu hören, zu verstehen und über das Erwartbare hinauszugehen.

Literatur

Backhaus, K. et al. (2010): Multivariante Analysemethoden – Eine anwendungsorientierte Einführung, 13. Auflage, Berlin. S. 337-423.

Gotz, O./Liehr-Gobbers, K. (2004): Analyse von Strukturgleichungsmodellen

mit Hilfe der Partial-Least-Squares (PLS)-Methode, in: Die Betriebswirtschaft 64, S. 714-738.

Herrmann, A./ Huber, F./Kressmann, F. (2006): Varianz- und kovarianzbasierte Strukturgleichungsmodelle – Ein Leitfaden zu deren Spezifikation, Schätzung und Beurteilung, in: Zeitschrift für betriebswirtschaftliche Forschung 58, S. 34-66.

Kahnemann, D. (2012): Schnelles Denken, langsames Denken, 23. Aufl., München.

Metzler, J. (2005): Nutzenorientierte Markenführung – Die Modellierung des Wirkungsbeitrages einzelner Markenassoziationen auf das Konsumentenverhalten – Allgemeines Modell und Messansatz, Münster, Diss., Internet: http://miami.uni-muenster.de/Record/d54a2931-9c24-43d8-a85b-62dbf6ee46b6

Panten, G./Thies, S. (2006): Analyse kausaler Wirkungszusammenhange mit Hilfe von Partial Least Squares (PLS), in: Albers, S. et al. (Hrsg.): Methodik der empirischen Forschung, Wiesbaden, S. 311-328.

Verhoef, P. C./Antonides, G./Hoog, A.N. de (2004): Service Encounters as a Sequence of Events: The Importance of Peak Experiences, in: Journal of Service Research 7, S. 53-64.

[sfp] **Zusätzlicher Verlagsservice für Abonnenten von „Springer für Professionals | Vertrieb"**

| **Zum Thema** | Messverfahren Kundenzufriedenheit | 🔍 Suche |

finden Sie unter www.springerprofessional.de 18 Beiträge im Fachgebiet Vertrieb   Stand: November 2015

Medium
☐ Online-Artikel (1)
☐ Kompakt-Dossier (1)
☐ Buchkapitel (16)

Sprache
☐ Deutsch (18)
☐ Englisch (18)

Von der Verlagsredaktion empfohlen

Herrmann, A., Huber, F.: Am Markt eingeführte Produkte kontrollieren, in: Herrmann, A., Huber, F.: Produktmanagement, Wiesbaden 2013, S. 277-316, www.springerprofessional.de/4971646

Gerth, N.: Zum Kaufverhalten von Privat- und Geschäftskunden, in: Gerth, N.: IT-Marketing, Berlin/Heidelberg 2015, S. S. 67-127, www.springerprofessional.de/5898390

Plädoyer für eine Wiederbelebung

Schon längere Zeit treibt mich eine Erfahrung um, die ich für kritisch halte: Kundenzufriedenheit und entsprechende Messungen sind zu einem wenig beachteten und wenig geschätzten „Machen wir natürlich"-Instrument verkommen. Im Zuge der diversen Wellen zu mehr Kundenorientierung hatte das Thema einmal „Drive" und Bedeutung. Heute werden Zufriedenheitsstudien standard- und regelmäßig abgewickelt. Sie bewegen nicht mehr die Menschen und auch nicht mehr die Unternehmen im Sinne kontinuierlicher Verbesserungen. Zum einen kenne ich kaum eine Studie, deren Ergebnisse überraschen – weder positiv noch negativ. Entsprechend wenig Aufmerksamkeit widmet man dieser Kennzahl. Sie läuft irgendwie mit. Manchmal auch nur noch, weil sie zum Beispiel in Zertifizierungen wie einer ISO-Norm verpflichtend ist. Zum anderen muss man auch gelegentlich darüber nachdenken, ob die Themen, die man abfragt, wirklich die aus Kundensicht relevanten sind. Relevanz reicht aber noch nicht aus. Am interessantesten sind eigentlich die Faktoren, die relevant sind und die der Wettbewerb nicht bieten kann.

Nur zur Erinnerung sei hier erwähnt, dass ein Ziel der Kundenzufriedenheitsmessung und des Managements derselben die Zufriedenheit der Kunden ist. Kundenzufriedenheit ist aber kein Selbstzweck, sondern hat ökonomische Effekte zur Folge. Zufriedene Kunden sind loyaler, sie sind weniger preissensitiv, das heißt, sie zahlen höhere Preise, sie empfehlen weiter, sie kaufen häufiger und in größeren Mengen ... Dies sind alles gut belegte Ergebnisse zu den Effekten der Kundenzufriedenheit, die nicht selten vergessen werden. Allein das Bewusstsein würde in vielen Unternehmen vermutlich dazu führen, dass dem Konzept und seiner Messung wieder mehr Beachtung geschenkt wird.

Und wenn die Kundenzufriedenheitsmessung wieder ernst genommen wird, sollte man die Messung kritisch reflektieren und optimieren. Aber wie? Ich empfehle damit zu beginnen, zusammen mit den Kunden die richtigen Themen zu identifizieren. Kundenzufriedenheit ist immer subjektiv – auch bezüglich der Präferenzen. Sodann geht es darum, die Standardleistungen (die vom Kunden erwartet werden und vom Wettbewerb ähnlich erbracht werden können) von den so genannten Profilierungsleistungen zu trennen. Letztere sind

Dirk Zupancic

ist Professor für Industriegütermarketing und Vertrieb sowie Präsident der German Graduate School of Management and Law in Heilbronn. Er stammt aus der Schule der Universität St. Gallen. Er berät, lehrt und forscht zu verschiedenen Vertriebsthemen. Sein Motto: Vertrieb ist der Wettbewerbsfaktor der Zukunft! +49 (0)7131-64563674, E-Mail: dirk.zupancic@ggs.de, www.ggs.de

dadurch gekennzeichnet, dass sie Erwartungen übertreffen, zum Beispiel, weil wir schöner, besser, schneller sind oder Leistungen bieten, die andere Anbieter nicht haben. Dadurch, dass sie eben nicht Standard sind, entgehen sie leicht unserer Aufmerksamkeit oder bleiben gar verborgen. Aber genau sie sind es, die Kunden echt zufrieden machen. Nur Profilierungsleistungen übertreffen Erwartungen und führen zu echter Kundenzufriedenheit, die auch zu den gewünschten ökonomischen Effekten führen.

Nun wird jede Profilierungsleistung irgendwann zum Standard. Daher muss man sein Messinstrument auch immer wieder auf den Prüfstand stellen. Die Ergebnisse sind immer nur so gut wie das Instrument. Es lohnt sich, dieses Instrument auch zu pflegen und weiterzuentwickeln. Wenn man das macht, bleibt man zugleich aufmerksam bezüglich der Profilierungsleistungen, die die Grundlage für echte Wettbewerbsvorteile sind.

Spektrum

Prozesse im Vertrieb erfolgreich strukturieren

Eine mittelständische Produktionsstraße irgendwo in Deutschland. Jeder Handgriff sitzt. Alles läuft wie geschmiert. Jeder Mitarbeiter weiß genau, welches Arbeitspaket er wann und wie abzuarbeiten und in welchem Status er es an den nächsten Kollegen zu übergeben hat. Das System dokumentiert penibel, wie viele Pakete erfolgreich fertiggestellt werden und wie hoch der Ausschuss ist.

Markus Milz

Leider ist das, was im Produktionsprozess lebenswichtig ist, in anderen Bereichen des Unternehmens häufig stark unterentwickelt. In manchen Werkshallen wundert man sich sogar, dass überhaupt eine ausreichende Zahl lukrativer Aufträge abzuwickeln ist. Der Grund dafür ist meistens nicht offensichtlich, aber in aller Regel ziemlich typisch. Denn vor die Produktion haben die Götter den Vertrieb gesetzt. Während die Produktion wie am Schnürchen läuft, weil alle Schritte exakt definiert und harmonisiert sind, gilt bei Neukundenakquise, Anfragemanagement und Kundenbetreuung immer noch das Pi-mal-Daumen-Prinzip: Die Verkäufer holen den Auftrag herein und übergeben ihn zügig an den Innendienst, der schnellstens den Schreibkram erledigt und bald darauf die Produktion auslöst. Oberflächlich scheint alles in bester Ordnung.

Viele Unternehmen unterschätzen ihr Potenzial

In bester Ordnung oder „gerade mal so" in Ordnung? Viele Unternehmen beurteilen das falsch, weil sie ihre tatsächlichen Möglichkeiten nicht kennen. Sie wissen nicht, wie viel Potenzial in ihren Vertriebsaktivitäten ungenutzt bleibt oder welche Maßnahmen wirkungslos verpuffen, weil ihre Vertriebsprozesse nicht exakt definiert sind. Die Adjektive „zügig", „schnellstens" und „bald darauf" verraten: Jeder arbeitet aus dem Bauch heraus, terminliche

Markus Milz
ist Geschäftsführer der Milz & Comp.
GmbH, Köln. Seine Schwerpunkte
sind vertriebsfokussierte Beratung,
Konzeption, Umsetzung und Schulung
für den Mittelstand.

> *„Während die Produktion wie am Schnürchen läuft, weil alle Schritte exakt definiert und harmonisiert sind, gilt bei Neukundenakquise, Anfragemanagement und Kundenbetreuung immer noch das Pi-mal-Daumen-Prinzip."*

Vorgaben werden als Gummi-Paragrafen ausgelegt und wenn ein Auftrag nicht gewonnen wird, weist jeder den schwarzen Peter weit von sich. Am Ende der gegenseitigen Schuldzuweisungen weiß niemand, wer die Panne verursacht und, was viel schlimmer ist, was man künftig besser machen kann.

Wäre es hier nicht absolut wünschenswert, den Vertrieb ebenso klar zu strukturieren wie die Produktion? Alle Vertriebsmitarbeiter werden in klar definierte Prozesse eingebunden. Sie beurteilen, bearbeiten und übergeben nach festen qualitativen und zeitlichen Kriterien und dokumentieren jederzeit, wann welcher Schritt mit welchem Ergebnis abgeschlossen wurde. Der dadurch entstehende Flow ist enorm. Vom Vertrieb über die Produktion bis zu Lieferung und After-Sales-Service entstünde eine Organisation aus einem Guss. Ein für alle verbindliches Vertriebshandbuch entsteht, das idealerweise durch eine neue Sales-Software, die den Prozess grafisch abbildet, flankiert werden kann. Oft ist zwar vorher schon eine Vertriebsunterlage vorhanden, existiert aber nur zu Zwecken einer ISO-Zertifizierung oder wird im Tagesgeschäft weitestehend ignoriert.

Markus Milz
Milz & Comp. GmbH, Köln, Deutschland
E-Mail: info@milz-comp.de

Zehn klare Vorteile sprechen für die Implementierung verbindlicher Standardprozesse im Vertrieb:

1. Es findet ein Wissenstransfer zwischen erfahrenen und „jungen" Mitarbeitern sowie zwischen internationalen Einheiten statt, der auch das Onboarding neuer Mitarbeiter massiv erleichtert.

2. Die Übernahme der Vertriebsleitung durch einen neuen Vertriebsverantwortlichen wird deutlich vereinfacht.

3. Durch Vertriebshandbuch und Software geht vorhandenes Wissen durch Weggang nicht verloren, sondern wird gesichert. Die Abhängigkeit von Kopfmonopolen sinkt.

4. Die Akzeptanz, insbesondere bei jungen Mitarbeitern, durch sichere Orientierung ist hoch. Eine Mobillösung in Form einer zukünftigen SalesApp begünstigt dies.

5. Die Ansprüche an einen zeitgemäßen und rechtssicheren Einkauf der Kunden werden gewahrt, weil Compliance-Regeln nicht mehr umgangen werden können.

6. Dokumentation, Reporting und Steuerung können per Software KPI-gestützt optimiert und im besten Fall zeitgleich ans CRM angebunden werden.

7. Die Vereinheitlichung von Prozessen auf Best-Practice-Niveau garantiert eine deutliche Qualitätssicherung und Effizienzsteigerung aller Vertriebsaktivitäten.

8. Es sind grundsätzlich viel weniger fallweise Entscheidungen nötig – stattdessen findet ein KVP im Vertrieb statt.

9. Die Geschäftsführung erfährt eine spürbare Führungserleichterung durch ein stufenweises „Mehr" an Verbindlichkeit und Messbarkeit als Basis für Vertriebssteuerung und -controlling.

10. Die Einführung standardisierter Prozesse stellt für alle Beteiligten ein motivierendes Leuchtturmprojekt dar, von dem alle, auch die Skeptiker, sehr schnell profitieren.

Wenn die Vorteile effektiver und effizienter Vertriebsprozesse so auf der Hand liegen, stellt sich zunächst nur eine Frage: Wie wird es geplant und gemacht?

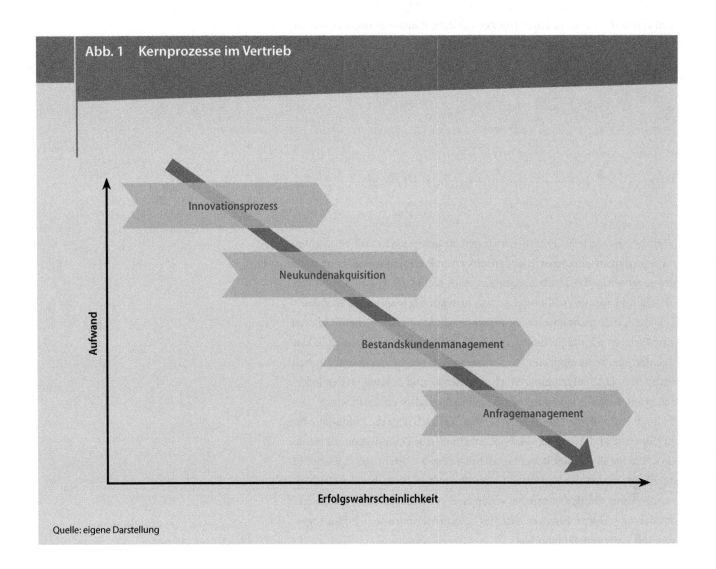

Abb. 1 Kernprozesse im Vertrieb

Innovationsprozess

Neukundenakquisition

Bestandskundenmanagement

Anfragemanagement

Aufwand

Erfolgswahrscheinlichkeit

Quelle: eigene Darstellung

Der beste Hebel: Das Anfragemanagement ragt heraus

Im ersten Schritt werden die Kernprozesse im Vertrieb identifiziert. Diese Prozesse können je Unternehmen durchaus unterschiedlich sein, beinhalten aber in aller Regel immer:

- Neukundenakquise
- Bestandskundenmanagement
- Anfragemanagement

In größeren Unternehmen kommen meist mit dem Innovationsmanagement und dem Marketing zwei weitere Kernprozesse mit Vertriebsrelevanz hinzu.

Eine genauere Analyse dieser Prozesse weist aus, dass im Hinblick auf Aufwand und Erfolgswahrscheinlichkeit das Anfragemanagement den schnellsten und wirkungsvollsten Hebel darstellt (siehe **Abbildung 1**). Insgesamt geht es bei der Optimierung des Anfragemanagements nicht nur um eine perfekte Abwicklung für den Nachfrager. Gleichberechtigt und zeitlich zuerst im Zentrum steht eine möglichst genaue Typisierung des potenziellen Kunden im Hinblick auf die Erfolgs- und Ertragschancen seines Ansinnens.

Viele Unternehmen bearbeiten unter großem Aufwand wenig versprechende Anfragen, zum Beispiel weil das Gegenüber nur einen Richtpreis einholen möchte oder eine Alibianfrage startet, um ein anderes Angebot auf seine Preiswürdigkeit zu checken. Kommt es darüber hinaus zu kaum lukrativen Aufträgen, freuen sich viele über volle Auftragsbücher und wundern sich später über fehlenden Gewinn. Hier gilt ganz klar: Nicht jede Anfrage hat auch ein Angebot verdient.

Feste Prozesse und verbindliche Vorgaben wirken Wunder

Die erste Maßnahme besteht darin, die Anfrage in einen erfolgversprechenden Sollprozess zu überführen, der mehrere, sauber umrissene und nacheinander zu durchlaufende Unterprozesse enthält (siehe **Abbildung 2**). Jedem Unterprozess wird eine konkrete Verantwortlichkeit zugeordnet, am besten

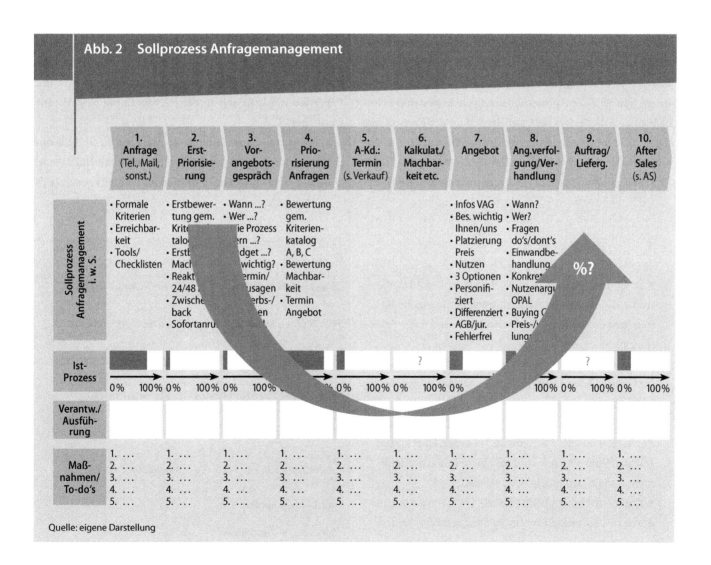

Abb. 2 Sollprozess Anfragemanagement

Quelle: eigene Darstellung

anhand eines bestimmten Mitarbeiters. Ein Laufzettel enthält alle bindenden internen Fristen und dokumentiert sauber, in welchem Stadium sich die Anfrage zu jeder Zeit befunden hat. Der jeweilige Fortschritt in der Bearbeitung kann grafisch,

> *„Alle Vertriebsmitarbeiter werden in klar definierte Prozesse eingebunden. Sie beurteilen, bearbeiten und übergeben nach festen qualitativen und zeitlichen Kriterien und dokumentieren jederzeit, wann welcher Schritt mit welchem Ergebnis abgeschlossen wurde."*

gegebenenfalls in Prozentpunkten, erfasst werden. Besonders elegant wirkt hier eine allen relevanten Personen zugängliche, serverbasierte Softwarelösung.

Für jeden Unterprozess werden Ziele definiert und praktische Konsequenzen formuliert. Demnach würden die Ziele des ersten Unterprozesses „Annahme" lauten, dass alle Anfragen freundlich und professionell aufgenommen und innerhalb eines Arbeitstages bestätigt werden. In der Konsequenz müssen die Eingangsbestätigung formuliert werden, ein Mitarbeiter oder eine Mitarbeiterin das Zepter erhalten und eine Prüfliste erstellt werden, die haargenau abzuarbeiten ist. Diese Prüfliste enthält außer technischen Hinweisen auch Erinnerungen an praktische Verhaltensregeln. Im Fall einer telefonischen Anfrage etwa wird nicht nur festgelegt, dass nach dem fünften Klingeln abgenommen wird und wie lange ein Anruf in der Warteschleife bleiben darf. Es wird ebenso daran erinnert, dass genaues Zuhören wichtig ist und in eine Bestätigung der Hauptgesprächspunkte am Ende des Telefonats zu münden hat.

Die Vorteile eines solchen Vorgehens sind eindeutig. Nicht nur, dass der Vertriebsprozess im Unternehmen harmonisiert wird – seine Transparenz macht ihn eindeutig messbar und seine Messbarkeit erlaubt einen effektiven und kontinuierlichen Verbesserungsprozess (KVP).

Wie man einen Vertriebsprozess segmentiert

Eine Beispiel-Segmentierung im Vertriebsprozess Anfragemanagement kann folgendermaßen aussehen. Jedes Segment dient dabei spezifischen Zwecken und ist durch eigene Tools und Checklisten unterfedert. Für jeden Übergabepunkt sind Kriterien definiert, die erfüllt sein müssen, damit eine Weiterleitung an der Schnittstelle erfolgen darf:

1. Anfrageannahme: formale Kriterien, Regeln zur Erreichbarkeit, nötige Tools und Checklisten, Bearbeiter und Weiterleitungskriterien an die Fachabteilung bzw. Verantwortlichen

2. Klassifizierung: Eine Erstbewertung nach A, B und C-Kriterien sowie der generellen Machbarkeit findet statt. Die dafür nötigen Kriterien werden individuell festgelegt. So

---

Zusammenfassung

- Strukturierte Prozesse am Vorbild einer Produktionsstraße erleichtern die Akquisition neuer sowie die Betreuung bestehender Kunden und verbessern das Anfragemanagement.
- Das Anfragemanagement stellt den schnellsten und wirkungsvollsten Hebel im Bereich strukturierter Vertriebsprozesse dar.
- Ein Vertriebshandbuch definiert alle essenziellen Prozesse. Jede Phase wird durch Tools und Checklisten gestützt. Jeder Vorgang wird auf einem Laufzettel dokumentiert und, wo möglich, visualisiert.
- Das Vertriebshandbuch und alle Unterlagen können durch eine Softwarelösung mobilfähig gemacht werden.

Tab. 1 Faktoren zur Kundenklassifizierung

Objektive Faktoren	Beeinflussbare Faktoren
Kundengröße (von/bis)	Grad der Kundenmitarbeit
Sparte des Kunden	Zugang zum Entscheider
Innovationsstärke und -status	Ertragsaussichten
Produktmatch	Investitionshaltung
Strategiematch	Innovationsfreude
ggf. D-A-CH-Region	

Quelle: eigene Darstellung

etwa kann ein Bestandskunde immer mindestens ein B erhalten, der direkte Entscheiderzugang ein ursprüngliches B zum A machen oder der kleine Neuauftrag eines bekannten Unternehmens ein C-Kriterium in ein B oder gar ein A verwandeln.

Wichtig dabei: Jede dieser Kategorisierungen hat Konsequenzen auf der Handlungsebene. Ein Kunde im A-Feld beispielsweise erhält Sofort-Feedback und wird auf Vertriebsleiterebene persönlich besucht. Ein B-Kunde erhält eine 24-Stunden-Rückmeldung per individueller E-Mail, erweiterten Support und persönlichem Ansprechpartner. Anfragen in der C-Kategorie werden ausschließlich vom Innendienst bedient.

Hier packt auch der erste Türsteher zu: Wenn etwas nicht zum Unternehmen passt, sei es im Bereich, Technik, Preis oder Kompetenzspektrum, wird freundlich, aber bestimmt

abgesagt. Als hilfreiches Tool in dieser Phase hat sich eine grafische Bewertungsspinne erwiesen, die objektive, feste Faktoren, wie etwa die Unternehmensgröße des Interessenten und beeinflussbare Elemente wie die Ertragsaussichten (siehe **Tabelle 1**), gemeinsam in eine bildhafte Form bringt (siehe **Abbildung 3**).

3. Vorangebotsgespräch: Dieser Kontakt ist besonders wichtig und soll grundsätzlich vor jedem Angebot stattfinden. Meistens wird es sträflich vernachlässigt oder fällt ganz aus. Sinnvoll ist es deshalb, weil ein persönlicher Draht zum Anfrager die Chancen auf den Zuschlag erhöht und die Investitionsentscheidung begünstigt. Zusätzlich dient es der Informationsgewinnung und erlaubt, die Ernsthaftigkeit und die Kompetenz des Ansprechpartners auszuloten. Das Vorangebotsgespräch wird anhand einer Checkliste kontrolliert, die dem 4. Schritt zur Verfügung stehen muss.

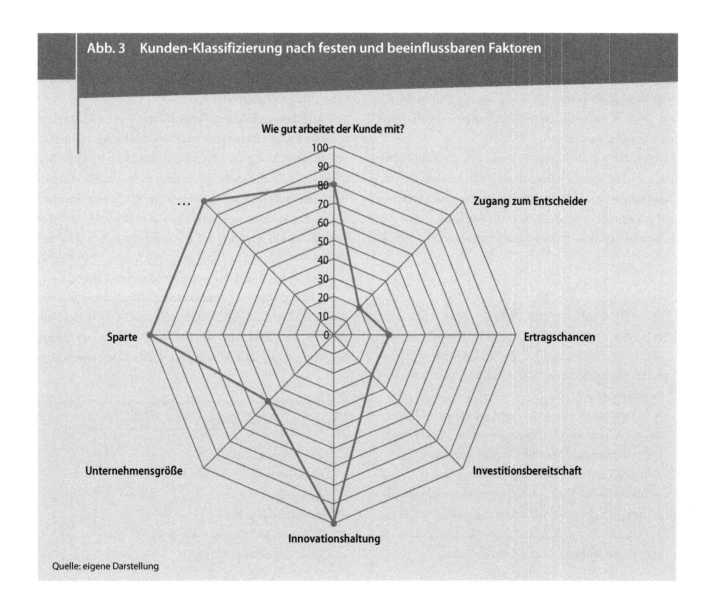

Abb. 3 Kunden-Klassifizierung nach festen und beeinflussbaren Faktoren

Quelle: eigene Darstellung

Zielfragen können u.a. lauten:

- Wann wird das Projekt konkret, hat es Priorität?
- Wie hoch ist das Budget?
- Wie läuft der Entscheidungsprozess, wer hat das letzte Wort?
- Was ist dem Interessenten besonders wichtig?
- Handelt es sich womöglich nur um eine Richtpreisanfrage?
- Wann wird das Angebot benötigt und ab wann hat ein Nachfassen Sinn?
- …

4. Anfragepriorisierung: In dieser Phase werden die Klassifizierungen aus Phase 2 auf der Basis neuer Informationen aus der Vorangebotscheckliste verifiziert oder revidiert. Bleibt es bei der Machbarkeit und den entsprechenden Erfolgschancen, kommt es zu einer terminlich festgelegten Angebotszusage dem Kunden gegenüber.

5. bis 7. Angebotsfindung und Angebotserstellung: Ihre Ziele lauten unter anderen, die Zeit zu optimieren und dabei alle Folgeschritte zu terminieren. So werden beispielsweise A-Anfragen um einen Termin für eine Angebotspräsentation gebeten. Außerdem sollen komplexe Projekte zum Festpreis verhindert werden. In einem solchen Fall ist die Konzeptphase herauszulösen und ein anderes Projektmodell muss gewählt werden.

Naturgemäß enthält jedes Angebot eine tragfähige Kalkulation und ist sowohl inhaltlich als auch rechtlich fehlerfrei. Es fasst die wichtigsten Punkte des Vorabgesprächs noch einmal zusammen und spiegelt, was dem Kaufinteressenten wichtig ist und dem Produzenten/Dienstleister hilfreich sein

kann. Das Angebot ist personifiziert und differenziert, sauber ausgepreist und schildert den Nutzen für den Gegenüber. Aus psychologischen Gründen weist es, falls machbar, drei verschiedene Varianten der Art „Basic", „erweitert" und „Premium" mit entsprechenden Preisen aus.

> *„Insgesamt geht es bei der Optimierung des Anfragemanagements nicht nur um eine perfekte Abwicklung für den Nachfrager. Gleichberechtigt und zeitlich zuerst im Zentrum steht eine möglichst genaue Typisierung des potenziellen Kunden im Hinblick auf die Ertragschancen seines Ansinnens."*

Wichtig auch an dieser Stelle: saubere Dokumentation anhand einer Checkliste, die an alle Einzelschritte und verbindlichen Vorgaben erinnert.

8. Angebotsverfolgung/Verhandlung: Generell kommt es in dieser Phase auf eine konstante Durchführung und konsequente Abwicklung an. Den größten Raum im Bereich Ziele nimmt jetzt die Behandlung von Einwänden ein. Hierbei sind Findigkeit und Fleiß gefragt. Eine einheitliche Argumentationskette zu jedem möglichen Einwand ist für den Vertrieb zu entwickeln. Oft wird hier auf die Kompetenz des Verkäufers gesetzt – mit dem Ergebnis, dass verschiedene Mitarbeiter unterschiedlich und damit verwirrend argumentieren.

Außerdem wird festgelegt, welcher Mitarbeiter wann und in welcher Form aktiv wird. Dies wiederum ist durch das Kunden-ABC bestimmt. Hier werden auch Grenzen im Umgang gezogen – was geht und was geht nicht? Eine vorgefertigte

---

Handlungsempfehlungen

- Segmentieren Sie Ihre vertriebsrelevanten Kernprozesse Neukundenakquise, Bestandskundenmanagement, Anfragemanagement, Marketing und Innovationsmanagement.
- Bestimmen Sie für jedes Segment Ziele und Konsequenzen, Verantwortlichkeiten, Tools und Checklisten.
- Bestimmen Sie Kriterien, die beim Übergang von einem Segment zum anderen erfüllt sein müssen.
- Sorgen Sie für klare Anweisungen, konsequente Umsetzung und die saubere Dokumentation aller Vorgänge.
- Erstellen Sie ein Vertriebshandbuch, das auf Wunsch durch eine Software flankiert werden kann.

Buchtipp

Vertriebspraxis Mittelstand
Leitfaden für systematisches Verkaufen
von Markus Milz
Springer/Gabler 2013
275 Seiten, 39,99 Euro, E-Book: 29,99 Euro
ISBN: 978-3658011970

Nutzenargumentation, ggf. anhand von OPAL-Fragen (Orientierungsfragen, Problemfragen, Auswirkungsfragen, Lösungsfragen), liegt vor und trifft auf die besten Ansprechpartner im Buying Center des Nachfragenden.

Wiederum wird an jedes Vorgehen und jede Muss-Technik wie etwa OPAL erinnert und deren erfolgte Anwendung formell bestätigt.

9. und 10. Projektumsetzung/After Sales: Die Elemente 9 und 10 bilden bereits den Übergang zu weiteren Phasen des Kundenkontaktes, die nur noch indirekt dem Anfragemanagement zugeordnet werden können. Wichtig sind sie des-

> *„Das Handbuch kann wahlweise zu Zwecken der Schulung, des Nachschlagens, der Vorbereitung und der Kontrolle verwendet werden."*

halb, weil an ihrer Demarkationslinie alle entscheidenden Punkte nicht nur abgearbeitet, sondern auch auf dem Laufblatt oder in der Software als erledigt abgehakt sein müssen.

Vertrieb in neuer Dimension

Im Ergebnis einer solchen Strukturierung, nicht nur des Anfragemanagements, sondern auch aller anderen Vertriebskernprozesse, liegt ein verbindliches und verständliches Vertriebshandbuch mit allen Checklisten und einem Laufzettel vor. Es enthält zum einen bewährte Standardverfahren und zum anderen individuelle Anpassungen an die Bedürfnisse des

Unternehmens. Das Handbuch kann wahlweise zu Zwecken der Schulung, des Nachschlagens, der Vorbereitung und der Kontrolle verwendet werden. Jeder alte und neue Mitarbeiter erklärt sein Commitment und verpflichtet sich, nach den Statuten des Vertriebs zu handeln. Der befürchtete Verlust an Individualität seitens der Mitarbeiter wird durch sichere Orientierung und zunehmende gemeinsame Erfolgserlebnisse kompensiert.

Zusätzlich zum Handbuch kann eine schlanke Stand-alone-Software die Prozesse begleiten, ohne aufwändig ins CRM integriert zu werden. Bei entsprechendem Engagement und angemessenen Investitionen ist sogar eine individuelle Tablet-App denkbar, die jedem Mitarbeiter im Vertrieb zur Verfügung gestellt wird.

Kerngedanken

1. In den meisten Unternehmen fehlen verbindliche definierte Prozesse im Vertrieb. Stattdessen gilt das Pi-mal-Daumen-Prinzip.
2. Strukturierte Prozesse im Vertrieb verbessern die Effektivität, Effizienz und Transparenz erheblich.
3. Verbindliche Prozesse werden gut angenommen, erleichtern Schulung und Neueinstellung, sichern das Wissen im Unternehmen und reduzieren risikoreiche Ad-hoc-Entscheidungen.
4. Investitionen in einen prozessgesteuerten Vertrieb vermeiden wenig lukrative Projekte und amortisieren sich zügig.

---

sfp Zusätzlicher Verlagsservice für Abonnenten von „Springer für Professionals | Vertrieb"

Zum Thema | Vertriebsprozesse | 🔍 Suche

finden Sie unter www.springerprofessional.de 272 Beiträge im Fachgebiet Vertrieb Stand: November 2015

Medium
- ☐ Online-Artikel (34)
- ☐ Interview (6)
- ☐ Zeitschriftenartikel (132)
- ☐ Buchkapitel (97)
- ☐ Sprachen
- ☐ Deutsch (268)
- ☐ Englisch (1)

Sprache
- ☐ Deutsch (268)
- ☐ Englisch (1)

Von der Verlagsredaktion empfohlen

Milz, M.: Effiziente Vertriebsprozesse, in: Milz, M.: Vertriebspraxis Mittelstand, Wiesbaden 2013, S. 261-267 , www.springerprofessional.de/4667758

Menthe, T., Sieg, M.: Entscheidungsfindung beim Kauf, in: Menthe, T., Sieg, M.: Kundennutzen: die Basis für den Verkauf, Wiesbaden 2013,, S. 15-34 www.springerprofessional.de/3245008

Was ein professionelles Vertriebsmanagement für Automobilzulieferer leisten muss

Warum müssen nur Entwicklung und Produktion für Wettbewerbsvorteile sorgen? Auch der Vertrieb kann vom Anforderer zum Erbringer eines echten Wertbeitrags für profitables Wachstum werden: durch einen in der Praxis entwickelten und erprobten Ansatz für ganzheitliches und systematisches Vertriebsmanagement.

Erik Reiter

Kaizen, Lean Production, Design to Cost, Total Productive Maintenance (TPM) und Total Quality Management (TQM) – viele gut durchdachte Managementansätze mit denen Unternehmen seit Jahrzehnten versuchen, die Profitabilität zu steigern. Gerade die Automobilzulieferer stehen sicherlich ganz oben, wenn es darum geht, hier Höchstleistungen zu erbringen. Doch der Vertrieb blieb bei diesen Entwicklungen immer außen vor. Wo bleibt der Anspruch an ein Total Sales Management (TSM)? Die mangelnde Professionalisierungsanforderung ist umso erstaunlicher, wenn man sich den enormen Einfluss des Vertriebs auf den Gewinn mit den Stellhebeln Preis- und Akquiseverantwortung veranschaulicht. Es reichte bisher aus ,eine gute Kundenbeziehung zu pflegen und damit war die Daseinsberechtigung erfüllt.

Erik Reiter
ist Inhaber von Reiter Consulting, Strate-
gie- und Vertriebsmanagementberatung
für Automobilzulieferer.

Veränderungen im Markt erfordern ein neues Vorgehen im Vertrieb

Erhöhte Compliance-Anforderungen und eine zunehmende Professionalisierung der Einkaufsbereiche der Automobilhersteller mit neuen Sourcing-Methoden und höheren Anforderungen an die Preistransparenz drängen die Beziehungsebene immer weiter zurück. Diese Einflüsse in Kombination mit einer ständigen Intensivierung des Wettbewerbs, einer steigenden Komplexität durch globale Marktpräsenz und revolutionär neue Technologien erfordern ein neues Vorgehen im Vertrieb.

Doch wie sieht dieses aus? Vertriebsmanagementkonzepte von der Stange funktionieren in der Automobilzuliefererindustrie nicht – dazu sind die Marktgegebenheiten zu spezifisch: Preisdruck wie in kaum einer anderen Branche, langfristige Kundenbeziehung mit relativ wenigen Kunden, lange

„Vertriebsmanagementkonzepte von der Stange funktionieren in der Automobilzuliefererindustrie nicht.“

Produktlebenszyklen bei gleichzeitig hoher Änderungsfrequenz in den technischen Produkteigenschaften, große Stückzahlen und Auftragsvolumina sind kennzeichnend. Die Kombination dieser Branchenmerkmale in Verbindung mit den erwähnten aktuellen Trends haben zwangsläufig Implikationen auf die Ausgestaltung des Vertriebsmanagements.

Der Anspruch an ein erfolgreiches Vertriebsmanagement ist es, durch Transparenz, Effizienz und Effektivität in den Prozessen einen wertvollen Beitrag zu profitablem Wachstum des eigenen Unternehmens zu leisten. Dies gelingt durch Total Sales Management (TSM), einem Vertriebsmanagement-Ansatz, der durch zwei Merkmale gekennzeichnet ist: Ganzheitlichkeit und Systematik.

Der gesamte Vertrieb im weiteren Sinne ist dazu von der Strategie-, über das Kundenbeziehungs-, Akquise-, Änderungs- und Claimmanagement zu

Erik Reiter
Reiter Consulting, Passau, Deutschland
E-Mail: Erik.Reiter@reiter.consulting

betrachten und zu strukturieren (Ganzheitlichkeitsanforderung). Ziele, Reporting, Pricing-, Organisations- und Qualifikationsinstrumente bedürfen eines systematischen Einsatzes in jedem einzelnen der vorgenannten Managementprozesse, um das Vertriebsmanagement zu professionalisieren (Systematikanforderung).

Erfolgsfaktoren für die Vertriebsmanagementprozesse

Betrachtet man die Anforderungen eine Ebene tiefer, so haben sich für die Managementprozesse folgende Erfolgsfaktoren in der Praxis gezeigt:

Strategiemanagement: Abgeleitet aus der übergeordneten Gesamtunternehmensstrategie sind im Prozess der Strategieformulierung Wachstums- und Renditeziele für die jeweiligen Geschäftsfelder die Grundlage für Vertriebsaktivitäten. Falls die Geschäftsfelder nicht ohnehin durch eine entsprechende Aufbauorganisation quasi vordefiniert sind, sind Überlegungen anzustellen, nach welchen Marktkriterien diese zu segmentieren sind. Ob dies nach Regionen, Produktgruppen oder Kunden erfolgt, kann nur unternehmensindividuell beantwortet werden und ist abhängig von der gegenwärtigen und zukünftig angestrebten Positionierung. Als hilfreich für die erfolgreiche Implementierung der Marktstrategie hat sich die Operationalisierung der Wachstumsziele durch konkrete Zielaufträge erwiesen. Dies dient gleichermaßen als Untermauerung der Realisierbarkeit der Ziele sowie auch einer Erhöhung der Umsetzungswahrscheinlichkeit durch die Schaffung von mehr Verbindlichkeit. Zur Sicherstellung einer einheitlichen und erfolgreichen Marktbearbeitung ist auf strategischer Ebene der Marketing-Mix für die Geschäftsfelder zu vereinbaren. Eine abgestimmte Preis-, Produkt-, Distributions- und Kommunikationsstrategie unterstützt dabei die Strategieimplementierung.

Akquisemanagement: Professionelles Projektmanagement für bereits nominierte Aufträge ist Standard in der Automobilzuliefererindustrie. Diese bewährten Methoden auch schon in der Akquisephase einzusetzen sind eher die Ausnahme. Die Vorteile dabei sind neben einer höheren Auftragswahrscheinlichkeit, bessere Preisabschlüsse, belastbare Businesspläne, fundierte Verträge und wesentliche Vorarbeiten für den späteren Projekt-Setup. Gerade in der Akquise ist ein strategisches und taktisches Pricing elementar für die spätere Profitabilität der Aufräge. Die in der Automobilindustrie sehr hohen Auftragsvergabesummen und die damit einhergehen-

„Der Anspruch an ein erfolgreiches Vertriebsmanagement ist es, durch Transparenz, Effizienz und Effektivität in den Prozessen einen wertvollen Beitrag zu profitablem Wachstum des eigenen Unternehmens zu leisten."

de hohe Bedeutung einzelner Aufträge für die jeweiligen Unternehmen sowie die oben bereits erwähnte Professionalisierung der Einkaufsseite machen ein perfekt organisiertes Verhandlungsmanagement zum elementaren Bestandteil erfolgreicher Akquisearbeit.

Kundenbeziehungsmanagement: Das Verstehen der Individualität in den Kundenanforderungen ist hier die Voraussetzung für ein zielgerichtetes Vorgehen. Nur wer anerkennt, dass die jeweiligen Automobilhersteller unterschiedliche Anforderungen an die Zulieferer stellen, kann hier richtig agieren. Kunden, die ein aktives Innovationsmanagement durch Auftragserteilung honorieren, sollten dementsprechend bedient werden. Selbstverständlich gilt hier auch der Umkehrschluss. Erfolgt die Auftragsvergabe ausschließlich über den Preis, muss dies Auswirkungen auf die eigenen Service- und Qualitätsstandards haben. Die Anpassung des eigenen Leistungsspektrums an die jeweiligen kundenspezifischen Lastenheftanforderungen ist hier ebenso relevant. Und ganz generell spielt für die Ausgestaltung des Kundenbeziehungsmanagements das mit dem Kunden zukünftig geplante Wachstum selbverständlich eine Rolle.

Zusammenfassung

● Der Vertrieb der Automobilzuliefererindustrie ist gezwungen, sich aufgrund externer Einflüsse (Compliance, Einkaufsprofessionalisierung) neu aufzustellen.

● Erfolgsentscheidend ist der Aufbau eines ganzheitlichen und systematischen Vertriebsmanagements.

● Der Weg zum Total Sales Management führt über einen Change-Prozess, in dem jeder einzelne Vertriebsmanagementprozess analysiert und auf Wachstum und Profitabilität ausgerichtet wird.

Änderungsmanagement: Die Königsdisziplin für Automobilzulieferer. In der technischen Umsetzung hunderter Produktänderungen in der Entwicklungsphase sind die meisten Zulieferer sehr gut aufgestellt. Doch gilt dies auch für die kaufmännische Abwicklung? Kostentransparenz bei der Flut an technischen Änderungen sicherzustellen und diese auf effiziente Art und Weise zu generieren, ist die Grundlage für Erfolg. Auf dieser Basis eine Preisbildung durchzuführen, die den Namen auch verdient, ist der nächste Schritt. Und schließlich ist absolute Prozesstransparenz erforderlich. Dies gilt sowohl für den internen Abarbeitungsstatus als auch für den externen Genehmigungsstatus. Erst diese Transparenz ermöglicht rechtzeitige Eskalation und verhindert ein Auseinanderklaffen von technischen Inhalten und zugehörigen Preisen.

Claimmanagement: Für alle vom Kunden geforderten Tätigkeiten, die außerhalb der ursprünglichen Vertragsvereinbarung liegen, gilt es, offensives Claimmangement zu betreiben. Die Margen in dieser Industrie sind zu gering, um hier dem Kunden großzügig entgegenzukommen und auf Zuruf bestimmte Dienstleistungen zu erledigen. Daher besteht der erste Schritt in einer Sensibilisierung aller mit dem Kunden in Interaktion stehenden Bereiche (Entwicklung, Logistik, Qualität), dass Leistungen nur auf entsprechender Vertragsgrundlage erbracht werden. Hier kommt dem Vertrieb eine wichtige Rolle zu: Er entscheidet, ob es sich um einen Vertragsbestandteil oder eine Zusatzdienstleistung handelt. Sind die Vorgänge erst einmal als solche erkannt, gilt es auch hier, eine saubere Kostenbasis für die entsprechenden Angebote zu haben. Im Claimmangement ist die transparente Verfolgung der offenen Vorgänge bis zum Zahlungszeitpunkt mindestens so wichtig, wie vorher beim Änderungsmanagement erwähnt.

Den Vertrieb systematisch steuern und strukturieren

Für nachhaltige Ergebnisse im Vertriebsmanagement ist eine systematische Herangehensweise essenziell. Dazu dienen die im Folgenden dargestellten fünf Erfolgsbausteine:

1. **Ziele:** So offensichtlich es sein mag, so wichtig ist es, dass jedes einzelne Ziel einen klaren Fokus auf Wachstum und Profit hat. Hier ist der Bezug zu den oben beschriebenen Managementprozessen selbstredend. Sind diese Ziele qualitativ definiert, gilt es in der Quantifizierung, Widerspruchsfreiheit zu erzeugen. Und dies in zwei Dimensionen: Zum einen in einer stringenten Kaskadierung von der Unternehmensspitze über die Bereiche und Abteilungen bis zum einzelnen Mitarbeiter. Zum anderen aus der Perspektive der jeweiligen Geschäftsfelder und der zugehörigen einzelnen Aufträge. Beide Perspektiven sind aufeinander abzustimmen, um nicht über die Ziele zu diskutieren, sondern an den Beiträgen zur Zielerreichung zu arbeiten. Ziele liefern nur dann einen positiven Steuerungsbeitrag, wenn mit diesen aktiv gearbeitet wird. Dies geschieht am einfachsten durch eine Institutionalisierung in den monatlichen Managementmeetings.

2. **Reporting:** Transparenz für jeden einzelnen der oben angeführten Managementprozesse zeichnet ein professionelles Vertriebsmanagementsystem aus und ist elementar für die erfolgreiche Steuerung. Transparenz bei der strategischen Ausrichtung und den aktuellen Akquiseaktivitäten hilft nicht nur dem Vertrieb, sondern allen anderen Bereichen für ihre Planungen. Hierbei kommt dem Vertriebsmanagement eine wichtige Informationsfunktion zu. Besonders in der Automobilzuliefererindustrie ist das Wissen über die Rentabilität einzelner Aufträge und in der

„Als hilfreich für die erfolgreiche Implementierung der Marktstrategie hat sich die Operationalisierung der Wachstumsziele durch konkrete Zielaufträge erwiesen."

Aggregation der Geschäftsfelder von existentieller Bedeutung. Es gilt hierbei zu erwähnen, dass hier nicht die kurzfristige Rückwärtsbetrachtung (sogenannte Nachkalkulation) gemeint ist, sondern nur eine über den gesamten Produktlebenszyklus kostenrechnerische Darstellung Sinn ergibt. Nur so ist eine solide Entscheidungsgrundlage in Global Sourcings für existierende Aufträge oder für die zukünftige strategische Portfoliogestaltung vorhanden.

3. **Pricing:** Bei diesem wichtigen Instrument für den Vertrieb gilt es, sich nicht von aktuellen Marktgegebenheiten oder aktuellen Kundenforderungen reaktiv treiben zu lassen. Ein systematischer, proaktiver Ansatz auf strategischer und taktischer Ebene hat oberste Priorität. Erhebliche Auswirkung auf die spätere Profitabilität hat die Entscheidung, ob man mit Cost-Plus, Value-based-Pricing oder zu Grenzkosten in den Markt geht. Die eigene Marktposition, die wiederum wesentlich bestimmt wird durch die Alleinstellung der an-

gebotenen Produkte, gibt hierfür eine erste Orientierung. Das Vorgehen bei der Preissetzung ist auch abhängig davon, ob die Preise im Akquise-, Änderungs- oder Claimmanagement gebildet werden. Hier kann eine Differenzierung durchaus gewinnbringend sein, da man im Änderungs- und Claimmanagement im Gegensatz zur Akquisesituation im Regelfall nicht mehr mit Wettbewerbsangeboten konfrontiert ist. Als weitere Dimension sind kunden-/regionen- und produktgruppenspezifische Preisdifferenzierungen mit ins Kalkül zu ziehen, um für das Unternehmen die maximal mögliche Rendite zu erzielen. Ebenso erfordern die vom Einkauf der Kunden initiierten Jahrespreis- und Global Sourcingverhandlungen für Bestandsgeschäft ein strategisches und taktisches Durchdenken der preislichen Handlungsspielräume. Wesentlich für die preislichen Entscheidungen sind dabei mehrere Parameter:

• das Verhalten des Einkaufs in der Vergangenheit – hat er wirklich den Lieferantenwechsel vollzogen oder nur damit gedroht?

• die eigenen Gegenargumentationsmöglichkeiten bei Preisforderungen des Einkaufs

• die Wettbewerbssituation und eigene Marktposition

• die Möglichkeit, im Rahmen der Preisverhandlung über Bestandsgeschäft, Neugeschäft für die Zukunft zu gewinnen

Vor allem der letzte Punkt stellt eine interessante Chance dar, denn so entstehen aus Preiszugeständnissen, die den

Einkauf des Kunden befriedigen, Neuaufträge, die dem eigenen Unternehmen nutzen – eine klassische Win-win-Situation wird geschaffen.

4. **Organisation:** Bevor man über die Aufstellung des Vertriebs spricht, stellt sich zunächst die Frage welche Aufgabeninhalte gehören überhaupt zum Vertrieb. Man kann zeigen, dass es für den Automobilzulieferer sinnvoll ist, dass Kalkulationen, Markt- und Preisstrategien sowie die Preis-

„Transparenz bei der strategischen Ausrichtung und den aktuellen Akquiseaktivitäten hilft nicht nur dem Vertrieb, sondern auch allen anderen Bereichen für ihre Planungen.“

hoheit sinnvollerweise in der Funktion Vertrieb anzusiedeln sind. Aufgrund des bereits erwähnten überragenden Einflusses des Vertriebs auf das Unternehmensergebnis im Vergleich zu den durch den Vertrieb verursachten Kosten ist bei der organisatorischen Ausgestaltung der Fokus verstärkt auf die Effektivität in Bezug auf Wachstum und Profitgenerierung zu legen. Die typischen Fragestellungen sind: Ordnungskriterium Kunde, Produkt oder Region und auf welcher Ebene? Will man den Vertrieb in der Zentrale haben oder Key Accounter vor Ort und wie bindet man diese dann entsprechend ein? Wichtig für die organisatorische Aufstellung ist, dass dies kein zufälliges oder historisch gewachsenes Ergebnis sein darf, sondern Resultat einer detaillierten Analyse sein muss, die neben Marktgegebenheiten, die aktuelle und zukünftig geplante Positionierung des Unternehmens und auch die Aufstellung der anderen Funktionen zu berücksichtigen hat. Für die ablauforganisatorischen Prozesse gilt: eine klare, einfache Struktur und Beschreibung, mit eindeutigen Rollen ist erfolgsrelevant.

5. **Qualifikation:** Es wurde bereits erwähnt, dass die persönliche Beziehungsebene eine weniger dominante Rolle für den Vertriebserfolg in der Automobilindustrie spielt, als dies früher der Fall war. Dies und die zunehmende Professionalisierung des Kundeneinkaufs hat natürlich Folgen für das Qualifikationsprofil der eigenen Mitarbeiter. Um den Anforderungen der Zukunft gerecht zu werden, sind vorwiegend analytische, strategische und interkulturelle

---

Kerngedanken

1. Wettbewerbsvorteile nur aus der Entwicklung und Produktion zu generieren, reichen nicht mehr – auch der Vertrieb ist gefordert, einen Wertbeitrag zu liefern.

2. Der Einkauf des Kunden ist perfekt aufgestellt – die gleiche Anforderung gilt für den Vertrieb, um wettbewerbsfähig zu bleiben.

3. Professionelles Vertriebsmanagement muss ganzheitlich und systematisch sein, um zu profitablem Wachstum zu führen.

4. Transparenz bei der Strategie- & Akquiseplanung, den Entscheidungsgrundlagen, der Performancemessung und in den Prozessen gilt als Erfolgsfaktor.

5. Wer sich frühzeitig auf den Weg zum Total Sales Management (TSM) macht, wird sich einen nachhaltigen Vorteil gegenüber dem Wettbewerb verschaffen.

Handlungsempfehlungen

• Schaffen Sie eine Vertriebskultur, in der jede Handlung sowohl auf Wachstum als auch auf Profit ausgerichtet ist.

• Bauen Sie ein ganzheitliches und systematisches Strategie- und Vertriebsmanagement auf, mit dem Sie planen, entscheiden, umsetzen und führen können.

• Stellen Sie Führungskräfte und Mitarbeiter ein, die den Prozess hin zum Total Sales Management (TSM) unterstützen und vorantreiben.

• Entwickeln Sie Ihre Mitarbeiter und Prozesse mit höchstem Professionalitätsanspruch kontinuierlich weiter, um mit dem Einkauf der Kunden und dem Wettbewerb auf Augenhöhe zu agieren.

• Beweisen Sie Ihrer Organisation, dass die Steuerung des Unternehmens aus der Marktperspektive zum Erfolg führt.

Kompetenzen gefragt. Neben der Mitarbeiterauswahl ist ein systematisches Training der Mitarbeiter ebenso von Bedeutung. Es ist sinnvoll, hier auf den individuellen Wissensstand der Mitarbeiter einzugehen. Benötigt man für die direkt von der Hochschule kommenden Mitarbeiter ein „Bootcamp", in dem man die Grundlagen der Industrie vermittelt, sind für die erfahrenen Mitarbeiter Trainings zu neuen Produkten und zur kontinuierlichen Optimierung der Verhandlungskompetenz erfolgversprechend. Ein mehrstufiges Trainingskonzept, auch in der Interaktion mit dem firmeneigenen Einkauf hat sich dabei in der Praxis bewährt. Darüber hinaus gehört zu einer systematischen Qualifikation die Nutzung von Instrumenten des Wissensmanagements.

Der Weg zum Total Sales Management (TSM)

Die Vorreiter der Branche haben die Bedeutung des Vertriebs längst erkannt und haben wichtige Schritte auf dem Weg zu einem professionellen Vertriebsmanagement getan. Notwendig dazu ist zunächst die Erkenntnis der Unternehmensspitze, dass der Vertrieb eine – oder zukünftig vielleicht sogar die – erfolgskritische Funktion für den Fortbestand des Unternehmens ist. Hier wird entschieden, in welchen Märkten, mit welchen Produkten und mit welchen Preisen man als Unternehmen tätig ist. Dies sollte genug Motivation sein, um das Ziel eines durchgängigen Total Sales Managements anzustreben. Die durchaus anspruchsvollen Schritte dorthin sind mit einem systematischen Change-Prozess zu begleiten, damit sich am Ende der gewünschte Erfolg auch einstellt. (Neue) Führungskräfte und Mitarbeiter, die den Wandel mittragen, Projekte, die die Prozesse neu strukturieren, IT-Systeme, die die neuen Abläufe verankern, sind wesentliche Maßnahmen auf diesem Weg.

Fazit

Professionelles Vertriebsmanagement – oder anders ausgedrückt, das Führen des Unternehmens aus der Marktperspektive – wird die Unternehmen zu nachhaltigem Erfolg führen. Die sich wandelnden Marktanforderungen werden immer mehr Unternehmen dazu bewegen, diesen Schritt zu gehen. Wer sich frühzeitig auf diesen Weg macht und den Vertrieb ganzheitlich und systematisch neu strukturiert, wird sich einen nachhaltigen Vorteil gegenüber dem Wettbewerb verschaffen.

SfP Zusätzlicher Verlagsservice für Abonnenten von „Springer für Professionals | Vertrieb"

Zum Thema | Vertriebsmanagement | 🔍 Suche

finden Sie unter www.springerprofessional.de 218 Beiträge im Fachbereich Vertrieb   Stand: November 2015

Medium
☐ Online-Artikel (35)
☐ Interview (3)
☐ Zeitschrift (1)
☐ Zeitschriftenartikel (114)
☐ Buch (1)
☐ Buchkapitel (61)

Sprache
☐ Deutsch (215)

Von der Verlagsredaktion empfohlen

Albers, S., Krafft, M.: Die zentralen Trends im Vertriebsmanagement von morgen, in Sales Management Review Nr. 11/2013, Wiesbaden 2013, S. 36-45, www.springerprofessional.de/4954496

Haas, A., Stübinger, N.: Bedeutung effektiver Vertriebsführung, in: Haas A., Stübinger, N.: Erfolgreiche Vertriebsführung, Wiesbaden 2014 S. 1-2, www.springerprofessional.de/5267144

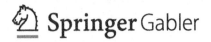

Service

Buchrezension

Matthew Dixon, Brent Adamson

The Challenger Sale

Kunden herausfordern und erfolgreich

überzeugen

Redline Verlag, 1. Auflage

München 2015, 288 Seiten,

39,99 Euro,

ISBN: 978-3-86881-585-6

Herausforderung Vertrieb

Kernthese

„Verkäufer, die die Kunden mit neuen Erkenntnissen und Einsichten herausfordern, statt nur Lösungen anzubieten oder Beziehungen zu pflegen, sind die erfolgreichsten."

Nutzen für die Praxis

Das Buch zeigt, dass die wahren Spitzenverkäufer „Challenger" sind und verrät, was einen Challenger ausmacht und wie Vertriebsmitarbeiter Challenger werden können. Außerdem hilft es dem Vertriebsmanagement und den Vertrieblern, selber ihr Profil zu analysieren und gezielt zu verändern, um am Ende kreativer und besser zu sein.

Abstract

Massive Veränderungen im Kaufverhalten der Kunden führen dazu, dass der bisher erfolgreiche Vertrieb mit alleinigem Fokus auf Beziehungen überholt ist. Aufgrund von Änderungen in den Beschaffungs- und Einkaufsabteilungen sind im Durchschnitt fast 60 Prozent der Kundenentscheidungen bereits getroffen, wenn die Verantwortlichen in Kontakt mit einem Sales-Team oder einem Vertriebsmitarbeiter kommen. Folglich spricht das Vertriebsteam vor allem über die Preisgestaltung im Rahmen der herkömmlichen Verkaufspraktiken von heute. Das bedeutet, dass eine neue Vertriebsstrategie entwickelt werden muss, ähnlich dem Durchbruch des „Solution Sales" vor 30 Jahren. „The Challenger Sale" zeigt einen echten Paradigmenwechsel im Vertrieb auf. Das Buch basiert auf einer weltweiten langfristigen Studie von CEB, die zu dem Schluss kommt, dass herkömmliche Verkaufsmethoden kein Wachstum mehr gewährleisten können, selbst in einem wirtschaftlich guten Klima. Mit dem „Challenger" wurde eine neue Typologie von erfolgreichen Vertriebsmitarbeitern und -strategen identifiziert: Die besten Verkäufer versuchen demnach nicht nur einfach eine gute Beziehung zu ihren Kunden aufzubauen – sie stellen primär die Denkweisen und Überzeugungen ihrer Kunden in Frage und fordern sie mit neuen Erkenntnissen heraus. Damit erzielen sie laut CEB-Studie erhebliche Zuwachsraten im B2B-Bereich. Die Studie zeigt zudem, dass die Verhaltensweisen, die den Challenger so erfolgreich machen, replizierbar und strukturiert vermittelbar sind. Die Autoren erklären, wie fast jeder Verkäufer, ausgestattet mit den richtigen Werkzeugen, diesen Ansatz erfolgreich umsetzen kann und so höhere Kundenbindung und letztendlich mehr Wachstum generiert.

Veranstaltungen

Veranstaltungen zum Thema Vertrieb

Datum	Event	Thema	Ort	Veranstalter/Website
16.02.2016 - 17.02.2016	German CRM forum	Das German CRM forum ist seit Jahren der Treffpunkt für CRM-Verantwortliche. Das 6. German CRM forum findet am 16./17. Februar 2016 unter dem Motto „Creating Customer Value" in München statt.	München	Succus GmbH, Wirtschaftsforen, Wien www.germancrmforum.de
17.02.2016 - 18.02.2016	Westdeutscher Vertriebskongress 2016	Der 4. Westdeutsche Vertriebskongress bietet wieder fundiertes Erfolgswissen für das B2B-Vertriebsmanagement: Der erste Veranstaltungstag steht unter dem Motto „Effektive Vertriebssteuerung und Vertriebscontrolling", am zweiten Tag geht es um das Thema „CRM erfolgreich einführen und einsetzen".	Mönchengladbach	Gesellschaft für Kongressmanagement Köhler-Lürssen GmbH www.westdeutscher-vertriebskongress.de
01.03.2016 - 02.03.2016	Internet World 2016: Die E-Commerce Messe	Die Messe Internet World München ist die E-Commerce Messe und das Event für Internet-Professionals und Treffpunkt für Entscheider auf Anbieter- und Anwenderseite.	München	Neue Mediengesellschaft Ulm mbH 2015 www.internetworld-messe.de
09.03.2016	Sales Marketing Messe	Die Sales-Marketing-Messe München gibt Impulse für Firmenchefs, Marketing- und Vertriebsleiter, PR-Chefs und Agenturen, wie sie ihre Umsatzziele erreichen können. Begleitend zur Messe informieren Experten über die neuesten Erkenntnisse und Strategien im Sales-Marketing.	München	NETCOMM GmbH, München www.sales-marketing-messe.de
07.04.2016 - 08.04.2016	Neosales 39. Vertriebsleiter Kongress	Gerade der Vertrieb steht ständig vor neuen Herausforderungen, muss sich deshalb permanent neu definieren und auf komplexer werdende neue Marktanforderungen reagieren. 2016 steht der Vertriebsleiter Kongress deshalb auch ganz im Zeichen top-aktueller und zukunftsweisender Themen sowie hochkarätiger Speaker.	München	Haufe Akademie GmbH & Co. KG – DVS www.neosales.de

Der Ausgleichsanspruch bei Franchisenehmern

Der Bundesgerichtshof hat seine Rechtsprechung zu den Voraussetzungen für eine analoge Anwendung des § 89 b HGB im Franchiserecht fortgeführt.

Der Ausgleichsanspruch gemäß § 89 b HGB ist eines der zentralen Themen im Handelsvertreterrecht. Anerkannt ist, dass die Norm auch auf andere selbstständig tätige Vertriebsmittler angewendet werden kann, wenn die so genannten Analogievoraussetzungen vorliegen. In einem Urteil vom 5. Februar 2015 – VII ZR 109/13 beschäftigt sich der BGH mit der Frage, inwieweit diese Analogievoraussetzungen auch bei einem Franchisevertragsverhältnis vorliegen müssen.

Das beklagte Unternehmen betreibt eine Bäckereikette mit über 930 Bäckereien in Deutschland. Von diesen Bäckereien werden über 90 Prozent von Franchisepartnern geführt. Auch der Franchisepartner, dessen Ausgleichsanspruch im konkreten Fall in Streit stand, betrieb auf Basis zweier Franchiseverträge zwei Backshops und verkaufte dort Backwaren im eigenen Namen und auf eigene Rechnung. Eine vertragliche Regelung, nach der der Franchisepartner nach Beendigung der Franchiseverträge zur Übertragung des Kundenstamms oder zur Übermittlung von Kundendaten verpflichtet war, bestand nicht. Er war allerdings verpflichtet, die Geschäftsräume der beiden Backshops nach Vertragsbeendigung zurückzugeben.

Nach Beendigung der beiden Franchiseverträge wurden Ausgleichsansprüche geltend gemacht. Diese bestanden jedoch nach Ansicht des BGH und der Vorinstanzen nicht. Die Klage wurde dementsprechend abgewiesen.

Analogievoraussetzungen

Der BGH wiederholte zunächst, dass nach seiner Rechtsprechung § 89 b HGB grundsätzlich auch auf andere im Vertrieb tätige Personen entsprechend anwendbar sein könne. Dies gelte insbesondere für Vertragshändler.

Die auf Handelsvertreter zugeschnittene Bestimmung des § 89b HGB sei auf Vertragshändler entsprechend anzuwenden, wenn

Dr. Michael Wurdack
ist Rechtsanwalt und Partner der seit 40 Jahren auf Vertriebsrecht spezialisierten Kanzlei Küstner, v. Manteuffel & Wurdack in Göttingen. Telefon. +49 (0)551/49 99 60 E-Mail: kanzlei@vertriebsrecht.de Weitere Informationen, aktuelle Urteile und Seminarangebote rund ums Vertriebsrecht finden Sie auf der Kanzlei-Homepage: www.vertriebsrecht.de

• sich das Rechtsverhältnis zwischen dem Vertragshändler und dem Hersteller oder Lieferanten nicht in einer bloßen Käufer-Verkäufer-Beziehung erschöpfe, sondern der Vertragshändler in der Weise in die Absatzorganisation des Herstellers oder Lieferanten eingegliedert gewesen sei, dass er wirtschaftlich in erheblichem Umfang dem Handelsvertreter vergleichbare Aufgaben zu erfüllen hatte (Analogievoraussetzung I = Einbindung in die Absatzorganisation) und

• der Vertragshändler außerdem verpflichtet sei, dem Hersteller oder Lieferanten seinen Kundenstamm zu übertragen, so dass sich dieser bei Vertragsende die Vorteile des Kundenstamms sofort und ohne Weiteres nutzbar machen könne (Analogievoraussetzung II = Pflicht zur Übertragung des Kundenstamms).

Die Verpflichtung des Vertragshändlers zur Übertragung des Kundenstamms müsse sich dabei nicht ausdrücklich und unmittelbar aus dem schriftlichen Händlervertrag ergeben;

sie könne auch aus anderen, dem Vertragshändler auferlegten Pflichten folgen.

Wichtig: Eine bloß faktische Kontinuität des Kundenstamms rechtfertige hingegen eine entsprechende Anwendung des § 89b HGB im Vertragshändlerverhältnis nicht.

Der Bundesgerichtshof hatte bislang stets offengelassen, ob § 89b HGB im Franchiseverhältnis ebenso wie im Vertragshändlerverhältnis analog anwendbar ist. Auch im Streitfall ließ er die Frage letztlich unentschieden, da jedenfalls die erforderlichen Analogievoraussetzungen nicht erfüllt seien:

Verpflichtung zur Übertragung des Kundenstamms

Der Franchisenehmer, der im eigenen Namen und für eigene Rechnung handele, besorge – anders als der Handelsvertreter – mit der Werbung eines Kundenstamms primär ein eigenes, kein fremdes Geschäft. Daran ändere nichts, dass Franchisenehmer im Außenverhältnis gegenüber den Kunden meist nicht unter eigenem Kennzeichen, sondern unter dem des Franchisesystems in Erscheinung treten würden.

Ein vom Franchisenehmer geworbener, im Wesentlichen anonymer Kundenstamm sei daher nach Vertragsbeendigung für den Franchisegeber nicht ohne Weiteres nutzbar. Die tatsächliche Möglichkeit für den Franchisegeber, einen solchen Kundenstamm nach Vertragsende zu nutzen, sei insbesondere dann eingeschränkt, wenn der Franchisenehmer am selben Standort – beispielsweise unter eigenem Kennzeichen – weiterhin ein Geschäft betreiben könne und von dieser Möglichkeit Gebrauch mache.

Wichtig: Soweit der Franchisenehmer verpflichtet sei, die Geschäftsräume nach Vertragsbeendigung an den Franchisegeber oder einen Dritten herauszugeben, rechtfertige die sich daraus für den Franchisegeber ergebende Möglichkeit, diese Räume an einen neuen Franchisenehmer zu übergeben oder dort selbst ein entsprechendes Geschäft zu betreiben, eine entsprechende Anwendung des § 89b HGB nicht. Nach der gesetzlichen Wertung komme bei der Rückgabe eines Pachtgegenstands ein etwaiger Wertzuwachs dem Verpächter zu; für einen solchen Wertzuwachs könne der Pächter keinen Ausgleich verlangen. Durch die den Franchisenehmer treffende Pflicht, die Geschäftsräume nach Vertragsbeendigung herauszugeben, werde der Schutzbereich des § 89 b HGB dementsprechend nicht berührt.

Die entsprechende Anwendung des § 89b HGB bei Franchiseverträgen, die ein anonymes Massengeschäft betreffen, könne auch nicht mit der Erwägung gerechtfertigt werden,

Zusammenfassung

● Es bleibt nach wie vor offen, ob § 89 b HGB im Franchisevertragsverhältnis überhaupt analog angewendet werden kann.

● Jedenfalls müsste die so genannte Analogievoraussetzung II, das heißt die Verpflichtung zur Übertragung des Kundenstamms, im konkreten Fall erfüllt sein.

● Bei Franchiseverträgen, die ein im Wesentlichen anonymes Massengeschäft betreffen, rechtfertigt eine bloß faktische Kontinuität des Kundenstamms eine entsprechende Anwendung der auf Handelsvertreter zugeschnittenen Bestimmung des § 89 b HGB nicht.

dass das Erfordernis einer Verpflichtung zur Übertragung des Kundenstamms bei solchem Geschäft sinnlos wäre. Auch wenn dies zutreffen sollte, ändere sich nichts daran, dass bei bloß faktischer Kontinuität des Kundenstamms keine hinreichende Ähnlichkeit der Interessenlage mit derjenigen des Handelsvertreters bestehe.

Fazit

Auch der jetzt für das Handelsvertreterrecht zuständige 7. Senat des BGH bekräftigt die bisherige Linie des 8. Senats und hält trotz Kritik in der rechtswissenschaftlichen Literatur an dem Erfordernis einer rechtlichen Verpflichtung zur Kundenstammübertragung als Analogievoraussetzung fest. Praktisch dürfte es damit nahezu unmöglich sein, in Bereichen mit anonymen Massengeschäften einen Ausgleichsanspruch von Franchisenehmern zu begründen: Die rechtliche Verpflichtung zur Übertragung eines solchen anonymen Kundenstammes wäre in der Tat sinnlos.

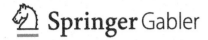

Dienstleisterverzeichnis

**Präsentieren Sie Ihr
Unternehmen.**

SfP www.springer für Professionals

Beitrag des Monats

Entlohnung im Vertrieb an Unternehmensziele koppeln

Wenn Vergütungssysteme den Charakter von Führungs- und Steuerungsinstrumenten haben, kommt es darauf an, die Mitarbeiter in genau diese Ziele einzubinden. Die Unternehmensziele müssen auf den einzelnen Mitarbeiter oder das einzelne Team heruntergebrochen werden. In diesem Zusammenhang muss wiederum darauf geachtet werden, dass für den jeweiligen Mitarbeiterkreis nur diejenigen Leistungskriterien beziehungsweise Ziele ausgewählt werden, die von ihm auch beeinflusst werden können. Dabei muss im Einzelfall hinterfragt werden, welche Leistungsmöglichkeiten beim einzelnen Mitarbeiter beziehungsweise beim Mitarbeiterkreis liegen, wie Springer-Autor Heinz-Peter Kieser in seinem Buch „Variable Vergütung im Vertrieb" erläutert.

SfP * *www.springerprofessional.de/5964908*

Weitere meistgeklickte Beiträge

Funktionierende Bonussysteme einführen
SfP * *www.springerprofessional.de/5008910*
Online-Handel birgt sowohl Chancen als auch Risiken
SfP * *www.springerprofessional.de/5012456*
Online-Shops müssen mit Infos punkten
SfP * *www.springerprofessional.de/4401816*
Die Macht der Buying Center
SfP * *www.springerprofessional.de/4964238*

Das Wissensportal Springer für Professionals

Alle Beiträge und Literaturtipps im Heft, die mit **SfP** gekennzeichnet sind, sind für Abonnenten des Portals Springer für Professionals im Volltext unter www.springerprofessional.de frei zugänglich. Abonnenten dieser Zeitschrift können das Portal drei Monate kostenfrei unter Angabe des Aktionscodes C0006818 testen und danach zum Vorzugspreis beziehen.

 www.springerprofessional.de/fachzeitschriften/

Empfehlung des Monats

Die Wünsche anspruchsvoller Kunden kennen

Die Ergebnisse einer SurveyMonkey-Studie machen deutlich, dass die Deutschen sich durchaus über die hohe Bedeutung der Kundenzufriedenheit bewusst sind. Fast zwei Drittel der Beschäftigten in Deutschland sind demnach davon überzeugt, dass Kunden heute anspruchsvoller als noch vor ein paar Jahren sind. Und mehr als die Hälfte ist sich sicher, dass es für deutsche Unternehmen heute üblich ist, die Wünsche ihrer Kunden herauszufinden.

SfP * *www.springerprofessional.de/5817986*

Channel-Hopping zur Umsatzsteigerung nutzen

Kunden informieren sich zunehmend im Netz, bevor sie im Laden kaufen. Die Chancen, die sich aus der veränderten Customer Journey ergeben, werden vom Handel jedoch noch nicht ausreichend genutzt. Dabei bietet die Digitalisierung dem Händler enorme Chancen zur Umsatzsteigerung – wenn er bereit ist, die zunehmende Diskrepanz zwischen Kundenerwartung und eigener Geschäftsrealität zu überwinden. Entscheidend ist, wie Einzelhändler digitale Technologien einsetzen, um dem Kunden ein optimales Kauferlebnis zu ermöglichen.

SfP * *www.springerprofessional.de/5827296*

Thema der nächsten Ausgabe:

Digitalisierung im Vertrieb

Der digitale Vertrieb ist längst Normalität. Nicht nur die Automatisierung der Vertriebsprozesse infolge der Implementierung von Tools bietet dem „Vertrieb 4.0" neue Chancen – auch die sich rasant entwickelnden Möglichkeiten elektronischer Vertriebskanäle wie Mobile-Commerce und Multi-Channel-Vertrieb haben Unternehmen in kurzer Zeit Märkte geöffnet und den Zugang zu Kundengruppen beschert, die bisher kaum zu erreichen waren. Doch es gibt auch kritische Blicke auf die digitale Entwicklung: Wird zum Beispiel der Außendienst auf der Strecke bleiben? Und ist die schöne neue Vertriebswelt wirklich das goldene Tor zu den oft prognostizierten Wachstums- und Produktivitätschancen? Antworten auf diese Fragen lesen Sie in Ausgabe 1/2016.

Impressum

Sales Management Review
Zeitschrift für Vertriebsmanagement
www.salesmanagementreview.de
Ausgabe 6/2015 | 24. Jahrgang
ISSN 1865-6544

Verlag
Springer Gabler
Springer Fachmedien Wiesbaden GmbH
Abraham-Lincoln-Straße 46
65189 Wiesbaden
www.springer-gabler.de
Amtsgericht Wiesbaden | HRB 9754
USt-IdNr. DE811148419

Geschäftsführer
Armin Gross | Joachim Krieger |
Dr. Niels Peter Thomas

Gesamtleitung Magazine
Stefanie Burgmaier

Redaktion
Verantwortliche Redakteurin
Gabi Böttcher
Tel.: +49 (0)611 7878-220
gabi.boettcher@springer.com

Anzeigen und Produktion
Gesamtleitung Anzeigen und Märkte
Armin Gross
Gesamtleitung Produktion
Dr. Olga Chiarcos
Verkaufsleitung Anzeigen
Eva Hanenberg
(verantwortlich für den Anzeigenteil)
Tel.: +49 (0)611 7878-226
Fax: +49 (0)611 7878-783226
eva.hanenberg@best-ad-media.de
Anzeigendisposition
Susanne Bretschneider
Tel.: +49 (0)611 7878-153
Fax: +49 (0)611 7878-443
susanne.bretschneider@best-ad-media.de
Anzeigenpreise: Es gelten die Mediainformationen vom 01.10.2015
Produktmanagement
Melanie Engelhard-Gökalp
Tel.: +49 (0)611 7878-315
melanie.engelhard-goekalp@springer.com

Alle angegebenen Personen sind, soweit nicht ausdrücklich angegeben, postalisch unter der Adresse des Verlags erreichbar.

Titelbild
Malte Knaack
mknaack@malteknaack.com

Sonderdrucke
Martin Leopold
leopold@medien-kontor.de
Tel.: +49 (0)2642 9075-96
Fax: +49 (0)2642 9075-97

Satz
K&M, Wiesbaden

Leserservice
Springer Customer Service Center GmbH
(SCSC) | Springer Gabler-Service
Haberstr. 7 | D-69126 Heidelberg
Telefon: +49 (0)6221 345-4303
Fax: +49 (0)6221 345-4229
Montag – Freitag 8.00 – 18.00 Uhr
springergabler-service@springer.com

Druck
Kliemo Printing AG
Hütte 53 | 4700 Eupen, Belgien

Wissenschaftlicher Beirat
Prof. Dr. Ove Jensen
WHU – Otto Beisheim School of Management, Vallendar
Prof. Dr. Manfred Klarmann
Karlsruhe Institute of Technology (KIT)
Prof. Dr. Manfred Krafft
Wilhelms-Universität Münster
Prof. Dr. Dirk Zupancic
German Graduate School of Management
& Law (GGS), Heilbronn

Bezugsmöglichkeit
Das Heft erscheint sechsmal jährlich. Bestellmöglichkeiten und Details zu den Abonnementbedingungen finden Sie unter http://www.mein-fachwissen.de/SMR
Alle Rechte vorbehalten.

Nachdruck
Die Zeitschrift sowie alle in ihr enthaltenen einzelnen Beiträge einschließlich sämtlicher Abbildungen, Grafiken und Fotos sind urheberrechtlich geschützt. Sofern eine Verwertung nicht ausnahmsweise ausdrücklich vom Urheberrechtsgesetz zugelassen ist, bedarf jedwede Verwertung eines Teils der

Oktober 2015 www.springerprofessional.de

CRM Report

EXTRAAUSGABE 01 | 2015

CRM gestern, heute und morgen • Der Weg zum optimalen CRM im Mittelstand • Übersicht CRM-Anbieter

CRM-Trendreport
CRM gestern, heute und morgen

Springer Gabler

CRM Report 2015

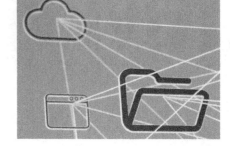

Service

Impressum

CRM Report
Sonderpublikation
Ausgabe 2015

Verlag
Springer Gabler
Springer Fachmedien Wiesbaden GmbH
Abraham-Lincoln-Straße 46
65189 Wiesbaden
www.springer-gabler.de
Amtsgericht Wiesbaden | HRB 9754
USt-IdNr. DE811148419

Geschäftsführer
Armin Gross | Joachim Krieger |
Dr. Niels Peter Thomas

Gesamtleitung Magazine
Stefanie Burgmaier

Redaktion
Verantwortliche Redakteurin
Gabi Böttcher
Tel.: +49 (0)611 7878-220
gabi.boettcher@springer.com

Anzeigen und Produktion
Gesamtleitung Anzeigen und Märkte
Armin Gross

Gesamtleitung Produktion
Dr. Olga Chiarcos

Verkaufsleitung Anzeigen
Eva Hanenberg
(verantwortlich für den Anzeigenteil)
Tel.: +49 (0)611 7878-226
Fax: +49 (0)611 7878-783226
eva.hanenberg@best-ad-media.de

Anzeigendisposition
Susanne Bretschneider
Tel.: +49 (0)611 7878-153
Fax: +49 (0)611 7878-443
susanne.bretschneider@best-ad-media.de
Anzeigenpreise: Es gelten die Mediainfor-
mationen vom 01.10.2014

Produktmanagement
Melanie Engelhard-Gökalp
Tel.: +49 (0)611 7878-315
melanie.engelhard-goekalp@springer.com

Alle angegebenen Personen sind, soweit
nicht ausdrücklich angegeben, postalisch
unter der Adresse des Verlags erreichbar.

Layout und Produktion
K&M, Wiesbaden

Titelbild
© vege/Fotolia.com

Sonderdrucke
Martin Leopold
leopold@medien-kontor.de
Tel.: +49 (0)2642 9075-96
Fax: +49 (0)2642 9075-97

Leserservice
Springer Customer Service GmbH
Springer Gabler-Service
Haberstr. 7 | D-69126 Heidelberg
Telefon: +49 (0)6221 345-4303
Fax: +49 (0)6221 345-4229
Montag – Freitag 8.00 Uhr – 18.00 Uhr
springergabler-service@springer.com

Druck
Phoenix Print GmbH
Alfred-Nobel-Straße 33
97080 Würzburg

Bezugsmöglichkeit
Der CRM Report erscheint als jährliche Sonderpublikation. Bestell-Fax: 0611/7878-
412. Schutzgebühr: 20 Euro. Abonnenten
der Zeitschriften Sales Management Review,
Wirtschaftsinformatik & Management und
Bankmagazin erhalten ein Exemplar des
CRM Reports kostenlos. Abonnenten der On-
line-Plattform Springer für Professionals haben kostenlos Zugriff auf den CRM Report in
elektronischer Form.

Nachdruck
Die Zeitschrift sowie alle in ihr enthaltenen
einzelnen Beiträge einschließlich sämtlicher
Abbildungen, Grafiken und Fotos sind urheberrechtlich geschützt. Sofern eine Verwertung nicht ausnahmsweise ausdrücklich
vom Urheberrechtsgesetz zugelassen ist,
bedarf jedwede Verwertung eines Teils der
Zeitschrift der vorherigen schriftlichen Zustimmung des Verlages. Das gilt insbeson-

dere für Vervielfältigungen, Nachdrucke, Be-
arbeitungen, Übersetzungen, Mikroverfil-
mungen, öffentliche Zugänglichmachung
sowie die Einspeicherung in elektronischen
Systemen und die Verbreitung oder Verwertung in elektronische Systeme.

Die Artikel des CRM Reports sind mit
größtmöglicher Sorgfalt erstellt. Die Redaktion übernimmt jedoch keine Gewähr
für die Richtigkeit, Vollständigkeit und Aktualität der abgedruckten Inhalte. Für den
Inhalt der Werbeanzeigen ist das jeweilige
Unternehmen bzw. die jeweilige Gesellschaft verantwortlich.

Für unverlangt eingesandte Beiträge und
Rezensionsexemplare wird nicht gehaftet.

Dem Trend auf der Spur

Hochgejubelt – die Bedeutung abgesprochen – für unverzichtbar erklärt. CRM durchlief in den vergangenen 20 Jahren ein Wechselbad an Einschätzungen und (Fehl-)Urteilen, sowohl was die Prognosen von Experten als auch den Stellenwert in den Unternehmen anbetrifft. Der CRM-Expertenrat hat für diese Ausgabe seine geballte Kompetenz zusammengetragen und ein Fazit der bisherigen Entwicklung gezogen – ergänzt durch eine kritische Analyse des Status quo und durch konkrete Erwartungen und präzise Anforderungen an das CRM von morgen. Zumindest ein Konsens lässt sich dabei festhalten: dass CRM mehr ist als eine Software. Lassen Sie sich von den fundierten Experten-Statements überraschen!

Gabi Böttcher
Verantwortliche Redakteurin
gabi.boettcher@springer.com

CRM gestern, heute und morgen

In der Vergangenheit kam es zu einigen Missverständnissen rund um das Thema Customer Relationship Management. Meist wurde CRM nur als Software wahrgenommen und somit von der falschen Seite angepackt. Der CRM-Expertenrat hat es sich deshalb zur Aufgabe gemacht, das Wissen um die strategischen Ziele, die mit CRM erreicht werden sollen, voranzutreiben.

Peter Winkelmann, Christian Huldi, Wolfgang Schwetz, Wolfgang Martin

Unter dem Stichwort „Industrie 4.0" geht es aktuell darum, dass künftig fast alle Produktions- und Distributionsprozesse in den Unternehmen netzgestützt ablaufen sollen. Deshalb ist es an der Zeit, über die Zukunft des Kundenbeziehungsmanagements zu diskutieren. Denn nach wie vor treibt die Kundengewinnung und -bindung Unternehmen bzw. die damit befassten Abteilungen an, um über Strategien und Tools nachzudenken, wie CRM effizient die Gestaltung optimaler Vertriebs- und Marketing- und Serviceprozesse unterstützen kann. Der CRM-Expertenrat – Prof. Dr. Peter Winkelmann, Dr. Wolfgang Martin, Wolfgang Schwetz und Dr. Christan Huldi – gibt hier Antworten:

Welche Erwartungen der letzten Jahre an CRM sind eingetroffen?

Wolfgang Schwetz: Die Erfolge mit CRM entwickelten sich sehr unterschiedlich. Daher lässt sich die Frage nach den Erwartungen so generell nicht beantworten. Denn die Unternehmen sind mit unterschiedlichem Verständnis und daraus resultierend verschiedenen Erwartungshaltungen an die Einführung und Umsetzung von CRM herangegangen. Davon hingen natürlich auch die Ziele ab, mit denen das Thema CRM begonnen wurde.

Von der Seite der Management-Strategie, also der Anwenderseite in den Unternehmen, sind die Erwartungen in CRM nur in geringem Ausmaß eingetroffen. Zumindest im B2B-Markt konnte diese Erfahrung immer wieder gemacht werden. Die Unternehmen haben die Konsequenzen aus dem Wandel der Märkte nach einer stärkeren Kundenorientierung sowohl in der Strategie als auch in den Geschäftsprozessen und im Softwareeinsatz nicht im erforderlichen Ausmaß umgesetzt.

In mehreren aktuellen Marktstudien wurde immer wieder festgestellt, dass das zentrale Ergebnis einer CRM-Einführung für viele Unternehmen die deutliche Verbesserung der Qualität der Kundendaten war. Gemessen an den hohen Ansprüchen der CRM-Theorie klingt das zwar ein wenig banal, hat aber für viele Unternehmen offenbar doch den zentralen Nerv getroffen. Viele Firmen haben mit der Einführung der CRM-Software offenbar erfolgreich das in der Vergangenheit angewachsene Datenchaos in den Griff bekommen, das heißt die vielen historisch gewachsenen Insellösungen bereinigt und abgelöst zugunsten einer einheitlichen integrierten Kundendatenbank.

Wolfgang Martin: Lassen Sie mich diese Frage aus der Sicht des analytischen CRM oder, wie man heute sagt, der Kundenanalytik beantworten. Als Mitte/ Ende der 90er-Jahre der Begriff CRM – aus den USA kommend – auch in Deutschland eingeführt wurde, lief parallel die Welle „Data Mining" im Markt. Die wurde vor allem durch die IBM getragen, die als damaliger Marktführer im gesamten Informatikmarkt die finanziellen Mittel hatte, das Thema Data Mining auch den Bürgern und Konsumenten zu vermitteln. Es war damals sofort klar, dass CRM ein großes Anwendungsfeld von Data Mining werden wird, und interessanterweise wurden bereits damals die heute eingesetzten Szenarien diskutiert, bei denen Analytik dazu dient, dem richtigen Kunden im richtigen Augenblick das richtige Produkt empfehlen und anbieten zu kön-

Prof. Dr. Peter Winkelmann
ist an der Hochschule Landshut für das Kompetenzmodul Marketing und Vertrieb, insbesondere Vertriebssteuerung, zuständig und berät Unternehmen in den Bereichen Vertriebsoptimierung und CRM;
www.vertriebssteuerung.de,
www.invis-vertriebsoptimierung.de

Dr. Christian Huldi
ist CEO und Inhaber der DataCreaAG und als Berater und Coach für strategisches CRM tätig; www.datacrea.ch.

Dr. Wolfgang Martin
ist europäischer CRM-Experte und Inhaber von Wolfgang Martin Team mit Sitz in Annecy/Frankreich;
www.wolfgang-martin-team.net.

Wolfgang Schwetz
ist als Inhaber des Beratungsunternehmens Schwetz Consulting in Karlsruhe spezialisiert auf das Management von Kundenbziehungen; www.schwetz.de,
www.crmforum.de.

Peter Winkelmann
Hochschule Landshut, Landshut, Deutschland
E-Mail: pwinkel@fh-landshut.de

Christian Huldi
DataCrea AG, Meilen, Schweiz
E-Mail: christian.huldi@datacrea.ch

Wolfgang Martin
Wolfgang Martin Team, Annecy, Frankreich
E-Mail: info@wolfgang-martin-team.net

Wolfgang Schwetz
Schwetz Consulting, Karlsruhe, Deutschland
E-Mail: wolfgang@schwetz.de

nen. Kundenprofilanalysen, Warenkorbanalysen, Cross- und Up-Selling wurden bereits damals mit den Algorithmen der IBM und anderer wie SAS Institute machbar und vor allen Dingen im Handel, in der Konsumgüterindustrie und in der Telekommunikation auch eingesetzt. Was seinerzeit im Wesentlichen nur mit strukturierten Daten ging, geht heute auch mit unstrukturierten Daten (Text, Bild, Audio, Video), so dass analytische Methoden im CRM nun allumfassend eingesetzt werden können und im Zuge der Big-Data-Bewegung auch bereits eine gewisse Verbreitung erfahren haben.

Insofern ist aus der Sicht der Kundenanalytik im CRM alles eingetroffen, was man sich vorgestellt hat inklusive der Befürchtungen des Missbrauchs solcher analytischen Werkzeuge: Big-Brother-Überwachungsmethoden wurden damals bereits als potenziell möglich gesehen und diskutiert. Heute gehört eine Diskussion um die Ethik im Umgang mit seinen Kunden unbedingt dazu. Hier ist man – in meinen Augen erfreulicherweise – noch etwas sensitiver geworden als in den Anfängen der Kundenanalytik.

Christian Huldi: Viele Erwartungen und Anforderungen sind eingetroffen – hier die aus meiner Sicht wichtigsten: IT-mäßig hat sich vor allem im Bereich der Benutzerfreundlichkeit viel getan, insbesondere mit dem Aufkommen der mobilen Lösungen. Von der Verantwortung ist das Thema (zu Recht) in den meisten Unternehmen in der Geschäftsleitung angekommen und immer mehr setzt sich auch die Erkenntnis durch, dass die Motivation der Mitarbeitenden DER entscheidende Erfolgsfaktor ist. Teilweise problematisch sind noch die organisatorischen Anpassungen – aber davon später mehr.

Peter Winkelmann: CRM ist mittlerweile in Deutschland bei allen Betriebsgrößen und in allen Branchen angekommen. Niemand wird bestreiten, dass eine integrierte Kundendatenbank, nach den Regeln von Customer Experience optimierte Kundenprozesse und eine verkaufschancenorientierte Analytik heute entscheidende Erfolgsfaktoren für den Markterfolg sind. Die Umsetzung dieser Punkte lässt sich angesichts der Masse von Vorgängen und Daten nicht mehr mit Formularen oder Excel-Listen lösen. Ein kunden- und kostenorientiertes CRM-Konzept muss auf relationale Datenbanken zugreifen können, beruht auf einem skalierbaren IT-System und muss mit der ERP und anderen marktrelevanten Anwendungen vernetzt sein.

Diese Essenzen von CRM haben sich durchgesetzt. Zum Leidwesen der Konferenz- und Messeveranstalter, die schon ein wenig traurig darüber sind, dass CRM Mainstream geworden ist. CRM ist derzeit in den Unternehmen harte Arbeit. Der Glamour auf Events und Messen ist raus.

Wo lagen die Fehler und welche Irrtümer wurden begangen?

Peter Winkelmann: Über viele Jahre und auch heute noch glauben viel zu viele technik- und controllinglastige Vorstände und Geschäftsführungen, dass alle ihre Marktträume in Erfüllung gehen, wenn sie nur ein (Standard)CRM kaufen. Sinnbild dieses Missverständnisses, das vielerorts zu verbrannter CRM-Erde geführt hat, ist die völlig irrige Frage nach dem ROI von CRM. Einige CRM-Anbieter haben das Feuer falscher Erwartungen dadurch geschürt, dass Sie Erfolgsrenditen als Verkaufsargumente an ihr CRM-Angebot gehängt haben. Dabei ist doch der ROI einer CRM-Investition davon abhängig, welche Erfolgsziele sich die Verkaufsorganisation im Markt selbst setzt und wie engagiert und qualifiziert die Mitarbeiter ihr CRM nutzen.

Unverändert wird in der Praxis der Fehler begangen, die Frage der Datenqualität zu unterschätzen. Die Überprüfung der Datenqualität und Optimierung der Datenbanken ist eine Aufgabe, die vor und außerhalb des eigentlichen CRM-Projektes angegangen werden sollte. Denn sonst belastet man die Kalkulation einer CRM-Einführung mit den Fehlern der Vergangenheit.

Christian Huldi: Der häufigste Irrtum ist und bleibt die rein technische, it-mäßige Fokussierung auf das Thema CRM – kurz gesagt: CRM = Kauf und Einführung einer Software-Lösung. Daneben wurden und werden auch Unterlassungen in den Bereichen Motivation und Organisation sowie Strategie gemacht. Heute wird meiner Erfahrung nach immer noch sehr häufig im Bereich Organisation „gesündigt" – und zwar indem zu wenig Soll-CRM-Prozesse definiert werden sowie nicht genügend Sorgfalt auf die organisatorische Verankerung geachtet wird.

Wolfgang Schwetz: Zu den schwerwiegendsten Fehlern bei der Einführung von CRM gehör(t)en:

- CRM ist nicht Chefsache: Es fehlt die Firmenkultur für CRM.
- Kunden werden im Vorfeld nicht befragt, keine (messbaren) Ziele für CRM definiert.
- Bedürfnisse und Akzeptanz der Mitarbeiter werden zu wenig berücksichtigt.
- Analyse und Neuausrichtung der Geschäftsprozesse werden vernachlässigt.
- Die Kommunikation und der Informationsaustausch zwischen Vertrieb und Service werden vernachlässigt.

• Es gibt kein Konzept für die Bereinigung und Übernahme der Altdaten.

• Die CRM-Softwareauswahl wird eher nach Zufallsprinzip mit wenig Systematik getroffen.

• Es gibt zu wenig Schulungsbudgets für alle Anwender in allen CRM-Ausbaustufen.

Da das Management oft nicht von der Notwendigkeit der Veränderungen im Unternehmen überzeugt ist, die für eine verbesserte Kundenorientierung notwendig sind, landet CRM bei der vermeintlich zuständigen IT-Abteilung. Als Folge dieser Einstellung wird CRM heute immer noch zu stark als IT-Projekt betrachtet und umgesetzt. Wissenschaftler bezifferten den Anteil der IT-Projekte an CRM-Vorhaben Ende 2013 mit 90 Prozent. Das führte oft zu Ärger der Mitarbeiter wegen der fehlenden Akzeptanz, Streit wegen der zu knappen Budgets und der nicht nachweisbaren Erfolge. Die betroffenen Fachabteilungen, allen voran Marketing, Vertrieb und Service, fühlten sich gegen ihren Willen von der Technik überrollt und sehr oft ihrer Freiheiten und liebgewonnenen Gewohnheiten beraubt. Auch war als Folge dieser Mängel die Qualität der Informationen im CRM-System ebenfalls sehr niedrig.

Die aktuelle Studie zur Anwenderzufriedenheit mit CRM-Systemen bestätigt diese Defizite wieder: 22 Prozent der Teilnehmer beklagen die geringe Anwenderakzeptanz. Nur ein Viertel der Teilnehmer geben an, keinerlei besondere Probleme beim Betrieb ihrer CRM-Lösung zu erleben.

Als Konsequenz der Versäumnisse bei den Analysen des Ist-Zustands blieben die Defizite in der Kommunikation zwischen Vertrieb und Service bestehen und das damit mögliche Erfolgspotenzial unentdeckt. Auch das an vielen Stellen schlummernde Kundenwissen kann nicht genutzt werden. Als Folge davon verfehlen unter anderem auch die Kampagnen des Marketings ihre Ziele.

Bei der Frage nach den Ursachen dieser Versäumnisse entdeckt man verschiedene Aspekte. Oft dürfte die Angst vor Veränderungen eine große Rolle spielen, ebenso die fehlende Überzeugung vom Nutzen der nicht geringen Anstrengungen (Zeit und Kosten). Damit einher geht auch der fehlende Leidensdruck, jetzt handeln zu müssen. Erstaunlich, dass die heute veraltete Marktbearbeitung nach Regeln eines Anbietermarkts offenbar doch noch Erfolge beschert.

Wolfgang Martin: Ich möchte mich hier auf die Fehler und Irrtümer im Umgang mit Kundenanalytik beschränken. Ein erster typischer Fehler ist das Verwechseln von statistisch gefundenen Korrelationen mit Ursache-Wirkungs-Beziehungen.

Denn ein beispielsweise durch Data Mining gefundener Zusammenhang muss ja nicht bedeuten, dass zwei Phänomene auch miteinander in Beziehung stehen. Bevor man also Maßnahmen auf Basis solcher gefundenen Zusammenhänge ergreift, sollte man einen solchen Zusammenhang als Hypothese auffassen und diese mit den bekannten statistischen Testmethoden auch im Sinne eines Experimental-Business[1] testen. Ein solches Vorgehen, insbesondere die Idee eines Experimental-Business hat sich im Markt noch nicht etabliert, ist aber in meinen Augen unumgänglich.

Ein zweiter typischer Fehler besteht darin, dass man zwar tatsächlich eine Ursache-Wirkungs-Beziehung entdeckt, aber dann eine Maßnahme ergreift, ohne vorher an einer Testmenge zu untersuchen, welche Reaktionen eine solche Maßnahme bei Kunden hervorruft. Ein alt bekanntes Beispiel hierzu stammt aus der Analyse von Kündigungsverhalten. Wenn man das Profil eines Kunden mit Kündigungspotenzial abgeleitet hat, so kann eine Maßnahme, wie diese Kunden anzusprechen und ihnen eine bestimmt Leistung anzubieten, durchaus dazu führen, dass diese Kunden jetzt tatsächlich kündigen. Das wäre aber nicht im Sinnen des Erfinders. Daher gilt auch hier: Hypothese aufstellen und testen.

Welche Prognosen/Erwartungen haben sich nicht erfüllt?
Christian Huldi: Dass die Bedeutung der Daten steigt und diese immer wichtiger wird, wussten fast schon die alten Römer. Aber auch heute noch wird diese Erkenntnis viel zu wenig (konsequent) in die Praxis umgesetzt. Der im Zusammenhang mit Big Data vielzitierte Satz, dass die Daten das Öl des 21. Jahrhundert sind, ist zwar hinlänglich bekannt, aber er wird immer noch nicht konsequent umgesetzt, geschweige denn, dass Ressourcen für die (nachhaltige) Steigerung der Datenqualität gesprochen werden. Die Datenpflege bleibt das Stiefkind im CRM.

Peter Winkelmann: Die Prognose eines CRM 3.0 – Kunden formen ihr Kundenbeziehungsmanagement selbst – ist bis heute nicht eingetreten. Überhaupt ist der Einfluss der Social Media auf CRM bislang überschätzt worden. Nur in Einzelfällen filtern Consumer-Unternehmen besonders positive oder negative Social Media Einträge aus den Communities heraus und übertragen sie zwecks Weiterverfolgung in das Kampagnenmodul des CRM.

Ich hätte auch erwartet, dass das analytische CRM, bzw. dass Business-Intelligence-Lösungen weiter vorgedrungen wären. Noch immer nutzen Unternehmen die Steuerungspotenziale nicht, die sich ihnen eröffnen, wenn sie die wichtigsten KPI für den Markterfolg und die interne Effizienz im CRM verankern würden. Wir wollen den Controllern ja nicht die Daten wegnehmen. Aber CRM wird erst dann zur mächtigen Waffe, wenn die wichtigsten Erfolgs- und Effizienzparameter in die operativen Systeme der Fachbereiche Eingang finden. Die Zahlen nur im Rechnungswesen und Controlling, in unzähligen Excel-Listen und in der ERP zu lassen, ist zu wenig.

Auch die Prognose, dass sich eines Tages die Verkaufsmitarbeiter begeistert für CRM interessieren und Funktionalitäten wie selbstverständlich mitgestalten, hat sich leider bis heute noch nicht erfüllt. In vielen Unternehmen gilt CRM leider als „verbrannte Erde", was aber nicht am CRM liegt, sondern an Fehlern des Managements bei der Motivation der Mitarbeiter, der Vorbereitung einer Einführung und – wenn es soweit kommt – bei der Einführung. Deshalb ist noch immer ein konsequentes Change-Management unabdingbar, wenn eine CRM-Einführung erfolgreich sein soll. Vorstände und Geschäftsführungen aber auch die CRM-Anbieter selbst haben bis heute viel zu wenig für die Vorteile von CRM geworben. Andererseits gibt es mittlerweile so viele CRM-Erfolgsgeschichten, so viele CRM-Preise und -Ratgeber, dass wir bei den CRM-Widerständen auch viele vorgeschobene Argumente finden.

Nicht zuletzt deshalb ist es eine Tragik, dass die CRM-Expo längst nicht mehr als Leitmesse für das Kundenbeziehungsmanagement firmiert, sondern von der Messe Stuttgart im Rahmen von IT&Business aufgesogen wurde. Wir vom CRM-Expertenrat sind traurig darüber, dass unser Dogma „CRM ist mehr als Software" noch immer so wenig verstanden wird und nicht zum Fokus einer CRM-Expo gemacht wird.

Wolfgang Schwetz: Hier sehe ich vier Themenfelder.

Cloud Computing: Im Gegensatz zu den USA sind die Unternehmen in deutschsprachigen Ländern von CRM aus der Cloud oder als Software as a Service (SaaS) noch nicht restlos überzeugt. Für die ablehnende Haltung sind nach meiner Erfahrung aus CRM-Projekten im B2B-Markt weniger wirtschaftliche oder rechtliche Bedenken verantwortlich als vielmehr psychologische Hemmungen. Trotzdem mehren sich positive Signale für CRM in Richtung Cloud.

Social CRM im B2B: Für die zukünftige Betrachtung von Social CRM liegt es auf Grund der unterschiedlichen Voraussetzungen nahe, die Märkte in B2B und B2C zu trennen. Für den B2C-Markt liegen gute Voraussetzungen für eine erfolgreiche Entwicklung vor. Der B2B-Markt hingegen wird sich nach den bisherigen Erfahrungen deutlich zurückhaltender entwickeln.

Der Trend Social CRM geriet auch wegen der neuen Datenschutzverordnungen2012 ins Stocken. Andererseits fehlen gerade im B2B-Markt überzeugende Erfolgsstrategien für diesen Kommunikationskanal.

Management der Geschäftsprozesse (BPM): Was für den B2C-Markt mit vielen Millionen von Kunden selbstverständlich und lebensnotwendig ist, wird im B2B-Markt wegen des deutlich geringeren Mengengerüsts gerne übersehen. Als Folge dieser Fehleinschätzung bleibt die Kundenorientierung in den Geschäftsprozessen auf der Strecke. Oft wurde die bisherige funktionale Aufgabengliederung ohne große Veränderungen in den Soll-Zustand übernommen. So bleibt man häufig auf halbem Weg und ohne CRM-Vision stehen. Im Ergebnis wurde damit oft nur der Ist-Zustand elektrifiziert und vor allem die Erfolgspotenziale der Kundenbeziehungen ignoriert.

Manuell gesteuerte Arbeitsabläufe aber sind heute, angesichts der zunehmenden Reaktionsgeschwindigkeit und neuer Anforderungen, zu langsam und fehleranfällig. Außerdem gehen sie oft an den Bedürfnissen der Kunden vorbei.

Integration des Service: Der Service blieb bislang weitgehend außen vor, wenn es um integriertes CRM ging. Beim Stichwort Datenaustausch erinnern sich viele Vertriebsverantwortliche an die mangelnde Kommunikation zwischen Vertrieb und Service und an das hier vernachlässigte Potenzial. Das an vielen Stellen schlummernde Kundenwissen muss, systematisch aufbereitet, endlich zu Tage gefördert werden und beiden Parteien bei ihrer Kundenkommunikation zur Verfügung stehen.

Wolfgang Martin: Die Analytik für CRM hat in meinen Augen theoretisch alles gebracht, was man erwartet hat. Schwierigkeiten gibt es aber durchaus in vielen Unternehmen noch mit der Praxis. Auch wenn man heute über Selbstbedienungsmethoden verfügt, die Analytik in den Fachabteilungen ermöglichen, so braucht man doch immer noch (gut bezahlte) Experten, die stets Mangelware im Markt waren. Unternehmen, die sich solche Experten leisten konnten, stiegen stets zu den Marktführern auf.

Zweite erfolgskritische Komponente: eine analytische Kultur im Unternehmen. Hier tun sich die meisten Unternehmen immer noch schwer. Entschieden wird viel zu oft aus dem Bauch heraus und nicht auf Fakten basierend. Die jetzt einsetzende Digitalisierung wird das hoffentlich ein für alle Mal ändern.

Welche Bedeutung hat CRM heute – welche Rolle wird/sollte es morgen spielen?

Wolfgang Martin: Ich bleibe bei der Kundenanalytik: Die ist und bleibt das A und O im Umgang mit Kunden. Ich sehe auch eine neue Aufgabe und Herausforderung für Kundenanalytik: das Identifizieren von Kundensegmenten, die affin für neue Szenarien in der digitalen Welt sind (Beispiel: Echtzeitansprache eines Kunden per SMS an einem bestimmten Ort in einem Einkaufszentrum) versus solche, die man so nicht ansprechen sollte.

Hier geht es darum, dass Unternehmen Daten nur zum Wohle des Kunden einsetzen, oder anders ausgedrückt, nur da, wo es der Kunde will und er genauso wie das Unternehmen einen Vorteil erfährt. Man sollte so echte „Win-win"-Beziehungen schaffen. Im Kontext von Kundenerlebnis-management (CEM) als konsequente Weiterentwicklung des traditionellen Kundenbeziehungsmanagement (CRM) wird so aus der goldenen Regel des CRM

• „Behandele Deine Kunden so, wie Du behandelt werden möchtest."

die Platinum-Regel des CEM:

• „Behandele Deine Kunden so, wie sie behandelt werden möchten!"

Dazu muss man natürlich seine Kunden noch besser kennen als bisher, noch mehr Analytik ist gefordert, aber umgekehrt bedeutet das auch: Im Zweifel sind solche Methoden, im Sinne einer Ethik des Nutzens von Daten, eben nicht anzuwenden.

Wolfgang Schwetz: Auch wenn CRM als Strategie der Kundenorientierung noch nicht für alle Unternehmen zur Selbstverständlichkeit geworden ist, hat sich CRM in weiten Teilen des B2B-Markts als logische Antwort auf den Wettbewerbsdruck etabliert und wird dort erfolgreich in Marketing, Vertrieb und gelegentlich auch im Service genutzt. Vor allem die CRM-Software hat sich als unverzichtbarer Bestandteil moderner Marktbearbeitung für ein integriertes Kundenbeziehungsmanagement durchgesetzt. Die zunehmende Datenflut ist ohne Softwaretechnologie nicht zu beherrschen. Diese Technologien unterstützen die Erkenntnis, dass das Wissen über Kunden eine unabdingbare Voraussetzung für den Markterfolg darstellt.

Auch wenn auf der strategischen und operativen Ebene noch Nachholbedarf besteht, hat sich CRM als führende Technologie für die Kommunikation und die Informationsbereitstellung rund um das Kundenbeziehungsmanagement bewährt und wird die Bedeutung für den Unternehmenserfolg in Zukunft weiter verstärken. Besondere Einsatzgebiete liegen zum Beispiel im internationalen Vertrieb mit länderübergreifenden Kundenstrukturen sowie in der Integration weiterer IT-Komponenten wie ERP, Dokumenten-Management, Telefon, Navigation, Produktdatenbereitstellung, verschiedene Branchenlösungen und

Business Intelligence als Werkzeug zur Analyse des Kundenverhaltens.

Die fortschreitende Digitalisierung eröffnet neue Möglichkeiten in der Automatisierung der Kundenkommunikation und der Marketingkampagnesteuerung. Mit Customer Experience taucht aktuell ein neuer Trend am CRM-Himmel auf. Diese dynamische Entwicklung wird sich fortsetzen und CRM weiter auf einem zweistelligen Wachstumskurs halten.

Christian Huldi: In der Schweiz wird das Thema – und vor allem auch die Bedeutung von CRM – jährlich wissenschaftlich erhoben.[2] Und es zeigt sich, dass die Bedeutung über die Jahre zugenommen hat: So sagen im Jahr 2014 ca. 90 Prozent der befragten Unternehmen, dass das Thema CRM eine hohe oder sehr hohe Bedeutung hat. Offen bleibt, in wie vielen Fällen es bei der Absicht bleibt.

Welchen Status hat CRM heute in den Unternehmen?
Christian Huldi: Es lassen sich zwei Arten von Unternehmen unterscheiden: Erstens diejenigen, die seit längerem auf Kundenbeziehungsmanagement setzen. Viele dieser Unternehmen

haben einiges erreicht, spüren aber auch, dass es noch Optimierungspotenziale gibt und setzen dieses momentan um – zünden also die zweite Stufe. Auf der anderen Seite gibt es diejenigen Unternehmen, die erkennen, dass es höchste Zeit wird, sich mittels professionellem managen der Kundenbeziehungen zu differenzieren. So herrscht über alles gesehen viel Bewegung im Thema CRM.

Peter Winkelmann: CRM ist in der Wirtschaft angekommen. Für die Unternehmen, die ihr Kundengeschäft noch nicht mit CRM steuern, ist CRM heute keine Frage des Ob mehr, sondern eine Frage des Wie. Auf den Punkt gebracht: CRM gilt heute in den kundenstarken Branchen als anerkanntes und führendes Informations- und Steuerungsinstrument. Wir gehen davon aus, dass nahezu alle Großunternehmen und mehr als 50 Prozent des größeren Mittelstands mittlerweile über eine Softwarelösung verfügen, durch die die CRM-Idee der Daten- und Prozessintegration verwirklicht wird. Allerdings haben viele Unternehmen an bereits eingeführten Begriffen wie Kundeninformationssystem oder Vertriebsführungssystem festgehalten. Das macht nichts. Oft ist es auch CRM, wenn nicht CRM draufsteht.

Wolfgang Schwetz: Für den B2B-Markt hat CRM im Laufe der Jahre den Nimbus des Besonderen verloren und sich in vielen Branchen zum Standardwerkzeug für Vertrieb, Marketing und Service entwickelt. Mit Blick auf die oben aufgezeigten gegenwärtigen Defizite nimmt CRM in einzelnen Unternehmen einen unterschiedlichen Status ein. Gegenwärtig wird CRM, vor allem im Mittelstand, überwiegend als Softwaretool zur Unterstützung von Vertrieb und Marketing im Tagesgeschäft betrachtet. Das umfasst eine Reihe von Funktionen vom Lead-Management bis zur Reklamationsbearbeitung, natürlich auch mit Schnittstellen zu angrenzenden IT-Systemen wie ERP, DMS, Microsoft-Office.

Die Erfolge vieler CRM-Einführungen liegen aufgrund der eingeschränkten Einsatzbedingungen eher in der Effizienzsteigerung der Organisation durch teilweise automatisierte Abläufe, den Abbau administrativer Tätigkeiten und die Beseitigung der Papierflut. Ein häufig genanntes Ziel der CRM-Einführung lag in der Übernahme bisheriger IT-Insellösungen und deren Daten in einer integrierten Kundendatenbank. Damit wurde nicht nur ein enormer Rationalisierungseffekt erreicht, sondern vor allem die Grundlage für systematisches Kundenmanagement geschaffen. Echtes CRM kommt dann in Stufe 2.

Und wohin geht der (CRM-)Weg?

Wolfgang Schwetz: Der weltweite und deutschsprachige CRM-Markt mit rund 150 CRM-Systemen liegt weiter mit zweistelligen Zuwachsraten gut im Rennen. Wir sind noch weit von einer Marktsättigung im B2B-Markt entfernt. Einerseits gibt es noch viele kleinere und mittlere Unternehmen, die noch keine professionelle CRM-Lösung im Einsatz haben, sondern heute ihre Kundenbeziehungen mit Microsoft-Office-Tools pflegen. Andererseits gibt es bei größeren Mittelständlern und Konzernen immer wieder Bestrebungen nach Ablösungen veralteter CRM-Systeme aus der Vergangenheit.

Die CRM-Anbieter liefern sich ein Wettrennen um die Kunden und entwickeln ständig neue Anwendungen auf der Basis neuer Technologien. Diese werden zunehmend zusammenwachsen und intergierte Einheiten bilden bzw. sich zu modularen Einheiten konfigurieren lassen. Bei mobilen CRM-Anwendungen haben Smartphones und Tablets die Notebooks verdrängt. Die Apps für diese Technologien können künftig ohne zusätzliche Software-Plugins über den Browser geladen werden. Der Trend zur Mobilität wird auch der Cloud-Technologie weiteren Antrieb bescheren. Wichtig dabei ist, dass diese Apps bei fehlender Internetverbindung auch offline verfügbar sind und hinterher die Daten wieder automatisch synchronisieren.

Relativ neu ist das Management von Kundenerfahrungen (Customer Experience Management, CEM), um aus zufriedenen Kunden loyale Kunden zu machen und dies weiter zu steigern bis hin zu begeisterten Botschaftern eines Produkts. Dazu gehören auch regelmäßige Kundenbefragungen. Beim CEM wird der Kunde bei möglichst vielen Kontaktpunkten (Touchpoints) eingebunden, vom Erstkontakt über den Kauf bis zum Kundendienst. Mit Hilfe der so gewonnenen Informationen über Kundenerlebnisse kann einerseits die Kundenzufriedenheit ermittelt und der Kundenservice individuell verbessert werden.

Wolfgang Martin: CRM oder CEM muss und wird Teil der Digitalisierung des Unternehmens werden. Warum? Das liegt auf der Hand. Digitalisierung bedeutet u.a. eine miteinander verbundene und verflochtene Welt („Soziale Netze" und „Internet der Dinge"). Hiermit bekommt der Kunde eine bis dahin ungeahnte Macht im Markt bedingt durch die jetzt volle Transparenz des Marktes. Für den Kunden stehen jetzt alle Kanäle offen, und er nutzt auch diese Omni-Kanal-Welt. Dem tragen digitale Unternehmen Rechnung, indem sie durch Einbeziehung des mobilen Internets mit jedem Kunden über jeden Kanal an jedem Ort und in Echtzeit in einen individuellen Dialog treten können.

Das aber funktioniert nur dann, wenn CRM/CEM Teil der Digitalisierung ist, und umgekehrt wird Digitalisierung ins Leere laufen, wenn nicht der Kunde im Mittelpunkt steht. Entscheidender Erfolgsfaktor ist hier die schon genannte Ethik im Umgang mit seinen Kunden, die im Prinzip der Schopenhauerschen Stachelschwein-Parabel[3] folgen sollte: Nicht zu nah und nicht zu fern!

Christian Huldi: Ausgehend vom oben Gesagten ist noch „viel Luft nach oben" in sehr vielen Unternehmen. Die Erkenntnis ist zwar da, aber es mangelt noch an der konsequenten, ganzheitlichen Umsetzung. Die wichtigsten Trends liegen meines Erachtens im Konzeptionellen, dass sich CRM zu XRM entwickelt. Damit ist gemeint, dass nicht nur versucht wird, Beziehungen zu den Kunden, sondern zu allen relevanten Stakeholdern im Markt auf- und auszubauen. Von den Medien her dominiert das Thema Multi- oder Omni-Channel und hier natürlich der Mobile Kanal. Doch wäre es zu einseitig, nur auf das Thema Mobile Marketing in der Kundenbeziehung zu setzen – der gute, auf die Bedürfnisse abgestimmte Medien-Mix bleibt zentral. Technisch werden die Auswertemöglichkeiten im Zusammenhang mit Big Data eine nie dagewesene Individualisierung ermöglichen. Oberstes Ziel aller Entwicklungen muss die Optimierung des Kundennutzens bleiben.

Mit einer gut funktionierenden CRM-Software sollte das Datenmanagement kein Hexenwerk sein. Datenintegration und Datenqualität, also jede Interaktion mit dem Kunden wird genutzt, um neue Daten über den Kunden zu erheben. So wird einerseits Marktforschung in Echtzeit, andererseits eine bessere Kundenbindung aufgebaut und betrieben. Zudem werden von Softwareseite Aufträge sauber im Dokumentmanagementsystem abgelegt und ein ERP-System liefert die nötigen Informationen, so dass der selbstfahrende Gabelstapler die Ware ordentlich ausliefern kann.

Welche Erwartungen soll ein CRM-System im Unternehmen heute und in Zukunft erfüllen?

Christian Huldi: Die Frage zielt auf die technische Unterstützung. In Zukunft müssen die Tools mobiler, schneller, sicherer und noch benutzerfreundlicher werden. Dies bedingt, dass sie auf die Situation (im entsprechenden CRM-Prozess) abgestimmt sein müssen, um situativ die richtigen Informationen und die korrekte Unterstützung zu geben und zwar

dem Mitarbeiter und vor allem auch dem Kunden (Stichwort Customer Self Service). Das CRM-Tool muss somit die definierten Soll-CRM-Prozesse situativ optimal und intelligent unterstützen.

Wolfgang Schwetz: An erster Stelle der Erwartungen stand bei einer aktuellen Befragung zu den Präferenzen bei der Auswahl einer CRM-Software über alle Unternehmensgrößen zu mehr als 80 Prozent eine hohe Erfüllung der geforderten Softwarefunktionen. Danach ging es den Anwendern um die Benutzerführung und Ergonomie der Software, also die Benutzerfreundlichkeit. Die Anpassbarkeit und Flexibilität war für große und mittlere Unternehmen deutlich wichtiger als für Kleinunternehmen. Hingegen waren günstige Anschaffungs- und Betriebskosten für KMU von viel größerer Bedeutung als für die größeren Unternehmen. Die Mittelstandseignung war naturgemäß für die mittleren Unternehmen mit knapp 50 Prozent sehr wichtig. Etwa gleich bedeutend schätzten die Großunternehmen die Überlebensfähigkeit des Anbieters ein.

Knapp unterhalb der 50 Prozentgrenze lagen die Forderungen nach moderner, zukunftsweisender Technologie, Releasefähigkeit der Software sowie die Fach- und Branchenkompetenz des Anbieters. Ich würde hier noch ergänzen, dass der Hersteller der CRM-Software selbst eine Kultur der Kundenorientierung leben sollte.

Peter Winkelmann: Ein konsequent auf die Branche und die Unternehmenssituation zugeschnittenes CRM erlaubt eine wettbewerbsüberlegene Kundensuche und Kundenbetreuung im Markt. Die Mitarbeiter mit Kundenkontakt können dank CRM hochprofessionell arbeiten. Auf Knopfdruck haben sie Zugriff auf alle relevanten Daten und Vorgänge, die den Kunden betreffen. Sie sind hochmotiviert, weil sie bei Interessenten und Kunden schlichtweg eine höhere Kompetenz ausstrahlen, eine bessere Figur machen. Sie können dem Kunden gezielt Mehrwerte bieten, weil das System alle Fakten und Einschätzungen zu den Wünschen und Problemen des Kunden gesammelt hat. Ein Golden Record und eine mit einem Dokumentenmanagementsystem verbundene Kundenhistorie sorgen dafür, dass alle Mitarbeiter mit Kundenkontakt über das gleiche Kundenwissen verfügen und zeitgenau darüber informiert sind, wer was wann zum Kunden gesagt hat. Marketing, Vertrieb und Service verbinden sich zu einer Vertriebssteuerung aus einem Guss.

Wie sieht die Zukunft von CRM-Clouds, xCRM und Mobile-CRM aus?

Peter Winkelmann: Wegen der Flexibilitätsvorteile und zunehmender Internationalisierung der Geschäfte liegen Cloud-Lösungen stark im Trend. Auch kommen immer mehr Unternehmen zu der Einsicht, dass man CRM über die Steuerung einfacher Lieferanten-Kundenbeziehungen hinaus nutzen kann. Zum Beispiel für ein Marketing über die gesamte Wertschöpfungskette hinweg. Hier hat sich der Begriff xRM mittlerweile durchgesetzt. Demzufolge geht der Trend auch im indirekten (mehrstufigen) Vertrieb zu integrierten und kanalumgreifenden Konzepten. In der Praxis geht es vor allem darum, den Fachhandel an das Hersteller-CRM mit anzuschließen und Partnern und Endkunden Informationen, Services und Prozesse aus einer Hand und gemäß Partner- bzw. Kundenwert anzubieten. Auch beim Partnergeschäft spielt also der xRM-Gedanke mit herein. Und das Mobile-CRM ist schon längst auf dem Weg zur Selbstverständlichkeit.

Bei allen Punkten sollte aber scharf getrennt werden zwischen den inhaltlichen, fachlichen Elementen von CRM und den IT-relevanten Formen der Datenbereitstellung. Ein Vertriebsvorstand sollte sich vorrangig um das Lastenheft seiner CRM-Konzeption kümmern und nicht um die Modalitäten der Cloud. Diesbezüglich ist die Diskussion über lange Zeit falsch geführt worden. Den CRM-Interessierten wurde der falsche Eindruck vermittelt, bei einer Cloud-Lösung würde es sich um ein „anderes", ein „besseres" CRM handeln. Dabei geht es eigentlich nur darum, die IT-Architektur outzusourcen und flexible (atmende) IT-Landschaften zu schaffen.

Wolfgang Martin: Die Antwort ist hier sehr einfach: Da Cloud und Mobile feste Bestandteile der Digitalisierung sind, gibt es auch für CRM keine andere Wahl. Vielleicht wird das eine oder andere Unternehmen noch eine Zeitlang auf On-Premise-CRM-Lösungen bestehen wollen, aber das sehe ich als eine Übergangsphase in die digitale Welt an. Mobile ist allerdings unumkehrbar, denn „Mobile First" ist heute bereits das Motto in der Anwendungsentwicklung und bei den Anbietern, die auch zukünftig an der Spitze der Technologieentwicklung stehen wollen.

xCRM ist eine alte Forderung, bereits Ende der 90er-Jahre von der META Group aufgestellt, bei der ich zu der Zeit als Analyst tätig war. Jetzt kommt es endlich (so langsam) im Markt an.

Wolfgang Schwetz: Beim Thema Cloud: Vom Trend des Betriebs über das Internet (CRM on Demand/Cloud/SaaS) ist inzwischen schon länger als zehn Jahre die Rede. Der deutschsprachige Markt ist bezüglich des Betriebs von CRM in der Cloud sehr zurückhaltend.

Einer aktuellen Umfrage am deutschen Markt zufolge würden sich nur 15,2 Prozent der Unternehmen für eine CRM-Software entscheiden, die auf SaaS als Betriebsmodell basiert. Denn die Kunden sind angesichts vieler öffentlich diskutierter Bedenken bezüglich der Datensicherheit ausgelagerter Daten und hinsichtlich der wirschaftlichen Vorteile nach wie vor skeptisch und zurückhaltend. Das spiegelt sich auch im Softwareangebot wider. Nach wie vor werden nicht einmal zehn CRM-Systeme am deutschsprachigen Markt ausschließlich über SaaS oder als Cloud-Lösung angeboten.

Rund 45 Prozent der CRM-Anbieter verfügen aktuell nur über ein On-Premise-Produkt, ohne eine Cloud-Lösung im Angebot zu haben. Aber etwa die Hälfte der rund 160 CRM-Lösungen wird im DACH-Markt sowohl als On-Premise-(Inhouse Installation) als auch als Cloud-Lösung angeboten.

Als Alternative genießt die „Private Cloud" – also Cloud Computing auf eigenen Servern – bei den B2B-Unternehmen derzeit eine relativ hohe Akzeptanz. Dennoch wird diese Zurückhaltung den Trend zu Cloud Computing nicht stoppen. Der Fehler lag im Versuch der Cloud-Anbieter, Cloud Computing für alle möglichen und ungeeigneten Konstellationen als bessere Lösung anzupreisen. Im internationalen Umfeld hat sich der Einsatz des Cloud-Modells für CRM bewährt, für Start-ups auch, aber eben nicht für alles.

Zu xCRM: Dass man mit CRM auch Lieferanten und Pressekontakte verwalten kann, hatte sicher schon mancher CRM-Anwender in der Vergangenheit entdeckt. Auf der Basis von CRM-Standardsystemen können problemlos neue Anwendungsgebiete mit ähnlichem Anforderungsprofil entwickelt und erfolgreich eingeführt werden. Mit eigens dafür entwickelten Frameworks und Plattformen können CRM-Lösungen erweitert und kostengünstig individuelle Anwendungen erstellt werden. Damit ermöglicht das xRM-Framework auch die Steuerung von völlig verschiedenen Beziehungsstrukturen und Organisationseinheiten. Für Anwendungen mit nicht alltäglichen Beziehungsstrukturen ergeben sich durch xRM neue Lösungen auf bewährter Grundlage.

Zu Mobile-CRM: Nachdem der mobile Einsatz von CRM in Vertrieb und Service immer mehr zunimmt, kommt der Entwicklung von Smartphones und Tablets für die Zukunft eine enorme Bedeutung zu. Die Forderung für die Geräte und Displaygrößen heißt Flexibilität und Plattformunabhängigkeit, um einen permanenten Datenzugriff auf alle relevanten Kundendaten unterwegs zu ermöglichen. Dazu kommt der

Anspruch eines Offline-Einsatzes mit automatischer Synchronisation. Der Softwaremarkt ist dafür bestens gerüstet.

Christian Huldi: Diese relativ neuen Begriffe zeigen, dass viel Bewegung im Thema drin steckt (und neue stehen schon bereit). Für mich entscheidend und zentral bleibt das Thema Relationship: Ich bin überzeugt, dass diejenigen Unternehmen sich durchsetzen werden, die es schaffen, in unserer dynamischen und komplexen Welt (profitable!) Beziehungen zu ihren Kunden auf- und auszubauen.

Wie „ganzheitlich" muss CRM sein?

Peter Winkelmann: Wo immer es um den Kunden geht, Offline oder Online, im Haus oder mobil unterwegs, in allen Kanälen, auf allen betrieblichen Ebenen: Stets sollte CRM für die tägliche Arbeit der Mitarbeiter mit Kundenkontakt das „führende System" sein und ihm den sogenannten 360-Grad-Blick auf Kundendaten und Prozesse bieten. Dabei erstreckt sich der Anspruch der Ganzheitlichkeit auch auf alle Partner; insbesondere auch auf die Call- und Service-Center und alle Niederlassungen weltweit.

Hinzu kommt ein weiterer Aspekt, den man auch beim Punkt der nicht eingetretenen Erwartungen hätte besprechen können: In vielen Technik-Unternehmen führen die technischen Berater und Kundendienstmonteure noch immer ein Eigenleben. Sie sind zwar Mitarbeiter mit Kundenkontakt, aber am CRM sind sie nicht angeschlossen. Dabei dürften die starken Internet-Datenbanken und das mobile CRM mit den Tablets gerade den Technikern tolle Chancen bieten, schneller und kompetenter beim Kunden zu arbeiten; zum Beispiel durch Schadensaufnahme und Reparaturanleitungen via Tablet. Vielleicht kann man es auch so sagen: Ein ganzheitliches CRM kennt keine Grenzen.

Wolfgang Schwetz: Ganzheitlich muss erst für CRM definiert werden. Nach Rücksprache mit Wikipedia will ich es als vollständig und umfassend verstehen. Ja, CRM muss ganzheitlich sein!

CRM hatte nach meinem Verständnis immer vier elementare Komponenten oder Bausteine. An oberster Stelle bildete die strategische Ebene einer unternehmensweiten Kultur der Kundenorientierung den Gesamtrahmen, also ein von der Geschäftsführung getragenes Leitbild für das gesamte Unternehmen. Diese Komponente war und ist die Grundvoraussetzung für ein ganzheitliches CRM. Die weiteren tragenden Säulen von CRM sind die Geschäftsprozesse, welche die Kultur der Kundenorientierung abzubilden und zu unterstützen hatten.

Daneben stehen als wichtige Komponente die Mitarbeiter, von denen die Kundenorientierung nach innen und außen gelebt werden muss.

Schließlich stellt die CRM-Software das technologische Werkzeug zur Unterstützung der anderen drei Komponenten dar. Der Verzicht auf eine dieser Komponenten bedeutet gleichzeitig auch den Verlust der möglichen Erfolge und Vorteile auf eben diesem Gebiet. Man kann sich gut vorstellen, wie das Ergebnis aussieht, wenn auf die Strategie verzichtet wird oder auf die Geschäftsprozesse oder die Mitarbeiter. Wer die Vorteile von CRM wirklich nutzen möchte, muss daher CRM auch ganzheitlich umsetzen!

Den Grad der Ganzheitlichkeit in der CRM-Umsetzung bestimmen allerdings die Unternehmen selbst nach ihrem Bedürfnis und Verständnis von Kundenorientierung. Auch hier gilt das Gesetz von Saat und Ernte.

Wolfgang Martin: Aus der Sicht der Kundenanalytik brauchen wir als Basis für CRM/CEM ein funktionierendes Information Management, das uns die richtigen Daten in der richtigen Qualität in Echtzeit und auch mobil zur Verfügung stellt. Dazu gehört auch das Managen von Datenströmen, die in der digitalen Welt mehr und mehr an Bedeutung gewinnen. Eine solche Plattform ist für mich die erfolgskritische Infrastruktur eines digitalen Unternehmens, auf der auch CRM-Services inklusive der Analytik aufbauen sollten.

Daraus folgt dann auch eine technologische Antwort auf die Frage nach der Ganzheitlichkeit: Ein CRM/CEM-System sollte service-orientiert als Baukasten lieferbar sein mit Komponenten die offenen Standards (wie beispielsweise Open Stack) entsprechen. Das Zusammenbauen vor Ort sollte individuell anpassbar und ohne zusätzliche Programmierung möglich sein.

Christian Huldi: Kurz und bündig. Nur wenn CRM, XRM, CEM oder wie es auch immer heißt, ganzheitlich umsetzt wird, werden sich die (nicht unwesentlichen) Investitionen rechnen und so das Überleben eines Unternehmens sicherstellen.

1 Zum Begriff eines Experimental-Business siehe Harvard Business Review https://hbr.org/2014/12/the-discipline-of-business-experimentation, Zugriff am Juli 2015.
2 Erhoben werden die Studien vom Institut für Marketing Management an der Zürcher Fachhochschule in Winterthur (ZHAW). Sie können gratis bezogen werden unter: http://sml.zhaw.ch/de/management/institute-und-zentren/imm/forschung/studien/swiss-crm-2014.html
3 Arthur Schopenhauer: Die Stachelschweine, siehe u.a. http://gutenberg.spiegel.de/buch/arthur-schopenhauer-fabeln-und-parabeln-4997/1 Zugriff am 15. Juli 2015.

Der CRM-Expertenrat

Dr. Christian Huldi ist CEO und Inhaber der DataCrea AG. Seine Spezialgebiete sind alle Fragen rund um das strategische CRM sowie das Database- und Dialog-Marketing. Er ist als Berater und Coach tätig und hat in den letzten 25 Jahren unzählige Unternehmen aus verschiedenen Branchen bei der praktischen Umsetzung dieser Themen beraten und begleitet. Schwerpunkte der täglichen Arbeit sind die Entwicklung eines CRM-Masterplans, CRM-System-Evaluationen, aber auch Spezialthemen wie Erhöhung der Datenqualität, CRM Analysen wie Kundenwert-Management sowie Kundenbegeisterung und Optimierung einzelner CRM-Prozesse.

Christian Huldi ist seit 1988 Fachdozent an diversen Institutionen und (Fachhoch-) Schulen im In- und Ausland, gefragter Referent an nationalen und internationalen Kongressen. Er ist Mitglied im CRM-Expertenrat, Jurymitglied des CRM-Awards (D) und CRM-Innovationspreises (CH) sowie Chairman des Dialog- Marketing-Awards (CH).

Dr. Wolfgang Martin ist ein europäischer Experte und Analyst auf den Gebieten Business Intelligence, Analytik, Big Data, Information Management, Information Governance, CRM (Customer Relationship Management) und Cloud Computing (PaaS, SaaS).

Sein Spezialgebiet sind die Wechselwirkungen technologischer Innovation auf das Business und damit auf die Organisation, die Unternehmenskultur, die Businessarchitekturen und die Geschäftsprozesse. Er ist Mitglied im BBBT (Boulder BI Brain Trust) (www.BBBT.us), iBonD Partner(www.ibond.net), Research Advisor am Institut für Business Intelligence der Steinbeis Hochschule Berlin (www.i-bi.de) und Mitglied des CRM Expertenrates (http://www.crm-expert-site.de/expertenrat/main_expertenrat.cfm?site=rat). Vor der Gründung des Wolfgang Martin Teams im Jahr 2001 war Wolfgang Martin mehr als fünf Jahre bei der Meta Group, zuletzt als Senior Vice President International Application Delivery Strategies.

Wolfgang Schwetz spezialisierte sich als Unternehmensberater bereits 1988 auf das Management von Kundenbeziehungen (Computer Aided Selling – CAS, Customer Relationship Management – CRM). Mit seiner Unternehmensberatung konnte er sich schon sehr früh als einer der führenden herstellerneutralen CRM-Experten im deutschsprachigen Raum etablieren. Die branchenübergreifende Beratung umfasst die Konzeption, Prozessoptimierung, Einsatzplanung, Systemauswahl und die Einführung von CRM, vorwiegend in mittelständischen Unternehmen des B2B-Marktes.

Wolfgang Schwetz verfasste im Jahr 2000 das erste Fachbuch zum Thema CRM im deutschsprachigen Markt. Als Autor und Herausgeber des seit 23 Jahren jährlich erscheinenden „CRM-Marktspiegel" und weiterer Marktstudien verfügt er über breite Kenntnisse des Marktes. Seit 1999 betreibt er auch das Online-Portal „CRM Forum" (www.crmforum.de) mit News aus dem

Dr. Christian Huldi

Dr. Wolfgang Martin

Wolfgang Schwetz

CRM-Markt und die erste virtuelle CRM-Messe (www.crmforum-expo.de) mit rund 150 CRM-Systemen für die Online-Recherche im CRM-Softwaremarkt.

Prof. Dr. Peter Winkelmann errichtete nach vielen Jahren Führungstätigkeiten im internationalen Vertrieb an der Hochschule für angewandte Wissenschaften, Landshut, einen Studienschwerpunkt für Vertriebssteuerung und CRM sowie einen Masterstudiengang für Marktorientierte Unternehmensführung. Die Entwicklung von CRM in Deutschland hat Winkelmann von Anfang an mit beeinflusst. Er gilt heute als

ausgewiesener Experte für Vertriebsoptimierungen und CRM-Einführungen. Mehr als 70 CRM-Konzeptionen zum Teil namhafter Unternehmen wurden von ihm begleitet bzw. evaluiert.

Die besondere Kompetenz von Prof. Dr. Peter Winkelmann liegt darin, eine Markt- und Kundenstrategie mit Prozessen und IT-Systemen zu einer schlagkräftigen Einheit zu verbinden. Eine Fülle von Empfehlungen zum Vertriebsmanagement und zu CRM sind im Fachbuch „Vertriebskonzeption und Vertriebssteuerung – die Instrumente des integrierten Kundenmanagements – CRM", 5. Auflage, München 2012, enthalten. Dieses Buch gilt heute als Stan-

dardwerk für das Vertriebsmanagement und für CRM.

Prof. Dr. Peter Winkelmann

Der Weg zum optimalen CRM im Mittelstand

Seit Jahren unterstützen CRM-Systeme die kundenorientierte Marktbearbeitung in fast allen Branchen. CRM hat damit wertvolle Beiträge zur Steigerung des Unternehmenserfolgs im zunehmenden Wettbewerb geleistet. Allerdings hat die Einführung der CRM-Software in den Unternehmen oft Schwierigkeiten bereitet, die bei Beachtung einiger Regeln durchaus vermeidbar wären. Erstaunlich dabei ist, dass sich diese Probleme über die Jahre kaum verändert haben.

Wolfgang Schwetz

Einer aktuellen Marktstudie (siehe Studie) zufolge bereitet die geringe Akzeptanz der Anwender in jedem vierten Unternehmen große Schwierigkeiten im laufenden Betrieb der CRM-Systeme. Über schlechte Datenqualität klagt jeder fünfte CRM-Anwender. Die folgenden Ausführungen gehen auf die Herausforderungen bei der Einführung einer CRM-Lösung im B2B-Markt ein.

Für CRM-Projekte hat sich der 10-Stufenplan mit seinen klar strukturierten Stufen in vielen Projekten bewährt (siehe **Abbildung 1**). Die Dauer eines CRM-Projekts liegt bei mittelständischen Unternehmen bei rund zwölf Monaten, bei größeren auch doppelt so lang. Hier ist ein wichtiges Kriterium die Priorität, die dem gesamten Projekt seitens der Geschäftsleitung eingeräumt wird.

Stufe 1: Projektstart

Zum Projektstart steht die Projektplanung mit der Besetzung wichtiger Positionen im Vordergrund. Dazu gehören die Auswahl eines kompetenten Projektleiters und die Zusammensetzung des Projektteams. Die Projektleitung für ein CRM-Projekt sollte aus einem der betroffenen Fachbereiche Vertrieb, Marketing oder Service kommen. Die IT als Projektleitung kann problematisch werden, da bei CRM die IT nur das Werkzeug darstellt, mit dem die Kernelemente von CRM unterstützt werden.

Nachdem die Akzeptanz der Mitarbeiter gegenüber dem Einsatz einer CRM-Software ein besonders wichtiges Erfolgskriterium darstellt, muss diesem Thema von Beginn an große Aufmerksamkeit geschenkt werden.

Die Abwehrhaltung der Mitarbeiter gegenüber solchen Neuerungen wie CRM entsteht oft aus Angst vor verstärkter Überwachung durch die zu erwartende Transparenz der Informationen in einem CRM-System. Die Mitarbeiter müssen während der Projektarbeit überzeugt werden, dass bei CRM der Fokus nicht auf gläsernen Mitarbeitern liegt, sondern auf der 360-Grad-Sicht auf Kunden. Ein wesentliches Ziel von CRM ist es, die Mitarbeiter bei ihrem Tagesgeschäft mit Kundenbeziehungen im Vertrieb, Marketing und Service erfolgreicher zu machen. Um das zu erreichen, müssen sie als Mitglieder des Projektteams aktiv an den Veränderungen in den Prozessen mitarbeiten und dafür sorgen, dass ihre persönlichen Anforderungen in der CRM-Software umgesetzt werden. Die fehlende Akzeptanz der Mitarbeiter ist auch deswegen kritisch, weil sie auch Ursache von weitergehenden Problemen sein kann wie die Verschlechterung der Datenqualität in der Kundendatenbank.

Stufe 2: Analysephase

In der Analysephase werden die Prozesse rund um die Kunden, die Vertriebsorganisation und der Informationsfluss nach Schwachstellen und Verbesserungsmöglichkeiten im Sinne der Kundenorientierung untersucht. Um den Aufwand für die Erhebungen möglichst gering zu halten und gleichzeitig alle betroffenen Mitarbeiter mit einzuschließen, hat sich eine schriftliche Mitarbeiterbefragung bei allen künftigen CRM-Usern bewährt.

Die Auswertung dieser Befragung stellt einen guten Überblick über bestehende Defizite und Schwachstellen im Ist-Zustand dar. Oft dominieren verkaufsfremde Tätigkeiten wie die Suche nach Informationen und adminis-

Wolfgang Schwetz
ist Geschäftsführer von Schwetz
Consulting in Karlsruhe, CRM-Experte
und Herausgeber des CRM-Marktspiegels.
www.schwetz.de

Wolfgang Schwetz
Schwetz Consulting, Karlsruhe, Deutschland
E-Mail: wolfgang@schwetz.de

trative Aufgaben vor den eigentlichen Verkaufstätigkeiten. Auch eine Kundenbefragung kann weitere wichtige Informationen vom Markt liefern.

Stufe 3: Rahmenkonzeption

Nun ist es wichtig, aus der mittelfristigen Unternehmensstrategie möglichst messbare Ziele für das Kundenmanagement und die Voraussetzungen für die Umsetzungen im Tagesgeschäft zu erarbeiten. Dies betrifft im Besonderen die Mitarbeiter, die Geschäftsprozesse und die IT-Infrastruktur. Bei den Zielen muss es nicht unbedingt immer um monetäre Größen gehen. Auch eine Beschleunigung des Informationsflusses durch eine Verbesserung der Vertriebs- und Serviceprozesse wird dem Kunden einen Nutzen bringen und daher einen spürbaren Wettbewerbsvorteil darstellen.

Danach wird die Einführungsstrategie geplant und ein Stufenplan für den Roll-Out entwickelt.

Wichtig ist außerdem die Abschätzung des Kosten- und Investitionsvolumens für das gesamte Projekt. Dazu gehören die einmaligen Kosten für Softwarelizenzen, Beratung, Einführungsaufwand, Systemadministration und Schulungen, ebenso die laufenden Kosten für Softwarewartung. Abschließend wird das Rahmenkonzept durch eine Nutzen- und Wirtschaftlichkeitsbetrachtung ergänzt und von der Geschäftsleitung verabschiedet.

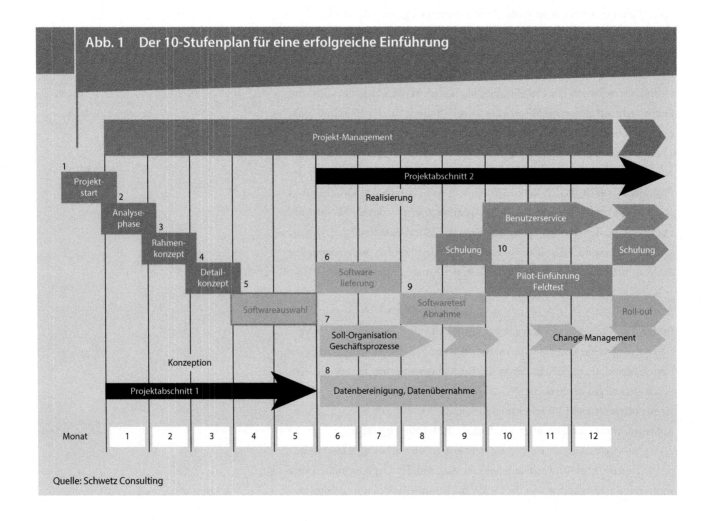

Abb. 1   Der 10-Stufenplan für eine erfolgreiche Einführung

Quelle: Schwetz Consulting

Stufe 4: Detailkonzept – Soll-Prozesse und Lastenheft

Aus den Vorgaben des Rahmenkonzepts können jetzt die Geschäftsprozesse für Vertrieb, Marketing und Service im Soll-Zustand erarbeitet und die Anforderungen für die Softwareauswahl in einem Lastenheft definiert werden.

Die Soll-Geschäftsprozesse sowie eine Aufstellung der in den einzelnen Prozessschritten benötigten Daten und Informationen stellen nun die Basis für das Lastenheft zur Softwareauswahl dar.

Um möglichst rasch zu einem vollständigen Lastenheft zu gelangen, empfiehlt es sich, Marktstandards wie den CRM-Matchmaker (www.CRM-Matchmaker.com) einzusetzen. Dieses Online-Portal verfügt über Vorlagen für CRM-spezifische Lastenhefte mit mehr als 2.000 Zeilen. Über einen Online-Zugang können die relevanten Funktionen nach Wichtigkeit ausgewählt und den Angaben von rund 150 CRM-Systemen anschließend gegenübergestellt werden.

Stufe 5: Softwareauswahl

Die Auswahl der am besten geeigneten CRM-Lösung gestaltet sich für viele Unternehmen oft zu einer kritischen Phase des CRM-Projekts. Meist fehlt die Transparenz des vielfältigen Software-Marktes. Häufig liegt es auch an der fehlenden Systematik im Auswahlprozess oder daran, dass im Vorfeld weder Ziele noch Anforderungen definiert wurden.

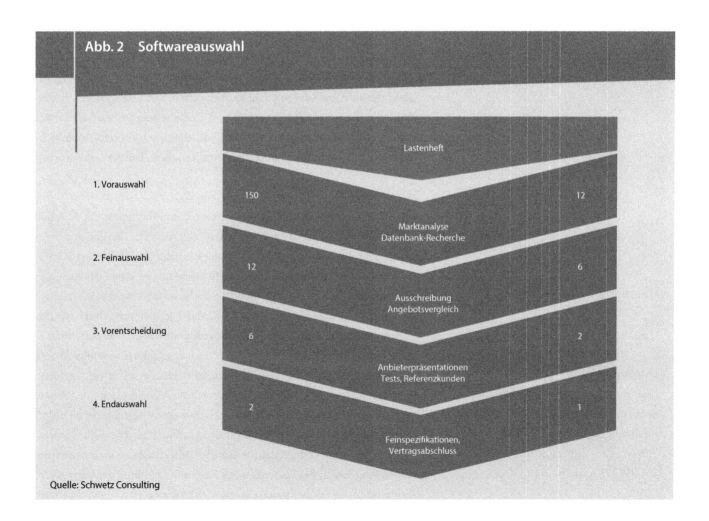

Abb. 2 Softwareauswahl

Lastenheft

1. Vorauswahl — 150 — 12

Marktanalyse
Datenbank-Recherche

2. Feinauswahl — 12 — 6

Ausschreibung
Angebotsvergleich

3. Vorentscheidung — 6 — 2

Anbieterpräsentationen
Tests, Referenzkunden

4. Endauswahl — 2 — 1

Feinspezifikationen,
Vertragsabschluss

Quelle: Schwetz Consulting

Gesucht wird nicht nach dem besten CRM-System, sondern nach der CRM-Lösung, welche die eigenen Anforderungen am besten abdeckt. Diese wurden im Vorfeld in einem Lastenheft definiert. Auf dieser Grundlage kann sich der künftige CRM-Anwender zu Beginn des Auswahlprozesses einen systematischen Marktüberblick verschaffen.

Der CRM-Marktspiegel sowie das auf CRM-Auswahl spezialisierte Online-Portal CRM-Matchmaker bieten dabei wertvolle Hilfen. Damit werden die Ziele der Auswahl nicht nur schneller, sondern auch mit geringerem Aufwand und mit wesentlich höherer Sicherheit erreicht.

Im CRM-Softwaremarkt kämpfen rund 150 CRM-Softwarehersteller und etwa dreimal so viele Vertriebs- und Implementierungspartner um die Gunst der Kunden. Die Partner haben vor allem bei globalen Softwareherstellern wie Microsoft, SAP, Oracle, Sugar oder Salesforce eine große Bedeutung, da sie hier in Deutschland als Repräsentanten des ausländischen Herstellers auftreten. Aber auch im Inland beheimatete Softwarehersteller wie CAS Software AG oder SAP verfügen über ein breites Partnernetzwerk, mit dem spezielle Branchenkompetenz und Kundennähe vermittelt werden.

Wichtige Auswahlkriterien

Bereits bei der Vorauswahl müssen die typischen Unterscheidungsmerkmale der CRM-Systeme berücksichtigt werden. Dies sind die Firmengröße, die Brancheneignung, der Funktionsumfang, die Technologie und Systemarchitektur, Standard- oder Individual-Software, Preise und Kosten für Dienstleistungen sowie Service und Zusatzleistungen des Anbieters.

Über die Unterschiede in den Technologien sollte sich der künftige CRM-Anwender im Vorfeld der Auswahl Klarheit verschaffen. Dazu gehören die verschiedenen Betriebsverfahren wie CRM-on-Demand oder Software as a Service (SaaS) im Gegensatz zur Inhouse-Implementierung (on premise). Welche Variante auf mehrere Jahre günstiger ist, muss im Einzelfall geprüft werden.

Auswahl in 4 Phasen

Aufgrund der großen Unterschiede der einzelnen Programme hat es sich in der Praxis als sinnvoll erwiesen, beim Auswahlprozess in vier Phasen vorzugehen (siehe **Abbildung 2**). Auf diese Weise kann der Kreis der in Frage kommenden Anbieter systematisch eingegrenzt werden. Die Dauer des Auswahlprozesses liegt bei mittelständischen Unternehmen bei etwa drei Monaten.

In der ersten Phase, der Vorauswahl, wird der Anbieterkreis mit einer Datenbankrecherche auf der Online-Auswahlplattform CRM-Matchmaker (www.crm-matchaker.com) von rund 150 auf etwa zehn bis zwölf reduziert. Der Anbieterkreis darf in dieser Phase nicht zu klein gewählt werden. Denn durch das mehrstufige Ausscheidungsverfahren reduziert sich die Zahl der Anbieter oft sehr rasch. Die Vorauswahl liefert eine Rangfolge nach Funktionserfüllung, aus der die Anbieter für die Ausschreibung gewählt werden.

Im zweiten Schritt erhalten diese Anbieter Ausschreibungsunterlagen und werden eingeladen, das Lastenheft zur Funktionserfüllung der Software zu beantworten sowie qualifizierte Kostenschätzungen zu Softwarelizenzen,

Studie
„CRM in der Praxis: Anwenderzufriedenheit, Nutzen und Perspektiven", eine unabhängige Studie der Trovarit AG, Schwetz Consulting und des FIR e.V. an der RWTH Aachen, 2015

Anpassungen und Dienstleistungen abzugeben. Daraus wird ein systematischer Angebotsvergleich zusammengestellt und die besten sechs Anbieter für die dritte Phase ausgewählt.

Diese sechs Anbieter präsentieren anschließend ihr Unternehmen und ihre angebotene Lösung vor dem Projektteam. Am Ende eines solchen Szenarios wählt das Projektteam die zwei besten Anbieter aus, um sie weiteren Prüfungen wie Teststellung und Referenzkundenbesuchen zu unterziehen. Das Ende der Softwareauswahl bilden nach etwa drei Monaten Workshops zur Feinspezifikation der Funktionserfüllung und der Kosten sowie die Vertragsverhandlungen mit ein bis zwei Anbietern.

CRM-Einführung

Nun beginnt die Realisierungsphase und damit ein neuer Projektabschnitt. Die Vorbereitung der Übernahme der Kundendaten sollte bereits relativ früh begonnen werden, da die Bereinigung und Aktualisierung der bisherigen Kundendaten einen erheblichen Zeitaufwand erfordert.

Parallel zu den Testläufen und zur Abnahme der Software sollten nun die künftigen Pilotanwender und der Systemadministrator geschult werden. Voraussetzung für eine Felderprobung durch eine kleine Gruppe sogenannter Pilotanwender ist der Abschluss der Testphase. Zum Ende der Pilotphase muss die einwandfreie Funktionserfüllung des CRM-Programms dokumentiert werden. Inzwischen wurde auch die Schulung der Anwender der ersten Ausbaustufe abgeschlossen. Damit kann auch der Startschuss für den Roll-Out fallen.

Anbieterverzeichnis

Marktübersicht

Anbieter	System	Land	PLZ	Ort	Gründungs-jahr	Anz. Mitarbeiter weltweit	Schwerpunkt
42he	CentralStationCRM	D	50939	Köln	2010	45	Kontaktmanagement kMU
Abex Software	Abex Visual-Adress	CH	8957	Spreitenbach	1986	3	
Accenture CAS	Accenture CAS	D	67657	Kaiserslautern	1985	220	Konsumgüterindustrie
ADITO Software	ADITO4	D	84144	Geisenhausen	1988	60	Industrie, Bau, Finanzdienstleister, Verbände
AKD	AKD CRM	D	48249	Dülmen	1993	30	
AMTANGEE	AMTANGEE CRM	D	14482	Potsdam	2002		kuM
APTEAN – Saratoga Systems	Pivotal CRM	D	85774	Unterföhring	1987	1.700	
AS/point	CRM ION/5	D	52531	Übach-Palenberg	1995	32	IBM Notes
audius	sales.net/ service.net	D	71384	Weinstadt-Endersbach	1991	230	
awisto business solutions	awisto Branchenlösungen	D	70499	Stuttgart	2004	22	
Böhrer	HAPRO CRM/ ERP Suite	D	74746	Höpfingen	1995	27	
bpi solutions	Sales Performer	D	33659	Bielefeld	1982	50	Möbelbranche
Brain Force	BRAIN FORCE CRM	D	80807	München	1983	804	Finanz-Dienstleister
BSI	BSI CRM	CH	5405	Baden	1996	185	Finanz-Dienstleister, Handel, Versicherungen
businessacts	SuperOffice Branchenlösungen	D	51063	Köln	2005	20	
CAS Software	CAS genesisWorld	D	76131	Karlsruhe	1986	450	xRM, div. Branchenlösungen
cobra	cobra CRM PRO	D	78467	Konstanz	1985	68	
Comarch	Comarch CRM & Marketing	D	80992	München	1993	4.200	
combit	combit Relationship Manager	D	78462	Konstanz	1988	42	
CompAS	CompAS Consumer	D	81829	München	1993	14	Konsumgüter, Lebensmittel
Connectivity	ConAktiv	D	68165	Mannheim	1995	20	
ConSol*	ConSol*CM	D	81669	München	1984	240	Helpdesk / Support / Service Management

Anbieter	System	Land	PLZ	Ort	Gründungs-jahr	Anz. Mitarbeiter weltweit	Schwerpunkt
Consolidate Software	Consolidate Software	A	6850	Dornbirn	1996	17	
CURSOR Software	CURSOR-CRM	D	35398	Gießen	1987	80	Energieversorger, Banken, Entsorgung
Delta Access	[argo®web]	D	60489	Frankfurt	1994	25	Immobilienwirtschaft, Fondsges.
Dr. Glinz COVIS	COVIS	D	40549	Düsseldorf	1983	70	
ECOPLAN	ECOPLAN CRM	D	36041	Fulda	1993	21	Verbände, Spendenorganisationen
Efficy	Efficy CRM	B	1140	Bruxelles	2005	60	
enerpy	quisa Browser CRM	D	78467	Konstanz	2005	18	
Exact Software	Exact Synergy	D	50823	Köln	1984	1.800	ERP für kmU
FABIS Bertram Strätz	FABIS CRM	D	96047	Bamberg	1988	2	Provisionsabrechnung
FlowFact	FlowFact	D	51065	Köln	1985	120	Immobilienwirtschaft, Makler
GEDYS IntraWare	GEDYS IntraWare CRM	D	36100	Petersberg	1989	73	
gfu software-service	gfu-CRM	D	50679	Köln	1986	10	
Glaux Soft	evidence	CH	3008	Bern	1996	50	Ämter, Gemeindeverwaltungen, Genossenschaften
GMS Development	AMS 3	D	33100	Paderborn	1987	41	
godesys	godesys CRM	D	55129	Mainz	1992	69	
Greb consult	Compiere ERP/CRM	A	4484	Kronstorf	2004	7	
GRÜN Software	GRÜN VEWA6	D	52070	Aachen	1989	100	Mitglieds- und Spendenorganisationen
Grutzeck-Software	AG-VIP SQL	D	63452	Hanau	1979	12	Call Center
GSD Software	DOCUframe®	D	96342	Stockheim-Neukenroth	1988	90	
Haus Weilgut	Weilgut CRM Suite	D	76275	Ettlingen	1985	25	IBM Notes
Infoman	Infoman CRM	D	70563	Stuttgart	1998	115	Maschinenbau
Infor	InforCRM (ehemals Saleslogix)	D	66299	Friedrichsthal/ Saar	2002	13.000	
ITML	ITML > CRM	D	75179	Pforzheim	1998	160	Basis: SAP ERP
JBSoftware	CRM-Plus	D	63110	Rodgau	1990	8	
julitec	julitecCRM	D	90763	Fürth	1999	20	
Karg-EDV	emis serie VI+ SMB-Edition	D	71522	Backnang	1999	16	

Anbieter	System	Land	PLZ	Ort	Gründungs-jahr	Anz. Mitarbeiter weltweit	Schwerpunkt
Laurus IT Inspiration	LAURUS CRM	CH	5507	Mellingen	2002	5	IBM Notes
L-mobile solutions	L-mobile CRM	D	71560	Sulzbach/ Murr	2001	50	
LOGO consult	LOGO CRM	D	82319	Starnberg	1997	20	Transport, Logistik
Lothar Geyer EDV-Berater	TelMarkt	D	95199	Kaiserham-mer	1991	6	
maytec.net	easySales CRM	D	83209	Prien am Chiemsee	1999	2	
merkarion	ProfitSystem	D	44263	Dortmund	2005	18	Getränkewirtschaft
mesonic	WinLine CRM	D	27383	Scheeßel	1978	97	
Microsoft Deutschland	Microsoft Dynamics CRM	D	85716	Unterschleiß-heim	1983		
midcom	midcom	D	53340	Meckenheim	2000	15	
NetSuite	NetSuite	GB	Berks SL6 1HN	Maidenhead	1998	1500	
oceans	Oceans CRM	D	38102	Braunschweig	2004	34	
OMNINET	OMNITRACKER	D	90542	Eckental	1993	110	Geschäftsprozess-Plattform
oPen Software	oPenCAS© CRM3D	D	25335	Elmshorn	1992	6	Nahrungsmittel, Kosmetik, Spiel-waren
ORACLE	Oracle CRM	D	80992	München	1977	121.836	
orgAnice Software	orgAnice CRM 2012 R2	D	12165	Berlin	1992	20	
Passus	PharmaData	D	13507	Berlin	1988	25	Pharmabranche
Pharmakon Software	C-World	D	76135	Karlsruhe	1996		Pharmabranche
Phoenix Software	Phoenix-InfoWare/ CRM	D	53227	Bonn	1981	25	
PiSA sales	PiSA sales 6	D	14050	Berlin	1989	46	Machinenbau
POIN.T	work4all	D	50858	Köln	1991	19	
QS solutions	Social CRM	D	50226	Frechen	1994	50	
QuinScape	Portal-CRM für Intrexx	D	44139	Dortmund	2001	90	
rexx systems	rexx CRM	D	20097	Hamburg	2000	60	Pharmabranche
Sage Software	Sage CRM	D	60439	Frankfurt/ Main	1983	13.000	
salesforce.com	Salesforce1 Sales Cloud	D	80636	München	1999	13.300	SaaS
SalesGain	Ardexus Mode6	D	80997	München	1998	20	

Anbieter	System	Land	PLZ	Ort	Gründungs-jahr	Anz. Mitarbeiter weltweit	Schwerpunkt
SAP	SAP CRM, SAP C4C	D	69190	Walldorf	1972	66.000	
scholz.msconsulting	Vemas.NET	D	47802	Krefeld	1978	21	
Schützendorf	HARMONY	D	56076	Koblenz	1986	12	
Scopevisio	Scopevisio CRM	D	53227	Bonn	2007	60	SaaS
Selligent	Selligent X@	D	80336	München	1990		
SERVICEPORTALS	CRM spo.ContactShare	D	76131	Karlsruhe	2005	11	
SMARTCRM	SMARTCRM	D	76870	Kandel	1992	40	Industrie, Handel
Softwareschmiede Höffl	QOMET	D	68229	Mannheim	1993	16	
solvito	solvito.CRM	D	20457	Hamburg	2002	15	
Step Ahead	Steps Business Solution	D	82110	Germering	1999	96	
SuccessControl CRM Steppat	SuccessControl CRM	D	55743	Idar-Ober-stein	1997	3	
SugarCRM Deutschland	Sugar 7	D	80636	München	2004	450	SaaS
Sunrise Software	Sunrise Software Relations CRM	D	22889	Tangstedt	1999	3	
SuperOffice	SuperOffice CRM	D	44227	Dortmund	1994	25	
SWS Keeve	RHAPSODY® CRM	D	49479	Ibbenbüren	1985	11	
Team[4]	Team[4] CRM	D	52076	Aachen	1996	30	IBM Notes
TecArt	TecArt CRM Cloud	D	99084	Erfurt	1999	22	SaaS
Tesla CRM Software	Theseus	D	41460	Neuss	1987	20	
TOPIX Business Software	TOPIX:8	D	85521	Ottobrunn	1990	50	
Unidienst	UniPRO/Software & Consulting	D	83395	Freilassing	1975	20	
UNiQUARE	UNiQUARE CRM	A	9201	Krumpendorf	1988	200	Banken
update software (Aurea Software)	CRM Software update.CRM	A	1040	Wien	1988	200	Banken, Pharma, Industrie, Konsum-güter
visual4	1CRM	D	70199	Stuttgart	2002	15	open Source
webCRM Deutsch-land	webCRM	D	37434	Gieboldehau-sen	2005	42	
weclapp	weclapp Cloud CRM	D	34119	Kassel	2008	24	SaaS, ERP, kmU
WICE	WICE CRM-Group-ware	D	22767	Hamburg	2001	7	SaaS

Quelle: CRM-Marktspiegel 2015, CRM-Matchmaker.com

Nachholbedarf bei der Speicherung von Kundeninformationen

Die Mehrzahl der deutschen Unternehmen speichert die Kontaktdaten ihrer Kunden im CRM-System. Doch bei der Speicherung von Informationen aus direkter (zum Beispiel Telefon) oder indirekter Kommunikation mit dem Kunden (zzum Beispiel Social Web) sind die großen Unternehmen deutlich weiter als kleinere (siehe **Abbildung 1**). Das ist eines

der Ergebnisse der Studie zu Nutzung und Trends im CRM deutscher Unternehmen, die der Bundesverband Digitale Wirtschaft (BVDW) e. V. (www.bvdw.org) im Juni 2015 veröffentlicht hat. Weitere Ergebnisse der CRM-Studie finden Sie auch unter

⟨SP⟩ * *www.springerprofessional.de/5804902*

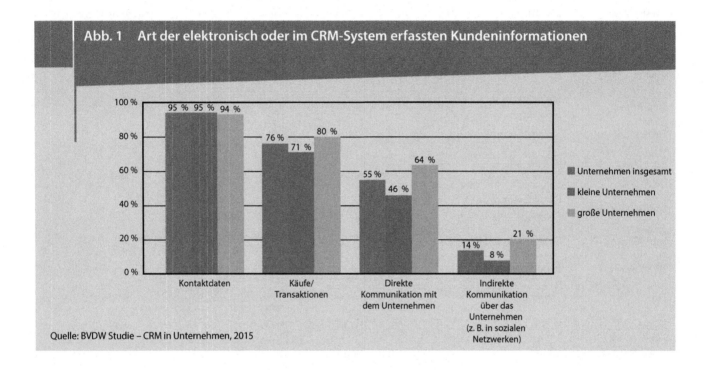

Abb. 1   Art der elektronisch oder im CRM-System erfassten Kundeninformationen

Quelle: BVDW Studie – CRM in Unternehmen, 2015

Eigene CRM-Daten besser nutzen

Viele Unternehmen sammeln Daten aus unterschiedlichsten Quellen. Vor allem Social-Media-Plattformen bieten eine neue Art von Zugang zu aktuellen und potenziellen Kunden. Generell ist es zwar möglich, daraus verwertbare Informationen zu ziehen, vielen Unternehmen fehlt aber sowohl das nötige Knowhow, als auch das Geld und die Zeit, um sich ausführlich mit der Thematik auseinanderzusetzen. Sinnvoller wäre es in vielen Fällen, sich zuerst den unternehmenseigenen Daten zu widmen, meint Christian Künitz, Geschäftsführer der Performance Marketing Agentur Goldbach Interactive. So könne zum Beispiel die

Nutzung vorhandener CRM-Daten bei der Bewertung des Verhaltens von Besuchern der Unternehmens-Landingpages helfen. Eine aktuelle Online-Umfrage der Hamburger Performance-Agentur Eprofessional hat jedoch ergeben, dass nur jedes fünfte Unternehmen das Potenzial der eigenen CRM-Daten ausschöpft und die Quellen beispielsweise für Marketing-Maßnahmen nutzt. Goldbach-Interactive-Geschäftsführer Künitz ist der Ansicht, dass Unternehmen mehr über die Nutzung ihrer eigenen Daten nachdenken und diese an die Kampagnen-Metriken anbinden sollten.

Printed by Printforce, the Netherlands